"十三五"普通高等教育汽车服务工程专业教材

汽车电器与电子技术

（第二版）

蹇小平　麻友良　主　编

林广宇　副主编

人民交通出版社股份有限公司
China Communications Press Co.,Ltd.

内 容 提 要

本书为"十三五"普通高等教育汽车服务工程专业教材，共 16 章，主要包括汽车电源系统、起动机、点火系统、照明与信号系统、汽车仪表及指示灯系统、车身与辅助电气设备、汽车电气系统配电装置及总线路、汽车电子控制技术基础、发动机电子控制系统、电子控制自动变速器、电子防滑控制系统、电子控制动力转向系统、电子控制悬架系统、车身电子系统、汽车网络技术和电子控制系统的故障诊断等。

本书为高等学校汽车服务工程专业的教材，也可供交通运输、载运工具运用工程、车辆工程等专业的学生使用，以及从事汽车服务行业和相关工程技术人员学习参考。

图书在版编目（CIP）数据

汽车电器与电子技术/蹇小平,麻友良主编. —2版. —北京:人民交通出版社股份有限公司,2018.1

ISBN 978-7-114-14214-7

Ⅰ.①汽… Ⅱ.①蹇… ②麻 Ⅲ.①汽车—电器② 汽车—电子技术 Ⅳ.①U463.6

中国版本图书馆 CIP 数据核字(2017)第 236089 号

"十三五"普通高等教育汽车服务工程专业教材

书　　名:	汽车电器与电子技术（第二版）
著 作 者:	蹇小平　麻友良
责任编辑:	曹　静
出版发行:	人民交通出版社股份有限公司
地　　址:	(100011)北京市朝阳区安定门外外馆斜街 3 号
网　　址:	http://www.ccpcl.com.cn
销售电话:	(010)59757973
总 经 销:	人民交通出版社股份有限公司发行部
经　　销:	各地新华书店
印　　刷:	北京市密东印刷有限公司
开　　本:	787×1092　1/16
印　　张:	22.75
字　　数:	525 千
版　　次:	2006 年 9 月　第 1 版
	2018 年 1 月　第 2 版
印　　次:	2024 年 5 月　第 2 版　第 5 次印刷　累计第 12 次印刷
书　　号:	ISBN 978-7-114-14214-7
定　　价:	48.00 元

（有印刷、装订质量问题的图书，由本公司负责调换）

"十三五"普通高等教育汽车服务工程专业教材编委会

主任委员:许洪国(吉林大学)

副主任委员:

张国方(武汉理工大学)   储江伟(东北林业大学)

简晓春(重庆交通大学)   王生昌(长安大学)

李岳林(长沙理工大学)   肖生发(湖北汽车工业学院)

关志伟(天津职业技术师范大学)   付百学(黑龙江工程学院)

委员:

杨志发(吉林大学)   杜丹丰(东北林业大学)

赵长利(山东交通学院)   唐 岚(西华大学)

李耀平(昆明理工大学)   林谋有(南昌工程学院)

李国庆(江苏理工学院)   路玉峰(齐鲁工业大学)

周水庭(厦门理工学院)   宋年秀(青岛理工大学)

方祖华(上海师范大学)   郭健忠(武汉科技大学)

黄 玮(天津职业技术师范大学)   邬志军(皖西学院)

姚层林(武汉商学院)   田茂盛(重庆交通大学)

李素华(江汉大学)   夏基胜(盐城工学院)

刘志强(长沙理工大学)   孟利清(西南林业大学)

陈文刚(西南林业大学)   王 飞(安阳工学院)

廖抒华(广西科技大学)   李军政(湖南农业大学)

程文明(江西科技学院)   鲁植雄(南京农业大学)

钟 勇(福建工程学院)   张新峰(长安大学)

彭小龙(南京工业大学浦江学院)   姜连勃(深圳大学)

陈庆樟(常熟理工学院)   迟瑞娟(中国农业大学)

田玉东(上海电机学院)   赵 伟(河南科技大学)

陈无畏(合肥工业大学)   左付山(南京林业大学)

马其华(上海工程技术大学)   王国富(桂林航天工业学院)

秘书处:李 斌 曹 静 李 良

前 言

Qianyan

《汽车电器与电子技术》自 2006 年出版以来,受到广大读者的欢迎,被多所院校作为教材选用。本书在近 10 年的教学实践和使用过程中,也发现了书中部分章节的内容和结构存在一些待修正之处,许多老师和学生对本书的内容也提出了一些建设性的意见和建议。在此期间,汽车工业有了很大的发展,汽车电器与电子技术发展更为迅速,大量新技术在汽车上的应用与日俱增。为了使本书能够及时反映汽车电子电器技术领域的最新发展,适应汽车电器与电子技术专业人才培养的要求,满足高等学校对课程改革的需要,有必要对本书进行全面修订。

为了保持原书的特点,本书第二版在章节层次的编排上未做大的调整,重点修改了上版中的部分文字和插图错误;规范了名词术语;删去了原书中比较陈旧的车型数据和内容;补充和更新了书中引用的一些相关标准和规范;根据汽车电器与电子技术的最新发展,在内容上进行了更新。同时本书在修订过程中力求文字更加通俗简练,插图更加清晰准确,使本书达到较为全面、系统地介绍汽车电器与电子系统的目的,满足高等学校教学和相关工程技术人员参考的需要。

本书由长安大学寒小平、武汉科技大学麻友良任主编,长安大学林广宇任副主编,寒小平负责全书的统稿。本书第一、七、十六章及第六章第四节由长安大学寒小平编写,第八、九、十、十一章及第六章第一、二、三节由武汉科技大学麻友良编写,第二、四、五章由武汉科技大学孟芳编写,第三、十五章由长安大学林广宇编写,第十二、十三章由长安大学林广宇、冯镇编写,第十四章由长安大学郭金刚编写。

本书在编写过程中参考了大量文献资料,除了书末列出的部分参考文献外,还参考了一些来自杂志和互联网的相关资料,在此,编者向参考资料原作者表示真诚的谢意。由于编者水平有限,书中难免存在不妥和错误之处,恳切希望读者批评指正。

编 者
2017 年 10 月

目　录

Mulu

第一章 汽车电源系统

汽车电源系统由蓄电池、发电机两个电源组成,两者并联协调工作对汽车用电设备供电。汽车起动时,由蓄电池向点火系及起动机提供电能,在发动机正常工作情况下,由发电机为全车用电设备供电,同时还对蓄电池充电。

第一节 蓄电池的构造、工作原理及特性

一、蓄电池的作用、要求与类型

蓄电池是一种可逆直流电源,其主要作用是:

(1)发动机起动时,向起动机和点火系统供电。

(2)发电机不发电或电压较低时,向用电设备供电。

(3)当用电设备同时接入较多使得发电机超载时,协助发电机供电。

(4)当发电机的端电压高于蓄电池的电动势时,它可将电能转变为化学能储存起来(即充电)。

此外,蓄电池还相当于一个容量很大的电容器,在发电机转速和用电负载发生较大变化时,可保持汽车电网电压相对稳定,同时还可吸收电网中随时出现的瞬间过电压,以保护用电设备尤其是电子元器件不被损坏,这一点对装有大量电子系统的现代汽车是非常重要的。一般不允许发电机脱开蓄电池运转。

汽车上使用的蓄电池必须能满足起动发动机的需要,即在较短时间内(5~10s)可供给起动机强大的电流(一般为200~600A,有的柴油机可达1000A),这种蓄电池通常称为起动型蓄电池。蓄电池种类较多,根据电解液的不同,有酸性和碱性之分。起动型铅酸蓄电池构造简单、内阻小、电压稳定、起动性好且价格低廉,因此在汽车上得到广泛应用。

二、蓄电池的构造

蓄电池由单体电池串联而成,每个单体内均盛装有电解液,插入正负极板组便成为单体电池。每个单体电池的标称电压约为2V,将3个或6个单体电池串联后便成为一只6V或12V蓄电池。蓄电池主要由极板组、隔板、外壳、电解液等组成,如图1-1所示。

1. 极板

极板分正极板和负极板两种,均由栅架和填充在其上的活性物质构成。正极板上的活性物质是二氧化铅(PbO_2),呈深棕色。负极板上的活性物质是海绵状纯铅(Pb),呈青灰色。蓄电池充、放电过程中,电能和化学能的相互转换是依靠极板上活性物质和电解液的化学反应来实现的。

栅架的作用是容纳活性物质并使极板成型，一般由铅锑合金浇铸而成。加入锑是为了提高栅架的机械强度并改善浇铸性能。

为了增大蓄电池的容量，将多片正、负极板分别用横条焊接并联后组成正、负极板组，如图1-1所示。横条上连有极柱，各片间留有间隙。安装时正负极板相互嵌合，中间插入隔板。在每个单体电池中，负极板的数量比正极板多一片，这样正极板都处于负极板之间，使其两侧放电均匀，否则由于正极板的机械强度差，单面工作会使两侧活性物质体积变化不一致，而容易造成极板拱曲。

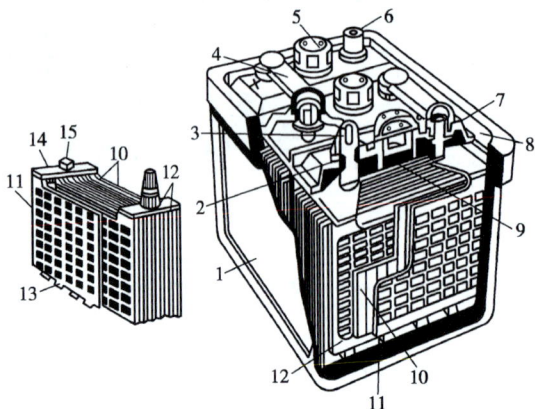

图1-1　蓄电池的构造

1-外壳；2-封闭环；3-正极桩；4-连接条；5-加液孔；6-负极桩；7-电池盖；8-封料；9-护板；10-隔板；11-负极板；12-正极板；13-支承凸起；14-横条；15-电桩

2. 隔板

为了减小蓄电池的内阻和尺寸，正负极板尽可能地靠近，但为了避免彼此接触而短路，正负极板之间用隔板隔开。隔板材料应具有多孔性，以便电解液渗透，且具有良好的耐酸性和抗氧化性。隔板通常用微孔塑料、微孔橡胶、木质材料、玻璃纤维材料等压制而成。由于微孔橡胶、微孔塑料的耐酸、耐高温性能好，价格也越来越便宜，因而得到广泛应用。

隔板一面平滑，一面制有沟槽。安装时，沟槽的一面朝向正极板，这是因为正极板在充、放电过程中化学反应激烈，沟槽能使电解液较顺利地上下流通。同时，充电时生成的气泡可沿槽上升，脱落的活性物质则会沿槽下沉。

3. 体

蓄电池外壳是用来盛放电解液和极板组的，外壳应耐酸、耐热、耐振。早期的蓄电池外壳多用硬橡胶制成，现已大量采用聚丙烯塑料外壳。这种壳体不但耐酸、耐热、耐振，而且强度高，壳体壁较薄（一般为3.5mm，而硬橡胶壳体壁厚为10mm），质量轻，外形美观，透明。

壳体底部的凸筋是用来支持极板组的，并可使脱落的活性物质掉入凹槽中，以免正、负极板短路。

4. 电解液

电解液是蓄电池内部发生化学反应中起离子间的导电作用并参与化学反应，由化学纯净硫酸和蒸馏水按一定的比例配制而成。

电解液的纯度和密度对蓄电池寿命和性能影响极大，如用工业硫酸和非蒸馏水配制，将带进有害物质（如铁、盐酸、锰、硝酸、铜、砷、醋酸及有机化合物等）而引起蓄电池内部自行放电，减少蓄电池容量。电解液的密度一般为$1.24 \sim 1.31 \mathrm{g/cm^3}$。密度过低，冬季易结冰；密度过高，则电解液黏度增加，蓄电池内阻增大，同时将加速极板的腐蚀而使其使用寿命缩短。

5. 单体电池的连接方式

单体电池的串联方法一般有传统外露式铅连接条连接、内部穿壁式连接和跨越式三种方式,如图 1-2 所示。

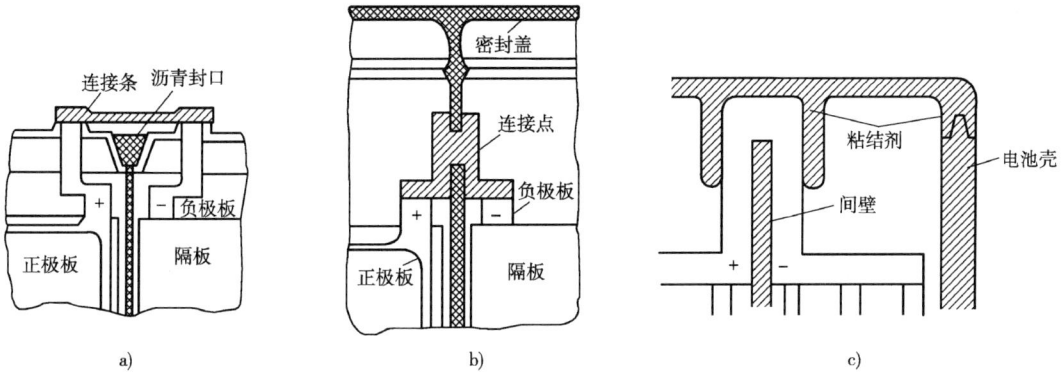

图 1-2 单体电池的连接方式
a) 传统外露式铅连接条连接;b) 内部穿壁式连接;c) 跨越式连接

早期的蓄电池大多采用传统外露式铅连接条连接,如图 1-2a) 所示。这种连接方式工艺简单,但耗铅量多,连接电阻大,因而起动时电压降大、功率损耗也大,且易造成短路,现已很少采用。目前蓄电池大量采用穿壁或跨越式连接方式。穿壁式连接如图 1-2b) 所示,它是在相邻单体电池之间的间壁式打孔供连接条穿过,将两个单体电池的极板组极柱连焊在一起。跨越式连接如图 1-2c) 所示,在相邻单体电池的间壁上边留有豁口,连接条通过豁口跨越间壁将两个单体电池的极板组极柱相连接,所有连接条均布置在整体盖的下面。

三、蓄电池的型号

根据工信部发的《铅酸蓄电池名称、型号编制与命名办法》(JB/T 2599—2012),蓄电池型号由以下几部分组成:

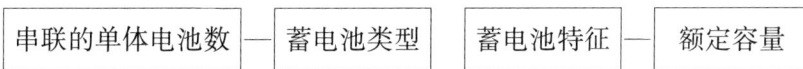

串联的单体电池数 ── 蓄电池类型 蓄电池特征 ── 额定容量

(1)串联的单体电池数,用阿拉伯数字表示。

(2)蓄电池类型是根据其主要用途来划分的。如起动用蓄电池代号为"Q",摩托车用蓄电池代号为"M",电动牵引车用动力蓄电池代号为"D"。

(3)蓄电池特征为附加部分,仅在同类用途产品中具有某种特征而在型号中又必须加以区别时采用。当产品同时具有两种特征时,原则上按表 1-1 顺序将两个代号并列标示。

蓄电池产品特征代号 表 1-1

序号	1	2	3	4	5	6	7	8	9
产品特征	密封式	免维护	干式荷电	湿式荷电	微型阀控式	排气式	胶体式	卷绕式	阀控式
代号	M	W	A	H	WF	P	J	JR	F

(4)额定容量指 20h 率额定容量,单位为 A·h,用阿拉伯数字表示。

(5)产品具有某些特殊性能时,可在相应产品型号的末尾注明。如 G 表示薄型极板的高起动率蓄电池,S 表示采用工程塑料外壳、电池盖及热封工艺的蓄电池。

例如:6-QA-105G:由 6 个单体电池组成,额定电压为 12V,额定容量为 105A·h 的起动用干荷电高起动率蓄电池。

四、蓄电池的工作原理

蓄电池中发生的化学反应是可逆的。蓄电池在放电时,正极板上的 PbO_2 和负极板上的 Pb 都变成 $PbSO_4$,电解液中的 H_2SO_4 减少,密度减小。充电时按相反的方向变化,正负极板上的 $PbSO_4$ 分别变成原来的 PbO_2 和 Pb,电解液中的硫酸增加,密度增大。如略去中间的化学反应过程,可用下式表示:

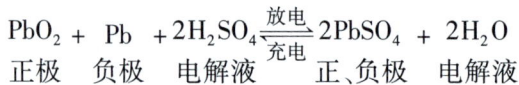

$$PbO_2 + Pb + 2H_2SO_4 \underset{充电}{\overset{放电}{\rightleftharpoons}} 2PbSO_4 + 2H_2O$$
$$\text{正极} \quad \text{负极} \quad \text{电解液} \qquad \text{正、负极} \quad \text{电解液}$$

1. 电势的建立

当极板浸入电解液时,在负极板处的金属铅受到两方面的作用:一方面它有溶解于电解液的倾向,因而有少量铅进入溶液,生成 Pb^{2+},在极板上留下两个电子,使极板带负电;另一方面,由于正、负电荷的吸引,Pb^{2+} 有沉附于极板表面的倾向。当两者达到平衡时,溶解便停止,此时极板具有负电位,约为 $-0.1V$。正极板处,少量 PbO_2 溶入电解液,与水生成 $Pb(OH)_4$,再分离成 Pb^{4+} 和 OH^-。Pb^{4+} 沉附于极板的倾向大于溶解的倾向,因而沉附在正极板上使极板呈正电位,达到平衡时,约为 $+2.0V$。

因此,当外电路未接通,反应达到相对平衡状态时,蓄电池的静止电动势 E_0 约为 2.1V。

2. 放电过程

蓄电池接上负载,在电动势的作用下,电流 I_f 从正极经过负载流往负极(即电子从负极到正极),使正极电位降低,负极电位升高,破坏了原有的平衡。在正极板处,Pb^{4+} 和电子结合变成 Pb^{2+},Pb^{2+} 与电解液中的 SO_4^{2-} 结合生成 $PbSO_4$ 沉附在正极板上。在负极板处,Pb^{2+} 与电解液中的 SO_4^{2-} 结合也生成 $PbSO_4$ 沉附在负极板上,而极板上的 Pb 继续溶解,生成 Pb^{2+} 和电子。如果电路不中断,上述化学反应将继续进行,使正极板上的 PbO_2 和负极板上的 Pb 都逐渐转变为 $PbSO_4$,电解液中 H_2SO_4 逐渐减少而 H_2O 增多,故电解液密度下降。放电时的化学反应过程如图 1-3 所示。理论上,放电过程应进行到极板上的所有活性物质全部变为 $PbSO_4$ 为止。而实际上是不可能的,因为电解液不能渗透到活性物质的最里层。使用中所谓放完电的蓄电池,实际上只有 20%～30% 的活性物质变成了 $PbSO_4$,因此采用薄型极板、增加多孔率,可提高活性物质的利用率。

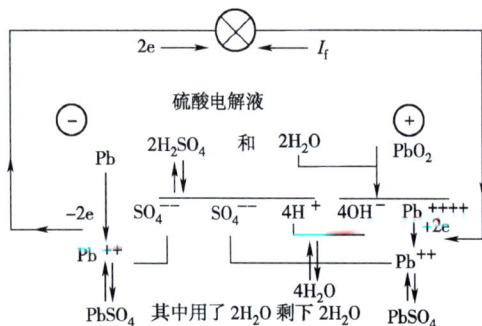

图 1-3 蓄电池的放电过程

3. 充电过程

充电时,应将蓄电池接直流电源。当电源电压高于蓄电池电动势时,电流从蓄电池正极流入,负极流出(即驱动电子从正极经外电路流入负极)。这时正、负极板发生的反应与放电过程相反。在负极板处有少量的 $PbSO_4$ 进入电解液中,离解为 Pb^{2+} 和 SO_4^{2-},Pb^{2+} 在电源的作用下获得两个电子变为 Pb 沉附在极板上,而 SO_4^{2-} 则与电解液中的 H^+ 结合,生成 H_2SO_4。正极板处,也有少量的 $PbSO_4$ 进入电解液中,离解为 Pb^{2+} 和 SO_4^{2-},Pb^{2+} 在电源作用下失去两个电子变为 Pb^{4+}, Pb^{4+} 和电解液中水离解出来的 OH^- 结合生成 $Pb(OH)_4$, $Pb(OH)_4$ 又分解为 PbO_2 和 H_2O, 而 SO_4^{2-} 与电解液中的 H^+ 结合生成 H_2SO_4。充电时的化学反应过程如图1-4所示。充电过程中,正、负极板上的 $PbSO_4$ 逐渐恢复为 PbO_2 和 Pb,电解液中 H_2SO_4 逐渐增多,H_2O 逐渐减少,密度增大。充电终期,电解液密度升到最大值,且会引起水的电解。

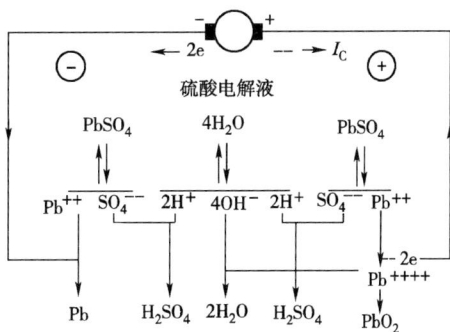

图1-4 蓄电池的充电过程

五、蓄电池的工作特性

1. 蓄电池的基本电特性

1)静止电动势

静止电动势是指蓄电池在静止状态下,正负极之间的电位差(即开路电压),用 E_0 表示。E_0 的大小与电解液的密度和温度有关,在密度为 $1.05 \sim 1.30 \mathrm{g/cm^3}$ 的范围内,可由下述公式计算其近似值:

$$E_0 = 0.85 + \rho_{25℃} \tag{1-1}$$

式中:$\rho_{25℃}$——25℃时的电解液密度,$\mathrm{g/cm^3}$。

实测所得电解液密度可按下式换算成25℃时的密度:

$$\rho_{25℃} = \rho_t + \beta(t - 25) \tag{1-2}$$

式中:ρ_t——实际测得的电解液密度,$\mathrm{g/cm^3}$;

t——实际测得的电解液温度,℃;

β——电解液密度温度系数,$\beta = 0.00075$,即每温升1℃,电解液密度下降 $0.00075\mathrm{g/cm^3}$。

电解液的密度在充电时增大,放电时减小,一般在 $1.12 \sim 1.30\mathrm{g/cm^3}$ 之间波动,因此静止电动势也相应地在 $1.97 \sim 2.15\mathrm{V}$ 之间变化。

2)内阻

蓄电池的内阻反映了蓄电池的负载能力。在相同的条件下,内阻越小,输出电流越大,负载能力越强。蓄电池的内阻为极板电阻、电解液电阻、隔板电阻、铅连接条和极柱电阻的总和,用 R_0 表示。

极板电阻一般很小,并且随极板上的活性物质变化而变化。充电后电阻变小,放电后电阻变大,特别是在放电结束,由于有效活性物质转变为硫酸铅,则电阻大大增加。

隔板电阻因所用的材料而异。木质隔板比微孔橡胶隔板和微孔塑料隔板的电阻大。另外,隔板越薄,电阻越小。

电解液的电阻随其温度和密度的不同而变化。如6-Q-75型蓄电池在温度为40℃时,其内阻约为 0.01Ω,但在 -20℃时则为 0.019Ω。可见,内阻随温度的降低而增大。电解液内阻随其密度的变化关系如图1-5所示。密度为 $1.2\mathrm{g/cm^3}$ 时(25℃),硫酸的离解度最好,黏度较小,电阻也最小。蓄电池在使用过程中,电解液密度在其内阻较小的范围内变化。

连接条电阻与单体电池的连接形式有关。内部穿壁式和跨越式连接的电阻比传统外露式铅连接条电阻要小。

一般来说,起动型铅蓄电池的内阻是很小的。在小电流放电时对蓄电池的电力输出影响很小,但在大电流放电时(如起动发动机时),如内阻过大,则会引起其端电压的大幅度下降,从而影响起动性能。

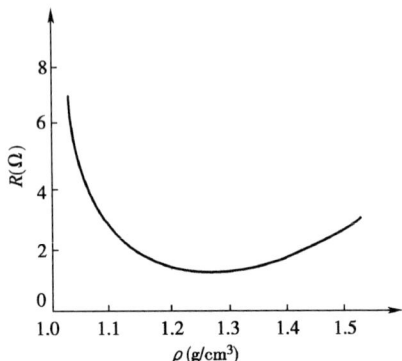

图1-5 电解液内阻随其密度的变化关系(温度为25℃)

2. 蓄电池的充、放电特性

蓄电池的充、放电特性是指在恒流充、放电过程中,蓄电池的电动势、端电压和电解液密度等参数随时间变化的规律。

1) 充电特性

如图1-6所示,6-Q-75蓄电池以7.5A电流充电时的特性曲线。充电时,电源电压必须克服蓄电池的电动势和内阻的压降,因此充电过程中蓄电池的端电压总是大于电动势。

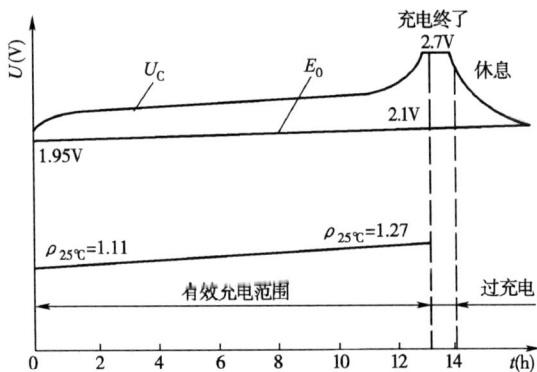

图1-6 蓄电池充电特性

充电初期,端电压迅速上升,是因为充电时极板上的活性物质和电解液的反应首先在极板孔隙内进行,极板孔隙中迅速生成的硫酸来不及向极板外扩散,使孔隙中的电解液密度快速增大,致使电池的电动势和端电压迅速上升。

充电中期,随着充电的进行,新生成的硫酸不断向周围扩散,当极板孔隙中生成硫酸的速度和硫酸向外扩散的速度处于动态平衡时,蓄电池端电压的上升速度比较稳定,随着整个容器内电解液密度的上升而相应增高。

充电末期,单体蓄电池端电压达到2.3～2.4V,这时极板上的活性物质几乎最大限度地转变为二氧化铅和海绵状铅,如继续充电,电解液中的水将开始电解而产生氢气和氧气,以气泡的形式剧烈放出,形成所谓的"沸腾"状态。由于氢离子在极板上与电子的结合不是瞬间完成而是缓慢进行的,于是靠近负极板处会积存有较多的正离子H^+,使溶液和极板之间产生了附加电位差(也称氢过电位,约为0.33V),因而使单体电压急剧升至2.7V左右。此时应停止充电,否则,将造成蓄电池的过充电。过充电时,由于剧烈地放出气泡,会在极板内部造成压力,加速活性物质的脱落而使极板过早损坏。所以,应尽量避免长时间的过充电。

在实际充电中,为了保证将蓄电池充足,往往需要2~3h的过充电才行。全部充电过程中,极板孔隙内的电解液密度比容器中的稍大一些。因此,蓄电池的电动势总是高于静止电动势。充电停止后,极板孔隙内电解液和容器中的电解液密度趋向平衡,因而单体蓄电池的端电压又降至2.1V左右。

蓄电池充电终了的特征是:

(1)蓄电池内部产生大量气泡,即所谓"沸腾"。

(2)端电压和电解液密度均上升至最大值,且2~3h内不再增加。

2)放电特性

图1-7所示为6-Q-75型蓄电池以放电电流 $I_f = 3.75A$ 放电时的特性曲线。

由于放电过程中电流是恒定的,单位时间内所消耗的硫酸量是一定的,所以电解液的密度沿直线下降。密度每下降 $0.03 \sim 0.038g/cm^3$,蓄电池放电约25%。

放电过程中,因为蓄电池内阻上有压降,所以端电压总是小于电动势。放电开始时,单体电压从2.1V迅速下降,这是因为极板孔隙中硫酸迅速消耗使密度降低的缘故。当渗透到极板孔隙的硫酸和消耗的硫酸达到平衡时,单体电压将随整个容器内电解液密度的降低而缓慢地下降到

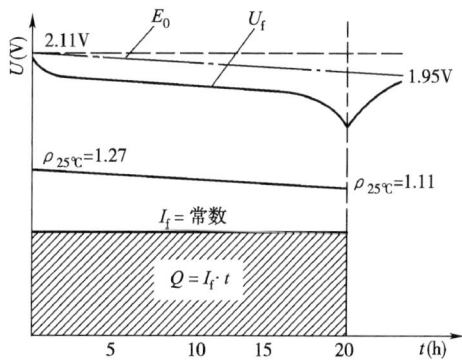

图1-7 蓄电池放电特性

1.95V。接着电压又迅速下降至1.75V,此时应停止放电,如继续放电,电压将急剧下降。这是由于放电终了时,化学反应深入到极板的内层,而放电时生成的硫酸铅较原来活性物质的体积大(是海绵状铅的2.68倍,是二氧化铅的1.86倍),硫酸铅聚积在极板孔隙内,缩小了孔隙的截面积,使电解液渗入困难,因而极板孔隙内消耗掉的硫酸难以得到补充,孔隙内的电解液密度便迅速下降,端电压也随之急剧下降。

当端电压降至一定值时再继续放电即为过度放电。过度放电对蓄电池是有害的,因为孔隙中生成的粗结晶硫酸铅,充电时不易还原,而使极板损坏、容量下降。

停止放电后,由于极板孔隙中的电解液和容器中的电解液相互渗透,趋于平衡,蓄电池的端电压将稍有回升(称为蓄电池"休息")。

蓄电池放电终了的特征是:

(1)电解液密度降低到最小许可值(约为 $1.1g/cm^3$)。

(2)单体电池的端电压降至放电终止电压。

容许的放电终止电压与放电电流强度有关,放电电流越大,则放完电的时间越短,而允许的放电终止电压越低,见表1-2。

起动型蓄电池放电终止电压与放电率的关系 表1-2

放电情况	放电率	20h	10h	3h	30min	5min
	放电电流(A)	$0.057C_{20}$	$0.1C_{20}$	$0.25C_{20}$	C_{20}	$3C_{20}$
	单体电池终止电压(V)	1.75	1.70	1.65	1.55	1.50

第二节　蓄电池的容量及其影响因素

一、蓄电池的容量

蓄电池的容量是指在一定的放电条件下，蓄电池所能输出的电量。它标志着蓄电池对外供电的能力，即

$$C = I_f t_f \tag{1-3}$$

式中：C——蓄电池容量，A·h；

　　　I_f——放电电流，A；

　　　t_f——放电持续时间，h。

蓄电池的容量与放电电流、电解液温度等因素有关，因此蓄电池的标称容量是在一定的放电电流、一定的终止电压和一定的电解液温度下确定的。标称容量有以下两种：

（1）20h 率额定容量：指完全充足电的蓄电池，在电解液温度为 25℃ ±2℃，以 20h 放电率放电电流连续放电至 12V 蓄电池端电压降到 10.50V ± 0.05V 时所输出的电量，用 C_n 表示，单位为 A·h。我国生产的蓄电池所标注的额定容量即为 20h 率额定容量。

（2）储备容量：国际蓄电池协会和美国汽车工程师协会（SAE）规定的一种蓄电池容量表示法，即储备容量表示法，根据我国《起动用铅酸蓄电池》（GB/T 5008.1—2013）标准，蓄电池的储备容量是指完全充足电的蓄电池，在电解液温度为 25℃ ±2℃ 时，以 25A 电流放电至 12V 蓄电池端电压达 10.50V ± 0.05V 时，放电所持续的时间，用 $C_{r,n}$ 表示，单位为 min。如北京切诺基用 58-475 型蓄电池的储备容量为 82min。

储备容量与额定容量之间的换算关系可按下式进行：

$$YC_n = \zeta(C_{r,n}) \tag{1-4}$$

式中：$\gamma = 0.8455$（富液式蓄电池）或 $\gamma = 0.8928$（阀控式蓄电池）；

　　　$\zeta = 1.2429$（富液式蓄电池）或 $\zeta = 0.8939$（阀控式蓄电池）。

二、影响蓄电池容量的使用因素

蓄电池的容量不是一个固定不变的常数，而与很多因素有关，归纳起来可分为两类：一类是与生产工艺及产品结构有关的因素，如活性物质的数量、极板的厚薄、活性物质的孔率等；另一类是使用条件，如放电电流、电解液温度和电解液密度等。

$$C_{r,n} = \beta(C_n)^d \tag{1-5}$$

式中：$d = 1.1828$（富液式蓄电池）或 $d = 1.1201$（阀控式蓄电池）；

　　　$\beta = 0.7732$（富液式蓄电池）或 $\beta = 1.1339$（阀控式蓄电池）。

1. 放电电流

放电电流越大，极板表面活性物质的孔隙很快会被生成的硫酸铅所堵塞，使极板内层的活性物质不能参与化学反应，故蓄电池容量减小。放电电流对蓄电池容量的影响如图 1-8 所示。从图中可以看出，随着放电电流的增大，蓄电池容量变小。

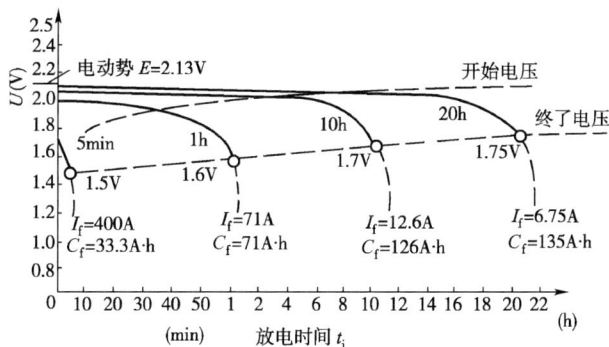

图1-8　放电电流对蓄电池容量的影响

2. 电解液温度

温度降低则容量减小,这是由于温度降低时,电解液的黏度增大,渗入极板内部困难;同时电解液电阻也增大,使蓄电池内阻增加,消耗在内阻上的压降增大,蓄电池端电压降低,容量因此减小。温度每下降1℃,缓慢放电时的容量约减小1%,迅速放电时约减小2%。不同温度下的容量可用下式换算为25℃时的容量。

$$C_{25℃} = C_t[1 - 0.01(t - 25)] \tag{1-6}$$

式中:$C_{25℃}$——换算为25℃时的容量,A·h;

$\qquad C_t$——电解液平均温度为t℃时的实际容量,A·h;

$\qquad t$——放电终止时中间单体电池电解液的温度,℃。

由于温度对蓄电池放电时的端电压和容量有很大影响,因此在寒冷天气应特别注意蓄电池的保温。

3. 电解液密度

适当增加电解液的密度,可以提高电解液的渗透速度和蓄电池的电动势,并减小内阻,使蓄电池的容量增大。但密度过大时,由于电解液的黏度增大使渗透速度减低,内阻和极板硫化增加,又会使蓄电池的容量减小。起动用蓄电池一般使用密度为$1.26 \sim 1.29 \mathrm{g/cm^3}$的电解液。

第三节　蓄电池的使用与维护

一、蓄电池的充电

充电是蓄电池使用过程中的一个重要环节。对于新启用的蓄电池,在使用前必须进行初次充电;使用中的蓄电池也要根据情况进行补充充电;在存放期中,每3个月也要进行一次放电—充电循环处理,以保持蓄电池一定的容量,延长其使用寿命。

1. 初充电

新蓄电池或修复后的蓄电池在使用之前的首次充电称为初充电。初充电对蓄电池的性能和使用寿命影响很大。若初充电未充足,则蓄电池的容量会长期偏低,寿命将会缩短;若初充电过量,隔板和极板受到严重腐蚀,其寿命也会降低。因此,初充电要十分认真。初充电的特点是充电电流小,充电时间长(一般为70~90h)。初充电的步骤如下:

(1)新蓄电池启封后,加注一定密度的电解液(密度一般为$1.25 \sim 1.28 \mathrm{g/cm^3}$),然后静放 6 ~ 8h，再将液面调整到极板以上 15mm，电解液温度低于 35℃ 时方可进行充电。

（2）蓄电池初充电通常分两个阶段完成：第一阶段的充电电流值取 $I_{C1} = 1/15 C_{20}$；第二阶段的电流值一般为第一阶段电流值的一半，即 $I_{C2} = \frac{1}{2} I_{C1}$。充电时接通充电电路，按第一阶段的电流值进行充电，当蓄电池端电压达到 13.8 ~ 14.4V 时，将充电电流减半进入第二阶段继续进行充电，至蓄电池端电压和电解液密度在 2 ~ 3h 内不再上升，并有大量气泡放出为止。充电过程中应经常测量电解液的温度，若温度上升到 40℃，应将电流值减半，若温度上升到 45℃，应立即停止充电，并人工冷却，待温度下降至 35℃ 以下时方可继续充电。

（3）初充电接近结束时，应测量电解液密度和液面高度，若不符合规定，应用蒸馏水或密度为 1.40g/cm³ 的电解液进行调整。调整后，应再充电 2h，直至电解液密度和液面高度符合要求。

对于新蓄电池的初充电作业，应进行 1 ~ 3 次充、放电循环，目的是检查它的容量是否达到额定容量，并促使极板上未转化的物质转变为活性物质，以提高蓄电池的容量。方法是新蓄电池初充电后，用 20h 率电流放电至电池电压降至 10.5V，测量蓄电池容量是否达到额定容量，如容量低于额定容量的 90%，应再进行一次充放电循环，直到容量达到额定容量的 90% 以上为止。

2. 补充充电

在使用中，若发现蓄电池电力不足，不能使起动机有力地运转，应进行补充充电。补充充电也称普通充电。表示蓄电池容量不足的现象有：

（1）电解液密度下降到 1.20g/cm³ 以下。

（2）冬季放电超过额定容量 25%，夏季超过 50%。

（3）灯光比正常时暗淡。

（4）蓄电池电压降到 10.2V 以下。

补充充电的过程和方法与初充电基本相同。第一阶段充电电流可按 $I_{C1} = \frac{1}{10} C_{20}$ 充电 10 ~ 11h，第二阶段电流减半后再充电 3 ~ 5h 即可。

常用蓄电池的初充电和补充充电规范见表 1-3。

常用蓄电池的初充电和补充充电规范　　　　表 1-3

蓄电池型号	额定容量 C_n (A·h)	初充电 第一阶段 电流 (A)	时间 (h)	初充电 第二阶段 电流 (A)	时间 (h)	补充电 第一阶段 电流 (A)	时间 (h)	补充电 第二阶段 电流 (A)	时间 (h)
6-Q-36	36	2.4		1.2		3.6		1.8	
6-Q-45	45	3		1.5		4.5		2.3	
6-Q-50	50	3.3		1.6		5		2.5	
6-Q-54	54	3.6		1.8		5.4		2.7	
6-Q-60	60	4	25 ~ 35	2	20 ~ 30	6	10 ~ 11	3	3 ~ 5
6-Q-75	75	5		3		7.5		4	
6-Q-90	90	6		3		9		4	
6-Q-105	105	7		4		10.5		5	
6-Q-120	120	8		4		12		6	

3. 维护性充电

1）去硫充电

当极板硫化较严重时（蓄电池长期充电不足或放电后长期放置，极板上生成一层白色的粗晶粒硫酸铅,在正常充电时很难溶解还原,造成蓄电池容量明显下降的现象称为极板硫化),可进行"去硫充电"。方法是先倒出电池内的电解液,用蒸馏水反复冲洗数次,然后灌入蒸馏水至高出极板15mm,用初充电电流进行充电,并随时测量电解液密度。如密度升到$1.15g/cm^3$以上时,可用蒸馏水冲淡,继续充电至电解液密度不再上升后进行放电。如此反复多次,或充6h,中间停2h,反复进行至电解液密度不变为止,最后参照初充电方法充电并调整电解液密度至规定值,用20h放电率放电检查容量,如容量达到额定容量的80%时,说明硫化已基本消除,即可使用。

2)预防硫化过充电

蓄电池在使用中,常因充电不足而造成极板硫化。为预防起见,可每隔3个月进行一次预防硫化过充电,即比平常充电时间更长、充电更完全。方法是:用平时补充充电的电流值将电池充足,中断1h,再用1/2的补充充电电流值充电至"沸腾"为止。如此重复几次,直至刚开始充电,蓄电池立即"沸腾"时为止。

3)均衡充电

蓄电池在使用过程中,由于制造、使用等因素,会出现各单体电池的端电压、电解液密度、容量等的差异,采用均衡充电的方法可消除这种差异。具体方法是:先用正常的方法进行充电,待蓄电池端电压稳定后,停充1h,改用20h率电流进行充电,充2h停1h,反复三次,直至蓄电池各单体一开始充电立即剧烈地产生气泡为止,最后调整各单体电池的电解液密度至规定值。

二、蓄电池的维护

蓄电池的性能和使用寿命不仅取决于其本身的结构和产品质量,而且在很大程度上取决于对蓄电池的使用情况和使用过程中是否对其进行细致的维护。在对蓄电池的使用与维护上要做好以下工作:

(1)经常保持蓄电池的外部清洁,以防间接短路和电极接线柱腐蚀。

(2)经常检查蓄电池在车上的安装是否牢靠,电极接线柱与接线头的连接是否紧固,为防止接线柱氧化,通常应涂以保护剂(如凡士林或黄油等)。

(3)定期检查和调整各单体内电解液液面高度。电解液液面在任何时候均应超出极板组上10~15mm,不允许极板露出液面,以防极板硫化。当电解液因蒸发而减少时,应及时加注蒸馏水。

(4)根据不同季节调整电解液密度。在冬季或寒冷地区,应尽量使蓄电池充足电,并适当提高电解液密度,以防电解液结冰而导致壳体破裂、极板弯曲和活性物质落脱等故障。

(5)冬季补加蒸馏水时,只能在蓄电池充足电前进行。因为充电时会使蓄电池温度升高,易使蒸馏水较快地与电解液混合,从而减少电解液冰冻的危险。

(6)经常检查加液孔盖是否拧紧,以免行车时因振动而使电解液溢出,同时盖上的通气孔必须畅通,以防蓄电池在充电过程中,因内部气压升高而导致壳体破裂。

(7)使用起动机时,每次起动时间应不超过5s,两次起动之间的时间间隔应大于15s。

(8)未启用的新电池,其储存方法和时间应以出厂说明为准。

(9)保管蓄电池时须注意,应保存在室温为5~40℃的干燥、清洁及通风良好的仓库内,并不受阳光直射,远离热源,避免与任何液体和有害物质接触。

(10)放置蓄电池时,不待倒置及卧放,不得受任何机械冲击或重压。

三、蓄电池技术状况的检查

为了及时发现蓄电池的各种内在故障,汽车每行驶1000km,或冬季行驶10~15天,夏季行驶5~6天,需对蓄电池进行下列检查。

1.电解液液面高度的检查

液面高度可用玻璃管测量,如图1-9所示。电解液液面应高出极板10~15mm,电解液不足时应加注蒸馏水。对于塑料外壳的蓄电池,通常在透明的塑料外壳侧面划有电解液液面的最高和最低刻线,可直接读取各单格的电解液液面高度。

注意:除非确知液面降低是由于电解液溅出所致,否则一般不允许加入电解液。

2.蓄电池放电程度的检验

1)用密度计测量电解液密度

电解液的密度用吸式密度计测定,如图1-10所示。将密度计插入电池单体内,吸入电解液,使密度计浮子浮起,电解液液面所在的刻度即为密度值。注意在测量密度时,应同时测量电解液温度,并将测得的电解液密度按式(1-2)换算成25℃时的密度值。

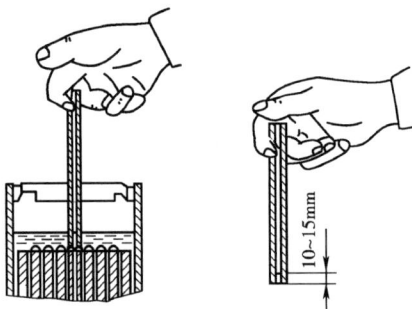

图1-9　用玻璃管测量电解液液面高度

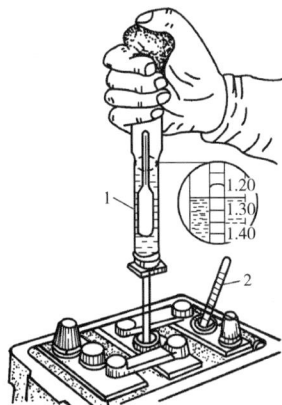

图1-10　测量电解液的密度和温度
1-密度计;2-温度计

根据实际经验,电解液密度每减小$0.01g/cm^3$,相当于蓄电池放电6%,所以从测得的电解液密度就可以粗略地估算出蓄电池的放电程度。需要注意的是,在强电流放电和加注蒸馏水后,由于电解液混合不匀,不应立即测量电解液密度。

2)用高率放电计测量放电电压

高率放电计是模拟接入起动机负荷,测量蓄电池在大电流(接近起动机起动电流)放电时的端电压,用以判断蓄电池的放电程度和起动能力。

高率放电计由一个30V电压表和一个定值负载电阻组成,测量时应将两叉尖紧压在蓄电池的正、负极柱上,保持15s左右,观察大负荷放电情况下蓄电池所能保持的端电压,如图1-11所示。若其电压能保持在9.6V以上,说明蓄电池性能良好,但电量不足;若能稳定在10.6~

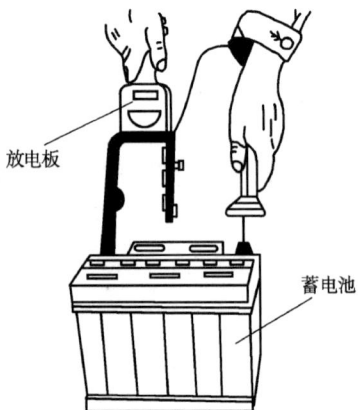

图1-11　用高率放电计测量放电电压

11.6V,说明电池电量充足;若电压迅速下降,说明蓄电池已损坏。

3)就车起动测试

先设法使发动机不能起动(如拔下分电器中央高压线并将其搭铁),将电压表连接于蓄电池的两极,然后接通起动机历时15s,电压表的读数应不低于9.6V(对12V电池而言),且基本稳定。

第四节　改进型铅酸蓄电池

一、干荷电蓄电池

干荷电铅蓄电池与普通铅蓄电池的区别在于,极板组在干燥状态的条件下能够较长期地保存制造过程中所得到的电荷。所以,干荷电蓄电池在规定的保存期内(一般两年)如需使用,只要加入规定密度的电解液,搁置15min,调整液面高度至规定标准后,不需要进行初充电即可投入使用,并且其荷电量可达到蓄电池额定容量的80%以上。因此,它是理想的应急电源。目前,国内已大批量生产干荷电蓄电池,并且基本上取代了普通蓄电池。

干荷电蓄电池之所以具有荷电性能,主要在于负极板的制造工艺与普通蓄电池不同。正极板上的活性物质——二氧化铅化学活性比较稳定,其荷电性能可以较长期地保持。而负极板上的活性物质——海绵状铅由于表面积大,化学活性高,容易氧化,所以要在负极板的铅膏中加入松香、油酸、硬脂酸等防氧化剂;并且在化学形成(简称化成)过程中有一次深放电循环或进行反复地充电、放电,使活性物质达到深化。化成后的负极板,先用清水冲洗后,再放入防氧化剂溶液(硼酸、水杨酸混合液)中进行浸渍处理,让负极板表面生成一层保护膜,并采用特殊干燥工艺(干燥罐中充入惰性气体或抽真空),这样即可制成干荷电极板。由于负极板经过特殊处理,其抗氧化性能得到提高,因此干荷电蓄电池与普通蓄电池相比,自放电小,储存期较长。

干荷电蓄电池的使用、维护与普通蓄电池基本一样。对于储存期超过两年的干荷电蓄电池,因极板有部分氧化,使用以前应以补充充电的电流充电5~10h后再用。

二、免维护蓄电池

免维护蓄电池是在传统蓄电池基础上发展起来的新型蓄电池,其性能比普通蓄电池优越许多。

1. 结构与材料方面的特点

免维护蓄电池在结构及材料方面的特点主要表现在如下三方面:

(1)极板栅架采用低锑或无锑合金,从而减少了自放电,提高了耐过充能力。

(2)在加液孔盖的内部设置一个氧化铝过滤器,它既可以使氢气和氧气顺利逸出,又可以阻止水蒸气和硫酸气体通过,这样就减少了电解液的消耗。

(3)正极板装在袋式微孔塑料隔板中,这样避免了活性物质的脱落,因而可以取消壳体底部的凸棱,降低了极板组的高度,使极板上部的容积增大33%左右,增加了电解液的储存量,延长了补充电解液的期限。

2.使用特点

（1）在使用过程中不需补加蒸馏水。普通蓄电池,使用中由于蒸发(约占10%)和水的电解(约占90%)两个原因,使得水很容易被消耗掉。实践证明,在同样的使用条件下,每行车1000km,普通蓄电池耗水为16~32g,而免维护蓄电池仅有1.6~3.2g。

（2）自放电少,可作较长时间的湿式储存,一般可作两年以上湿式储存。

（3）耐过充电性能好。在相同的充电电压和温度下,免维护蓄电池的过充电电流很小,在充足电时仅几十毫安。过充电阶段的电能主要用来电解水,所以免维护蓄电池的水耗量很小。

（4）使用寿命长。实践证明,免维护蓄电池的使用寿命至少在两年以上。

但免维护蓄电池在深度放电情况下,容量和寿命会减少,且生产工艺复杂,成本较高。

为了使免维护蓄电池经常处于良好的工作状况,应定期进行少量的维护工作。一般每年或汽车每行驶30000km,应检查电解液液面高度,并测量电解液密度和蓄电池的开路电压。液面下降应加注蒸馏水至规定液面高度。经常保持蓄电池的清洁和干燥,最好每半年进行一次补充充电以保持蓄电池的容量,不至于产生深度过放电而影响蓄电池的使用寿命。

第五节　车用交流发电机的特点和类型

一、车用交流发电机的特点

发电机是汽车电气系统的主要电源,由汽车发动机驱动。它在正常工作时,对除起动机以外的所有用电设备供电,并向蓄电池充电以补充蓄电池在使用中所消耗的电能。

发电机有直流发电机和交流发电机两大类。

早期使用的是直流发电机,它是靠换向器将电枢绕组内感应的交流电转变为直流电的。在换向过程中,电刷与换向器之间易产生火花引起换向器和电刷的烧蚀和磨损,并且随着发电机转速的提高,换向火花也相应增大,无线电干扰严重,换向器与电刷的磨损加剧。因此,传统的直流发电机已不能适应现代高速发动机的要求。

车用交流发电机包括一个三相同步交流发电机和数个整流二极管,它利用硅二极管将发电机定子绕组中所感应的三相交流电整流为直流电。

车用交流发电机与直流发电机相比,具有体积小、质量轻、结构简单、维修方便、使用寿命长、发动机低速充电性能好、配用的调节器结构简单、无线电干扰小及节约铜材等优点,因此采用交流发电机后,直流发电机便逐渐被淘汰了。目前,汽车全部装用交流发电机。

二、交流发电机的类型

车用交流发电机可按总体结构、整流器结构和搭铁形式进行分类。

1.按总体结构的不同,车用交流发电机的分类

（1）普通车用交流发电机,由三相交流发电机和6只硅整流二极管组成。如东风EQ1090型载货汽车用JF132型发电机。

（2）整体式车用交流发电机，采用内装式电子调节器的交流发电机，如一汽奥迪、上海桑塔纳等轿车均用 JFZ1813Z 型发电机。

（3）带泵车用交流发电机，是指带真空制动助力泵的交流发电机。多用于柴油车，如依维柯汽车用 JFZ1912Z 型发电机。

（4）无刷车用交流发电机，是指无电刷和滑环结构的发电机，如 JFW1913 型发电机。

（5）永磁车用交流发电机，转子磁极采用永磁材料的发电机。

2. 按整流器结构不同，车用交流发电机的分类

（1）六管发电机，其整流器由 6 只硅整流二极管组成。如东风 EQ1090 车用的 JF132 型、解放 CA1091 车用 JF1522A、JF152D 型发电机。

（2）八管发电机，具有 2 只中性点二极管，其整流器共有 8 只二极管。如天津夏利 TJ7100 轿车用 JFZ1542 型发电机。

（3）九管发电机，具有 3 只磁场二极管，其整流器共有 9 只二极管。如北京 BJ1022 轻型货车用 JFZ141 型发电机。

（4）十一管发电机，具有 2 只中性点二极管和 3 只磁场二极管，其整流器共有 11 只二极管。如桑塔纳轿车用 JFZ1813Z 型发电机。

3. 按磁场绕组搭铁形式不同，车用交流发电机的分类

（1）内搭铁式：磁场绕组的一端与发电机壳相连接。如东风 EQ1090 型车用的 JF132 型发电机。

（2）外搭铁式：磁场绕组的一端经电压调节器后搭铁。如解放 CA1091 型车用的 JF152D、JF1522A 型发电机。

第六节　交流发电机的构造、工作原理和特性

一、交流发电机的构造

普通车用交流发电机由三相同步交流发电机和 6 只硅二极管组成的三相桥式整流器组成。图 1-12 所示为国产 JF1311 型发电机的分解图，图 1-13 所示为其结构剖视图。

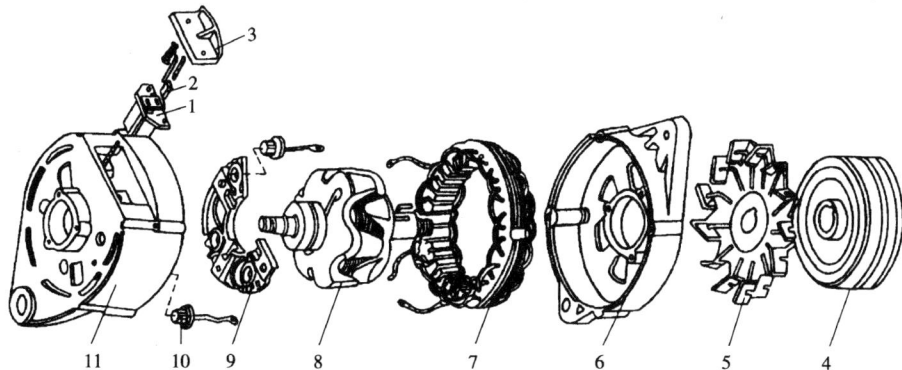

图 1-12　JF1311 型发电机分解图

1-电刷架；2-电刷；3-电刷弹簧压盖；4-V 形带轮；5-风扇；6-前端盖；7-定子总成；8-转子总成；9-散热板；10-硅二极管；11-后端盖

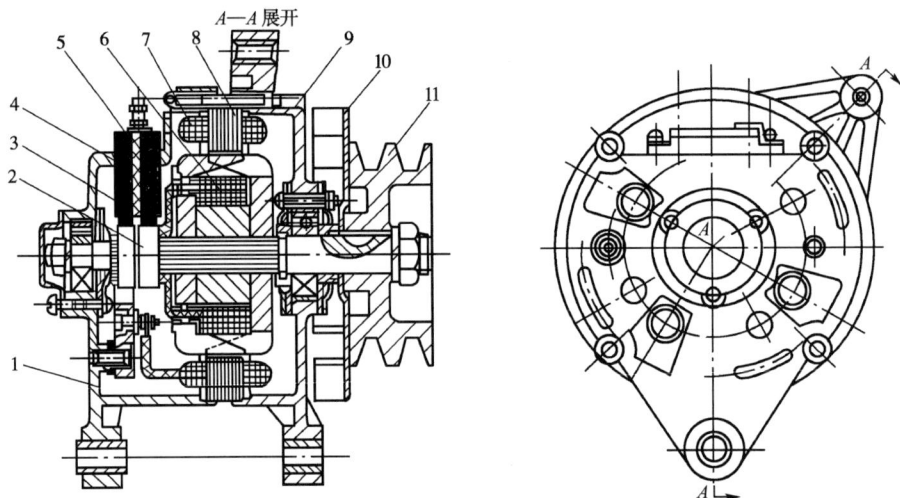

图 1-13　JF1311 型发电机结构剖视图

1-后端盖;2-滑环;3-电刷;4-电刷弹簧;5-电刷架;6-磁场绕组;7-电枢绕组;8-定子铁芯;9-前端盖;10-风扇;11-V 形带轮

1. 转子

转子是交流发电机的磁场部分,其作用是产生旋转磁场。转子主要由两块爪极、磁场绕组、轴和滑环等组成,如图 1-14 所示。两块爪极各具有 6 个鸟嘴形磁极,压装在转子轴上,在爪极的空腔内装有磁轭,其上绕有磁场绕组(又称励磁绕组或转子线圈)。磁场绕组的两引出线分别焊在与轴绝缘的两个滑环上,滑环与装在后端盖上的两个电刷接触。当两电刷与直流电源接通时,磁场绕组中便有磁场电流通过,产生轴向磁通,使得一块爪极被磁化为 N 极,另一块爪极为 S 极,从而形成了 6 对相互交错的磁极。

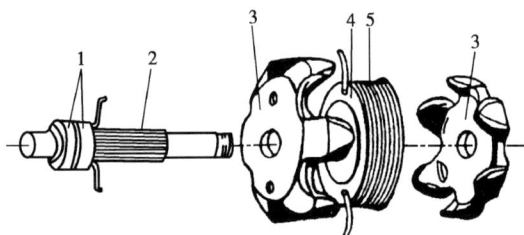

图 1-14　转子总成分解图

1-滑环;2-轴;3-爪极;4-磁轭;5-磁场绕组

2. 定子

定子又称电枢,由铁芯和三相定子绕组组成,其功用是产生感应电动势。定子铁芯由相互绝缘的内圆带槽的环状硅钢片叠成,定子槽内置有三相电枢绕组,如图 1-15 所示。

为了使三相电枢绕组中产生大小相等、相位上互差 120°(电角度)的对称电动势,三相电枢绕组的绕法需遵循下列原则:

(1)每相绕组的线圈个数和每个线圈的节距与匝数都必须完全相等。以国产 JF1311 型发电机为例,磁极对数为 6,定子总槽数为 36,每相绕组占有的槽数为 36/3 = 12,并且采用的是单层集中绕法,即每个槽内放置一个有效边(一个线圈有两个有效边,放在两个定子槽内)。因此,每相绕组都由 6 个线圈串联而成,每个线圈有 13 匝,则每相绕组共有 6 × 13 = 78 匝。

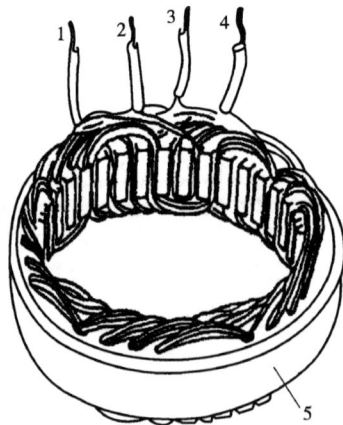

图 1-15　定子总成结构

1、2、3、4-绕组引线;5-定子铁芯

每个线圈的两个有效边之间间隔的定子槽数称为线圈节距,相邻两异性磁极中心线之间的槽数称为极距,即

$$线圈节距 = \frac{定子铁芯总槽数}{磁极个数} = \frac{36}{12} = 3$$

(2)三相绕组的首端 A、B、C 在定子槽内的排列必须相隔 120°电角度。转子旋转时,磁极的磁场不断地和定子中的导体做相对运动,在定子绕组中产生交流电动势。每转过一对磁极,定子导体中的感应电动势就变化一个周期,即 360°电角度。每个磁极在定子圆周上占有的槽数为 36/12 = 3,即 180°电角度,所以每两个相邻的槽的中分线之间为 180°/3 = 60°电角度。为了使三相绕组各个首端之间相隔 120°电角度,即线圈的节距为 3,各首端之间的距离应为 $2 + 3n$ 个槽($n = 0,1,2,\cdots$)即 2、5、8、11···个槽均可。三相绕组展开图如图 1-16 所示。A、B、C 三个首端依次放入 1、9、17 三个槽中,而末端 x、y、z 则相应地放入 34、6、14 三个槽内,就可保证三相绕组之间的相位差为 120°电角度。

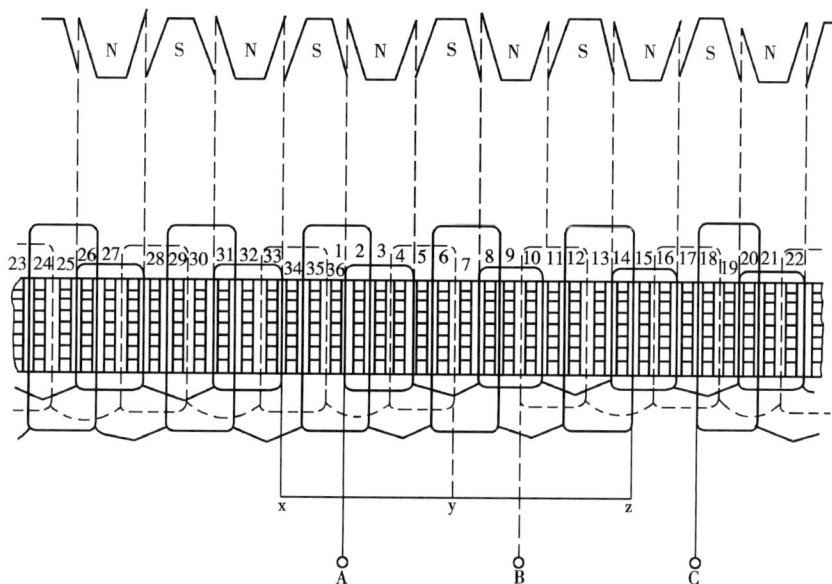

图 1-16 JF1311 型发电机定子绕组展开图

三相电枢绕组的连接方法有星形接法(又称 Y 形接法)和三角形接法(又称△形接法)两种,如图 1-17 所示。Y 形接法即将三相绕组的 3 个末端 x、y、z 连接在一起,将三相绕组的首端 A、B、C 作为交流发电机的交流输出端。△形接法是将每相绕组的首端和另一绕组的末端依次相连接,因而有 3 个接头,这 3 个接点即为交流发电机的交流输出端。

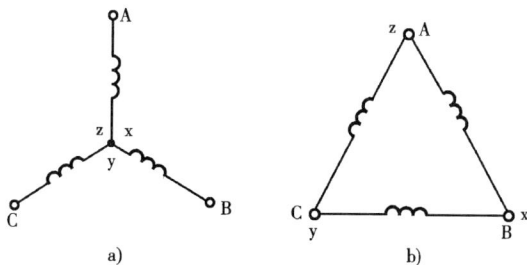

图 1-17 三相绕组的连接方法
a)Y 形接法;b)△形接法

3. 整流器

整流器的功用是将发电机定子绕组产生的三相交流电变换为直流电。一般由6只硅整流二极管和安装二极管的散热板组成。压装在后端盖上的3只二极管,其引线为二极管的负极,俗称负极管,壳体上涂有黑色标记。负极管的外壳(二极管的正极)和发电机的外壳接在一起成为发电机的负极(搭铁极)。压装在元件板上的二极管,其引线为二极管的正极,俗称正极管,壳体上涂有红色标记。3个正极管的外壳压装在元件板的3个孔中,与元件板接在一起成为发电机的正极,经螺栓引至后端盖的外部作为发电机的电源输出接线柱,标记"电枢"" + "或"B + ",如图1-18所示。元件板与后端盖之间用尼龙或其他绝缘材料制成的垫片隔开,并固定在后端盖上。

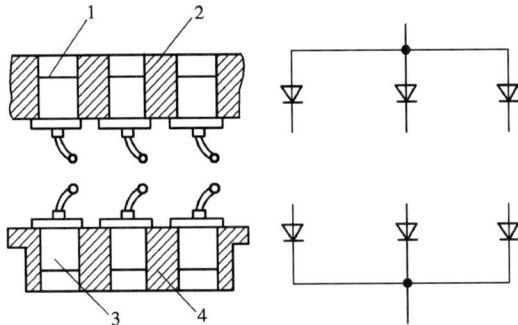

图1-18 硅二极管安装示意图

1-负极管(黑色标记);2-后端盖;3-正极管(红色标记);4-元件板

4. 端盖和电刷总成

前后端盖均由铝合金压铸或砂模铸造而成,这是因为铝合金为非导磁性材料,可减少漏磁并具有轻便、散热性能良好的优点。为了提高轴承孔的机械强度,增加其耐磨性,在端盖的轴承座孔内镶有钢套。

电刷总成由两只电刷、电刷弹簧和电刷架组成。电刷装在电刷架的孔内,借电刷弹簧的压力与转子总成上的滑环保持接触,每只电刷都有一根引线直接引到发电机后端盖的接线端子上或后端盖上,用于给转子绕组提供磁场电流。

电刷架由酚醛玻璃纤维塑料模压而成或用玻璃纤维增强尼龙制成,安装在发电机的后端盖上,如图1-19所示。目前国产交流发电机的电刷架有两种结构:一种是电刷架可直接从发电机的外部拆装(图1-19a),因此拆装维修方便;另一种则不能直接从发电机外部进行拆装(图1-19b),如需更换电刷,必须将发电机拆开,故这种结构逐渐被淘汰。

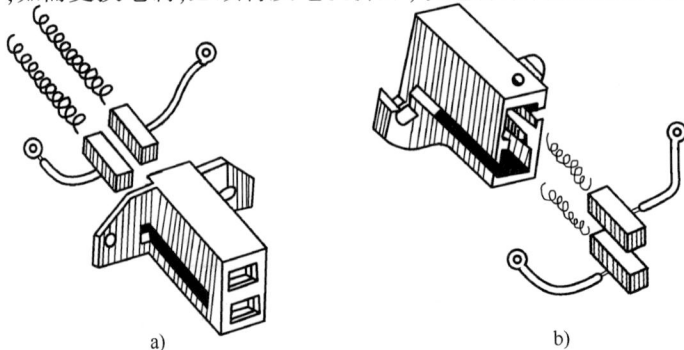

a)   b)

图1-19 电刷架结构

a)能从外部拆装;b)不能从外部拆装

交流发电机有内搭铁和外搭铁之分,两只电刷引线的接法也不同。对于内搭铁发电机,其磁场绕组直接在发电机内部搭铁,两只电刷引线中的一根与后端盖上的磁场接线柱"F"(或"磁场")相连接,另一根则直接与发电机外壳上的搭铁接线柱"－"(或"搭铁")连接。而外搭铁式发电机由于磁场绕组是通过所配的调节器搭铁,因此两只电刷接线柱均与发电机外壳绝缘,分别用"F_1"和"F_2"表示(有的用"F+""F－"表示)。交流发电机的搭铁形式如图 1-20 所示。

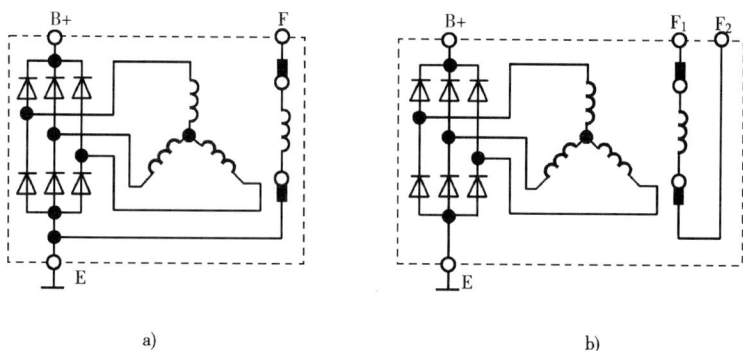

图 1-20　交流发电机的搭铁形式

a)内搭铁型交流发电机;b)外搭铁型交流发电机

为了保证发电机在工作时不致因温升过高而损坏,在发电机转子轴上装有风扇(用钢板冲制而成或铝合金压铸而成),后端盖上有进风口,前端盖上有出风口。当发电机轴旋转时,风扇也一起旋转,使空气高速流经发电机内部对发电机进行强制冷却。

5. 国产车用交流发电机型号

根据中华人民共和国汽车行业标准《汽车电气设备产品型号编制方法》(QC/T 73—1993)的规定,汽车交流发电机的型号组成如下:

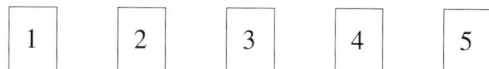

| 1 | 2 | 3 | 4 | 5 |

(1)产品代号:交流发电机产品代号有 JF、JFZ、JFB、JFW 和 JFY 五种,分别表示交流发电机、整体式交流发电机、带泵交流发电机、无刷交流发电机和永磁交流发电机。

(2)电压等级代号:由阿拉伯数字表示,1 亿表 12V;2 亿表 24V。

(3)电流等级代号:分别用 1 位阿拉伯数字表示,其含义见表 1-4。

电　流　等　级　代　号　　　　　　　　　　　　　　　　　　　　表 1-4

电流等级代号	1	2	3	4	5	6	7	8	9
电流等级(A)	$(-\infty,20)$	$[20,30)$	$[30,40)$	$[40,50)$	$[50,60)$	$[60,70)$	$[70,80)$	$[80,90)$	$[90,+\infty)$

(4)设计序号:按产品设计先后顺序,以 1～2 位阿拉伯数字组成。

(5)变形代号:交流发电机以调整臂位置作为变形代号。从驱动端看,调整臂在中间不加标记,在右边时用 Y 表示,在左边时用 Z 表示。

例如:JF152 表示:交流发电机,其电压等级为 12V,电流等级≥50～59A,第 2 次设计;JFZ1913Z 表示:调整臂在左边的整体式交流发电机,电压等级为 12V,电流等级≥90A,第 13 次设计。

二、交流发电机的工作原理

1. 发电原理

车用交流发电机的工作原理,如图 1-21 所示。

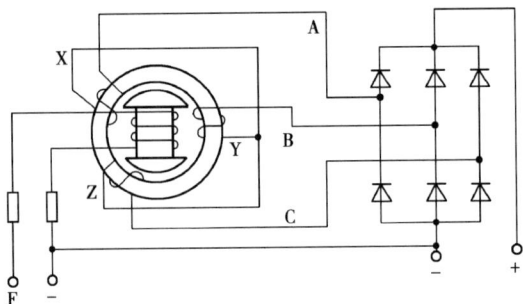

图 1-21 交流发电机的工作原理

当转子旋转时,磁力线和定子绕组之间产生相对运动,在三相定子绕组中产生交流电动势。交流电动势的频率 $f(\text{Hz})$ 为

$$f = \frac{pn}{60} \tag{1-7}$$

式中: p——磁极对数;

n——发电机转速,r/min。

在汽车用交流发电机中,由于转子磁极呈鸟嘴形,其磁场的分布近似正弦规律,所以交流电动势也近似正弦波形。三相电枢绕组在定子槽中是对称绕制的,因此三相交流电动势大小相等,相位差互为 $120°$ 电角度,其瞬时值为

$$e_A = \sqrt{2}E_\Phi \sin\omega t \tag{1-8}$$

$$e_A = \sqrt{2}E_\Phi \sin(\omega t - 120°) \tag{1-9}$$

$$e_A = \sqrt{2}E_\Phi \sin(\omega t - 240°) \tag{1-10}$$

式中: E_Φ——每相电动势的有效值,V;

ω——电角速度,$\omega = 2\pi f = \pi pn/30$。

每相电动势的有效值 E_Φ 为

$$E_\Phi = 4.44k\Phi_m fN \tag{1-11}$$

式中: k——绕组系数,采用整距集中绕组时 $k = 1$;

f——感应电动势的频率,Hz;

N——每相绕组师数;

Φ_m——每极磁通,Wb。

车用交流发电机三相绕组有 Y 形接法和△形接法,根据电工学原理,在 Y 形接法时(图1-22a),任意两个输出端的输出电压(称线电压 U_L)、输出电流(称为线电流 I_L)与每相绕组的相电压 U_Φ、相电流 I_Φ 的关系为

$$U_L = \sqrt{3}U_\Phi \tag{1-12}$$

式中: U_L——定子绕组输出的线电压;

U_Φ——每相绕组的相电压。

$$I_L = I_\Phi \tag{1-13}$$

式中: I_L——定子绕组输出的线电流;

I_Φ——每相绕组的相电流。

当定子绕组采用△形接法时(图1-22b),则

$$U_L = U_\Phi \tag{1-14}$$

$$I_L = \sqrt{3}I_\Phi \tag{1-15}$$

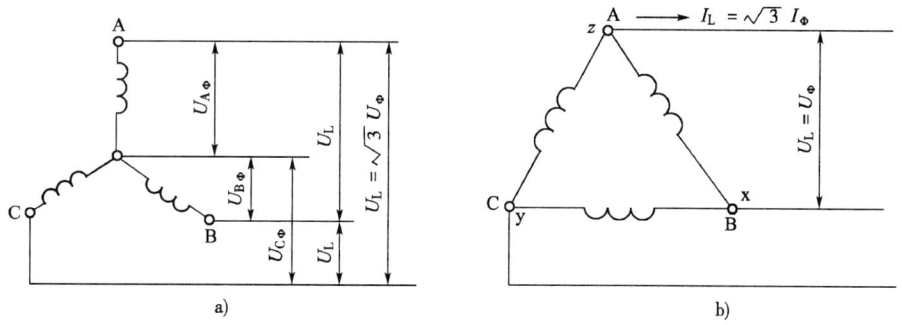

图 1-22 三相绕组不同接法时的电压、电流关系

a)Y 形接法;b) △形接法

由此可见,在交流发电机相电压相同的运转条件下,Y 形接法比△形接法具有较高的输出电压,而当输出线电压相同时,△形接法输出电流则较大。因此,采用 Y 形接法的交流发电机在发动机转速较低时(如怠速时)便可向蓄电池充电,而采用△形接法的交流发电机则需较高的发动机转速才能向蓄电池充电(指在与 Y 形接法有相同的传动比时)。所以,大多数车用交流发电机都采用 Y 形接法,只有在少数大功率交流发电机上才采用△形接法。

2. 整流原理

定子绕组中感应出的交流电动势,是靠 6 个硅二极管组成的三相桥式整流电路变换为直流电的。三相桥式整流电路的原理如图 1-23 所示。

在三相桥式整流电路中,3 只正极二极管 VD_1、VD_3、VD_5 的负极连接在一起,在某一瞬间,正极电位最高的二极管导通。而 3 只负极二极管 VD_2、VD_4、VD_6 的正极连接在一起,在某一瞬间,负极电位最低的二极管导通。根据上述原理,其整流过程如下:

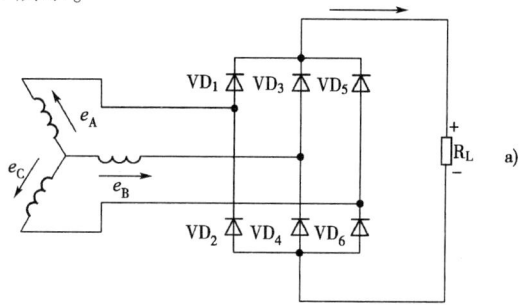

在 $t = 0$ 时,$u_A = 0$,u_B 为负值,u_C 为正值,则二极管 VD_5、VD_4 处于正向电压作用下而导通。电流从 C 相流出,经 VD_5、负载、VD_4 回到 B 相构成回路。由于二极管内阻很小,所以此时 B、C 之间的线电压几乎都加在负载上。

在 $t_1 \sim t_2$ 时间内,A 相电压最高,而 B 相电压最低,VD_1、VD_4 处于正向电压而导通,A、B 之间的线电压加在负载上。

在 $t_2 \sim t_3$ 时间内,A 相电压仍最高,而 C 相电压变为最低,VD_1、VD_6 导通,A、C 之间的线电压加在负载上。

在 $t_3 \sim t_4$ 时间内,VD_3、VD_6 导通。

依次下去,周而复始,在负载上得到一个比较平稳的直流脉动电压,其电压波形如图 1-23c)所示。

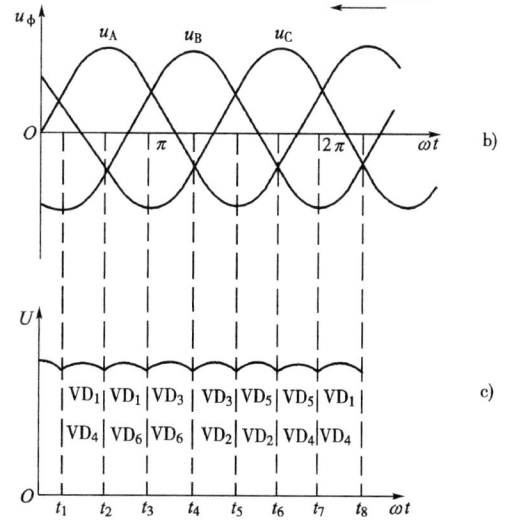

图 1-23 三相桥式整流电路及电压波形

a)电路;b)三相交流电动势;c)整流后的直流输出电压

发电机输出直流电压的平均值为

$$U = 1.35U_L = 2.34U_\Phi(星形连接) \tag{1-16}$$

$$U = 1.35U_L = 1.35U_\Phi(三角形连接) \tag{1-17}$$

式中:U_L——线电压的有效值,V;

U_Φ——相电压的有效值,V。

由于三相桥式整流电路中,在交流电的每一个周期内,每只二极管只有 1/3 时间导通,所以每只二极管的平均电流 I_D 为负载电流 I 的 1/3,即

$$I_D = \frac{1}{3}I \tag{1-18}$$

每只二极管所承受的最高反向电压 U_{DRM} 为线电压的最大值,即

$$U_{DRM} = \sqrt{2}U_L = 1.05U \tag{1-19}$$

实际上,汽车交流发电机中所选用的二极管其最高反向工作电压要高得多,这是因为考虑到汽车电路中由其他电气设备产生的自感电动势可能会作用于发电机的二极管,所以反向电压必须有一定的安全系数。国产交流发电机配用的 ZQ 型二极管,其最高反向工作电压可达 200V。

三、交流发电机的中性点与八管交流发电机

1. 交流发电机的中性点

三相定子绕组采用星形接法时,三相绕组 3 个末端的公共接点称为三相绕组的中性点(N),中性点对发电机的搭铁端是有电压的,称为中性点电压。它是通过 3 个负极二极管整流后得到的直流电压,故该点的直流电压等于发电机直流输出电压的 50% ,即

$$U_N = \frac{1}{2}U \tag{1-20}$$

式中:U_N——中性点直流电压,V;

U——发电机直流输出电压,V。

有些交流发电机用导线将中性点引出,接线柱标记为"N",如图 1-24 所示。中性点通常用来控制各种用途的继电器,如磁场继电器、充电指示灯继电器、空调电源继电器、前照灯电源继电器等。

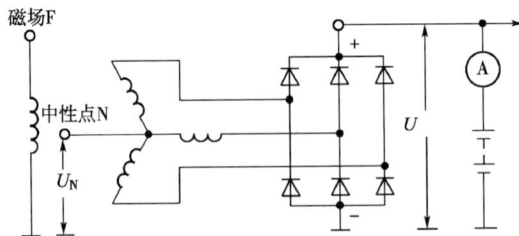

图 1-24　带有中性点接线柱的交流发电机

2. 八管交流发电机

星形接法的交流发电机中,其中性点 N 不仅具有直流电压,而且还包含有交流电压成分。中性点瞬时电压为三相基波电压整流得到的直流分量和三次谐波交流分量(与发电机转速有关,转速越高,三次谐波交流分量的瞬时最高值越大)的叠加,如图 1-25 所示。

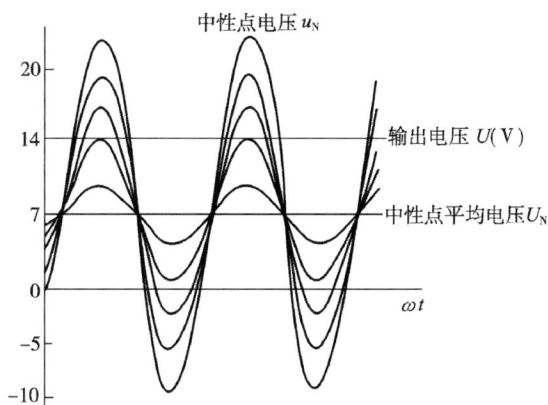

图 1-25 不同转速时中性点电压变化波形

当发电机转速升高到一定程度时,交流分量的最高瞬时值有可能超过发电机的直流输出电压 $U(14V)$,最低瞬时值则可能低于搭铁电压(0V)。交流分量中高于发电机直流输出电压 U 时便有可能对外输出。因此,可在中性点和发电机的"B +"端以及与搭铁端"E"之间分别增加 1 只整流二极管,这 2 只二极管称为中性点二极管。发电机的整流二极管共有八只,称八管发电机。

八管交流发电机中 2 只中性点二极管 VD_7 和 VD_8 的连接如图 1-26 所示。其工作原理如下。

(1)当中性点的瞬时电压高于发电机的输出电压 U 时,二极管 VD_7 导通,电流便经 VD_7、负载以及 3 只负极管子中的 1 只后经某一相绕组形成回路,如图 1-26a) 中箭头所示。

(2)当中性点的瞬时电压低于 0V 时,二极管 VD_8 导通,电流则从某一相流出,经该相的正极管子、负载、搭铁,最后经二极管 VD_8 回到中性点而形成回路,如图 1-26b) 中箭头所示。

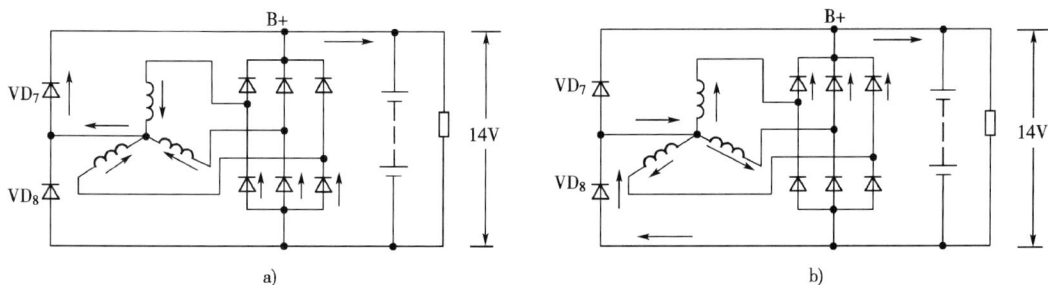

图 1-26 中性点二极管及其电流通路

a)中性点电压高于 U 时;b)中性点电压低于 0V 时

在中性点处接入 2 只中性点二极管后,便可利用中性点电压来增加发电机的输出电流。如图 1-27 所示为有、无中性点二极管时某发电机输出电流的对比,可见在发电机高速工作时,有中性点二极管的八管发电机其输出电流可增加 10% ~ 15% 。

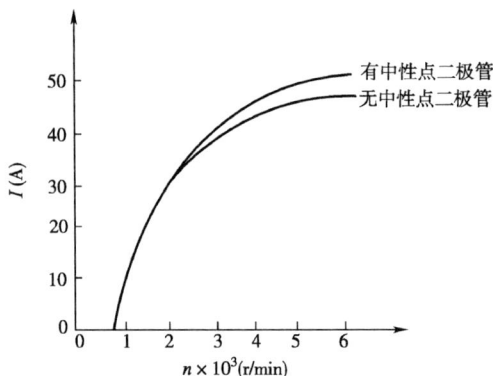

图 1-27　有、无中性点二极管时发电机输出电流对比

四、交流发电机的励磁与九管交流发电机

1. 交流发电机的励磁

发电机不接外电源时,也能自励发电,但必须有剩磁并且发电机转速要足够高才行。为了克服发电机在低速时不能很快建立电压的缺点,在发电机转速较低,输出电压低于蓄电池电压时,由蓄电池通过点火开关供给磁场电流进行他励,使发电机输出电压很快上升。当发电机输出电压超过蓄电池电压时,便开始自励发电并对外输出电流。

2. 九管交流发电机

九管交流发电机是在六管交流发电机的基础上,增设了 3 只小功率二极管 VD_7、VD_8 和 VD_9 并与主整流器的 3 只负极二极管组成另一三相桥式整流电路,如图 1-28 所示。若不考虑整流二极管的正向管压降时,其输出端 D + 的电压 U_{D+} 与发电机输出电压 U 基本相同,因此,可用 D + 的电压 U_{D+} 专门为磁场绕组供给磁场电流,增设的 3 只小功率二极管 VD_7、VD_8 和 VD_9 称为磁场二极管,带有 3 只磁场二极管的发电机则称为九管交流发电机。与普通六管交流发电机相比,由于磁场电流 I_F 比发电机输出电流 I_B 小得多,3 只磁场二极管 VD_7、VD_8 和 VD_9 的正向管压降要小于主整流器的正向管压降,故发电机工作时,尤其是在大电流输出时 D + 端的电压 U_{D+} 实际要高于发电机的输出直流电压 U,这将使发电机能够获得足够大的励磁电流,有利于发电机输出更大的功率,这一点对大功率发电机是十分有意义的,因此大功率交流发电机多采用九管交流发电机。另外,九管交流发电机还可利用 D + 端的电压 U_{D+} 方便地控制充电指示灯电路等,因而得到广泛的应用。

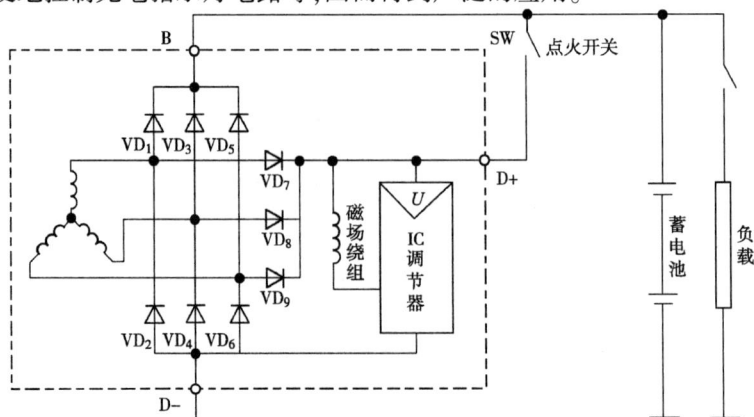

图 1-28　九管交流发电机充电系统电路

3. 十一管交流发电机

整流器具有 3 只正极二极管、3 只负极二极管、3 只磁场二极管和 2 只中性点二极管的交流发电机,称为十一管发电机,其充电系统的典型电路如图 1-29 所示。十一管发电机兼有八管和九管交流发电机共同的特点。

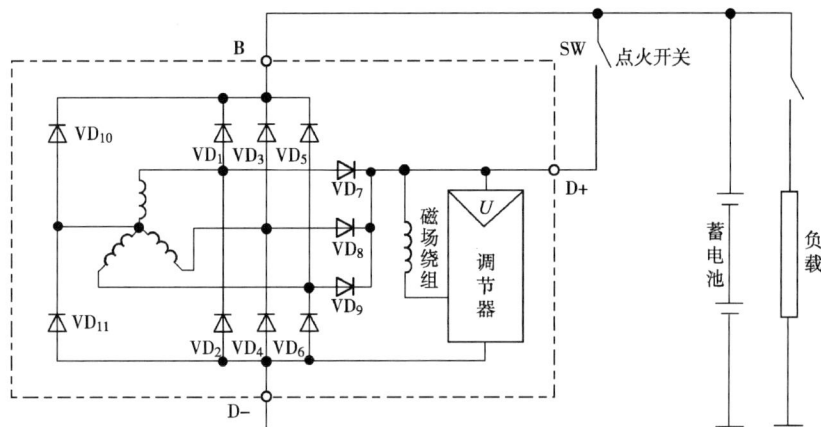

图 1-29　十一管交流发电机充电系统电路

五、交流发电机的工作特性

交流发电机的工作特性包括输出特性、空载特性和外特性。

1. 输出特性

输出特性又称负载特性,是指发电机向负载供电时,保持发电机输出电压一定,输出电流 I 与发电机转速 n 之间的关系 $I = f(n)$。图 1-30 所示为某交流发电机的输出特性曲线。

该特性曲线表明,当发电机端电压保持不变时(如保持 14V 或 28V),其输出电流随着发电机转速 n($n > n_1$)增加而逐渐增大。当 $n < n_1$ 时,因发电机端电压低于额定值,发电机不能对外输出电流,车用电器只能由蓄电池供电,故 n_1 称为空载转速。n_1 常用来作为选择发电机与发动机传动比的主要依据。

发电机达到额定输出电流时的转速称为额定转速,用 n_2 表示,这时发电机的输出电流为额定电流 I_N。空载转速 n_1 和额定转速 n_2 是发电机的主要性能指标。

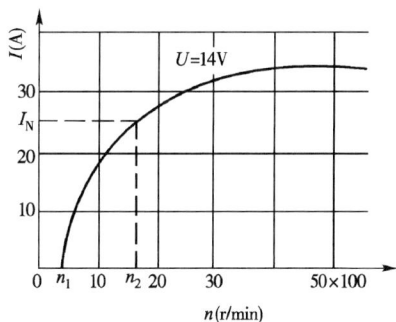

图 1-30　交流发电机的输出特性

使用中可通过检测这两个数据,与规定值相比即可判断发电机性能是否良好。

当发电机的转速超过某一数值后,输出电流逐渐达到某一稳定值——最大输出电流 I_m。这表明交流发电机具有自动限制输出电流的自保护能力。一般情况下,$I_m = 1.5 I_N$。交流发电机的自限流能力有两个原因:其一,定子电流的增大,电枢反应增强,即定子电流形成的磁场对转子磁场产生去磁作用,反过来使定子绕组中的感应电动势下降;其二,定子绕组的阻抗 $Z = \sqrt{r^2 + X_L^2}$,表现为电源的内阻抗,其中相绕组电阻 r 随输出电流的热效应略有增加,但其值变化不大,可忽略不计,但感抗 $X_L = 2\pi f L = \pi p n L/30$,可见 X_L 与转速 n 呈线性关系,因此,转速增加→X_L 增大→Z 增大→电源内阻抗压降增大→发电机端电压下降。

以上两种因素共同作用的结果就使发电机的输出电流不再增加,即交流发电机具有自身限制其输出电流的能力。

2. 空载特性

当发电机空载时(即负载电流 $I=0$),发电机端电压 U 与发电机转速 n 的关系 $U=f(n)$,称为发电机的空载特性,其曲线如图 1-31 所示。曲线形状与发电机的磁路关系较大,磁路气隙越小,漏磁越小,电压上升率越大。随着磁路的饱和,气隙磁通会在某一转速下保持恒定而不再增加,若发电机不配用调节器,随着转速的增加,端电压将不断上升。$U=f(n)$ 曲线的渐近线为一直线。

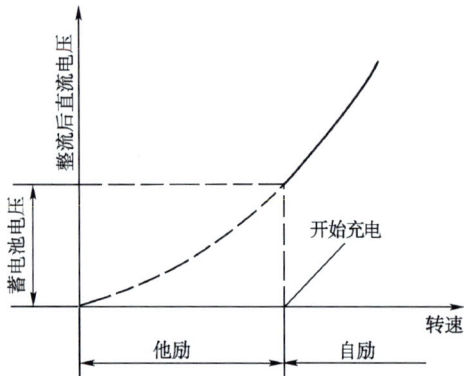

图 1-31 交流发电机的空载特性

3. 外特性

外特性是指发电机转速 $n=$ 常数,发电机的端电压 U 与输出电流 I 的关系 $U=f(I)$,图 1-32 所示为某交流发电机在三个不同转速下的外特性。

从外特性曲线可以看出,随着负载即输出电流的增加,发电机的端电压会很快下降,且转速越高,下降的斜率越大。这是由于随着输出电流的增加,定子绕组的压降也会增加,而且转速越高,定子绕组的阻抗就越大,其压降就越大;输出电流的增加还会使电枢反应加强,引起发电机端电压的下降,而端电压的下降又会使磁场电流减小,从而导致端电压的进一步下降。因此,当发电机在高转速下运转时,如果突然失去负载,则其端电压会急剧升高,这时发电机中的二极管以及调节器中的电子元器件将有被击穿的危险。

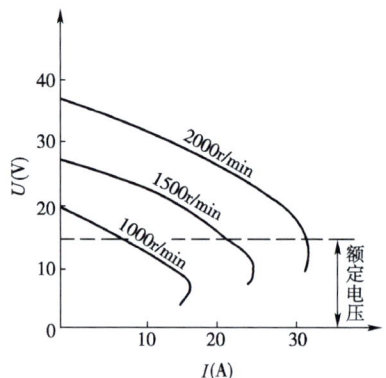

图 1-32 交流发电机的外特性

当输出电流增大到一定值时,如负载再增加,其输出电流不仅不会增加,反而会同端电压一起下降,即在外特性曲线上存在一个转折点。因此,当发电机短路时,其短路电流是很小的,这也说明交流发电机具有自身限制电流的功能。一般交流发电机工作在转折点以前。

第七节　交流发电机调节器概述

发电机由发动机驱动旋转,其转速随着发动机转速的不同而不同,用电设备要求发电机输出电压稳定,根据交流发电机特性,交流发电机必须配用电压调节器才能使得其输出的直流电压在一定的转速范围内保持恒定。

一、电压调节原理

交流发电机输出的直流电压 U 正比于交流发电机的感应电动势 E_Φ,而感应电动势 E_Φ 正比于发电机转速与每极磁通,即

$$U \propto E_\Phi \propto n \cdot \Phi \propto n \cdot I_f \tag{1-21}$$

因此,当发电机转速变化时,相应地改变每极磁通 Φ 才能达到保持电压恒定的目的,而每极磁通的大小取决于发电机磁场电流 I_f 的大小,故在发电机转速变化时,只要自动调节发电机的磁场电流 I_f,便可使发电机输出电压保持恒定。电压调节器就是利用这一原理调节发电机电压的。

二、电压调节方法

根据调节器电压调节原理,发电机在运行过程中要依据其转速和负载变化通过调节发电机的磁场电流 I_f 来保持发电机输出电压恒定的,磁场电流的调节多采用开关调节的方式,具有调节器电路简单容易实现的特点,所以在汽车上得到广泛应用,采用开关调节方式的调节器调节原理如图 1-33 所示,即调节器相当于一个调节串联在发电机磁场回路的开关 K,通过调节开关 K 开闭周期内接通和断开时间的比率(占空比)来控制磁场电流 I_f 平均值的。调节器开关 K 在开闭周期内接通时间长断开时间短(导通的占空比大)则磁场电流 I_f 的平均值大,反之调节器开关 K 在开闭周期内接通时间短断开时间长(导通的占空比小)则磁场电流 I_f 的平均值小。

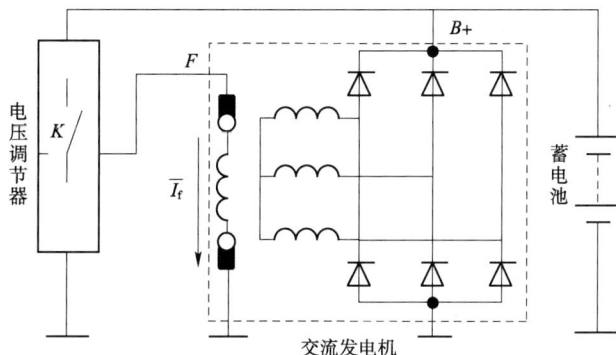

图 1-33　开关调节方式的调节器调节原理

当发电机未转动时,发电机输出端电压低于调节器的调定电压,磁场回路的开关 K 闭合,从蓄电池流出的电流经调节器开关 K 给发电机磁场绕组提供磁场电流;发电机转动后,其产生的电动势随转速的升高而升高。当发电机转速较低其输出电压低于蓄电池电压时,发电机磁场绕组和调节器磁化线圈仍由蓄电池供电,供电回路与发电机未转动时相同,调节器不工作,用电设备由蓄电池供电。当发电机转速升高,其输出电压高于蓄电池电压时,发电机磁场绕组和用电设备开始由发电机供电,即发电机开始自激发电。

当发电机转速升高,使发电机电压超过蓄电池电压增高到某一数值 U_2 时,调节器便控制开关 K 断开,由于磁场电流为零,使发电机电压迅速降低。当电压降到某一数值 U_1 时,调节器控制开关 K 重新闭合,磁场电流接通,发电机电压又上升,而当电压升高到 U_2,开关 K 重新打开。这样在调节器工作时,开关 K 时开时闭,周期性接通和断开,如此反复使发电机电压总是在 U_1、U_2 间脉动,并保持平均值 U_o。图 1-34 所示为某一转速下电压的脉动曲线。

电压平均值 U_o 为调节器控制下的发电机输出电压,称为调节器的调节电压。对于 12V 电系,该电压值为 13.5 ~ 14.8V,24V 电系为 27 ~ 29V。

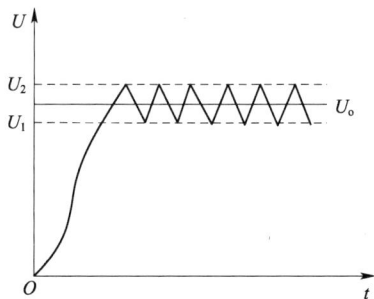

图 1-34　某一转速下电压的脉动曲线

三、调节器的分类

交流发电机配用的调节器种类繁多、型号各异,按其结构特点和工作原理可分为机械电磁振动式(触点式)和电子调节器两大类。

1. 电磁振动式调节器

电磁振动式调节器是通过一对或两对触点的反复开闭改变磁场电路的电阻来调节磁场电流的。

电磁振动式调节器工作时触点振动频率低,电压调节精度差;触点易烧蚀,因而故障率高、寿命短;同时触点振动时还会产生无线电干扰,目前已被电子调节器所取代。

2. 电子调节器

电子调节器是利用晶体三极管的开关特性,使磁场电路接通和断开来调节磁场绕组的平均电流的。

(1)按结构形式划分:

①晶体管式,即利用以晶体管为核心的分立电子元件组成的电子调节器,如解放CA1091型载货汽车用的JFT106型电子调节器。

②集成电路调节器,即以集成电路(1C)为核心组成的电子调节器,如桑塔纳等轿车的调节器。

(2)按安装方式划分:

①外装式,即与交流发电机分开安装的调节器,如JFT106型调节器。

②内装式,即安装在交流发电机内部的调节器。一般为集成电路调节器,如上海桑塔纳、天津夏利等车的调节器。

(3)按搭铁形式划分:

①内搭铁式,与内搭铁型交流发电机配套工作的电子调节器,如JFT126A型调节器;

②外搭铁式,与外搭铁型交流发电机配套工作的电子调节器,如JFT106型调节器。

由于电子调节器具有调节精度高、结构简单、工作可靠、故障少、能适应大功率发电机的要求等突出优点,目前已基本取代传统的电磁振动式调节器,特别是内装式集成电路调节器已成为现代汽车中与交流发电机配套的主流产品。

四、电压调节器的型号

根据《汽车电气设备产品型号编制方法》(QC/T 73—1993)规定,发电机调节器的产品型号编制方法如下:

1	2	3	4	5

(1)产品代号:交流发电机调节器的产品代号有"FT"和"FTD"两种,分别表示发电机调节器和电子发电机调节器(字母"F""T""D"分别为"发""调""电"的汉语拼音第一个字母)。

(2)电压等级代号与交流发电机相同。

(3)结构形式代号:结构形式代号用1位阿拉伯数字表示,见表1-5。

结构形式代号	1	2	3	4	5
触点式调节器	单联	双联	三联		
电子调节器				晶体管式	集成电路式

（4）设计序号：按产品设计先后次序，以 1～2 位阿拉伯数字表示。

（5）变型代号：以汉语拼音大写字母 A、B、C……顺序表示（不能用 O 和 I）。

例如：FT126C 表示 12V 的双联电磁振动式调节器，第 6 次设计，第 3 次变型；FTD152 表示 12V 集成电路调节器，第 2 次设计。

第八节　电子调节器

一、电子调节器的基本结构、工作原理和工作特性

1. 电子调节器的基本概念

电子调节器是利用三极管的开关特性制成的，即将三极管作为一只开关串联在发电机的磁场电路中，根据发电机输出电压的高低，控制三极管的导通和截止时间的长短（占空比）来调节发电机的平均磁场电流，从而使发电机输出电压稳定在某一规定的范围之内。

2. 电子调节器的搭铁形式

电子调节器有内搭铁和外搭铁之分，内搭铁式电子调节器与内搭铁发电机匹配使用，开关三极管装在发电机与点火开关之间，发电机励磁绕组有一端搭铁，开关三极管一般采用 PNP 型；外搭铁式电子调节器与外搭铁式发电机匹配使用，装在发电机励磁绕组与搭铁之间，发电机励磁绕组无搭铁端，调节器控制励磁绕组搭铁，开关三极管多采用 NPN 型。图 1-35 所示为两种搭铁形式电子调节器与发电机磁场绕组的连接电路。这两种形式的发电机与调节器不能互换，否则将会造成发电机电压失调或不发电。

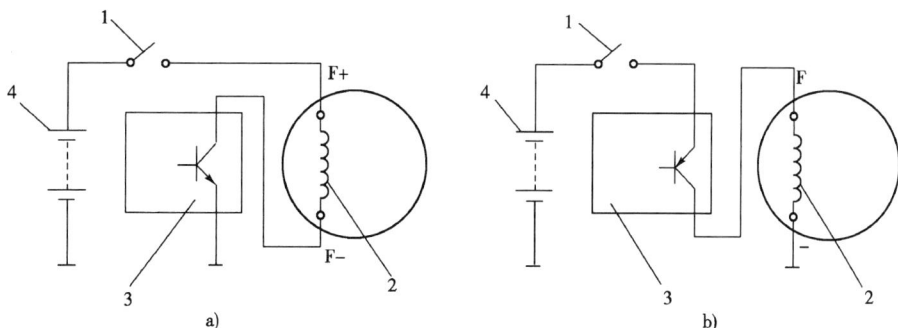

图 1-35　两种搭铁形式电子调节器与发电机磁场绕组的连接
a）外搭铁；b）内搭铁
1-点火开关；2-发电机磁场绕组；3-电子调节器；4-蓄电池

3. 电子调节器的基本工作原理

图 1-36 所示为内搭铁式电子调节器的基本电路原理。通常由功率开关三极管、信号放大和控制电路以及电压信号的检测电路等三部分电路组成。

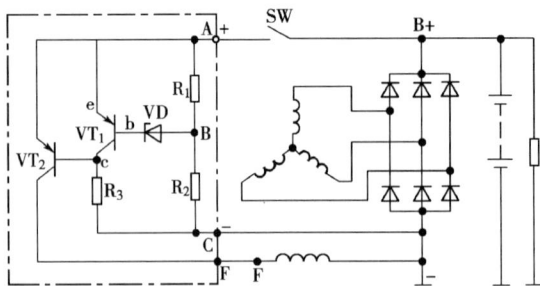

图 1-36 内搭铁式电子调节器的基本电路原理

电路中 VT_2 是功率开关三极管,用来接通和切断发电机的磁场电路,它串联在磁场绕组的电源端。三极管 VT_1 构成信号放大和控制电路,它可将电压检测电路送来的信号进行放大处理后来控制功率三极管 VT_2 的导通和截止。发电机电压信号的采集和输入控制电路由电阻 R_1、R_2 和稳压管 VD 组成,电阻 R_1、R_2 构成一个分压器,因此 $U_{AB} = R_1 / (R_1 + R_2) U_{AC}$,$U_{AB}$ 可反映发电机输出电压 U_{AC} 的高低。稳压管 VD 反向串联在三极管 VT_1 的基极回路中。

当 U_{AB} 大于稳压管 VD 的反向击穿电压 U_{VD} 与三极管 VT_1 发射结正向电压 U_{be} 之和时,稳压管 VD 反向击穿导通,三极管 VT_1 获得基极电流而导通;反之,当 U_{AB} 小于稳压管 VD 的反向击穿电压 U_{VD} 与三极管 VT_1 发射结正向电压 U_{be} 之和时,稳压管 VD 截止,三极管 VT_1 则因无基极电流而截止。

上述电子调节器的工作原理如下:当合上点火开关 SW 后,蓄电池电压便加在 A、C 两端,R_1 上的分压 U_{AB} 通过三极管 VT_1 的发射结加到稳压管 VD 上,由于蓄电池电压低于发电机的规定电压值,因此此时加到稳压管 VD 上的电压值小于其反向击穿电压 U_{VD},稳压管 VD 截止,VT_1 截止,VT_2 则由 R_3 提供偏置电流而处于饱和导通状态,蓄电池便经 VT_2 给磁场绕组提供磁场电流。当发电机电压超过规定值时,VD 反向击穿导通,VT_1 导通,使 VT_2 的发射结被短路,因而 VT_2 截止,从而切断了磁场电路,使得发电机电压迅速下降。如此反复,发电机的电压便被稳定于规定值。

外搭铁电子调节器的基本电路如图 1-37 所示,其特点是功率三极管为 NPN 型,串联在发电机磁场绕组的搭铁端,即发电机磁场电路是通过调节器的功率三极管来搭铁的。因此,必须与外搭铁的发电机配套使用,工作原理与上述内搭铁式电子调节器基本相同。

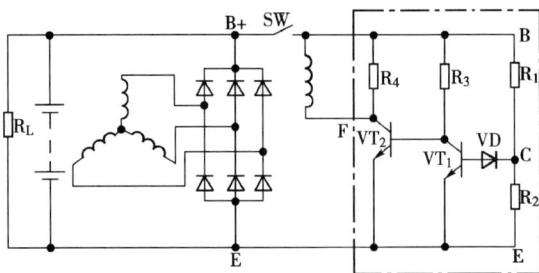

图 1-37 外搭铁式电子调节器的基本电路原理

4. 电子调节器工作特性

调节器的工作特性是指调节器的调节电压 U_o 和磁场电流的平均值 I_f 随发电机转速 n 变化的规律,图 1-38 所示是某发电机调节器的工作特性曲线。

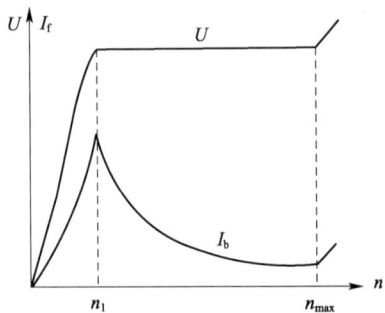

图 1-38 电子调节器工作特性

当发电机转速开始升高时,发电机的电压和磁场电流也随之逐渐增大,发电机输出电压低于调节器的调节电压 U_o,此时调节器开关三极管是导通的,这时磁场电流最大。当转速增至某一转速 n_1 时,电压达到了规定值,调节器开始工作,n_1 称为调节器的工作下限。若转速继续增高,则开关三极管的相对导通率(占空比)减小,因而磁场电流的平均值减小,使电压保持不变,磁场电流平均值不断减小;当发电机转速继续增加到某一数值 n_{max} 时,电压又开始升高,电压调节器失去调节作用,这是因为当转速增加到 n_{max} 时,当开关三极管处于截止状态,磁场电流为零,但由于交流发电机转子存在一定的剩磁磁通,尽管磁场电流为零,当转速很高时,电压也会升高,n_{max} 称为调节器的工作上限。从 n_1 到 n_{max} 的范围为电压调节器的调节范围。由于交流发电机转子的剩磁磁通很少,所以调节器的工作上限很高,调节范围很大。

二、晶体管式电子调节器

1. 国产 JFT106 型晶体管式调节器

国产 JFT106 型晶体管式调节器为 14V 外搭铁式,调节电压为 13.8~14.6V,可与 14V、750W 的九管外搭铁交流发电机配套使用,也可与 14V、1000W 的普通六管交流发电机配套使用,其电路如图 1-39 所示。

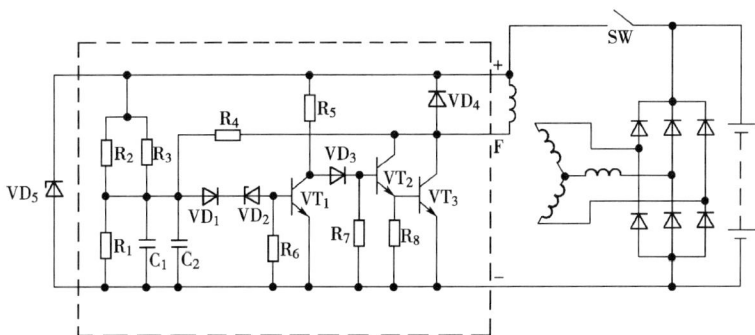

图 1-39　JFT106 型晶体管式调节器电路

电阻 R_2 和 R_3 并联后与 R_1 串联构成分压电路,接通点火开关时,蓄电池电压加在该分压电路上,R_1 上的分压经二极管 VD_1 和电阻 R_6 加在稳压管 VD_2 上,此时,R_1 上的分压值低于稳压管 VD_2 的反向击穿电压,故 VD_2 截止,三极管 VT_1 因无基极电流而截止。VT_1 截止时,R_5、VD_3、R_7 构成串联电路,R_7 上的电压便加到 VT_2 的基极,使 VT_2 获得基极电流而导通。VT_2、VT_3 接成复合管形式(以提高放大倍数),因而 VT_3 也导通。VT_3 导通时,磁场绕组有电流通过而产生磁场,如发电机旋转,其输出电压便会迅速升高。

当发电机端电压超过规定值,R_1 的分压值大于稳压管 VD_2 的反向击穿电压,则 VD_2 击穿导通,VT_1 有基极电流而导通,VT_1 导通时,其集电极电位接近于零而使 VT_2、VT_3 截止,切断了发电机的磁场电路,使得发电机输出电压下降。

当发电机输出电压小于规定值时,稳压管 VD_2 重又截止,VT_1 也截止,VT_2、VT_3 重新导通,使磁场电路接通,发电机输出电压重新升高。如此反复,发电机输出电压便被稳定在规定值。

R_3 为调整电阻,根据稳压管 VD_2 反向击穿电压的不同,选装不同阻值的调整电阻。VD_1 是温度补偿二极管,其电压温度系数为负值,因稳压管 VD_2 的电压温度系数为正值,VD_1 和 VD_2 串联,可使三极管 VT_1 的导通和截止时刻不受温度的影响,从而提高了调节器的热稳定性。

二极管 VD_3 的作用是当 VT_1 导通时,使 VT_2 可靠截止。当 VT_1 处于导通状态时,由于 VT_1 温度升高会造成其集—射极管之间的压降增大,有可能使 VT_2 误导通。增加二极管 VD_3 后,由于 VD_3 的分压作用,而消除了 VT_2 误导通的可能性。

VD_4 为续流二极管,与发电机磁场绕组反向并联。当 VT_3 止时,可使磁场绕组中由于磁场电流产生的自感电动势经 VD_4 与磁场绕组自成回路,保护 VT_2、VT_3 免受损坏。C_1、C_2 与分压电阻 R_1 并联,由于电容器两端的电压不能突变,因此分压电阻 R_1 两端的电压也不会发生突变,这就推迟了稳压管导通与截止的时间,从而可降低三极管的开关频率,减少了三极管的损耗,使三极管发热量减少,使用寿命延长。R_4 为正反馈电阻,联接于三极管 VT_3 的集电极和二极管 VD_1 的正极之间,作用是加快三极管的开关速度,减少三极管的耗散功率,同时还可提高调节器的灵敏度,使调节电压更加稳定。

稳压二极管 VD_5 起过电压保护作用,即利用它的稳压特性,可对发电机负荷突然减小或蓄电池接线突然断开时,发电机所产生的正向瞬变过电压进行吸收保护,并可利用其正向导通特性,对开关断开时电路可能产生的反向瞬变过电压进行吸收,防止调节器或其他电子设备中的电子元器件损坏。

2. 晶体管调节器的接线方法

内搭铁式晶体管调节器与内搭铁式交流发电机配套使用,其接线方法如图 1-40a) 所示。调节器的"+"("点火")接线柱接至点火开关3,调节器的"F"("磁场")接线柱接发电机"F"("磁场")接柱;调节器的"−"(搭铁)接线柱与发电机的"−"(搭铁)接线柱相连。

外搭铁式晶体管调节器与外搭铁式交流发电机配套使用,其接线方法如图 1-40b) 所示。调节器的"−"接线柱搭铁;调节器的"F"("磁场")接线柱与发电机的"F"接线柱相接;调节器的"+"("点火")接线柱除与点火开关相连外,还需另增加一根导线与发电机磁场绕组的另一端"F_2"接线柱相接。

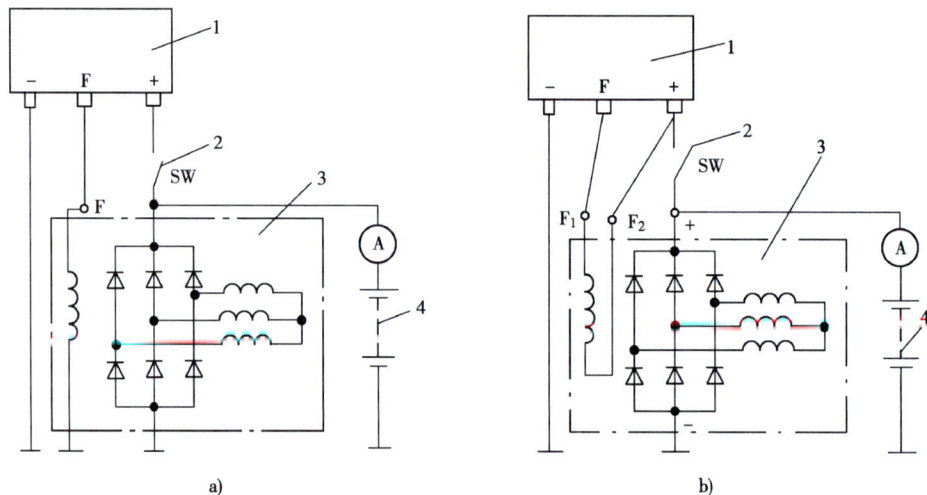

图 1-40　晶体管调节器与交流发电机的接线

a)内搭铁晶体管调节器与交流发电机的接线;b)外搭铁晶体管调节器与交流发电机的接线

1-晶体管调节器;2-点火开关;3-交流发电机;4-蓄电池

由于内搭铁式调节器与外搭铁式调节器接线方法不同,在充电系统的使用和故障判断及维修时应特别注意。

三、集成电路调节器

1. 集成电路调节器的特点

集成电路调节器是利用集成电路(IC)组成的调节器,可分为全集成电路和混合集成电路调节器两类。前者是将二极管、三极管、电阻、电容等电子元件同时制在一块基片上;后者是指由厚膜或薄膜电阻与集成的单片芯片或分立元件组装而成。使用最广泛的是厚膜混合集成电路调节器。

集成电路调节器与晶体管式电子调节器相比有以下突出的优点:

(1)体积和重量更小,故可直接装在发电机内部或壳体上成为整体式交流发电机的一个零件,这样可省去调节器与发电机的连接导线,减少了线路损失,使调节精度更高(可达 ±0.3V)。

(2)由于取消了外接线路,发生故障的可能性更小,且无须任何维护,性能十分可靠。

(3)耐高温性能好,可在 130℃ 的高温下正常工作。

(4)更加耐振,寿命更长。

集成电路调节器的基本工作原理和晶体管式电子调节器完全一样,都是利用三极管的开关特性控制发电机的磁场电流来达到稳定发电机输出电压的目的。同样也有内搭铁和外搭铁之分,而且以外搭铁居多。

2. 集成电路调节器的电压检测方式

集成电路调节器是装在发电机上的,可直接在发电机上检测发电机的输出电压,也可通过连接导线检测蓄电池的端电压变化来调节发电机的输出电压,因而根据其电压检测点的不同,集成电路调节器的电压检测方式可分为发电机电压检测法和蓄电池电压检测法两种。

1)发电机电压检测法

采用发电机电压检测法的集成电路调节器是以发电机输出端电压 U_B 为调节依据的,其基本电路如图 1-41 所示。即加在分压器 R_1 和 R_2 上的电压是磁场二极管输出端 L 的电压 U_L,U_L 和发电机 B 端的电压 U_B 相等,检测点 P 的电压为 $U_P = R_2/(R_1 + R_2)U_L = R_2/(R_1 + R_2)U_B$。由于检测点 P 加在稳压管 VD_1 两端的反向电压与发电机的端电压成正比,所以称为发电机电压检测法。采用发电机电压检测法时,可以减

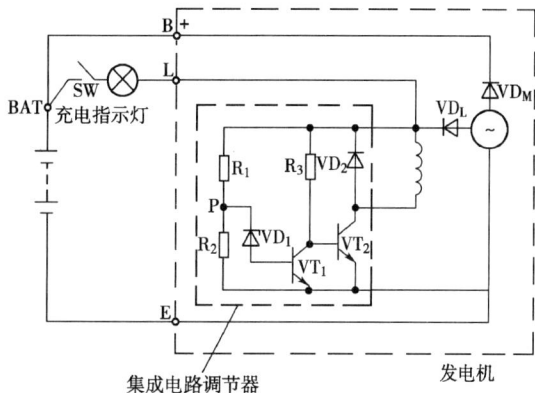

图 1-41 发电机电压检测法

少一根发电机与蓄电池间的电压检测线,但当发电机与蓄电池间的距离相对较远时,如有些大客车发动机后置,而蓄电池安装在前端,发电机"B +"到"BAT"接线柱之间导线的电压降相对较大时,会造成蓄电池的充电电压偏低,而使蓄电池亏电,因此发电机电压检测法多用于中小功率的发电机或发电机与蓄电池间的距离相对较近的轿车上。

2)蓄电池电压检测法

采用蓄电池电压检测法的集成电路调节器是以蓄电池端电压为调节依据的,基本电路如图 1-42 所示。加到分压器 R_1 和 R_2 上的电压为蓄电池端电压,由于检测点 P 加在稳压管 VD_1 上的反向电压与蓄电池端电压成正比,所以称为蓄电池电压检测法。采用蓄电池电压检测法的优点是不考虑发电机"B +"到"BAT"接线柱之间导线电压降的干扰,蓄电池始终处于良好的充电状态。因此,一般大功率发电机宜采用蓄电池电压检测法。但当"B +"到

"BAT"之间或"S"到"BAT"之间的检测线断路时,由于不能检测出发电机的端电压,发电机的输出电压将会失控。为了克服这一缺点,电路上应采取一定措施。

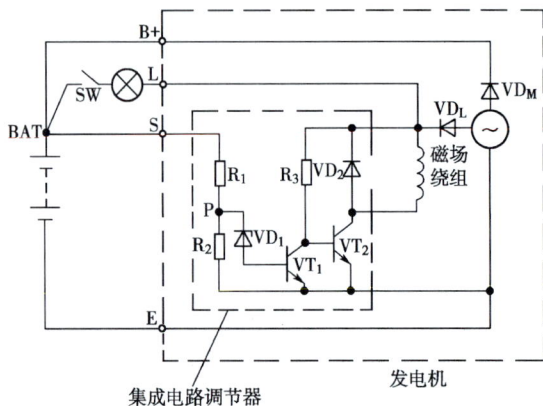

图 1-42　蓄电池电压检测法

3. 集成电路调节器实例

1)国产 JFT152 型集成电路调节器

JFT152 型集成电路调节器是一种厚膜混合集成电路调节器,通过安装板安装在发电机的电刷架上,适用于 14V、350~500W 的外搭铁交流发电机,如东风 EQ1090 车用的 JFZ132N 型发电机、JFZ13A、JFZ13E 型发电机等。其内部电路如图 1-43 所示,采用发电机电压检测法。

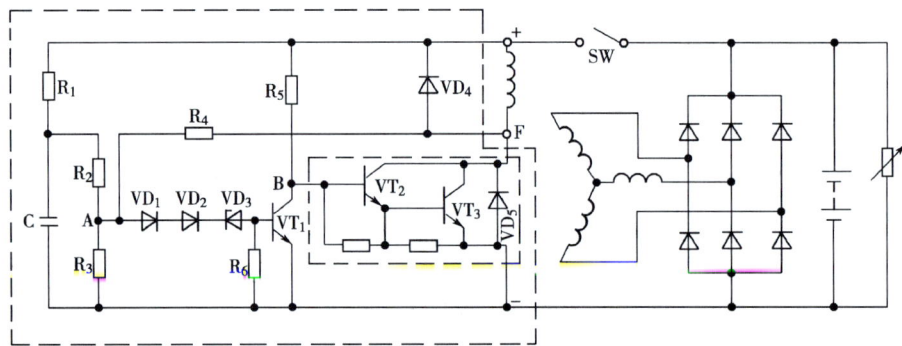

图 1-43　JFT152 型集成电路调节器内部电路

调节器的工作原理与前述分立元件外搭铁调节器基本相同。电路中 VD_1、VD_2 为温度补偿二极管,R_4 为正反馈电阻,VD_4 为续流二极管,VD_5 用于保护大功率三极管 VT_3 免受瞬间过电压的冲击而损坏,电容 C 起降低三极管的开关频率、减小三极管损耗的作用。

2)英国卢卡斯 14TR 型集成电路调节器

英国卢卡斯(Lucas)14TR 型集成电路调节器与卢卡斯 15-18ACR 型交流发电机配套,电路如图 1-44 所示。

该调节器电路采用典型的发电机电压检测法,检测电压通过发电机内部取自 3 个磁场二极管的输出端,与外界的连线仅有两条,一条是接蓄电池"+"的电源线,另一条接充电指示灯,经充电指示灯和点火开关相连,用于给发电机提供预励磁电流并控制充电指示灯。调节器的工作原理与前述外搭铁调节器相同。

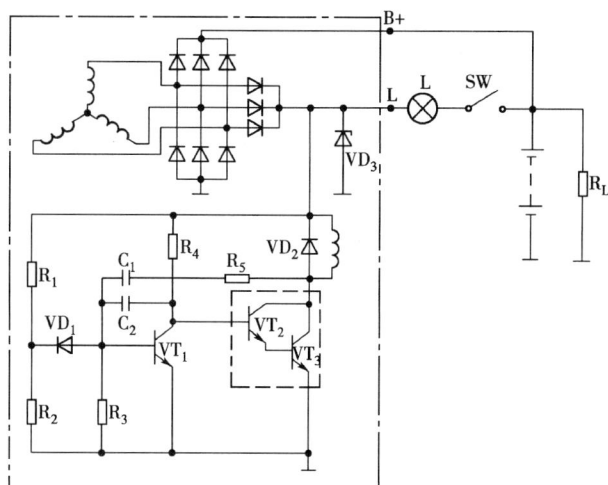

图 1-44 卢卡斯 14TR 型集成电路调节器电路

3）日本日立集成电路调节器

日本尼桑蓝鸟牌轿车采用的 LR160-708 型整体式发电机系日本日立公司（HITACH1）产品。它的集成电路调节器与电刷架以及外部接线插座组合为一个紧凑的塑料件总成，该总成又与元件板连接为一个整体。

图 1-45 所示为该发电机与集成电路调节器的电路原理图，调节器电路采用蓄电池电压检测法，检测点 S 通过一根较粗的导线直接连接到蓄电池的"＋"级，使检测电路 R_2、R_3 直接检测蓄电池的端电压。

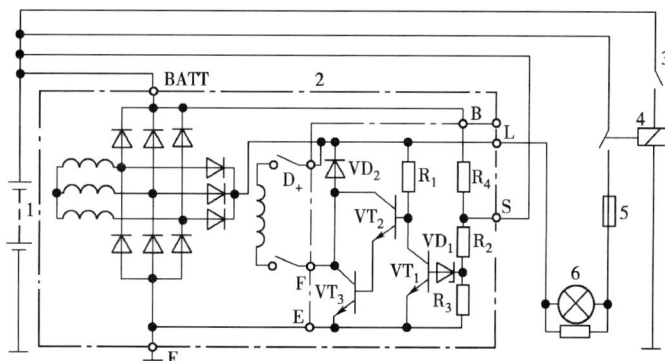

图 1-45 LR160-780 型发电机与集成电路调节器电路

1-蓄电池;2-整体式九管交流发电机;3-点火开关;4-点火继电器;5-熔断丝;6-充电指示灯及其并联电阻

为了防止接于检测点 S 和蓄电池"＋"极间的电压检测导线断路时，由于不能检测蓄电池电压而造成的发电机电压失控现象的发生，在发电机内部 3 个正极二极管的输出端 B 与检测点 S 之间又接入了一只电阻 R_4，这样，当蓄电池电压检测线断路时，由于 R_4 的存在，仍能检测出发电机的端电压，即以发电机电压检测法作为备用，在蓄电池电压检测法失效时，调节器转为发电机电压检测法控制，从而使调节器正常工作，避免了由于发电机失控而造成的电压过高现象。

第九节 充电指示灯电路

汽车电源系统正常工作是保证汽车电气设备正常工作的前提，因此，对发电机和调节器的工作状态设有监测和显示装置,使驾驶人能随时掌握其工作是否正常。常用的监测和显示装置分为仪表显示和充电指示灯两种形式。仪表显示即利用电流表或电压表指示发电机工作时的充电电流或充电电压值,由此来监视和判断发电机是否工作正常。充电指示灯则是装在驾驶室仪表板上的一个红色指示灯,当发电机正常工作时熄灭,而当发电机或调节器出现故障时则点亮以提示驾驶人及时检修。

采用电流表或电压表来监测电源系统的工作状况,具有显示准确、可靠的优点,但不醒目直观,同时驾驶人在行车时需不时监视电流表或电压表的读数变化,因而对驾驶人的工作和行车安全有一定影响,尤其是在高速公路行车时更是如此。相比之下,充电指示灯就简单多了,只要充电指示灯不点亮,驾驶人只管放心驾车,只在电源系统有故障时它才点亮,而且醒目、直观,设置简单,价格便宜,便于仪表小型化、轻量化。另外充电指示灯还可在发动机停机后发亮以警告驾驶人及时关掉点火开关,因此充电指示灯被广泛用于现代汽车上。

充电指示灯按控制原理的不同有以下两种。

一、利用中性点电压控制充电指示灯

发电机定子绕组采用星形接法时,其中性点的直流电压平均值为发电机输出电压的一半,所以,很多采用星形接法的六管或八管交流发电机都是利用该点的电压,通过充电指示灯的继电器来控制充电指示灯的。其典型电路如图1-46所示。充电指示灯继电器4磁化线圈的一端接发电机的中性点,另一端搭铁,动断(常闭)触点则与充电指示灯串联。充电指示灯3既可串联在动断触点与点火开关之间,也可串联在动断触点与搭铁之间。

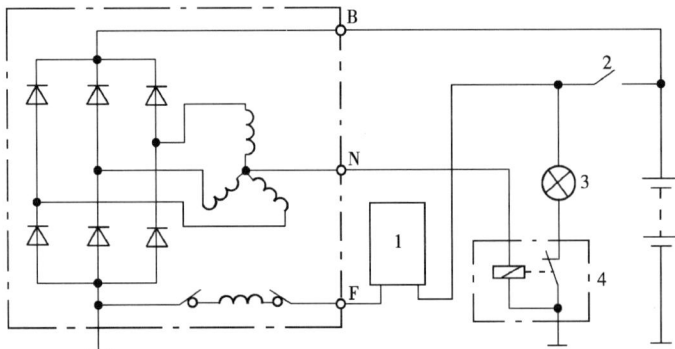

图1-46　中性点控制的充电指示灯继电器电路
1-调节器;2-点火开关;3-充电指示灯;4-充电指示灯继电器

工作原理如下:接通点火开关,若不起动发动机,发电机不运转,中性点电压为零,充电指示灯继电器不动作,其动断触点保持闭合,充电指示灯点亮;若发电机不发电或输出电压低于蓄电池电压时,发电机中性点电压也将低于充电指示继电器的动作电压,动断触点仍闭合,充电指示灯点亮,指示蓄电池不充电;若发电机输出电压达到规定值(如13.5~14.8V),中性点电压使充电指示继电器动作,动断触点打开,充电指示灯熄灭,表示发电机已达到正常工作电压并向蓄电池充电。

此种控制方式电路简单可靠,但指示的准确程度取决于充电指示继电器的调整,对于12V电系,充电指示灯继电器的动作电压为6~7V,释放电压在6V以下。

图1-47所示为解放CA1091型汽车的充电指示灯电路,与上述电路所不同的是其没有专门的充电指示灯继电器,而是利用复合起动继电器中的起动保护继电器的动断触点来控制充电指示灯的,其工作原理与上述电路相同。

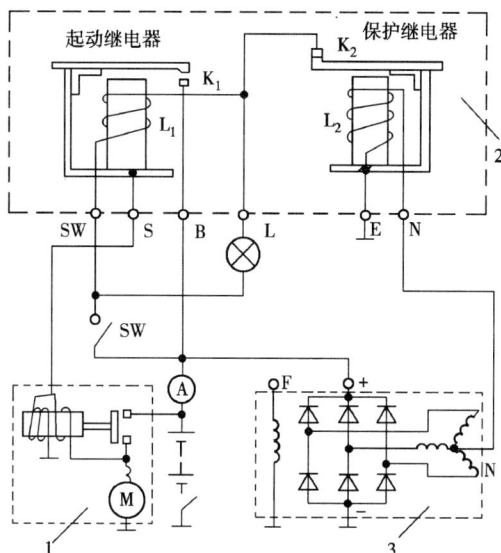

图 1-47　解放 CA1091 型汽车的充电指示灯电路

1-起动机;2-复合起动继电器;3-交流发电机

二、磁场二极管输出电压控制充电指示灯

九管或十一管发电机具有 3 只磁场二极管,因此可利用磁场二极管输出端 D + (L)的电压 U_{D+}、U_L 控制充电指示灯,充电指示灯的典型电路如图 1-48 所示。

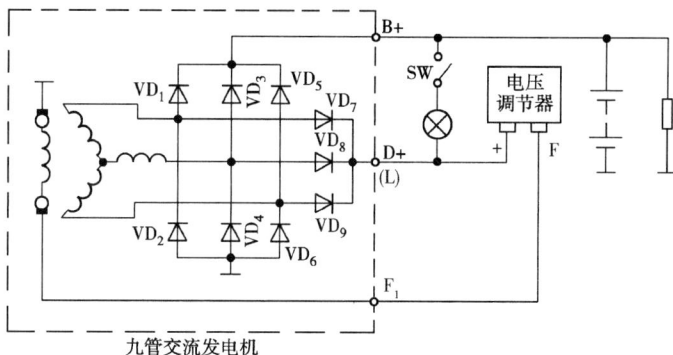

图 1-48　九管交流发电机充电指示灯电路

接通点火开关 SW,蓄电池电流经充电指示灯→调节器接线柱 D +→调节器→调节器接线柱 F_1→发电机磁场绕组→搭铁构成回路。此时充电指示灯点亮,指示发电机被励磁。发电机工作时,充电指示灯是由蓄电池电压与磁场二极管的输出端"D +"电压的差值所控制。随着发电机转速的升高,由于"D +"电压增高,充电指示灯的亮度减弱。当发电机电压达到蓄电池电压时,发电机开始自励,此时充电指示灯因两端电位相等而熄灭,表示发电机已正常工作。当发电机转速降低或发电机有故障时,则"D +"电压降低,充电指示灯两端的电压增大,充电指示灯发亮。

还应注意到在上述电路中发电机的预励磁电流是由蓄电池通过充电指示灯和调节器提供给发电机磁场绕组的,若充电指示灯及其电路断路损坏,发电机将因得不到预励磁电流而不能自励发电;另外如果充电指示灯功率过小(即电阻过大)时,还会因预励磁电流太小而使发电机自励发电的转速升高。图1-49所示为日本三菱公司九管交流发电机充电系统电路，它在充电指示灯两端并联了一只电阻R_1，当充电指示灯及其电路断路损坏时，发电机将通过R_1获得预励磁电流而不影响自励发电，但这时充电指示灯将始终熄灭无法指示发电机和调节器的工作情况。

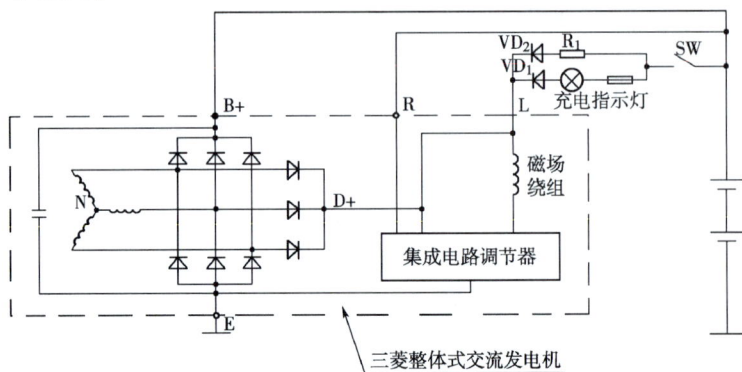

图1-49　日本三菱公司九管交流发电机充电系统电路

第十节　汽车电源系统的使用与检修

一、汽车电源系统的使用

汽车电源系统在使用中应注意如下事项。

（1）蓄电池极性不可接反，否则，二极管因承受正向电压而导通，蓄电池将通过硅整流二极管放电，强大的电流通过二极管时会立即烧坏二极管，如图1-50所示。

（2）发电机运转时，不要用搭铁试火花的方法检查发电机是否发电，否则易损坏二极管。

（3）发电机不发电或充电电流很小（蓄电池未充足电的情况下）时，应及时找出故障加以排除，不可再继续运转。因为如果有1个二极管短路，发电机就不能发电，继续运转就会引起其他二极管或定子绕组被烧坏。由于二极管击穿短路后，正反向均呈导通状态，如图1-51所示。如B相的正极管被击穿短路，A相绕组感应产生的电流经A相正极管回到B相绕组而不经过负载。同样C相绕组感应产生的电流经C相正极管回到B相绕组也不经过负载。这样由于绕组内部短路而产生环流，长时间运转，其他两个正极管和定子绕组就容易烧坏。

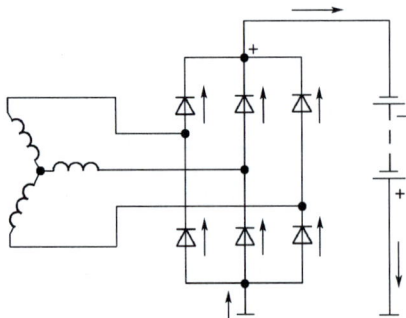

图1-50　蓄电池极性接反

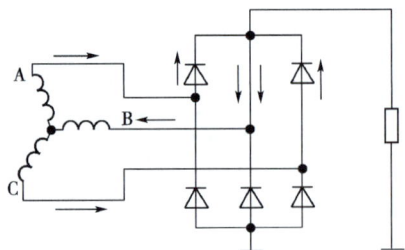

图1-51　1个二极管击穿短路

（4）整流器的6只二极管与定子绕组相连时，禁止用绝缘电阻表（摇表）或220V交流电源检查发电机的绝缘情况，否则将使二极管击穿而损坏。

（5）发动机停转后，应及时断开点火开关，否则蓄电池长时间经磁场绕组和调节器放电，易将线圈烧坏。

（6）发电机与蓄电池之间的导线要连接可靠，如突然断开将会产生过电压，易损坏电子元器件。

（7）发电机应与相应功率和搭铁形式的调节器配套工作。

（8）诊断交流发电机和调节器是否有故障时，不允许在中速或更高转速下短路调节器，以防发电机无故障时电压过高而损坏用电设备。

二、交流发电机的故障检查与试验

交流发电机每运转750h（相当于30000km）后，应拆开检修一次。主要检查电刷和轴承的状况：新电刷的高度是14mm，磨损至7~8mm时应予以更换；轴承如有显著松动，应予更换。

交流发电机若不发电，其主要原因多是硅二极管损坏，磁场绕组或定子绕组有断路、短路和搭铁（绝缘不良）等故障所致。

1. 解体前的检查

1）测量各接线柱之间电阻

用万用表（R×1挡）测量发电机各接线柱之间的电阻值，正常时的电阻值见表1-6。若不符合规定，应解体发电机进一步检查。

交流发电机各接线柱之间的电阻值（Ω）　　　　　　　表1-6

发电机型号	"F"与"－"或"F$_1$"与"F$_2$"之间的电阻	"B+"与"－"之间的电阻		"B+"与"F"之间的电阻	
		正向	反向	正向	反向
14V 发电机	2.5~6	40~50	>1000	50~60	>1000
28V 发电机	18~21	40~50	>1000	50~60	>1000

2）在试验台上对发电机进行发电试验

测出发电机在空载和满载情况下发出额定电压时的最小转速，从而判断发电机的工作是否正常。试验时，将发电机固定在试验台上，并由调速电动机驱动，按图1-52接线。合上开关K$_1$（由蓄电池供给磁场电流进行他励），逐渐提高发电机转速，并记下电压升到额定值时的转速，即空载转速。然后断开开关K$_1$（由发电机自励）并合上开关K$_2$，同时调节负载电阻，记下额定负载情况下电压达到额定值时的转速，即满载转速。对于常用国产汽车发电机，空载转速应不大于1000r/mim，额定转速下输出电流不小于发电机的额定电流。如空载转速过高，或在满载转速下，发电机的输出电流过小，则表示发电机有故障。

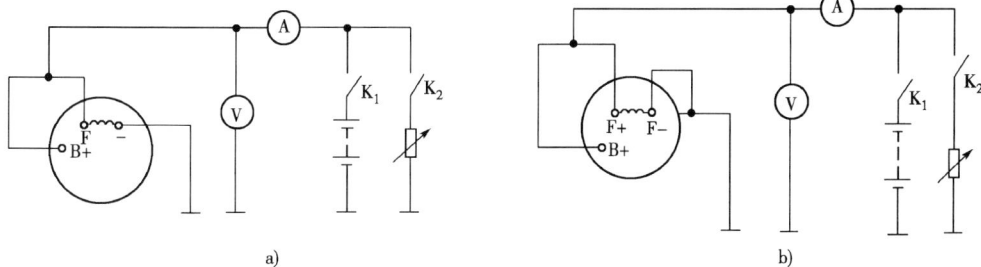

图1-52　交流发电机空载和发电试验

a）内搭铁发电机接线；b）外搭铁发电机接线

3）用示波器观察输出电压的波形

当发电机有故障时，其输出电压的波形将会发生变化，因此根据输出电压的波形，就可判断发电机内部二极管以及定子绕组是否有故障。

各种故障时输出电压的波形如图 1-53 所示。

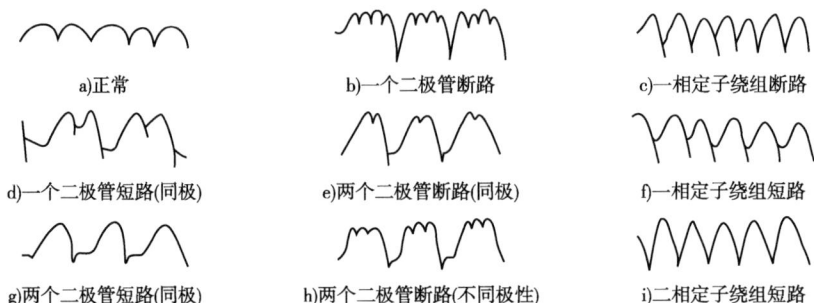

a)正常   b)一个二极管断路   c)一相定子绕组断路

d)一个二极管短路(同极)   e)两个二极管断路(同极)   f)一相定子绕组短路

g)两个二极管短路(同极)   h)两个二极管断路(不同极性)   i)二相定子绕组短路

图 1-53　交流发电机各种故障时的输出电压波形

2. 解体后的检查

1）检查硅二极管

拆开定子绕组与二极管的连接线后，用万用表（R×1 挡）逐个检查每个硅二极管的性能。其检查方法和要求如图 1-54 所示。

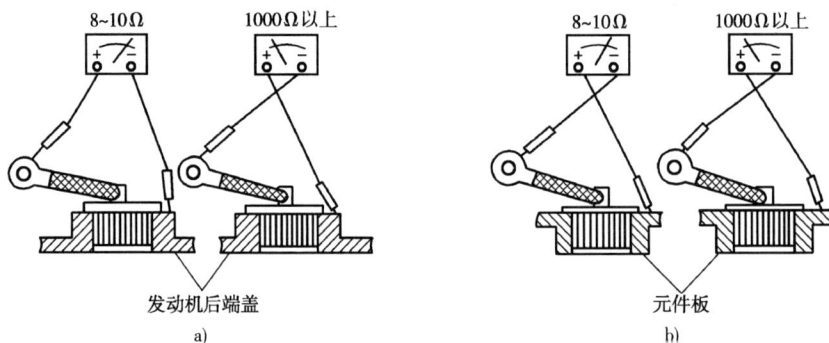

8~10Ω   1000Ω以上   8~10Ω   1000Ω以上

发动机后端盖   元件板

a)   b)

图 1-54　用万用表检查硅整流二极管

测量压在后端盖上的二极管（负极管）时，将万用表的"－"测试棒接端盖，"＋"测试棒接二极管的引线（图 1-54a），电阻值应在 8～10Ω 范围内；然后将测试棒交换进行测量，电阻值应在 1000Ω 以上。压在散热板上的三个正极管子是相反方向导电的，测试结果与负极管子相反（图 1-54b）。若正、反向测试时，电阻值均为零，则二极管短路；若电阻值均为无穷大，则二极管断路。出现整流二极管短路和断路时应更换二极管或整流器总成。

2）检查磁场绕组

用万用表检查磁场绕组，如图 1-55 所示。对于 JF 系列交流发电机，磁场绕组电阻值应符合规定的数值；若电阻小于规定值，说明磁场绕组有短路处；若电阻为无穷大，则说明磁场绕组断路。

按图 1-56 所示的方法检查磁场绕组的绝缘，灯亮说明磁场绕组或滑环搭铁。磁场绕组若有断路、短路和搭铁故障时，一般需要更换转子总成或重绕磁场绕组。

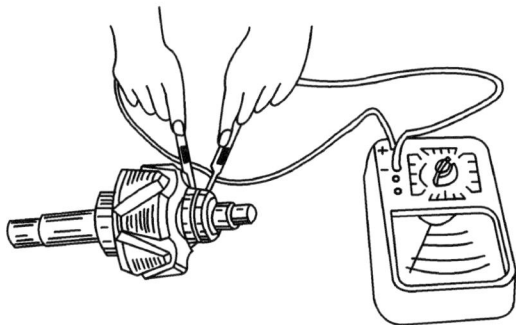

图1-55　用万用表测量磁场绕组的电阻值

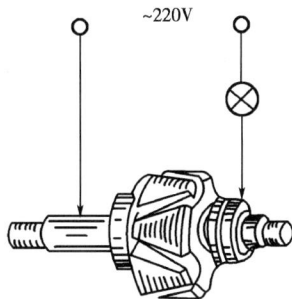

图1-56　磁场绕组绝缘的检查

3）定子绕组的检查

用万用表按图1-57所示的方法,检查定子绕组是否断路。

按图1-58所示的方法,检查定子绕组的绝缘情况。

定子绕组若有断路、短路和搭铁(绝缘不良)故障,而又无法修复时,则需重新绕制。

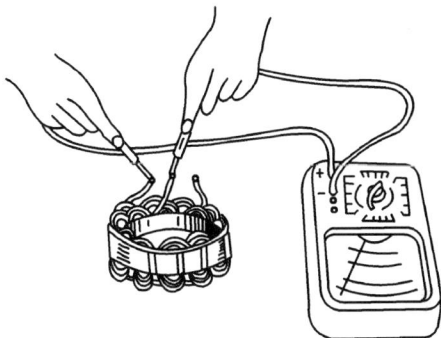

图1-57　定子绕组断路检查

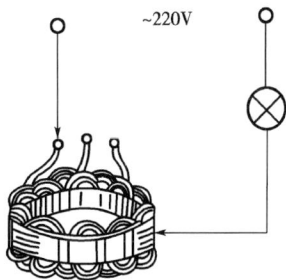

图1-58　定子绕组绝缘检查

三、调节器的故障检查与试验

充电系统出现故障,经检查确认发电机工作正常,而调节器有故障时,应将调节器从车上拆下,进行检修。

1.晶体管调节器的检查与试验

1）晶体管调节器的故障与检查

晶体管调节器由于使用不当或质量不佳,可能出现的故障见表1-7。

晶体管调节器故障现象及原因　　　　　　　　　　　　表1-7

故　障　现　象	故　障　原　因
发电机不发电	大功率三极管断路,稳压管或小功率三极管损坏使功率三极管始终处于截止状态
发电机电压过高,充电电流过大,车上灯泡特亮或烧坏,蓄电池电解液沸腾,消耗过快	大功率三极管短路、稳压管或小功率管损坏使大功率三极管始终处于饱和导通状态

晶体管调节器的检查方法如图1-59所示。用一个电压可调的直流稳压电源(0～30V、3A)和一只12V(或24V)、20W的车用小灯泡代替发电机磁场绕组,按图示方法接线后进行试验。调节直流稳压电源,使其输出电压从零逐渐增高时,灯泡应逐渐变亮。当电压升高到调节器的调节电压(14V±0.2V或28V±0.5V)时,灯泡应突然熄灭。电压超过调节电压

值,灯泡仍不熄灭或一直不亮,都说明调节器有故障。

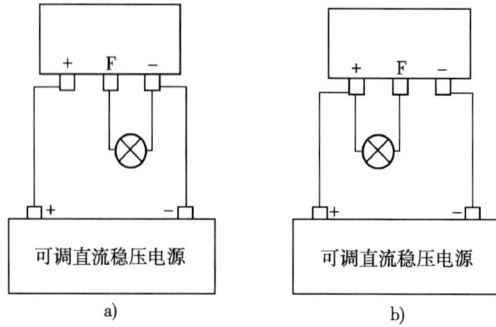

图1-59 电子调节器的检查方法
a)内搭铁;b)外搭铁

2)晶体管调节器的试验

晶体管调节器搭铁形式的判断,如图1-60所示,用一个12V(或24V)蓄电池和一只12V(或24V)、2W的小灯泡按图示方法接线。如灯泡在"−"与"F"接线柱之间发亮,而在"+"与"F"接线柱之间不亮,则该调节器为内搭铁式;反之,如灯泡在"+"与"F"接线柱之间发亮,而在"−"与"F"接线柱之间不亮,则该调节器为外搭铁式。

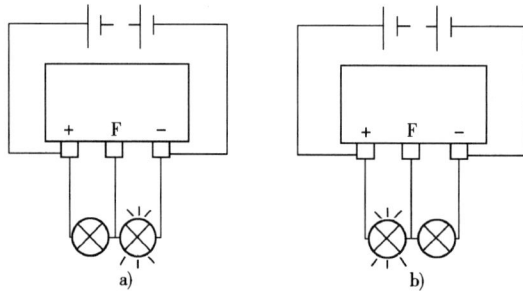

图1-60 电子调节器搭铁形式的判断
a)内搭铁;b)外搭铁

根据调节器的搭铁型式按图1-61所示接线后进行试验。将发电机转速控制在3000r/min,调节可变电阻,使发电机处于半载时,记下调节器所维持的电压值,该电压值应符合规定,一般为14V±0.5V或28V±0.5V。

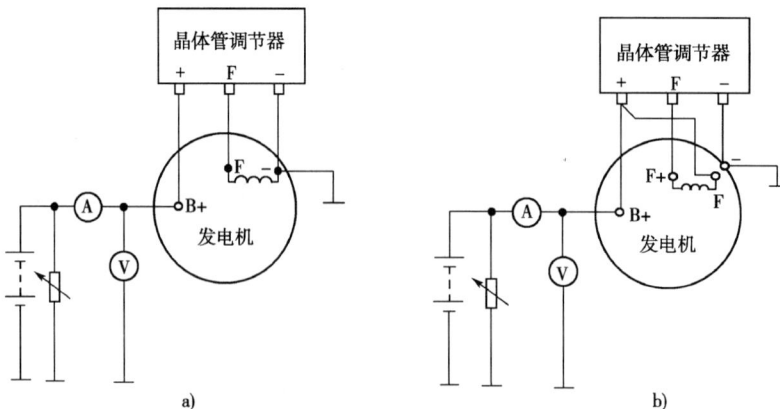

图1-61 电子调节器的试验
a)内搭铁;b)外搭铁

2.集成电路调节器的检查

由于集成电路调节器都是用环氧树脂封装或塑料模压而成的全密封结构,因此损坏或失调后,只能更换新品而无法修复或调整。

判断集成电路调节器的好坏时,首先拆下整体式发电机上所有连接导线,在蓄电池和发电机"L"接线柱之间串联一只5A电流表(可用12V20W或24V25W车用灯泡代替),再将可调直流稳压电源的" + "端接发电机的"S"接头," – "端与发电机外壳或"E"相接,如图1-62所示。调节直流稳压电源,使电压缓慢升高,直至电流表读数为零或测试灯泡熄灭,该电压值就是调节器的调节电压值。如该值符合规定,则说明调节器正常。否则,说明调节器有故障,应予更换。集成电路调节器也可从发电机上拆下进一步检查,其检查方法与前述电子调节器的检查方法相同,但在接线时应注意搞清楚集成电路调节器各引脚的含义并正确连接,否则,会因接线错误而损坏集成电路调节器。

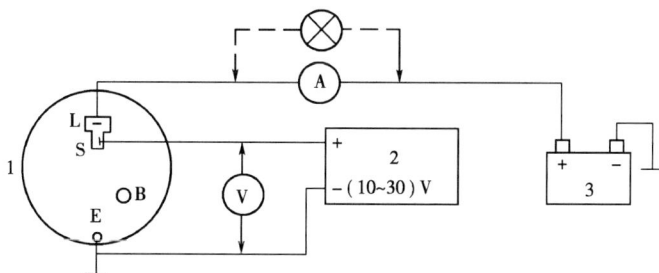

图1-62 集成电路调节器检查
1-发电机;2-可调直流稳压电源;3-蓄电池

四、汽车电源充电系统故障诊断

充电系统常出现的故障主要有不充电、充电电流过小、过大或充电不稳定等,故障原因可能是多方面的。因此,当发现故障时,应根据故障现象,结合充电线路特点认真分析,查找故障原因,及时排除故障。

1.不充电

发动机中速运转时,电流表指示放电或充电指示灯亮,说明为不充电故障。

故障原因:

(1)蓄电池和发电机之间的连接导线断裂或脱落。

(2)发电机不发电,可能是硅二极管短路、断路,定子绕组或磁场绕组有短路、断路和搭铁故障,电刷在电刷架内卡住或磁场F接线柱的绝缘损坏搭铁。

(3)调节器有故障。如调节不当使电压过低等。

故障判断可按图1-63所示步骤进行。

2.充电电流过小

蓄电池接近充足电状态时,充电电流过小为正常现象。但若蓄电池存电不足而充电电流过小,则说明充电系统有故障。

故障原因:

(1)属于发电机的故障有:皮带过松、个别二极管断路,定子绕组有一相连接不良或断路,电刷磨损过度以及滑环油污使电刷与滑环接触不良。

检查发电机、调节器、蓄电池、线束之间的连接线有无松脱、断路，皮带是否过松，如过松应予调整

↓

不充电

↓

内搭铁发电机：将发电机"F"接线取下，另用一导线将"+"与"F"接柱连接

外搭铁发电机：将发电机"F–"接线取下，另用一导线将"F–"搭铁

↓ ↓

充电 ／ 不充电

↓ ↓

换修调节器 ／ 拆除发电机"+"接柱上导线，用试灯接发电机"+"和搭铁端

↓ ↓

试灯亮 ／ 试灯不亮

↓ ↓

发电机良好、充电线路有故障 ／ 拆修发电机

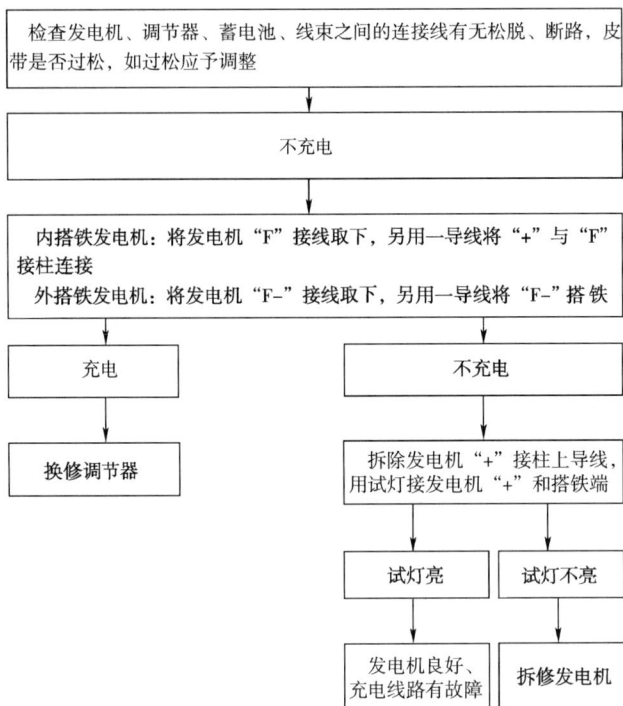

图 1-63　故障判断

（2）属于调节器的故障有电压调节过低。

判断步骤如图 1-64 所示。

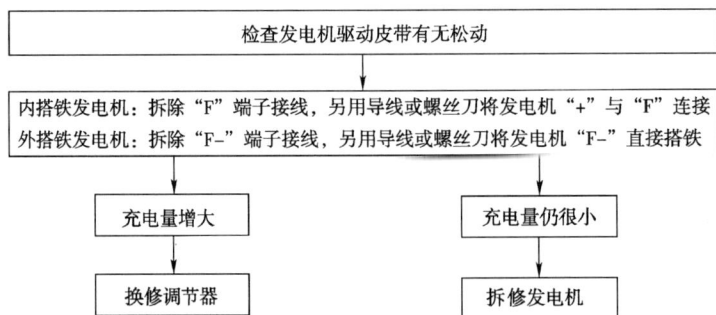

检查发电机驱动皮带有无松动

内搭铁发电机：拆除"F"端子接线，另用导线或螺丝刀将发电机"+"与"F"连接

外搭铁发电机：拆除"F–"端子接线，另用导线或螺丝刀将发电机"F–"直接搭铁

↓ ↓

充电量增大 ／ 充电量仍很小

↓ ↓

换修调节器 ／ 拆修发电机

图 1-64　判断步骤

3. 充电电流过大

充电电流过大，多是由于调节器有故障而引起的，如电压调整过高，调节器大功率三极管击穿以及调节器搭铁不良等。对于晶体管调节器或集成电路调节器，应更换新品。

4. 充电电流不稳

若发电机运转时，电流表指示充电，但指针左右摆动，即为充电不稳故障。

故障原因：

（1）发电机驱动皮带过松、打滑，充电线路中接头松动。

（2）发电机内部接触不良。如电刷弹簧弹力过弱,绕组接头松动,滑环积污过多,电刷磨损过度等。

（3）调节器有故障,如晶体管调节器中元件虚焊、元件稳定性差等。

故障判断步骤如图1-65所示。

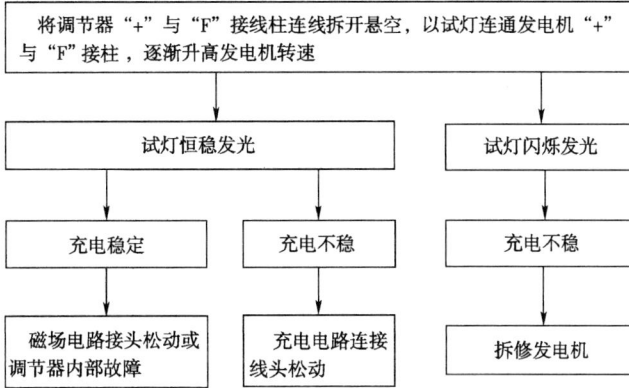

```
┌────────────────────────────────────────────────────┐
│ 将调节器"+"与"F"接线柱连线拆开悬空,以试灯连通发电机"+" │
│ 与"F"接柱 , 逐渐升高发电机转速                          │
└────────────────────────────────────────────────────┘
         │                                    │
┌──────────────────────┐          ┌──────────────────┐
│      试灯恒稳发光       │          │     试灯闪烁发光    │
└──────────────────────┘          └──────────────────┘
      │           │                        │
┌──────────┐ ┌──────────┐          ┌──────────┐
│  充电稳定  │ │  充电不稳  │          │  充电不稳  │
└──────────┘ └──────────┘          └──────────┘
      │           │                        │
┌──────────────┐ ┌──────────────┐  ┌──────────┐
│ 磁场电路接头松动或│ │ 充电电路连接  │  │  拆修发电机 │
│ 调节器内部故障  │ │ 线头松动     │  └──────────┘
└──────────────┘ └──────────────┘
```

图1-65　故障判断步骤

第二章 起动机

第一节 概 述

一、起动机的基本组成

起动机是现代汽车普遍使用的电力起动装置,当需要发动机工作时,驾驶人通过操纵起动开关使起动机工作,由起动机驱动发动机转动,使发动机自行点火运转。起动机由直流电动机、传动机构、电磁开关3部分组成,典型的起动机如图2-1所示。

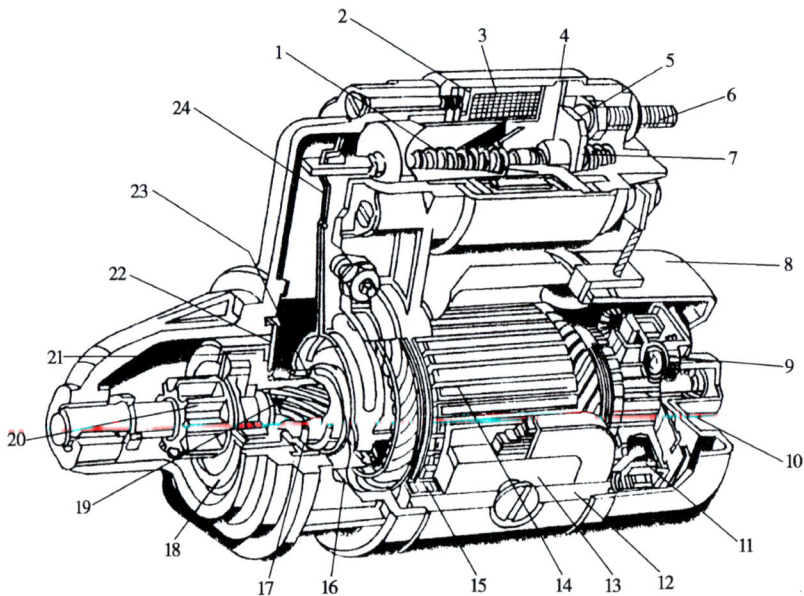

图 2-1 典型起动机的结构

1-复位弹簧;2-保持线圈;3-吸引线圈;4-电磁开关壳体;5-触点;6-接线柱;7-后触盘;8-后端盖;9-电刷弹簧;10-换向器;11-电刷;12-磁极;13-磁极铁芯;14-电枢;15-磁场绕组;16-移动衬套;17-缓冲弹簧;18-单向离合器;19-电枢轴花键;20-驱动齿轮;21-罩盖;22-制动盘;23-传动套筒;24-拨叉

直流电动机:其作用是将蓄电池输入的电能转换为驱动发动机转动的机械动力(电磁转矩)。汽车起动机均采用直流串励式电动机。

传动机构:用于将电动机所产生的电磁转矩传递给发动机飞轮,并在发动机起动后自动断开发动机向起动机的逆向动力传递。

电磁开关:是起动机的控制装置,用于控制起动机驱动齿轮与发动机飞轮的啮合与分离,同时控制电动机电路的通断。

二、起动机的类型

起动机有多种结构形式,现以不同的分类方式予以概括。

1. 按电动机磁场产生的方式分类

1)励磁式起动机

励磁式起动机所用的直流电动机的磁极有励磁绕组,通过向磁极绕组通入电流来产生磁场,目前汽车上所使用的起动机大都属于此种类型。

2)永磁式起动机

永磁式起动机所用的直流电动机其磁极用永久磁铁制成,磁极无励磁绕组,也无须通入电流。永磁式起动机在汽车上应用已逐渐增多。

2. 按起动时起动机的操纵方式分类

1)直接操纵式起动机

起动时,由驾驶人脚踏起动踏板或手拉起动拉杆直接操纵拨叉,拨动起动机驱动齿轮轴向移动而与飞轮齿圈啮合,并通过操纵杆上的顶压螺钉推动开关接触盘与触点接触以接通电动机电路。直接操纵式起动机使发动机的布置受到局限,并且起动操作比较麻烦,现已被淘汰。

2)电磁操纵式起动机

起动时,由驾驶人通过起动开关使电磁开关通电,电磁开关通电后产生的电磁力控制驱动齿轮啮入飞轮齿圈和接通电动机电路。电磁操纵式起动机可使发动机的布置不受局限,且工作可靠、操纵简单,现已被普遍采用。

3. 按驱动齿轮啮入方式分类

1)惯性啮合式

起动时,依靠驱动齿轮自身旋转的惯性力啮入飞轮齿圈。惯性啮合方式结构简单,但工作可靠性较差,现很少采用。

2)电枢移动式

起动时,依靠磁极产生的电磁力吸引电枢轴向移动,并带动固定在电枢轴上驱动齿轮啮入飞轮齿圈。电枢移动式起动机其结构比较复杂,主要用于欧洲国家生产的柴油车上。

3)磁极移动式

起动时,依靠磁极产生的磁力使其中的活动铁芯移动,并带动驱动齿轮啮入飞轮齿圈。磁极移动式起动机其磁极的结构比较复杂,这种结构形式的起动机在汽车上使用较少。

4)齿轮移动式

起动时,由电磁开关推动电枢轴孔内的啮合杆而使驱动齿轮啮入飞轮齿圈。齿轮移动式其结构也比较复杂,采用此种结构的一般为大功率的起动机。

5)强制啮合式

起动时,依靠人力(现已被淘汰)或电磁开关所产生的电磁力推动拨叉,将驱动齿轮直接推入飞轮齿圈。强制啮合式起动机工作可靠,结构也不复杂,因而使用最为广泛。

4. 按传动机构结构分类

1)普通起动机

起动机的电动机与驱动齿轮之间直接通过单向离合器连接,其传动比为1。普通起动机的传动机构比较简单,是汽车起动机传统的结构形式。

2）减速起动机

在起动机与驱动齿轮之间除有单向离合器外，还增设了一组减速齿轮。减速起动机具有结构尺寸小、质量轻、起动可靠等优点，在轿车上的应用日渐增多。

三、起动机的型号

根据《汽车电气设备产品型号编制方法》（QC/T 73—1993）规定，国产起动机的型号表示如下：

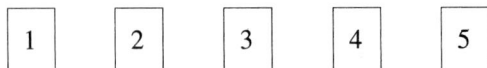

| 1 | 2 | 3 | 4 | 5 |

（1）产品代号：由汉语拼音字母表示，QD-起动机；QDJ-减速起动机；QDY-永磁起动机。

（2）电压等级代号：由阿拉伯数字表示，1-12V；2-24V。

（3）功率等级代号：由阿拉伯数字表示，其含义见表2-1。

（4）设计序号。

（5）变型代号。

起动机功率等级　　　　　　　　　　　　　　表2-1

功率等级代号	1	2	3	4	5	6	7	8	9
功率(kW)	0~1	1~2	2~3	3~4	4~5	5~6	6~7	7~8	>8

第二节　电磁操纵强制啮合式起动机结构及工作原理

一、串励式直流电动机及其特性

1. 直流电动机的工作原理

直流电动机依靠带电导体在磁场中受磁场力的作用而产生电磁转矩，其工作原理如图2-2所示。

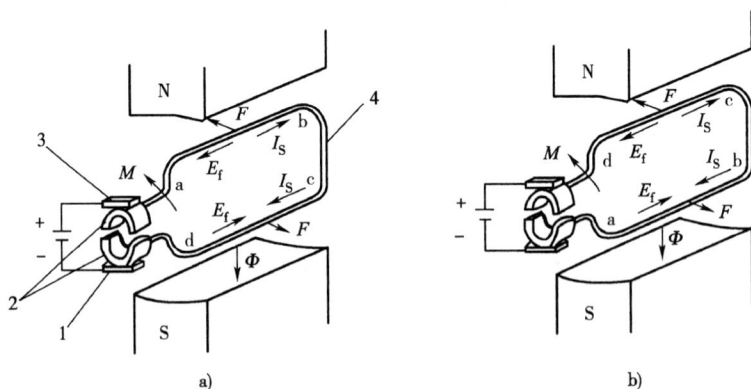

图2-2　直流电动机工作原理

1-负极电刷；2-换向铜片；3-正极电刷；4-电枢绕组

电源的直流电通过电刷和换向铜片引入可转动的电枢绕组，电枢绕组的两匝边便受磁场力 F 的作用而形成电磁转矩 M（图2-2a）。在 M 的作用下，电枢绕组转动，当 ab 匝边转到下半平面、cd 匝边转到上半平面时,a 端换向片与 d 端换向片交换所接触的电刷,使电枢绕组的电流换向,电枢绕组两匝边受磁场力 F 作用所形成的电磁转矩 M 的方向保持不变。在方向不变的电磁转矩 M 作用下,电枢便可持续转动。

实际直流电动机为产生足够大且稳定的电磁转矩,其电枢用多匝绕组串联而成,并由多片换向铜片组成换向器。

根据安培定律,可以推导出直流电动机通电后所产生的电磁转矩 M 与磁极的磁通量 Φ 与电枢电流 I_S 之间的关系为

$$M = C_m \Phi I_S \qquad (2\text{-}1)$$

C_m 为电动机的结构常数,它与电动机磁极对数 p、电枢绕组导线总根数 Z 及电枢绕组电路的支路对数 a 有关($C_m = pZ/2\pi a$)。

2. 直流电动机的构造

直流电动机主要由转子(电枢)、定子(磁极)、换向器、电刷与刷架等组成,如图 2-3 所示。

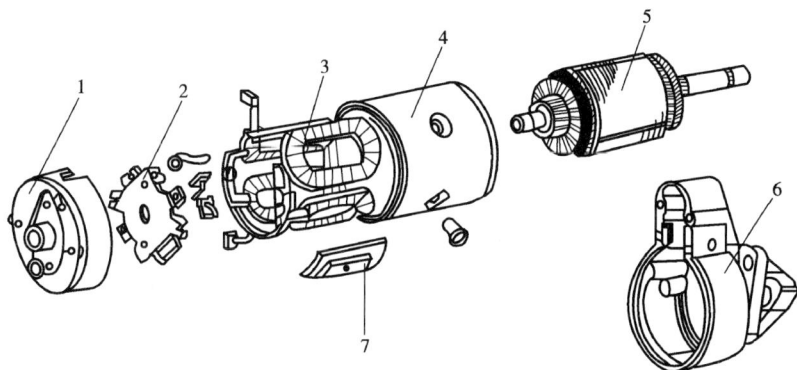

图 2-3　直流电动机的组成

1-前端盖;2-电刷与刷架;3-磁极绕组;4-电动机壳体;5-电枢总成;6-后端盖;7-磁极铁芯

1)电枢总成

电枢总成的作用是其绕组通入电流后,在磁极磁场的作用下产生一个方向不变的电磁转矩。电枢总成由电枢轴、铁芯、电枢绕组及换向器等组成,如图 2-4 所示。

电枢铁芯 2 用多片内外圆均带槽、表面绝缘的硅钢片叠成,通过内圆花键槽固定在电枢轴 4 上,外圆槽内绕有电枢绕组 3;电枢绕组一般用较粗的扁铜线,采用波绕法绕制,各绕组的端子与换向器铜片焊接,使各电枢绕组形成串联。

换向器 1 由铜片和云母片叠压而成,压装于电枢轴的一端,云母片使铜片间、铜片与轴之间均绝缘。根据材质的不同,换向器铜片之间的云母片有低于铜片和与铜片平齐两种。云母片低于铜片主要是为了避免铜片磨损后云母片外突而造成电刷与换向器接触不良;云母片与铜片平齐则主要是防止电刷粉末落入铜片之间的槽中而造成短路。国产起动机换向器云母片一般不低于铜片,但许多进口汽车起动机换向器云母片却低于铜片。

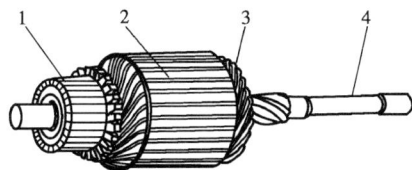

图 2-4　电枢总成

1-换向器;2-电枢铁芯;3-电枢绕组;4-电枢轴

2）磁极

磁极用于在电动机内形成一个磁场,励磁式电动机的磁极由铁芯和磁极绕组构成,用螺钉固定在电动机壳体上。为增大电磁转矩,一般采用 4 个磁极,一些大功率起动机有 6 个磁极。磁极绕组也是用粗扁铜线绕制而成的,与电枢绕组采用串联方式连接,如图 2-5 所示。

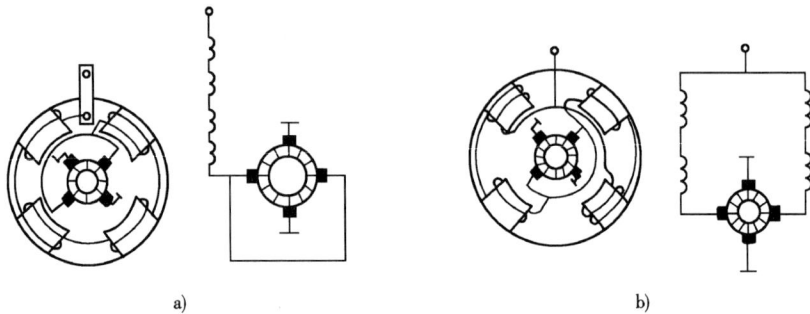

图 2-5　磁极绕组的连接

a) 四磁极绕组串联;b) 磁极绕组两两串联后再并联

3）电刷与刷架

电刷的作用是将直流电引入转动的电枢绕组。电刷用铜和石墨粉压制而成,电刷加入铜粉是为了减小电阻和增加耐磨性。电刷与刷架的安装形式如图 2-6 所示,刷架多为柜式,刷架上的盘形弹簧 2 将电刷 1 紧紧地压在换向器铜片上。

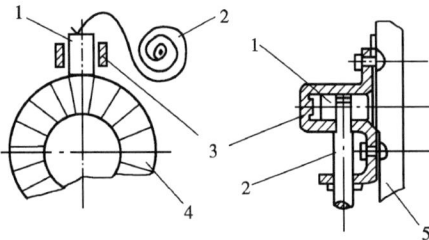

图 2-6　电刷与刷架

1-电刷;2-盘形弹簧;3-柜式电刷架;4-换向器;5-起动机前端盖

电动机采用内部搭铁方式,通常是由电枢绕组通过电刷架搭铁,因此 4 个电刷架的其中一对与机壳绝缘,另一对则与机壳直接连接。有的电动机通过磁极绕组的一端与机壳连接实现内部搭铁,这种电动机的 4 个电刷架则都与机壳绝缘。

4）轴承与端盖

电动机轴承安装于前后端盖上,端盖与机壳用螺栓固定。普通起动机的电动机一般采用青铜石墨轴承或铁基含油滑动轴承,减速起动机由于其电枢的转速很高,电动机轴承一般采用滚柱轴承或滚珠轴承。

3.直流电动机的特性

1）转矩特性

串励式电动机其通过磁极绕组的励磁电流就是电枢电流($I_j = I_s$),在磁极未饱和时,磁极磁通量 Φ 与励磁电流成正比($\Phi \approx CI_j$)。因此,电动机所产生的电磁力矩与电枢电流有如下关系

$$M = C_m I_s \Phi = C_m I_s C I_j = C'' I_s^2 \qquad (2-2)$$

式(2-2)表示串励式直流电动机在磁极未饱和的情况下,其电磁转矩 M 与电枢电流 I_s 的平方成正比。直流电动机的转矩特性如图 2-7 所示。与并励式直流电动机相比,在相同 I_s 的情况下,串励式直流电动机可以产生较大的电磁转矩。

2）机械特性

根据电枢绕组反电动势的关系式 $E_f = C_e \Phi n$ 和电动机电路电压电流平衡关系式 $U = E_f + I_s(R_s + R_j)$，可得到直流串励式电动机的转速 n 与 I_s 关系如下

$$n = \frac{U - I_s(R_s + R_j)}{C_e \Phi} \qquad (2\text{-}3)$$

串励式电动机在磁极未饱时，Φ 将随 I_s 的增大而增大，因此电枢转速 n 随 $I_s(M)$ 的增大下降较快。串励式电动机的机械特性曲线如图2-8所示。

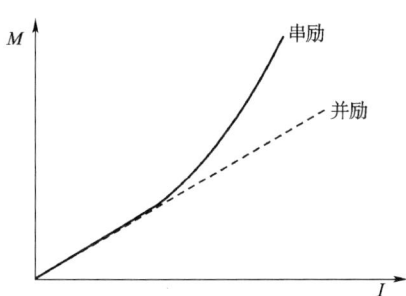

图2-7　直流电动机的转矩特性　　　　图2-8　直流电动机的机械特性

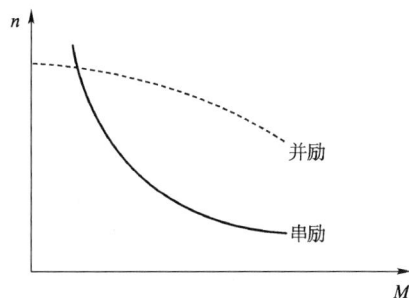

从直流电动机的机械特性曲线可知，直流串励式电动机具有轻载转速高、重载转速低的特点。重载转速低，可以保证电动机在起动时（重载）不会超出允许的功率而烧毁，使起动安全可靠。

串励式直流电动机在轻载或空载时转速很高，容易造成"飞散"事故，因此对于功率较大的串励式直流电动机，不允许在轻载或空载下运行。

3）电动机的功率

电动机（起动机）的功率 P 可由式（2-4）确定：

$$P = \frac{M_s n_S}{9550} \quad (\text{kW}) \qquad (2\text{-}4)$$

式中：M_S——起动机输出转矩，$\text{N} \cdot \text{m}$；

　　n_S——起动机的转速，r/min。

由式（2-4）和串励式直流电动机的转矩特性及机械特性，可得其功率特性曲线，如图2-9所示。

起动机在全制动（$n_S = 0$）和空载（$M_S = 0$）时，电动机的功率均为0，而在 I_S 接近全制动电流1/2时，电动机的输出功率最大。起动机工作时间短暂，允许在最大的功率状态下工作，因此，起动机的额定功率一般是电动机的最大功率或接近于最大功率。

4）影响电动机功率的因素

起动机工作时的电流很大，起动机电源内阻及起动电路电阻对电动机的输出功率影响很大。

（1）接触电阻和导线电阻：接触电阻包括起动电路电缆与蓄电池极桩、起动机接柱的接触电阻和电动机内电刷与换向器等的接触电阻。接触电阻大、导线截面积

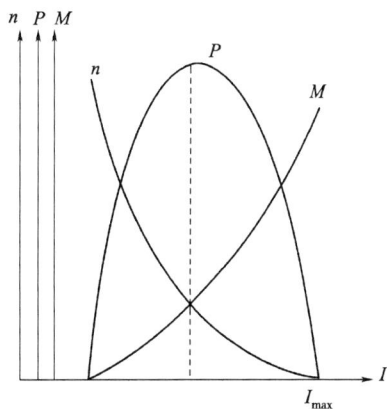

图2-9　起动机特性曲线

小或过大,都会造成较大的电压降而使起动机功率下降。

(2)蓄电池容量:蓄电池的容量小,其内阻较大,起动时,加在电动机上的端电压就低,故会使起动机的功率下降。

(3)环境温度:温度低时,蓄电池的容量下降,内阻增大,也会使起动机的功率下降。

二、传动机构

普通起动机传动机构的主要组成部分是单向离合器,减速起动机则增加了一组减速齿轮。

1. 单向离合器

单向离合器在起动时可将电枢的电磁转矩传递给发动机飞轮,而在发动机起动后,就立即打滑,以防止起动后的发动机带动起动机高速旋转而造成电动机飞散事故。常见的单向离合器有滚柱式、摩擦片式、扭簧式、棘轮式等几种形式。

1)滚柱式单向离合器

滚柱式单向离合器有十字腔和十字块两种结构形式,如图2-10所示。

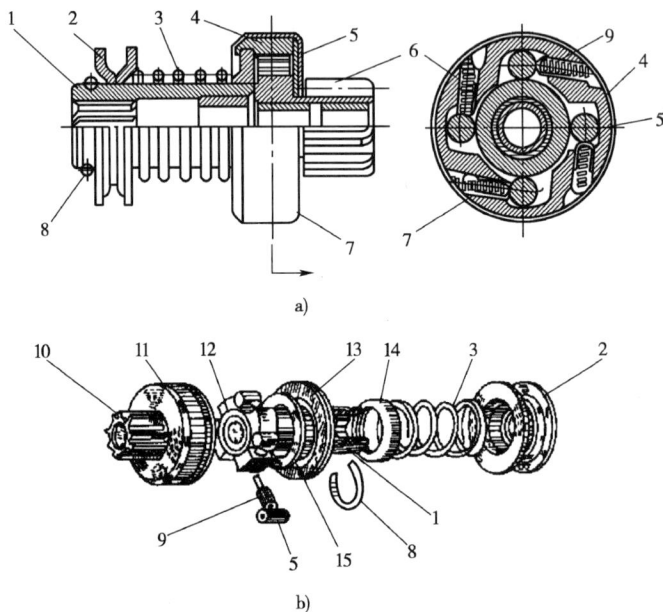

a)

b)

图 2-10 滚柱式单向离合器的组成

a)十字腔形式;b)十字块形式

1-传动套筒;2-移动衬套;3-缓冲弹簧;4-带十字腔座圈;5-滚柱;6-带柄驱动齿轮;7-罩壳;8-卡环;9-弹簧及活柱;10-驱动齿轮;11-单向离合器外壳;12-十字块;13-护盖;14-弹簧座;15-垫圈

以十字块形式的单向离合器(图2-10b)为例,说明滚柱式单向离合器的结构特点及工作原理。这种滚柱式单向离合器的外壳11与驱动齿轮10连为一体,外壳和十字块12装配后形成4个楔形槽,置于槽中的4个滚柱其直径大于槽窄端、小于槽宽端,弹簧及活柱9将滚柱5推向槽窄端,使得滚柱与十字块及外壳表面有较小的摩擦力。十字块与传动套筒1刚性连接,传动套筒安装在电枢轴花键部位,使单向离合器总成可做轴向移动和随电枢轴转动。滚柱式单向离合器的工作原理如图2-11所示。

起动时,直流电动机电枢转动,通过传动套筒带动十字块1转动,十字块相对于离合器外壳4作顺时针转动,使滚柱8在小摩擦力的作用下滚向槽窄端而被卡紧(图2-11a)。这时,离合器外壳就随十字块一起转动,直流电动机电枢所产生的电磁转矩就通过单向离合器传递给了驱动齿轮。

起动后,发动机飞轮带动驱动齿轮旋转,使外壳的转速高于十字块,十字块相对于外壳的逆时针转动使滚柱滚向槽宽端而打滑(图 2-11b),从而避免了发动机飞轮带动起动机电枢高速旋转而造成"飞散"事故的危险。

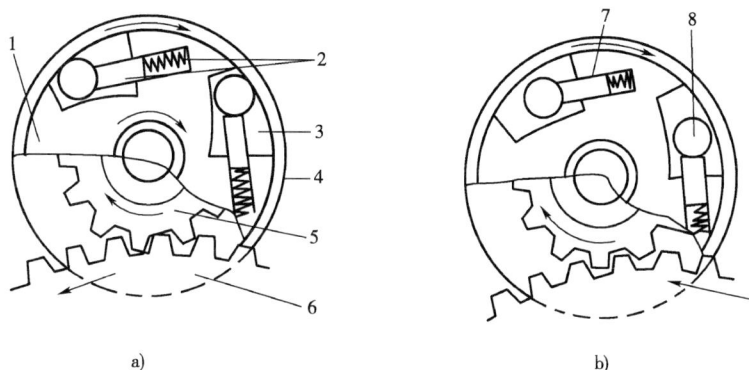

图 2-11 滚柱式单向离合器工作原理

a) 起动时传递电磁转矩; b) 起动后打滑

1-十字块; 2-弹簧及活柱; 3-楔形槽; 4-单向离合器外壳; 5-驱动齿轮; 6-飞轮; 7-活柱; 8-滚柱

滚柱式单向离合器结构简单紧凑,在中小功率的起动机上被广泛采用,但在传递较大转矩时,滚柱容易变形而卡死,因此较大功率的起动机一般不采用滚柱式单向离合器。

2) 摩擦片式单向离合器

摩擦片式单向离合器有外接合鼓驱动式和齿轮柄驱动式两种,如图 2-12 所示。

图 2-12a) 所示的是外接合鼓驱动式。传动套筒 13 安装在电枢轴右螺旋花键部位,其外圆则通过三线螺旋花键与内接合鼓 11 连接,当内接合鼓与传动套筒之间有相对转动时,内接合鼓就会产生轴向移动;内接合鼓外圆上有凹槽,与主动摩擦片 10 的内突齿相配合;从动摩擦片有外突齿,插入外接合鼓 16 的槽中,外接合鼓与驱动齿轮 3 为一体;传动套筒自左向右还装有弹性圈 5、压环 6 和调整垫圈 7,端部用螺母 4 轴向固定。

起动时,起动机电枢带动传动套筒转动,内接合鼓的惯性作用使其与传动套筒之间产生相对的转动,内接合鼓轴向左移,将主从动摩擦片压紧。这时,电动机的电磁力矩就通过单向离合器传递给驱动齿轮。

起动后,在发动机飞轮的带动下,内接合鼓的转速高于传动套筒的转速,内接合鼓与传动套筒之间产生了与起动时相反的相对转动,因而使内接合鼓轴向右移,这时,主从动摩擦片间的压力消失而打滑,从而避免了起动机电枢被发动机带动而超速旋转的危险。

在起动时,如果因发动机起动阻力矩过大而使驱动齿轮未能带动发动机飞轮转动时,就会因内接合鼓与传动套筒之间仍存在的相对转动而使内接合鼓继续左移,使摩擦片的压紧力继续增大,导致弹性垫圈在压环凸缘的压迫下弯曲;当弹性垫圈弯曲到一定程度时,内接合鼓的左端顶到了弹性垫圈上而不能再左移,使主从动摩擦片的压力不再增加,传递的转矩也就不再增大,从而避免了电动机因负载过大而被烧坏的危险。

摩擦片式单向离合器可以传递较大的转矩,用于功率较大的起动机。摩擦片式单向离合器的最大传递转矩会因摩擦片的磨损(使弹性垫圈的最大变形量减小)而降低,因此,在使用中需要经常进行检修和调整,其结构也比较复杂。

a)

b)

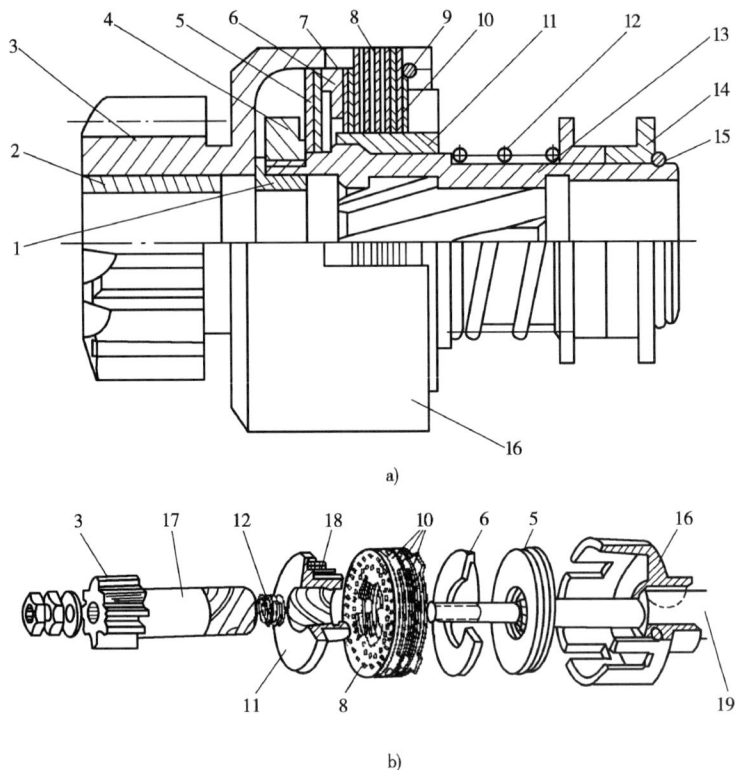

图 2-12　摩擦片式单向离合器

a）外接合鼓驱动式；b）齿轮柄驱动式

1-限位套；2-衬套；3-驱动齿轮；4-限位螺母；5-弹性垫圈；6-压环；7-调整垫圈；8-从动摩擦片；9、15-卡环；10-主动摩擦片；11-内接合鼓；12-缓冲弹簧；13-传动套筒；14-移动衬套；16-外接合鼓；17-驱动齿轮柄；18-小弹簧；19-电枢轴

3）扭簧式单向离合器

扭簧式单向离合器的结构如图 2-13 所示。

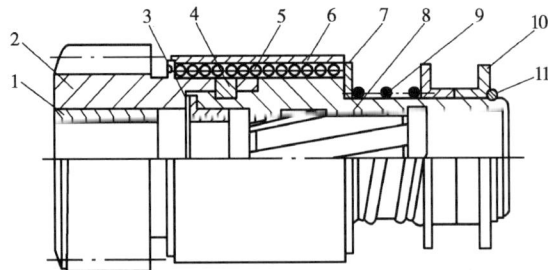

图 2-13　扭簧式单向离合器

1-衬套；2-驱动齿轮；3-挡圈；4-月形圈；5-扭力弹簧；6-护套；7-垫圈；8-传动套筒；9-缓冲弹簧；10-移动衬套；11-卡环

扭簧式单向离合器的传动套筒 8 与起动机电枢轴也是以螺旋花键连接，驱动齿轮 2 带有较长的柄，柄端内圆松套在传动套筒上，月形圈 4 用于限制驱动齿轮柄和传动套筒之间轴向的相对移动，但不妨碍其相对转动。自由状态下的扭力弹簧 5 松套在驱动齿轮柄和传动套筒的外圆表面，但弹簧的两端各有 1/4 圈内径较小，使扭力弹簧的两端与传动套筒、驱动齿轮柄均有较小的摩擦力。

起动时，电枢轴带动传动套筒转动，传动套筒与驱动齿轮柄有相对转动，使扭力弹簧在其两端摩擦力的作用下被扭紧。这时，扭力弹簧箍紧在驱动齿轮柄和传动套筒上，通过其摩擦力传递转矩。

起动后,由于驱动齿轮转速高于电枢的转速,传动套筒与驱动齿轮柄之间产生与起动时相反的相对转动,扭力弹簧被放松,驱动齿轮柄便在传动套筒上滑转,避免了起动机电枢被发动机带动而超速旋转的危险。

扭簧式单向离合器结构简单,使用寿命长,但由于扭力弹簧的轴向尺寸较大,因此不适用于小功率的起动机。

2. 减速机构

减速起动机在电枢和驱动齿轮之间设有减速机构,传动比一般为 2~4。起动机增设了减速机构后,可采用小型高速低转矩的电动机,电动机电流也可减小。因此,减速起动机的体积小、质量轻而便于安装;起动性能提高,减小了蓄电池的负担。

减速起动机减速机构有外啮合式、内啮合式和行星齿轮啮合式 3 种形式,如图 2-14 所示。

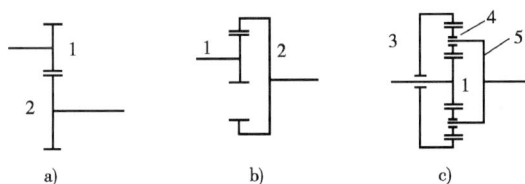

图 2-14　减速起动机减速机构的类型
a)外啮合式;b)内啮合式;c)行星齿轮啮合式
1-主动齿轮;2-从动齿轮;3-齿圈;4-行星轮;5-行星架

1)外啮合式减速机构

外啮合式减速机构传动中心距较大,受起动机结构的限制,其减速比不能太大,通常只在小功率的起动机上应用。外啮合式减速机构的从动齿轮大都制在单向离合器壳体上。有的外啮合式减速机构的主、从动齿轮之间还用一个惰轮作过渡传动,以使电磁开关铁芯与驱动齿轮同轴心,电磁开关铁芯的移动可直接推动驱动齿轮轴向移动与飞轮啮合,无须拨叉。这种起动机的外形与普通起动机会有较大的差别。

2)内啮合式减速机构

内啮合式减速机构传动中心距小,可以有较大的减速比,故可适用于较大功率的起动机。内啮合式减速起动机的驱动齿轮轴向移动需用拨叉拨动,因此内啮合式减速起动机的外形与普通起动机相似。

3)行星齿轮啮合式减速机构

行星齿轮传动具有结构紧凑、传动比大、效率高的特点。行星齿轮啮合式起动机由于输出轴与电枢轴同心、同旋向,电枢轴无径向载荷,可使整机尺寸减小;除了增加行星齿轮减速机构的差别,行星齿轮式减速起动机其他轴向位置上的结构与普通起动机相同,因此配件可以是通用的。

三、电磁开关

1. 电磁开关的结构

电磁开关主要由吸引线圈、保持线圈、活动铁芯、接触盘、触点等组成,如图 2-15 所示。

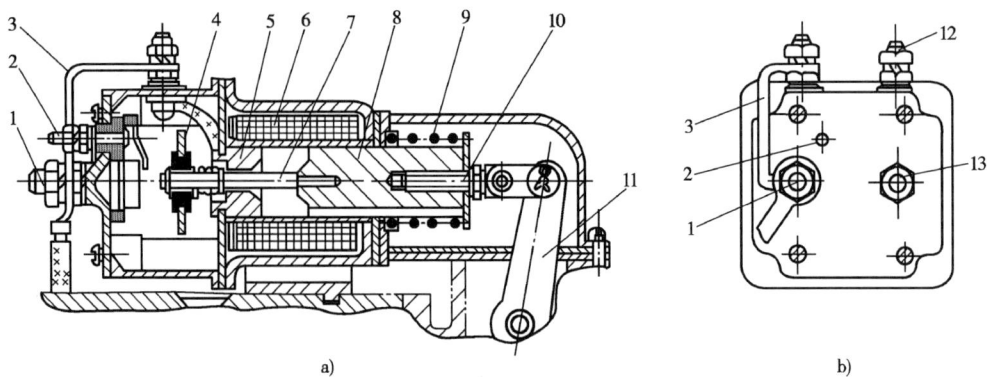

图2-15 电磁开关的结构

1、13-主接线柱;2-附加电阻短路接线柱;3-导电片;4-接触盘;5-磁轭;6-吸引线圈及保持线圈;7-接触盘推杆;8-活动铁芯;9-复位弹簧;10-调节螺钉;11-拨叉;12-电磁开关接线柱

电磁开关两主接线柱1、13分别连接蓄电池和电动机,两主接线柱在电磁开关内部的触点可由接触盘4将其接通;电磁开关内部的吸引线圈和保持线圈6通过电磁开关接线柱和线路连接起动开关或起动继电器;附加电阻短路接线柱2与点火线圈初级绕组相连,在起动时,由接触盘将其内部的触点与主触点接通,将点火线圈附加电阻短路。柴油发动机和电子点火式汽油发动机的起动机,其电磁开关无附加电阻短路接线柱。电磁开关活动铁芯8右端通过螺钉连接拨叉11,左端是接触盘的推杆。当活动铁芯被电磁开关线圈吸动左移时,就会带动拨叉和接触盘移动。

2.电磁开关的工作原理

电磁开关内的吸引线圈与电动机串联,保持线圈与电动机并联,其工作原理如图2-16所示。

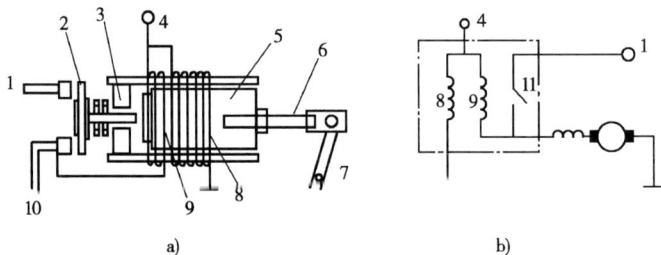

图2-16 电磁开关的工作原理

a)结构简图;b)电路原理

1-电源接线柱;2-接触盘;3-磁轭;4-电磁开关接线柱;5-活动铁芯;6-拉杆;7-拨叉;8-保持线圈;9-吸引线圈;10-接电动机;11-电磁开关触点

电磁开关接线柱接通电源时,吸引线圈和保持线圈同时通电,两线圈产生的磁力使活动铁芯克服复位弹簧力而左移,带动拨叉和接触盘动作,将驱动齿轮拨向飞轮齿圈并接通电动机电路。

电磁开关接线柱保持通电时,吸引线圈被接触盘短路,保持线圈仍然通电,所产生的磁力使铁芯保持在移动的位置。

四、电磁操纵强制啮合式起动机的工作原理

1.电磁操纵强制啮合式起动机工作过程

由起动开关直接通断电磁开关电路的强制啮合式起动机电路原理,如图2-17所示。

起动时,接通起动开关,电磁开关通电,其电流通路为:蓄电池 + →接线柱 16→电流表→熔断丝→起动开关→ 电磁开关接线柱 → 吸引线圈 → 接线柱 13 → 起动机磁场和电枢绕组 → 搭铁 → 蓄电池 −。
　　　　　　　　→ 保持线圈

　　此时吸引线圈和保持线圈产生的磁力方向相同,在两线圈磁力的共同作用下,使活动铁芯克服弹簧力右移,带动拨叉将驱动齿轮推向飞轮,与此同时,活动铁芯将接触盘顶向触点。当驱动齿轮与飞轮啮合时,接触盘将电磁开关触点 13、16 接通,使电动机通入起动电流,电枢产生正常电磁转矩,并通过传动装置带动发动机转动。这时,吸引线圈被接触盘短路,活动铁芯靠保持线圈的磁力保持在移动的位置。

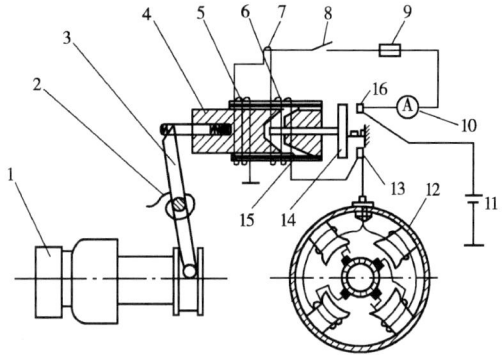

图 2-17　　ST614 型起动机电路
1-驱动齿轮;2-复位弹簧;3-拨叉;4-活动铁芯;5-保持线圈;6-吸引线圈;7-电磁开关接线柱;8-起动开关;9-熔断丝;10-电流表;11-蓄电池;12-电动机;13、16-触点及接线柱;14-接触盘;15-磁轭

　　发动机起动后,在未断开起动开关时,发动机飞轮带动起动机驱动齿轮高速旋转,单向离合器打滑,电动机处于空转状态。

　　发动机起动后,在断开起动开关的瞬间,接触盘仍在接触位置,此时电磁开关线圈电流为:蓄电池 + →接线柱 16→接触盘 14→接线柱 13→吸引线圈 6→保持线圈 5→搭铁→蓄电池 −。此时吸引线圈产生与保持线圈相反方向的磁通,两线圈磁力互相抵消,活动铁芯便在弹簧力的作用下复位,使驱动齿轮退出;与此同时,接触盘也复位,切断起动机电路,起动机停止工作。

　　在起动机驱动齿轮啮入飞轮齿圈过程中,由于吸引线圈的电流流经电动机,电枢产生较小的电磁转矩,使驱动齿轮在缓慢转动中与飞轮啮合,可避免顶齿和冲击。

　　2. 增设起动继电器的起动机控制电路

　　由于电磁开关通电电流较大(达 35 ~ 45A),起动开关直接控制会使开关触点容易烧蚀。为此,一些汽车的起动电路中增设了起动继电器,用以保护起动开关。起动继电器控制的起动机电路一例如图 2-18 所示。

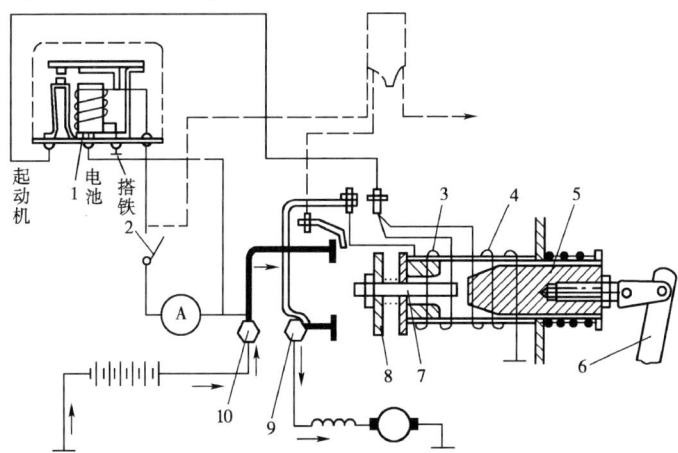

图 2-18　QD124 型起动机控制电路
1-起动继电器;2-点火开关;3-吸引线圈;4-保持线圈;5-活动铁芯;6-拨叉;7-接触盘推杆;8-接触盘;9-电动机接线柱;10-蓄电池接线柱

起动继电器触点常开,串联在起动机电磁开关电源电路中;起动继电器线圈电路由点火开关(起动挡)控制其通断。

起动时,点火开关拨至起动挡,起动继电器线圈通电,其电流通路为:蓄电池 + →电源接线柱 10→电流表→点火开关 2(起动触点)→起动继电器线圈→搭铁→蓄电池 −。起动继电器线圈通电后产生电磁力将触点吸合,接通起动机电磁开关电路,起动机便开始工作。

由于点火开关的起动触点只是控制起动继电器线圈较小的电流,开关触点就不容易烧蚀,延长了点火开关的使用寿命。

3. 具有驱动保护功能的起动机控制电路

发动机起动后,若未及时断开起动开关,起动机将高速空转,造成起动机传动装置磨损加剧和蓄电池电能的消耗。发动机工作时,若误接通起动开关,就会使起动驱动齿轮与发动机飞轮齿圈发生碰撞,造成驱动齿轮和飞轮齿圈的损坏。为避免上述情况的发生,一些汽车起动机控制电路增设了驱动保护功能。

起动机的驱动保护是指起动时,发动机一旦发动,起动机便立刻自动停止工作;而在发动机工作时,即使接通起动开关,起动机也不会工作。

具有驱动保护功能的起动机控制电路一例如图 2-19 所示。该电路采用充电指示灯继电器兼控起动继电器线圈电路,实现驱动保护控制功能。

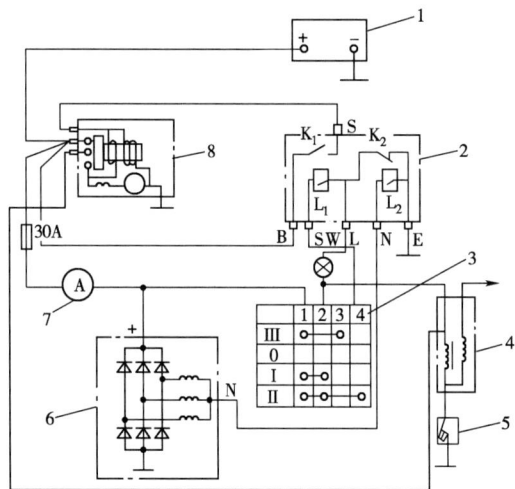

图 2-19　采用充电指示灯继电器控制的起动机驱动保护电路

1-蓄电池;2-组合继电器;3-点火开关;4-点火线圈;5-电子点火器;6-发电机;7-电流表;8-起动机

组合继电器 2 中装置有充电指示灯继电器和起动继电器,充电指示灯和起动继电器线圈 L_1 均通过充电指示灯继电器动断触点 K_2 搭铁,使充电指示灯不仅可控制充电指示灯,同时也可控制起动继电器线圈 L_1 的通断,使之具有驱动保护作用。

起动时,点火开关拨至 II 档(起动挡),点火开关的 1 号与 4 号接线柱接通,使组合继电器中的起动继电器线圈 L_1 通电,其电流通路为:蓄电池正极→起动机电源接线柱→30A 熔断丝→电流表→点火开关→组合继电器 SW 接线柱→L_1→K_2→组合继电器 E 接线柱(搭铁)→蓄电池负极。起动继电器线圈 L_1 通电后产生磁力吸合触点 K_1,接通了起动机电磁开关电路,使起动机通电工作。

发动机起动后,发电机的中点电压向充电指示灯继电器线圈 L_2 提供电流,使 K_2 断开,这时,即使点火开关仍在起动挡,起动继电器线圈 L_1 也断电,其触点 K_1 断开,使起动挡电磁开关断电,起动机便自动停止工作。

在发动机工作时,由于发电机中点电压的作用而使充电指示灯继电器触点 K_2 保持断开,因此,若点火开关误拨至起动挡,起动继电器线圈也不会通电,因此起动机不会通电工作。

第三节　起动系统的使用及故障检修

一、起动系统使用

1.起动系统使用注意事项

（1）不要长时间连续起动。起动机的电动机按短时间工作设计，长时间连续工作会使其过热而缩短使用寿命。遇发动机难以起动时，每次起动时间不要超过5s，再次起动应间隔 $10 \sim 15s$。

（2）应使蓄电池保持充足电状态。在蓄电池亏电时起动，其起动转速、点火电压及点火能量均下降，容易引起发动机不易发动而使起动时间过长，起动机容易损坏。

（3）起动电路的导线连接应可靠，蓄电池极桩、起动机电源接线柱等处连接不良，会造成接触电阻过大而使起动机输出功率下降，造成发动机因起动转速过低而不容易发动。

（4）注意保持起动机的清洁。应及时清除起动机上存积油污和灰尘，并注意起动机防尘罩安装良好，以避免造成电刷与换向器接触不良或造成电动机电路短路。

2.起动系统常见故障的诊断方法

起动系统常见的故障有起动时起动机不转、运转无力、空转、打齿和驱动齿轮来回窜动等。以有起动继电器的起动电路为例，分析各种故障现象的故障原因及故障诊断方法。

1）起动机不转

接通起动开关时，发动机不转动，起动机无动作迹象。起动机不转可能的故障原因有：

（1）起动电源有故障：蓄电池严重亏电、蓄电池极板硫化或短路、蓄电池极桩与线夹接触不良、起动电路导线连接处松动而接触不良等。

（2）起动机有故障：换向器与电刷接触不良、磁极绕组或电枢绕组有断路或短路、绝缘电刷搭铁、电磁开关故障（绕组断路、短路、搭铁或其触点烧蚀而接触不良）等。

（3）起动继电器不良：起动继电器绕组断路、短路、搭铁或其触点接触点不良。

（4）点火开关有故障：点火开关接线松动或内部接触不良。

（5）起动机控制电路的故障：线路有断路、导线接触不良或松脱、熔断丝烧断等。

起动机不转的故障诊断方法如下。

（1）按喇叭或开前照灯，如果喇叭声音小嘶哑或不响，灯光比平时暗淡，说明电源有问题，应先检查蓄电池极桩与线夹、起动电路导线接头处是否有松动，触摸导线连接处是否发热。若某连接处松动或发热，则说明该处接触不良；若线路连接无问题，则应对蓄电池进行检查。

（2）如果判断电源无问题，用螺丝刀将电磁开关接线柱与起动机电源接线柱相连，看起动机是否转动。如果起动机仍不转动，则说明起动机有故障，应拆检起动机；如果起动机运转正常，则说明故障在起动继电器或有关的线路，进行下一步故障诊断。

（3）用螺丝刀或导线将起动继电器连接蓄电池的 B 接柱与连接起动机的 S 接柱直接相连（图2-19），看起动机是否转动。如果起动机不转动，则应检查连接这两个接线柱的导线；如果起动机能正常运转，则再作下一步诊断。

（4）将起动继电器上连接蓄电池的 B 接线柱与连接点火开关的 SW 接线柱直接相连，

看起动机是否转动。如果起动机不转动,则说明是起动继电器不良,应拆修或更换起动继电器;如果起动机能正常运转,则故障在起动继电器至点火开关的导线或点火开关,应对其进行检修。

2)起动机运转无力

起动时,驱动齿轮能与飞轮齿圈啮合,但起动转速很低甚至于停转,可能的故障原因有:

(1)起动电源有故障:蓄电池亏电或极板硫化短路,起动电源导线连接处接触不良等。

(2)起动机有故障:换向器与电刷接触不良,电磁开关接触盘和触点接触不良,电动机磁极绕组或电枢绕组有局部短路等。

起动机运转无力时,首先通过按喇叭、开前照灯等方法检查起动机电源是否正常,如果起动电源无问题,则应拆检起动机。

3)起动机空转

起动时,起动机驱动齿轮能移动且高速空转,但发动机不转。起动机空转可能的故障原因有:

(1)单向离合器打滑。

(2)飞轮齿圈的某一部分严重缺损。

出现起动机空转时,可将发动机飞轮转一个角度后再起动,如果故障能随之消失(但以后还会再现),则为飞轮齿圈有缺损,应焊修或更换飞轮齿圈;如果转动飞轮后起动机仍然空转,则需检修单向离合器。

4)驱动齿轮打齿

起动时,可听到驱动齿轮与飞轮齿圈发生撞击的声响,驱动齿轮不能啮入,发动机不转动,可能的故障原因有:

(1)电磁开关触点接通的时间过早,使驱动齿轮在与飞轮齿圈啮合以前就已高速旋转起来。

(2)飞轮齿圈磨损严重或驱动齿轮磨损严重。

起动时出现驱动齿轮打齿现象时,首先通过适当调晚电磁开关触点的接通时间,看打齿现象是否能消失。如果能,将电磁开关触点接通时间调整适当,故障即被排除;如果打齿现象不能消失,则应拆检起动机驱动齿轮和飞轮齿圈。

5)电磁开关吸合不牢

起动时发动机不转,但有驱动齿轮轴向来回窜动的"咔嗒、咔嗒"声响,可能的故障原因有:

(1)蓄电池亏电或起动机电源线路有接触不良之处。

(2)起动继电器的断开电压过高。

(3)电磁开关保持绕组断路、短路或搭铁。

起动时出现驱动齿轮轴向来回窜动时,若检查起动电源线路连接无问题,可将起动继电器连接蓄电池的 B 接柱和连接起动机的 S 接柱直接短接,看起动机是否能带动发动机正常转动。如果能正常起动,则为起动继电器断开电压过高,应予以调整;如果故障仍然出现,则应对蓄电池进行补充充电。如果蓄电池充足电后故障仍不能消除,则为起动机电磁开关有故障,应予以检修或更换。

二、起动机的试验

修复后的起动机,在装车前可通过起动机的空载试验和全制动试验,来检验其性能是否良好。

1. 空载试验

用夹具将起动机夹紧,接上电源,测量起动机空载时的转速和电流,如图 2-20 所示。起动机应运转均匀、电刷无较强火花,其电流、电压和转速应符合规定值。

如果电流大而转速低,则可能是起动机装配过紧,电枢绕组、磁极绕组有短路或搭铁故障;如果电流和转速都低,则说明起动机内部电路有接触不良之处。

注意:每次空载试验不要超过 1min,以免起动机过热。

2. 全制动试验

全制动试验是在空载试验后,通过测量起动机完全制动时的电流和转矩来检验起动机的性能良好与否。试验方法如图 2-21 所示。通电后,迅速记下电流表、弹簧秤和电压表的示值,其全制动电流和制动转矩应符合规定的值。

如果电流大而转矩小,则表明磁极绕组或电枢绕组有短路或搭铁不良故障;如果转矩和电流都小,则表明起动机内接触电阻过大;如果试验过程中电枢轴转动,则说明单向离合器打滑。

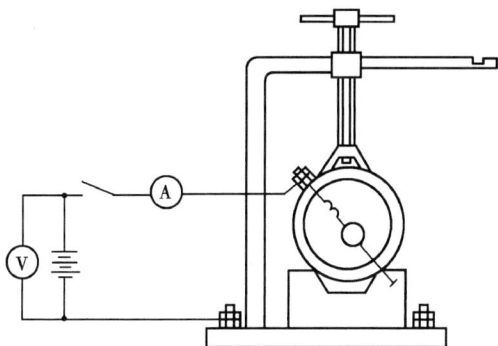

图 2-20 起动机的空载试验

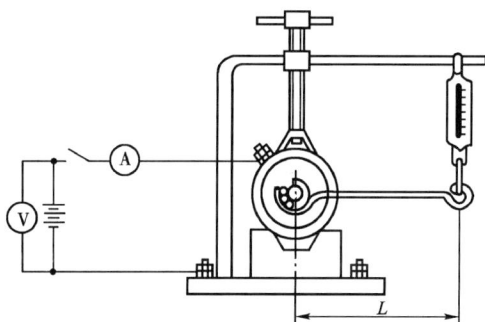

图 2-21 起动机的全制动试验

注意:全制动试验要动作迅速,一次试验时间不要超过 5s,以免烧坏电动机和对蓄电池使用寿命造成不利影响。

第三章　点火系统

点火系统是点燃式发动机特有的一个系统,其功用就是把汽车电源系统 10～15V 的低压电转变成 15～20kV 的高压电,并按发动机汽缸点火顺序要求适时地引入各缸的火花塞,在火花塞间隙产生电火花点燃可燃混合气,从而使发动机正常工作。

点火系统按电能的来源不同,可分为蓄电池点火系统和磁电机点火系统。磁电机点火系统的低压电流由磁电机产生,并且其点火线圈、断电器和配电器组合为一个整体,多用于小型二冲程汽油机。蓄电池点火系统的电能来源于发电机或蓄电池,因结构简单、工作可靠,广泛用于汽车发动机。

蓄电池点火系统按结构形式分为传统触点式点火系统、电子点火系统和微机控制点火系统 3 种类型。现代汽车普遍采用电子点火系统和微机控制点火系统。

第一节　汽车对点火系统的要求

点火系统应在汽油机各种工况和使用条件下保证可靠而准确地点火,应满足下列 3 个基本要求。

一、能产生足以击穿火花塞电极间隙的高电压

火花塞电极之间产生火花的电压称为击穿电压。击穿电压主要与下列因素有关:

(1)火花塞电极间隙的大小:电极间隙越大,气体中的离子和电子距离电极的路程越大,受电场力的作用越小,不易发生碰撞电离,故要求的击穿电压越高。

(2)汽缸内混合气的压力和温度:混合气密度越大,则离子自由运动的距离越短,越不易发生碰撞电离,所以击穿电压就越高。而混合气密度是受汽缸内温度和压力影响的,所以汽缸内的温度和压力间接影响着击穿电压的高低。温度越低,压力越高,则混合气的密度越大,击穿电压越高。

(3)电极的温度和极性:当火花塞电极温度较高时,其周围气体的密度越小,容易发生碰撞,所以击穿电压越低。当受热的电极(火花塞的中心电极)是负极时,由于热电发射和二次电子发射作用(即在正离子的轰击下,使阴极又发射新电子的现象)使火花塞的击穿电压降低 20%,因此现代汽车点火系统高压回路是采用正极搭铁的,即火花塞的中心电极为负极(负高压),旁电极为搭铁。

(4)发动机的工况不同,火花塞的击穿电压也不同,其值随发动机转速、负荷、压缩比、点火提前角和混合气成分而改变。

发动机起动时,因汽缸壁、活塞以及火花塞电极都处于冷态,吸入的混合气温度低,雾化

不良,压缩结束时混合气温升较小,加之火花塞电极间可能有汽油或机油,所以击穿电压最高。在加速时,由于大量冷空气突然进入汽缸,因此也需较高的击穿电压。通常,为了保证点火可靠,点火装置必须有一定的高压储备。但过高的次级电压又会造成绝缘困难,使成本提高,一般次级电压限制在 30kV 以内。

二、火花应具有足够的能量

为使混合气可靠点燃,火花塞产生的电火花应具有一定的能量。发动机正常工作时,由于压缩结束时混合气的温度已接近其自燃温度,因此所需的火花能量很小,一般为 1～5mJ。但在发动机起动、怠速以及突然加速时需较大的点火能量。为保证可靠点火,一般应保证 50～80mJ 的点火能量,起动时应有大于 100mJ 的点火能量。

三、点火时刻应适应发动机的工况变化

首先,点火系统应按发动机工作循环顺序进行点火。如直列六缸发动机,点火顺序为 1→5→3→6→2→4;四缸发动机,点火顺序为 1→3→4→2 等。

其次,应在最有利的时刻点火,也就是具有最佳的点火提前角。点火提前角是指从火花塞电极间跳火开始到活塞行至上止点为止这一段时间内曲轴转过的角度,用 θ 表示。把发动机发出最大功率和比油耗(单位功消耗的燃料量)最小时的点火提前角,称为最佳点火提前角。不同发动机有不同的最佳点火提前角,而且同一发动机在不同工况和使用条件下的最佳点火提前角也不相同。影响最佳点火提前角的因素有:

(1)转速:发动机转速越高,在同一时间内活塞移动的距离越大,曲轴转角也越大,如果混合气燃烧速度不变,则点火提前角应线性增加。但当转速升高时,混合气的温度和压力提高,扰流增强,会使燃烧速度随之加快。因此,最佳点火提前角应随转速升高而增大,但不是线性的。

(2)负荷:同一转速下,负荷增大,节气门开度增大,吸入汽缸的混合气量增加,压缩终了时,缸内温度、压力增高,使燃烧速度加快。因此,最佳点火提前角随负荷增大而减小。

(3)起动及怠速:发动机起动和怠速时,虽然混合气燃烧速度较慢,但因发动机转速低,混合气全部燃烧时间却只占较小的曲轴转角。如果点火过早,可能会使曲轴反转,因此点火提前角宜减小甚至不提前。

(4)燃料的辛烷值:爆震燃烧是点燃式发动机的一种不正常燃烧,爆震燃烧使发动机功率下降,油耗上升。点火提前角越大,越易发生爆震燃烧。爆震燃烧与燃料的抗爆性有关。燃料的抗爆性用辛烷值表示,辛烷值越高,则其抗爆性越好。因此使用辛烷值低的燃料时,应适当减小点火提前角。

(5)压缩比:压缩比越大,压缩结束时,缸内温度和压力越高,燃烧速度越快,所需的点火提前角减小。

(6)混合气浓度:混合气浓度直接影响燃烧速度,混合气的过量空气系数 α 为 0.8～0.9 时,燃烧速度最快,所以最佳点火提前角最小。过稀或过浓的混合气,由于燃烧速度较慢,必须加大点火提前角。

(7)进气压力:进气压力减小,使得混合气雾化和扰流变差,混合气形成质量下降,且由

于进气量的减少,压缩结束时缸内温度和压力下降,使燃烧速度变慢,因此应该加大点火提前角。如在高原地区,由于大气压力低,空气稀薄,就应适当加大点火提前角。

第二节　点火系统的组成与工作原理

一、传统点火系统组成与工作原理

1.传统点火系统的组成

传统点火系统由电源、点火线圈、分电器总成、火花塞、点火开关等组成,如图3-1所示。各组成部分的功用如下。

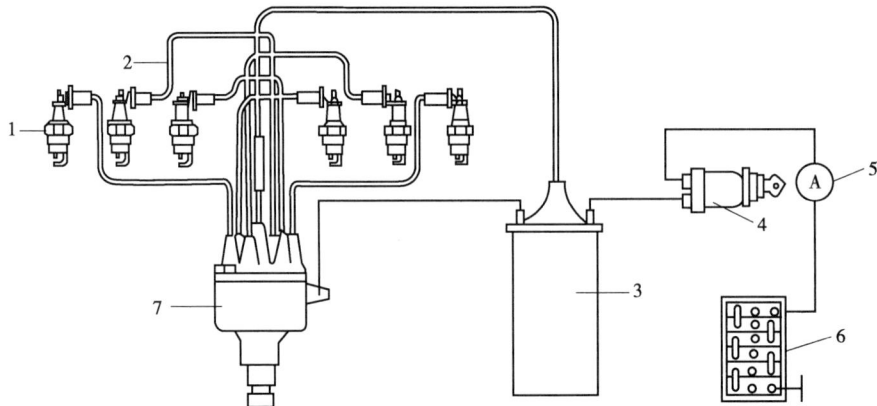

图3-1　传统点火系统组成

1-火花塞;2-高压导线;3-点火线圈;4-点火开关;5-电流表;6-蓄电池;7-分电器

(1)电源为蓄电池和发电机,标称电压为12V,其作用是供给点火系统所需的电能。

(2)点火线圈的功用是将12V的低压电转变为15～30kV的高压电。

(3)分电器总成主要包括断电器、配电器、电容器和点火提前机构等。

断电器由触点和凸轮组成(凸轮的凸角数与汽缸数相等),其作用是接通和断开初级电路。

配电器(分电器)由分电器盖和分火头组成。分电器盖上有与发动机汽缸数相同的旁电极。当分火头旋转时,它上面的导电片依次和旁电极接通,将点火线圈产生的高压电,按发动机的工作顺序分别传到各缸火花塞。

断电器凸轮和分火头装在同一轴上,一般由发动机配气机构凸轮轴驱动,四冲程发动机转速与分电器转速比为2:1,即曲轴每转两圈分电器转一圈。

电容器与断电器触点并联,用来减小触点间的火花,延长触点的使用寿命,提高次级电压。

点火提前机构由离心点火提前机构和真空点火提前机构组成,用来随发动机转速和负荷变化,自动调节点火提前角。

(4)火花塞的作用是将点火线圈产生的高压电引入燃烧室,并在其电极间产生电火花,点燃混合气。

(5)点火开关用来控制点火系统初级电路的通断,只要断开点火开关,发动机可立即熄火。

2.传统点火系统的工作原理

传统点火系统工作原理如图3-2所示。发动机工作时,断电器凸轮在发动机凸轮轴的驱动下旋转,凸轮旋转时使断电器触点交替地闭合和打开。在点火开关SW接通的情况下,当触点闭合时,点火线圈初级绕组中有电流流过。流过初级绕组的电流称为初级电流 i_1,其电路称为初级电路或低压电路。初级电流 i_1 的路径(图3-2中用实线箭头表示)为:蓄电池正极→电流表→点火开关SW→点火线圈"开关+"接线柱→附加电阻 R_f→"开关"接线柱→点火线圈初级绕组→" – "接线柱→断电器触点→搭铁→蓄电池负极。初级电流在点火线圈的铁芯中形成磁场,电能转变为磁能。

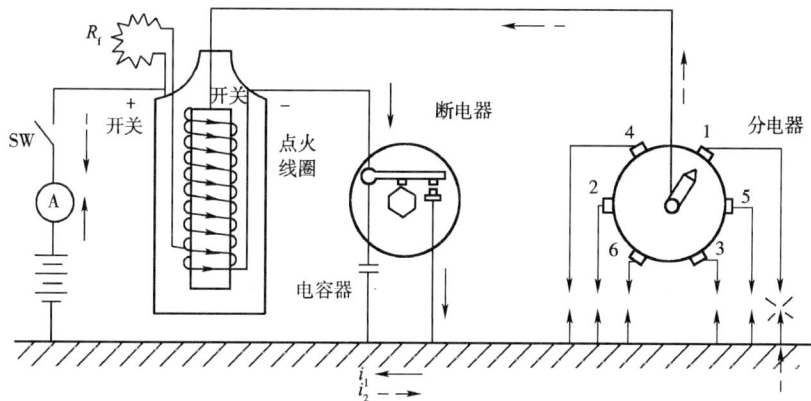

图3-2　传统点火系统的组成和工作原理

当断电器凸轮将触点打开时,初级电路被切断,初级电流消失,它所形成的磁场也随之迅速变化,在两个绕组中都感应出电动势,磁能转变为电能。由于点火线圈次级绕组的匝数多,因而在次级绕组内就感应出 15～30kV 的电动势,它足以击穿火花塞的电极间隙,产生电火花点燃混合气。高压电流 i_2 的路径(图3-2中用虚线箭头表示)为:次级绕组→"开关"接线柱→附加电阻 R_f→"开关+"接线柱→点火开关SW→电流表→蓄电池→搭铁→火花塞旁电极→火花塞中心电极→高压导线→分电器→高压导线→次级绕组。

流过火花塞的高压电流方向为旁电极到中心电极,如前所述,这样击穿电压低。高压电流的方向与点火线圈初、次级绕组的绕向有关。对负极搭铁的蓄电池,次级绕组和初级绕组绕向相同时,即可产生中心电极为负的高压电。

分电器轴每转一圈,各缸按点火顺序轮流点火一次。在点火过程中,与触点并联的电容器具有重要作用。这是因为触点打开磁场消失时,在初级绕组中也会产生 200～300V 的自感电动势,无电容器时,该自感电动势就会在触点间形成火花使触点烧蚀;同时该自感电动势的方向与原来初级电流的方向相同,使初级电路中的电流不能迅速中断,磁场消失也相应减慢,因而次级感应电动势大大降低。为了避免上述不良后果,在触点间并联一个电容器,当触点打开时,初级绕组中所产生的自感电动势向电容器迅速充电,触点间不再形成强烈的火花,延长了触点的使用寿命;同时触点打开后,初级绕组和电容器形成一振荡回路,充了电的电容器通过初级绕组进行振荡放电。当电容器第一次放电时,电流以相反的方向通过初级绕组,加速了磁场的消失,使次级感应电动势显著提高。

传统点火系统由于结构简单、成本低、维护方便等优点，长期以来在汽车上得到广泛应用，但由于断电器触点的原因，使得传统点火系统在工作过程中触点易烧蚀工作可靠性较差、初级电流受触点允许电流强度的限制火花能量低、高速时不能保证高速、高压缩比、多缸发动机的可靠点火、对火花塞积炭和污染敏感等先天性不足，已远不能适应发动机向高转速、高压缩比、低排放、低油耗发展的需要。电子点火系统则能够较好地克服上述缺陷，并且已取代传统点火系统。

二、电子点火系统的基本组成、原理和类型

1.电子点火系统的基本组成和工作原理

电子点火系统又称半导体点火系统或晶体管点火系统，它主要由点火电子组件、分电器及位于分电器内的点火信号发生器、点火线圈、火花塞等组成，如图 3-3 所示。

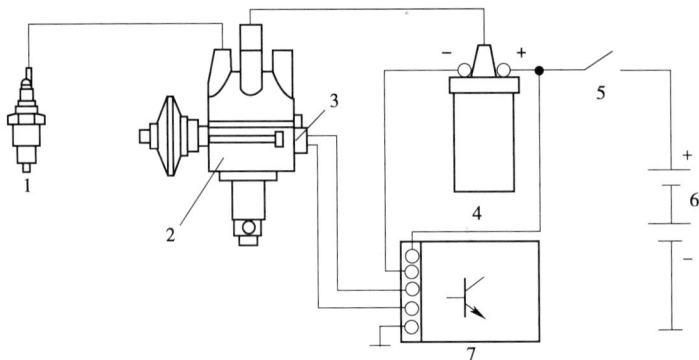

图 3-3　电子点火系统的基本组成

1-火花塞;2-分电器;3-点火信号发生器;4-点火线圈;5-点火开关;6-蓄电池;7-点火电子组件

点火电子组件又称电子点火器(简称点火器)，它是由半导体元器件(如三极管、晶闸管等)组成的电子开关电路，其主要作用是根据点火信号发生器产生的点火脉冲信号，接通和断开点火线圈初级电路，起着传统点火系统中断电器触点的作用。

点火信号发生器安装在分电器内，它可根据各缸的点火时刻产生相应的点火脉冲信号，控制点火器接通和断开点火线圈初级电路的具体时刻，起着传统点火系统中断电器凸轮的作用。

电子点火系统工作原理如图 3-4 所示，当发动机转动时安装在分电器内的点火信号发生器会产生与发动机曲轴位置相对应的点火脉冲信号，点火信号输入到点火电子组件后经内部的开关电路控制着大功率开关三极管的导通和截止，使点火线圈初级电流适时地通断。

当输入的点火脉冲信号使大功率开关三极管导通时，点火线圈初级回路有初级电流 i_1 流过(相当于传统点火系统中的断电器触点闭合)，点火线圈储能;当输入的点火脉冲信号使大功率开关三极管截止时，点火线圈初级回路电流被切断(相当于传统点火系统中的断电器触点断开)，点火线圈次级便产生高电压，经中央高压线、配电器分火头、分缸线送至点火缸火花塞完成一次点火。分电器每转一圈产生与汽缸数相同数量的点火脉冲信号，使点火电子组件中的大功率开关三极管开闭同样次数，经配电器使每一个汽缸按点火顺序完成一次点火。

图中文字：

点火开关

+15 −1

点火线圈

VT

点火电子组件

点火控制电路

点火信号发生器

配电器

火花塞

i_1 i_2

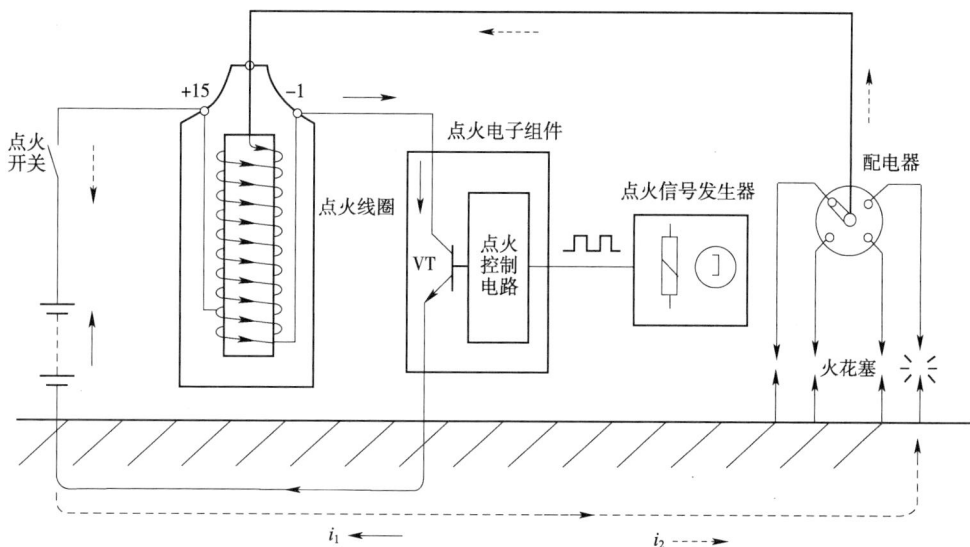

图 3-4　电子点火系统工作原理

2. 电子点火系统的类型

电子点火系统根据储能方式的不同可分为电感储能式点火系统和电容储能放电式点火系统两大类,前者的储能元件为点火线圈,后者的储能元件为电容器。电感储能式点火系统广泛地应用于现代汽车,而电容储能放电式点火系统多用于高速赛车和摩托车上。

按点火信号的产生方式,电子点火系统可分为有触点式和无触点式两大类。

触点式电子点火系统也称半导体辅助点火系统或半晶体管点火系统,其点火信号仍由分电器内的凸轮和断电器触点所产生,由于它无法克服触点所带来的许多缺陷,如高速时触点臂可能发生跳动而影响点火,并且由于顶块、凸轮的磨损,点火正时尚需经常调节等,故触点式电子点火系统仅作为过渡产品,在现代汽车上已很少采用。

无触点电子点火系统也称全晶体管点火系统,其特点是利用各种无触点点火信号发生器来代替上述断电器触点产生点火信号,控制点火器的工作。因此,与触点有关的各种故障和保修作业均不复存在。它是目前使用最广泛的电子点火系统。

无触点电子点火系统中,按点火信号发生器产生点火信号的原理不同,可分为以下 3 种类型:

(1)磁感应式(磁脉冲式)。

(2)霍尔效应式。

(3)光电式。

其中,磁感应式和霍尔效应式无触点电子点火装置由于其结构简单,性能可靠稳定,因此应用较多。

3. 电子点火系统的优点

与传统点火系统相比,无触点电子点火系统具有以下优点:

(1)由于无触点,可彻底消除触点的缺点,如触点磨损、触点间隙变化对点火正时的影响,因此,能保证稳定的点火正时,同时又免除了对触点的维修工作。

(2)由于初级电流由大功率三极管控制,所以可适当增大初级电流,减小点火线圈初级绕组的电阻和电感,这样初级电流上升快,而半导体开关速度高,因此,次级电压高且稳定,火花能量大,可适应高速、高压缩比以及燃用稀混合气的现代新型发动机的需要,因而可使发动机动力性、经济性和冷起动性能提高,排气污染下降。

(3)在点火电子组件内可很方便地通过恒(限)流控制、闭合角控制、点火正时控制等电路,来进一步改善电子点火系统的点火特性。

由此可见,电子点火系统不仅点火性能比传统点火系统优越,而且克服了传统点火系统几乎所有的先天性不足。因此,电子点火系统在20世纪70年代初投入使用以来,尽管成本较高,但由于其突出的优良性能,世界各大汽车公司相继开发出了自己的电子点火系统并大量装车使用。同时,由于各国排放法规的实施以及电子技术的发展,使得电子点火系统价格降低,可靠性提高,也促进了电子点火系统的不断完善及推广使用。尤其是20世纪70年代末,微机用于汽车发动机控制后,使得发动机的点火系统由微机更为精确地控制,从而使发动机的动力性和经济性更佳,并且更有效地降低了排气污染。最新型的电子点火系统已取消了分电器,而采用电子分火方式(即无分电器点火系统),彻底消除了机械传动过程对点火系统的影响。

第三节 点火系统工作过程分析

根据点火系统工作原理,点火系统的工作过程可分为三个阶段:即初级回路接通(即传统点火系统中断电器触点闭合,电子点火系统点火电子组件中大功率开关三极管导通),初级电流增长,点火线圈储能阶段;初级回路断开(即传统点火系统中断电器触点打开,电子点火系统点火电子组件中大功率开关三极管截止),次级绕组产生高压阶段;火花塞电极间隙跳火放电阶段。

一、初级回路接通初级电流增长过程

初级回路接通时,其等效电路是一个典型的电阻电感串联电路,如图 3-5 所示,根据电工学原理,初级电流 i_1 应按指数规律增长,即

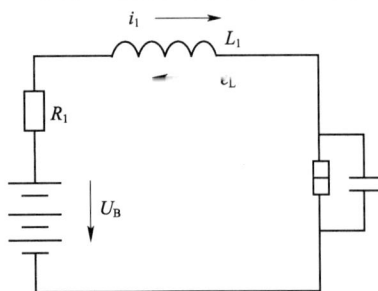

$$i_1 = \frac{U_B}{R}\left(1 - e^{-\frac{R}{L}t}\right) \qquad (3-1)$$

式中:i_1——初级电流;

U_B——电源电压;

R——初级回路电阻(包括初级绕组电阻 R_1 和附加电阻 R_f,即 $R = R_1 + R_f$);

L——初级绕组电感;

t——初级回路接通所经历的时间。

图 3-5 初级回路接通时的等效电路

由式(3-1)可知,当初级回路接通后,初级电流是按是按指数规律增长并逐渐趋于稳定值 U_B/R,如图 3-6a)所示,理论上只有当 $t = \infty$ 时,初级电流才能达到稳态值,实际上对汽车点火线圈而言,在初级电流接通约20ms后初级电流就接近其稳态值了。

初级电流增长时不仅在初级绕组中感应出自感电动势 e_L,在次级线圈中由于互感作用也会产生感应电动势,并有一定的负值逐渐变化到零(图 3-6b),但由于磁通增加较慢,所产生的电动势很小,为 1.5~2kV,不能击穿火花塞间隙。

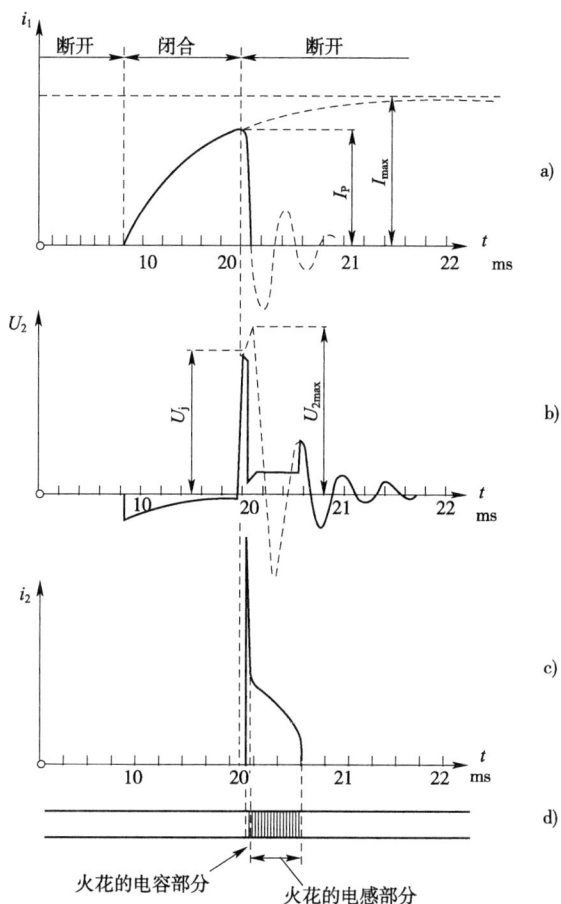

图 3-6 点火系统工作过程波形图
a)初级电流变化;b)次级电压变化;c)次级电流的变化;d)放电情况

二、初级回路断开次级绕组产生高压的过程

当初级回路接通一段时间 t_b,i_1 增长到 I_p 时,触点被凸轮顶开(电子点火开关三极管截止),通常将此时的初级电流值 I_p 称为初级断电电流,其值为

$$I_p = \frac{U_B}{R}\left(1 - e^{-\frac{R}{L}t_b}\right) \tag{3-2}$$

此时初级绕组储存的能量为

$$W_p = \frac{1}{2}LI_p^2 \quad (\text{J}) \tag{3-3}$$

初级回路断开后,初级电流从 I_p 迅速降为零,点火线圈磁通也迅速减小,在初级绕组和次级绕组中都感应出电动势。初级绕组匝数少感应出 $200 \sim 300\text{V}$ 的自感电动势,次级绕组由于匝数多则产生高达 $15 \sim 20\text{kV}$ 的互感电动势。

初级回路断开后,点火线圈初级绕组与初级电路电容 C_1、电感 L 和电阻 R 形成一振荡电路并产生衰减振荡。与此同时在初级绕组中感应的电动势也随之变化。次级电压 U_2 的最大值将发生在 U_2 振荡的第一个周波。如果次级电压的最大值不能击穿火花塞间隙,则次级电压将按图 3-6b)中的虚线变化,在几次振荡后消失。

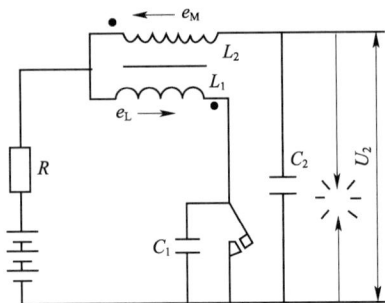

图 3-7 初级回路切断后产生感应电动势的情况（次级回路等效电路）

初级回路断开次级绕组产生高压时的等效电路如图 3-7 所示。图中，C_1 为初级回路电容，是断电器电容、初级绕组匝间分布电容以及大功率三极管阻容保护电路电容的等效电容；C_2 则是指次级电路中次级绕组匝间分布电容、高压线与发动机机体间的分布电容以及火花塞中心电极与旁电极间分布电容的等效电容。

初级回路接通时，点火线圈储存的磁场能为 $1/2LI_p^2$；初级回路断开后，初级绕组产生自感电动势 e_L 将向电容 C_1 充电，次级绕组产生的互感电动势 e_M 则向 C_2 充电。当电容 C_1 的充电电压达到 U_{1max} 时，电容器 C_1 中储存的电场能 W_{C1} 为

$$W_{C1} = \frac{1}{2}C_1 U_{1max}^2 \tag{3-4}$$

当电容 C_2 的充电电压达到 U_{2max} 时，电容器 C_2 中储存的电场能 W_{C2} 为

$$W_{C2} = \frac{1}{2}C_2 U_{2max}^2 \tag{3-5}$$

根据能量守恒定律，在初级回路断开后，若略去热损失，点火线圈储存的磁场能 $1/2LI_p^2$ 将全部转化为 C_1、C_2 的电场能，其能量平衡方程式为

$$\frac{1}{2}LI_p^2 = \frac{1}{2}C_1 U_{1max}^2 + \frac{1}{2}C_2 U_{2max}^2 \tag{3-6}$$

假设点火线圈初次级绕组具有完全磁路联系，即耦合系数等于 1，则

$$\frac{U_{1max}}{U_{2max}} = \frac{N_1}{N_2} \tag{3-7}$$

$$U_{1max} = \frac{N_1}{N_2} U_{2max} \tag{3-8}$$

式中：N_1、N_2——分别为点火线圈初级绕组和初级绕组的匝数。

将式(3-8)代入式(3-6)得

$$\frac{1}{2}LI_p^2 = \frac{1}{2}U_{2max}^2 \left[C_1 \left(\frac{N_1}{N_2} \right)^2 + C_2 \right] \tag{3-9}$$

由此得

$$U_{2max} = I_p \sqrt{\frac{L}{C_1 \left(\frac{N_1}{N_2} \right)^2 + C_2}} \tag{3-10}$$

若考虑热能损失，则

$$U_{2max} = \eta I_p \sqrt{\frac{L}{C_1 \left(\frac{N_1}{N_2} \right)^2 + C_2}} \tag{3-11}$$

效率 η 一般为 $0.75 \sim 0.85$。

由式(3-11)可知，当点火线圈参数一定时，次级电压最大值与初级回路断电电流 I_p 成正比，并随 C_1、C_2 的增大而减小。

次级电压上升的时间对火花塞的工作能力影响很大，电压上升时间越短，则损失越小，

用于点火的能量就越多。通常将次级电压从 1.5kV 上升到 15kV 所需时间称为次级电压上升时间。一般传统点火系统的次级电压上升时间约为 120μs，电子点火系统的次级电压上升时间为 25～75μs。

三、火花塞电极间隙跳火放电过程

为了保证火花塞能够正常跳火，在点火系统设计设计时，次级电压最大值 U_{2max} 总是高于火花塞的跳火电压 U_j 的，当增长的次级电压 U_2 达到火花塞的跳火电压 U_j 时，使火花塞间隙击穿跳火而形成火花。这时在次级电路中出现次级电流 i_2，同时次级电压突然下降，如图 3-6b）实线所示。

火花塞跳火放电一般由电容放电和电感放电两部分组成，电容放电是指火花塞间隙被击穿时，储存在 C_2 中的能量迅速放电的过程，其特点是放电时间极短（1μs），但放电电流很大，可达几十安培，由于火花是在次级电压达到最大值 U_{2max} 之前发生的，所以电容放电仅消耗点火线圈所储磁场能 $1/2LI_p$ 的一部分。跳火后，火花间隙的阻力减小，线圈储存的其余能量将沿着电离的火花间隙缓慢放电，形成所谓的电感放电（火花尾）。其特点是放电时间较长达几毫秒，但放电电流较小（几十毫安），放电电压较低（约600V）。电感放电持续时间越长点火性能越好。

第四节　点火系统特性及其影响因素

一、点火系统的工作特性

点火系统次级电压的最大值随发动机转速或分电器转速变化的关系，称为点火系统的工作特性。根据式（3-11）可知，次级电压的最大值 U_{2max} 与初级断电电流 I_p 成正比。当电源电压和点火线圈参数一定时，I_p 与触点的闭合时间 t_b（对电子点火系统即末级大功率开关三极管的导通时间）有关。在四冲程发动机中：

$$t_b = \tau_b \frac{120}{zn} \tag{3-12}$$

式中：z——发动机汽缸数；

n——发动机转速；

τ_b——触点相对闭合率（即触点闭合时间 t_b 与触点开、闭一次的周期 T 之比）。

图 3-8 所示为某发动机点火系统在不同转速时触点闭合时间和初级断电电流 I_p 的变化情况。可见，当转速升高时，触点闭合时间缩短，初级电流来不及上升到较大数值，而使初级断电电流 I_p 减小，次级电压最大值将降低。图 3-9 所示为某发动机点火系统的工作特性。

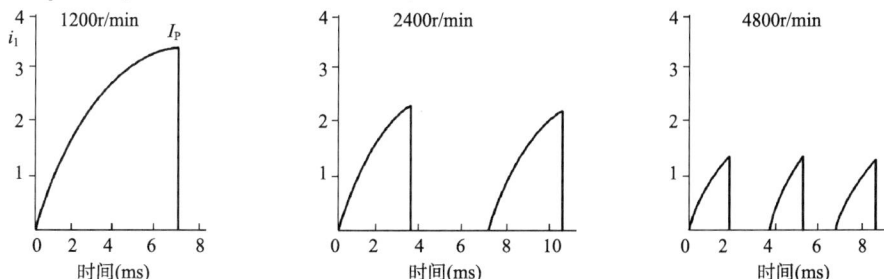

图 3-8　不同转速时初级电流的上升情况

次级电压随转速升高而降低的现象,是发动机高速时容易断火的原因。如果在图3-9中做一条相当于发动机最不利情况下所需击穿电压的水平虚线,则此水平虚线与特性曲线的交点即为发动机的极限转速 n_{max},超过此转速将不能保证可靠点火。

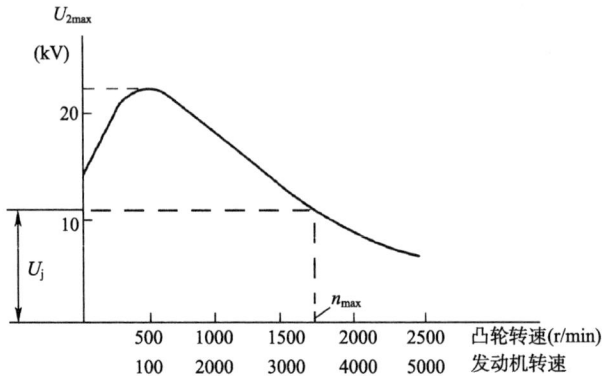

图3-9 点火系统的工作特性

当转速很低时,虽然初级电流能达较大数值,但由于触点打开缓慢使点火线圈磁场变化率下降,同时,触点间会形成火花,也损失了一部分电磁能,因而会使次级电压降低。电子点火中由于开关三极管的开关速度不会因转速下降而降低,因此,其次级电压最大值不会随转速下降而减小。

二、影响次级电压的因素

1. 发动机的汽缸数对次级电压的影响

次级电压的最大值将随发动机汽缸数的增加而降低。这是因为凸轮的凸起数与汽缸数相同,发动机的汽缸数越多,凸轮每转一周触点闭合与打开的次数就越多,触点闭合时凸轮转过的角度即触点闭合角减小,则在相同的转速下触点闭合时间 t_b 也减小,因此初级断电电流 I_P 减小,从而使次级电压最大值 U_{2max} 降低。图3-10所示为同一点火线圈用于四缸和六缸发动机时,次级电压与发动机转速的关系。

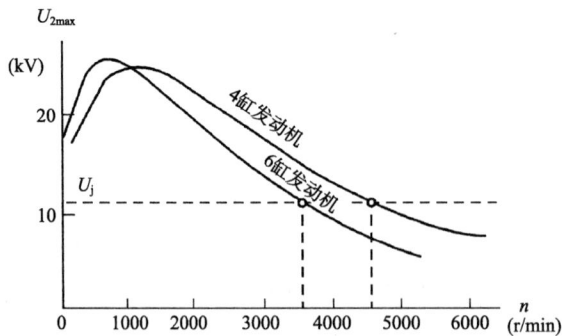

图3-10 缸数不同时次级电压与转速的关系

2. 火花塞积炭对次级电压的影响

当火花塞积炭时,相当于在火花塞电极间并联了一个分路电阻,如图3-11所示,使次级电路形成闭合回路。在次级电压增长时,次级电路内会产生泄漏电流,消耗了一部分电磁能,从而使 U_{2max} 降低。当积炭严重时,由于漏电严重,会使 U_{2max} 低于火花塞跳火电压,迫使发动机停止工作。

当火花塞由于积炭严重而不能跳火时,可把通往火花塞的高压导线拔离 3～4mm,火花塞就能重新工作,这一方法称为"吊火"。这是因为"吊火"后,相当于在火花塞的导线中串联一个附加间隙,使泄漏电流不能产生,只有当次级电压升到较高值时,才能同时击穿附加间隙和火花塞间隙,产生火花,点燃混合气。这种方法会使点火线圈负担过重,只能作为临时措施,不能长期使用。为了避免火花塞积炭对次级电压的影响,有的火花塞中,在中心电极杆的上端预留 2.54～6.35mm 的附加间隙。

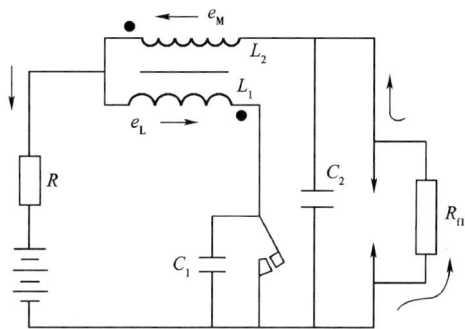

图 3-11　火花塞积炭对次级电压的影响

3. 电容对次级电压的影响

次级电压的最大值 U_{2max} 随着初级电容 C_1 和次级电容 C_2 的减小而增加。理论上当 $C_1 = 0$ 时,U_{2max} 最大,但实际上不能过小,C_1 过小,次级电压将会降低,如图 3-12 所示。这是因为当 C_1 过小时,触点火花加强,消耗了一部分电磁能,且磁场消失减慢,因而使次级电压降低。C_1 过大时,触点火花虽小,但电容器充放电的周期较长,磁场消失减慢,也会使次级电压降低。一般 C_1 值在 $0.15～0.35\mu F$ 之间为宜。

次级电容 C_2 是指次级绕组、配电器、高压导线和火花塞本身等的分布电容,C_2 减小,则 U_{2max} 增大,但 C_2 不可能减小到零,因为 C_2 受点火系统次级回路的结构限制不可能过小,一般为 $40～70pF$。为了减少无线电干扰,在有些汽车上装有屏蔽时,C_2 会增加到 $150～200pF$。次级电容 C_2 对 U_{2max} 的影响如图 3-13 所示。

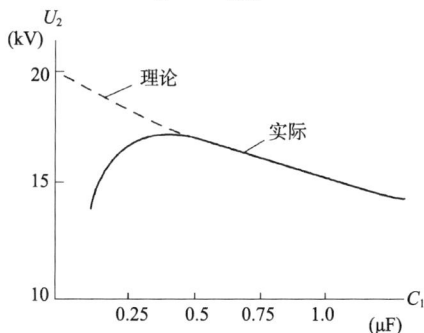

图 3-12　次级电压最大值与 C_1 的关系

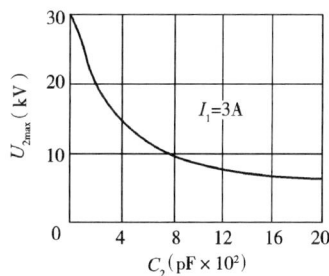

图 3-13　次级电压最大值与次级电容 C_2 的关系

4. 触点间隙对次级电压的影响

触点间隙是指触点臂顶块位于凸轮最高位置时触点之间的距离,如图 3-14 所示。若触点间隙增大,凸轮转动时触点提前打开,触点闭合角减小,则触点闭合时间 t_b 也减小,因此初级断电电流 I_p 减小,从而使次级电压最大值 U_{2max} 降低。当触点间隙减小时,由于触点闭合角度增大,t_b 增大,则使 I_p 增大,U_{2max} 提高。但如触点间隙调得过小时,由于触点火花加强,则反而会使次级电压降低。

触点间隙的大小,不仅影响次级电压,同时也影响了点火时间,如间隙增大时,由于触点提前打开,会使点火提前角增大,因此,在使用中应按制造厂的规定进行调整,一般为 $0.35～0.45mm$。

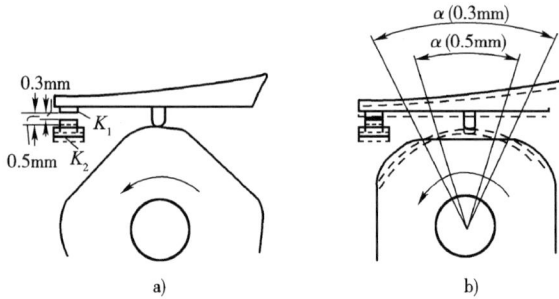

图 3-14　触点间隙对闭合角和触点打开时刻的影响

a) 触点打开 ; b) 触点闭合

α-触点闭合角

5. 点火线圈的温度对次级电压的影响

使用中当点火线圈过热时,由于初级绕组的电阻增大,使初级断电电流减小,也会使次级电压降低。

三、点火特性的改善

由点火系统点火特性可知,次级电压的最大值 $U_{2\max}$ 随转速升高而降低,使得多缸发动机在高速时容易断火;而在低速时则由于初级电流过大易使点火线圈过热损坏,同时触点也因初级电流过大而易烧蚀,因此必须采取一定措施,以改善其工作特性。目前普遍采用的方法是在初级电路中串接一个电阻值随温度升高而增大的附加电阻 R_f,又称热变电阻。它由低碳钢丝或铁铬铝丝制成,具有受热时电阻迅速增大而冷却时电阻迅速降低的特性。

当发动机低速工作时,断电器触点闭合时间长,初级电流增大,附加电阻受热使电阻增大,因而限制了初级电流,不使点火线圈过热。当发动机高速工作时,触点闭合时间短,初级电流减小,附加电阻温度降低,电阻减小,使初级电流降低较小,发动机在高速时点火系统仍能产生足够电压。

采用附加电阻后,自动调节了初级电流,从而改善了点火特性。除此之外,为了改善起动点火特性,起动时可将附加电阻短路,减少初级电路的电阻,使初级电流不致因起动时蓄电池电压降低而减小,保证发动机起动时的正常点火。

在有些电子点火系统中,点火电子组件设计有闭合角控制电路,可使发动机在低速和高速时具有几乎不变的断电电流 I_p,从而能够更好地解决多缸发动机高速易断火,低速初级电流过大易使点火线圈过热损坏、触点易烧蚀的问题。

第五节　典型电子点火系统结构与工作原理

一、磁感应式电子点火系统

1. 丰田 20R 型发动机用磁感应式电子点火系统

其基本组成和工作原理如图 3-15 所示。

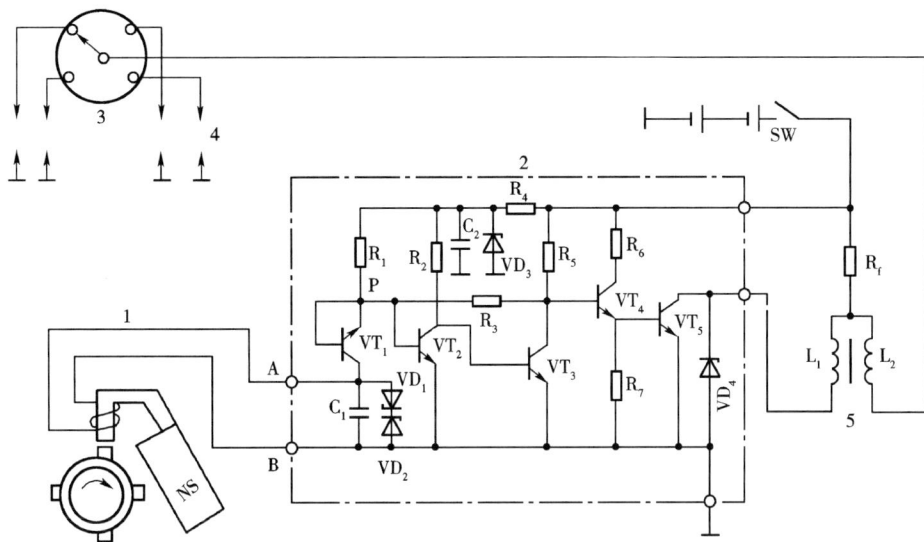

图 3-15　丰田 20R 型发动机用磁感应式电子点火系统

1-磁感应式点火信号发生器;2-点火电子组件;3-分电器;4-火花塞;5-点火线圈

1)磁感应式点火信号发生器

磁感应式点火信号发生器由信号转子、传感绕组、铁芯、永久磁铁等组成,如图 3-16 所示。点火信号发生器装在分电器内,永久磁铁 4 和铁芯 3 固定在分电器底板上,传感绕组 2 绕在铁芯上。信号转子 1 由分电器轴带动,其上的凸齿数与发动机汽缸数相同。当信号转子转动时,其中某一凸齿靠近永久磁铁,磁阻减小,通过传感绕组的磁通增加;凸齿离开永久磁铁时,磁阻增大,通过传感绕组的磁通减少。穿过传感绕组的磁通发生变化时,绕组中将产生感应电动势。感应电动势的大小与磁通变化率成正比。

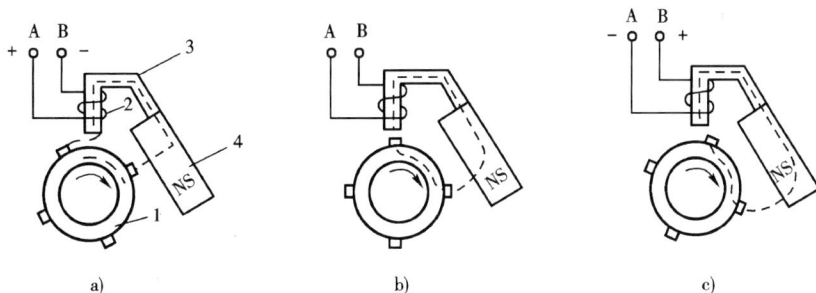

图 3-16　磁感应式信号发生器的组成和工作原理

a)靠近;b)对正;c)离开

1-信号转子;2-传感绕组;3-铁芯;4-永久磁铁

传感绕组中磁通的变化和感应电动势如图 3-17 所示。当信号转子转到某一位置上时,磁通变化率最大(a 点),其感应电动势最高。当转子凸齿和铁芯中心线正好在一条直线上时,凸齿与铁芯间的空气间隙最小,通过绕组的磁通量最大,但磁通的变化率为零(b 点),因而传感绕组中的感应电动势亦为零。当信号转子转到某一位置 Ⅱ 时,磁通减小的变化率最大(c 点),绕组的感应电动势(反方向)的绝对值最大。信号转子每转一圈产生与凸齿个数相同数量的交变信号。随着发动机转速的升高,磁通变化率增大,感应电动势峰值也将增大。

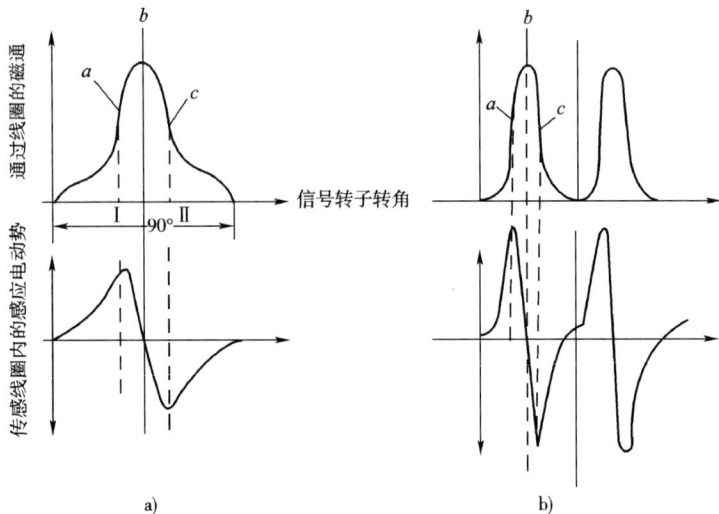

图 3-17　不同转速下传感绕组磁通变化和感应电动势
a）低速；b）高速

2）点火电子组件

基本电路如图 3-15 所示，由点火信号检出电路（三极管 VT_2）、开关放大电路（三极管 VT_3、VT_4）和大功率三极管 VT_5 等三部分组成。

点火开关 SW 接通后，蓄电池电流经 R_4、R_1、VT_1、传感绕组构成回路，此时 P 点电压高于三极管 VT_2 的导通电压 U_{be} 而使 VT_2 导通，VT_2 导通后其集电极电位降低，使 VT_3 截止。VT_3 截止时，蓄电池通过 R_5 向 VT_4 提供基极电流，使 VT_4 导通。VT_4 导通时，R_7 上的压降给 VT_5 提供正向偏压，使 VT_5 导通，此时点火线圈初级绕组中有电流流过。

当点火信号发生器的输出电压与 P 点的直流电位 U_p 叠加后，高于 VT_2 的开启电压 U_{be} 时，则 VT_2 导通、VT_5 也随之导通，点火线圈初级绕组中有电流流过，在点火线圈中形成磁场。

当点火信号发生器的输出电压与 P 点的直流电位 U_p 叠加后，低于 VT_2 的开启电压 U_{be} 时，则 VT_2 截止、VT_5 也随之截止，初级绕组中的电流被切断，点火线圈次级绕组产生高压，再由分电器分配至各缸火花塞，使之跳火，点燃混合气。转子每转一圈，各缸轮流点火一次。

VT_1 因其发射极和基极相接，故相当于一个二极管。VT_1 和 VT_2 的型号相同，能起到温度补偿作用：高温时，由于 VT_2 的开启电压 U_{be} 降低，使 VT_2 提前导通而滞后截止，从而导致点火滞后。将温度特性与 VT_2 相同的 VT_1 和 VT_2 并联，温度升高时，由于 VT_1 管压降降低，使 U_p 下降，正好补偿了温度升高对 VT_2 的影响，从而使 VT_2 的导通和截止时间与常温时基本相同。

稳压管 VD_1 和 VD_2 反向串联，并与点火信号发生器的传感绕组并联，其作用是"削平"高速时传感绕组产生的大信号波峰，保护 VT_1 和 VT_2 不受损害。

稳压管 VD_3 的作用是稳定 VT_1 和 VT_2 的电源电压。稳压管 VD_4 的作用是保护 VT_5。电容 C_1 的作用是消除点火信号发生器传感绕组输出电压波形上的毛刺，防止误点火。

电容 C_2 的作用是使电源电压更平滑，同样是为了防止误点火。

电阻 R_3 是正反馈电阻，可加速 VT_2（也即 VT_5）的翻转，从而减少 VT_5 的翻转时间，降低 VT_5 的温升。

2. 解放 CA1092 型汽车的磁感应式电子点火系统

解放 CA1092 型汽车的磁感应式电子点火系统由 WFD663 型磁感应式分电器、6TS2107 型点火电子组件、JDQ172 型高能点火线圈和火花塞等组成,如图 3-18 所示。

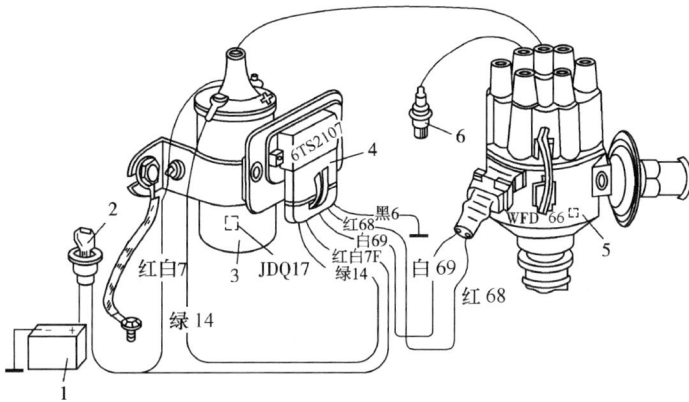

图 3-18 解放 CA1092 型汽车磁感应电子点火系统的组成

1-蓄电池;2-点火开关;3-点火线圈;4-点火电子组件;5-磁感应式分电器;6-火花塞

1)点火信号发生器

WFD663 型磁感应式分电器内的磁感应式点火信号发生器主要由信号转子 2、传感绕组 3、定子 4、永磁片 5 等组成,如图 3-19 所示。传感绕组 3 和底板 7 固定在分电器壳内,定子 4、磁性永磁片 5 和导磁板 6 三者用铆钉铆合后套在底板的轴套上,并受真空提前机构拉杆的控制。信号转子与定子上均有与发动机汽缸数相同的 6 个爪。磁性永磁片一个表面为 N 极,另一个表面为 S 极,磁路为:永磁片的 N 极→定子→定子爪与转子爪之间的空气隙→转子→传感绕组的铁芯→导磁板→永磁片的 S 极。

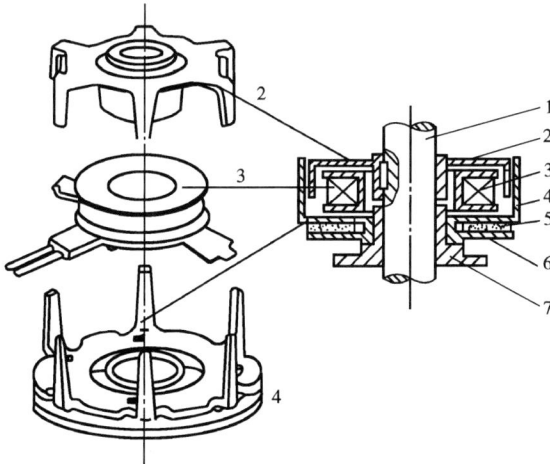

图 3-19 磁感应式点火信号发生器

1-转子轴;2-信号转子;3-传感绕组;4-定子;5-磁性永磁片;6-导磁板;7-底板

当分电器轴带动信号转子转动时,磁路的空气隙不断变化,使穿过传感绕组的磁通也发生变化,从而在传感绕组内产生交变的感应电动势。转子每转一圈产生 6 个交变信号,其幅值与转速成正比,该交变信号加在点火电子组件的②、③端(图 3-20)作为点火触发信号。

2）点火电子组件

6TS2107 型点火电子组件系引进美国摩托罗拉（MOTOROLA）公司的产品，内部电路由型号为 89S01 的汽车专用点火集成电路为核心，与大功率达林顿管及少量外围元件所组成，如图 3-20 所示。其基本工作原理与前述分立元件组成的点火电子组件基本相同。点火信号发生器输出的点火信号送入点火电子组件的②、③端，当点火信号电压在负半周时，达林顿三极管 VT 导通，点火线圈初级绕组有初级电流流过，当点火信号电压为 100mV 以上时，VT 截止，初级电流被切断，在点火线圈次级绕组中便产生高电压，经分电器、高压线送至火花塞跳火。

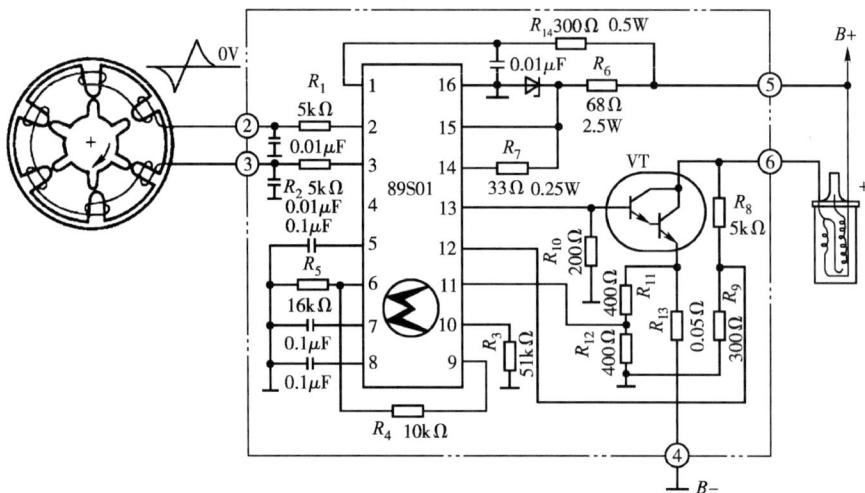

图 3-20　6TS2107 型点火电子组件内部电路

为了充分发挥电子点火系统点火能量大、高速性能好的特点，解放 CA1092 型汽车的磁感应式电子点火系统采用了低电感、低电阻及高匝比的专用高能点火线圈，使用这种高能点火线圈后，虽能保证高速时有足够大的断电电流，但发动机在低速工作时，则会由于初级电路导通时间过长而使点火线圈的电流过大，这样不仅造成电能的浪费，更主要的是易使点火线圈过热而损坏。该点火系统没有使用传统点火系统采用的附加电阻解决问题，而是在 6TS2107 型点火电子组件中采用了限流控制和闭合角控制电路，限流控制电路可使通过点火线圈的初级断电电流限制在 5.5A ± 0.5A 的范围之内；闭合角控制可用闭合率和过量闭合率的概念来描述，如图 3-21 所示。闭合率指点火线圈初级绕组通电时间 t_1 与点火周期 T 之比的百分数，即 $t_1/T \times 100\%$。初级电流上升到限流值后继续通电时间 t_2 与点火周期 T 之比的百分数，即 $t_2/T \times 100\%$，称为过量闭合率。6TS2107 型点火电子组件的闭合率控制过程中：当分电器转速低于 150r/min 时，闭合率为 40% ~ 50%；当分电器转速在 200r/min 以上，且电源电压为 10 ~ 16V 时，过量闭合率为 14% ~ 18%；若电源电压大于 16V 时，则过量闭合率下降为 8% ~ 13%。

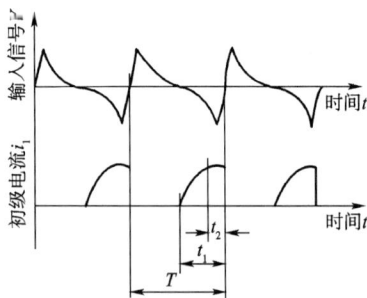

图 3-21　闭合率和过量闭合率的概念

限流和闭合角控制可使该点火装置在发动机工作转速范围内保持恒定的点火能量，并可防止低速时点火线圈过热以及电源电压变化时点火能量和点火电压发生变化的现象。

另外 6TS2107 型点火电子组件还具有失速慢断电功能、低速推迟点火功能和超压保护功能等附加功能。

失速慢断电功能的作用是:如果由于某种原因而使发动机停止运转,且点火开关仍然接通时,该点火电子组件可在0.5s内缓慢地切断点火线圈初级电流,可防止在发动机停止运转时蓄电池通过点火线圈放电造成电能浪费,也可避免断电时电流变化太快导致点火线圈次级产生高压。

低速推迟点火功能:可在发动机起动时适当推迟点火时刻,以利于发动机迅速起动。

当电源电压超过30V时,超压保护功能能够自动停止点火系统的工作,以免损坏点火装置和其他用电设备。

3.磁感应式点火系统的特点

磁感应式点火装置的主要优点是结构简单,工作性能稳定,适用于各种环境条件下的工作,因此应用十分广泛。目前大量生产的点火电子组件几乎全部由汽车点火专用集成电路和少量的外围元件组成,并应用先进的厚膜混合电路技术制造而成的全密封专用点火模块,因而体积小、质量轻、性能稳定可靠。

磁感应式点火装置的主要缺点是其点火信号发生器输出的点火信号电压幅值和电压波形与发动机转速关系较大,点火信号电压可在 0.5～100V 之间变化。在低速尤其是起动时,如起动转速过低点火脉冲信号较弱,而影响起动性能。另外,转速变化时,由于信号电压波形上的变化,点火提前角和闭合角也会发生一定程度的变化且不易精确控制。

二、霍尔式电子点火系统

1.霍尔效应及霍尔式点火信号发生器

1)霍尔效应

霍尔效应是由美国科学家霍尔(Edward H. Hall)在1879年发现的,其原理如图3-22所示。当电流 I 通过放在磁场中的半导体基片(即霍尔元件)且电流方向与磁场方向相垂直时,在垂直于电流与磁通的半导体基片的横向侧面上即产生一个与电流和磁通密度成正比的电压,称为霍尔电压 U_H,即

$$U_H = \frac{R_H}{d}IB \qquad (3-13)$$

式中:R_H——霍尔系数;

    d——半导体基片厚度;

    I——电流;

    B——磁通密度。

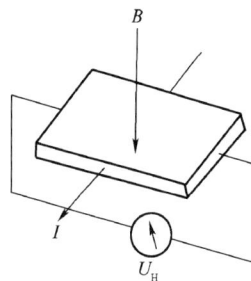

图3-22　霍尔效应原理

由式(3-13)可知,当电流 I 为定值时,霍尔电压 U_H 随磁通密度大小而变化;同时也可以看出,霍尔电压 U_H 的高低与磁通的变化率无关。

2)霍尔式点火信号发生器

图3-23所示为德国博世(BOSCH)公司生产的装有霍尔式点火信号发生器的分电器结构。霍尔式信号发生器主要由触发叶轮1和信号触发开关4组成,如图3-24所示。触发叶轮与分火头制成一体由分电器轴带动,其叶片数与汽缸数相等。信号触发开关4由霍

尔集成电路 2 和带导磁板的永久磁铁 3 组成。霍尔集成电路 2 的外层为霍尔元件,同一基板的其他部分制成放大电路。触发叶轮 1 的叶片在霍尔集成电路 2 和永久磁铁 3 之间转动。

霍尔式信号发生器的工作原理如图 3-25 所示。

当触发叶轮转动时,每当叶片进入永久磁铁与霍尔元件之间的空气隙时,磁场便被触发叶轮的叶片旁路(图 3-25a)而不能作用于霍尔元件上,因此,霍尔元件不产生霍尔电压。当触发叶轮的叶片离开永久磁铁与霍尔元件之间的空气隙时,永久磁铁 3 的磁通便通过导磁板 5 作用于霍尔元件 2 上,此时,霍尔元件便产生霍尔电压 U_H。由于霍尔元件产生的霍尔电压较弱(仅为 mV 级),因此需要对其进行放大并转换为矩形波信号后方能作为点火电子组件的点火控制信号。这一任务由霍尔信号发生器内的霍尔集成电路来完成。

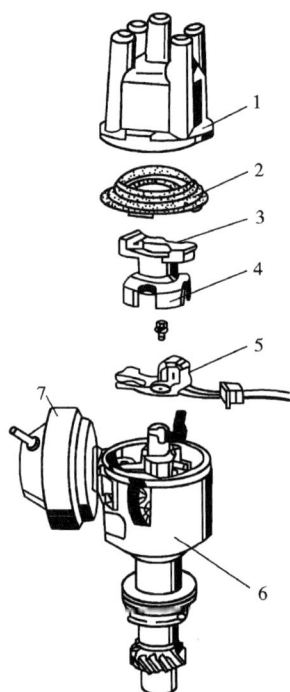

图 3-23 霍尔式分电器结构
1-分电器盖;2-防尘罩;3-分火头;
4-触发叶轮;5-触发开关;6-分电器
壳体;7-真空提前机构

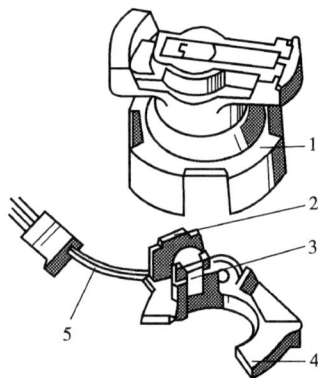

图 3-24 霍尔式点火信号发生器
1-与分火头制成一体的触发叶轮;2-霍尔集成电路;3-带导磁板的永久磁铁;4-信号触发开关;5-专用插座及连线

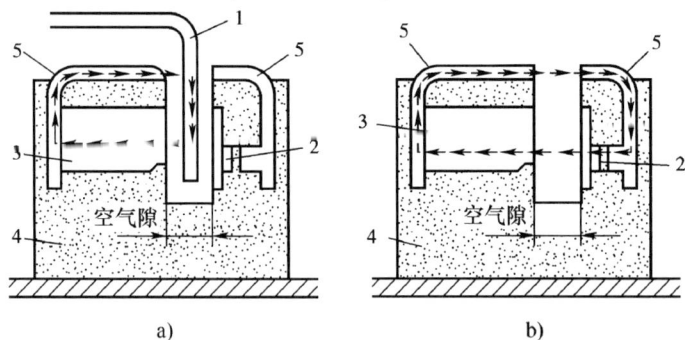

a)   b)

图 3-25 霍尔式点火信号发生器的工作原理
a)触发叶轮的叶片进入空气隙;b)触发叶轮的叶片离开空气隙
1-触发叶轮的叶片;2-霍尔元件;3-永久磁铁;4-触发开关板;5-导磁板

霍尔集成电路的工作原理框图如图 3-26 所示。当触发叶轮的叶片在永久磁铁与霍尔元件之间的空气隙中时,霍尔电压 U_H 为零,霍尔集成电路内的输出级三极管处于截止状态,因此,点火信号发生器输出高电平(接近于电源电压);而当触发叶轮的叶片离开空气隙时,霍尔元件产生霍尔电压 U_H,则霍尔集成电路输出级三极管导通,信号发生器输出低电平(0.3～0.4V)。

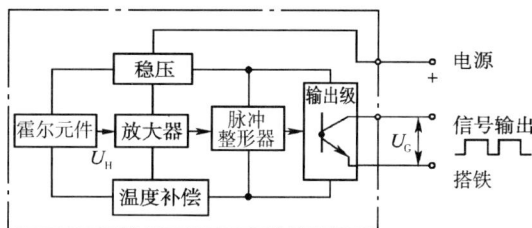

图 3-26　霍尔集成电路框图

U_H-霍尔电压；U_G-霍尔信号发生器输出信号电压

霍尔信号发生器工作时，通过霍尔元件的磁通密度 B、霍尔电压 U_H 和霍尔信号发生器输出信号电压 U_G 等随时间（或分电器轴转角）变化的波形如图 3-27 所示。

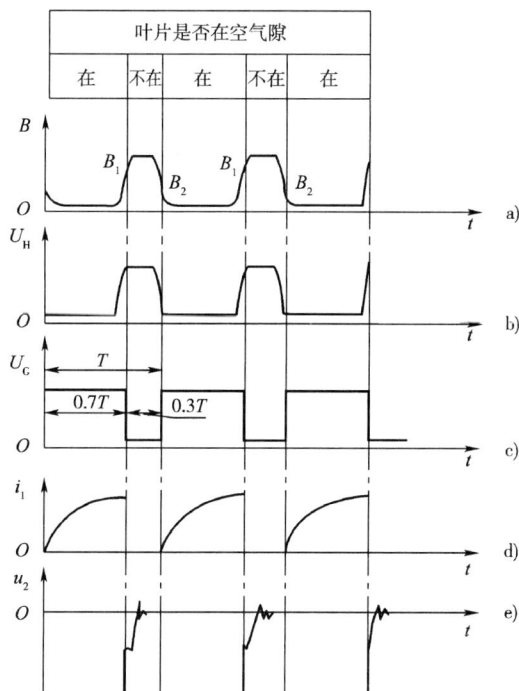

图 3-27　霍尔式电子点火系统工作波形

a)通过霍尔元件磁通量 B 的变化；b)霍尔电压 U_H；c)霍尔信号发生器输出信号 U_G；d)点火线圈初级电流 i_1；e)点火线圈次级电压 u_2

霍尔信号发生器输出的点火信号 U_G，在一个点火周期内，高低电平的时间比由触发叶轮的叶片分配角所决定。如上海桑塔纳轿车的霍尔信号发生器的高、低电平时间比为7:3。

2. 点火电子组件

1) 分立元件组成的点火电子组件

图 3-28 所示为德国博世(BOSCH)公司早期为霍尔信号发生器相配的点火电子组件电路，由三极管 VT_1、VT_2、VT_3 和部分阻容元件组成。当霍尔信号发生器输出高电平时，VT_1 的基极电位升高，VT_1 导通，由 VT_2 和 VT_3 组成的复合管得到基极电流而饱和导通，点火线圈初级电路接通；当霍尔信号发生器输出低电平时，VT_1 因其基极电位被拉低而截止，VT_2、VT_3 截止，点火线圈初级电流被切断，次级绕组产生高压。其信号发生器输出信号 U_G、点火线圈初级电流 i_1 和次级电压 u_2 的波形，如图 3-27 所示。

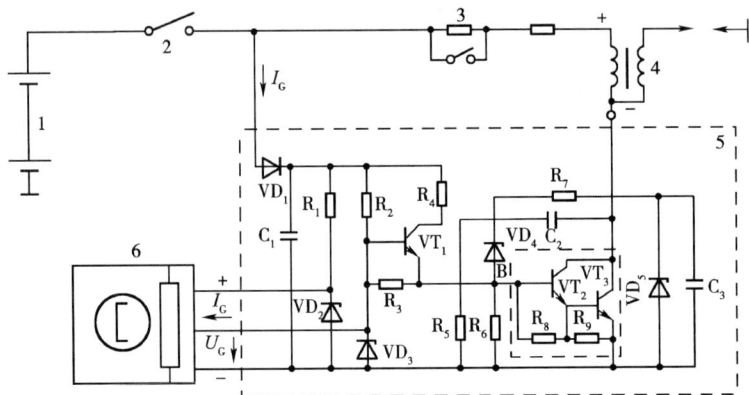

图 3-28　德国博世(BOSCH)公司的霍尔式电子点火系统电路

1-蓄电池;2-点火开关;3-附加电阻;4-点火线圈;5-点火电子组件;6-霍尔式点火信号发生器

2)专用点火集成电路组成的点火电子组件

目前,上述的点火电子组件已由专用点火集成电路为核心的混合集成电路组成的点火电子组件所取代。意大利 SGS 公司生产的 L497 专用点火集成电路功能较全、性能优越、工作可靠,且价格低廉。我国生产的桑塔纳、奥迪 100、高尔夫、捷达等轿车均采用了以 L497 为核心组成的点火电子组件。

图 3-29 所示为以 L497 为核心组成与霍尔式点火信号发生器相配的点火电子组件电路。其点火原理与上述德国博世(BOCSH)公司分立元件组成的点火电子组件基本相同,均采用霍尔点火信号矩形波下降沿触发点火方式。

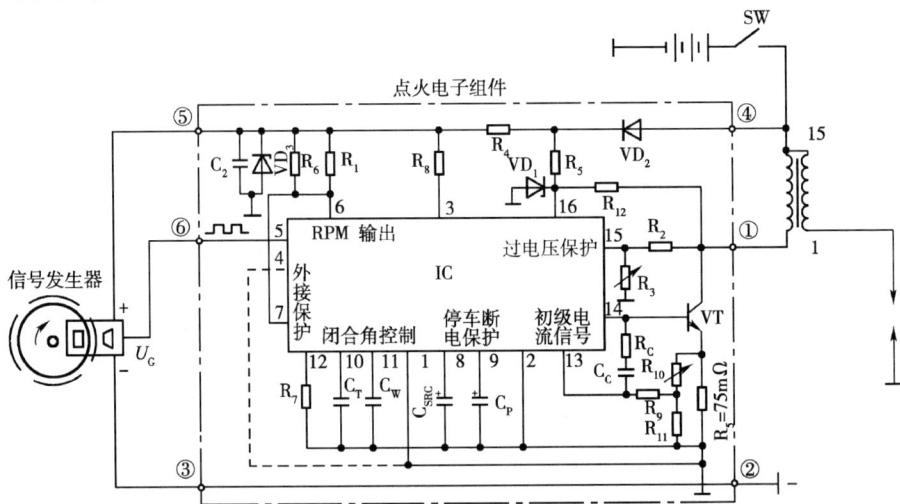

图 3-29　以 L497 为核心组成的点火电子组件电路

该点火电子组件还具有如下功能。

(1)点火线圈限流保护功能。

电子点火系统一般配用初级绕组为低电阻、低电感及高匝比的专用高能点火线圈,以增大初级电流上升率和断电电流 I_P,从而提高点火能量和点火电压。如上海桑塔纳轿车用的 JDQ171 型专用点火线圈,其初级绕组的电阻仅为 $0.52 \sim 0.76\Omega$,电感为 5.8mH,使用这种点火线圈,初级电流稳态值将很大。如取电源电压为 14V,点火线圈初级绕组的电阻为 0.65Ω,大功率三极管 VT 饱和导通时的电压降取 1.5V,则初级电流的稳态值将为 19.23A。

因此,使用这种高能点火线圈后,虽能保证高速时有足够大的断电电流,但在发动机低速工作时,则会由于初级电路导通时间过长而使点火线圈的电流过大,这样不仅造成电能的浪费,更主要的是会使点火线圈过热而损坏。点火线圈限流保护功能则是当初级电流上升到某一设定的电流值时,点火电子组件中的点火线圈限流保护电路将通过调整达林顿三极管 VT 的饱和导通程度,使初级电流限制在设定的电流值并保持恒定不变,这样既保证了点火能量和点火电压在各种工况下基本不变,又可避免点火线圈在低速时过热损坏的现象发生。

限流功能的初级电流波形如图 3-30 所示,图中 t_1 为初级电流上升至限流值的时间(储能时间),t_2 为限流时间。点火线圈的限流值 I_p 通常取 6~8A,如桑塔纳轿车为 7.5A。限流值 I_p 过大会增加点火线圈功耗,浪费电能,过小则不利于高能点火。

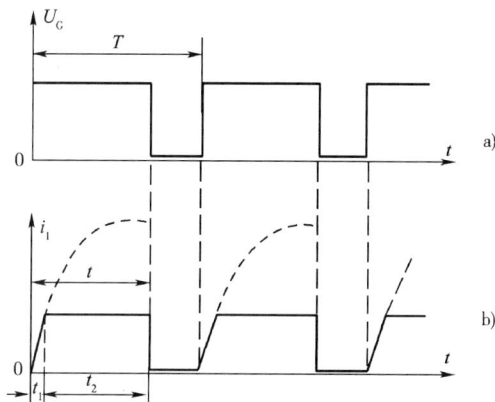

图 3-30　限流功能的初级电流波形
a)霍尔式点火信号发生器输出信号;b)初级电流

(2)闭合角控制功能。

在霍尔式电子点火装置中,如点火电子组件无闭合角控制功能,则点火系统的闭合角将由其信号发生器触发叶轮的分配角所决定,而与发动机转速等运行参数无关。在发动机低速运转时,若闭合角不变,初级电路接通时间 t 较长,而储能时间 t_1 保持不变,限流保护时间 t_2 相对较长(即过量闭合率较大),而时间 t_2 的延长对点火能量和点火电压的提高没有任何改善,却会使点火线圈通电时间过长,达林顿三极管损耗增加,导致点火线圈和达林顿三极管过度发热,影响其使用寿命。因此,在保证储能时间 t_1 的前提下,应尽量缩短限流保护时间 t_2,显然固定闭合角无法满足上述要求。以 L497 专用点火集成电路为核心组成的点火电子组件中设计有闭合角控制电路,它可根据发动机转速、电源电压及点火线圈的性能,通过调整达林顿三极管 VT 的导通时刻(截止时刻不变以保证准确的点火时刻)达到控制闭合角的目的,使初级电路接通时间 t 在发动机的工作转速范围内基本保持不变,从而使发动机高速时有足够的点火能量和点火电压而不致发生断火现象,低速时不会出现点火线圈和点火电子组件过度发热而影响其使用寿命。

另外,当电源电压或点火线圈初级绕组的电阻和电感稍有改变时,由于初级电流上升率和储能时间 t_1 也会发生变化,此时,闭合角控制电路也会做出相应的反应,使闭合角作小量调整,保证了点火能量和点火电压不受电源电压或点火线圈初级绕组参数改变的影响。

L497 组成的点火电子组件中,由于同时采用了限流和闭合角控制电路,使得该电子点火系统在消耗电能最少的情况下,满足了发动机在各种工况下的点火能量和点火电压的要求,提高了点火线圈和点火电子组件的使用寿命,点火线圈初级电路中无须再串联附加电阻。图 3-31 所示为发动机在不同转速下具有限流功能和闭合角控制功能时,点火线圈初级电流的波形图。

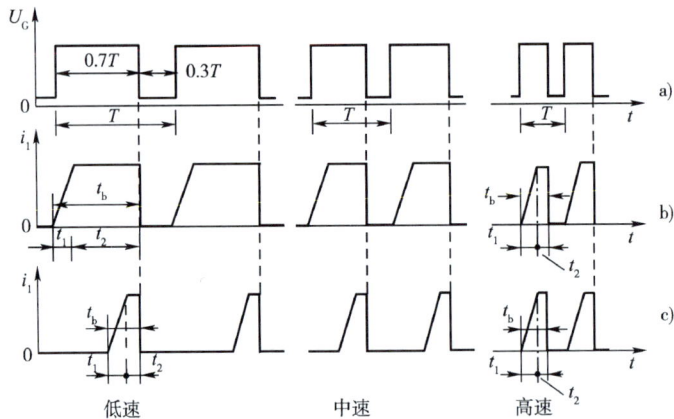

图 3-31　不同转速下,具有限流功能和闭合角控制功能时,点火线圈初级电流的波形
a)霍尔点火信号发生器输出电压波形;b)只有限流功能时的初级电流波形;c)同时具有限流功能和闭合角控制功能时的初级电流波形

（3）电流上升率控制电路。

该电路由 L497 部分电路与⑧脚电容 C_{SRC}、⑫脚偏置电阻 R_7 组成,可调整点火线圈电流由零上升到限流值时的电流上升率。如检测到点火线圈中电流值小于额定值的 94% 时,控制电路在输入信号向低电平转换前便加大电流的上升率。该控制电路可使点火系统在电压较低时(如起动时)具有足够的点火电压和点火能量。

（4）停车慢断电保护电路。

在发动机停止运转的情况下,驾驶人如忘记关断点火开关,而霍尔点火信号发生器也正好输出高电平时,将会使点火线圈初级绕组处于长期通电状态,易造成点火线圈和点火电子组件过热损坏,并消耗大量的电能。为避免上述情况的发生,在点火电子组件内设置了停车慢断电保护电路,它能在发动机停转后自动地在一定时间内使达林顿三极管 VT 变为截止状态,以切断点火线圈初级电路的电流。

（5）过电压保护电路。

该电路由 L497 部分电路与⑮脚电阻 R_2、R_3 组成(图 3-29)。根据末级大功率三极管的耐压指标,适当调整 R_2、R_3 可调节大功率三极管的集电极工作时的承受电压,以保护大功率三极管长期可靠地工作。

（6）其他保护电路。

L497 集成电路⑯脚所接的稳压管 VD_1 用于保护末级大功率三极管的驱动输入端。③脚内部的稳压管用于保护霍尔点火信号发生器电源及集成电路的工作电压。R_4 为稳压管 VD_2 的限流电阻。另外它还具有反向负脉冲保护电路,可防止电源接反或反向负脉冲使点火电子组件损坏。

3. 霍尔效应式电子点火系统的特点

与磁感应式电子点火系统相比,霍尔效应式电子点火系统由于点火信号发生器输出的点火信号幅值、波形不受发动机转速的影响,即使发动机转速很低时,也能输出稳定的点火信号,因此它的低速性能好,有利于发动机的起动,并且发动机在任何工况下,霍尔式点火信号发生器均能输出矩形波信号,故点火正时精度高,且易于控制。另外,霍尔式点火信号发生器无须调整,不受灰尘、油污的影响,使得霍尔式电子点火装置的工作性能更加可靠、耐久、寿命长。

第六节　点火系统的构造

一、点火线圈

1. 传统点火线圈

点火线圈的上端装有胶木盖,中央突出部分为高压接线柱,其他的接线柱为低压接线柱。根据低压接线柱的数目不同,点火线圈有二接线柱和三接线柱之分,其内部结构如图3-32所示。

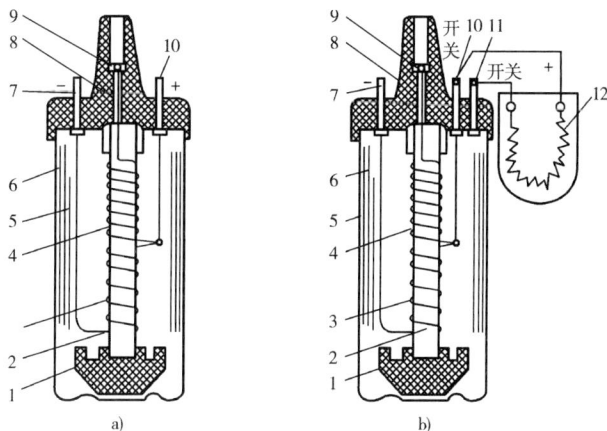

图3-32　点火线圈内部结构

a) 二接线柱式；b) 三接线柱式

1-磁杯；2-铁芯；3-初级绕组；4-次级绕组；5-钢片；6-外壳；7-"－"接线柱；8-胶木盖；9-高压接线柱；10-"＋"或"开关"接线柱；11-"＋"接线柱；12-附加电阻

为了减少涡流和磁滞损失,铁芯2由硅钢片叠成,包在硬纸板套内,套上绕有线径较细的次级绕组4数万匝,初级绕组3绕在次级绕组4的外边,以利散热,初级绕组线径较粗,绕数百匝。绕组绕好在真空中浸以石蜡和松香的混合物,以增加绝缘性能。绕组和外壳之间装有导磁用的钢片,用来加强磁通。外壳的底部有磁杯1,以防高压电击穿次级绕组的绝缘层向铁芯和外壳放电。为加强绝缘和防止潮气侵入,在外壳内填满沥青或变压器油。前者称为干式点火线圈,后者称为油浸式(湿式)点火线圈。

三接线柱式点火线圈的低压接线柱分别标有"－""开关""开关＋"的标记。在"开关"和"开关＋"之间接有附加电阻。在安装时,标有"开关"和"开关＋"的两接线柱接至起动机的辅助触点上,以便起动时将附加电阻短路。

二接线柱式点火线圈无附加电阻。在需要附加电阻的点火系统中,附加电阻以线状形式出现(但它不是普通导线)。如东风EQ1090型汽车装用的DQ125型两接线柱式点火线圈,从点火开关到点火线圈"＋"接线柱之间的连线为一根白色的附加电阻线,常温下阻值约为 1.7Ω。

传统点火线圈,磁路的上下部分都是从空气中通过,所以漏磁较多,能量损失较多,能量转换效率只有60%,这种点火线圈又称开磁路点火线圈。

2. 闭磁路点火线圈

闭磁路点火线圈如图3-33所示。与传统点火线圈相比,闭磁路点火线圈的铁芯为一带有微小空气隙的"日"字形,其磁路是闭合的。闭磁路点火线圈由于减小了漏磁损失,所以能量转换效率较高,可达75%。闭磁路点火线圈采用热固性树脂作为绝缘填充物,外壳以热熔性塑料注塑成型,其绝缘性、密封性均优于传统点火线圈。闭磁路点火线圈日益小型化,可直接装在分电器盖上,不仅结构紧凑,又省去了点火线圈与分电器之间的高压导线,并可使次级电容 C_2 减小,故已在电子点火系统中广泛采用。

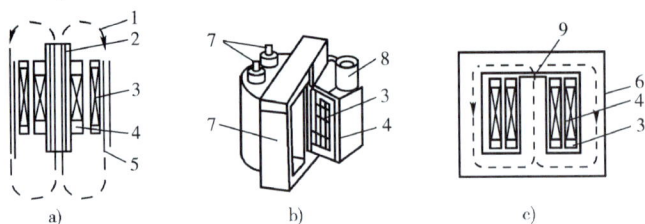

图3-33 开磁路和闭磁路点火线圈
a) 开磁路 b) 闭磁路点火线圈结构 c) 闭磁路
1-磁力线;2-铁芯;3-初级绕组;4-次级绕组;5-导磁钢片;6-"日"字形铁芯;7-低压接线柱;8-高压接线柱;9-空气隙

3. 国产点火线圈的规格型号

根据 QC/T 73—1993 的规定,点火线圈规格型号的格式为:

1	2	3	4	5

(1)产品代号:DQ 表示点火线圈,DQG 表示干式点火线圈,DQD 表示电子点火系统用点火线圈。

(2)电压等级代号:1-12V,2-24V。

(3)用途代号:见表3-1。

点火线圈用途代号　　　　　表3-1

代号	1	2	3	4	5	6	7	8	9
汽缸数	单、双缸	4、6	4、6	6、8	6、8	8缸以上	无触点分电器	高能	3、5、7
说明			附加电阻	附加电阻					

(4)设计序号:按产品设计先后顺序,以 1~2 位阿拉伯数字组成。

(5)变形代号:以 A、B、C 等表示。

二、分电器

1. 传统点火系统的分电器

其由断电器、配电器和点火提前机构等组成,如图3-34所示。

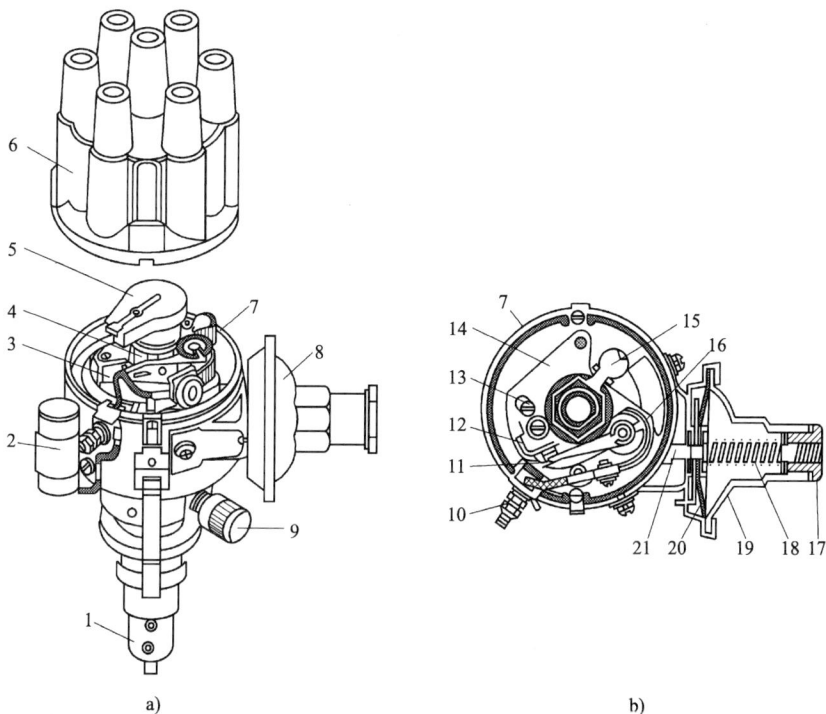

图3-34 传统点火系统分电器结构

a) 整体结构；b) 内部结构

1-联轴器；2-电容器；3-触点及断电器底板总成；4-凸轮；5-分火头；6-分电器盖；7-分电器壳体；8-真空提前机构；9-油杯；10-接线柱；11-活动触点臂；12-固定触点与支架；13-偏心螺钉；14-活动底板；15-油毡及夹圈；16-触点臂弹簧片；17-螺母；18-弹簧；19-真空提前机构外壳；20-膜片；21-拉杆

1）断电器

断电器装在固定板上，固定板上又装有活动底板14，其上装有触点副。触点由钨制成，一触点固定，另一触点活动。固定触点搭铁，它固定在活动底板上，可借助转动偏心螺钉13调整触点间隙。活动触点固定在触点臂11的一端，臂的另一端有孔，套在销钉上。臂中部连有夹布胶木顶块，靠弹簧片压靠在凸轮上。触点臂经弹簧片16和导线与壳体外面的绝缘接线柱10连接，通过导线与点火线圈"－"接线柱相连。凸轮的凸角数和发动机汽缸数相同。凸轮与拨板制成一体，装在分电器轴上，经离心提前机构的离心重块由分电器轴驱动。分电器轴转动时，凸轮使触点副周期性的开启和闭合。

2）配电器

配电器安装在断电器的上方，由胶木制成的分电器盖6和分火头5组成。分火头5插装在凸轮4的上方，和凸轮一起旋转，其上有金属导电片。分电器盖6的中间有高压线座孔，其内装有带弹簧的炭柱，压在分火头的导电片上。分电器盖6的四周有与发动机汽缸数相等的旁电极通至盖上的金属套座孔，以安插分缸高压线。分火头旋转时，导电片在距离旁电极的0.2~0.8mm处越过，当断电器触点打开时，高压电自导电片跳至与其相对的旁电极，再经分缸高压线送至火花塞。

3）电容器

电容器装在分电器壳体上，中间的引线和与分电器壳体绝缘的接线柱10连接，其外壳为电容器的另一极，直接搭铁，从而将电容器和断电器触点并联。

4）离心点火提前调节机构

离心点火提前调节机构的作用是随发动机转速的升高自动加大点火提前角,它通常是装在断电器固定板的下部,其结构和工作原理如图3-35所示。在分电器轴4上固定有托板7,两个离心重块5分别套在托板的柱销上,离心重块的另一端由弹簧拉住。凸轮和拨板为一体套在分电器轴4的上端,而拨板3的孔则插在离心重块的销钉8上。

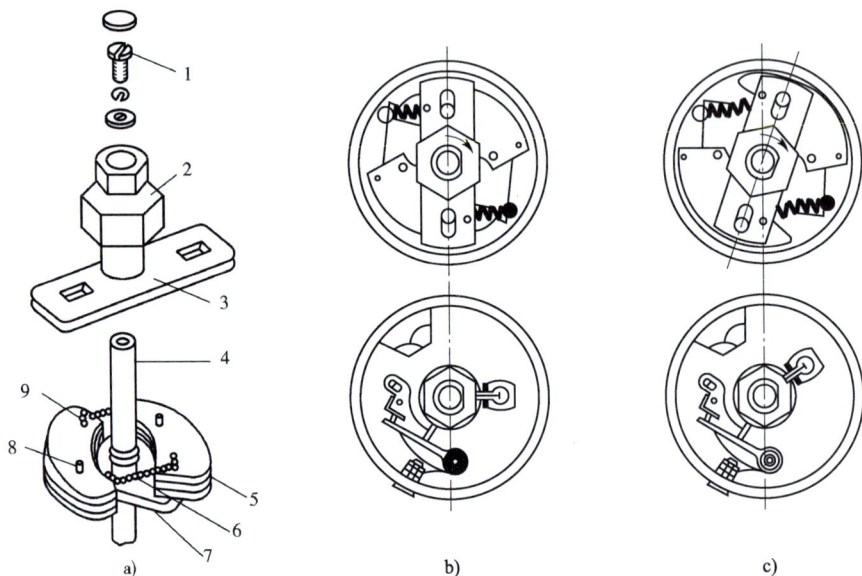

图3-35 离心点火提前调节机构的结构和工作原理
a）结构;b）不工作位置;c）点火提前角增大
1-凸轮固定螺钉及垫圈;2-凸轮;3-拨板;4-分电器轴;5-离心重块;6-弹簧;7-托板;8-销钉;9-柱销

发动机转速增高时,在离心力的作用下离心重块5克服弹簧6的拉力向外甩开,销钉8推动拨板3及凸轮2沿原来旋转方向相对于分电器轴4转过一个角度,使凸轮提前顶开触点,点火提前角增大。发动机转速降低时,弹簧6将离心重块5拉回,使点火提前角自动减小。

弹簧为一粗一细两根,弹力不同。低速范围内只有细弹簧起作用,点火提前角增加得较快;而在高速范围内,由于两根弹簧同时工作,因而点火提前角的增大比较平稳,使之更符合发动机的要求。

5）真空点火提前调节机构

真空点火提前调节机构的作用是随着发动机负荷的增大自动减小点火提前角,它装在分电器壳体的外侧,其结构和工作原理如图3-36所示。真空提前机构壳体内装有膜片9,通过拉杆1带动断电器活动底板3转动,转动的最大角度由固定板上的长方孔所限制。膜片9左方通大气,右方由弹簧8顶住,并用真空连接管7和靠近节气门的小孔相通。

当发动机负荷很小时,节气门开度小,小孔处的真空度较大,吸动膜片向右拱曲,拉杆1拉动活动底板带着断电器的触点副逆分电器轴旋转方向转动一定角度,使触点提前开启,点火提前角增大,如图4-36a）所示。当发动机负荷加大即节气门开度增大时,小孔处真空度减小,膜片在弹簧作用下向左拱曲,使点火提前角自动减小,如图4-36b）所示。发动机怠速时,节气门接近全关,小孔处于节气门上方,该处的真空度几乎为零,于是弹簧推动膜片使点火提前角减小或不提前。

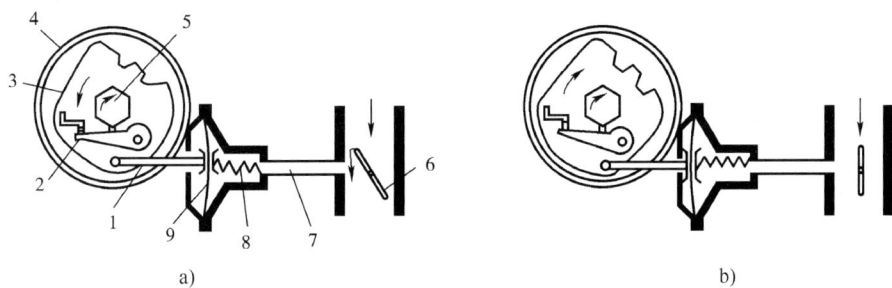

图 3-36 真空点火提前调节机构的结构和工作原理

a) 节气门开度小；b) 节气门开度大

1-拉杆；2-触点副；3-活动底板；4-分电器壳体；5-凸轮；6-节气门；7-真空连接管；8-弹簧；9-膜片

6) 点火提前角的手动调整

为了适应不同辛烷值的汽油,拆修或更换分电器后,常需调整点火提前角。方法是逆着凸轮旋转方向转动分电器壳体时,点火提前角增大；反之,则点火提前角减小。

2. 电子点火无触点式分电器

电子点火系统的分电器与上述传统点火系统的分电器略有不同,在传统点火系统分电器安装断电器的部位装有点火信号发生器,取消了电容器,高压配电部分和点火提前机构与传统点火系统分电器完全相同。

3. 分电器的型号

根据 QC/T 73—1993 的规定,分电器的型号格式为：

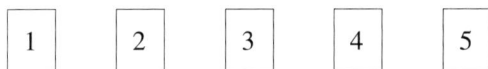

$$\boxed{1} \quad \boxed{2} \quad \boxed{3} \quad \boxed{4} \quad \boxed{5}$$

(1) 产品代号：传统分电器为 FD,无触点分电器为 FDW。

(2) 缸数代号：见表 3-2。

分电器缸数代号   表 3-2

代号	2	3	4	6	8
汽缸数	2	3	4	6	8

(3) 结构代号：见表 3-3。

分电器结构代号   表 3-3

代号	1	2	3	4	5	7
结构	无离心	无真空	拉偏心	拉同心	拉外壳	特殊结构

(4) 按产品设计先后顺序,以 1~2 位阿拉伯数字组成。

(5) 变形代号：以 A、B、C 等表示。

三、火花塞

火花塞的构造如图 3-37 所示,在钢质体壳 5 的内部固定有高氧化铝陶瓷绝缘体 2。在绝缘体中心孔的上部有金属杆 3,杆的上端有接线螺母 1,用来插接高压导线,下部装有中心电极 10。金属杆 3 与中心电极之间用导体玻璃 6 密封,铜制内垫圈 4 起密封和导热作用。体壳 5 的上部有便于拆装的六角平面,下部制有螺纹,以便将火花塞拧装在汽缸盖上,体壳下端固定有弯曲的侧电极。

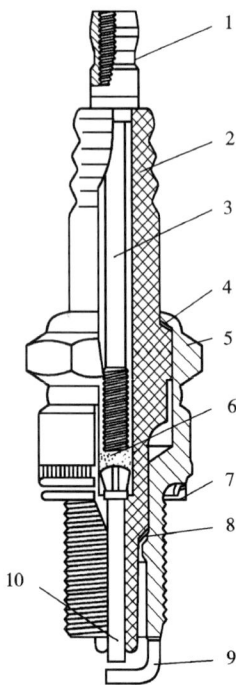

图 3-37　火花塞的构造
1-接线螺母；2-绝缘体；3-金属杆；4、8-内垫圈；5-体壳；6-导体玻璃；7-密封垫圈；9-侧电极；10-中心电极

火花塞电极用镍锰合金钢制成，具有良好的耐高温、耐腐蚀性能。为了提高耐热性能，也有采用镍包铜电极材料制成的。

火花塞的电极间隙一般为 0.6～0.7mm，电子点火系统间隙可增大至 1.0～1.2mm。绝缘体 2 的上端一般制有 3～5 道伞棱，目的是增加火花塞表面泄漏距离和便于清洁，使接线螺母 1 和壳体 5 之间在高压作用下不易产生表面闪络，确保电极间隙处的高压放电。

火花塞与汽缸盖座孔之间应保证密封，密封方式有平面密封和锥面密封两种。平面密封时，在火花塞与座孔之间加装铜包石棉垫圈，锥面密封是靠火花塞壳体和锥形面与汽缸盖相应的锥形面进行密封的。

要使火花塞工作良好，必须使火花塞保持适当的温度。实践证明，火花塞绝缘体裙部温度保持在 500～600℃ 时，落在绝缘体上的油滴能立即蒸发或烧掉，这个不形成积炭的温度称为火花塞的自净温度。低于自净温度时，火花塞易积炭而漏电，导致不点火；高于自净温度时，火花塞电极易烧蚀，也易产生炽热点火，导致早燃而引起爆震。

火花塞的热特性主要与绝缘体裙部的长度有关。火花塞绝缘体裙部长的则受热面积大，热传导距离长，散热困难，因此裙部温度高，这种火花塞称为"热"型火花塞。反之，裙部短的火花塞，裙部温度低，称为"冷"型火花塞。"热"型火花塞用于低压缩比、低转速、小功率的发动机；"冷"型火花塞则用于高压缩比、高转速、大功率的发动机。我国火花塞的热特性是以绝缘体裙部长度来标定的，并分别用热值 1、2、3、4、…、12 等来表示。1、2、3 为低热值火花塞，4、5、6 为中热值火花塞，7、8、9 及以上者为高热值火花塞。热值小的为热型火花塞，热值大的为冷型火花塞。

火花塞的热特性选用是否合适，其判断方法是：如火花塞经常因积炭而导致熄火，则表示太冷；如发生炽热点火，则表示太热。

第七节　点火系统的使用与故障诊断

一、点火系统的使用和维护

为保证发动机正常运转，汽车每行驶 6000～8000km，应进行二级维护。对于点火系统其维护内容为：

（1）清除分电器盖和壳体表面的灰尘和油污。

（2）清除火花塞积炭，校正电极间隙。

（3）检查并紧固初级电路各连接处。

（4）检查断电器触点间隙，若触点烧蚀应打磨。

（5）润滑分电器总成。

（6）检查高压导线绝缘情况及插接是否可靠。

（7）清除点火线圈外表的污垢。

对于电子点火系统只要安装、使用得当，通常无须进行维护，但在使用过程中应注意以下事项：

（1）安装时接线必须正确、牢固，尤其注意电源极性不可接错，否则，极易损坏点火电子组件。

（2）电子点火装置必须有可靠的搭铁，尽量减少搭铁处的接触电阻，以确保电路稳定可靠地工作。

（3）点火信号线与高压线应分开，以免干扰点火电子组件的正常工作。

（4）洗车时，应尽量避免将水溅到点火电子组件和分电器上。

（5）发动机运转时，不可拆去蓄电池连接线，或用刮火的方法检查发电机的发电情况，以免产生瞬间过电压而损坏点火电子组件。

（6）电子点火系统中的点火线圈一般为专用高能点火线圈，不能用普通点火线圈代用。

（7）高压线必须连接可靠、牢固。由于电子点火系统中点火线圈次级电压一般较高，若连接不好，易使分电器盖和点火线圈绝缘击穿而损坏。

（8）当需摇转发动机而又不需要发动机起动时，应从分电器盖上拆下中央高压线，并将其搭铁，绝不允许点火线圈在开路状态下工作，否则极易损坏点火线圈和点火电子组件中的功率开关三极管。

（9）当需要拆、接电子点火装置连接导线时，或安装和拆卸检测仪器时，应先断开点火开关或断开蓄电池的搭铁线。

（10）点火电子组件应安装在干燥、通风良好的部位，并保持其表面的清洁，以利散热。

二、点火正时

为了保证发动机汽缸中的混合气在正确的时间被点燃，将分电器装在发动机上时，要人工调整初始点火提前角，这一工作通常称为"点火正时"。点火正时均以发动机第一缸为基准。

点火正时的调整方法随发动机的不同略有差别，一般步骤如下：

（1）检查断电器触点间隙，并将触点间隙调至规定范围，一般为 0.35～0.45mm。

（2）找出第一缸压缩上止点的位置。方法是拆下第一缸的火花塞，用手指或棉球堵住火花塞孔，摇转曲轴，当感到有较大的气体压力冲上来时，再慢慢转动曲轴，使正时记号对准。正时记号有以下两种：一是飞轮上的正时记号与飞轮壳上的刻线对准；二是装在曲轴前端的 V 形带轮上的缺口与正时齿轮盖上的指针或刻线对准。

（3）安装分电器。对于传统点火系统，转动分电器外壳使断电器触点处于刚好打开位置且分火头正好对准分电器盖上一缸高压线插孔。对于电子点火系统应使分电器壳上标记与分电器安装孔上标记对齐或分火头正好指向分电器壳体上正时标记，然后将分电器装好紧固即可。

（4）按点火顺序插好分缸高压线。第一缸的分缸高压线应插在正对分火头的旁电极插座内，然后顺着分火头的旋转方向，按点火顺序插好其余各缸高压线。

（5）起动发动机，检查点火正时。起动发动机，使冷却液温度上升到 70～80℃，在发动机怠速运转时突然加速。如转速不能随节气门的打开而立即增加，感到"发闷"，或排气管有"突突"声，则为点火过迟；如加速时出现敲缸声，则为点火过早。点火过早时，应顺着分电器轴的旋转方向转动分电器壳体以推迟点火;点火过迟时,则应逆着分电器轴的旋转方向转动分电器壳体,使点火提前。

(6)在汽车行驶中进行检查。将发动机预热至70~80℃,在平坦道路挂直接挡(或最高挡)以中低速行驶,突然将加速踏板踩到底,如在车速迅速增大的同时,能听到短时间轻微的敲缸声,表明点火时间正确;如听到有长时间明显的敲缸声,说明点火过早;如加速时发闷,且无敲缸声,说明点火过迟。点火正时不合适时,应转动分电器外壳进行调整。经反复试验,直至合适为止。

三、点火系统故障诊断

一般说,发动机在运转中突然熄火,并发动不着的多为点火系统故障。点火系统故障表现为无火、缺火、火花弱和点火不正时等。

1. 发动机不能起动

先按喇叭或开前照灯,确定电源供电是否正常。确知电源供电正常后,再判断故障是发生在高压电路还是低压电路。打开发动机罩,拔出分电器中央高压线,使其距汽缸体4~6mm,接通点火开关,短时间接通起动机电路,察看火花情况。

(1)火花强:表示低压电路和点火线圈良好,故障出在分电器和火花塞中。再从火花塞上端拆下高压线头,摇转曲轴对机体试火,如无火应检查分火头、分电器及高压分缸线是否漏电;有火花时需检查点火正时和火花塞的工作情况。

(2)无火花:表明低压电路有短路、断路,点火电子组件故障或点火线圈、中央高压线有故障。

2. 发动机工作不正常

(1)发动机如有一缸或几缸缺火就会运转不匀,排气管中排出黑烟并放炮。产生的原因多为高压分缸线漏电或脱落、分电器盖漏电、凸轮磨损不均、火花塞工作不良或不工作、高压分缸线插错等。检查时应先找出缺火的汽缸,再排除缺火的原因。方法是用螺丝刀将火花塞接线柱逐个搭铁,听发动机运转的声音。如将某缸火花塞搭铁后,发动机转速无变化,表明该火花塞不工作;反之如发动机转速降低,则表明该火花塞工作良好。

一个缸不工作,应取下缺火汽缸火花塞上的高压分缸线,使线端距火花塞接线柱3~4mm,在发动机工作时,该间隙中如有连续的火花且发动机运转随之均匀,表明火花塞积炭;如无火花表明高压分缸线或配电器盖有故障。

两个缸不工作时,应检查点火顺序是否正确。如有几个汽缸同时不工作,应拔下配电器盖中央高压线做跳火试验,如有火,表示高压电供应正常,故障在配电器盖、高压分缸线或火花塞;如跳火断续,表明断电器凸轮、电容器或点火线圈有故障。

(2)点火时间不当。当发动机不易起动、行驶无力、加速发闷、排气管放炮、发动机过热时,应检查点火是否过迟,分电器是否松动;摇转曲轴起动时反转,加速时爆震,应检查点火是否过早。

(3)高速不良。发动机低、中速工作良好,高速时工作不平稳,排气管放炮并有断火现象,应检查触点间隙是否过大,触点臂弹簧力是否过弱,火花塞间隙是否过大,也可能是点火线圈工作不良。

四、电子点火装置的故障诊断

如果发动机不能起动,怀疑电子点火装置有问题时,可从分电器盖上拔下中央高压线,并使其端部距离机件 5～7mm,然后起动发动机,观察线端是否跳火,如无火花,则说明电子点火装置有故障,应予检查。

1. 点火信号发生器的故障诊断

1) 磁感应式点火信号发生器故障诊断

(1)测量传感线圈的电阻值:将分电器与线束之间的插接器拔开,用万用表电阻挡测量与分电器相连接的两根导线之间的电阻值,如图 3-38 所示。测量时还可用螺丝刀把轻轻敲击传感线圈或分电器壳,以检查其内部有无松旷和接触不良的故障。传感线圈电阻通常在 100～1000Ω。

若测量结果与标准值相差较大,说明传感线圈已经损坏。如电阻值为无穷大,说明传感线圈有断路,一般断路点大都在导线接头处,如焊点松脱等,可将传感线圈拆下进一步检查,如发现焊点松脱,用电烙铁焊上即可。

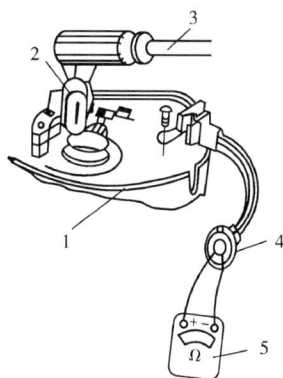
图 3-38　测量传感线圈的电阻值
1-分电器;2-传感线圈;3-螺丝刀;
4-插接器;5-万用表

(2)检查、调整信号转子凸齿与线圈铁芯之间的间隙值:可用塞尺进行测量,如图 3-39 所示。该间隙的标准值一般为 0.2～0.4mm,如不符合,调整方法如图 3-40 所示,松开紧固螺钉 A、B,做适当的调整,直至间隙符合规定,再将螺钉 A、B 拧紧即可。

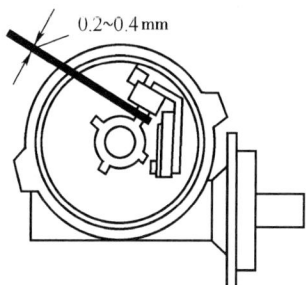

图 3-39　测量信号转子凸齿与传感线圈
铁芯之间的间隙示意图

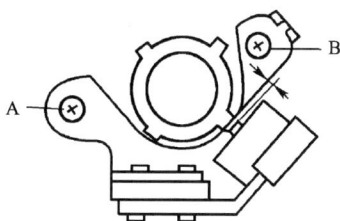

图 3-40　信号转子凸齿与传感线圈
铁芯间的间隙调整

(3)检查信号发生器的输出电压:用万用表电压挡测量,转动分电器轴,信号发生器应有交流电压输出,其输出电压的大小与分电器转速成正比,否则为信号发生器有故障。

2) 霍尔式点火信号发生器的检修

以上海桑塔纳轿车的霍尔式点火信号发生器为例予以说明。

霍尔式点火信号发生器为有源器件,需输入一定电源电压时才能工作。因此,应先测量其输入电压是否正常,方法是用直流电压表的"＋""－"表笔分别接与分电器相连的插接器"＋"(红黑线)和"－"(棕白线)接线柱,如图 3-41 所示,接通点火开关,电压表应显示接近蓄电池电压 11～12V,否则,说明点火电子组件没有给霍尔信号发生器提供正常的工作电压,应检查点火电子组件。若电压表显示电压正常,可进一步测量点火信号发生器的输出电压,方法是用同一只电压表在点火开关接通时测量分电器的信号输出线(绿白线)与搭铁线(棕白线)之间的电压。当触发叶轮的叶片在霍尔信号发生器的空气隙中时,电压表应显示与输入电压值相近的电压,即 11～12V;而当触发叶轮的叶片不在信号发生器的空气隙中时,电压表所显示的电压应接近于零,为0.3～0.4V。如经上述测量,电压表读数正常,可认为霍尔式点火信号发生器无故障。

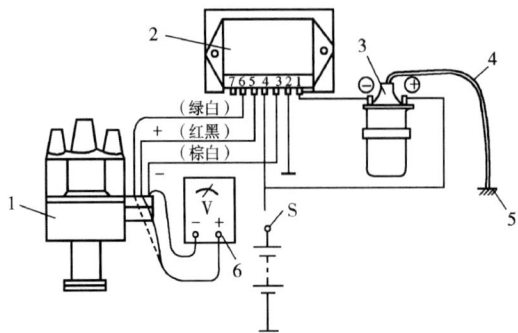

图3-41 霍尔信号发生器的检查

1-分电器;2-点火电子组件;3-点火线圈;4-高压线;5-搭铁;6-直流电压表

对于其他车型的霍尔式点火信号发生器的检查,可参照上述方法进行。但需注意的是,由于车型不同,或同种车型而生产年代不同,其霍尔式点火信号发生器的内部结构、电路和有关工作参数也可能不完全相同,检查时,应与同期生产的同种车型的标准值做对比,方可准确判断点火信号发生器的好坏。

2.点火电子组件的检查

对于点火电子组件(点火器),由于其配用的点火信号发生器类型不同,点火电子组件所采用的元器件结构形式和电路(如分立元件、集成电路等)也有所不同,即使是同一种类型的点火器,其生产厂家不同,电路结构及参数也不同,因此很难用一种简单而统一的方法(如测量电阻的方法)对其进行检查和测量。所以,对点火电子组件的检查应根据其配用的点火信号发生器类型、点火电子组件的工作原理、电路特点、功能以及在车上的具体连接、工作情况,选用适当的方法进行故障检查和判断。常用的方法主要有以下几种。

1)用干电池电压作为点火信号进行检查

这种方法适用于配用磁感应式点火信号发生器的点火电子组件,其基本原理是利用干电池的电压作为点火电子组件的点火输入信号,然后用万用表或试灯来大致判断点火电子组件的好坏。

拆开分电器上的线路插接器,接通点火开关,用一只1.5V的1号干电池,将它的正、负两极分别接至点火电子组件的两根点火信号输入线,如图3-42所示,用万用表电压挡检查点火线圈" – "接线柱与搭铁之间的电压(也可用一只12V试灯接在万用表的位置,并观察试灯的亮灭),两次测量结果应分别为1~2V(试灯灭)和12V(试灯亮),否则,说明点火电子组件有故障。

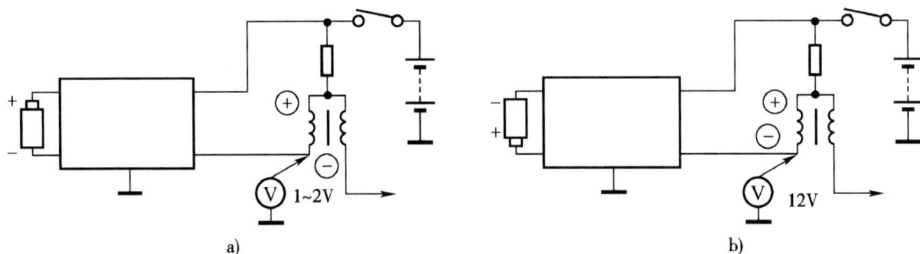

图3-42 用干电池检查点火电子组件

a)功率三极管导通;b)功率三极管截止

需要注意的是:加干电池测试的时间应尽可能地短,每次不超过10s。

2)跳火试验法

在确认低压电路各连接导线、插接器、点火线圈和点火电子组件都完好的情况下,可采用跳火试验法判断点火电子组件是否有故障。

对于东风EQ1090汽车装用的JFD667型、解放CA1092汽车装用的6TS2107型具有失速断电保护功能的磁感应式电子点火系统等,可将分电器盖拆下,并拔出分电器壳上的中央高压线,使其端头离开机体5~10mm,接通点火开关,然后用一只螺丝刀头快速地碰剐定子爪,以改变通过传感线圈的磁通而使其产生点火脉冲,触发点火电子组件,如图 3-43 所示。若每次碰剐时高压线端都能跳火,则说明点火电子组件完好,否则,说明点火电子组件有故障,应予检修或更换。

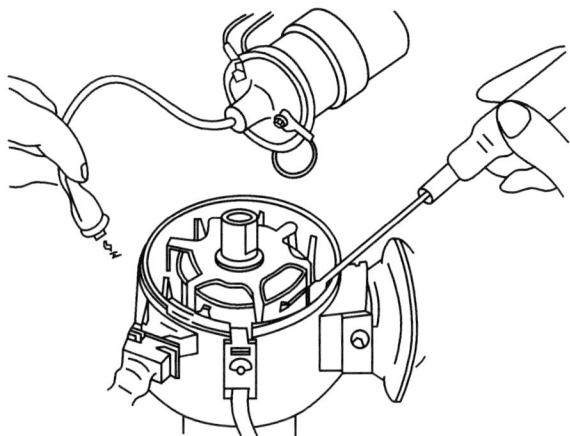

图 3-43　磁感应式点火电子组件的跳火试验

对于桑塔纳、奥迪等汽车装用的霍尔式电子点火装置,可打开分电器盖,拆下分火头和防尘罩,转动曲轴,使触发叶轮的叶片不在点火信号发生器的气隙中,拔出分电器盖上的中央高压线,使其端部距机体 5～10mm,然后接通点火开关,用小螺丝刀或钢锯条在信号发生器的气隙中插入后迅速拔出,同时在拔出时察看高压线端部是否跳火,如跳火,说明点火电子组件良好,否则,应更换点火电子组件。另外,也可甩开点火信号发生器对点火电子组件做跳火试验,方法是:断开点火开关,拔下分电器盖上的中央高压线端部并使其端部距离机体 5～10mm,再拔下分电器上信号发生器的插接器,用跨接导线一端接在信号线插头上,然后接通点火开关,将跨接线的另一端反复搭铁,如图 3-44 所示,同时观察中央高压线端是否跳火,如跳火,说明点火电子组件完好,否则,说明点火电子组件有故障,应予更换。

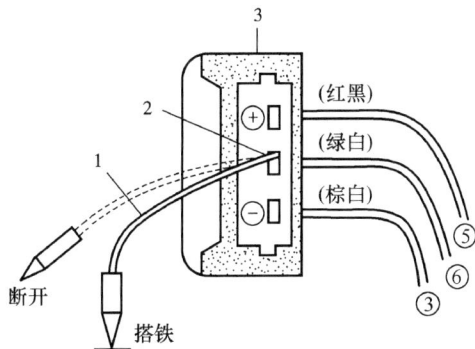

图 3-44　用跨接线代替霍尔信号发生器的跳火试验
1-跨接线;2-信号线插头;3-点火信号发生器

3)替换法

替换法,即用同规格的点火电子组件替换怀疑有故障的点火电子组件,如故障排除,则证明点火电子组件损坏。该方法是判断点火电子组件最简单、最有效的方法,但必须备有相同规格的新点火电子组件。

第四章 照明与信号系统

第一节 概 述

一、汽车照明系统的基本组成及要求

1. 现代汽车对照明的要求

为使汽车能在夜间和能见度低的情况下安全行驶,现代汽车对照明的基本要求是:

(1)汽车行车时的道路照明,以使汽车能在夜间使用和确保行车安全。现代汽车车速较高,要求汽车的照明设备能提供车前100m以上明亮均匀的道路照明,并且不对迎面来车驾驶人造成眩目。

(2)汽车倒车时的场地照明,是让驾驶人在夜间倒车时能看清车后的情况,顺利地完成倒车。

(3)牌照照明,在夜间行车时,能让其他行驶车辆驾驶人和行人看清车牌号,以便于安全管理。

(4)雾天行车的特殊照明,用以确保雾天行车的安全。

(5)车内照明,向驾驶人观察仪表、操纵车辆和乘员上下车等提供照明。

2. 现代汽车照明系统的基本组成

为满足夜间行车的照明要求,现代汽车照明系统通常配有如下照明灯具:

(1)前照灯,又称大灯或头灯,用于夜间行车的道路照明。有两灯制和四灯制两种配置。

(2)倒车灯,作夜晚倒车时车后的照明和倒车信号之用,通常采用发光强度为32cd左右的照明灯泡。

(3)牌照灯,用以照明车牌号码,一般采用发白色光的小型灯泡。

(4)雾灯,用于雾天、下雪天、暴雨或尘埃弥漫时行车的道路照明和提供信号。灯泡为单丝,发出黄色光。

(5)车内照明灯,包括仪表灯、顶灯、车厢灯、开关灯、踏步灯等,分别用于夜间行车的仪表、驾驶室、车厢、操纵及车厢乘员的上下车照明。

各种安装在所需照明位置照明灯具配以相应的控制开关、线路及熔断器等就组成了汽车照明系统。

二、汽车信号系统的基本组成及要求

汽车信号系统的作用是产生特定的声响和灯光信号,向其他车辆的驾驶人和行人发出

警告,以引起注意,确保汽车的行驶安全。

1. 声响信号装置

声响信号装置有气喇叭、电喇叭和倒车蜂鸣器等。气喇叭是利用气流使金属膜片振动发声,在一些装备气压制动的汽车上装用。气喇叭的音量高,在城市市区内禁止使用。虽然在一些城市的市区内禁止使用电喇叭,但是电喇叭却是所有汽车都必须配备的信号装置,并要求电喇叭的声音清脆悦耳,其音量不得超过105dB。

2. 灯光信号装置

汽车灯光信号包括转向信号、制动信号、危险警告信号及示廓信号等。

1)转向信号

汽车的转向信号由车辆左侧或右侧转向灯的闪烁表示。为使转向信号醒目可靠,转向灯的颜色要采用红色或橙色(现大都用橙色),并要求在灯轴线右偏5°至左偏5°的视角范围内,无论是白天黑夜,能见距离不小于35m,而在右偏30°至左偏30°的视角范围内,能见距离不小于10m;转向灯的闪光频率应在50~110次/min范围内(一般取60~95次/min)。

2)制动信号

汽车制动信号由车尾部制动灯的亮起表示。制动灯要求采用红色,两个制动灯的安装位置应与汽车纵轴线对称,并在同一高度;制动灯的红色灯光应保证夜间100m以外能够看清;其光束角度在水平面内应为灯轴线左右各45°,在铅垂面内应为灯轴线上下各15°范围。

3)危险警告信号

汽车危险警告信号由左右转向灯的同时闪烁表示,对危险警告信号的要求与转向信号相同。

4)示廓信号

由装在汽车前后、左右的示廓灯亮起表示。要求示廓灯透光面边缘距车身不得大于400mm,示廓灯灯光在前方100m以外应能看得清楚,在其他各个方向,能看清示廓灯灯光的距离不应小于30m。

安装在相应位置的信号装置配以相应的控制开关、线路及熔断器等就组成了汽车信号系统。

第二节　汽车照明系统

一、前照灯

前照灯的照明效果对汽车夜间行车安全影响很大,因此对前照灯有较高的光学要求,相对于其他照明灯具,前照灯的光学组件及结构也比较复杂。

1. 前照灯的光学组件

前照灯的光学组件包括灯泡、反射镜和配光镜。

1)灯泡

灯泡是前照灯的光源,常见的前照灯灯泡有充气灯泡和卤钨灯泡,如图4-1所示。

充气灯泡用钨丝作灯丝,灯泡内充以氩和氮的混合惰性气体。充气的目的是使灯泡在工作时使这些惰性气体受热膨胀而产生压力,以减小灯丝钨的蒸发,提高灯丝的温度,增加

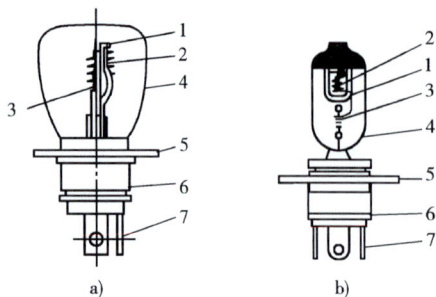

图 4-1　前照灯灯泡

a)充气灯泡;b)卤钨灯泡

1-配光屏;2-近光灯丝;3-远光灯丝;4-泡壳;5-定焦盘;6-灯头;7-插片

发光效率,延长灯泡的使用寿命。

卤钨灯泡的灯丝仍为钨丝,但充入的气体中参有某种卤族元素,如碘、溴、氯、氟等。卤钨灯泡工作时,内部形成卤钨再生循环反应,使从灯丝上蒸发的钨又回到灯丝上,以避免从灯丝上蒸发的钨沉积在泡壳上而使灯泡发黑,延长灯泡的使用寿命。

前照灯灯泡的额定电压有 6V、12V 和 24V 三种,功率一般为 40~60W。

灯丝直接焊在反射镜底座上的全封闭式前照灯,只有灯丝,没有泡壳。

2)反射镜

反射镜的表面形状呈旋转抛物面,反光面镀银或镀铝、镍等,它使灯泡的光线聚合并导向前方,将灯泡的光亮度增强至几百倍甚至上千倍,使灯光的照明距离增至 150m 以上。反光镜的作用如图 4-2 所示,少量的散射光线中,朝上的完全无用,朝下的散射光线则有助于照明近距离路面和路缘。

3)配光镜

配光镜也被称之为散光玻璃,其外表面平滑,内侧则是凸透镜和棱镜的组合体。经反光镜反光后的光束很小,其少量的散射光不能照清车前 100m 以内的路面。加散光玻璃的作用是将反射镜反射出光束进行折射,以扩大光照的范围,使前照灯 100m 以内的路面和路缘有均匀的照明。

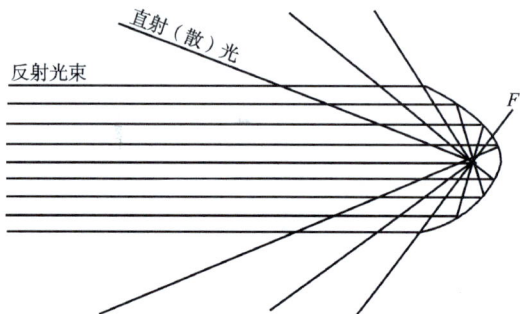

图 4-2　反射镜的作用

2. 新型前照灯

1)氙气前照灯

(1)氙气前照灯的结构。氙气前照灯的全称是 HID(High Intensity Discharge Lamp)气体放电灯,是近些年在汽车上出现的新型前照灯。氙气前照灯的光源部分主要由灯头、电子镇流器(也称稳压器)及线组等辅件组成,如图 4-3 所示。

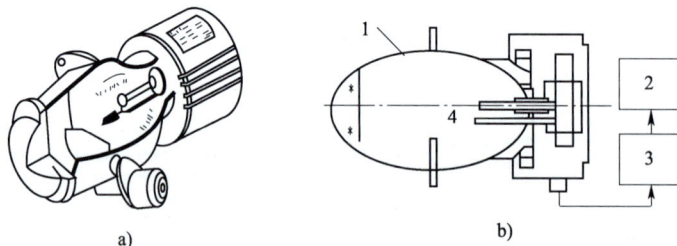

图 4-3　氙气前照灯

a)氙气前照灯灯泡外形;b)氙气前照灯原理

1-泡壳;2-电子控制电路;3-功率放大电路;4-电极

氙气前照灯在其石英泡壳内充有高压惰性气体——氙气(Xenon),氙气前照灯的灯头是两个电极,没有灯丝,依靠电极间的电弧放电发光。在两电极上涂有汞和碳素化合物,将电极施以高压,电极间的氙气电离,通过电弧放电发光。

电子镇流器由电子控制电路和功率放大电路组成,其作用是将蓄电池或发电机的直流电压进行升压及功率放大,以提供电极发光所需的电源电压。

(2)氙气前照灯的工作原理。接通前照灯开关后,前照灯通电工作,电子控制电路对直流电源输入的电流进行转换、控制、保护、升压、变频等处理,产生一个瞬间23000V左右的高压电,使灯头电极之间的气体电离而产生电弧放电,此后,电子镇流器输出35V左右的交流电压,以维持灯头电极的电弧放电,使灯头持续发光。

(3)氙气前照灯的特点。与普通的卤钨灯泡相比,氙气灯泡具有如下特点:

①氙气灯泡是通过电极的电弧放电发出超强的电弧光,亮度是传统卤钨灯泡的3倍,对提升夜间及雾中驾驶视线清晰度有明显的效果。

②氙气前照灯工作时所需的电流量仅为3.5A,电能转化为光能的效率也比卤钨灯泡提高70%以上,电能消耗只是卤钨灯泡2/3。

③氙气灯泡发出的光色温从3000K到12000K,其中6000K的色温与太阳光相似,但含较多的绿色和蓝色成分,因此呈现蓝白色光。这种蓝白色光大幅提高了道路标志和指示牌的亮度。

④由于氙气灯泡没有灯丝,不存在灯丝烧断而报废的问题,使用寿命比卤钨灯泡长得多,氙气灯泡的使用寿命比传统卤钨灯泡长10倍。

2)LED前照灯

(1)LED前照灯的组成原理。LED(Light Emitting Diode)即发光二极管,是一种固态的半导体器件,它可以直接把电转化为光。LED前照灯是由多个LED组装在一起形成前照灯光源,LED灯泡和LED前照灯的外形如图4-4所示。

图4-4　LED前照灯
a)LED灯泡;b)LED前照灯外形

(2)LED前照灯的特点。LED是冷光源,与白炽灯、荧光灯相比,节电效率可以达到90%以上。在同样亮度下,耗电量仅为普通白炽灯的1/10,荧光灯管的1/2。

3.前照灯的结构形式

前照灯主要由灯泡、反光镜、配光镜组成的光学组件及灯壳等组成。其结构形式有可拆式、半封闭式和全封闭式等几种。

1)可拆式前照灯

可拆式前照灯的组件均可解体,因此其密封性差,反射镜容易受湿气、灰尘的污染而影响反射能力,故已被淘汰。

2）半封闭式前照灯

半封闭式前照灯如图 4-5 所示，其配光镜靠卷曲在反射镜边缘上的牙齿紧固在反射镜上，用橡胶圈密封，再用螺钉固定。灯泡是从反射镜的后面装入，因此更换灯泡不必拆开配光镜。半封闭式前照灯在现代汽车上还有使用。

3）全封闭式前照灯

全封闭式前照灯配光镜与反光镜制成整体，灯丝直接焊在反射镜底座上，一种圆形全封闭式前照灯如图 4-6 所示。全封闭结构形式可避免反射镜受湿气和灰尘等污染，反光镜可保持高的反光效率，延长了前照灯的使用寿命，因此全封闭式前照灯在汽车上的使用日渐广泛。

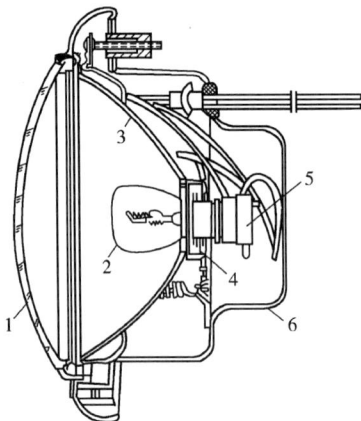

图 4-5　半封闭式前照灯

1-配光镜；2-灯泡；3-反射镜；4-灯座；5-接线盒；6-灯壳

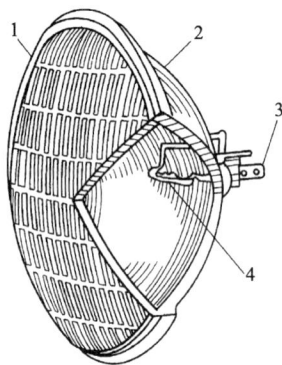

图 4-6　全封闭式前照灯

1-配光镜；2-反射镜；3-插片；4-灯丝

4. 前照灯的防炫目

所谓炫目是指人眼睛被强光照射，由于视觉神经受刺激而失去对眼睛的控制，本能地闭上眼睛或看不清暗处物体的生理现象。夜间行车时，如果前照灯光线照射到对方汽车驾驶人的眼睛，就会造成驾驶人炫目而看不清前方道路情况，这时极易引发交通事故。

为防止前照灯炫目，确保夜间汽车行驶安全，汽车上采用远光灯和近光灯来避免前照灯造成炫目。在无迎面来车时采用远光灯，使前照灯照射距离较远，以满足高速行驶的道路照明需要；在会车时则用近光灯，近光灯照射距离较近，但不会产生眩光。为此，前照灯采用具有远光灯丝和近光灯丝的双丝灯泡，由驾驶人在行车中通过变光开关进行远光灯和近光灯的切换。

1）普通双丝灯泡

普通双丝灯泡中的远光灯丝位于反光镜旋转抛物面的焦点，并与光轴平行，其光线由反射镜反射后与光轴平行射向远方，可获得较远的照射距离和较小的散射光束（图 4-7a）；近光灯丝位于焦点的上方，其光线经反射镜反射的主光束倾向于路面（图 4-7b），因而对迎面来车驾驶人的炫目作用大为减弱。

2）具有配光屏的双灯丝灯泡

普通双丝灯泡的近光灯丝工作时会有一部分光线偏上照射，降低了防炫目的效果。具有配光屏的双丝灯泡将近光灯丝置于焦点前上方的位置，并在下方装一个配光屏，将近光灯丝射向反射镜下半部的光线挡住（图 4-8），以消除向上的反射光线，这样就使防炫目效果明显提高。

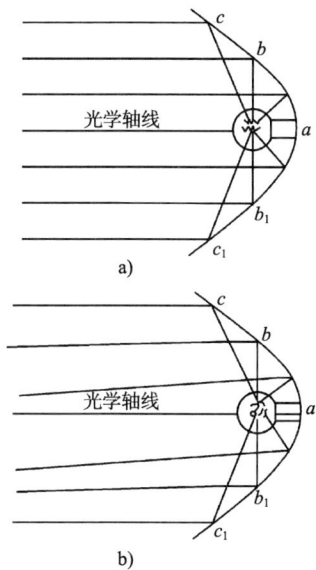

图 4-7 普通双丝灯泡的工作情况
a) 远光灯光束; b) 近光灯光束

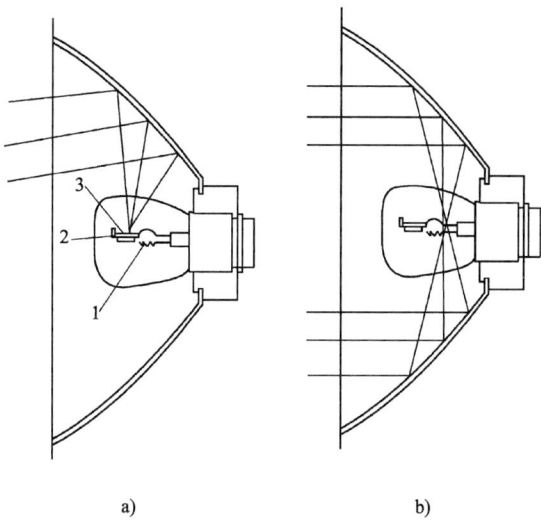

图 4-8 具有配光屏的双丝灯泡
a) 近光灯光束; b) 远光灯光束
1-近光灯丝; 2-配光屏; 3-远光灯丝

为使近光灯既有良好的防炫目效果,又有较远的照明距离,将配光屏单边倾斜 15°,近光灯丝发出的光线经反射镜和配光镜后就得到了形似"L"的非对称近光光形,如图 4-9c)所示。这种配光符合联合国经济委员会制定的 ECE 标准,被称之为 ECE 形配光,它既有较好的防炫目效果,又有较远的近光照明距离,是较为理想的光形,我国已采用这种配光形式。

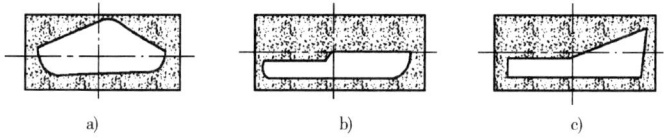

图 4-9 近光灯光形(屏幕投影)
a) 对称光形; b) Z 形非对称光形; c) L 形非对称光形

近年来,在国外出现了另一种被称之为 Z 形配光的非对称型配光(图 4-7b),它不仅可以避免迎面汽车驾驶人炫目,还可以防止车辆右边的行人和非机动车辆使用人员炫目。

二、其他照明设备

1. 雾灯

汽车上都装有前雾灯,用于能见度差(雾天、雨天、雪天及尘土弥漫等)情况下的道路照明,并对相向行驶车辆提供警示。有的汽车还设有后雾灯,用于向后方车辆和行人提供警示,以提高行车安全。

雾灯的结构与前照灯相似,但灯泡均为单丝。雾灯发出黄色或白色光线,光线应具有较强的穿透性。

雾灯由单独的雾灯开关控制,一些汽车为保护雾灯开关,还配备了雾灯继电器。

2. 倒车灯

倒车灯除了在夜间倒车提供车后的场地照明外,还对周围车辆和行人有"本车要倒车"的警示作用。为此,有的汽车还同时配备了倒车蜂鸣器。

倒车灯通常采用电流为 2.1A,发光强度约为 32cd 的普通照明灯泡。倒车灯由安装在变速器操纵机构处的倒车灯开关控制,在驾驶人挂上倒挡时,倒车灯开关接通倒车灯电路,倒车灯通电工作。

3. 牌照灯

牌照灯也是所有汽车必设的照明灯,以使夜间其他车辆和行人能在 25m 处看清车牌号。牌照灯通常采用电流为 700mA,发光强度为 4cd 的灯泡。

牌照灯安装一般在车牌上方,由车灯开关控制。当车灯开关在 I 挡(开示廓灯)和 II 挡(开前照灯)时,牌照灯均通电亮起。

4. 车内照明灯

车内照明灯有仪表照明灯、车厢照明灯(客车)、顶灯、阅读灯、行李舱照明灯、杂物箱照明灯、开关及操纵装置照明灯等,除仪表照明灯都必须装备外,其他的车内照明灯因车型和对车内照明的要求不同,其配置也各不相同。

车内照明灯是由车灯开关控制的,比如仪表灯、开关及操纵装置照明灯等,车灯开关在 I 挡(开示廓灯)和 II 挡(开前照灯)时,这些车内照明灯也都通电亮起。车厢照明灯(客车)、顶灯、阅读灯、行李舱照明灯、杂物箱照明灯等则由各自的开关控制,在需要时通过各自的开关使其通电亮起。

第三节　汽车信号系统

一、电喇叭

1. 触点式电喇叭

触点式电喇叭有筒形、螺旋形和盆形等不同的结构形式,各种触点式电喇叭的主要组成部件和工作原理基本相同。盆形电喇叭具有结构尺寸小、指向性好等特点,现代汽车使用较为广泛。

1)触点式喇叭的结构

触点式电喇叭主要由铁芯、衔铁、电磁线圈、触点、膜片等组成。图 4-10 所示的是盆形触点式电喇叭的结构简图。

膜片、共鸣板、衔铁与活动的上铁芯固定在一起,绕在管式铁芯上的电磁线圈通过触点与外电路相通;电磁线圈通电时产生磁力可将上铁芯吸下,衔铁随上铁芯下移中会将通过触点臂弹力保持闭合的触点顶开。

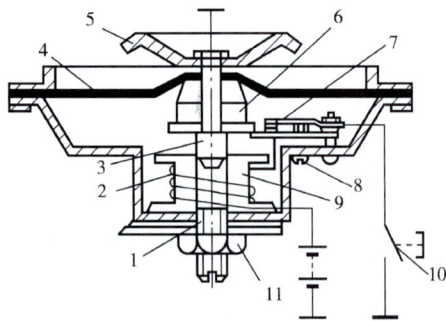

图 4-10　盆形触点式电喇叭

1-下铁芯;2-电磁线圈;3-上铁芯;4-膜片;5-共鸣板;6-衔铁;7-触点;8-调整螺钉;9-铁芯;10-按钮;11-锁紧螺母

2）触点式电喇叭的工作原理

按下喇叭按钮电喇叭便通电，其电流通路为：蓄电池＋→电磁线圈→触点→喇叭按钮→搭铁→蓄电池－。电磁线圈通电产生磁力，吸动上铁芯及衔铁下移，使膜片下拱；衔铁下移中将触点顶开，电磁线圈断电而磁力消失，上铁芯、衔铁及膜片又在触点臂和膜片自身弹力的作用下复位，触点闭合；触点闭合后，电磁线圈又通电，吸动上铁芯和衔铁下移，如此循环，使膜片振动，产生较低频的基频振动，并促使共鸣板产生一个比基本频振强、分布较集中的谐振。基音和谐音混合成音量适中、和谐悦耳的声音。

3）触点式电喇叭的调整

（1）调整电喇叭音调：通过调整衔铁（膜片）的振动频率来改变喇叭的音调。盆形电喇叭通过改变上、下铁芯之间的间隙来改变膜片的振动频率，调整方法是：松开锁紧螺母 11（图 4-10），旋动下铁芯，旋入下铁芯时，上下铁芯之间的间隙减小，音调升高；旋出下铁芯，则使音调降低。调至合适的音调后，旋紧锁紧螺母即可。

（2）调整电喇叭音量：通过改变喇叭触点的接触压力（电磁线圈电流改变，膜片的振幅改变）来调整喇叭发出的音量。盆形电喇叭用调整螺钉 8 来调整触点的接触压力，调整螺钉旋出，触点接触压力增大，电喇叭音量增大；调整螺钉旋入则会抵消部分动触点臂自身的弹性，使电喇叭音量减小。

2. 无触点电喇叭

触点式电喇叭的触点在工作中会产生触点火花，使触点容易烧蚀而影响其工作的可靠性。电子式电喇叭又称无触点电喇叭，用一振荡电路来产生脉动电流，使电喇叭发声。

1）无触点电喇叭的结构

无触点电喇叭由电子电路和扬声器组成，典型的电子式电喇叭电路如图 4-11 所示。

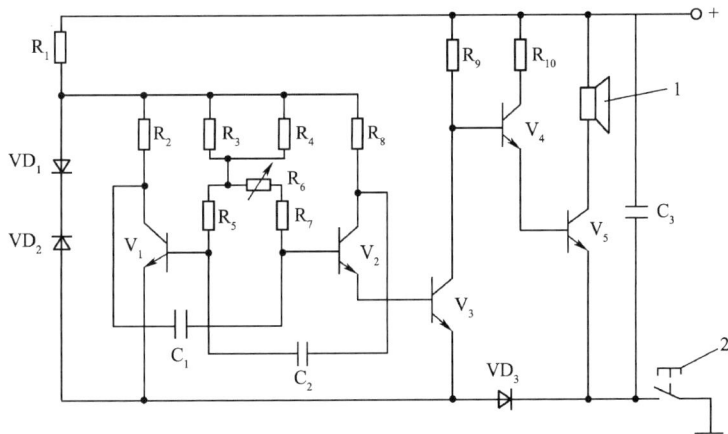

图 4-11　无触点电喇叭电路原理
1-扬声器;2-喇叭按钮

电喇叭的电子电路由振荡电路和功率放大电路两部分组成。三极管 V_1、V_2、V_3 和电容 C_1、C_2 及电阻 $R_1 \sim R_9$ 组成多谐振荡电路，V_3、V_4、V_5 组成功率放大电路。

2）无触点电喇叭的工作原理

按下喇叭按钮后，电子电路接通电源。V_1、V_2 工作在放大区，刚通电时，V_1 和 V_2 得到正向偏压，但由于两三极管参数必定存在微小的差别，使得它们的导通程度不可能完全一致。假设在电路接通的瞬间 V_1 先于 V_2 导通，V_1 的集电极电位 u_{c1} 首先下降，于是，多谐振

荡电路通过 C_1、C_2 正反馈电路有如下的正反馈过程:

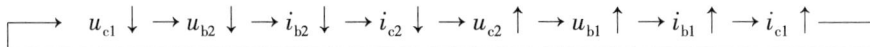

$$\longrightarrow u_{c1} \downarrow \rightarrow u_{b2} \downarrow \rightarrow i_{b2} \downarrow \rightarrow i_{c2} \downarrow \rightarrow u_{c2} \uparrow \rightarrow u_{b1} \uparrow \rightarrow i_{b1} \uparrow \rightarrow i_{c1} \uparrow$$

这一反馈过程使 V_1 迅速饱和导通而 V_2 则迅速截止,V_3 也截止,电路进入暂稳态。暂稳态期间,C_1 充电使 u_{b2} 升高,当 u_{b2} 达到 V_2 的导通电压时,V_2 开始导通,V_3 也随之导通。这时,又产生如下正反馈过程:

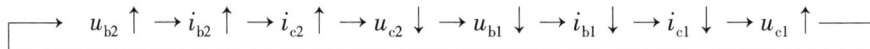

$$\longrightarrow u_{b2} \uparrow \rightarrow i_{b2} \uparrow \rightarrow i_{c2} \uparrow \rightarrow u_{c2} \downarrow \rightarrow u_{b1} \downarrow \rightarrow i_{b1} \downarrow \rightarrow i_{c1} \downarrow \rightarrow u_{c1} \uparrow$$

这一反馈过程又使 V_2 迅速饱和导通而 V_1 则迅速截止,电路进入新的暂稳态。这时,C_2 的充电又使 u_{c1} 升高,当 u_{c1} 上升至 V_1 的导通电压时,V_1 又导通,电路又产生前一个正反馈过程,又使 V_1 迅速饱和导通而 V_2、V_3 则迅速截止。如此周而复始,形成振荡。此振荡电流信号经 V_4、V_5 的直流放大,控制喇叭线圈电流的通断,从而使电喇叭发出声音。

电路中,电容 C_3 是对喇叭电源滤波,以防止其他电路瞬变电压的干扰。VD_2、R_1 为多谐振荡器的稳电压电路,其作用是使振荡频率稳定。VD_1 用作温度补偿,VD_3 起电源反接保护作用。R_6 可用于调节喇叭的音量。

3. 电喇叭的型号

电喇叭的型号由 5 部分组成:

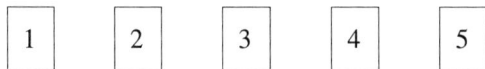

1	2	3	4	5

(1)产品代号:DL-触点式电喇叭;DLD-无触点的电子式电喇叭。

(2)电压等级代号:1-12V,2-24V。

(3)结构代号:各结构代号所表示的电喇叭结构形式见表 4-1。

电喇叭的结构代号   表 4-1

代号	1	2	3	4	5	6	7	8	9
结构形式	筒形单音	盆形单音	螺旋形单音	筒形双音	盆形双音	螺旋形双音	筒形三音	盆形三音	螺旋形三音

(4)设计序号:按产品的先后顺序,用阿拉伯数字表示。

(5)变型代号(音色标记):G-高音;D-低音。

二、转向及危险警告信号装置

汽车转向及危险警告信号均是由转向信号灯的闪烁发出的,控制转向信号灯闪烁的是闪光继电器(简称闪光器)。转向及危险警告信号装置主要由转向灯、闪光器和控制开关组成,闪光器有热丝式、电容式、翼片式和电子式等不同类型。热丝式闪光器由于其工作可靠性较差,闪光频率不稳定,已经被淘汰,目前在汽车上使用的闪光器有电容式、翼片式及电子式等几种形式。

1. 电容式闪光器

1)电容式闪光器的结构

电容式闪光器由双线圈的继电器连接一个电容所组成,其结构和内部电路有不同的形式,但基本原理相同,都是通过电容的充放电延时特性,使继电器触点按某一频率自动开闭来控制转向信号灯闪烁。一种典型的电容式闪光器的结构简图及等效电路如图 4-12 所示。

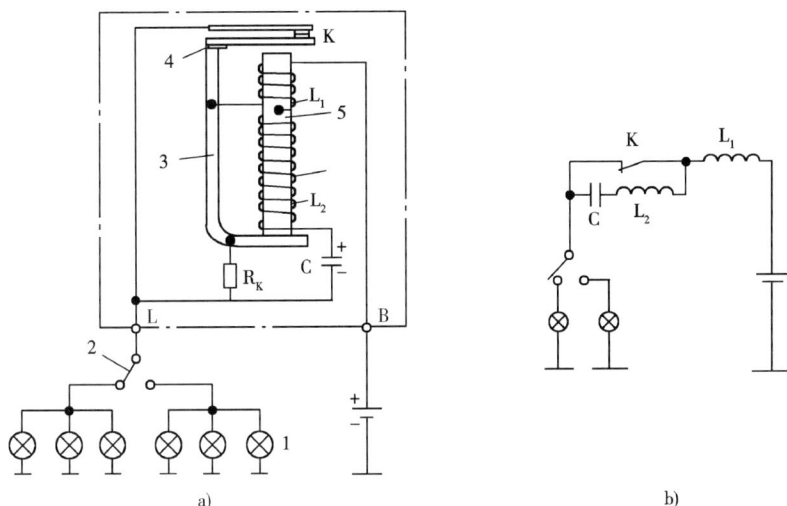

图4-12 电容式闪光器
a)结构简图;b)电路原理
1-转向灯及转向指示灯;2-转向灯开关;3-磁轭;4-弹簧片;5-铁芯

该电容式闪光器的触点 K 通过弹簧片 4 使其保持常闭,串联于转向灯电路的线圈 L_1,其电阻较小;线圈 L_2 的电阻较大,L_2 的一端通过继电器铁芯 5 和磁轭 3 与活动触点相连,另一端串接电容 C 后与固定触点连接,因此 L_2、C 与触点并联。

2)电容式闪光器工作原理

接通转向灯开关后,闪光器中的线圈 L_1 通电,电流通路为:蓄电池 + →L_1→触点 K→转向灯开关→转向灯及转向指示灯→搭铁→蓄电池 −。此时,L_2 和 C 电路被触点短路,无电流通过,但通过 L_1 的电流较大,其产生的电磁力使触点张开,因此转向灯一闪亮立即变暗。

触点断开后,电源向电容 C 充电,充电电流通路为:蓄电池 + →L_1→磁轭及铁芯→L_2→C→转向灯开关→转向灯及转向指示灯→搭铁→蓄电池 −。由于 L_2 的电阻较大,流过转向灯的充电电流较小,因此转向灯是暗的。C 的充电电流虽小,但流经 L_1、L_2 两线圈后产生相同方向的磁力足以克服弹簧片 4 的弹力而使触点保持张开,使转向灯保持暗的状态。

C 在充电过程中,其端电压逐渐升高,充电电流随之减小。当充电电流减小至两线圈的磁力不足以克服弹簧片的弹力时,触点又闭合。这时,通过转向灯的电流增大,灯变亮。与此同时,电容通过触点放电,其放电电流通路为:C + →L_2→铁芯 5 及磁轭 3→K→C −。由于 C 的放电电流使 L_2 产生的磁场与 L_1 相反,削弱了 L_1 的磁力,因此触点不能被吸开,使转向灯保持亮的状态。

C 放电过程中,其放电电流逐渐减小,L_2 产生的磁场逐渐减弱。当 L_2 产生的磁场减弱至削弱 L_1 的磁场作用基本消失时,L_1 的磁力又使触点张开,灯光又变暗。接着又是 C 充电,如此反复,C 不断地充电放电,使触点定时地开和闭,从而使转向灯按一定的频率闪光。

电容充放电回路中 R、C 参数决定了转向灯的频率,使用中,R、C 参数变化不大,因此转向灯的闪光频率也就比较稳定。电阻 R_K 与触点并联,起减小触点火花的作用。

2.翼片式闪光器

1)翼片式闪光器的结构

翼片式闪光器是通过其热胀条通断电时的热胀冷缩,使翼片产生变形动作来开闭触点,使转向灯闪烁。翼片式闪光器有直热式(由通过热胀条的电流加热)和旁热式(由绕在热胀条上的电热丝加热)两种形式,直热翼片式闪光器如图4-13所示。

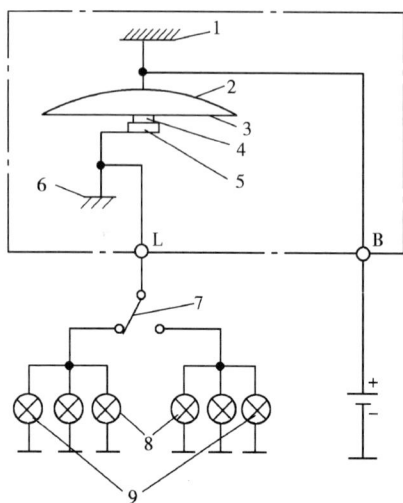

图4-13 直热翼片式闪光器
1,6-支架;2-翼片;3-热胀条;4-动触点;5-静触点;7-转向灯开关;8-转向指示灯;9-转向灯

翼片为弹性钢片,热胀条是热胀系数较大的合金钢带。热胀条在冷却状态时,将翼片绷紧成弓形,使触点处于闭合状态。

2)直热翼片式闪光器工作原理

接通转向灯开关时,由于闪光器触点处于闭合状态,转向灯电路通电,其电路为:蓄电池+→接线柱B→翼片→热胀条→触点→接线柱L→转向灯开关→转向灯和转向指示灯→搭铁→蓄电池-,这时,一侧的转向灯亮。

热胀条通电而受热伸长,当热胀条伸长至一定长度时,翼片在其自身弹力作用下突然绷直,使触点断开,转向灯电流被切断,转向灯和转向指示灯熄灭。

触点断开后,热胀条因断电而冷却收缩,最终又使翼片弯曲成弓形,触点又闭合。触点闭合后,又接通了转向灯电路,转向灯又亮起。如此交替变化,使转向灯闪烁。

翼片式闪光器其翼片在工作时的突然伸直和弯曲所发出的弹跳声,可以从声音上给驾驶人以"转向灯开着"的提示。

3.电子闪光器

1)电子闪光器的类型

电子闪光器的电路结构形式有多种多样,大体可分为有触点和无触点两大类。有触点电子闪光器仍以继电器触点来通断转向灯电路,由电子电路来控制继电器线圈电流,使继电器工作;无触点电子闪光器由电子电路控制三极管的导通和截止来通断转向灯电路。电子闪光器具有闪光频率稳定、工作可靠的特点,已被现代汽车广泛使用。

无触点电子闪光器一例如图4-14所示,转向灯电路由三极管V_3的导通和截止控制,V_3的导通和截止则是由V_1、V_2、R_1、R_2、C所组成的电子电路控制。

2)电子闪光器工作原理

接通转向灯开关后,电源通过R_2和R_1、C向V_1提供正向偏压而使V_1饱和导通,V_1导通后,V_2基极无足够的导通电压而截止,V_3随之截止。V_1的导通电流经转向灯形成回路,但由于V_1的集电极电流很小,所以在V_1导通时,转向灯不亮。

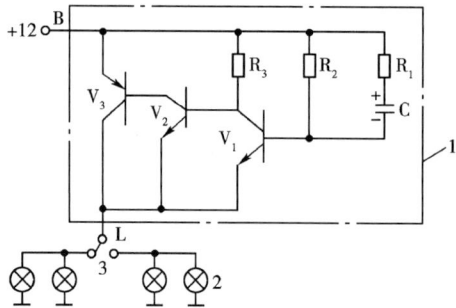

图4-14 国产SG131型无触点闪光器
1-闪光器;2-转向灯;3-转向灯开关

电源通过R_1对C充电,使C的电压逐渐增大,V_1的基极电位则逐渐下降。当V_1基极电位降至其导通电压以下时,V_1截止。V_1截止后,V_2通过R_3得到正向偏压而饱和导通,V_3也随之饱和导通,转向灯变亮。

V_1截止后,C经R_1、R_2放电,使V_1保持截止,转向灯保持亮。随着C放电电流的逐渐减小,V_1 基极电位又开始升高,并最终又使 V_1 导通,V_2、V_3 又截止,转向灯又变暗。如此循环,使转向灯闪烁。

4. 转向与危险警告信号控制开关

1) 转向灯开关

转向灯开关是一个动合式手动双向定位开关,由驾驶人操纵。当驾驶人将转向灯开关拨向一边时,一侧的转向灯电路被接通,在闪光器的控制下,使一侧的转向灯及仪表板上的转向指示灯同时闪烁,发出汽车转向的信号。

2) 危险信号控制开关

危险信号控制开关是一个动合式手动单向定位开关,开关内有两个或三个触点,用以同时接通两条或三条电路。危险信号控制开关的电路原理如图 4-15 所示。

当驾驶人按下危险信号开关时,两边的转向灯电路同时接通,在闪光器的控制下,两侧的转向灯同时闪烁,发出危险警告信号。

危险警告信号与转向信号共用一个闪光器,也有个别汽车另设一个危险警告用闪光器。危险警告信号除了两个连接转向灯电路的触点外,另一个触点(转向灯电路不经点火开关控制的无此触点)则用于将闪光器直接与蓄电池连接,以使危险警告信号在点火开关关闭(停车)时也可使用。

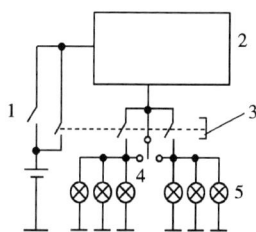

图 4-15 危险警告信号开关控制电路

1-点火开关;2-闪光器;3-危险信号控制开关;4-转向灯开关;5-转向灯及转向指示灯

5. 闪光器的型号

闪光器的型号表示如下:

1	2	3	4	5

(1)产品代号:SG-闪光器;SGD-电子闪光器。

(2)电压等级代号:1-12V,2-24V。

(3)结构代号:各结构代号所表示的闪光器类型见表 4-2。

(4)设计序号。

(5)变型代号。

闪光器结构代号   表 4-2

代号	1	2	3	4	5	6	7	8	9
闪光器	电容式	热丝式	翼片式						
电子闪光器				无触点式	有触点式	无触点复合式	有触点复合式	带蜂鸣无触点复合式	带蜂鸣有触点复合式

三、其他信号装置

1. 制动信号装置

制动信号由车尾部的制动信号灯亮起表示,制动信号灯由制动灯开关控制。制动灯开关有液压式、气压式及机械式等不同的形式。

1) 液压式制动灯开关

液压式制动灯开关在采用液压制动系统的汽车上使用,图 4-16 所示的是一种膜片式液压开关。

制动灯开关装在液压制动主缸的前端,通过管接头 1 与制动液压系统相通,两接线柱 6、7 分别连接电源和制动灯。当驾驶人踩下制动踏板时,制动系中液压增大,推动膜片 2 向上拱曲,使接触桥 4 将接线柱 6 和接线柱 7 下端的触点接通,制动信号灯通电亮起。松开制动踏板时,制动系液压降低,接触桥在复位弹簧 5 的作用下复位,制动信号灯断电熄灭。

2) 气压式制动灯开关

气压式制动灯开关运用于气压制动的汽车上,膜片式气压制动灯开关一例如图 4-17 所示。

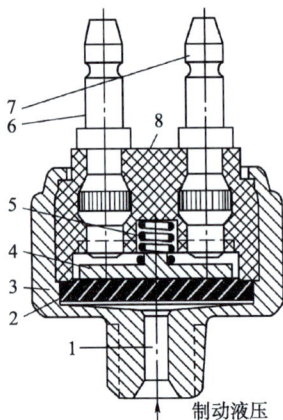

图 4-16　液压式制动灯开关

1-通制动液压管路;2-膜片;3-壳体;4-接触桥;5-弹簧;6、7-接线柱;8-胶木座

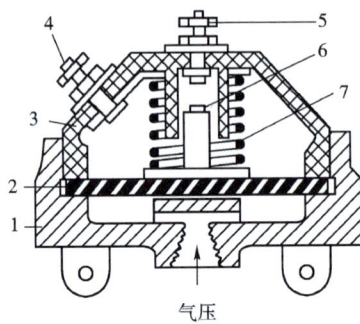

图 4-17　气压式制动灯开关

1-壳体;2-膜片;3-胶木盖;4、5-接线柱;6-触点;7-弹簧

制动灯开关安装在气压制动系输气管路上。在制动时,制动系输气管路的压缩空气推动膜片 2 上拱而使触点 6 闭合,将制动灯电路接通。松开制动踏板时,制动系输气管路气压降低,膜片在复位弹簧 7 的作用下复位,触点断开,制动信号灯断电熄灭。

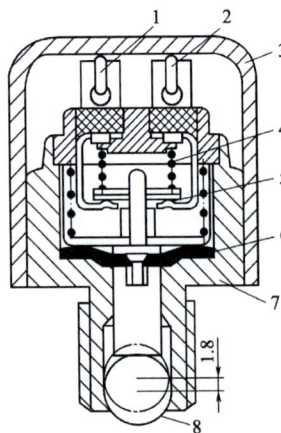

图 4-18　倒车灯开关

1、2-导线;3-外壳;4-弹簧;5-触点;6-膜片;7-底座;8-钢球

2. 倒车信号装置

倒车灯除了在夜间倒车时作车后场地照明外,在白天倒车时,倒车灯亮则起倒车警告信号的作用。有些汽车在其后部还同时装有倒车蜂鸣器,倒车灯和倒车蜂鸣器均由倒车灯开关控制。

倒车灯开关安装在变速器壳体上,其结构如图 4-18 所示。

钢球 8 平时被顶起,使触点 5 处于断开状态。当变速器挂入倒挡时,钢球被放松,在弹簧 4 的作用下,触点 5 闭合,接通倒车灯电路。

3. 示廓灯

示廓灯用于汽车夜间行车时标志汽车的宽度和高度,因此也相应地被称之为"示宽灯"和"示高灯"。示廓灯采用单丝的小型灯泡,但有的示廓灯则与转向灯和制动灯共用一个灯泡。

汽车在行驶时,示廓灯由车灯开关控制,在车灯开关的Ⅰ挡和Ⅱ挡时,汽车前、后、左、右的示廓灯均点亮,用以标示汽车的轮廓。

在一些汽车上示廓灯可用停车灯开关控制。当点火开关处在关断位置时,停车灯开关与电源接通,此时可用停车开关接通一侧(左前、左后或右前、右后)的示廓灯,这时示廓灯被当作停车灯使用。

第四节 照明与信号系统典型电路

一、解放 CA1091 型汽车照明与信号系统电路原理

解放 CA1091 型载货汽车照明与信号系统电路原理如图 4-20 所示。

1. 电喇叭电路原理

电喇叭信号电路的主要组成部件有喇叭继电器、电喇叭及喇叭按钮等。由于有高、低音两个电喇叭,电喇叭的工作电流较大,因此配备了喇叭继电器,用以保护喇叭按钮触点。驾驶人按下喇叭按钮,喇叭继电器线圈通电,其触点闭合,接通电喇叭电路,高、低音电喇叭同时发出声响。

2. 倒车信号电路原理

倒车信号电路由倒车灯开关、倒车灯及倒车蜂鸣器组成。倒车信号由安装在变速器操纵机构处的倒车灯开关控制,当驾驶人挂入倒挡时,倒车灯开关闭合,接通倒车信号电路,倒车灯亮起,与倒车灯并联的倒车蜂鸣器同时发出"嘟、嘟、嘟"的声响。

3. 制动信号电路原理

制动信号电路由制动灯开关及制动灯组成。制动信号由液压式制动灯开关控制,当驾驶人踩下制动踏板时,制动灯开关闭合,接通制动信号电路,制动灯亮起。

4. 转向与危险警告信号电路原理

转向与危险警告信号电路主要组成部件有闪光器、转向灯开关、危险警告灯开关、转向灯及转向指示灯等。转向灯开关及危险警告灯开关功能图明确地表示了开关的挡位及各挡位的电路连接。

当驾驶人将转向灯开关拨到"左转"位置时,转向开关的"B""L"接线柱通路,接通了左边转向灯电路,在闪光器的控制下,左边的转向灯及转向指示灯闪烁。当驾驶人按下危险警告灯开关时,开关的"1"与"2"接线柱及"3"与"4"接线柱通路,左右两边的转向灯电路均被接通,两边的转向灯及转向指示灯均闪烁。

照 明

信 号

电喇叭

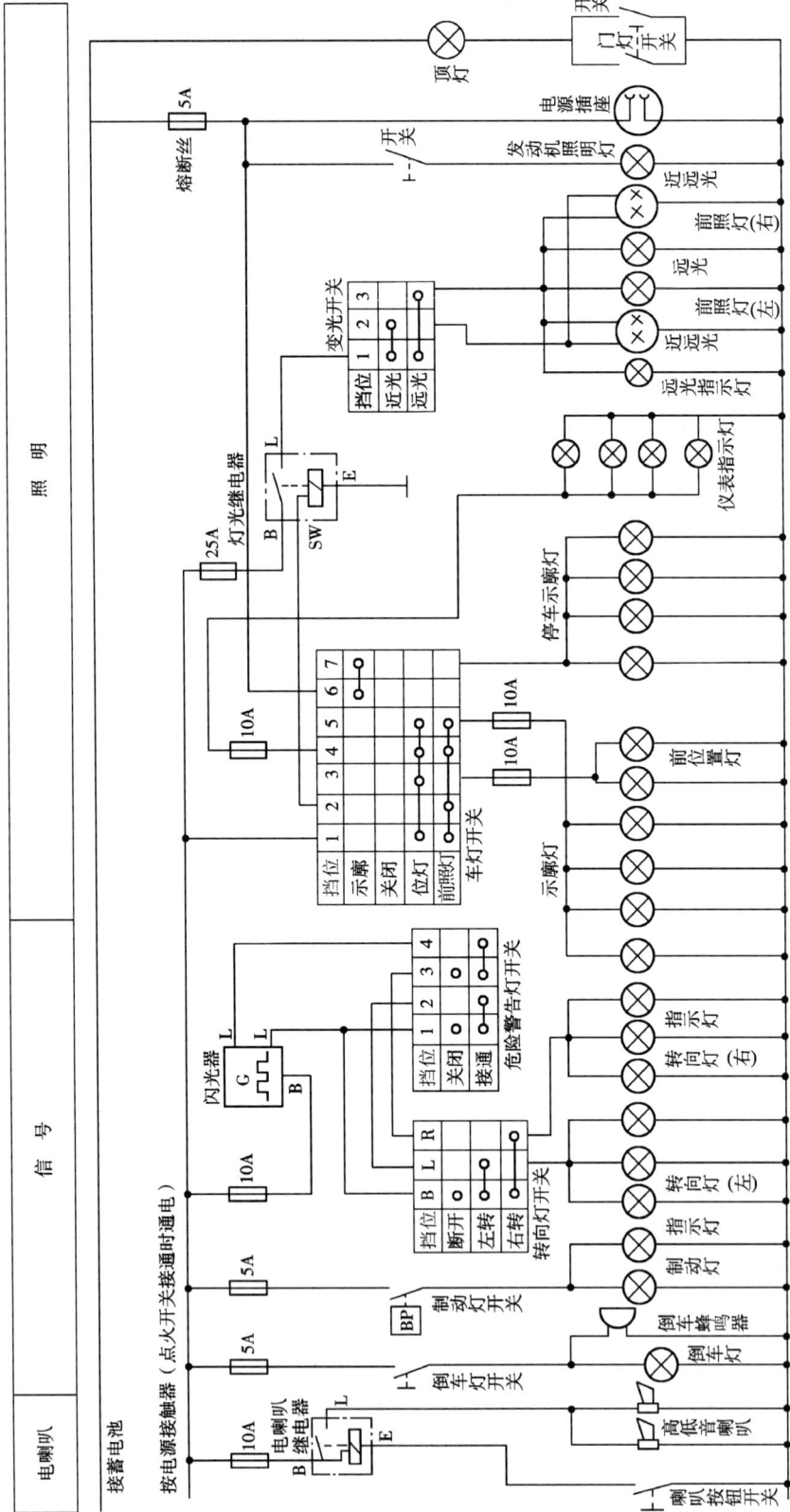

图 4-19　解放 CA1091 型汽车照明与信号系统电路原理

5. 车灯开关电路原理

车灯开关电路主要包括车灯开关、灯光继电器、变光开关、前照灯及远光指示灯、仪表照明灯、示廓灯及前位置灯等。CA1091 型汽车前照灯采用四灯制，远光时，四只前照灯均亮，近光时，二只双丝前照灯的近光灯亮。由于前照灯的工作电流较大，因此前照灯电路配置了灯光继电器。

当驾驶人将车灯开关拨至 I 挡时，车灯开关的"1"接线柱与"3""4""5"接线柱接通，示廓灯、前位置灯及仪表照明灯通电亮起。

当驾驶人将车灯开关拨至 II 挡时，车灯开关的"1"接线柱与"2""4""5"接线柱接通，示廓灯和仪表照明灯仍然通电点亮，"2"接线柱连接电源后使灯光继电器线圈通电，继电器触点闭合，接通了前照灯电路，并可通过变光开关进行前照灯的远光和近光变换。

当驾驶人将车灯开关拨至"示廓"挡时，车灯开关的"6"、"7"接线柱接通，功率很小的示廓灯通电亮起，用于夜间发动机熄火停车时向其他车辆和行人发出停车信号。

二、桑塔纳轿车照明与信号系统电路原理

桑塔纳轿车照明与信号系统电路原理如图 4-20 所示。

1. 转向与危险警告信号电路原理

转向与危险警告信号电路主要组成部件有闪光器 J_2、转向灯开关 E_2、危险警告开关 E_3、转向灯 M_5、M_6。

危险警告开关 E_3 未按下时，闪光器 J_2 电源接线柱连接 15 号电源线（点火开关接通时通电），因此，转向灯只在点火开关接通时工作。当驾驶人将转向开关拨向一边时，一边的转向灯通电闪烁，仪表板上的转向指示灯亮起，指示转向灯处于工作状态。

当驾驶人按下危险警告开关 E_3 时，闪光器 J_2 电源接线柱与 30 号电源线连接，并使两边转向灯均与闪光器连接。因此，两边转向灯同时闪烁，危险警告指示灯亮起，指示转向灯处于危险警告信号状态。30 号电源线直接连接蓄电池，因此危险警告信号在停车时也可使用。

2. 停车信号电路原理

停车信号电路由停车信号灯开关 E_{19} 和示廓灯 $M_1 \sim M_4$ 组成，停车信号灯开关的电源端子连接 P 号线，在点火开关处于关闭位置时通电。在停车时，点火开关和车灯开关均关闭的情况下，驾驶人可通过停车信号灯开关接通一边的示廓灯，以向周围的车辆和行人发出警示信号。

3. 车灯开关电路原理

车灯开关电路主要包括车灯开关 E_1、变光和超车灯开关 E_4、前照灯 L_1 及 L_2、示廓灯 $M_1 \sim M_4$、牌照灯 X、仪表照明灯及其他开关照明灯等部件。

当驾驶人将车灯开关拨至"1"挡时，示廓灯、牌照灯、仪表及各种开关照明灯等通电亮起。

当驾驶人将车灯开关拨至"2"挡时，则同时接通前照灯电路，并可通过变光开关 E_4 进行远光和近光变换。

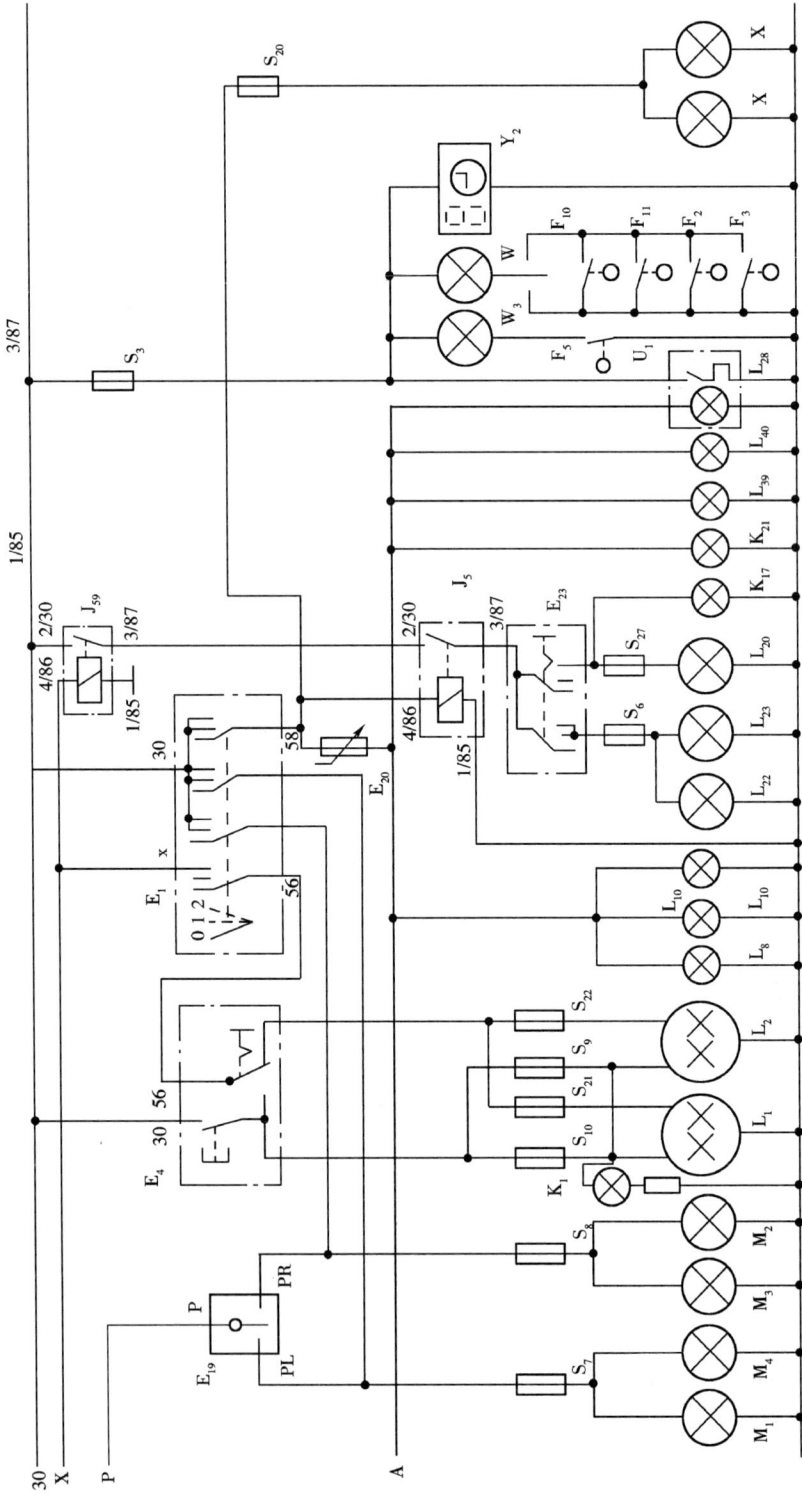

图 4-20

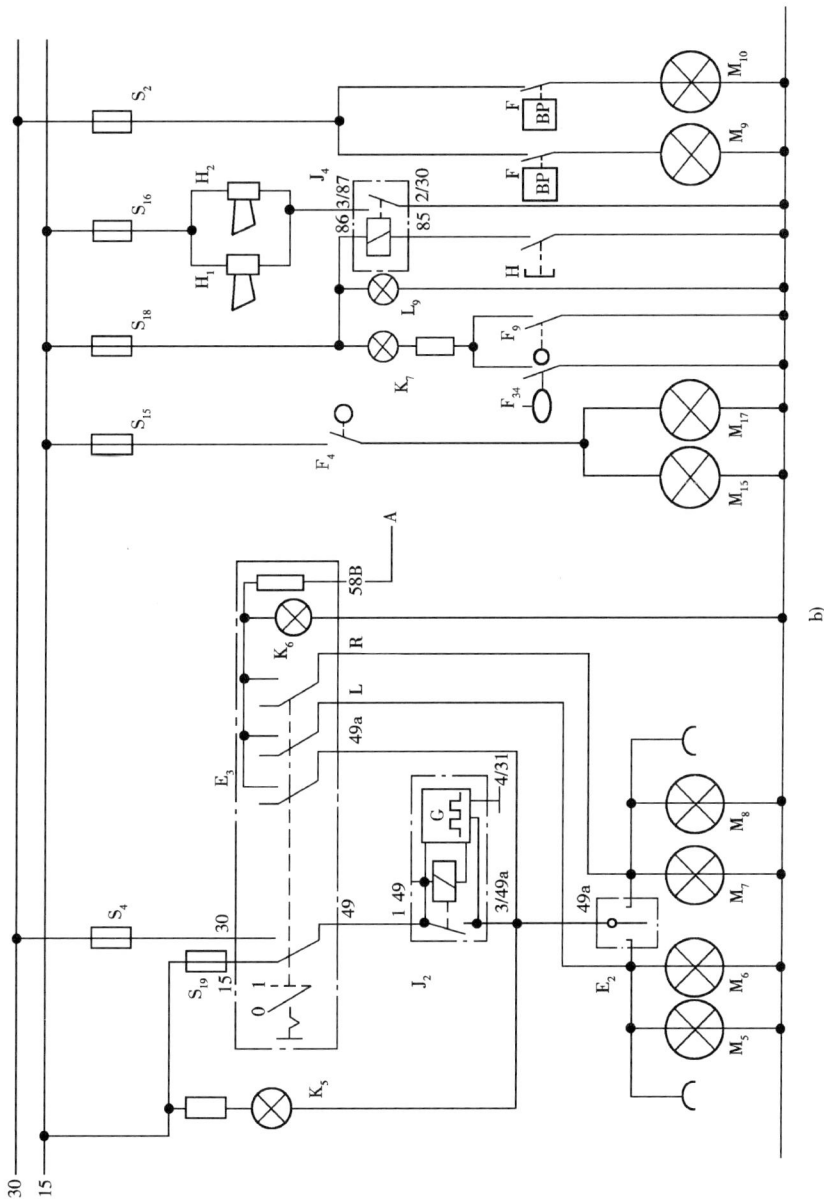

图 4-20　桑塔纳轿车照明与信号系统电路原理

E₁-车灯开关;E₂-转向灯开关;E₃-危险警告开关;E₄-变光和超速开关;E₁₉-停车灯开关;E₂₀-仪表灯调光电阻;E₂₃-前后雾灯开关;F₁-制动灯开关;F₂、F₃、F₁₀、F₁₁-前顶灯门控开关;F₄-倒车灯开关;F₅-行李舱照明灯开关;F₉-驻车制动灯开关;H₁、H₂-电喇叭;J₂-闪光器;J₄-制动液面警告开关;H-喇叭按钮;J₅-雾灯继电器;J₃₉-中间继电器;K₁-远光指示灯;K₅-转向指示灯;K₆-危险警告指示灯;K₇-双回路和驻车制动灯;L₁、L₂-前雾灯;L₈-时钟照明灯;L₁₀-仪表照明灯;L₉-灯开关照明灯;L₂₀-后雾灯;I₂₁-暖气开关灯;L₂₂、L₂₃-前雾灯;L₂₈-点烟器照明灯;L₃₉、L₄₀-后风窗除霜、前后雾灯开关照明灯;M₁、M₂、M₃、M₄-示廓灯;M₁₆、M₁₇-倒车灯;X-牌照灯;W₃-行李舱照明灯;W-前顶灯

变光和超车灯开关 E_4 中的超车开关为无锁止的手动开关,在未开前照灯或前照灯处于近光灯状态下,驾驶人均可通过超车开关接通远光灯,以示超车。

4. 雾灯电路原理

雾灯电路包括雾灯继电器 J_5、前后雾灯开关 E_{23}、前雾灯 L_{22} 及 L_{23}、后雾灯 L_{20} 等。雾灯电路串联了雾灯继电器,在雾灯继电器触点闭合时,驾驶人就可通过前后雾灯开关接通前雾灯或前后雾灯。在点火开关接通,X 线通电时,中间继电器 J_{59} 线圈通电使其触点闭合,雾灯继电器 J_5 电源端子(2/30)接通电源;在车灯开关"1"挡或"2"挡时雾灯继电器 J_5 线圈通电,其触点闭合,使前后雾灯开关电源端子接通电源。因此,在点火开关接通(点火挡)、车灯开关也接通("1"挡或"2"挡)时,驾驶人才能通过前后雾灯开关点接通前雾灯或同时接通前后雾灯。

5. 顶灯电路原理

车厢内的顶灯控制开关由手动控制和门开关控制。用手动开关可接通顶灯电路(开关拨至左侧位置)而使顶灯亮起;手动开关关闭(开关拨至右侧位置)时,只要四扇车门其有一扇门未关闭,门控灯开关就将顶灯电路接通,顶灯亮,以提醒驾驶人车门未关。

6. 电喇叭电路原理

电喇叭电路包括电喇叭 H_1 及 H_2、喇叭继电器 J_4、喇叭按钮 H 等部件。当点火开关接通时,电源线 15 通电,这时按下喇叭按钮 H,喇叭继电器 J_4 的线圈通电,其触点闭合,电喇叭 H_1、H_2 通电发声。

第五章　汽车仪表及指示灯系统

第一节　汽车仪表

仪表系统是驾驶人了解汽车工作状况的"眼睛",对确保汽车行车安全、及时排除故障和避免发动机出现严重故障等起着重要的作用,汽车常用的仪表有电流表、机油压力表、水温表、燃油表、车速里程表及发动机转速表等,采用气压制动的汽车上还装有气压表。

一、电流表

1. 电流表的作用与类型

电流表用于指示蓄电池充电或放电的电流值,驾驶人可通过电流表的示值情况判断充电系统工作是否正常。电流表串接在发电机充电电路中,刻度盘上中间的示值为"0",两侧分别标有"＋""－"标记,电流表指针在"＋"侧表示对蓄电池充电,在"－"表示蓄电池放电。

从电流表的量程和指示的稳定性考虑,对工作电流较大、短时间或断续工作的用电设备放电电流均不通过电流表。比如起动机电磁开关、转向灯、电喇叭等的放电电流都不经过电流表。

汽车上所使用的电流表主要有电磁式和动磁式两种,其工作原理基本相同。汽车上使用电磁式电流表的居多。

2. 电磁式电流表工作原理

电磁式电流表的组成及工作原理如图5-1所示。

固定在绝缘底板上的 U 形黄铜板条 4 通过其两端的接线柱 1 和 3,分别与蓄电池、发电机及用电设备连接,黄铜板条的下端固定有条形永久磁铁 6,在其内侧的转轴 7 上还装有带指针 2 的软钢转子 5。软钢转子 5 在永久磁铁 6 的作用下被磁化,由于其磁场的方向与永久磁铁的相反,在无电流通过电流表时,指针 2 保持在中间位置,示值为零。

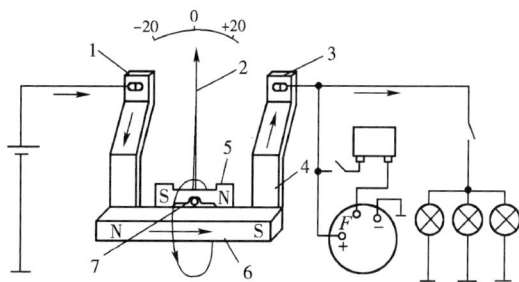

图5-1　电磁式电流表工作原理

1、3-接线柱;2-指针;4-黄铜板条;5-软钢转子;6-永久磁铁;7-转轴

当从蓄电池流向用电设备的放电电流通过电流表时,流经黄铜板的电流将产生一个垂直与永久磁铁磁场的环形磁场,形成向逆时针方向偏转的合成磁场使软钢转子也向逆

时针方向偏转一个角度,指针指向"−"侧。放电电流越大,合成磁场越强,转子偏转角度越大,指针指示值也就越大。当发电机向蓄电池充电时,流经电流表的电流方向相反,合成磁场偏转的方向相反,使指针向"+"侧偏转。

二、机油压力表

1. 机油压力表的作用与类型

机油压力表由装在发动机主油道的机油压力传感器和仪表板上的油压指示表两部分组成,用于指示发动机润滑系统主油道内机油压力的大小,驾驶人可根据机油压力表的示值情况判断发动机润滑系工作是否正常。

机油压力表按其指示表和传感器的结构原理可分为双金属片式、电磁式和动磁式几种,传统的汽车发动机机油压力表以双金属片式的居多。

2. 双金属片式机油压力表工作原理

指示表与传感器均为双金属片式的机油压力表组成与原理如图 5-2 所示。

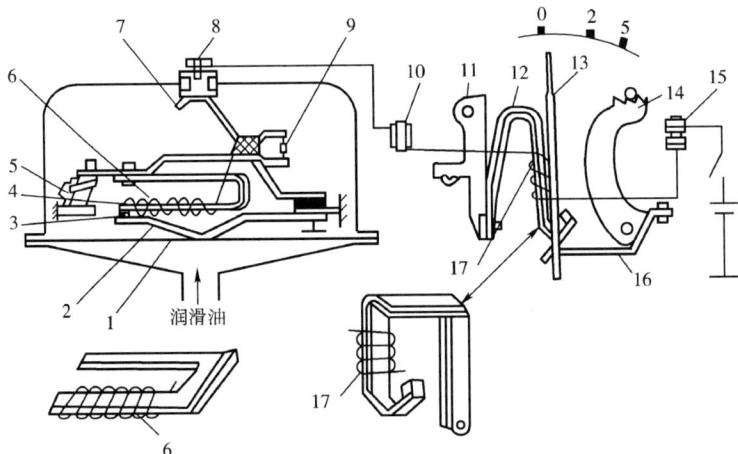

图 5-2　双金属片式机油压力表

1-机油压力腔;2-膜片;3-带触点弹簧片;4、12-双金属片;5、11、14-调节齿轮;6、17-加热线圈;7-接触片;8、10、15-接线柱;9-校正电阻;13-指针;16-弹簧片

机油压力表传感器内部膜片 2 的下腔 1 与发动机主油道相通,机油压力通过膜片 2、弹簧片 3 作用到触点上。传感器内双金属片 4 上的加热线圈 6 经触点与搭铁相连。加热线圈不通电时,双金属片在伸直的位置,触点处于闭合状态。加热线圈通电时,产生的热量加热双金属片,双金属片温度上升时会产生向上弯曲,并使触点张开。触点张开时,加热线圈的搭铁通路就被断开。机油压力指示表中的双金属片也绕有加热线圈,其加热线圈通电产生的热量会使双金属片弯曲,并带动指针偏摆。

接通点火(电源)开关时,机油压力表电路通路,其电流从蓄电池 + →点火(电源)开关→接柱 15→指示表加热线圈 17→接线柱 10→连接导线→接线柱 8→接触片 7→传感器加热线圈 6→触点→弹簧片 3→搭铁到蓄电池 −。加热线圈 6 通电后产生的热量使双金属片 4 受热弯曲而使触点断开。触点断开后,加热线圈电流被切断,双金属片 4 又逐渐冷却伸直,使触点又重新闭合,加热线圈再次通电发热,使其再次弯曲变形,触点再断开,如此循环,触点处于开闭交替状态,形成一个脉动的电流,如图 5-3 所示。

机油压力低时,油压通过膜片 2 及弹簧片 3 作用于触点的压力小,双金属片稍有受热弯曲就可使触点断开,触点闭合时间相对较短,使得电路中的电流脉宽较小(图 5-3a)。该电流通过指示表加热线圈,使指示表内的双金属片 12 受热弯曲变形小,指针的偏摆角度小,油压指示值低。

机油压力高时,通过膜片 2 及弹簧片 3 作用于触点的压力大,加热线圈必须经过较长时间通电,使双金属片受热得到较大的弯曲后才能使触点断开,触点断开后则只需较短的时间又可闭合,使得电路中的电流脉宽增大(图 5-3b)。此脉冲电流同时通油压指示表内的电热线圈,使油压指示表内的双金属片受热弯曲变形大,带动指针偏摆的角度也大,油压指示值高。

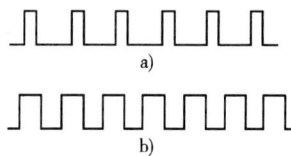

图 5-3　双金属片式机油压力表
工作电流波形

a)机油压力低时电流波形;b)机油压力高时电流波形

传感器中的双金属片制成"U"形,绕有电热线圈一侧为工作臂,另一侧为补偿臂。当因外界温度升高而使工作弯曲变形时,补偿臂的弯曲变形则正好补偿了工作臂的变形,使得油压的示值不因温度的变化而改变。此种传感器的壳体上有一箭头作为安装标记,安装时,箭头应向上,其偏斜不应超过垂直位置30°,以确保工作臂在补偿臂的上方,以免工作臂电热线圈所产生的热量对补偿臂产生影响而造成指示误差。

三、水温表

1. 水温表的作用与类型

水温表由安装在仪表板上的温度指示表和安装在发动机汽缸盖水套上的温度传感器组成,用于指示发动机冷却液的温度,驾驶人可根据水温表的示值了解发动机的温度情况,并判断发动机及发动机冷却系统是否正常。

水温表的温度指示表有双金属片式和电磁式两种,所用的传感器也有双金属片式和热敏电阻式两种。

2. 双金属片式水温表工作原理

温度指示表和温度传感器均为双金属片式的水温表,如图 5-4 所示。

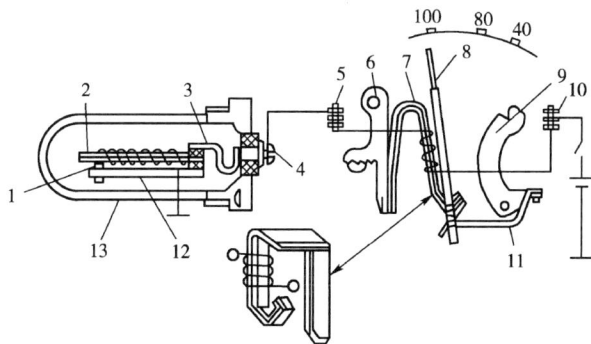

图 5-4　双金属片式水温表

1-触点;2、7-双金属片;3-连接片;4、5、10-接线柱;6、9-调节齿轮;8-指针;11-弹簧片;12-底板;13-传热套筒

双金属片式温度传感器的传热套筒 13 置入发动机冷却液中,发动机冷却液的热量通过传热套筒传入传感器内部的双金属片 2,使双金属片向上弯曲。因此,传感器触点 1 的接触压力会随发动机冷却液温度的上升而减小。双金属片 2 上的加热线圈也是通过触点搭铁,加热线圈通电加热双金属片后,也使双金属片向上弯曲,并会使触点断开。因此,当接通点

火开关后,传感器内的触点会不断地张开闭合,使水温表电路中形成脉动电流。

双金属片式温度指示表与双金属片式油压指示表的结构相同,其工作原理也相似,仅示值刻度不同,指示表的指针偏摆角度增大时,其温度示值减小。

在发动机冷却液的温度较低时,传感器双金属片2受发动机冷却液温度影响所产生的弯曲较小,其触点的初始接触压力较大,传感器加热线圈需通电较长的时间,才能使双金属片向上弯曲至触点断开,触点断开后,双金属片冷却较快,使触点又很快闭合。因此,在发动机温度较低时,传感器触点闭合的时间相对较长,冷却液温度表电路中的电流脉宽较大,使温度指示表内的双金属片7受热变形大,指针8的偏转角大,指示较低的温度值。

当发动机冷却液的温度升高时,传感器双金属片2周围空气温度也升高,使其向上弯曲而降低了触点的接触压力。这时,传感器加热线圈通电较短的时间就可使触点断开,而双金属片的冷却则变慢,使触点的相对闭合时间缩短。这样就使发动机冷却液温度表电路中的电流脉宽随温度的上升而减小,温度指示表双金属片变形量随之减小,指针偏转角减小,温度指示值增大。

一些汽车上的双金属片式水温表,其传感器采用温度系数为多的热敏电阻式温度传感器。这种双金属式水温表的温度示值是随指针偏摆角度增大而增大的。

3.电磁式水温表工作原理

采用电磁式指示表、热敏电阻式温度传感器的水温表,如图5-5所示。

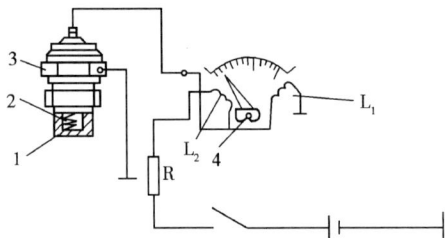

图5-5　电磁式水温表
1-热敏电阻;2-弹簧;3-传感器壳体;4-衔铁

电磁式温度指示表内装有互成一定角度的两个铁芯,铁芯上分别绕有电磁线圈,其中 L_2 匝数较少,与传感器串联;L_1 匝数较多,与传感器并联,两个铁芯的下端设置带指针的衔铁4。两电磁线圈通电产生的磁力吸动衔铁转动,带动指针偏摆。

温度传感器内有一个温度系数为负的热敏元件,其电阻值随温度的上升减小时,会使与之并联的线圈 L_1 电流减小,与之串联的线圈 L_2 电流则稍有增大。串联电阻R用以限制流经线圈 L_2 的电流。

当发动机冷却液的温度低时,传感器的热敏电阻阻值较大,流经 L_1 和 L_2 线圈的电流相差不多,但由于 L_1 匝数多,产生磁场强,两线圈合成磁场吸引衔铁4使指针向低温指示方向偏,指示低温。

当发动机冷却液温度升高时,传感器热敏电阻的阻值减小,其分流作用增强,使流经 L_1 的电流减小,其磁力减弱,这时两线圈合成磁场的方向变化,使衔铁4转动某个角度,带动指针向高温方向偏摆。

四、燃油表

1.燃油表的作用与类型

燃油表由装在仪表板上的燃油指示表和装在燃油箱上的油量传感器组成,用于指示燃油箱中所储存的燃油量。驾驶人根据燃油表的示值情况估计汽车续驶里程,判断是否需要加油。

燃油表有电磁式和双金属片式两种,其传感器都采用滑片电阻式液面传感器。

2.电磁式燃油表的工作原理

电磁式燃油表的组成与工作原理如图5-6所示。

电磁式燃油表的指示表结构和工作与电磁式冷却液温度表相似,也是通过其内部左线圈(L_2)和右线圈(L_1)所产生的磁力吸引衔铁转动,带动指针摆动。

传感器是一个滑片式可变电阻,当浮子6随燃油箱内的油面上下移动时,带动滑片7滑动,使其串入燃油表电路中的电阻值随之改变。

当油箱中无油时,浮子就会下沉至最低位置,可变电阻被滑片短路。此时接通电路后,与可变电阻8并联的右线圈 L_1 被短路,无电流通过,与可变电阻8串联的左线圈 L_2 电流达到最大,L_2 产生的电磁力吸动衔铁使指针指示在"0"的位置。

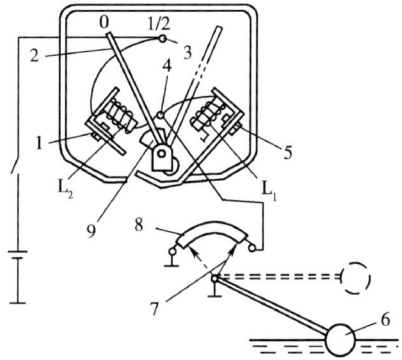

图5-6 电磁式燃油表
1-左导磁片;2-指针;3、4-指示表接线柱;5-右导磁片;6-浮子;7-滑片;8-可变电阻;9-衔铁

当油箱装满燃油时,浮子在最高位置,可变电阻串入电路的电阻值最大。此时接通电路后,L_1、L_2 两线圈的电流相差不多,两线圈所产生的合成磁场吸引衔铁转动的位置使指针指向"1"位。

随着油箱油面下降,随油面下移的浮子6带动滑片7滑动,使可变电阻8的阻值减小,右线圈 L_1 电流减小,左线圈 L_2 的电流则稍有增大,两线圈产生的合成磁场吸引衔铁转动的角度使指针向"0"位一侧靠近。

滑片与可变电阻如果出现接触不良就会产生电火花,容易造成火灾事故。将可变电阻8的左端搭铁是为了减小滑片滑动时可能产生的电火花,以提高使用的安全性。

五、车速里程表

1.车速里程表的作用与类型

车速里程表用来指示汽车行驶速度和累计行驶总里程数。车速里程表按获取车速信号的方式分,有机械式和电子式两种:机械式车速里程表通过软轴将变速器的输出轴转速传递给指示表的主动轴;电子式车速里程表则是通过传感器产生反映车速的电信号。按指示表的结构原理分,车速表主要有磁感应式(又称涡流式)和电子式两大类,里程表也有机械式和电子式两种。

电子式车速里程表无须软轴传动,仪表示值较为稳定,在现代汽车上的使用日渐增多。

2.机械式车速里程表的结构与原理

传统的机械式车速里程表如图5-7所示。

车速里程表的主动轴8由变速器或分动器传动蜗杆经软轴驱动。车速表为电磁式,主要由与主动轴固定在一起的 U 形永久磁铁1、带有转轴与指针6的铝罩2以及罩壳3、固定在车速里程表外壳上的刻度盘5等组成;里程表为机械式,由蜗轮、蜗杆机构和数字轮(十进位齿轮计数器)组成,每个数字轮上均布有 0~9 的数字。

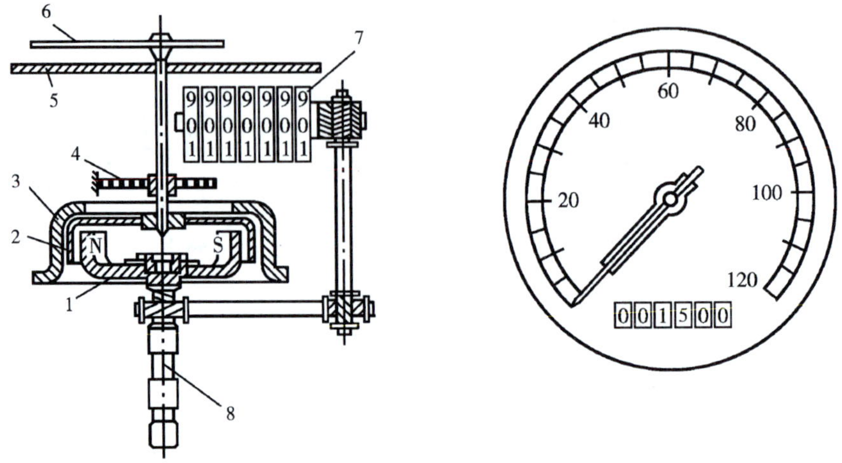

图 5-7　传统的车速里程表

1-永久磁铁;2-铝罩;3-罩壳;4-盘形弹簧;5-刻度盘;6-速度表指针;7-里程表数字轮;8-车速表主动轴

1）电磁式车速表的工作原理

汽车未行驶时,车速表的盘形弹簧4使铝罩2保持在初始位置,使车速表指针6指示零位。当汽车在行驶时,经软轴驱动的主动轴带动永久磁铁1转动,铝罩在永久磁铁旋转磁场的作用下产生涡流,铝罩涡流所产生的磁场与永久磁铁磁场相互作用而产生一个转矩,使铝罩克服盘形弹簧的弹力向永久磁铁转动的方向旋转,直至与盘形弹簧弹力相平衡。铝罩的转动,带动指针偏转某个角度,指示相应的车速示值。车速提高,永久磁铁旋转加快,铝罩上产生的涡流增大,作用于铝罩的转矩也增大,使铝罩带动指针偏转的角度增大,指示的车速的示值也相应增大。

2）机械式里程表的工作原理

汽车行驶时,由软轴驱动的主动轴经三对蜗轮、蜗杆驱动里程表最右边的第一数字轮,使汽车行驶1km时第一数字轮转正好转一圈,因此第一数字轮上的数字表示1/10km。从第一数字轮向左,每两个相邻的数字轮之间,又通过本身的内齿和进位数字轮传动齿轮传动,其传动比为10。这样,从右向左,数字轮转动所显示的数以10进位递增,将汽车累计行驶里程数用数字记录下来。

3. 电子式车速里程表

电子式车速里程表通过安装在变速器处的传感器获得反映汽车车速的脉冲信号,车速传感器有光电式、霍尔效应式、磁阻式及舌簧开关式等。采用舌簧开关式传感器、指针式指示表显示的车速里程表电路原理如图5-8所示。

电子电路主要包括稳压电路、单稳态触发电路、恒流源驱动电路、64分频电路和功率放大电路等。其作用是将反映车速的脉冲信号进行整形、分频及放大等处理后,驱动车速表和里程表。

1）车速表工作原理

车速指示表是一个电磁式电流表。传感器的脉冲信号经单稳态触发电路和恒流源驱动电路的处理后,输出平均电流与车速成正比的脉动电流,驱动车速表指针偏摆,指示相应的车速。

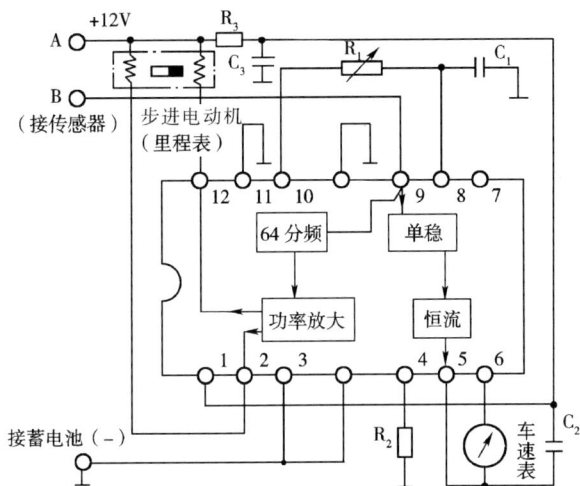

图 5-8　电子车速里程表的电路原理

2）里程表工作原理

里程表由数字轮和步进电动机组成,数字轮也是一个十进位的齿轮计数器,步进电动机由脉动电流驱动,按步转动且转动步长恒定的特殊电动机。传感器的脉冲信号经64分频电路分频处理,再经功率放大电路进行功率放大后,驱动步进电动机转动,数字轮随步进电动机转动,累计汽车的行驶里程。

六、发动机转速表

1. 发动机转速表的作用与类型

发动机转速表用于显示发动机的转速,驾驶人可根据发动机转速表的示值监视发动机的工作状况,更好地掌握换挡时机和利用经济车速等。发动机转速表按获取转速信号的方式分,也有机械式和电子式两大类;机械传动的转速表按指示表结构与工作原理分,则有电磁式、动磁式等不同类型;电子式转速表按其显示的方式分有指针式和数字式两种。

电子式转速表具有指示平稳、结构简单、安装方便等优点,所以已被广泛采用。

2. 电子式发动机转速表

电子式发动机转速表有多种结构形式,指针显示、转速信号取自点火线圈"-"低压接线柱的单稳态多谐振荡式电子转速表的电路原理,如图5-9所示。

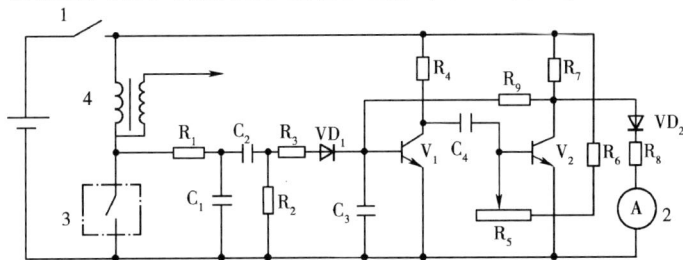

图 5-9　电子发动机转速表
1-点火开关;2-转速表;3-断电器或电子点火器;4-点火线圈

R_1、R_3、C_1、C_2 组成滤波电路，用于滤除输入脉冲信号的高频谐波；V_1、V_2 及相应的电阻和电容组成单稳态多谐振荡电路，用于产生脉宽和脉幅恒定的电压脉冲，振荡电路由点火线圈"－"接线柱输入的脉冲电压信号触发工作。

发动机未转动时，接通点火开关，V_2 通过 R_5 处于正向偏置而导通，V_2 饱和导通后 V_1 和 VD_2 就不能导通，因此转速表读数为零。

发动机转动后，当第一个信号脉冲经滤波电路滤波后到达 V_1 的基极，使 V_1 导通后，C_4 放电，V_2 的基极电位下降而截止（非稳态），V_2 的集电极电位迅速升高，通过 R_9 反馈到 V_1 的基极，使 V_1 迅速饱和导通。在 V_2 截止这段时间内，VD_2 导通，转速表 2 有电流通过。V_2 的截止时间取决取 C_4 的放电时间，随着 C_4 放电流的逐渐减小 V_2 基极电位升高，当达到其导通电压时，V_2 导通，其集电极电位下降，又通过 R_9 反馈使 V_1 迅速截止、V_2 饱和导通（稳态）。当第二个断电器脉冲经滤波电路到达 V_1 的基极时，V_1 才第二次导通。

单稳态多谐振荡电路输出的脉冲幅度和脉冲宽度一定，通过转速表的有效电流只与发动机转速成正比。发动机的转速上升，单稳态多谐振荡电路输出脉冲的频率增加，通过转速表的有效电流增大，转速表的示值相应增大。

第二节　指示灯系统

现代汽车指示灯系统通常包括冷却液温度过高报警灯、机油压力过低报警灯、气压不足报警灯、充电指示灯、燃油量不足指示灯、制动液液面过低报警灯、驻车制动器未松警告灯等，用于指示汽车的一些参数的极限情况和非正常情况的报警。在一些汽车上还装有制动蹄片磨损报警灯、空气滤清器堵塞报警灯等。随着电子控制装置在汽车上的使用，汽车指示灯系统所装用的指示灯和警告灯也会增多。

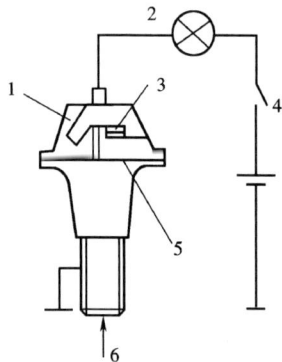

图 5-10　机油压力过低报警灯电路

1-弹簧片；2-指示灯；3-触点；4-点火开关；5-薄膜；6-润滑主油道油压

指示系统的各种灯光必须醒目，以便容易引起驾驶人的注意，警报灯一般为红色，少数指示灯则采用黄色。

一、机油压力过低报警灯

机油压力过低报警灯用于润滑系统压力过低报警。其电路由仪表板上的红色报警灯和安装在发动机润滑主油道上的压力开关组成。采用薄膜式压力开关的机油压力过低报警灯电路，如图 5-10 所示。

压力开关内的弹簧片 1 使触点 3 保持在闭合状态，当接通点火开关但未起动时，仪表板上的机油压力过低报警灯亮起。发动机起动后，发动机润滑主油道电压上升至正常值时，机油压力推动薄膜向上移动，通过推杆将触点顶开，报警灯熄灭；发动机工作时若出现机油压力过低的情况，触点就会在弹簧力的作用下闭合，使机油压力过低警报灯亮起，以示警告。

二、燃油量不足指示灯

燃油存油量不足指示灯用于指示燃油箱内燃油已快要耗尽，以提醒驾驶人及时加油。

燃油量不足指示灯电路由仪表板上的指示灯和安装在燃油箱内的液面传感器组成。采用热敏电阻式液面传感器的燃油量不足指示灯电路,如图5-11所示。

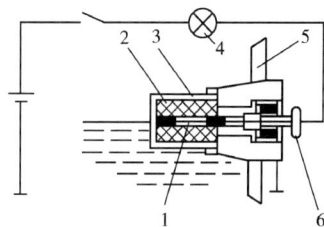

图5-11 燃油量不足指示灯电路
1-热敏电阻;2-防爆金属网;3-外壳;4-报警灯;5-油箱外壳;6-接线柱

当燃油箱油面高于设定的低限时,负温度系数的热敏电阻还浸没在燃油中,热敏电阻通过燃油散热较快而温度较低,其电阻值大,所以电路中电流很小,指示灯不亮。当燃油箱油面降到设定的最低限时,热敏电阻露出油面,通过空气散热较慢而温度升高,其电阻值减小,使电路中电流增大,指示灯亮起,指示燃油箱油量已不足。

三、制动气压不足报警灯

采用气制动的汽车装有气压不足报警灯,用于气压制动系统压力过低时的报警。气压不足报警灯电路由安装在制动系贮气筒或制动阀压缩空气输入管路中的气压开关和安装在仪表板上的报警灯组成,采用膜片式气压开关的制动气压不足报警灯电路如图5-12所示。

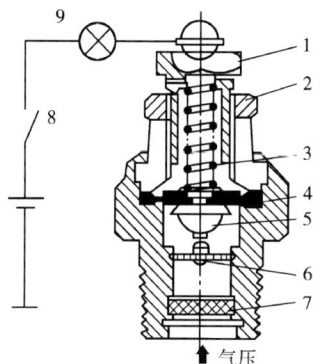

图5-12 制动气压不足报警灯电路
1-调整螺栓;2-锁紧螺母;3-复位弹簧;4-膜片;5-动触点;6-固定触点;7-滤清器;8-点火(电源)开关;9-报警灯

气压开关内的触点由弹簧力使其保持闭合状态,在制动气压正常的情况下,气压推动膜片上移而使触点断开,气压过低报警灯不亮。当制动系贮气筒内的气压不足(降低到0.34～0.37MPa)时,膜片便在复位弹簧力的作用下向下移动,使触点闭合,这时如果点火开关处于接通状态,制动气压不足报警灯电路就通路,报警灯亮起以示警告。

四、制动液面不足报警灯

采用液压制动的汽车装有制动液液面不足报警灯,用于制动液液面低于设定值时的报警。制动液液面不足报警电路由仪表板上的报警灯和安装在制动液贮液罐中的传感器组成,采有舌簧开关式液面传感器的制动液液面不足报警灯电路,如图5-13所示。

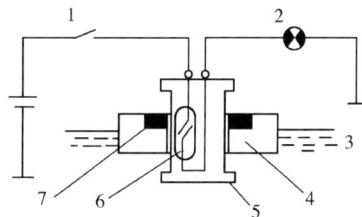

图5-13 制动液液面不足报警装置
1-点火开关;2-报警灯;3-制动液液面;4-浮子;5-传感器外壳;6-舌簧开关;7-永久磁铁

传感器的主要部件是带永久磁铁的浮子和舌簧开关。在制动液液面正常时,固定在浮子上的永久磁铁离传感器壳体内的舌簧开关距离较远而不能吸合舌簧开关,制动液液面不足报警灯因电路不通而不亮。当浮子随着制动液液面下降到设定的低限时,永久磁铁离舌簧开关的距离较近而将舌簧开关吸合。这时若点火开关处于接通状态,制动液液面不足报警灯就会亮起,以示警告。

五、驻车制动未松警告灯

驻车制动器未松警告灯用于提醒驾驶人驻车制动器仍处于制动位置,驻车制动器未松警告灯电路由仪表板上的警告灯和安装在驻车制动操纵杆处的机械控制开关组成。一些汽车的驻车制动器未松警告灯同时还用于制动液液面过低报警或制动液液压过低报警,警告灯由两个或三个并联的开关控制。兼有驻车制动器未松警告和双制动管路失效报警功能的控制电路如图5-14所示。

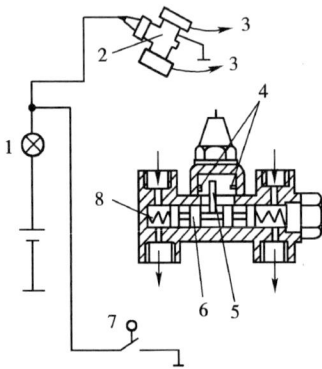

图5-14　驻车制动未松及制动失效
警告装置

1-警告灯;2-差压开关;3-制动管路;
4-固定触点;5-活动触点;6-活塞;
7-驻车制动开关;8-平衡弹簧

当驻车制动器处于制动位置时,驻车制动开关6处于闭合位置,若接通点火开关,则警告灯亮,用以提醒驾驶人在挂挡起步之前,松开驻车制动器操纵杆。当松开驻车制动器操纵杆后,指示灯即熄灭。

差压开关2连接双制动管路,当两制动管路制动均正常时,差压开关中的活塞处于由平衡弹簧控制的中间位置,警告灯不亮。如果任一管路失效而压力下降,其压差大于1000kPa时,活塞便会向一侧移动而使触点闭合,警告灯亮起以示警告。

六、制动蹄片磨损报警灯

制动蹄片磨损报警灯的作用是提醒驾驶人制动摩擦片磨损已到使用极限,两种不同形式的制动蹄片磨损报警灯电路原理如图5-15所示。

图5-15a)所示的制动蹄片中,将一个金属触点埋在摩擦片的适当位置,当摩擦片磨损至使用极限厚度时,金属触点就会与制动盘(或制动鼓)接触而接通报警灯电路,使仪表板上的报警灯亮起,以示警告。

图5-15b)所示的制动蹄片中,在摩擦片的适当位置埋设了一段导线,该导线与电子控制装置8相连。当接通点火开关后,电子控制装置向摩擦片内埋设的导线通电数秒进行检查,如果摩擦片已磨损到使用极限厚度而将埋设的导线磨断,电子控制装置则会使报警灯9亮起,以示警告。

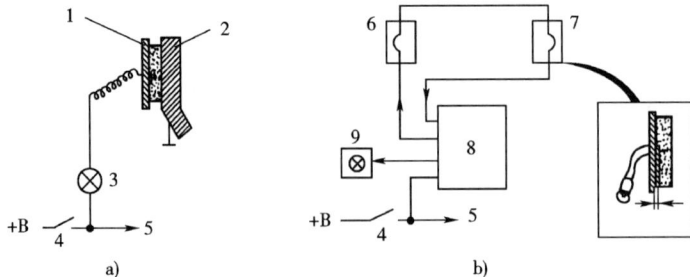

图5-15　制动蹄片磨损报警电路

a)触点式;b)金属丝式

1-带触点的摩擦片;2-制动盘;3、9-报警灯;4-点火开关;5-接点火系统;6、7-带线环摩擦片;8-电子控制器

七、冷却液温度过高报警灯

冷却液温度过高报警灯用于发动机过热报警,冷却液温度过高报警电路由仪表板上的温度报警灯和安装于发动机缸体冷却水道处的温度开关组成。采用双金属片式温度开关的冷却液温度过高报警电路如图 5-16 所示。

温度低或正常时,温度开关内的双金属片不弯曲或弯曲较小,触点处于断开状态,报警灯 5 不亮。当发动机温度达到或超过设定的高限时,温度开关内双金属片 7 受热弯曲使触点闭合,接通冷却液温度过高报警电路,报警灯 5 亮起,以示警告。

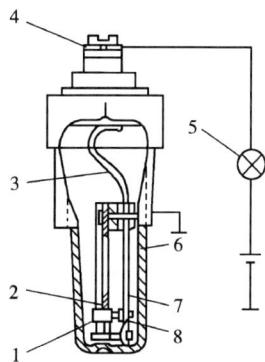

图 5-16　冷却液温度过高报警电路
1-调节螺钉;2-支架;3-导电片;4-接线柱;
5-报警灯;6-传热套管;7-双金属片;8-触点

第三节　组合式仪表

汽车仪表按其结构形式可分为独立式仪表和组合式仪表两种。独立式仪表的指示表都有各自的壳体,然后各自安装在仪表板上;组合式仪表的指示表都封装在一个壳体内。组合式仪表可分为机械组合式和电子组合式两种类型。

一、机械组合式仪表

机械组合式仪表将各个仪表集中安装在一个仪表壳体内,通常用一个仪表电路板将各指示表与其传感器连接,各个仪表均由其传感器控制独立工作。机械组合式仪表的组成如图 5-17 所示。

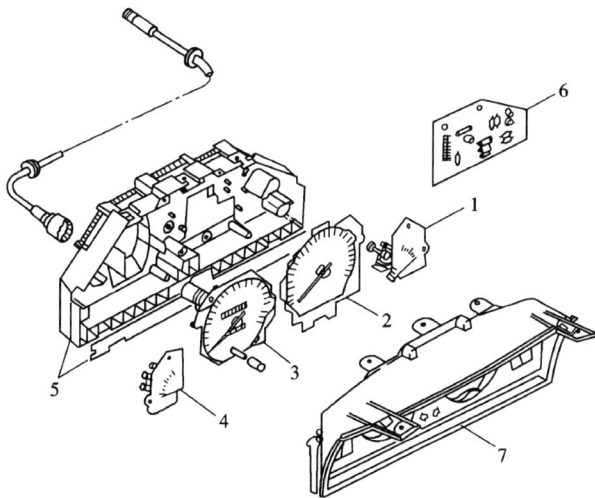

图 5-17　机械组合式仪表系统的组成
1-水温表;2-发动机转速表;3-车速里程表;4-燃油表;5-仪表壳体;6-仪表电路板;7-组合仪表前盖(仪表板)

组合式仪表的指示灯系统也是通过仪表电路板连接,仪表及指示灯在仪表板上的布置一例如图 5-18 所示。

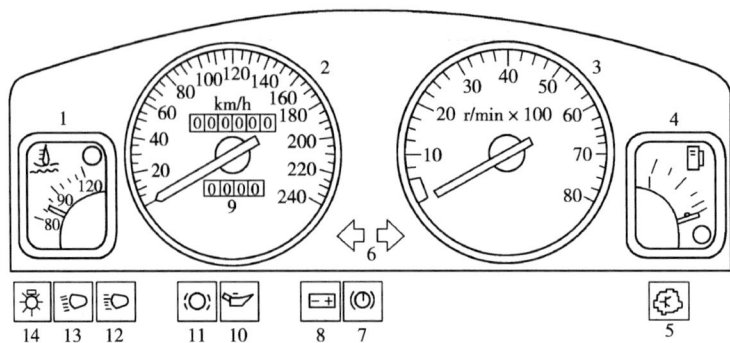

图 5-18　机械组合式仪表各仪表及指示灯的布置

1-水温表;2-车速里程表;3-发动机转速表;4-燃油表;5-发动机故障警告灯;6-转向指示灯;7-驻车制动/制动液液面警告灯;8-充电指示灯;9-日里程表;10-机油压力报警灯;11-前制动摩擦片磨损指示灯;12-远光指示灯;13-近光指示灯;14-车灯开关指示灯

相比于独立式仪表,机械组合式仪表具有结构紧凑、美观、便于观察等特点,因而已被现代汽车广泛采用。

二、电子组合式仪表

电子组合式仪表通过控制器将各仪表和传感器连接在一起,其基本组成形式如图 5-19所示。

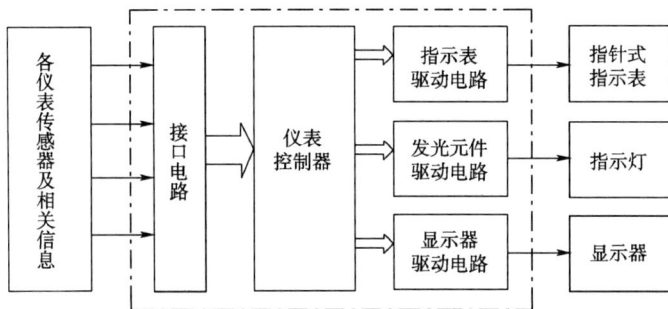

图 5-19　电子仪表组成框图

一些电子仪表采用指针式指示表显示,这种指示表有机械式和电磁式两种,相应的驱动的方式也不同。机械式指示表用步进电动机驱动,仪表控制器根据相关传感器的电信号输出相应的示值指令,通过驱动电路使步进电动机转动相应步数,带动表针转动相应的角度;电磁式指示表实际上是一个电流表,仪表控制器的示值指令经驱动电路输出占空比脉冲信号(信号脉冲频率和幅值恒定、脉冲宽度可变),使指示表指针作相应的偏摆。相比于普通的指针式指示表,电子控制的指针式指示表反应灵敏,示值精度高。

汽车电子仪表的显示器有不同的结构形式,主要有发光二极管数码显示方式、真空荧光屏显示方式和液晶显示方式。不同类型的显示器采用的驱动电路也不同。现代汽车电子仪表采用液晶显示器的居多,这种显示器不仅可直接显示数字,还可显示字母、符号、图形等,使仪表的显示更加灵活、醒目。采用液晶显示器显示的电子仪表板一例如图 5-20所示。

电子组合式仪表具有显示的精度高、工作可靠性强、一表多用、可显示更多的信息等优点。

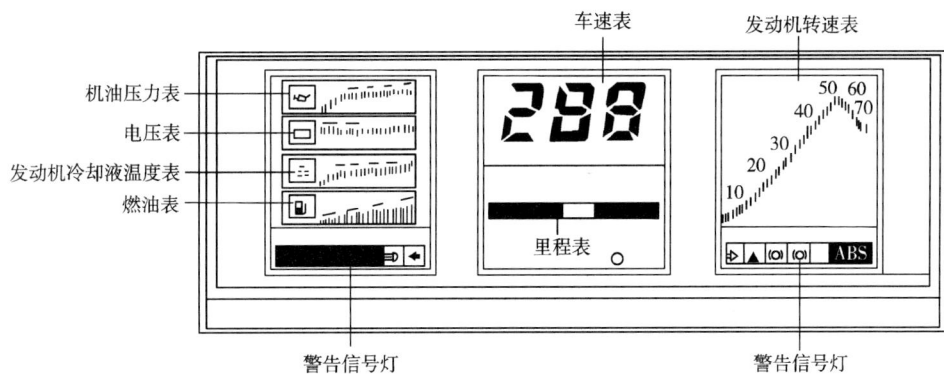

图 5-20　电子组合式仪表板

　　电子组合式仪表也被称之为行车电脑,具有记忆、运算处理功能,不仅能精确显示机油压力、冷却液温度、车速、燃油贮量等这样一些直接参数,还可显示经过计算后的间接参数。比如:瞬时油耗量、平均油耗、平均车速、续驶里程、行驶时间等。因此,电子组合式仪表可使驾驶人更加方便、全面地掌握汽车的运行状况。

　　电子仪表系统与无线传输设备结合,还可与车外进行信息交流,使仪表系统具有通信和导航等功能。比如,电子仪表储存电子地图并装备车载 GPS 系统,可随时了解车辆行驶的具体位置、到达目的地的行驶路线等信息;电子仪表及车载无线通信系统可通过交通管理中心、汽车救助中心等获得城市交通状况信息、选择最佳行驶路线、及时得到求助等。为使驾驶人观察仪表的显示更加方便省时,在汽车上已出现了能在较远处成像的虚像显示式显示器、风窗玻璃映像显示及风窗玻璃全息图像显示等显示技术。

　　随着汽车电子技术、车载无线通信技术及电子显示技术的进一步发展,指示准确、信息量大且高度智能化的电子组合仪表将在汽车上有越来越多的应用。

第六章　车身与辅助电气设备

第一节　电动刮水器和风窗玻璃洗涤器

一、电动刮水器

汽车风窗玻璃刮水器的作用是清除汽车驾驶室前、后风窗玻璃上面妨碍驾驶人视线的雨水、雾气、雪花及尘埃。根据驱动力的不同,刮水器可分为真空式、气动式和电动式 3 种不同的类型,现代汽车使用最广的是电动刮水器。

1.电动刮水器的组成

电动刮水器主要由电动机、传动机构和刮水片组成。双刮水片的电动刮水器如图 6-1 所示。

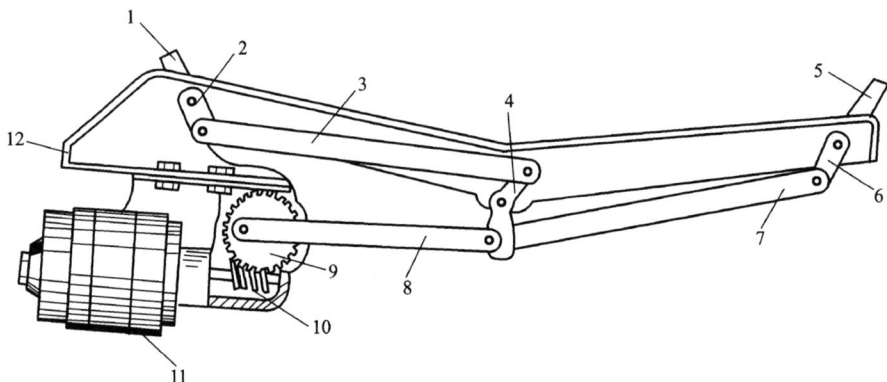

图 6-1　电动刮水器

1、5-刮水片摆臂;2、4、6-摆杆;3、7、8-拉杆;9-蜗轮;10-蜗杆;11-电动机;12-底板

刮水器的直流电动机有励磁式和永磁式两种,使用永磁式的居多。电动机通过传动机构驱动刮水片摆动,形成刮水动作。为了使刮水片能很好地适应风窗玻璃不同的外形及运行条件,一般刮水片和摆臂之间采用铰接式连接。

2.电动刮水器的工作原理

1)刮水片的摆动

电动机经蜗轮蜗杆传动机构减速后,带动拉杆 8、7、3 和摆杆 2、4、6 运动,将蜗轮的转动转变为刮水片摆臂 1、5 的往复摆动,使刮水片进行往复式刮水动作。有的电动刮水器则是通过双向开关控制电动机正反向转动来实现刮水片往复摆动。

2)刮水片的变速原理

电动刮水器一般设有两种刮水速度,靠控制电动机的转速实现。根据直流电动机工作时的电压电流平衡关系,可得到直流电动机的转速 n 与电压 U、电枢电流 I_S、电枢绕组匝数 Z 及磁极磁通量 Φ 的如下关系

$$n = \frac{U - I_S R}{KZ\Phi} \qquad (6-1)$$

式中 K 为常数,从式(6-1)可知,在电压 U 和电枢电流 I_S 基本不变时,通过调节磁极的磁通量 Φ 或改变电枢绕组的匝数 Z 均可改变电动机的转速。

永磁式电动机是通过改变正负电刷间的串联的绕组数调速,采用永磁式电动机的刮水器调速原理如图6-2所示。

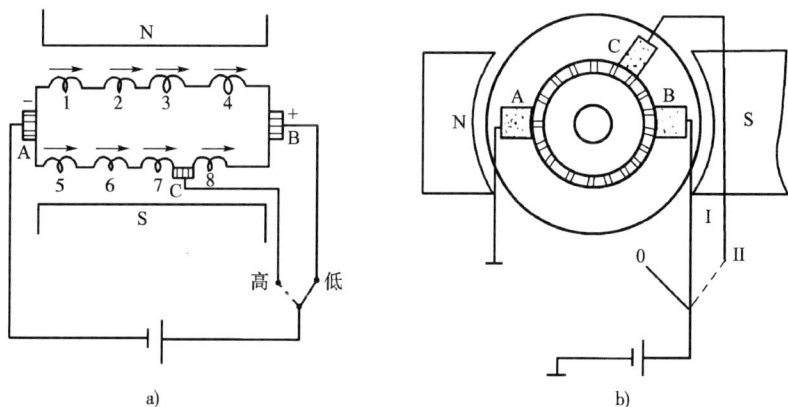

图6-2 永磁式电动机刮水器调速原理
a)双速电动机电路原理;b)双速电动机控制方式

当刮水器开关处于 I 挡时,电流流经 A、B 两电刷,这时,电枢内部形成两条对称的支路,一条经绕组 4、3、2、1,另一条经绕组 8、7、6、5,串入的电枢绕组有四个,匝数多,电动机以较低的稳定转速运转,使刮水片慢速摆动。当刮水器开关处于 II 挡时,电流流经 A、C 两电刷,这时电枢内部形成两条不对称的支路,一条经绕组 8、4、3、2、1,另一条经绕组 7、6、5,绕组 8 所产生的反电动势与绕组 4、3、2、1 的相互抵消,此时实际串联的电枢绕组只有 3 个,匝数较少,因此,电动机在较高的稳定转速下运转,使刮水片快速摆动。

3)刮水片的自动复位

当关闭刮水器开关使刮水片停止摆动时,如果刮水片没有停在指定位置(风窗玻璃的下边缘),将会影响驾驶人的视野。为此,电动刮水器都设有自动复位机构,无论关闭刮水器开关时刮水片在什么位置,自动复位机构都将刮水片自动停在指定位置。

永磁式电动机刮水器使用的铜环式自动复位机构电路原理如图6-3所示。由触点 3、4 和随电枢转动的铜环组成自动复位开关。关掉刮水器开关时,如果刮水片不在风窗玻璃下缘位置,铜环使触点 4 和触点 3 处于连接状态,这时电动机仍然通电转动,其电流通路为蓄电池 + →触点 4→铜环→触点 - 3→刮水器开关→B_2→B_1→搭铁→蓄电池 - 。当刮水片转到指定位置时,铜环的缺口转到触点

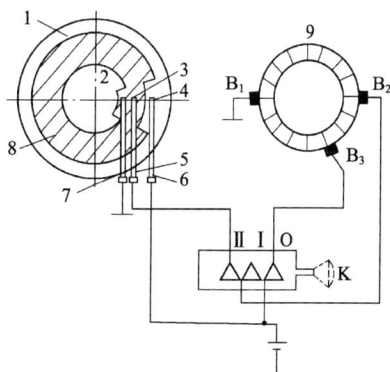

图6-3 铜环式自动复位机构原理
1-蜗轮;2、3、4-触点;5、6、7-触点臂;8-铜环;9-换向器

处,使触点4与触点3不连接,电动机与电源断开,这时,在铜环内圆周上的凸块使触点3与触点2连接,将电枢绕组搭铁,使电动机电枢在停转前产生短路电流,形成制动转矩而使电动机迅速停转,确保刮水片停位准确。

4)刮水片的间歇控制

汽车在小雨或雾天中行驶时,刮水器快速反复刮动不但没有必要,反而会影响驾驶人的视线。因此,电动刮水器通常设有间歇刮水功能,使刮水器每刮刷一次后停歇 3 ~ 6s。一种应用于永磁式电动机刮水器,间歇时间不可调的间歇刮水控制电路原理如图 6-4 所示。

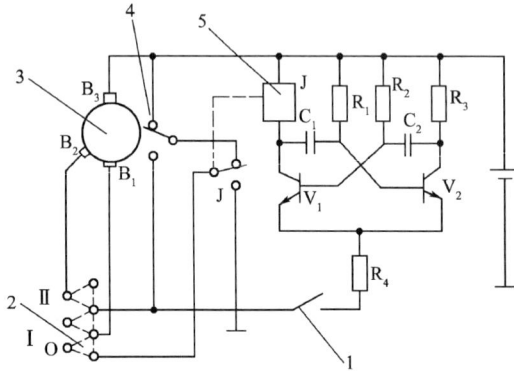

图 6-4　间歇刮水器控制电路原理
1-间歇刮水开关;2-刮水器开关;3-永磁电动机;4-自动复位开关;5-继电器线圈

V_1、V_2 及相关的电阻和电容组成无稳态多谐振荡电路。刮水器开关在 0 挡位时,自动复位开关 4 和继电器动断(常闭)触点将电动机电枢短路,电枢的搭铁电路被继电器动合(常开)触点断开,电动机不工作。

当驾驶人接通间歇刮水开关时,振荡电路通电工作。设 V_1 先导通,V_2 则截止,V_1 导通使继电器线圈通电,继电器动断触点打开、动合触点闭合,接通了电动机电枢电路,其电流通路为:蓄电池 + →B_3→电枢→B_1→刮水器开关 0 挡触点→J 动合触点→搭铁→蓄电池 -,此时电动机以低速转动。

电源对 C_1 的充电使 V_2 的基极电位升高,并最终使 V_2 导通、V_1 迅速截止,继电器线圈断电,其动合触点断开,动断触点闭合,刮水片自动复位后电动机停止转动。电源对 C_2 的充电使 V_1 的基极电位升高,并最终使 V_1 导通、V_2 迅速截止,继电器线圈通电,其动合触点又闭合,电动机又通电转动,如此重复,使刮水器以低速间歇方式工作。

二、风窗玻璃洗涤器

风窗玻璃洗涤器用于清洁汽车前后风窗玻璃的尘土和污物,以使驾驶人有良好的视野,避免在刮水器工作时加速风窗玻璃及刮水器的磨损。风窗玻璃洗涤器与刮水器配合进行洗涤工作。

风窗玻璃洗涤器由洗涤液泵、储液缸、洗涤液喷嘴、三通接头、连接软管等组成,如图 6-5 所示。洗涤泵通常由微型永磁电动机和离心泵组成。

当风窗玻璃需要洗涤时,应首先起动洗涤液泵,使洗涤液从喷嘴喷到刮水器的刮水片上,浸软尘土和污物后,才能开启刮水器,把玻璃上的尘土、污物及洗涤液一起刮干净。

洗涤泵电动机为密封式、短时工作的高速电动机,因此洗涤泵连续工作的时间不应超过 5s,使用间隔应在 10s 以上。

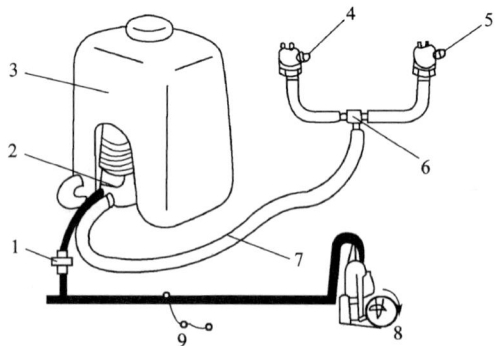

图 6-5　风窗玻璃洗涤器
1-洗涤器线路插接器;2-洗涤液泵;3-储液缸;4、5-喷嘴;6-三通接头;7-软管;8-刮水器控制盒;9-熔断器

三、风窗玻璃除霜装置

冬天,风窗玻璃要结霜,结霜轻时影响驾驶人视野,严重结霜将使汽车无法驾驶运行,因此汽车上一般都装有风窗玻璃除霜装置。目前所用除霜装置的形式有以下几种:

(1)在前风窗玻璃下面装热风管,向风窗玻璃吹热风以除霜,并防止结霜。

(2)将电阻丝(镍铬丝)紧贴在风窗玻璃车厢内侧的表面,需要除霜时,通电加热即可。

(3)在风窗玻璃制造过程中,将含银陶瓷电网嵌加在玻璃内,或采用在中间夹有电阻丝的双层风窗玻璃,通电后即可除霜。

(4)在风窗玻璃上镀一层透明导电薄膜(一般为氧化铟、氧化铈、氧化镁),和电阻丝一样通电后产生热量起到的除霜功能。

除霜时间可自动控制的后风窗玻璃除霜装置电路一例如图6-6所示。

驾驶人接通除霜开关 8 后,除霜控制器 6 便接通后风窗玻璃除霜继电器线圈电路,使继电器触点闭合,后风窗上的除霜器通电发热,使风窗玻璃表面的霜雪受热蒸发。控制器中的延时电路 7 可使继电器线圈保持通电 10 ~ 20min 后自动断电,使除霜器自动停止工作。若在除霜器自动停止工作后还需要继续除霜,可再次接通除霜开关。

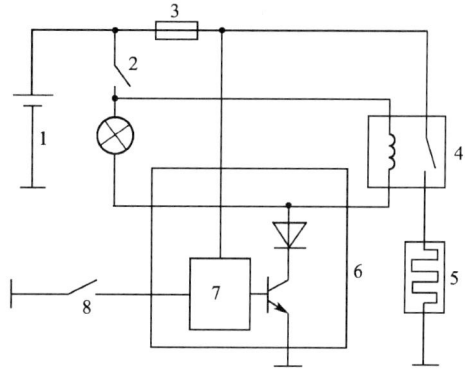

图6-6　后风窗玻璃除霜装置控制电路
1-除霜指示灯;2-点火开关;3-熔断器;4-除霜继电器;5-除霜器(电热丝);6-控制器;7-延时电路;8-除霜开关

第二节　电动辅助装置

一、电动车窗

1. 电动车窗的组成与类型

电动车窗利用开关控制车窗的升(关)降(开),操作简便,有利于行车安全。电动车窗主要由升降控制开关、电动机、升降机构、继电器等组成。为防止电路过载,电动车窗电路中还设有热敏开关。有的车上还设有一个延时开关,可在点火开关断开后约10min 内或在车门打开以前,电动车窗仍接通电源,使驾驶人或乘客仍可操纵控制开关关闭车窗。

电动车窗所用的电动机多采用永磁式双向直流电动机,通过控制电流方向使其正反转。

电动车窗的升降机构有不同的结构形式,常见的有钢丝滚筒式和交叉传动臂式。

2. 电动车窗的控制电路

永磁电动机通过升、降开关控制其电流的方向。以日本丰田雷克萨斯 LS400 轿车电动车窗控制电路为例(图6-7),说明电动车窗控制电路的控制功能及工作方式。

(1)接通点火开关后,电动车窗主继电器线圈通电,其触点闭合,接通了电动车窗控制电路的电源,电动车窗可随时工作。

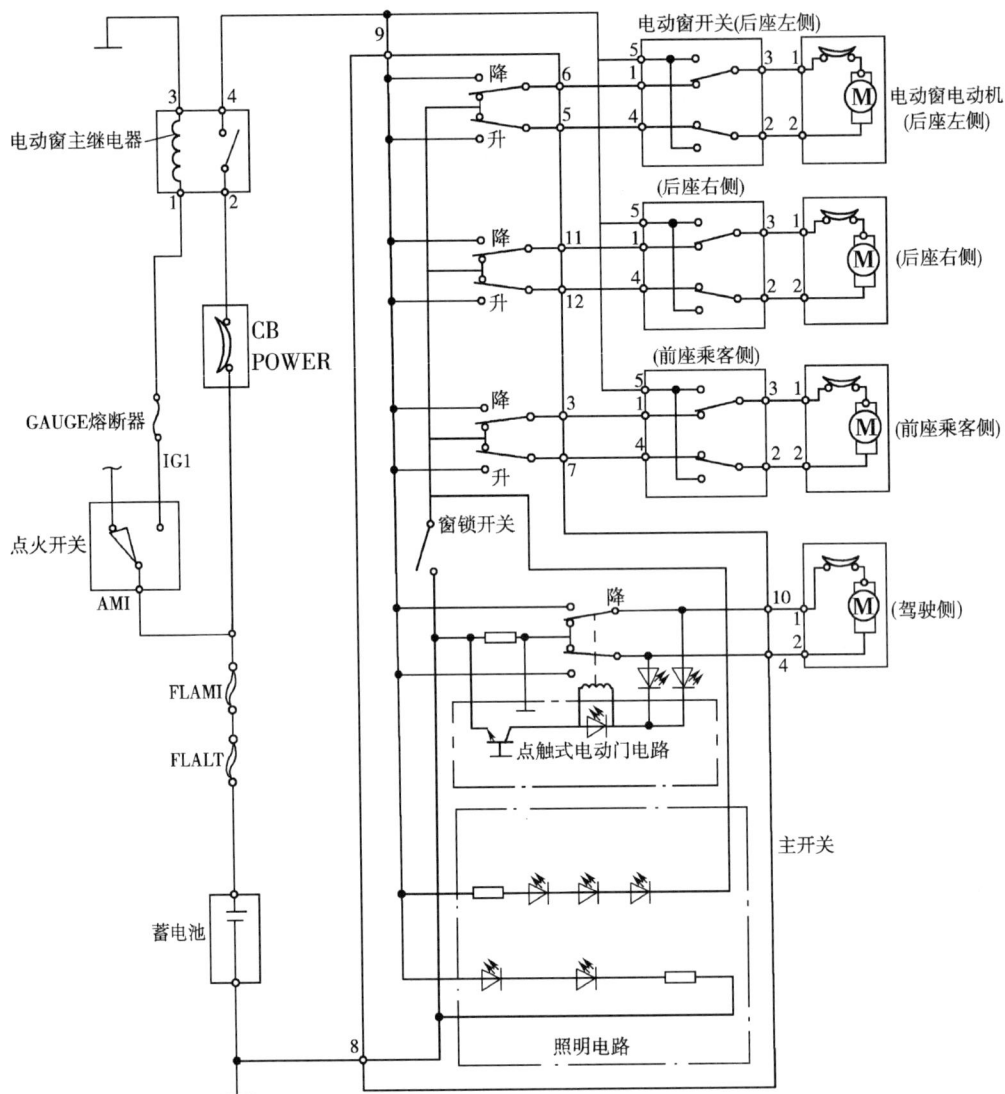

图 6-7　电动车窗控制电路

（2）主开关安装于驾驶人侧车门处或仪表板处，主开关包括控制 4 个车窗玻璃升降的电动车窗开关和车窗锁止开关。车窗锁止开关在接通状态时，各车窗升降控制开关均可操纵车窗玻璃的升降；车窗锁止开关断时，则只有驾驶人侧车窗可进行开关操作。

（3）各车窗电动机电路都装有双金属式热敏开关，当车窗完全关闭、完全打开或由于车窗玻璃上结冰、卡滞等引起车窗玻璃无法移动时，电路的电流会增大，使热敏开关变热而自动打开，以防止电路过载。

二、电动座椅

1. 电动座椅的组成与类型

电动座椅可利用开关调节座椅的位置，使驾驶人很方便地将座椅调整到最舒适的位置，提高了汽车行车的舒适性和安全性。电动座椅主要由电动机、座椅调整机构、控制开关等组成。一些电动座椅为防止电动机过载，设置了过载断路开关。

电动座椅也采用双向电动机,有永磁式和双绕组串励式两种,采用永磁式电动机的居多。不同类型的电动座椅其电动机的数量是不同的,两向可调(上—下)的只需有一个电动机,四向可调(上—下、前—后)有两个电动机,六向可调(上—下、前—后、靠背倾角)的有三个电动机,八向可调(前上—前下、后上—后下、前—后、靠背倾角)的则有四个电动机。

座椅调整机构将电动机的旋转运动转变为座椅的空间移动。高度调整机构通常是将电动机的高速旋转经蜗轮蜗杆传动减速,再经蜗轮内圆与心轴之间的螺纹传动,转换为心轴的上下移动。前后调整机构则是蜗轮蜗杆减速机构加齿轮齿条传动,使座椅在电动机的驱动下沿导轨前后移动。

2. 电动座椅的控制电路

具有八向可调的电动座椅控制电路一例如图 6-8 所示。通过电动座椅调节开关控制四个永磁式电动机的正反向电流,使电动机以不同的转动方向转动,实现座椅的前端上下、后端上下、前后移动和靠背倾角调节。

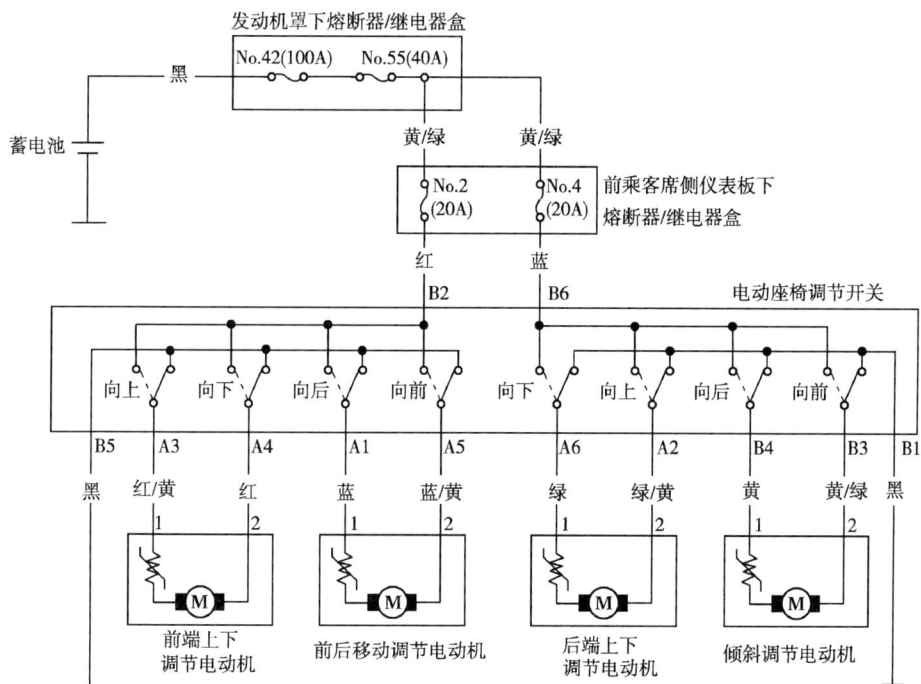

图 6-8 广州本田雅阁轿车八向可调电动座椅控制电路

三、电动后视镜

1. 电动后视镜的组成

电动后视镜可使驾驶人坐在车内通过调节开关调整后视镜,使后视镜的调节变得十分方便。电动后视镜主要由永磁式电动机、传动机构和控制开关组成,每个后视镜都装有两套驱动装置,其中一个电动机与传动机构用于后视镜片水平方向的转动,另一个电动机与传动机构则用于后视镜片垂直方向的转动,由电动后视镜开关进行操纵。有的汽车电动后视镜还带可伸缩功能,由后视镜伸缩开关控制电动机工作,驱动伸缩传动装置带动后视镜收回和伸出。

2. 电动后视镜的控制电路

电动后视镜通常采用组合式开关操纵，典型的电动后视镜控制电路如图6-9所示。

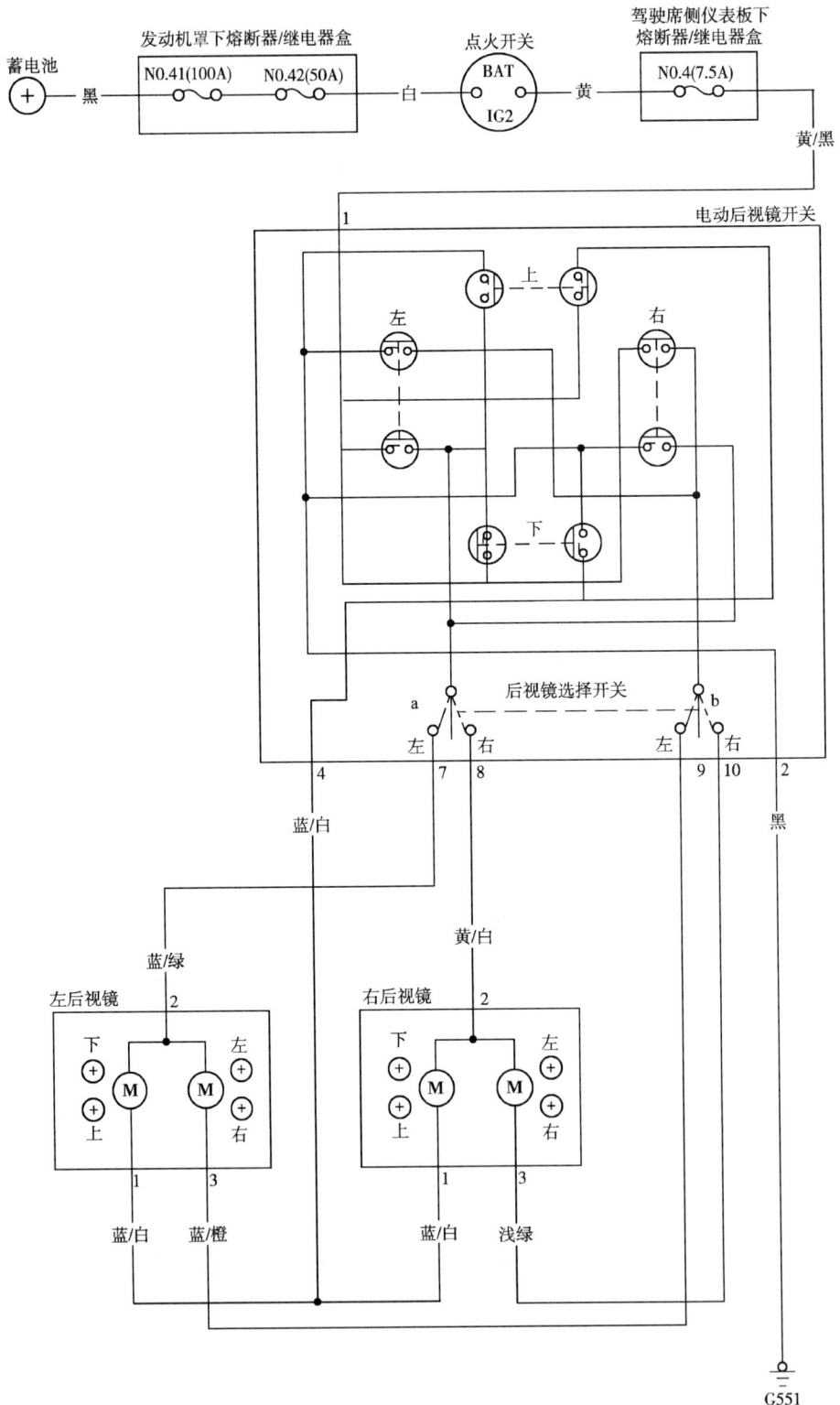

蓄电池

发动机罩下熔断器/继电器盒

N0.41(100A)　N0.42(50A)

点火开关
BAT
IG2

驾驶席侧仪表板下
熔断器/继电器盒

N0.4(7.5A)

黑

白

黄

黄/黑

电动后视镜开关

1

上

左

右

下

后视镜选择开关

a

左　右

b

左　右

4　7　8　9　10　2

蓝/白

黑

蓝/绿

黄/白

左后视镜

2

下
上

左
右

M　M

1　3

右后视镜

2

下
上

左
右

M　M

1　3

蓝/白　蓝/橙

蓝/白　浅绿

G551

图6-9　广州本田雅阁轿车电动后视镜控制电路

组合开关由后视镜选择开关和后视镜转动(四向)控制开关组成,当驾驶人通过后视镜选择开关选择了要调整的后视镜后,就可通过后视镜转动控制开关调整被选后视镜。"左""右"开关用来调整后视镜的左右视角,"上""下"开关则是用来改变后视镜的上下视角。

如果驾驶人将后视镜选择开关拨至右位,后视镜转动控制开关按向右时,"右"开关接通右后视镜控制水平转动的电动机电路,其电流通路为:蓄电池＋→点火开关→熔断器→开关1号端子→后视镜转动控制开关右＋→后视镜选择开关右b→开关10号端子→右后视镜"左右"电动机→开关8号端子→后视镜选择开关右a→后视镜转动控制开关右－→搭铁→蓄电池－。这时,右后视镜控制水平转动电动机转动,使右后视镜水平逆时针方向转动;后视镜转动控制开关按向左时,则"左"开关接通右后视镜控制水平转动的电动机电路,但通过电动机电流的方向相反,使右后视镜水平顺时针方向转动。后视镜转动控制开关按向上或下时,则接通右后视镜控制垂直转动电动机电路,实现后视镜的上、下视角调整。

四、电动门锁

1.电动门锁的组成与类型

电动门锁可使驾驶人通过按钮或钥匙控制所有车门(包括行李舱门)的锁定和打开,使驾驶人的操作方便,并提高了安全性。电动门锁系统也称中控门锁,主要由门锁执行器、操纵机构、继电器及控制电路等组成。电动门锁一般还在各乘客车门处设有可打开各自车门的锁扣,有些电动门锁系统还设有车速感应锁定功能,当车速超过10km/h时,各车门能自动锁定,以确保行车安全。

电动门锁的执行器有多种结构形式,常见的有电动机式和电磁线圈式两大类。电动机式门锁执行器通过控制电动机的正反转来实现门锁的锁定和打开动作。电磁线圈式电动门锁执行器有单线圈和双线圈两种,双线圈电动门锁执行器的结构如图6-10所示,它是通过对开锁线圈和锁门线圈的通断电控制,产生不同方向的电磁吸引力,使衔铁作相应的移动,再经门锁连接杆驱动门锁机构的开和关;单线圈电动门锁执行器的开锁和锁止动作是通过控制线圈电流方向实现的。

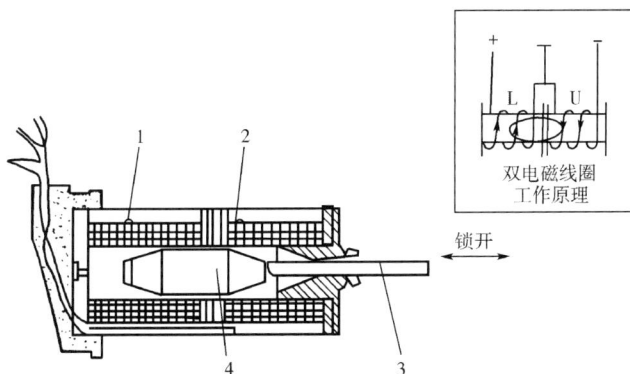

图6-10 电磁线圈式电动门锁执行器
1-锁门线圈;2-开锁线圈;3-门锁机构连接杆;4-衔铁

2.电动门锁控制电路

不同车型其电动门锁的控制功能、门锁执行器不尽相同,其电动门锁控制电路也不同。采用电磁线圈式门锁执行器的电动门锁控制电路一例如图6-11所示。

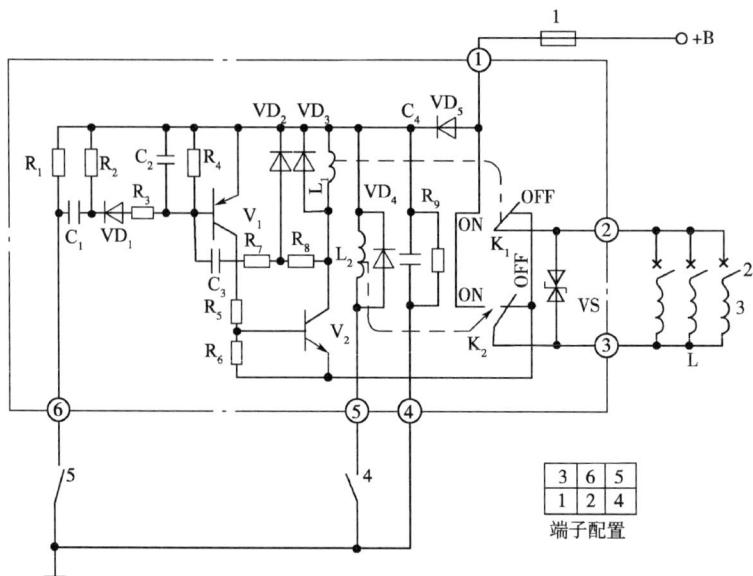

图 6-11　电磁线圈电动门锁控制电路

1-熔断器；2-断路器；3-电磁线圈；4-开锁开关；5-锁门开关；L_1-锁门继电器线圈；L_2-开门继电器线圈

当驾驶人按下其车门锁扣或用钥匙锁门时，锁门开关 5 闭合，三极管 V_1 有正向偏压而导通，V_2 随之导通，锁门继电器线圈 L_1 通电，其触点 K_1 被吸到 ON 位置。此时电磁线圈的电流通路为：蓄电池正极→控制电路①端子→锁门继电器 K_1 动合触点（ON）→控制电路②端子→电磁线圈→控制电路③端子→开门继电器 K_2 动断触点（OFF）→控制电路④端子→搭铁。由于电磁线圈正向通电，电磁吸力拉下车门锁扣杠杆，锁定车门。在锁门开关接通的瞬间，蓄电池就向电容 C_1 充电，待充电结束时，V_1 失去正向偏压而截止，V_2 随之截止，L_1 断电，K_1 回到常闭（OFF）位置，门锁电磁线圈断电。

当驾驶人拉起其车门锁扣或用钥匙开门时，开锁开关闭合，开锁继电器线圈 L_2 通电，其触点 K_2 被吸到 ON 位置。此时电磁线圈的电流通路为：蓄电池正极→控制电路①端子→锁门继电器 K_2 动合触点（ON）→控制电路③端子→电磁线圈→控制电路②端子→锁门继电器 K_1 动断触点（OFF）→控制电路④端子→搭铁。由于电磁线圈反向通电，电磁吸力拉起车门锁扣杠杆，车门锁被打开。

第三节　汽车低温起动预热装置

在低温和寒冷冬季，汽车发动机的机油黏度增高，使起动阻力矩增大；蓄电池也因低温内阻增大而起动性能下降；进气温度低，压缩后不易达到燃料自燃温度。为使发动机低温起动容易，一些柴油发动机设置了低温起动预热装置。柴油发动机的低温预热装置有进气加热装置、油底壳加热装置、电动机油泵装置、蓄电池加热装置和缸体缸盖加热装置等，使用最多的是进气加热装置。

一、进气加热装置的结构与类型

根据柴油机的功率、工作环境及用途的不同，所用的进气加热装置的结构类型也不同，柴油机所使用的进气加热装置有电阻丝加热式和火焰加热式两大类，电热塞和电网式预热器都是由电阻丝加热进气,而火焰加热进气的有热胀式火焰预热器、电磁式火焰预热器、压力雾化火焰预热器等。

1. 电热塞式预热器

电热塞有内装式和外露式两种,内装式电热塞的结构如图 6-12 所示。每个缸配有一个电热塞,一般安装在汽缸盖处。在起动发动机以前,接通电热塞电路,电阻丝很快使发热体钢套烧红,使燃烧室内空气被加热,以利于发动机起动。

2. 电网式预热器

电网式预热器运用于中、小功率的柴油机上。电网式预热器将电热丝绕成网状固定在一个片形方柜内,然后装入进气歧管的管口处。低温起动前接通预热器电路后,电热丝发热,将经过电阻丝的空气加热。

3. 热胀式电火焰预热器

热胀式电火焰预热器的结构如图 6-13 所示。阀体 2 具有较高的热胀系数,其外表绝缘,并绕有电热丝 1,阀芯 5 的锥形端在预热器不工作时将由管接头的进油孔堵住。接通预热器电路后,电热丝通电发热,并加热阀体,使阀体受热伸长,带动阀芯移动,阀芯锥形端离开进油孔,燃油便流入阀体内腔,并受热汽化后,被炽热的电热丝点燃而生成火焰,并从阀体的内腔喷出,加热进气。

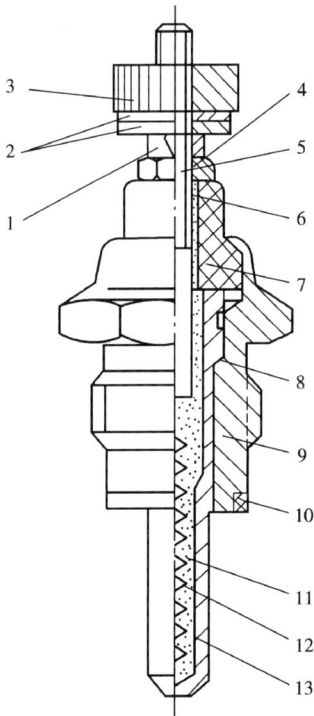

图 6-12　电阻丝内装式电热塞

1-弹簧垫圈;2-压紧垫圈;3-压紧螺母;4-固定螺母;

5-中心螺杆;6-胶合剂;7-绝缘体;8-垫圈;9-外壳;

10-密封垫圈;11-填充剂;12-电阻丝;13-发热体钢套

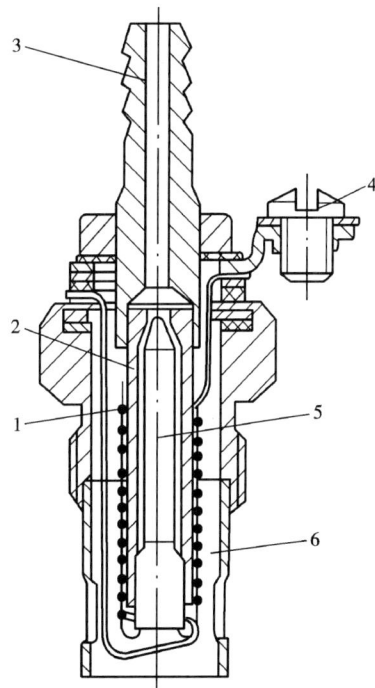

图 6-13　热胀式电火焰预热器

1-电热丝;2-阀体;3-油管接头;4-接线螺钉;5-阀芯;6-稳焰罩

起动后关闭预热器电路时,电热丝冷却,阀体也变冷收缩,阀芯锥形端又堵住进油孔而停止燃油的流入,火焰熄灭,预热终止。

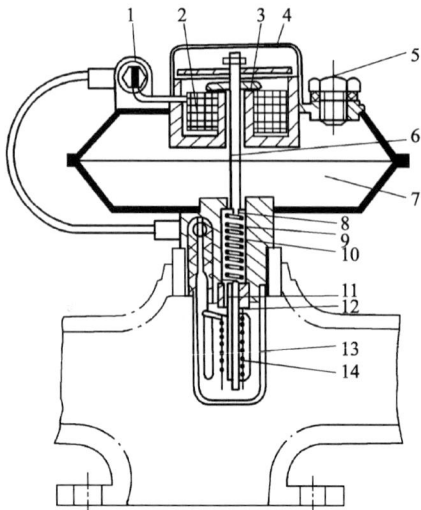

图6-14 电磁式火焰预热器

1-接线柱;2-线圈;3-动铁;4-盖;5-加油口螺塞;6-阀杆;7-储油箱;8-阀门;9-弹簧;10-预热器外壳;11-油孔;12-支承杆;13-稳焰罩;14-电热丝

4.电磁式火焰预热器

电磁式火焰预热器的结构如图6-14所示。它安装在进气歧管上,不工作时,弹簧9将阀门8紧紧压在阀座孔上,将油孔11堵住。起动前,接通预热器电路时,电热丝14和电磁线圈2通电,线圈产生的磁力吸引动铁3向下移动,并顶开阀门8,油箱7内的燃油便从阀门8经油孔流到炽热的电热丝上而被点燃,火焰从稳焰罩13喷出,加热进气歧管中的冷空气。

二、进气加热装置控制电路

1.手动操纵的进气预热控制电路

由驾驶人手动操纵的进气预热控制电路如图6-15所示。

当气温低时,驾驶人将开关拨至Ⅰ挡(预热挡),各进气预热器通电产生热量,加热周围的空气。与预热器串联的指示灯这时也亮起,指示进气预热装置在通电状态。一般的预热时间约为30s,预热后,驾驶人将开关置于Ⅱ挡(起动挡),同时接通进气预热器和起动电路。发动机起动后,则立刻使开关回至"0"位,使起动机和预热器迅速断电停止工作。

2.自动定时控制的进气预热控制电路

具有温度自动控制和预热定时功能的进气预热控制电路一例如图6-16所示。

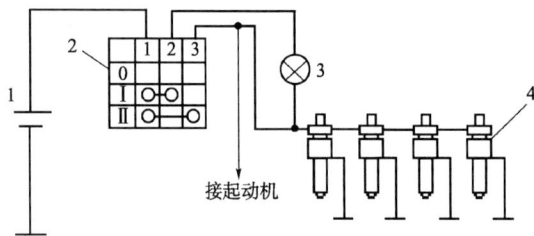

图6-15 手动操纵的进气预热控制电路

1-蓄电池;2-起动/预热开关;3-预热指示灯;4-预热器

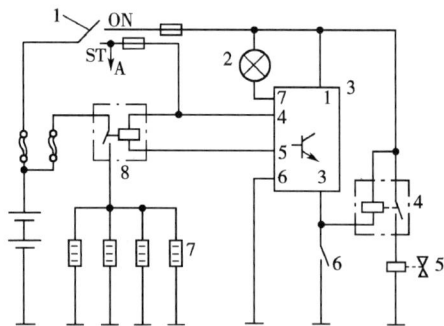

图6-16 五十铃N系列汽车进气预热控制电路

1-预热/起动开关;2-预热指示灯;3-预热定时器;4-电磁阀继电器;5-预热电磁阀;6-温度开关;7-电热塞;8-预热塞继电器

发动机冷却液温度低于0℃时,温度开关处于闭合状态。驾驶人接通开关(ON),预热定时器使预热塞继电器线圈通电,其触点闭合,接通预热塞电路,预热塞通电加热周围空气。这时,预热指示灯亮起,以示预热器处于预热工作状态。当预热指示灯熄灭时(约3.5s以后),表示可以起动,驾驶人将开关拨至ST挡,接通起动电路。这时,预热塞继续通电加热进气,使发动机顺利起动。在开关拨至 ST 挡 18s 后,定时器可使预热塞电路自动断电,停止加热进气。

发动机冷却液温度高于 0℃ 时,温度开关处于断开状态。驾驶人接通开关(ON 挡或 ST 挡)时,预热定时器不会使预热塞继电器线圈通电,预热塞不会工作。这时,预热指示灯会亮起约 0.3s 后熄灭。

预热电磁阀安装于喷油泵的溢流管路中,在冷却液温度低于 0℃ 时起动,预热电磁阀通电关闭,切断溢油回路,提高喷油压力,以利于起动。

第四节　汽车空调系统

一、汽车空调系统的基本组成

汽车空调系统一般包括冷气装置、采暖装置和通风换气装置,在有些豪华型客车和轿车上还装有专门的空气净化装置和加湿装置。有些汽车空调系统仅为适应热带地区或寒带地区的特点以及为简化结构、降低成本,而只设有冷气装置或采暖通风装置。

冷气装置主要用于夏季车内空气的降温除湿;采暖装置在冬季为车内提供暖气以及用于风窗玻璃的除霜除雾;通风装置则可对车内进行强制性换气,并使车内空气保持循环流动。

在大、中型客车上,上述各装置通常独立安装并可单独使用。如在车顶上安装两个或三个独立的强制换气扇用于车内通风换气,冬季用独立的燃油燃烧式加热器为车内供暖。而夏季则用由专门的副发动机(空调发动机)驱动的独立式冷气系统为车内提供冷气。

在小型客车和轿车上,则将上述各装置有机地结合起来,组成同时具有采暖、通风、降温除湿、风窗玻璃除霜除雾等功能的冷、暖一体化空调系统(称全空调系统)。这种空调系统冷、暖、通风合用一只鼓风机和一套统一的操纵机构,采用冷暖混合式调温方式和多种功能的送风口,使得整个空调系统总成数量减少,占用空间小,安装布置方便,且操作和调控简单,温湿度调节精度高,出风分布均匀,容易实现空调系统的自动化控制。

二、汽车空调制冷原理

制冷即空调系统为获得冷气而制造和维持必要的冷源(低于环境温度的场所或物体)的过程。

目前汽车空调系统都是采用新型无氟环保型制冷剂 R134a 为制冷剂的蒸气压缩式制冷循环系统,主要由压缩机、冷凝器、储液干燥器、热力膨胀阀(或节流孔管)和蒸发器等部件组成,各部件用耐压金属管道或特制的耐氟耐压橡胶软管依次连接而形成一个封闭的系统,系统内充有一定量的制冷剂。如图 6-17 所示为汽车空调制冷系统各部件及其在轿车上的布置,其制冷原理可由图 6-18 来说明。

压缩机由发动机曲轴皮带轮驱动旋转,将蒸发器中因吸热而汽化的低压制冷剂蒸气吸入后压缩成为温度约为 70℃、压力为 1.3 ~ 1.5MPa 的高温高压制冷剂气体,经高压管送入冷凝器8,经冷凝器冷却使高温高压的制冷剂气体冷凝为温度40～50℃、压力为1.3～1.5MPa的高压制冷剂液体后送入储液干燥器7,在储液干燥器中除去制冷剂中的水分和杂质,然后经高压液体管道送入热力膨胀阀6,经热力膨胀阀节流膨胀变为压力0.15～0.3MPa、温度为1～4℃的低温低压液体制冷剂后进入蒸发器,该低温低压的液体制冷剂便通过蒸发器壁面吸收蒸发器及其周围空气的热量而沸腾汽化,使蒸发器表面及其周围空气的温度降低,当鼓风机12将车外空气或车内空气强制吹过蒸发器表面时,空气便被蒸发器冷却而变为冷气送进车厢内,在蒸发器内吸热汽化后的制冷剂蒸气再次被压缩机吸入,然后重复上述过程。制冷剂在制冷系统中不断循环,便可使蒸发器始终保持很低的温度而用于车内空气的降温除湿。

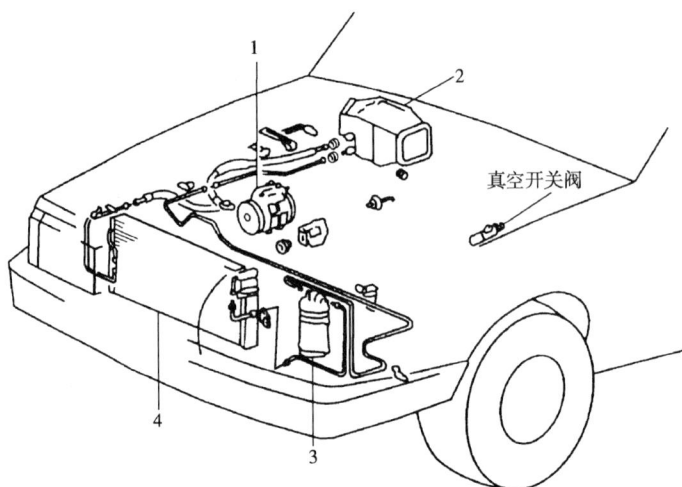

图6-17　轿车制冷系统各部件及布置

1-压缩机;2-蒸发器总成(包括蒸发器和膨胀阀);3-储液干燥器;4-冷凝器

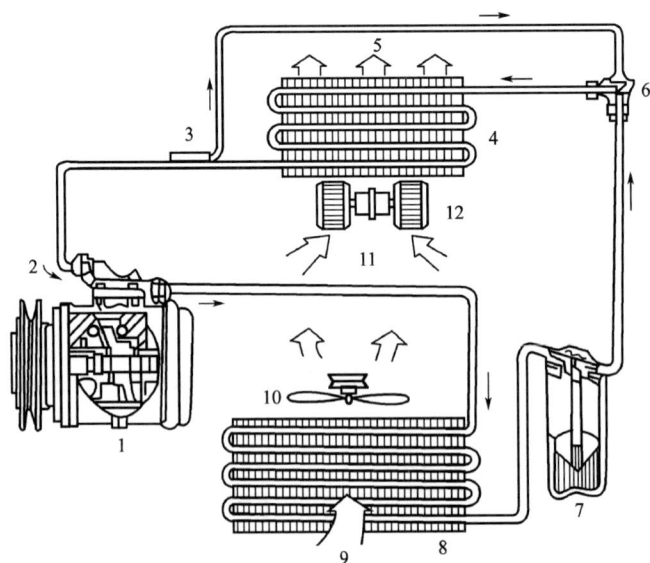

图6-18　汽车空调蒸气压缩式制冷循环原理

1-压缩机;2-低压侧;3-感温包;4-蒸发器;5-冷气;6-膨胀阀;7-储液干燥器;8-冷凝器;9-迎面风;10-发动机冷却风扇;11-热空气;12-鼓风机

三、汽车空调制冷系统的调控装置

为了保证汽车空调系统,特别是制冷系统的正常、安全、可靠的工作,以及对其工作状况进行必要的调整和控制,以满足车内所要求的温度和湿度条件,在汽车空调制冷系统中还具有以下必要的调控部件。

1. 电磁离合器

电磁离合器的作用是根据需要接通和断开发动机与压缩机之间的动力传递,它是汽车空调控制系统中最重要的部件之一,受温度控制器、空调 A/C 开关、空调放大器、压力开关等元器件的控制。

电磁离合器一般安装在压缩机前端而成为压缩机总成的一部分,主要由电磁线圈,皮带轮、压盘、轴承等零部件组成,如图 6-19 所示。皮带轮通过皮带由发动机曲轴前端的皮带轮驱动;压盘通过三只片簧或橡胶弹簧与压盘轮毂相连接,压盘轮毂则通过一只平键与压缩机前端的伸出轴相连接;电磁线圈固定在皮带轮内压缩机前端盖上。当电磁线圈不通电时,在三只片簧的作用下使压盘与皮带轮外端面之间保持一定的间隙(0.4～1.0mm),皮带轮在曲轴皮带带动下而空转,压缩机不工作;当电磁线圈通电时,在皮带轮外端面产生很强的电磁吸力,将压盘紧紧地吸在皮带轮端面上;皮带轮便通过压盘带动压缩机轴一起转动而使压缩机工作。

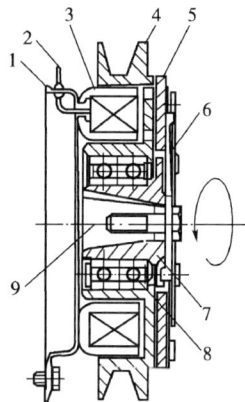

图 6-19　电磁离合器结构
1-压缩机前端盖;2-电磁线圈引出线;3-电磁线圈;4-皮带轮;5-压盘;6-片簧;7-压盘轮毂;8-轴承;9-压缩机轴

2. 蒸发器温度控制器

为了充分发挥蒸发器的最大冷却能力,同时又不致造成蒸发器表面的冷凝水(除湿水)结冰结霜而堵塞蒸发器换热翅片间的空气通道,蒸发器表面的温度应控制在 1～4℃ 的范围之内。蒸发器温度控制器(简称温控器)的作用是根据蒸发器表面温度的高低接通和断开电磁离合器,控制压缩机的开停,而使蒸发器表面的温度保持在上述温度范围之内。常用的温控器有机械波纹管式和以热敏电阻为温度传感器的电子式两种。

1)机械波纹管式温控器

如图 6-20 所示,机械波纹管式温控器主要由感温管、波纹管、温度调节凸轮、弹簧、触点等组成。在感温管内充有制冷剂饱和液体,一端与温控器内的波纹伸缩管相连通,另一端则插入蒸发器的盘管翅片内 20～25mm。当蒸发器温度升高或降低时,感温管内部制冷剂液体膨胀或收缩使波纹伸缩管改变,通过与它相连的传动杠杆放大机构使触点闭合或断开来控制电磁离合器线圈电源的通断,可使蒸发器温度控制在调定的温度范围之内。旋动调节凸轮可改变弹簧的预紧力,从而改变蒸发器的温度调节范围。

2)热敏电阻式电子温控器

热敏电阻式电子温控器是利用热敏电阻的负温度特性(即温度升高,电阻值减小;温度下降,则电阻值增加),以热敏电阻为蒸发器温度传感器,配以相应的电子比较放大电路、电磁离合器继电器等器件组成的电子温控装置。它具有反应迅速、控制精度高等优点。

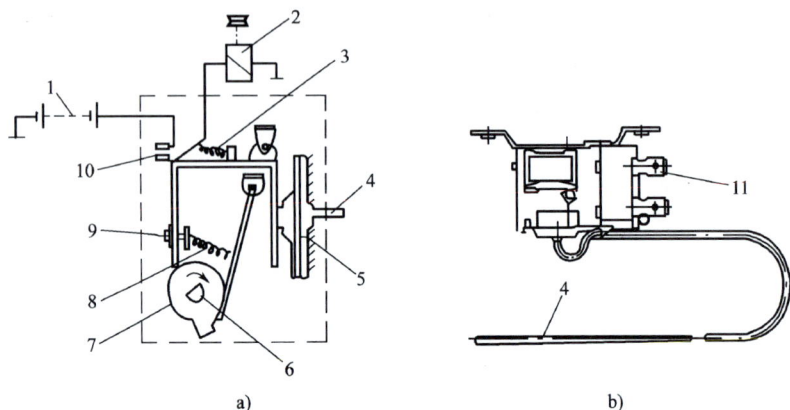

图 6-20　机械波纹管式温控器

a）原理图；b）外形图

1-蓄电池；2-电磁离合器；3-弹簧；4-感温管；5-波纹伸缩管；6-转轴；7-温度调节凸轮；8-弹簧；9-调整螺钉；10-触点；11-接线插头

3.怠速提升装置

由汽车主发动机驱动的空调系统（称为非独立式汽车空调系统），压缩机工作时要消耗一定的发动机功率（3～7.5kW）。当发动机转速较低时（如发动机怠速工作时），发动机输出功率较小，若接通空调制冷压缩机，发动机则会因负荷突然增加而使其转速大幅度下降，这将造成发动机超负荷工作而过热或运转不稳甚至熄火；空调系统也因压缩机转速过低使制冷量不足。怠速提升装置可在发动机处于怠速工况的情况下使用空调时，发动机 ECU 在接收到空调 A/C 开关信号后，通过发动机的怠速控制装置（如怠速控制阀等）自动提高发动机的怠速转速，使发动机输出足够的功率来驱动空调制冷压缩机。

4.压力开关

压力开关也称制冷系统压力继电器，分为高压开关、低压开关和高、低压双向复合开关三种，一般安装在空调制冷系统高压管路上。当制冷系统工作压力异常（过高或过低）时，它便自动切断电磁离合器电路，使压缩机停止运转或接通冷凝风扇高速挡开关，使冷凝风扇高速运转，从而保护制冷系统。

高压开关有触点常闭型和触点常开型两种，触点常闭型用于当制冷系统压力过高时中断压缩机的工作。其触点跳开压力为 2.1～2.8MPa，恢复闭合的压力约为 1.9MPa。触点常开型则用于当制冷系统压力升高至一定程度时，接通冷凝风扇高速挡电路以加强冷凝器的散热效果，如奥迪 100 型轿车的常开型高压开关其触点闭合压力为 1.58MPa±0.17MPa，断开压力为 1.35MPa±0.17MPa。

低压开关也称制冷剂泄漏检测开关，其作用是在制冷系统严重缺少制冷剂，使系统高压侧压力低于 0.2MPa 时，低压开关动作切断电磁离合器电路使压缩机无法运转，以防止压缩机在没有润滑保障的情况下运转而损坏（由于车用小型压缩机是靠制冷剂将润滑油带入各润滑部位的）。

高低压双向复合开关则同时具有高压开关和低压开关的双重功能。

5.冷却液温度开关

冷却液温度开关的作用是防止发动机在过热的情况下使用空调。一般安装在发动机冷却水管路上,当冷却液温度超过某一规定值(如106℃)时,触点断开使压缩机停止运转,冷却液温度下降后开关自动恢复闭合状态。

四、汽车空调系统的采暖装置

除了上述冷气系统外,采暖装置也是汽车空调系统的重要组成部分。根据获取热源的方法不同,汽车采暖装置可分为独立式采暖装置和非独立式采暖装置两种类型。独立式采暖装置是利用柴油或煤油等燃料在一个专门的燃烧器内燃烧所产生的热量为车内提供暖气的,其特点是供暖充分,不受汽车运行状态的影响,但结构复杂,耗能多,故主要用于需要较大供暖量的大、中型客车上。非独立式采暖装置是利用发动机工作时冷却液的余热(80~95℃的热水)为车内提供暖气的,因此也称水暖式暖气装置。它具有结构简单、成本低、耗能少、操作维修方便等优点,虽采暖量较小(一般小于30000kJ/h时),但对小型客车和轿车来说足以满足车内供暖的需要,故广泛地用于小型客车和轿车上。缺点是采暖量受汽车发动机运转工况的影响较大。

图6-21所示为水暖式采暖装置的工作原理,发动机水套内的冷却液经热水管道和热水阀3进入采暖装置中的热交换器(暖气芯)5而使其温度升高,当空气吹过热交换器时,空气便被加热变为暖气后送入车内。

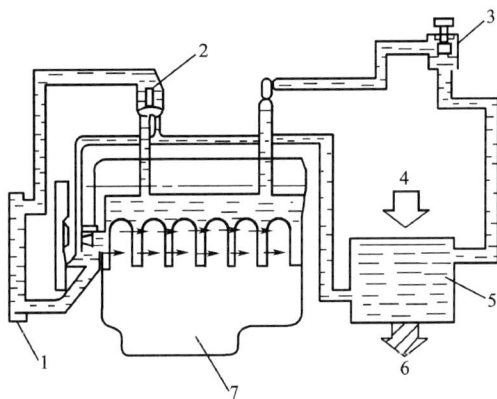

图6-21 水暖式采暖装置的采暖原理
1-冷却水箱;2-节温器;3-热水阀;4-冷空气;5-采暖用热交换器;6-暖气;7-发动机

五、汽车空调系统的空气调节原理

图6-22所示为轿车冷暖一体化空调系统的典型结构简图及配风(气)情况,提供冷气的蒸发器24和提供暖气的暖气芯22安置在同一送风通道25内,进风口选择风门2用于选择空调系统的回风是从车内通气(内循环)还是从车外进气(外循环),内循环时车内空气反复循环,其优点是制冷(或制热)速度快,能耗低但空气不是太新鲜;而外循环时进入空调系统的是车外的新鲜空气,但制冷(或制热)速度较慢,故多在春秋两季用于车内的通风换气。配风风门17、20可根据需要来选择不同的送风口,通常有面部送风(用于送冷气)、面部、脚部同时送风(多用于通风),脚部送风(用于送暖风)、脚部和风窗玻璃除霜器送风以及风窗玻璃除霜器送风等五种送风模式可供选择。调温风门23用于改变进入蒸发器的空气量,而达到调节送风温度的目的。

图6-23所示为手动式空调系统的操纵面板。

A/C开关用于控制制冷系统的工作,温度调节推杆5可控制暖气芯进水阀12(图6-22)的开闭和调温风门23的位置二者一起联动。空气进口选择推杆2用于操纵进风口选择风门,当推杆置于最左边时,从车内通气(内循环);置于最右边时从车外进气(外循环);置于中间位置时,则同时从车内和车外进气。通过送风口选择推杆可操纵各配风风门17、20来选择不同的送风口,一般有面部送风(用于送冷气),面部、脚部同时送风(多用于通风)、脚部送风(用于送暖风)、脚部和除霜器送风以及除霜器送风五挡可供选择。

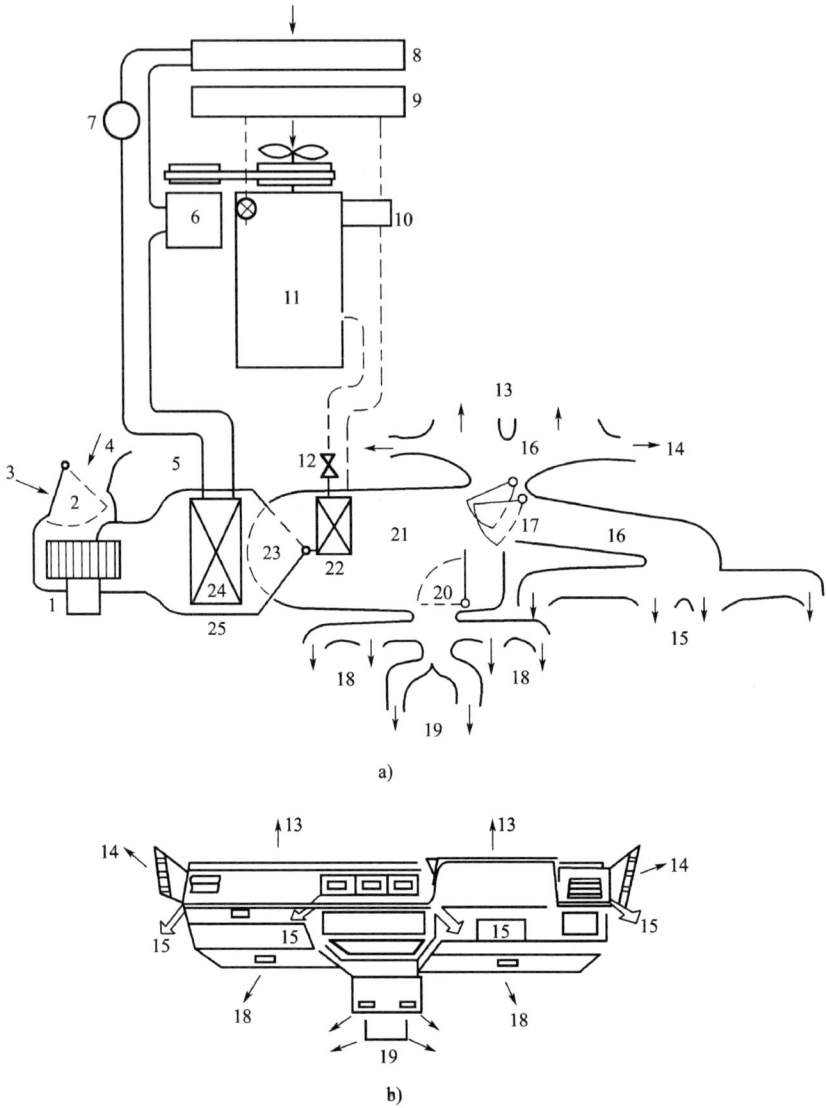

a)

b)

图 6-22　冷暖一体化空调系统的典型结构简图及配风(气)情况

a)空气调节系统结构示意;b)风口布置

1-鼓风机;2-进风口转换风门;3-车内空气;4-车外空气;5-膨胀阀;6-压缩机;7-储液干燥器;8-冷凝器;9-发动机散热水箱;10-水泵;11-发动机;12-热水阀;13-前风窗玻璃除霜出口;14-侧窗玻璃除霜出口;15-面部出风口;16-配风管道;17、20-配风风门;18-下出风口;19-后部出风口;21-空气混合室;22-暖气芯;23-调温风门;24-蒸发器;25-送风空气通道

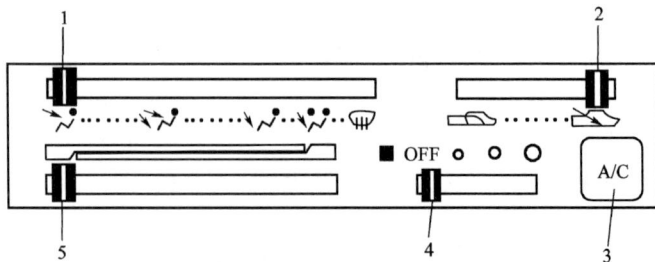

图 6-23　轿车空调系统操纵面板

1-送风口选择推杆;2-空气进口选择推杆;3-空调 A/C 开关;4-鼓风机挡位开关;5-温度调节推杆

夏季空调系统用于为车内提供冷气,使用时先接通鼓风机挡位开关4,使鼓风机以适当的速度转动送风,按下空调 A/C 开关后制冷系统开始工作,蒸发器温度下降。鼓风机将车内或车外空气吸入后,首先送入蒸发器经蒸发器降温除湿,并滤除空气中的尘土和杂质而成为湿度适宜的清洁冷气,该冷气在通过调温风门 23 时被分为两部分:一部分冷气被送入暖气芯再次加热(再热)后进入空气混合室 21;另一部分冷气则绕过暖气芯直接进入空气混合室 21,在空气混合室内冷热空气重新混合后,由配风门、配风管道及相应的送风口送入车内。调节面板上调温推杆 5 可改变调温风门的位置,从而改变了进入暖气芯的冷气量,使进入混合室内冷暖空气的比例改变而达到调节送风温度的目的。

六、汽车空调电路

汽车空调电路是实现空调系统有关各装置之间的协调工作,完成各种操作和调控功能的保证。由于车型复杂,空调系统的调控功能及控制电路也不尽相同,但电路的基本控制原理在一定程度上却有一些共同的特点。下面以一汽捷达 GiX 电喷轿车的空调系统电路为例,来说明轿车空调系统的电路特点。

一汽捷达 GiX 电喷轿车空调系统电路原理如图 6-24 所示。该系统电路主要由电源电路、电磁离合器控制电路、鼓风机控制电路和冷凝器冷却风扇控制电路等主要电路所组成。

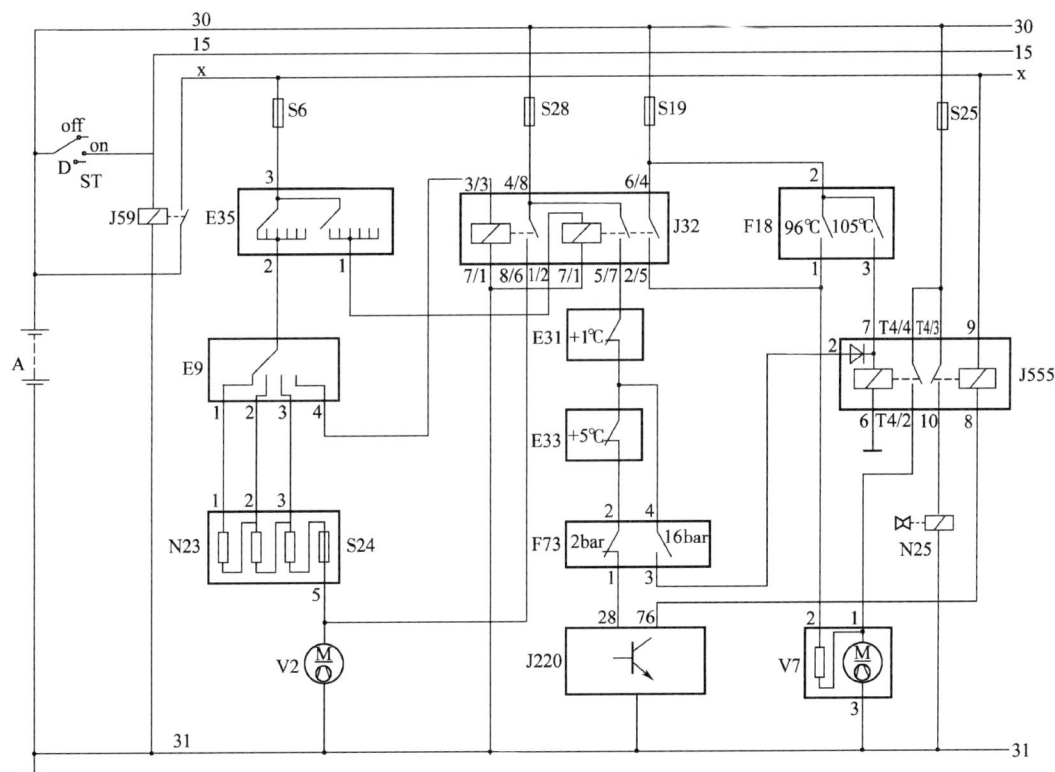

图 6-24 一汽捷达 GiX 电喷轿车空调系统电路

A-蓄电池;D-点火开关;J59-减荷继电器;S6、S19、S25、S28-熔断器;J32-空调继电器;J220-电喷发动机 ECU;E9-鼓风机开关;E31-蒸发器温控开关;E33-环境温度开关;E35-空调 A/C 开关;F18-冷凝器冷却风扇温控开关;F73-制冷系统双压开关(2bar 与 16bar);J555-冷凝器冷却风扇高速挡及电磁离合器继电器;N23-鼓风机调速电阻;V2-鼓风机电动机;V7-冷凝器冷却风扇电动机;N25-电磁离合器电源电路由蓄电池 A、点火开关 D、减荷继电器 J59 以及熔断器 S6、S19、S25、S28 和空调主继电器 J32 组成。当点火开关 D 断开（OFF 挡）或起动挡（ST 挡）时，减荷继电器不通电，触点断开而使空调系统的供电线路"X"号线无电，空调无法起动运行。当点火开关 D 接通（即处于 ON 挡）时减荷继电器通电，触点闭合，"X"号线通电，鼓风机电动机 V2 的供电回路接通，鼓风机可由鼓风机开关 E9 控制下运转进行强制通风换气或送出暖气。鼓风机开关 E9 在不同的挡位时，鼓风机电动机 V2 的供电回路串入的调速电阻个数也不同，从而可得到不同的送风速度。当 E9 在第 4 挡时，空调继电器 J32 左侧继电器触点吸合，鼓风机电动机 V2 的电源将不经鼓风机调速电阻 N23 降压而直接由熔断器 S28 经空调继电器 J32 左侧继电器供电，鼓风机电动机 V2 以最高速运转。

夏季需要获得冷气时，必须接通空调 A/C 开关 E35，电流从蓄电池" +"极经减荷继电器 J59 的触点、熔断器 S6、空调 A/C 开关 E35 到达空调继电器 J32，J32 中的右侧继电器两对触点吸合，其中一对触点接通了冷凝器冷却风扇低速挡电路，冷凝器冷却风扇低速运行；另一对触点则经蒸发器温控开关 E31、环境温度开关 E33 和制冷系统高低压复合开关 F73 中的低压开关（0.2MPa）到达电喷发动机 ECU J220 的 28 号端子向其发出空调请求信号，电喷发动机 ECU J220 接到空调请求信号后，将通过电喷发动机 ECU J220 的 76 号端子使 J555 中的电磁离合器继电器控制端搭铁，J555 中的电磁离合器继电器吸合，制冷压缩机电磁离合器经熔断器 S25、J555 中的电磁离合器继电器触点得电吸合，压缩机运转制冷。如发动机在急速工况下接到空调请求信号，发动机 ECU 则将发动机从正常急速（约 850r/min）提升至 1000r/min 左右而使发动机有足够的动力驱动压缩机的工作；如发动机 ECU 在全负荷工况（节气门全开）下接到空调请求信号，发动机 ECU 将断开 J555 中的电磁离合器继电器控制端的搭铁，使制冷压缩机停止工作，以保证发动机有足够的动力进行超车，待发动机回到部分负荷后，发动机 ECU 将再次接通 J555 中的电磁离合器继电器，使制冷压缩机重新进入工作状态。

环境温度开关 E33、蒸发器温控开关 E31 以及制冷系统高低压复合开关 F73 中的低压开关串联在空调请求信号回路中，当环境温度低于 5℃时或蒸发器温度低于调定温度（1℃）或当制冷系统严重缺少制冷剂而使系统高压侧压力低于 0.2MPa（2bar）时，上述各开关都将断开使发动机 ECU 无法得到空调请求信号，制冷压缩机将停止工作，以防止制冷系统在环境温度过低时润滑条件不良的情况下工作或防止蒸发器温度低于 0℃时结霜和结冰后堵塞空气通道而无法获得足够的冷气，或防止制冷系统严重缺少制冷剂而使系统高压侧压力低于 0.2MPa 时压缩机空转。

当制冷系统高压侧压力高于 1.6MPa（16bar）时，制冷系统双压开关 F73 中的高压开关触点接通，继电器 J555 中的冷凝器冷却风扇高速挡继电器触点吸合，冷却风扇 V7 的低速电阻 R 被短接，冷却风扇 V7 高速运转以加强冷凝器和发动机的冷却强度。

减荷继电器 J59 的作用是当点火开关在起动挡（ST 挡）时，中断空调系统等附属电器的工作，以保证发动机起动时有足够的电流，当起动结束后将自动接通空调系统的工作。

第七章 汽车电器系统配电装置及总线路

第一节 汽车电器线路组成和特点

一、汽车电器线路组成

汽车电器线路通常由电源电路、起动电路、点火电路、照明与灯光信号电路、仪表信息系统电路、辅助装置电路和电子控制系统电路等组成。

电源电路也称充电电路，是由蓄电池、发电机、调节器及充电指示装置等组成的电路。电能分配(配电)及电路保护器件也可归入这一电路内。

起动电路是由起动机、起动继电器、起动开关及起动保护装置组成的电路。也可将起动预热装置及其控制电路列入这一电路。

点火电路是汽油发动机汽车特有的电路，由点火线圈、分电器、电子点火控制器、火花塞及点火开关组成。微机控制的点火控制系统一般列入发动机电子控制系统中。

照明与灯光信号装置电路是由前照灯、雾灯、示廓灯、转向灯、制动灯、倒车灯、内照明灯及有关控制继电器和开关组成的电路。

仪表信息系统电路是由仪表及其传感器、各种报警指示灯及控制器组成的电路。

车身电器系统电路是由为提高车辆安全性、驾乘舒适性和方便性等而设置的各种电器装置组成的电路。车身电器系统装置的种类随车型不同而有所差异，汽车档次愈高，车身电器装置便愈完善。一般包括风窗刮水及清洗装置、风窗除霜(防雾)装置、空调装置、音响装置等。较高级车型上还装有电动车窗装置、电控门锁、电动座椅调节装置和电动遥控后视镜等。

电子控制系统电路主要由发动机控制系统(包括燃油喷射、点火、怠速、排放等控制装置)、电控自动变速器、防抱死制动控制系统、安全气囊控制系统等电路组成。

二、汽车电器线路的特点

汽车电器线路属于直流电路(某些信号电路除外)，除了一般直流电路的共同特点外，又有其特殊之处。尽管各车型电气设备的组成、功能各异，但它们在电路结构、工作方式等方面都有共同的特点。归纳起来有以下几点：

(1)低压直流电：汽车电系的额定电压为直流12V和24V两种，目前汽油车和部分轻型柴油车的电器系统普遍采用12V电系，而中、重型柴油车则多采用24V电系。原因是中、重型柴油发动机的起动机功率较大,采用直流 12V 电压时电流过大,使得起动机体积和质量都较大的缘故。

(2)单线制:汽车电器线路的单线制是指从电源到用电设备只用一根导线连接,而用汽车底盘、发动机等金属机体作为构成回路的另一公用导线,称为"搭铁",蓄电池的负极接车架就称之为"负极搭铁";反之,则称为"正极搭铁"。按我国标准《汽车拖拉机用电设备技术条件》(GB 2261—1971)的规定,汽车电系已统一定为负极搭铁,这样可以减轻对车架的电化学腐蚀,减小无线电干扰。由于单线制节省导线、线路清晰、安装和检修方便,且电器也不需与车体绝缘,因此现代汽车均采用单线制。但在个别情况下,对于某些电器设备为了保证其工作的可靠性,有时也需采用双线制。此外,某些不能靠车体形成可靠回路的地方,也采用双线制。

(3)双电源:两个电源——发电机和蓄电池并联使用,协同工作,共同向用电设备供电。在发动机正常工作时,用电设备所需的电能主要由发电机供给,并给蓄电池充电,而蓄电池则在发动机起动时,向起动机和点火系统供电;当用电设备同时接入较多,发电机超载时,协助发电机供电。

(4)各电路中的负载(用电设备)是并联的,并受各自的开关控制,其控制方式分为控制电源线和控制搭铁线两种。汽车电器线路中,除设有开关和继电器等控制器件外,还设有电路保护器件和连接器件(统称电能分配器件或配电装置)。

(5)在装有电流表的汽车电源电路中,电流表必须能测量蓄电池充、放电电流的大小,因此凡由蓄电池供电时,电流都要经过电流表与蓄电池构成回路。但对用电量大而工作时间较短的起动机则例外,蓄电池供电时,其电流不能经过电流表。

(6)各回路均装有电路保护装置,以防止过载、短路而烧坏用电设备。

第二节　汽车电器配电器件

汽车电器系统配电器件主要包括电路连接器件、电路控制器件、电路保护器件和中央配电盒等。

一、电路连接器件

电路连接器件包括导线、线束和连接器。

1. 导线

汽车电系所用的导线有低压线、屏蔽线和高压线 3 种。

1)低压导线

低压导线中又有普通导线、起动电缆和蓄电池搭铁电缆之分。

(1)普通低压导线为铜质多股软线,根据外皮绝缘包层的材料不同又分为 QVR 型(聚氯乙烯绝缘包层)和 QFR 型(聚氯乙烯—丁腈复合绝缘包层)两种。

低压导线的截面的选择:低压导线的截面是根据用电设备的工作电流选择的。但是对功率很小的电器,仅从工作电流的大小来选择导线,其截面将太小,机械强度差,易于折断,因此汽车电系中所用的导线截面一般不小于 $0.5mm^2$。汽车常用低压导线的规格和允许载流量见表 7-1。汽车 12V 电系主要电路导线截面的推荐值见表 7-2。

表7-1

汽车用低压导线允许载流量

导线标称截面（mm²）	0.5	0.75	1.0	1.5	2.5	3.0	4.0	6.0	10	16
允许载流量（A）	7	9	11	14	20	22	25	35	50	70

汽车12V电系主要电路导线截面的推荐值

表7-2

电路名称	标称截面（mm²）
尾灯、顶灯、指示灯、仪表灯、牌照灯、刮水器电动机、电钟	0.5
转向灯、制动灯、停车灯、分电器	0.75
前照灯的近光、电喇叭（3A以下）	1.0
前照灯的远光、电喇叭（3A以上）	1.5
其他5A以上的电路	1.5 ~ 4
预热电路	4 ~ 6
电源线	4 ~ 25
起动电路	16 ~ 95

汽车用低压导线的颜色与代号：随着汽车电器的增多，导线数量也不断增加，为了便于维修，低压导线常以不同的颜色加以区分。其中截面在4mm²以上的采用单色，而4mm²以下的均采用双色。

汽车用低压导线的颜色与代号见表7-3。国产汽车电系各系统的主色见表7-4。

汽车用低压导线的颜色与代号

表7-3

导线颜色	黑	白	红	绿	黄	棕	蓝	灰	紫	橙
代号	B	W	R	G	Y	Br	Bl	Gr	V	O

国产汽车电系各系统的主色

表7-4

序号	系统名称	主色	颜色代号
1	电源系统	红	R
2	点火、起动系统	白	W
3	雾灯	蓝	Bl
4	灯光、信号系统	绿	G
5	车身内部照明系统	黄	Y
6	仪表、报警系统、喇叭系统	棕	Br
7	收音机、电钟、点烟器等辅助系统	紫	V
8	各种辅助电动机及电气操纵系统	灰	Gr
9	搭铁线	黑	B

在汽车电器设备的电路图中，导线上一般都标注有表示导线的截面和颜色的符号，常用的表示方法如下：如1.5RW，其中数字1.5表示导线的截面为1.5mm²，第一个字母R表示导线的主色为红色，第二个字母W表示导线的辅助色（即呈轴向条状或螺旋状的颜色）为白色。

（2）起动电缆用来连接蓄电池与起动机开关的主接线柱，截面有 25、35、50、70mm² 等多种规格，允许电流达 500～1000A。为了保证起动机正常工作，并发出足够的功率，要求在线路上每 100A 的电流电压降不得超过 0.1～0.15V。

（3）蓄电池的搭铁电缆是由铜丝编织而成的扁形软铜线，也可采用与起动电缆相同规格的导线。

2）屏蔽导线

屏蔽导线主要用作各种传感器和电子控制装置的信号线等。这种导线内只有电压很低的微弱信号电流通过，为了不受外界的电磁感应干扰（或火花塞点火时、电器开关开闭时产生的干扰），在其线芯外除了有一层绝缘材料外，还覆有一层屏蔽用的导体，最外层为保护用外皮。

3）高压导线

用来传送点火电压，由于工作电压很高（一般在 15kV 以上），电流较小，因此高压导线的绝缘包层很厚，耐压性能好，但线芯截面很小。

国产汽车用高压导线有铜芯线和阻尼线两种，其型号和规格见表 7-5。为了衰减火花塞产生的电磁波干扰，目前已广泛使用了高压阻尼点火线。高压阻尼点火线的制造方法和结构亦有多种，常用的有金属阻丝式和塑料芯导线式。

高压点火线的型号和规格 表 7-5

型　　号	名　　称	线　芯　结　构		标 称 外 径 (mm)
		根数	单线直径(mm)	
QGV	铜芯聚氯乙烯绝缘高压点火线	7	0.39	7.0 ±0.3
QGXV	铜芯橡胶绝缘聚氯乙烯护套高压点火线			
QGX	铜芯橡胶绝缘氯丁橡胶护套高压点火线			
QG	全塑料高压阻尼点火线	1	2.3	

注：QG 全塑料高压阻尼点火线，线芯系聚氯乙烯塑料加炭黑及其他辅料混炼塑料经注塑成型。

金属阻丝式又有金属阻丝线芯式和金属阻丝线绕电阻式两种。金属阻丝线芯式是由金属电阻丝绕在绝缘线束上，外包绝缘体制成阻尼线；金属丝线绕电阻式是由电阻丝绕在耐高温的绝缘体上制成电阻，再与不同类型的绝缘套构成。

塑料芯导线式是用塑料和橡胶制成直径为 2mm 的电阻线芯，在其外面紧紧地编织着玻璃纤维，外面再包有高压 PVC 塑料或橡胶等绝缘体，电阻值一般在 6～25kΩ/m，这种结构形式，制造过程易于自动化，成本低且可制成高阻值线芯。

2. 连接器

连接器用于线束之间的连接，以便于线束的布置、拆装和线路维修。目前插接式连接器（简称插接器），因其连接可靠、检修电路方便而被广泛应用。插接器的种类很多，可供连接几条到数十条线路用，有圆柱体、长方体、正方体等不同形体。

插接器的插接件由阴阳两部分组成，分别称插座和插头。图 7-1 所示为某种插接件的结构图。

插座和插头均由接头（端子）和护套（外壳）组成。接头由表面镀锡（镀银）的黄铜制成，采用冷铆压合与导线挤压在一起，有柱状（针状）和片状两种；护套由塑料或橡胶制成，设有几个或多个孔位，用以放置导线接头。导线接头上带有倒刺，当嵌入护套后自动锁止。

护套的一侧带有锁止装置,当插头与插座接合后自行锁止,防止使用中自动脱开,保证线路连接的可靠性。在检查或更换线路器件时如要分开插接器,必须先打开锁止装置,切不可强行拉动导线。

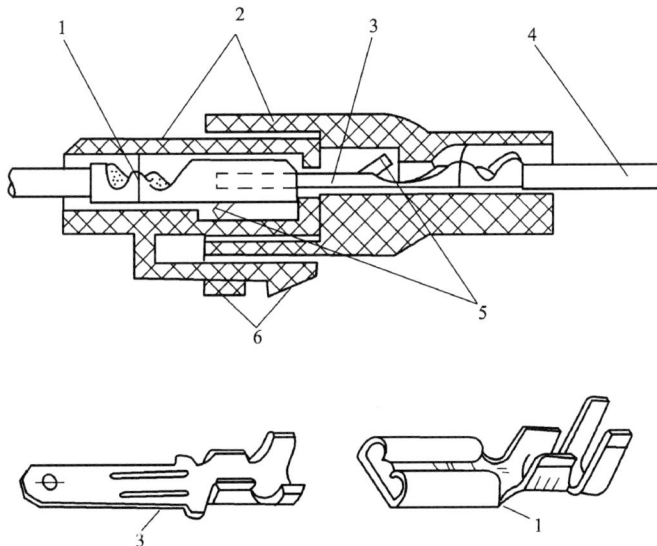

图 7-1　插接件的结构
1-插座;2-护套;3-插头;4-导线;5-倒刺;6-锁止机构

3. 线束

汽车上的全车线路(除高压线以外)为了不零乱、安装方便和保护导线的绝缘,一般都将同路的不同规格的导线用棉纱编织或用薄聚氯乙烯带半叠缠绕包扎成束,称为线束。现代汽车的线束总成由包扎成束的导线、端子、插接器、护套等组成。一辆汽车可以有多个线束。

二、电路控制器件

电路控制器件一般是指开关和继电器。

1. 开关

汽车上用来控制电气设备的开关,有机械式和电磁式两类。

机械式开关有手操纵和脚操纵两种,按功能和用途不同,有电源开关、照明灯开关、信号控制开关等;按结构的不同,可分为推杆式、顶杆式、旋转式、扳柄式、按钮式和组合式等多种形式,可分别装置在驾驶室内的不同位置。

1)电源总开关

为了防止汽车在停驶时,蓄电池通过外电路自行漏电,在汽车蓄电池正极线或搭铁线上装有控制电源的总开关。电源总开关有闸刀式和电磁式两种:前者靠手动来接通或切断电源电路;后者则靠电磁吸力的作用来实现。

(1)闸刀式电源总开关:由手柄、外壳和刀形触头等构成。如图 7-2 所示为国产JK861 型闸刀式电源总开关,可安装在驾驶人便于操作,但又不易误操作的部位,使用只需将操作手柄向下按至图中虚线所示位置,汽车电源即可接通。向上扳起手柄,则电源断开。

（2）电磁式电源总开关：也称蓄电池继电器，它是先利用电源开关控制其电磁绕组电路的通断，再由电磁绕组控制电源电路的通断。图 7-3 所示为 TKL-20 型电磁式电源总开关的结构原理，由铁芯 2、钢柱 1、接触桥 6、触点 3、4 和绕组 9、10 等组成。电源总开关的接通或断开，是通过电源开关操纵的。当电源开关 8 接通电路时，电流由蓄电池正极→蓄电池开关接线柱 B→熔断器→电源开关 8→绕组 9→触点 4→搭铁→蓄电池负极（此时绕组 10 被触点 4 短路）。由于绕组 9 的电阻（$R=4.5\Omega$）很小，电流较大，产生很强的电磁吸力，吸动钢柱 1，使接触桥 6 压缩弹簧 7 向下移动，接触桥 6 便与静触点 3 接触，接通主电路。同时与接触桥固定为一体的触动器 5 将触点 4 断开，于是电流便经过绕组 9、绕组 10（$R=70.5\Omega$）回到蓄电池。电路中增加了 70.5Ω 的电阻，使电流显著下降。但由于绕组 10 的匝数较多，因而电磁吸力仍能保证接触桥与静触点接触良好，所有用电设备均能投入工作。

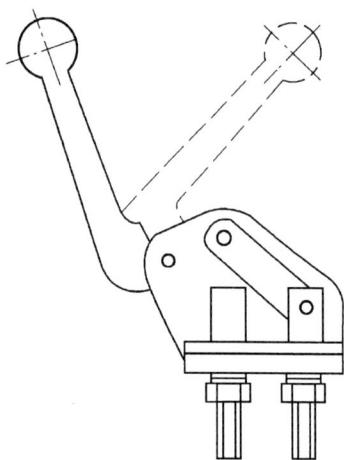

图 7-2　国产 JK861 型闸刀式电源总开关

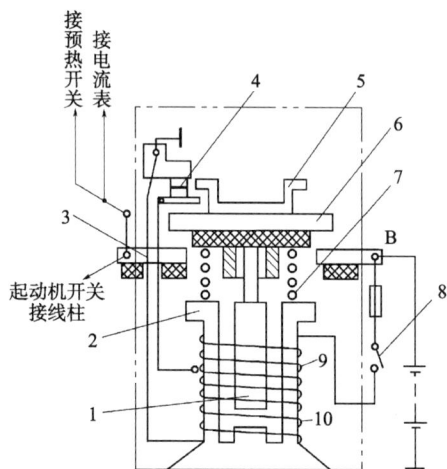

图 7-3　电磁式电源总开关

1-钢柱；2-铁芯；3-静触点；4-触点；5-触动器；6-接触桥；
7-弹簧；8-电源开关；9-绕组；10-绕组

当将电源开关断开时，绕组 9 和 10 中的电流被切断，弹簧 7 便推开接触桥，使之与静触点脱离，从而切断主电路。此时即使是用电设备搭铁，蓄电池也不对其供电。使用时应注意：发动机正常运转后，不可将电源开关断开，否则将切断蓄电池电路，影响发电机正常工作。

2）点火开关

点火开关主要用来控制点火电路和常用电器的电源电路，另外还控制发电机磁场电路、仪表电路、预热、起动电路以及一些辅助电器等，一般都是具有自动复位起动挡位的多挡开关并配有钥匙以备停车时锁住。

常用的点火开关多为三挡位、四挡位或五挡位。三挡点火开关有"OFF"（断）或"LOCK"（锁住转向盘）、"ON"（通）、"ST"（起动）3 个挡位；四挡位点火开关则在"OFF"和"ON"之间增加了一个"ACC"（专用辅助电器，如收音机、点烟器）挡；而五挡点火开关则在"ON"和"ST"之间加了一挡"HAET"（预热）挡，用于柴油发动机冷车起动前的预热。点火开关在电路图上通常采用触刀挡位图法和表格法来表示，图 7-4 所示为五挡位点火开关的三种表示方法。

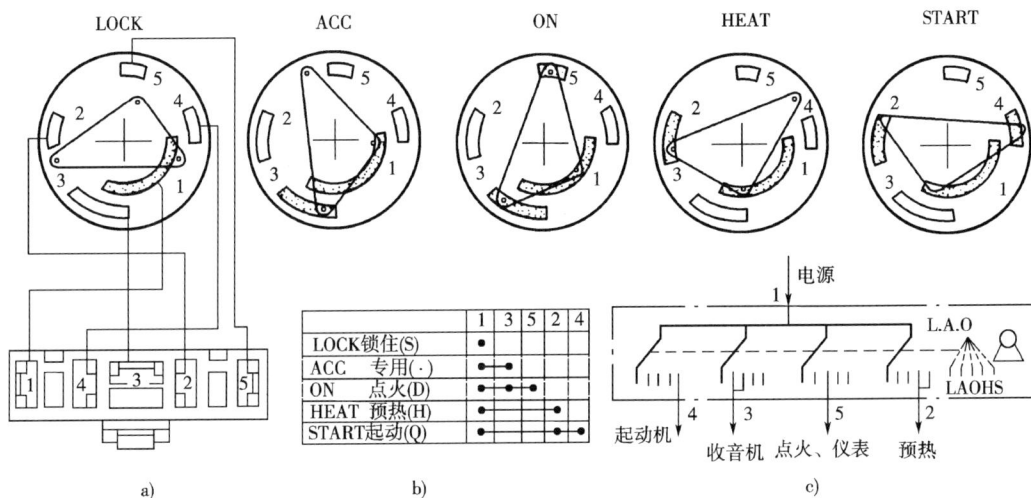

图 7-4 五挡位点火开关的表示方法

a）五挡位点火开关簧片各挡位置；b）表格法；c）触刀挡位图法

3）组合开关

组合开关是将各种不同功能的电气开关组装在一个组合体内的多功能开关，安装在汽车的转向柱上，能够对转向信号灯、远近变光、超车信号、灯光、喇叭按钮、刮水器、洗涤器等常用的电器进行独立控制，具有操作灵活、使用方便的特点，因此在各种类型的车上广泛应用。图 7-5 所示为国产轻型汽车所采用的 JK301 型组合开关，它具有变光开关、转向灯开关、危险报警灯开关、超车信号开关、刮水器开关、洗涤器开关和喇叭电刷等功能。图 7-6 所示为其插接器结构、内部线路及挡位表。

4）其他类型的开关

除上述点火开关、组合开关外，汽车电器系统中大量采用的开关类型还有推拉式开关、旋转式开关、扳柄式开关、翘板式开关、顶杆式开关、按钮式开关等，可用来控制汽车的车灯、室内顶灯、雾灯、暖风机、变光等。

2．继电器

继电器可通过流经开关和继电器线圈的小电流，接通和断开用电装置的大电流，起到减小开关电流负荷、保护开关触点不被烧蚀或实现电路的转换等功能，在现代汽车中应用十分广泛。

根据继电器所控制的电路，电路控制继电器又有电源继电器（减荷继电器）、充电指示继电器、起动继电器、灯光继电器、喇叭继电器、空调压缩机电磁离合器继电器、风扇电动机继电器等。

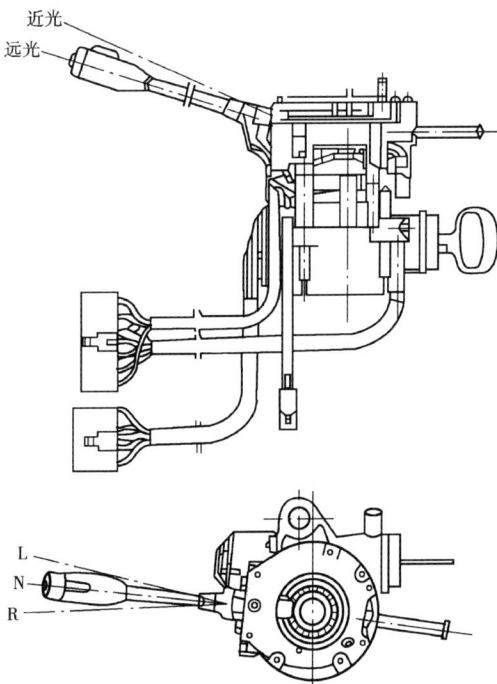

图 7-5 JK301 型组合开关

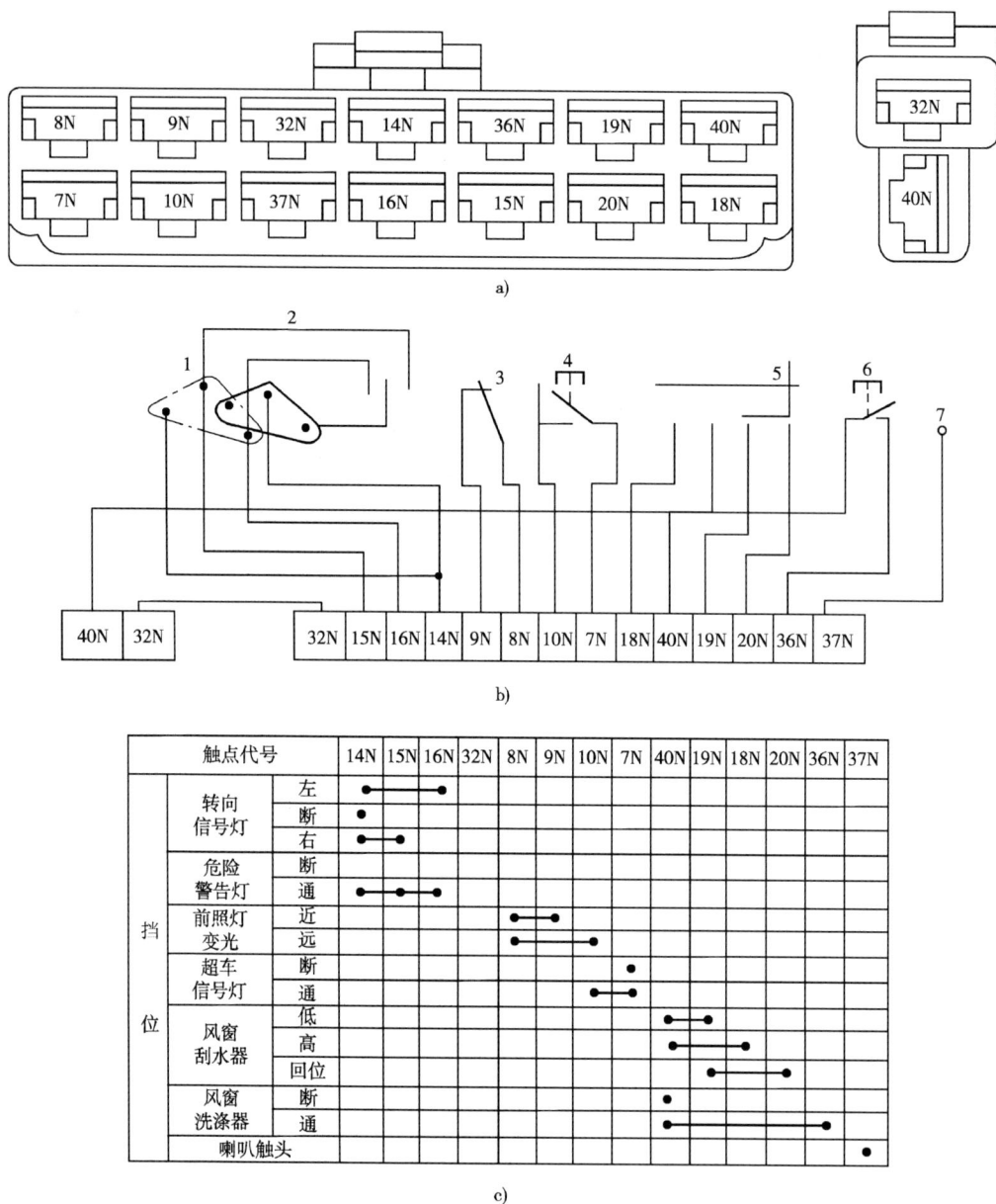

图 7-6　JK301 型组合开关插接器结构、内部线路及挡位表

a)插接件；b)内部接线；c)挡位表

1-危险警告灯开关；2-转向灯开关；3-前照灯变光开关；4-超车灯开关；5-刮水器开关；6-洗涤器按钮；7-喇叭按钮

触点代号			14N	15N	16N	32N	8N	9N	10N	7N	40N	19N	18N	20N	36N	37N
挡位	转向信号灯	左	●———		●											
		断	●													
		右	●——	●												
	危险警告灯	断														
		通	●——	●	●											
	前照灯变光	近					●——	●								
		远					●———		●							
	超车信号灯	断								●						
		通								●———			●			
	风窗刮水器	低									●——	●				
		高									●———			●		
		回位										●———			●	
	风窗洗涤器	断									●					
		通									●———			●		
	喇叭触头															●

c)

三、电路保护器件

为了防止电路过载和短路时烧坏用电设备和导线，在电源与用设备之间串联有保险装置。汽车上常用的保险装置有易熔线、熔断器和电路断路保护器等。

1. 易熔线

易熔线是一种截面小于被保护电路导线截面的、可长时间通过额定电流的铜线或合金导线由易熔导线段及端子组成。其主要用于保护电源电路和大功率电器的保护，当线路中电流超过额定电流数倍时,易熔线将首先熔断,以保护线路免遭损坏。易熔线与一般熔断丝不同之处在于其熔断反应较慢,且导线的形式也不同。易熔线由多股绞合线外包耐热性能好的绝缘护套制成,与普通低压导线相比更为柔软,一般长度有 50mm、100mm 和 150mm 三种。通常接在电路起始端,即蓄电池正极端附近,如图 7-7 所示。

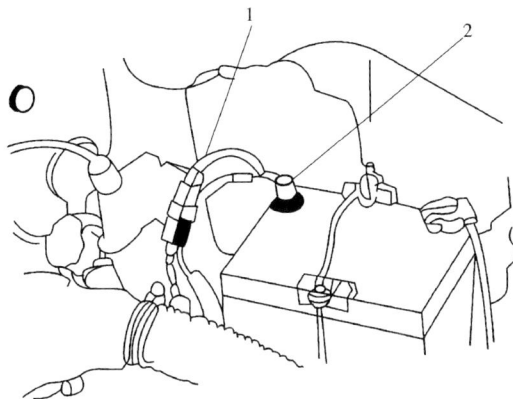

图 7-7　易熔线的连接部位

1-易熔线;2-蓄电池正极

易熔线有黄、黑、蓝、橙、红、棕、紫、绿 8 种颜色,以表示其不同规格。其规格见表 7-6。

易 熔 线 规 格　表 7-6

编号(规格)	线芯截面(mm^2)	额定电流(A)	颜色标志	熔断时间(s)
1	1.5	65	黄	
2	1.25	55	黑	
3	1.00	45	蓝	
4	0.85	40	橙	≤5s
5	0.75	35	红	
6	0.50	25	棕	
7	0.30	15	紫	
8	0.25	10	绿	

易熔线不能绑扎于线束内,也不得被其他物件所包裹。

2. 熔断器

熔断器俗称保险丝,常用于对局部电路进行保护。熔断器的主要组成部分是熔体(熔片或熔丝),材料是锌、锡、铅、铜等金属的合金,装置在一定形状的支架上。熔体能承受额定电流的长时间负载。熔体的熔断时间决定于流过的电流值的大小和本身的结构参数。汽车用熔断器,如最常用的片式熔断器要求流过的电流为额定电流的 110% 时,不熔断;流过的电流为 135% 时,熔断时间不小于 0.75s,不大于 30min;流过的电流为 200% 时,熔断时间不小于 0.15s,不大于 5s;流过的电流在 350% 时,熔断时间不小于 0.04s,不大于 0.5s。

熔断器按结构形式可分为金属丝式、管式、片式和平板式等多种类型,如图 7-8 所示。各种熔断器额定电流的规格见表 7-7。

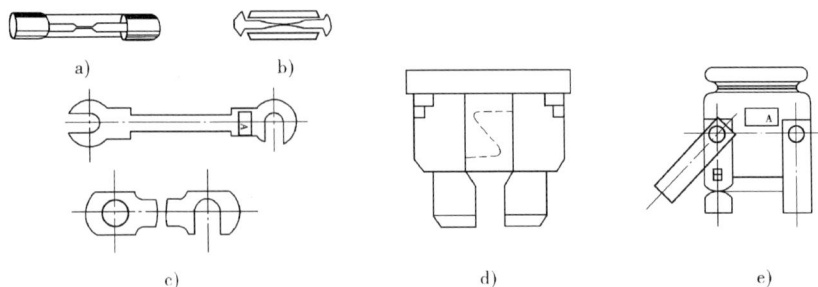

图 7-8 熔断器的结构形式

a)玻璃管式;b)瓷芯式;c)平板式;d)片式;e)金属丝式

各种熔断器额定电流的规格   表 7-7

型　　式	额 定 电 流（A）							
玻璃管式	2　3　5　7.5　10　15　20　25　30							
瓷芯式	5　8　16　20　25							
片式	2(灰)　3(紫)　5(棕)　7.5(褐)　10(红)　15(浅黄)　25(无色)　30(绿)							
金属丝式	7.5　10　15　20　25							
平板式	40　　60　　80　　110　　150　　175							

为了便于检查和更换熔断器,汽车上常将各电路的熔断器集中安装在一起,形成一只保护数条至数十条电路的熔断器盒。熔断器烧断后,必须更换相同规格的熔断器,不能用大于原规格的熔断器代替,更不能用铜丝或导线代替。

3. 电路断电器

电路断电器常用于保护较大容量的电器设备。与易熔线和熔断器相比,其特点是可重复使用。它的基本组成是一对受热敏双金属片控制的触点,当电路发生过载或短路故障时,超过额定电流数倍的电流,使双金属片受热变形,触点断开,自动切断电路,以保护电器设备或线路。电路断路器按其动作后的恢复形式不同,可分为手揿复位式与自动复位式。

(1)手揿复位式电路断电器:其结构如图7-9所示。其中双金属片3由两片线膨胀系数不同的金属材料制成,当负载电流超过限制值时,双金属片受热变形,向上弯曲,使触点分离,切断电路。若要重新接通电路,必须按一下按钮5,使双金属片受压复位,方可继续工作。如果限制电流值不符合要求,需要调整时,只要旋松螺母10,调节螺钉11,从而改变双金属片的挠度即可。

(2)双金属片自动复位式电路断电器:其结构如图7-10所示。其特点是在电路断路双金属片冷却后,会使触点重新闭合而接通电路,这种类型的断路器目前在国产汽车灯光线路中有所应用,国外汽车上常用于刮水电动机、门窗玻璃升降电动机的电路中。

四、中央配电盒

随着汽车电气装置的增多,汽车上的继电器和熔断器的数量也在逐渐增加,为便于装配和使用中排除故障,现代汽车通常将各控制继电器与熔断器集中安装在一起,成为一个中央配电盒。它的正面装有继电器和熔断器插座,背面是插座,用来与线束的插头相连。

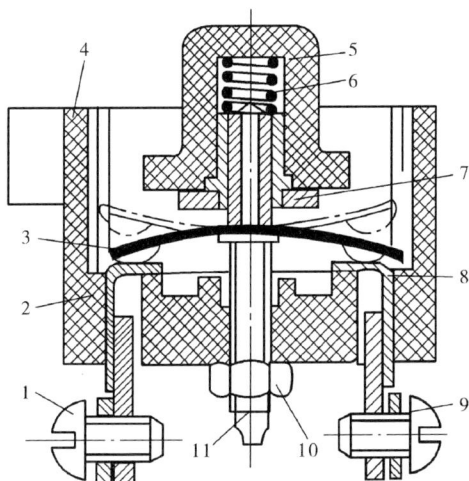

图7-9　手揿复位式电路断电器

图7-10　自动复位式电路断电器
a)触点闭合;b)触点分开

1、10-接线柱;2、8-静触点;3-双金属片动触点;
4-绝缘外套;5-按钮;6-弹簧;7-复位垫圈;9-锁紧
螺母;11-调整螺钉

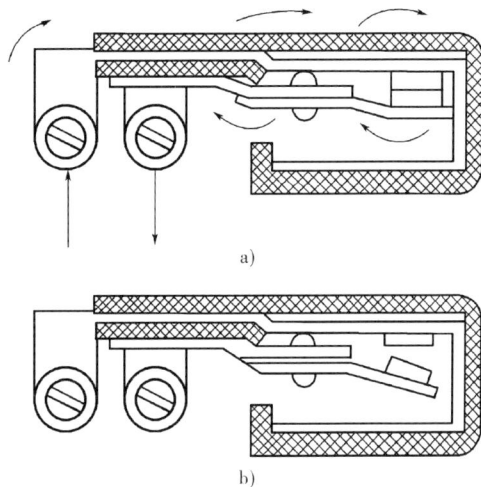

第三节　汽车电路的表达及分析方法

一、汽车电路的表达方法

随着汽车电器日益增多,汽车电器系统也日趋复杂。与此相适应,汽车电路图的表达方法也在发生变革。汽车电路图趋于简化、规范化已是当今世界各国汽车电路图表达方法的总趋势。

汽车电路图的基本表达方法有线路图、原理图、线束图三种。

1. 线路图

线路图是传统的汽车电路表达方法,它是把汽车电器在汽车上的实际位置用线从电源到开关至搭铁——连接起来所构成的电路图。

线路图的优点是电器设备的外形、安装位置都与实际情况一致,因此可以循线跟踪地查线,导线中间的分支、接点容易找到,便于制作线束,故仍有不少厂家沿用。缺点是线路图中线条密集、纵横交错、读图和查找、分析故障不便,并且随着日益增多的电器设备,几乎无法在一张图上表示出各设备的相对位置。图7-11所示为东风EQ1090型汽车的线路图。

2. 原理图

原理图是用简明的图形符号按电路原理将每个系统由上到下合理地连接起来,再将每个系统由左至右排列起来而成。图7-12所示是东风EQ1090型汽车的电路原理图。

汽车电路原理图以表达汽车电路的工作原理和相互连接关系为重点,不讲究电器设备的形状、位置和导线的走向等实际情况,对线路图作了高度地简化,因此电路原理表达准确、图面清晰、电路简单明了、通俗易懂、电路连接控制关系清楚,对了解汽车电器设备的工作原理和迅速分析排除电器系统的故障十分有利。

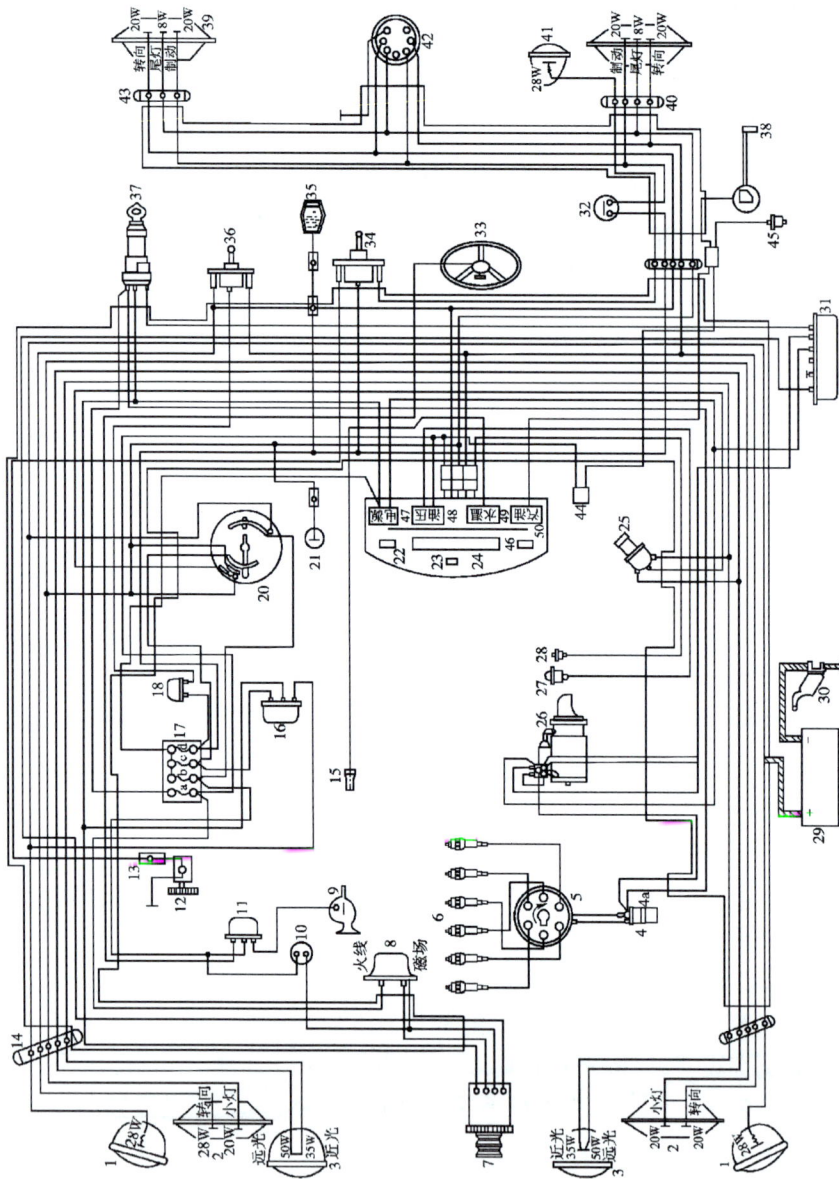

图 7-11 东风 EQ1090 型汽车的线路图

1- 前侧灯 ;2- 组合前灯 ;3- 前照灯 ;4- 点火线圈 ;4a- 附加电阻线 ;5- 分电器 ;6- 火花塞 ;7- 交流发电机调节器 ;8- 交流发电机 ;9- 喇叭 ;10- 工作灯插座 ;11- 喇叭继电器 ;12- 暖风电动机 ;13- 接线管 ;14- 五线接线板 ;15- 水温传感器 ;16- 灯光继电器 ;17a ～ 17d- 熔断器盒 ;18- 熔断器 ;20- 车灯开关 ;21- 发动机罩下灯 ;22- 左右转向指示灯 ;23- 低油压警告灯 ;24- 车速里程表 ;25- 变光开关 ;26- 起动机 ;27- 油压表传感器 ;28- 低油压报警开关 ;29- 蓄电池 ;30- 电源总开关 ;31- 起动机继电器 ;32- 制动灯开关 ;33- 喇叭按钮 ;34- 后照灯和暖风电动机开关 ;35- 驾驶室顶灯 ;36- 转向灯开关 ;37- 点火开关 ;38- 燃油表传感器 ;39- 组合后灯 ;40- 四线接线板 ;41- 后照灯 ;42- 挂车插座 ;43- 二线接线柱 ;44- 低气压报警开关 ;45- 低气压报警开关 ;46- 仪表板 ;47- 串流表 ;48- 油压表 ;49- 水温表 ;50- 燃油表

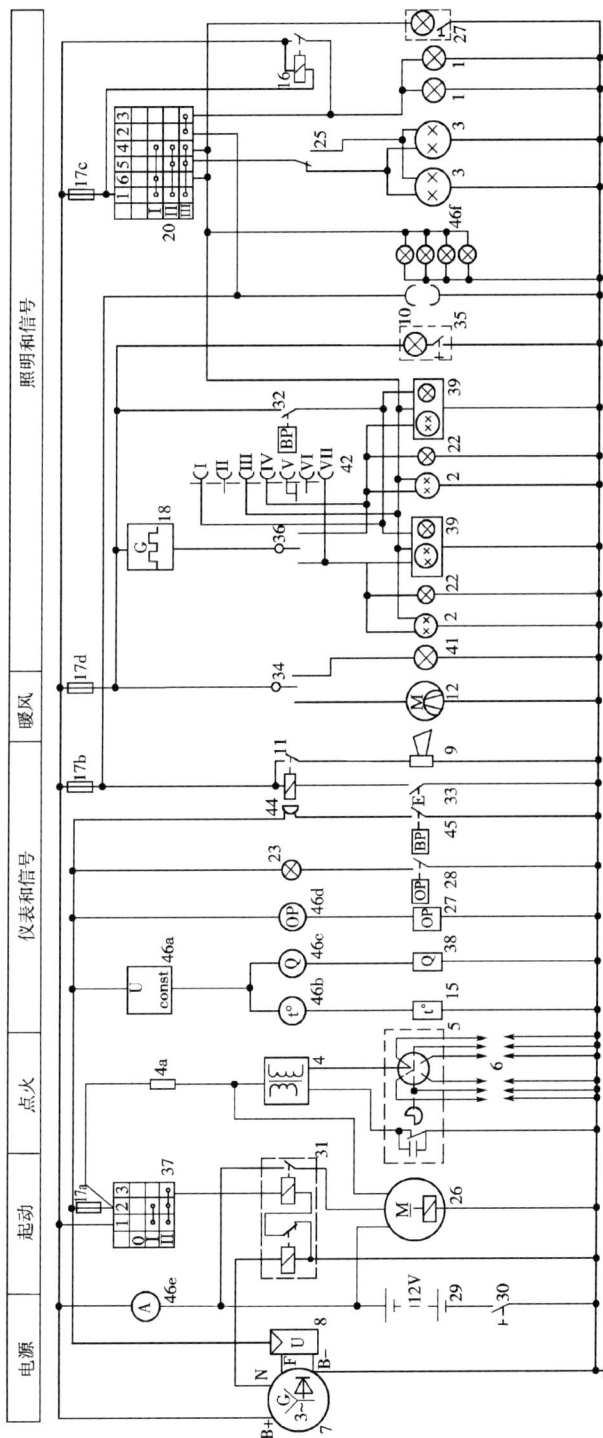

图 7-12 东风 EQ1090 型汽车的电路原理图

1-前侧灯;2-组合前灯;3-前照灯;4-点火线圈;4a-附加电阻线;5-分电器;6-火花塞;7-交流发电机;8-交流发电机调节器;9-喇叭,10-工作灯插座;11-喇叭继电器;12-暖风电动机;15-水温传感器;16-灯光继电器;17a～17d-熔断器;18-闪光器;20-车灯开关;22-左右转向指示灯;23-低油压警告灯;25-变光开关;26-起动机;27-油压表传感器;28-低油压报警开关;29-蓄电池;30-电源总开关;31-起动复合继电器;32-制动灯开关;33-喇叭按钮;34-后照灯和暖风电动机开关;35-驾驶室顶灯;36-转向灯开关;37-点火灯开关;38-燃油表传感器;39-组合后灯;41-后照灯;42-挂车插座;44-低气压报警蜂鸣器;45-低气压报警开关;46a-稳压器;46b-水温表;46c-燃油表;46d-油压表;46e-电流表;46f-仪表灯

第七章 汽车电器系统配电装置及总线路

3.线束图

线束图是根据汽车线束在汽车上的布置、分段以及各分枝导线端口的具体连接情况而绘制的电路图,其重点反映的是已制成的线束外形,组成线束各导线的规格大小、长度和颜色,各分枝导线端口所连接的电器设备的名称、连接端子和护套的具体型号,线束各主要部分的长度等,因此主要用于汽车线束的制作和较方便地连接电器设备,在有的车型线束图还表示了各段线束在汽车上的具体布置情况,即所谓的汽车线束布置图,以便于在汽车上安装。图 7-13 所示是北京 BJ2020N 型汽车的部分线束图。

上述所介绍的汽车电路图的表达方法仅仅是对目前各种汽车电路图从表示方法上的简单归纳。由于各国有关汽车电路图绘制的技术标准、文字标注上的差异,使得各国各大汽车厂家在电路图的绘制、连接关系的表达、器件符号和文字标注等方面不尽相同。目前国内也没有比较完善的汽车电路图绘制技术标准,因此,各型汽车的电路图的绘制尚不规范,特别是各种进口汽车的一些图形符号还很不一致,有时候很难说是线路图、接线图还是原理图或线束图。但只要电路图对所要表达的内容如电路原理、各电器设备和配电设备间的连接关系表达清楚,表示符号简明扼要,文字标注规范,电路图绘制简单,并且有利于分析和阅读,就是好的表达方法。

二、汽车电路的分析方法

正确识读和分析汽车电路图是了解整个汽车电器系统的基本组成、工作原理、电路的结构特点以及各电器装置之间相互连接关系的主要途径,也是分析和判断汽车电器系统故障的主要依据,因此掌握汽车电路图的正确识读和分析方法,对于广大汽车技术人员和汽车维修人员迅速分析汽车电器系统故障原因,准确查找故障所在,最终解决问题是十分重要的。

汽车电路图的一般识读和分析方法可归纳为以下几个方面:

(1)应具备一定的电工电子技术基础知识,掌握直流电路、交流电路的一般规律,例如电磁感应定律、整流滤波、稳压电路、晶体管开关电路等。

(2)搞清楚汽车电路图所用图形符号(包括导线、端子和导线的连接装置、触点与开关、电器元件、仪表、传感器、电气设备和一些限定符号)的意义以及表示各种布线配线走向的图形符号的各种标记、字母等图注的含义,这是识读和分析汽车电路图首先应该了解的知识,否则识读汽车电路图就无从下手,更谈不上分析电路图了。由于各国、各大汽车公司在有关汽车电路图绘制的技术标准、文字标注上的差异,使得各国各大汽车厂家在电路图的绘制、连接关系的表达、表示符号和文字标注等方面不尽相同,也没有比较完善的汽车电路图绘制技术标准,因此,应仔细对照图注和图形符号,熟悉有关元器件名称及其在图中的位置、数量和接线情况。国产汽车电路图符号及标记说明可参阅本书附录。

(3)对于一些汽车电路图由于仅给出的是线路图,电路图上线条密集、纵横交错,分析电路工作原理较为困难,可以参考有关资料和实物把原车线路图按系统改画成不同的单元电路原理图,这样各种电器的功能、线路十分清楚,看起来一目了然,阅读和分析将会较为方便。

(4)回路是一个最基本、最重要同时也是最简单的概念,根据"回路原则"分析电路,任何一个电路都应是一个完整的电气回路。由于汽车电路的主要特点是单线制,各用电器相互并联,因此"回路原则"在汽车电路上的具体形式是:电流流向必须从电源正极出发,经熔断器、开关、导线等到达用电设备,再经导线或搭铁回到同一电源的负极。也可逆着电路电流的方向,由电源负极或搭铁开始,经用电设备、开关等回到电源正极。

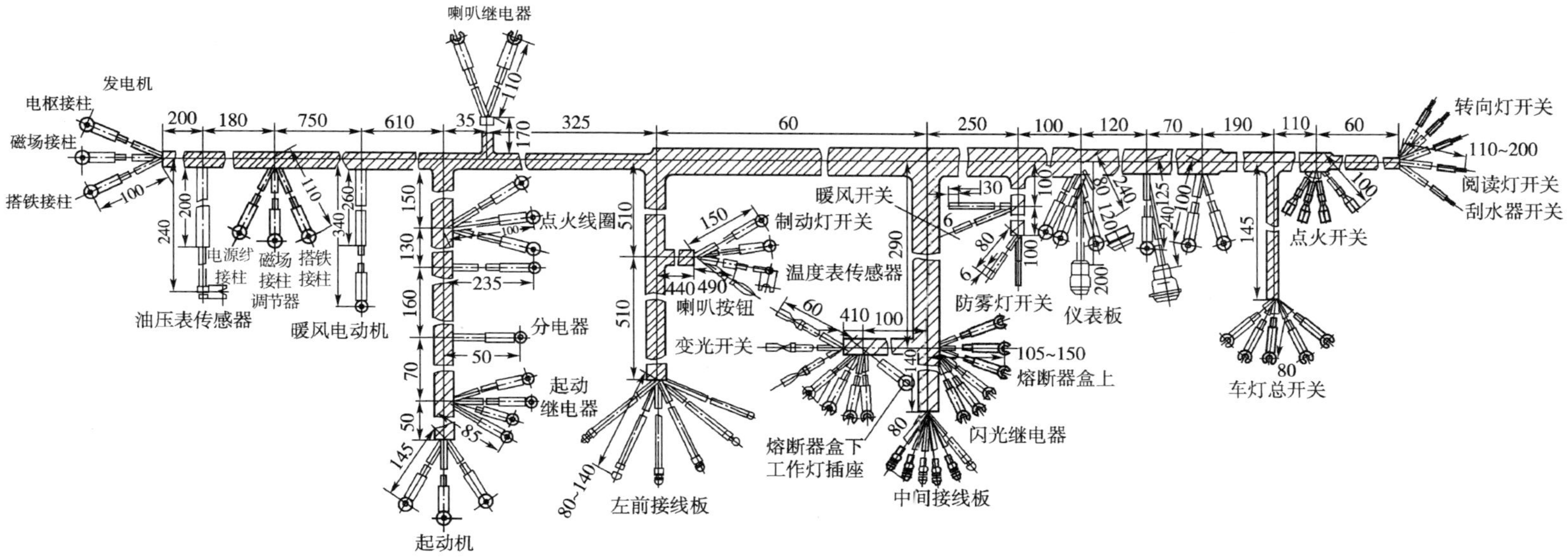

图 7-13　北京 BJ2020N 型汽车的线束图（单位：mm）

在寻找回路时,以下做法是错误的:即从电源正极出发,经某用电器或再经其他用电器,最后又回到同一电源的正极,由于电源的电位差仅存在于电源的正负极之间,而电源的同一电极是等电位的,因而这种"从正到正"的路径将构不成真正意义上的电路回路,也不会产生电流。

(5)应掌握开关和继电器的作用,并注意它们的初始状态。大多数电器或电子设备都是通过开关(包括电子开关)或继电器的不同状态而形成回路的,当开关或继电器的触点状态改变时,其所控制的电器装置或回路将改变从而实现不同的控制功能。在汽车电路图中,各种开关、继电器都是按初始状态画出的,即开关未接通,继电器线圈未通电,其触点处于原始状态,因此在读图或分析电路时不应按原始状态分析,否则很难理解电路的工作原理,而必须按电路中开关或继电器的工作状态进行分析。另外,对于采用多挡开关或组合开关的电路,应注意蓄电池(或发电机)电流是通过什么途径到达这个开关的,中间是否经过其他开关或熔断器,电源线接在开关的哪个接线柱上;多挡开关共有几个挡位,开关内部有几个同时或分别动作的触刀,在每一挡位各接通或关断哪些电器,其作用和功能是什么;组合开关由哪些开关或按钮组合而成,各通过哪些触点接通或改变哪些回路电路,哪些开关处于常通或短暂接通,哪些应先接通,哪些应后接通;哪些电器应单独工作,哪些应当同时工作,哪些电器不允许同时接通等,开关是控制电路通断的关键。

(6)汽车整车电路是由多个系统单元电路组成的,如电源系统、起动系统、点火系统、照明系统、信号系统、电子控制系统等,由于汽车电路采用单线制、各电路负载相互并联以及两个电源也相互并联等特点,因此这些系统单元电路基本上都是相对独立的,在分析汽车电路图时应充分利用汽车电路特点,把系统单元电路从整车电路图上分解出来,抓住特点把各个系统单元电路的结构和原理搞清楚了,理解整车电路也就容易了。整车电路可以按前面所述的组成汽车电气线路的各个系统单元电路逐一进行分析;对于各系统单元电路同样可以采取各个击破的办法进行识读。例如电子控制系统电路,就可以分成发动机电子控制系统、自动变速器电子控制系统、制动防抱死电子控制系统等电路;发动机电子控制系统又可分为燃油喷射控制、点火控制、排放控制等不同电路逐一进行阅读分析。另外还应注意,在对各系统单元电路进行分析的同时,还应注意各系统单元电路之间的相互关系和相互影响。

(7)在看汽车电路图时,先从比较熟悉的车型入手,通过具体的例子,举一反三,互相比较,触类旁通,去掌握汽车电路的一些共性的规律,再以这些共性为指导,了解其他型号的汽车电路,这样又可发现更多的共性,而且还可发现各种车型之间的差异。例如,掌握了解放牌汽车电路的特点,就可以大致了解东风、跃进等国产汽车电路的特点,掌握了日产、三菱、丰田等汽车电路,就可以基本了解日本汽车电路的特点;掌握了桑塔纳轿车的电路,就可以了解奥迪、捷达等德国大众公司汽车电路特点等。如此反复,不断积累,便可掌握识读各种汽车电路图的能力。

(8)掌握电器装置在电路图中的布置。在电器系统中,各种继电器,还有多层多挡组合开关在电路图上表示时,有采用集中表示法和分开表示法两种。集中表示法是把一个电器装置的各组成部分,在图上集中(图上靠近画在一起)绘制的一种表示方法,集中表示法仅适用于较简单的电路。随着汽车电路日趋复杂,一个电器装置有较多的组成部分(如组合开关),若集中画在一起,则易引起线条往返和交叉线过多,造成识图困难。再如继电器的线圈、触点,有时绘制在一起,也易引起线条往返交叉线过多,造成识图困难。这时宜采取分开表示法,即把继电器的线圈、触点分别画在不同的电路中,用同一个文字符号或数字符号将分开部分联系起来,因此在看图时应注意区别。

第四节　汽车电器线路故障的检测与诊断

一、汽车电器线路故障检测与诊断方法

汽车电器线路故障检测与诊断方法如下。

1. 直观法(外观检查法)

直观法检查是检修汽车电器系统故障最简单的方法,它不用任何仪器仪表,凭检维修人员的直观感觉来检查和排除故障。当汽车电系的某部分发生故障时,会出现冒烟、火花、异响、焦臭、高温等异常现象。通过人体的感觉器官——听、摸、闻、看,对汽车电器进行外观检查,进而判断出故障的所在部位。特别应注意各电器部件及导线是否固定牢靠,零部件是否完好无损,搭铁点是否紧固完好;各插接件是否插紧;各接触点有无油污、锈蚀或烧损;导线表面有无油污与灰尘,导线绝缘层有无损伤、老化,导线的屏蔽有无断裂或擦伤;各熔断器、继电器是否齐备,安装是否牢固,额定值是否符合电路要求;各开关、按钮工作是否正常,有无发卡失灵现象等。直观检查法对于有一定经验的维修人员来说,不仅可以通过直观检查来发现一些明显的故障,而且还可以发现一些较为复杂的故障,从而大大地提高了检修速度。

2. 搭铁试火法

搭铁试火法,即拆下用电设备的某一线头对汽车的金属部分(搭铁)碰试而产生火花来判断。这种方法比较简单,是广大的汽车电工经常使用的方法。搭铁试火法可分为直接搭铁和间接搭铁两种。

所谓直接搭铁,是未经过负载而直接搭铁产生强烈的火花。例如怀疑照明总开关至制动开关一段线路有故障,可拆下制动开关上的线头直接搭铁碰试,如出现强烈火花,说明这段线路正常,如火花弱,说明这段线路中某一线头接触不好或有脏污,若无火花出现,说明这段线路有断路。

所谓间接搭铁,是通过汽车电器的某一负载而搭铁产生微弱的火花来判断线路或负载的情况。例如将点火线圈低压侧搭铁,若火花微弱,说明这段线路正常,回路电流经过负载(点火线圈初级绕组)搭铁。若无火花,电路出现断路现象。

3. 断路法

此方法适合于电路系统发生搭铁短路的故障。例如将灯接通时,电流表倒卡,表示后灯接柱所接的某电路有搭铁故障,这时可采用断路法进行故障的排除,就是将后灯线接柱上的各灯线拆下,再分别触及后灯线接柱,触及时哪个线头火花大,则说明该电路有搭铁故障。

4. 短路法

用一根跨接导线将某段导线、某一电器开关或连接器两端短接后观察用电器的变化。例如对制动灯开关的检测,当踩下制动踏板时制动灯不亮,怀疑制动灯开关有问题,可将制动灯开关用一根跨接导线短路,如制动灯亮,则说明制动灯开关有问题。

5. 搭铁法(接地法)

用一根跨接导线一端接用电器的搭铁端,另一端接车体或线路中的搭铁线后观察用电

器的工作情况变化。此方法主要用于检测用电器的搭铁回路是否正常。使用搭铁法时须先供给所测用电器以电源,才能得出检测结果。例如喇叭不响时,为了判断喇叭有问题还是喇叭按钮及其相关搭铁回路有故障,便可用搭铁法加以判断。

6.替换法

替换法是利用器件的替换对可疑器件进行诊断的一种方法。这种方法比较直观,但受到一定条件的限制。首先必须有同样规格型号的备用件,其次,电路中的故障点要较少,否则这种替换过程将变得异常复杂。

7.试灯法

试灯法是利用试灯对电器线路故障进行诊断的一种方法。其优点是可迅速的判断电路中的短路、断路故障。试灯法又分为短路检测法和断路检测法两种方法。短路法主要用于检测线路中的断路故障,而断路法则主要用于检测线路中的短路故障。

断路检测法的测试原理如图7-14所示。当电路出现短路时,电路中的熔断器熔断后可自动切断电路。检查这一类故障时,可将试灯直接接入熔断器的位置,并按图中标注的序号①-②-③依次打开连接器,直到灯灭为止,便可迅速查找到线路中的短路。

短路检测法的测试原理如图7-15所示,当线路出现断路时,用电器无法工作。用一个汽车灯泡作试灯,检查汽车电器或电路有无故障。此方法特别适合不允许直接短路如带有电子元器件的电器装置。

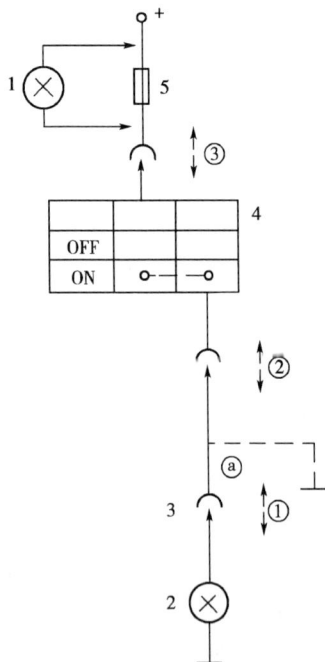

图7-14　断路检测法
1-试灯;2-车灯(用电器);3-连接器;4-车灯开关;5-熔断器

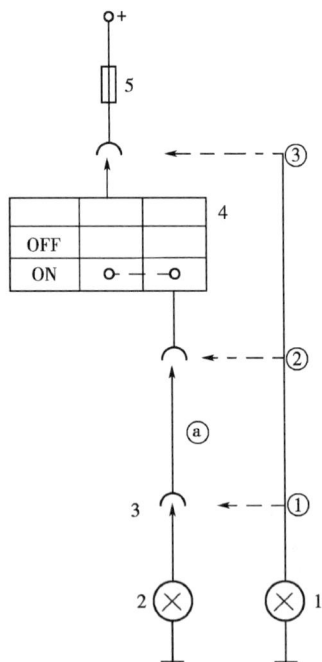

图7-15　短路检测法
1-试灯;2-车灯;3-连接器;4-车灯开关;5-熔断器

8.仪表测试法

仪表测试法是利用电子仪表(如万用表等)对故障器件和电路直接进行测量,读取有关数据(电阻、电流和电压等)后,判断电路及器件是否存在故障的一种检测方法。这种方法以安全、准确见长,在现代汽车电路系统的故障诊断中,尤其对汽车电子控制系统的故障诊断,往往是必不可少的。但前提是要了解被检测器件的正常电阻值或正常工作时的电压(电流)值以及其变化规律等,例如用万用表电阻挡测量电子调节器的电源(+)、磁场(F)与搭铁(-)之间所呈现的电阻值,就能判断该晶体管调节器是否存在故障。

9.仪表法

利用汽车上的电流表、水温表、油压表及汽油表等仪表指针走动的情况,判断故障的方法。一般,水温表、油压表、汽油表等只进行单项指示,所以也只能进行单项的故障判断。由于电流表接在整个电系的公共电路上,因此利用它可以判断仪表电路、灯系电路、点火系电路等的故障。

例如打开点火开关,电流表无指示,其他的仪表也无动作,说明故障出在蓄电池到电流表之间。若打开点火开关、接通起动机开关,电流表在3~5A之间摆动,说明点火系低压电路工作正常;若电流表倒卡,说明电路有搭铁现象。

10.导线颜色判断法

汽车线束及导线颜色各个国家或制造厂都有规定和标准。如我国、日本等国的汽车电路中一般采用黑色为搭铁线,德国大众汽车公司采用棕色,沃尔沃公司则采用黄绿色为搭铁线;各个电器系统所用导线主色也有所不同,如日本车电路中灯光系统电路以红色为主色,绿色导线多用于仪表系统,白色线用于电源和起动系统,而安全气囊的线束颜色则普遍采用黄色等。掌握了这些基本规律后,对于快速查找和排除汽车线路故障是十分有帮助的,在维修工作中应善于积累。

二、汽车电器系统的检修注意事项

(1)拆卸和安装电器元件、换装配件或重新接线时,应先取下蓄电池搭铁线。待线路接好后打开相应的开关,用蓄电池搭铁线在蓄电池-桩头刮火试验,若火花特别强烈,说明线路有故障,待排除后再装好蓄电池搭铁线。如果程序不当,可能打开开关就会烧毁线路。

(2)拆卸蓄电池时,应先拆下负极接线;装上蓄电池时,则应最后连接负极接线。拆下或装上蓄电池时,应确保点火开关和其他开关都已断开,否则会导致电子元器件的损坏。另外安装蓄电池时应特别注意蓄电池的极性不可接反。

(3)检修汽车电器故障时,应先对该线路中最容易检测的部位以及最有可能出现故障的部位加以测试,如应先排除了蓄电池、电源线、连接线及接柱连接等部位,然后再去检查其他可能发生故障的部位。

(4)连接器的拆装首先要解除闭锁,然后把连接器拔开,不允许在未解除闭锁的情况下用力拉导线,这样会损坏闭锁或连接导线。安装插接器时,应确保插头插接牢靠。

(5)靠近振动部件(如发动机)的线束应用卡子固定,并将松弛部分拉紧,以免由于振动造成线束与其他部件碰擦;紧挨尖锐金属部件的线束部分应用胶带缠好,以免磨破;安装固定零件时,应确保线束不被夹住或损坏。

(6)在检修传统汽车电器故障时,往往采用"试火"的办法逐一判断故障部位。在装有电子元件线路的汽车上,不允许使用这种方法。必须借助于一些仪表和工具,按照一定的方法进行。否则,"试火"产生的过电流,会给某些电路和元件带来意想不到的损害。

(7)在检修之前,应尽可能缩小故障范围。即在弄清线路工作原理的前提下,对相关线路(指共用一个熔断器、一个搭铁点或一个开关的相关线路,在电路图上一般都能查出)进行检查,如果相关线路工作正常,说明共同部分没问题,故障原因仅限于有问题的这一线路中;如果相关的几条线路同时出现故障,故障原因多半在熔断器或搭铁线上。

(8)熔断器熔断后首先应查明熔断的原因,大多数是因电流过载,而电流过载的原因则多数是因电系中短路现象造成的,应对共用该熔断器的每条线路都进行检测找到短路处,排除故障,在采取防范措施后更换上相同规格的熔断器,且不要随意加大熔断器的容量。在查明熔断原因前,切不可盲目更换熔断器。熔断器支架与熔断器接触不良会产生电压降和发热现象,安装时要保证良好接触。

(9)查找故障时,应特别注意蓄电池的性能状况以及电器本身搭铁不良造成的故障。

(10)在遇到疑难线路故障时,要找到真正的故障部位,不要随意改动原车线束,如剪断原车接线或另外接线等,这样易造成线路混乱,一旦再次发生故障将很难查找,给今后的维修带来困难。

(11)现代汽车电路(特别是电子电路)的检修,除要求检修人员具有一定的实际经验外,还要求具有一定的电工、电子学基础和分析电路原理及使用仪表工具的能力。

(12)要善于利用电路原理分析故障。

第八章 汽车电子控制技术基础

第一节 概　　述

一、汽车电子控制系统的基本组成

汽车电子控制系统用于对汽车运行过程的监测和控制,使控制对象迅速、准确地工作,以降低汽车的排放和燃油消耗,提高汽车行驶的稳定性、安全性和舒适性。汽车电子控制系统主要包括传感器、控制器和执行器,其基本组成及工作流程如图8-1所示。

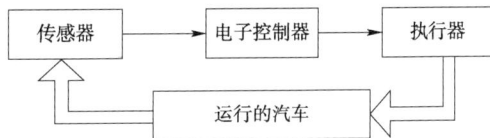

图 8-1　汽车电子控制系统基本组成

1. 传感器

传感器是电子控制系统的"眼睛"和"耳朵",它将反映发动机的工况及状态、汽车行驶工况和状态的各种物理参量转变为电信号,并输送给电子控制器。

2. 电子控制器

电子控制器是电子控制系统的"大脑",它对各传感器输入的电信号以及部分执行器的反馈电信号进行综合处理后,向执行器输出控制信号,使执行器按控制目标的要求进行工作。

3. 执行器

执行器是电子控制系统的"手"和"脚",它按控制器的控制信号进行工作,使被控对象迅速做出反应或将被控对象的控制参量迅速调整到设定的值,以实现控制目标。

二、汽车电子控制系统的类型

1. 按控制器的电路结构与工作方式分

1)模拟控制系统

其电子控制器由分立电子元件或模拟集成电路组成,模拟电子电路构成的控制系统其控制功能有限,控制精度较低,在现代汽车上已很少使用。

2)数字控制系统

其电子控制器的核心是微处理器,这种控制系统功能扩展容易、控制精度高,现代汽车上都采用了这种电子控制系统。

2. 按控制器所具有的控制功能分

1)单功能控制系统

控制器只有某种控制功能。比如:只是在汽车制动时对车轮的制动力进行控制的 ABS

控制系统;用于对燃油泵的转速进行控制的燃油泵控制系统等。单功能控制系统的控制器独立工作,但控制所需的部分信息(传感器)通常与其他控制系统共用。

2)多功能控制系统

控制器具有两种或多种控制功能。比如:发动机集中控制系统具有燃油喷射、点火、怠速稳定、炭碳通气量等多项控制功能;一些汽车防滑控制系统同时具有制动防抱死、防滑转、制动力分配、辅助制动等控制功能;有的汽车发动机电子控制系统与自动变速器控制系统组成一体。多功能控制系统不仅共享传感器信息,还可简化电路,并使相关的控制更加协调。

3.按控制系统控制对象所属汽车部位分

1)发动机电子控制系统

应用在汽车发动机上的电子控制系统,比如,点火控制系统、燃油喷射控制系统、发动机怠速控制系统、废气再循环控制系统等。

2)底盘电子控制系统

应用在汽车底盘中的电子控制系统,比如,制动防抱死控制系统、防滑转电子控制系统、自动变速器电子控制系统、悬架电子控制系统、动力转向电子控制系统。

3)车身电子控制系统

应用于发动机和底盘以外的汽车电子控制系统,比如,自动空调系统、电子仪表系统、汽车巡航系统、安全气囊系统、汽车电子防盗系统等。

4.按控制系统的控制目标分

1)排放与油耗电子控制系统

以降低汽车排气污染和燃油消耗为主要控制目标,应用于发动机的点火控制系统、燃油喷射控制系统、发动机怠速控制系统、废气再循环控制系统等均可归属于此类电子控制系统。

2)安全与舒适电子控制系统

以提高汽车操纵稳定、行驶安全性和乘坐舒适性为主要控制目标,应用于汽车底盘的各种电子控制系统、安全气囊等均可归为此类电子控制系统。

3)汽车信息系统

使驾驶人方便准确地获取所需的汽车和交通信息,汽车信息系统包括电子仪表、车载GPS、电子地图等。

三、汽车电子控制系统发展趋势

以微处理器为控制核心的电子控制系统应用于汽车后,在降低汽车的燃油消耗和排气污染、提高汽车的安全性、舒适性等方面起到了无可替代的作用。随着人们对汽车性能要求的进一步提高,汽车电子控制系统还将继续得到发展。

汽车电子控制系统进一步发展的一个趋势是应用领域继续扩展和多项功能的集中控制。电子节气门、配气相位可变控制、发动机进气压力波控制、前后轮制动力分配控制等电子控制已经在一些汽车上使用,新的电子控制装置还将不断涌现。功能强大的专用微型计算机的开发和应用,使控制器处理信息的速度和能力提高,就可使更多控制功能或整车现实集中控制。而红外摄像、微波雷达、激光雷达、超声波测距与测速等传感技术的应用,将使汽车的"眼睛"更亮,可在原有综合性安全控制系统的基础上,实现车间距自动控制、障碍物监测和报警、汽车跑偏自动纠正和报警、驾驶人困倦和酒后提醒和报警等自动控制功能,使汽车的行驶安全性,乘坐舒适性等有更充分的保障。未来的汽车电子控制技术使汽车向着高度智能化和自动驾驶的方向发展。

汽车电子控制系统进一步发展的另一个趋势是汽车信息系统的成熟。电子化仪表与无线通信技术的结合,使驾驶人不仅可得到汽车运行状态信息,还可与智能交通信息网络、汽车服务与援救网络等进行信息交流,并获得帮助。比如,通过电子地图和 GPS 系统,驾驶人可知道自己驾驶车辆的确切位置、达目的地的最佳行车路线等;通过与交通信息控制中心的信息交流,可避开交通堵塞路段;通过与汽车故障援救中心网络的信息交流,可及时得到故障排查指导和救援。

第二节　汽车电子控制系统常用的传感器

一、发动机转速与曲轴位置传感器

发动机转速与曲轴位置传感器用于产生发动机转速和曲轴位置电信号,常见的有磁感应式、光电式、霍尔效应式 3 种类型。

1.磁感应式发动机转速与曲轴位置传感器

磁感应式发动机转速与曲轴位置传感器的基本原理与磁感应式点火信号发生器一样,也是通过变磁路磁阻产生感应电压的磁感应式传感器,但结构与安装形式则多种多样。

1)导磁转子触发结构形式

有分电器的发动机电子控制系统,通常将发动机转速与曲轴位置传感器安装于分电器内,由分电器轴驱动导磁转子,其结构形式一例如图 8-2 所示。

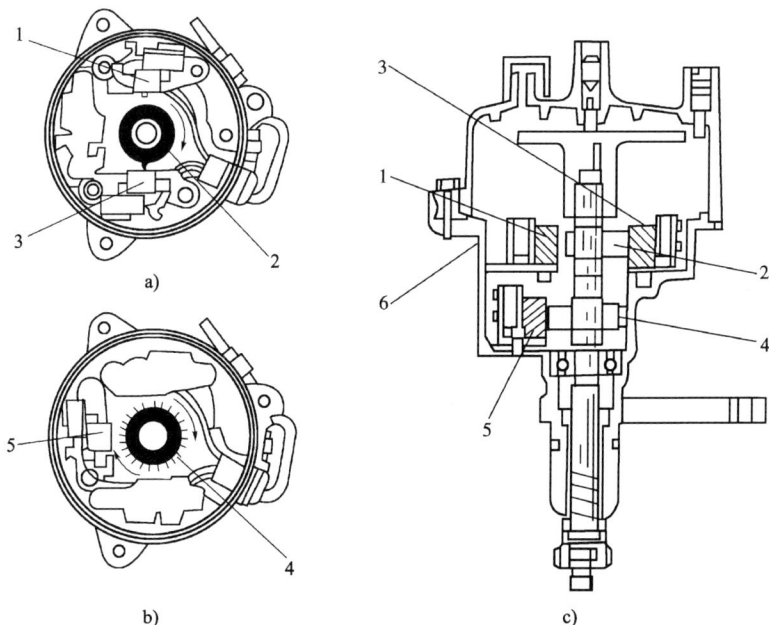

图 8-2　导磁转子触发的磁感应式传感器

a)G 传感器;b)Ne 传感器;c)传感器轴向布置

1-G_1 感应线圈;2-G 转子;3-G_2 感应线圈;4-Ne 转子;5-Ne 感应线圈;6-分电器壳

用于触发产生转速信号的导磁转子 Ne 和触发产生曲轴位置信号的导磁转子 G 上下布置,均由分电器轴驱动,分别触发 Ne、G_1 及 G_2 线圈产生交变的感应电压信号。电子控制器根据 G_1 和 G_2 电压信号确定发动机曲轴位置,根据 Ne 信号确定发动机的转速,并产生点火和喷油控制脉冲。

无分电器的发动机电子控制系统,需有专门的发动机转速与曲轴位置传感器,由传感器轴来驱动上下布置的 Ne 和 G 转子,传感器轴则由凸轮轴或曲轴驱动。

导磁转子触发式传感器的 G、Ne 信号形式有多种,图 8-3 列出了几种常见的形式。

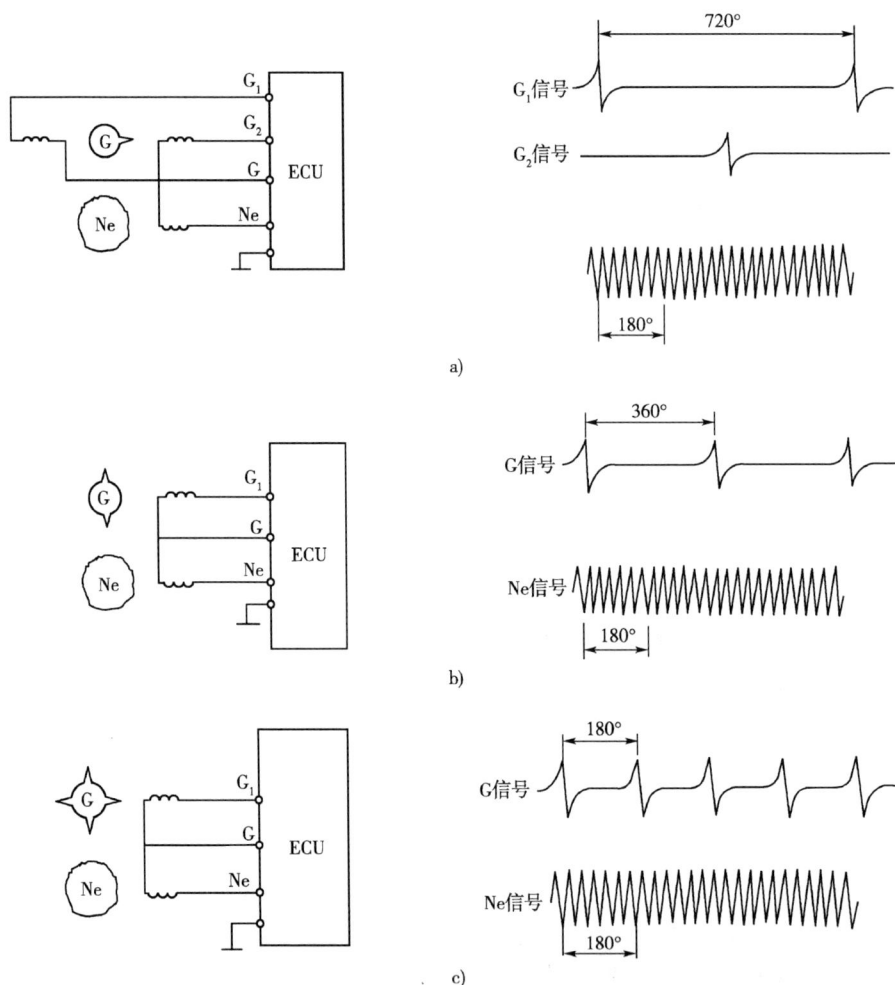

图 8-3 磁感应式发动机转速与曲轴位置传感器的信号形式

2)安装于飞轮处的磁感应式传感器

安装于飞轮壳体上的磁感应式传感器利用飞轮的齿圈(或安装在飞轮上的专用齿圈)和飞轮上的正时记号触发产生感应电压。这种形式的磁感应式传感器如图 8-4 所示。

当发动机转动而使飞轮的轮齿和飞轮上的正时记号通过传感器铁芯 6 时,使传感器内部磁路的磁阻发生周期性变化,穿过感应绕组 7 的磁通量也呈周期性变化,从而使两传感器的感应绕组产生相应的电压脉冲信号。

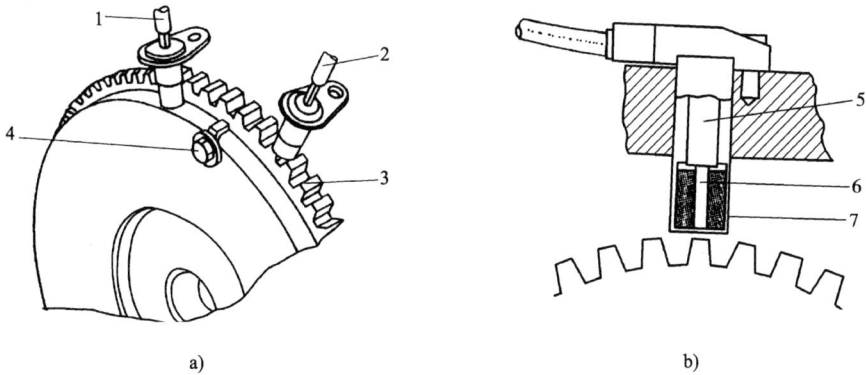

图 8-4　飞轮齿圈触发的磁感应式传感器
a)传感器安装位置;b)传感器内部结构
1-曲轴位置传感器;2-转速传感器;3-飞轮齿圈;4-曲轴位置标记;5-永久磁铁;6-铁芯;7-感应绕组

另一种安装于飞轮处的磁感应式传感器如图 8-4 所示。这种传感器在飞轮处装有 60 - 2 个齿的信号触发齿圈,按 60 个齿均布的齿圈其缺齿的位置与曲轴的位置相对应。飞轮转动时传感器产生的信号电压波形如图 8-5b)所示,电子控制器根据此信号计算发动机转速,并确定曲轴位置。

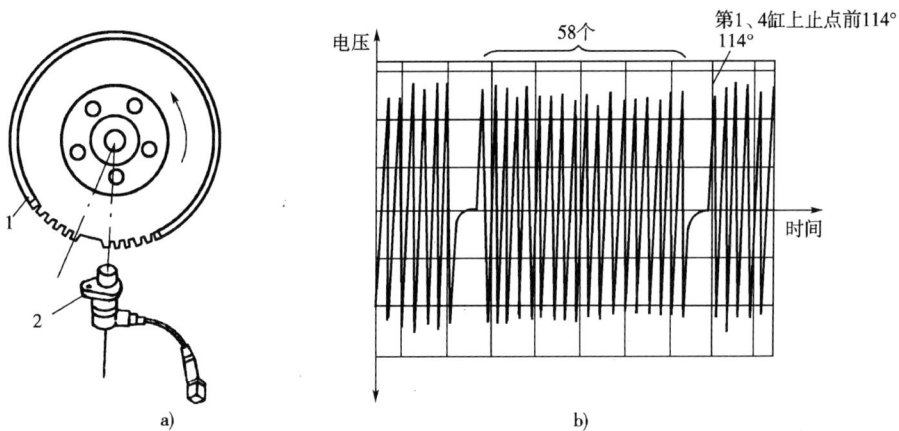

图 8-5　专用齿圈触发的磁感应式传感器
a)传感器原理;b)传感器信号电压波形
1-齿圈(60 - 2 个齿);2-传感器

2. 光电式发动机转速与曲轴位置传感器

光电式发动机转速与曲轴位置传感器的主要部件是发光元件、光敏元件及遮光转子,其基本组成和工作原理与光电式点火信号发生器相同。安装在分电器内的光电式发动机转速与曲轴位置传感器如图 8-6 所示。

由分电器轴驱动的遮光转子的外圈均布有 360 道缝隙,内圈有与发动机缸数相同的缺口。与之相对应的发光管和光敏管也有两组。发动机工作时,一组发光管与光敏管通过转子外圈缝隙的透光,每转一圈产生 360 个脉冲信号;另一组发光管与光敏管则通过内圈缺口的透光,每转一圈产生与汽缸数相同的脉冲信号。两光敏管产生的脉冲信号经整形电路整形后输入电子控制器,用以确定发动机的转速与曲轴的位置。

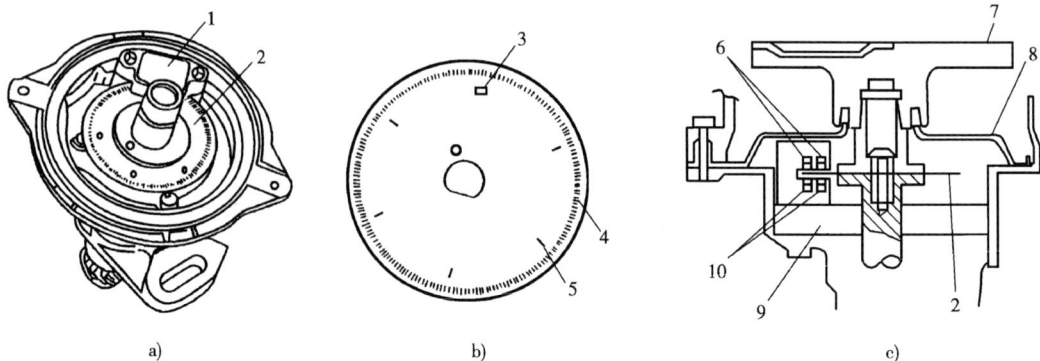

图 8-6　光电式发动机转速与曲轴位置传感器

a）分电器内的光电式传感器；b）遮光盘；c）结构简图

1-光电组件；2-遮光盘；3-第一缸120°信号缺口；4-1°信号缝隙；5-120°信号缺口；6-发光管；7-分火头；8-密封盖；9-整形电路；10-光敏管

3.霍尔效应式发动机转速与曲轴位置传感器

霍尔效应式发动机转速与曲轴位置传感器的基本组成部件如图8-7所示。其工作原理与霍尔效应式点火信号发生器相同，但有不同的结构形式。

1）导磁转子触发的霍尔效应式传感器

安装在分电器内的霍尔效应式传感器的结构形式与霍尔效应式点火信号发生器相同，但分电器轴驱动两个上下布置的导磁转子，两个导磁转子的叶片数不同，分别对应一个信号触发开关。

无分电器的发动机电子控制系统，其霍尔效应式传感器的结构形式大致有三种：一是与安装在分电器内的结构形式完全一样，传感器轴上两个导磁转子仍为上下布置；二是两个导磁转子和相应的触发开关分别安装于两个传感器，各有一个传感器轴由发动机曲轴或凸轮轴驱动；三是两个导磁转子内外布置，在内外导磁转子的侧面各设置一个信号触发开关，如图8-8所示。

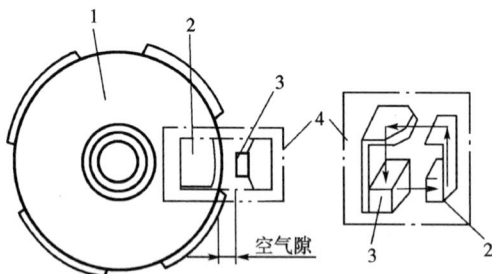

图 8-7　霍尔效应式传感器的基本组成

1-导磁转子；2-带导磁板的永久磁铁；3-霍尔元件及集成电路；4-信号触发开关

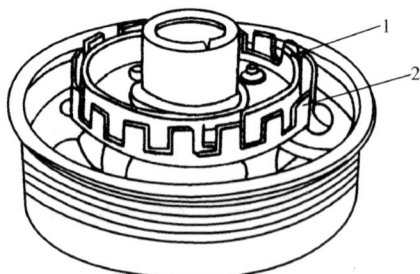

图 8-8　导磁转子内外布置的霍尔效应式传感器

1-内侧导磁转子；2-外侧导磁转子

2）专用齿槽触发的霍尔效应式传感器

在北京切诺基4缸发动机上使用的霍尔效应式发动机转速与曲轴位置传感器安装于飞轮壳处，如图8-9所示。在飞轮齿圈与驱动盘的边缘有对称的2组（6缸发动机为3组）槽，每组均布有4个槽。当槽对准信号触发开关下方时，传感器输出高电平（5V），而当无槽面对准信号触发开关下方时,传感器输出低电平(0.3V)。发动机转动时,传感器产生如图8-9b)所示的电压波形,电子控制器根据此脉冲信号就可判别曲轴的位置并计算发动机的转速。

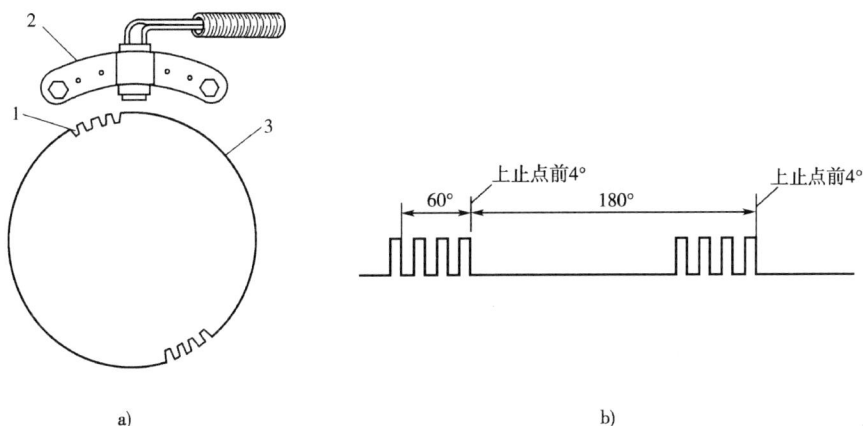

a)

b)

图 8-9 安装于飞轮壳处的霍尔效应式传感器
a)传感器原理;b)传感器信号电压波形
1-槽;2-信号触发开关;3-飞轮

二、空气流量传感器

空气流量传感器将发动机的进气流量转变为相应的电信号,是电子控制器计算基本喷油量、确定最佳点火提前角的重要参数之一。空气流量传感器有量板式、热丝(膜)式、卡门涡旋式等不同的形式。其中量板式空气流量传感器由于其进气阻力大,信号反应迟缓等缺点,现代汽车上已很少采用。

1. 涡旋式空气流量传感器

1)涡旋式空气流量传感器测量原理

在进气通道中设置一锥形涡流发生器,当空气通过时,涡流发生器的后面便会产生两列并排的旋涡(称之为卡门涡旋),如图 8-10 所示。卡门涡旋的频率 f 与空气流速 v 有如下关系:

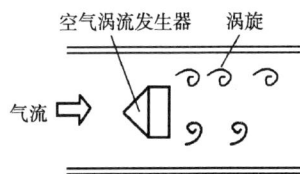

图 8-10 卡门涡旋的产生

$$f = S_t \frac{v}{d} \tag{8-1}$$

式中:d——涡流发生器外径;

S_t——斯特罗巴尔数。

合理地设计进气通道截面积和涡流发生器的尺寸,使发动机进气流速范围内的 S_t 为一常数。这样,只要测出卡门涡旋的频率 f,就可以知道空气的流速 v,空气的流速 v 乘以空气通道的截面积便可获得进气体积流量。

2)反光镜式卡门涡旋空气流量传感器

反光镜式卡门涡旋空气流量传感器是利用涡流发生器产生涡旋时,其两侧压力会发生变化的这一特点来检测涡旋频率,其检测原理如图 8-11 所示。

用导压孔将涡流发生器的压力振动引向用薄金属制成的反光镜表面,当涡旋产生时,反光镜就会随之产生振动。反光镜将发光管投射的光反射给光电管,反光镜振动时,反射到光电管的光线也是振动的,于是,光电管便产生与涡旋频率相对应的电信号。

3)超声波式卡门涡旋空气流量传感器

超声波式卡门涡旋空气流量传感器是利用涡旋会引起空气疏密变化这一特点来检测涡旋的频率,检测原理如图 8-12 所示。

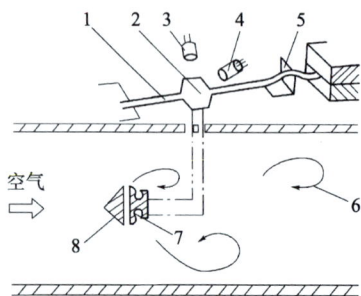

图 8-11 反光镜式卡门涡旋空气流量传感器原理
1-支撑片;2-镜片;3-发光二极管;4-光电管;5-板
簧;6-卡门涡旋;7-导压孔;8-涡流发生器

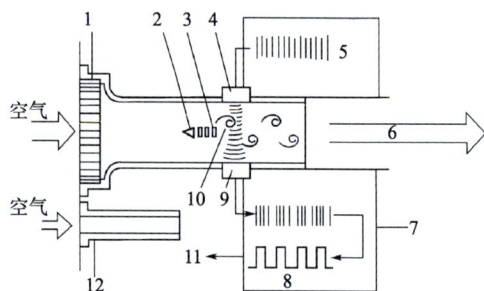

图 8-12 超声波式卡门涡旋空气流量传感器
1-整流器;2-涡流发生器;3-涡流稳定板;4-信号发生
器;5-超声波发生器;6-送往进气管的空气;7-超声波
接收回路;8-整形后矩形波;9-接收器;10-卡门涡旋;
11-接电子控制器;12-空气旁通管路

超声波发生器发出超声波,并通过发生器向涡旋的垂直方向发射超声波。另一侧的超声波接收器接收到随空气疏密变化而变化的超声波,此波经接收回路信号处理后,便成了与涡旋频率相对应的矩形脉冲信号。

卡门涡旋式空气流量传感器输出以脉冲个数计量的数字式信号,所以输入到电子控制器后无须进行模/数转换。此外,由于无可动部件,信号反应灵敏,测量精度也比较高。

2.热式空气流量传感器

1)热式空气流量传感器的测量原理

在进气通道中放置一电热体(图 8-13),通入一稳定电电流后使电热体保持在某

图 8-13 热式空气流量传感器的
测量原理

一温度,当空气经过电热体时,就会带走热量而使电热体温度下降,电热体的电阻随之下降,电热体的电流则相应增加。进气通道的空气流量与电热体的电流在一定的范围内成正比关系,通过测量电路将电热体的电流变化转换为电压的变化,由电压信号来反映空气流量。

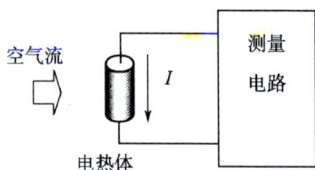

2)热式空气流量传感器的结构与工作原理

热式空气流量传感器根据其电热体放置的位置不同,可分为主流式和旁通式两种,根据电热体的结构形式不同,又有热丝式和热膜式之分。

热丝主流式空气流量传感器的电热体用铂丝制成,如图 8-14 所示。热丝的工作温度一般在 100~120℃,在其两端都有金属网,以防止进气气流的冲击和发动机回火损坏热丝。为防止热丝粘有沉积物而影响传感器的测量精度,热丝式传感器都设有自洁功能:在每次发动机熄火后约 5s,控制电路使热丝通过较大的脉冲电流(约 1s),将热丝迅速加热到 1000℃左右,用以烧掉热丝上的沉积物。

热丝旁通式空气流量传感器如图 8-15 所示。冷丝(空气温度补偿电阻)和热丝均绕在

螺线管上,安装在旁空气通道上,热丝的工作温度一般在200℃左右。这种旁通的结构形式可以减小进气通道的进气阻力,有助于提高发动机的充气效率。

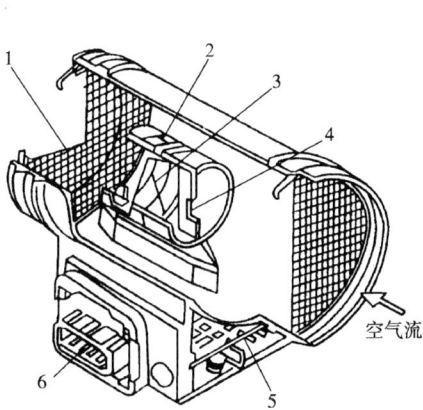

图8-14　热丝主流式空气流量传感器
1-金属网;2-取样管;3-热丝;4-温度补偿电阻丝;
5-控制电路;6-接线端子

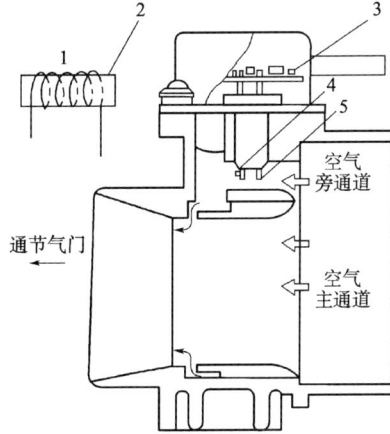

图8-15　热丝旁通式空气流量传感器
1-冷丝或热丝;2-陶瓷螺线管;3-控制回路;
4-冷丝(温度补偿);5-热丝

热膜式空气流量传感器的电热体由一铂片固定在树脂薄膜上构成。这种结构形式可使铂片免受空气气流的直接冲击,提高了传感器的工作可靠性和使用寿命。

热式空气流量传感器的电路原理如图8-16所示。置于进气通道中的电热体电阻 R_H 和空气温度补偿电阻 R_K 与测量电路中的常值电阻 R_A、R_B 组成惠斯登电桥。接通电源后,控制电路使电热体通电,电桥处于平衡状态。发动机工作时,随着进气管空气流量的增大,电热体的冷却作用加剧而使其电阻减小,通过 R_H 的电流 I_H 增大,使电阻 R_A 上输出与空气流量增大相对应的电压信号 U_0。

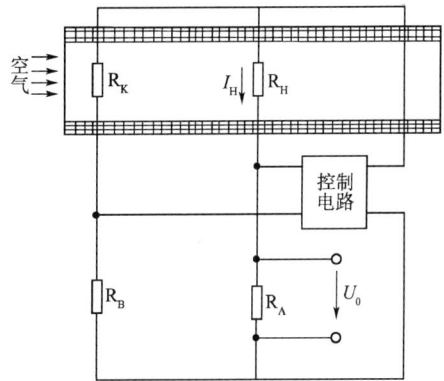

图8-16　热式空气流量传感器电路原理
R_K-温度补偿电阻;R_H-电热体电阻;R_A、R_B-常值高精度电阻;U_0-传感器输出信号电压

热式空气流量传感器的测量范围大、反应灵敏、体积小,由于信号与空气质量流量相对应,因此一般无须对大气压力及进气温度的变化进行修正。热式空气流量传感器的缺点是电热体受污染后,对测量精度影响较大。

三、进气压力传感器

进气压力传感器是将发动机进气歧管的压力转变为相应的电信号,发动机电子控制器根据此信号计算基本喷油时间、确定基本点火提前角等。压力传感器有多种形式,根据其信号产生的原理可分为压电式、半导体压敏电阻式、电容式、差动变压器式及表面弹性波式等。

1. 半导体压敏电阻式进气压力传感器

1)半导体压敏电阻式压力传感器测量原理

半导体压敏电阻式压力传感器是利用半导体的压阻效应将压力转换为相应的电压信号,其原理如图8-17所示。

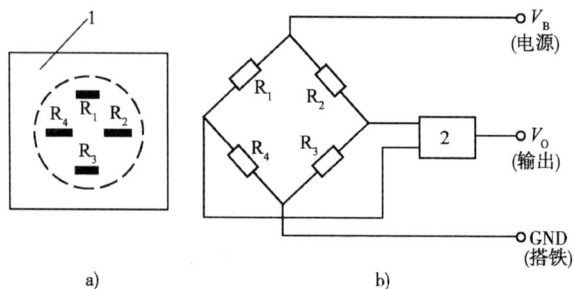

图 8-17 压敏电阻式传感器测量原理

a) 半导体应变片贴片位置; b) 传感器测量电路

1-硅膜片; 2-集成放大电路; R_1、R_2、R_3、R_4-半导体应变片

半导体应变片是一种受拉或受压变形时,其电阻值会相应改变的敏感元件。将应变片贴在硅膜片上,并连接成惠斯登电桥,当硅膜片受力变形时,各应变片受拉或受压而其电阻发生变化,电桥就会有相应的电压输出。

2) 压敏电阻式进气压力传感器结构与工作原理

半导体压敏电阻式进气压力传感器的组成,如图 8-18 所示。传感器的压力转换元件中有硅膜片,硅膜片受压变形会产生相应的电压信号。硅膜片的一面是真空,另一面导入进气歧管压力,当进气歧管内的压力变化时,硅膜片的变形量就会随之改变,并产生与进气压力相对应的电压信号。进气压力越大,硅膜片的变形量也越大,传感器的输出压力也就越大。

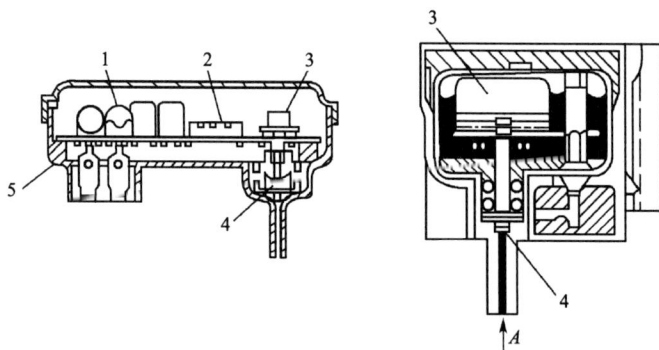

图 8-18 半导体压敏电阻式进气压力传感器

1-滤波器; 2-混合集成放大电路; 3-压力转换元件; 4-滤清器; 5-外壳; A-进气管压力

半导体压敏电阻式进气压力传感器的线性度好,且结构尺寸小、精度高、响应特性好,因此汽车电子控制系统大都使用这种进气压力传感器。

2. 电容式进气压力传感器

1) 电容式压力传感器的测量原理

电容式压力传感器利用膜片构成一个电容值可变的压力敏感元件,膜片受力变形时,其电容值相应改变,由传感器测量电路将与压力相对应的电容变化转换为相应的电信号。典型的电容式压力传感器测量电路形式如图 8-19 所示。

频率检测式测量电路(图8-19a)中,振荡电路的振荡频率随压力敏感元件电容值的大小变化而改变,经整流、放大后输出频率与压力相对应的脉冲信号。

电压检测式测量电路(图8-19b)中,压力敏感元件电容值的大小变化转变为电路中微弱电压变化,经载波与交流放大电路的调制、检波电路的解调、滤波电路的滤波后,输出与压力变化相对应的电压信号。

2)电容式进气压力传感器结构与原理

电容式进气压力传感器的结构示意图如图8-20所示,氧化铝膜片与中空的绝缘介质构成一个内部为真空的电容式压力敏感元件,并连接传感器混合集成电路。传感器导入进气管的压力后,氧化铝膜片在进气压力的作用下产生变形,使其电容值发生改变,经混合集成电路处理后,输出与进气压力变化相对应的电信号。

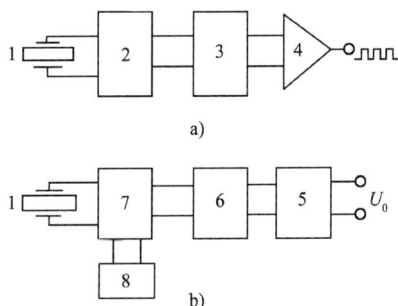

图8-19 电容式压力传感器测量原理
a)频率检测式;b)电压检测式
1-电容式压力敏感元件;2-振荡电路;3-整流电路;4-放大器;5-滤波电路;6-检波电路;7-载波与交流放大电路;8-振荡器

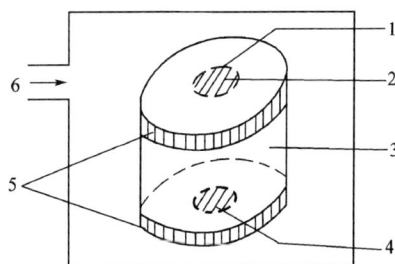

图8-20 电容式进气压力传感器
1-电极引线;2、4-厚膜电极;3-绝缘介质;5-氧化铝膜片;6-进气管压力

相比于起相同作用的进气流量传感器,进气压力传感器对进气无干扰,安装位置灵活(可利用真空管的引导,将进气压力传感器安装在远离发动机进气歧管的地方),因此现代汽车电子控制系统使用进气压力传感器的日渐增多。

四、温度传感器

温度传感器的作用将被测对象温度的变化转换为相应的电信号,使控制器能进行温度修正或与温度相关的自动控制。温度传感器按其结构与工作原理分,有热敏电阻式、双金属式、热电耦式、热敏磁性式等多种形式。汽车电子控制系统中各种温度传感器大都是热敏电阻式温度传感器。

1.热敏电阻式温度传感器的测量原理

热敏电阻式温度传感器通过其敏感元件的电阻值随温度而变这一特性,将被测对象温度的变化转换为电阻的变化,再通过测量电路将电阻的变化转换为相应的电压或电流信号。热敏电阻式温度传感器的测量电路主要有串联式和串并联式两种形式,如图8-21所示。

当热敏电阻传感器的电阻值随温度变化而改变时,热敏电阻上的电压降就会随之改变,从A点输出一个与温度相对应的电压信号。

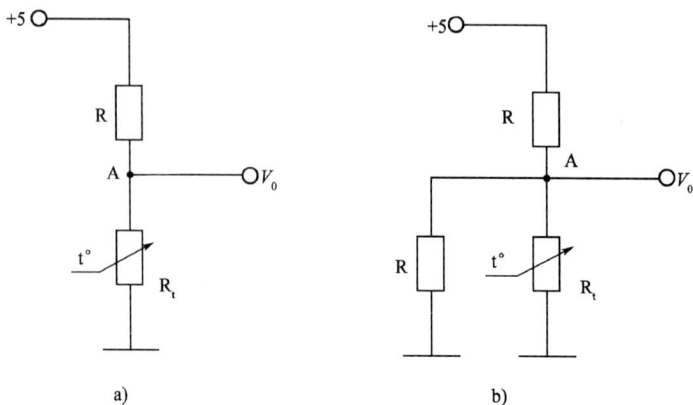

图 8-21　热敏电阻式温度传感器的测量电路

a) 串联式测量电路；b) 串并联测量电路

R- 常值电阻；R_t- 传感器热敏电阻

2. 热敏电阻式温度传感器的结构与原理

半导体热敏电阻式温度传感器主要由热敏元件、引线及壳体组成，其结构如图 8-22 所示。

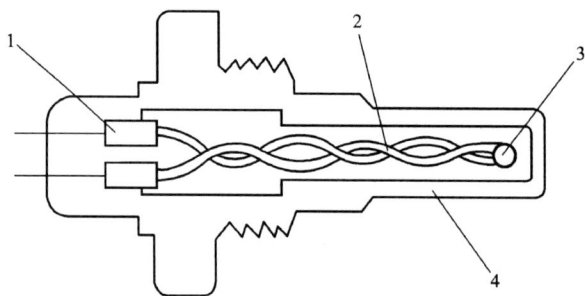

图 8-22　半导体热敏电阻式温度传感器

1- 接线端子；2- 引线；3- 热敏电阻；4- 传热套筒

如图 8-23 所示，半导体热敏电阻的温度特性有三种情况：电阻随温度上升增大的半导体，可制成正温度系数的热敏电阻（PTC）；电阻随温度的上升而减小的半导体，则制成负温度系数的热敏电阻（NTC）；在某一临界温度下电阻跃变的半导体，则可用作热敏开关（CTC）。

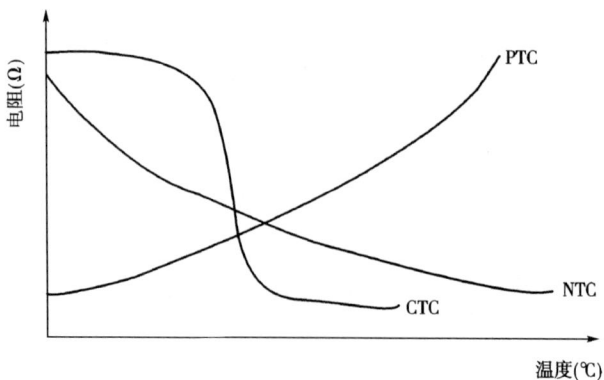

图 8-23　半导体热敏电阻的温度特性

汽车电子控制系统中各温度传感器的工作温度是不同的,发动机冷却液温度传感器的工作温度为 – 20 ~ 130℃,而排气温度传感器的工作温度则高达 600 ~ 1000℃。通过选择不同的氧化物、控制掺入氧化物的比例和烧结温度等,就可制成不同工作温度的半导体热敏电阻,以适应不同的温度测量。

半导体热敏电阻式温度传感器具有灵敏度高、响应特性好、电阻值和温度测量范围大等优点,在汽车电子控制系统中被广泛使用。

五、节气门位置传感器

节气门位置传感器将节气门的开度转变为电信号,输送给电子控制器。电子控制器从节气门位置传感器信号中获得节气门开度、节气门开启速度、怠速状态等信息,用于进行点火时间、燃油喷射、怠速、废气再循环、碳罐通气量等控制。

节气门位置传感器有线性式和开关式两种类型。开关式节气门位置传感器只检测节气门关闭和全开状态,现在的汽车电子控制系统中已经比较少见。

1. 线性节气门位置传感器

线性节气门位置传感器相当于一个加设了怠速触点的滑片式电位器,其结构与内部电路如图 8-24 所示。

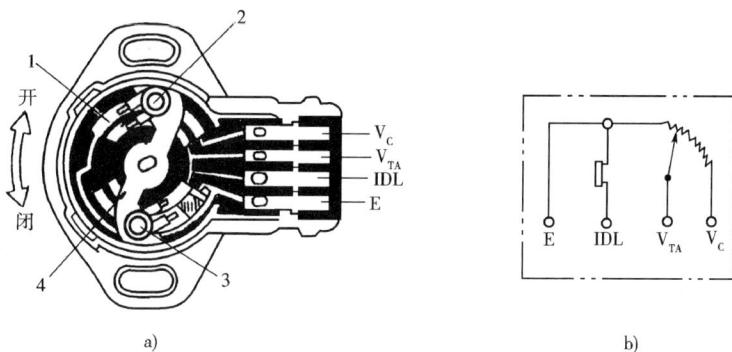

图 8-24　线性节气门位置传感器
a)结构简图;b)内部电路

1-滑片电阻;2-节气门位置滑片;3-节气门全关滑片;4-滑片摆臂;V_C-电源;V_{TA}-节气门位置信号;IDL-怠速信号;E-搭铁

测节气门位置滑片和测节气门全关(怠速)滑片通过传感器与节气门联动。节气门开度变化时,节气门位置滑片在电阻体上作相应的滑动,电位器输出相应的节气门位置信号 V_{TA}。在节气门关闭时,节气门关闭滑片使怠速触点处于接通状态,从 IDL 端子输出怠速信号。

2. 开关式节气门位置传感器

开关式节气门位置传感器内有节气门全开和全闭两对触点,其结构如图 8-25 所示。

发动机处于怠速工况时,全闭(怠速)触点接通;发动机处于高速或大负荷(节气门开度大于

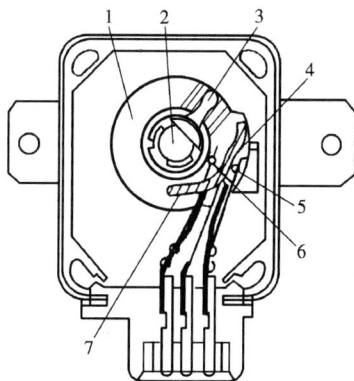

图 8-25　开关式节气门位置传感器

1-导向凸轮;2-节气门轴;3-控制杆;4-移动触点;5-怠速触点;6-节气门全开触点;7-导向槽

50°）时，全开触点接通。开关式节气门位置传感器无节气门中间开度信号输出，其检测性较差。

六、氧传感器

氧传感器的作用是检测发动机排气中氧含量，向电子控制器提供混合气空燃比反馈信号，使电子控制器及时修正喷油量，将混合气浓度控制在理论空燃比附近，以使排气管中三元催化反应器对排气中 HC、CO、NO_x 的净化达到最佳效果。

在汽车电子控制系统中，应用较多的是氧化锆型氧传感器，氧化钛式氧传感器也有应用。

1. 氧化锆型氧传感器

1）氧化锆型氧传感器的测量原理

将二氧化锆（ZrO_2）置于高温下，如果 ZrO_2 两侧气体的氧含量有较大差异，氧离子就会从氧含量高的一侧向氧含量低的一侧扩散，使两侧电极间产生电动势。电动势 E 的大小可由下式表示：

$$E = \frac{RT}{4F}\ln(P_1 - P_2) \tag{8-2}$$

式中：R——气体常数，J/mol·K；

T——热力学温度，K；

F——法拉第常数，c/mol；

P_1、P_2——两侧气体氧气分压，Pa。

氧化锆型氧传感器就是利用了氧化锆的这一特性，将氧敏感元件（ZrO_2）制成试管状，使其内侧通大气（氧含量高），外侧通过发动机的排气（氧含量低）。混合气偏浓时，排气中的氧含量极少，氧化锆内外侧氧的浓度差大，因而产生一个较高的电压；混合气偏稀时，排气中含有较多的氧，氧化锆内外侧的氧浓度差较小，产生的电压较低。

2）氧化锆型氧传感器的结构与工作特性

氧化锆型氧传感器的结构如图 8-26 所示。氧化锆的内外表面都涂有铂，铂的外表面有一层陶瓷，起保护铂电极的作用。氧化锆表面涂铂的作用是催化排气中的 O_2 与 CO 反应，使混合气偏浓时排气中的氧含量几乎为零，而对混合气偏稀时排气中的氧含量影响则不大，这样就显著提高了氧传感器的灵敏度（图 8-27）。

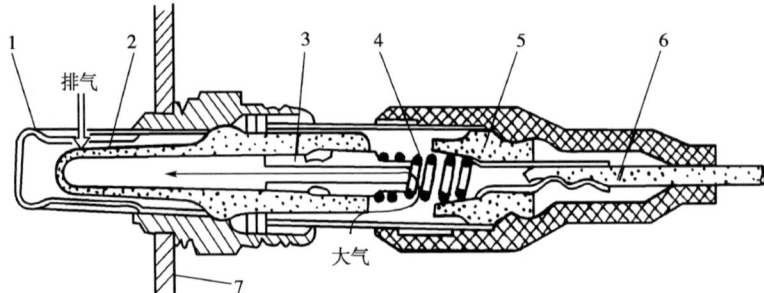

图 8-26 氧化锆型氧传感器的结构

1-导入排气孔罩；2-锆管；3-电极；4-弹簧；5-绝缘支架；6-接线端子；7-排气管壁

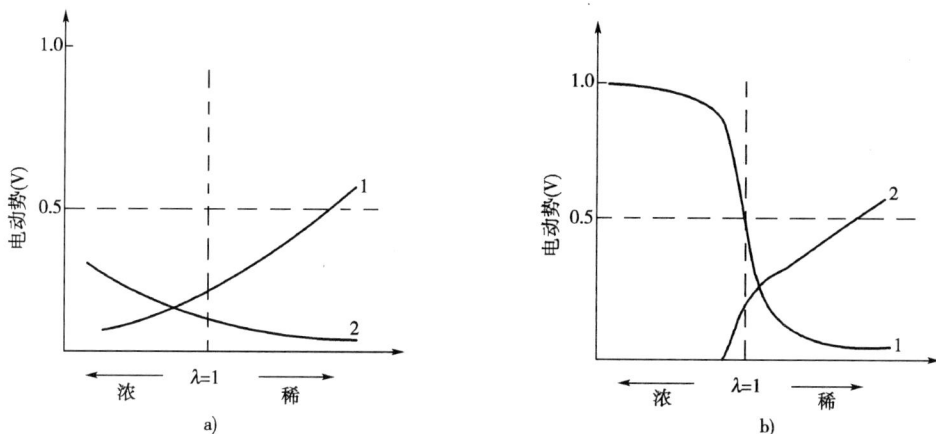

图 8-27 氧化锆型氧传感器输出特性
a)无铂催化作用；b)有铂催化作用
1-氧传感器输出的电动势；2-通过氧传感器废气中 O_2 的浓度；λ-过量空气系数

ZrO_2 需在 400℃ 以上的温度下才能正常工作，为此，在一些氧化锆型氧传感器中设有加热器，其作用是在排气管温度尚未达到氧传感器正常工作温度时通电加热氧传感器，以使其迅速达到正常工作温度。

2. 氧化钛型氧传感器

1）氧化钛型氧传感器的测量原理

二氧化钛（TiO_2）在室温下具有高电阻性，但当其周围气体氧含量少时，TiO_2 中的氧分子将逃逸而使其晶格出现缺陷，电阻随之下降。二氧化钛电阻 R 的变化可由下式表示：

$$R = Ae^{\left(-\frac{E}{KT}\right)}P_{O_2}^{1/m} \qquad (8-3)$$

式中：A——常数；

E——活化能；

K——玻耳兹曼常数，J/K；

T——热力学温度，K；℉

P_{O_2}——氧分压，Pa；

$1/m$——取决于晶格缺陷性质的指数。

氧化钛型氧传感器就是利用二氧化钛的电阻随周围气体中氧含量变化而相应改变的这一特性制成的。将二氧化钛敏感元件置于排气管中，当混合气偏稀时，排气中氧含量较高，传感器的电阻较大；而当混合气偏浓时，排气中氧的含量很低，传感器的电阻相应减小。这一电阻的变化通过测量电路转变成相应的电压信号。

2）氧化钛型氧传感器的结构与工作特性

氧化钛型氧传感器的结构如图 8-28 所示。二氧化钛为电阻型传感器，温度变化时，其电阻也会改变。为此，传感器中除了有一个具有多孔性的二氧化钛敏感元件（用来检测排气氧含量）外，还有一个温度系数相同的实心二氧化钛元件（用作温度补偿），并将其连接成图 8-28b)所示的电路，以消除温度变化对测量精度的影响。氧化钛型氧传感器的输出特性如图 8-29 所示。

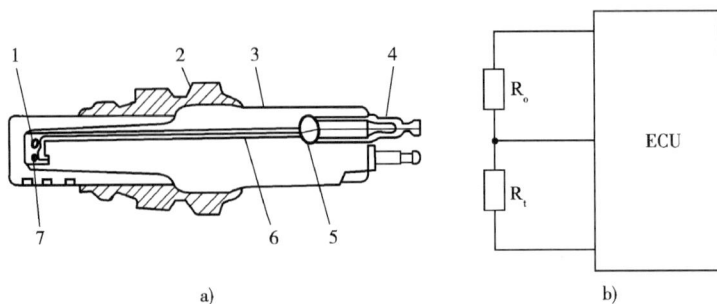

图 8-28　氧化钛型氧传感器的结构

a)结构简图;b)电路连接

1-二氧化钛元件(R_o);2-金属壳;3-瓷体;4-接线端子;5-陶瓷黏结;6-引线;7-热敏元件(R_t)

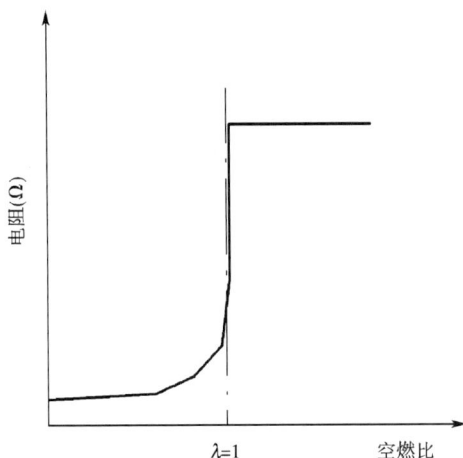

图 8-29　氧化钛型氧传感器输出特性

七、爆震传感器

爆震传感器用于监测发动机是否爆震,当发动机出现爆震时,传感器便产生相应的电信号,并输送给电子控制器,使电子控制器通过点火推迟的方法消除发动机爆震。发动机爆震时,其缸体会产生异常的振动,因此汽车电子控制系统所用的爆震传感器普遍采用测发动机缸体振动的方法监测爆震。

用于监测发动机爆震的测振动传感器主要有压电式和磁电式两种类型,目前在汽车上使用较多的是压电式爆震传感器。

1.压电式爆震传感器

1)压电式爆震传感器的测量原理

由石英晶体、钛酸钠等晶片制成的压电元件在受力变形时,因内部产生极化现象而在其两个表面分别产生正负两种电荷,当力消失时,元件变形恢复,电荷也立即消失。此种现象称之为压电效应,晶体表面产生的电荷 q 与所受力 F 成正比:

$$q = DF \qquad (8\text{-}4)$$

式中:D——电压元件的压电常数。

从压电元件的正、负电荷表面可引出电压信号,电压的大小与所受力也成正比。用压电元件测振动的方法是在传感器内设置一个具有一定质量的振子,通过振子随被测对象振动,使压电元件受力变形而产生随振动变化的电压。被测物体振动越大,传感器振子的振动也越大,压电元件受力产生的电压信号幅值也就越大。因此,传感器的输出电压变化就反映了被测对象振动幅度和振动频率。

2)压电式爆震传感器的结构与工作原理

压电式爆震传感器根据其识别爆震信号的方式不同,可分为共振型和非共振型两种,其结构如图 8-30 所示。

共振型爆震传感器(图 8-30a)其内部振荡片 2 的自振频率设计在发动机爆震的特征频带内,在发动机爆震时,振荡片会产生共振,造成与其紧贴的压电元件 1 变形加剧,产生比非爆震时大许多倍的电压信号,其输出特性如图 8-31 所示。共振型爆震传感器的信噪比高,检测电路对爆震信号的识别和处理比较容易。

非共振型传感器内(图 8-30b)的振子 11 随发动机缸体的振动而对压电元件施加振动的压力,使压电元件产生振荡的电压信号。由于非共振型传感器的振子在发动机爆震时不会产生共振,其电压信号并无特别明显的增大,因而需要用专门的滤波器来识别爆震。

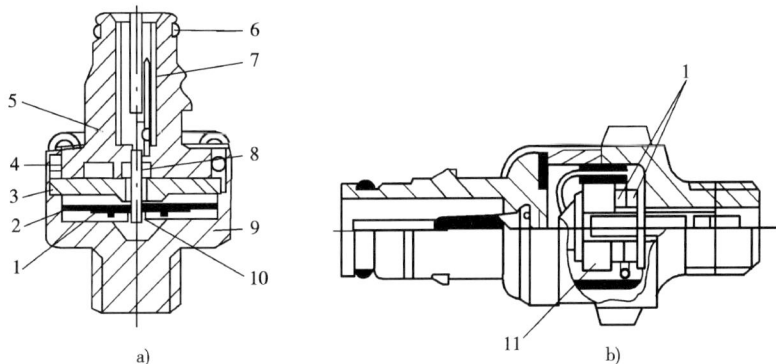

图 8-30　压电式爆震传感器

a)共振型;b)非共振型

1-压电元件;2-振荡片;3-基座;4、6-O 形环;5-连接器;7-接线端子;8-密封剂;9-外壳;10-引线;11-振子

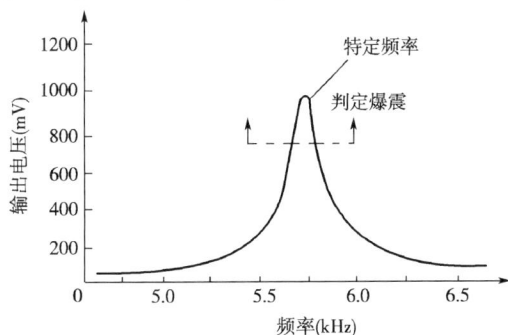

图 8-31　共振型压电式爆震传感器输出特性

压电式爆震传感器具有测试频率高、灵敏度高、动态响应好等特点,因此得到了广泛的使用。

2.磁电式爆震传感器

1)磁电式爆震传感器的测量原理

由永久磁铁和绕有感应线圈的铁芯组成电磁感应装置,当铁芯移动时,感应线圈就会因磁通量发生变化而产生感应电动势。磁电式爆震传感器中的铁芯随发动机的振动而移动,使感应线圈产生感应电动势。发动机的振动强度大,传感器铁芯移动的幅度就大,感应线圈产生的感应电动势也大。

2)磁电式爆震传感器的结构与工作原理

磁电式爆震传感器主要由铁芯、感应线圈和永久磁铁组成,如图 8-32 所示。磁电式爆震传感器的固有频率与发动机爆震特征频率相一致,当发动机出现爆震时,传感器内的铁芯产生共振,使传感器感应线圈产生的感应电动势显著增大,因此,电子控制器根据传感器输出的信号电压大小很容易识别发动机是否产生了爆震。

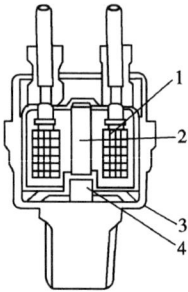

图 8-32　磁电式爆震传感器
1-感应线圈;2-铁芯;3-外壳;4-永久磁铁

八、车速/车轮转速传感器

车速传感器将变速器输出轴转速转变为相应的电信号,电子控制器根据此信号获得汽车行驶速度参数;车轮转速传感器将车轮的转速转变为相应的电信号,电子控制器根据此信号计算汽车行驶速度、车轮的滑移/转率、车轮的角减速度等参数。

车速传感器有磁感应式、光电式、霍尔效应式、舌簧开关式、磁阻式等多种类型;车轮转速传感器也有磁感应式、光电式、霍尔效应式等多种类型。车速/车轮转速传感器其基本组成及工作原理与同类型的发动机转速与曲轴位置传感器相同,只是信号触发转子的驱动源(检测转动的对象)不同。车速传感器的信号触发转子通常是由变速器输出轴驱动,车轮转速传感器的信号触发转子则与车轮同步转动。

1.舌簧开关式车速传感器

1)舌簧开关式车速传感器测量原理

舌簧开关的两触点臂被转动的磁极磁化而产生开、合动作。当舌簧开关处于 N、S 极性之间时,开关两触点臂被磁化为异性磁极而闭合(图 8-33a);当舌簧开关面对单个磁极作用时,开关两触点臂被磁化为同性磁极而断开(图 8-33b)。磁极随变速器输出轴转动,舌簧开关就会在磁极的磁力作用下开闭,产生与车速相对应的脉冲信号。

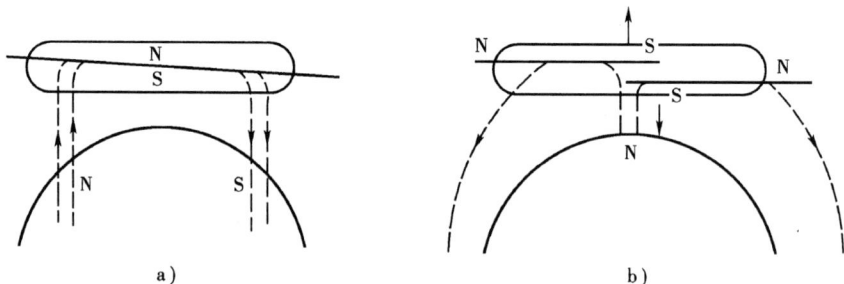

图 8-33　舌簧开关式车速传感器测量原理
a)开关吸合状态;b)开关断开状态

2)舌簧开关式车速传感器的结构

舌簧开关式车速传感器一般装在里程表内,由软轴驱动的转子上的 N、S 极相间分布,舌簧开关布置在转子的一边,如图 8-34 所示。

当相间布置有 4 个磁极的转子在软轴的驱动下转动时,磁铁对舌簧开关臂的磁化呈周期性变化,使舌簧开关周期性地开闭。转子每转一周,舌簧开关开闭 4 次,通过测量电路输出 4 个脉冲信号,控制器根据此脉冲信号的频率就可计算得到车速参数。

2. 磁阻式车速传感器

1)磁阻式车速传感器的测量原理

磁阻元件(MRE)的电阻会随磁场的变化而改变,将磁阻元件置于转动的多极磁环附近(图 8-35),磁阻元件在转动磁极交变磁场的影响下,其电阻值呈周期性变化,并通过测量电路转换为与车速相对应的脉冲电信号。

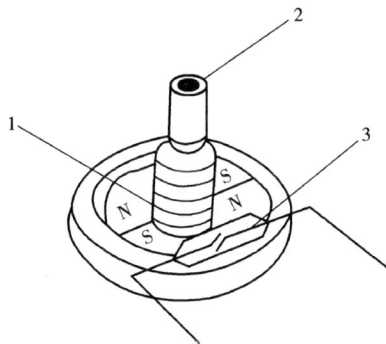

图 8-34　舌簧开关式车速传感器

1-磁铁转子;2-接转速表;3-舌簧开关

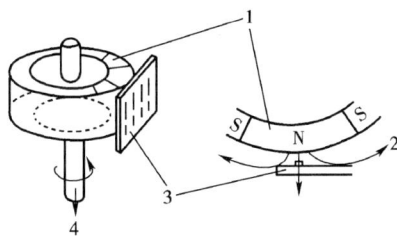

图 8-35　磁阻式车速传感器测量原理

1-多极磁环;2-磁力线;3-磁阻元件;4-接变速器

2)磁阻式车速传感器的结构与工作原理

磁阻式车速传感器的结构与电路原理如图 8-36 所示。磁阻元件成为测量电路中电桥的一个桥臂,当多极磁环随变速器轴转动时,磁阻元件上的磁通量呈周期性变化,使其电阻发生变化。传感器测量电路(电桥、比较器、放大电路等)将这一电阻变化转变为脉冲电压输出。

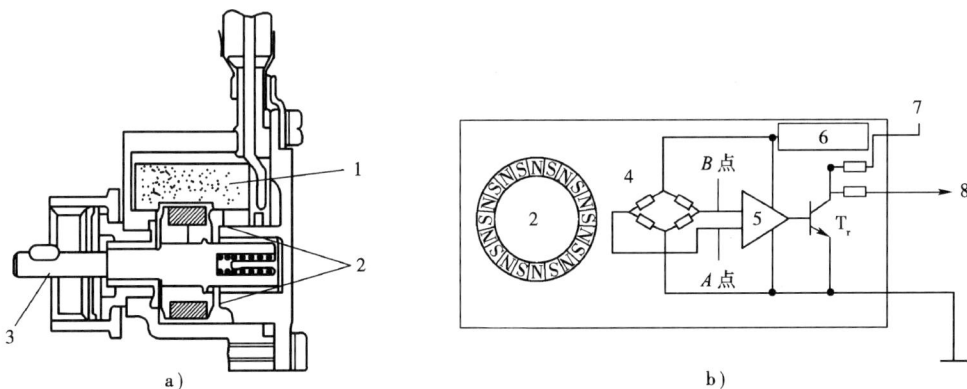

图 8-36　磁阻式车速传感器

a)结构简图;b)电路原理

1-混合集成电路;2-多极磁环;3-传感器轴;4-磁阻元件(MRE);5-比较器;6-稳压电路;7-接点火开关;8-信号输出

3. 磁感应式车轮转速传感器

车轮转速传感器使用较多的是磁感应式,其基本组成与工作原理与磁感应式发动机转速与曲轴位置传感器完全相同,但具体的结构形式和安装位置则有多种。磁感应式车轮转速传感器的信号触发齿轮或齿圈一般安装在轮毂内,随车轮一起转动;传感器信号探头安装在附近不转动的部件上,其铁芯端部主要有凿式和柱式两种,如图 8-37 所示。车轮转速传感器的安装形式如图 8-38 所示。

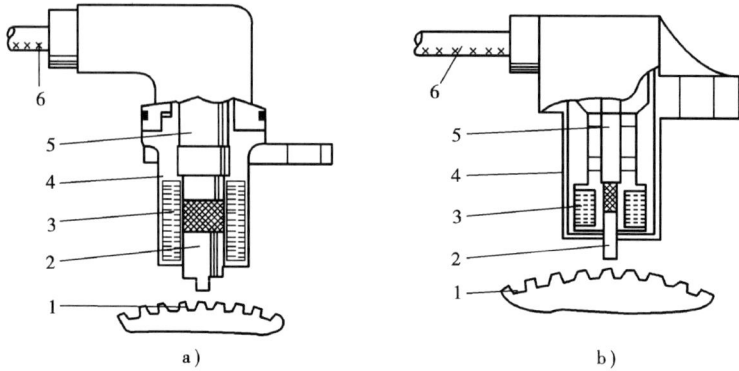

图 8-37　磁感应式车轮转速传感器的结构
a) 凿式端头; b) 柱式端头
1-齿圈; 2-铁芯; 3-感应绕组; 4-传感器外壳; 5-永久磁铁; 6-导线

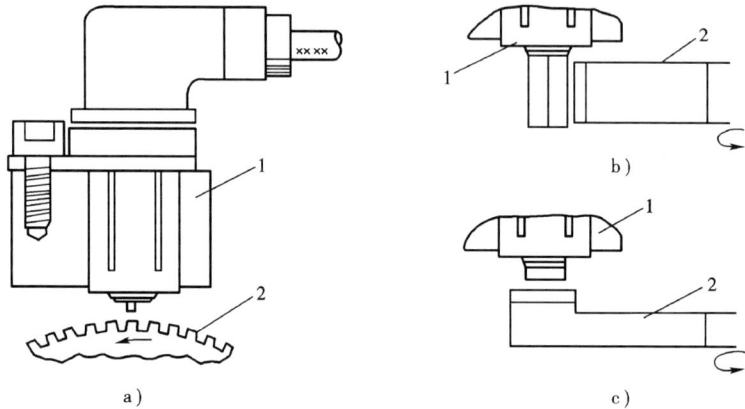

图 8-38　磁感应式车轮转速传感器的安装形式
a) 凿式端头,径向安装; b) 菱形端头,轴向安装; c) 柱式端头,轴向安装
1-传感器信号探头; 2-齿圈

九、车身高度传感器

车身高度传感器将车身高度转换为相应的电信号,电子控制器根据车身高度传感器输入的信号判断车身的高度、计算车身相对于车桥的位移和振动参数。光电式车身高度传感器具有结构简单、定位准确等优点,因而现代汽车电子控制系统大都采用此种传感器。

1. 光电式高度传感器的测量原理

1) 光电信号产生

光电式高度传感器的核心部件及内部电路如图 8-39 所示。遮光转子有特殊的透光槽,布置在其两边的 4 个发光二极管和光敏三极管组成了 4 对光电耦合器。当遮光转子在某一位置时,4 个光电耦合器中通过透光槽有光线通过的光敏三极管受光而输出通路(ON)信号,不透过光线的光敏三极管则输出不通路(OFF)信号。遮光转子透光槽的长度和位置分布使得遮光转子在每一个规定的转角范围内,都有与之对应的一组"ON""OFF"光电信号输出。

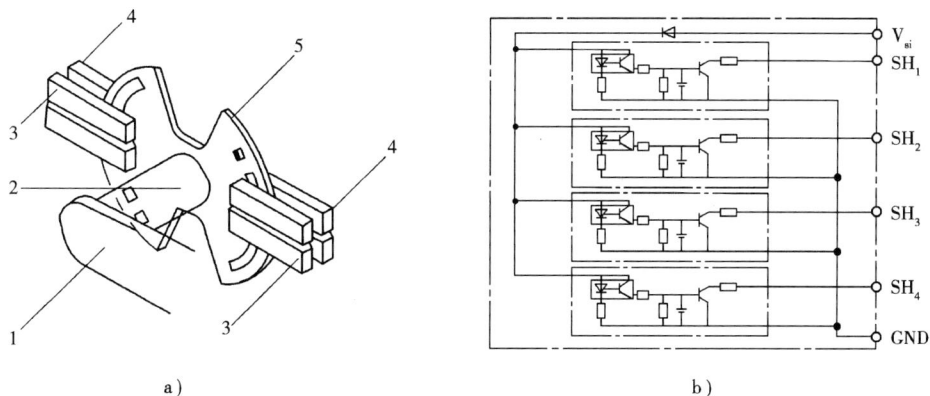

图 8-39 光电式车身高度传感器原理
a)传感器光电组件;b)传感器电路
1-连接杆;2-传感器轴;3-发光元件;4-光敏元件;5-遮光盘

2)车身高度与振动情况的确定

通过连接杆,将车身的高度变化转变为遮光转子的转动,使车身在每一个高度位置时均对应一组"ON""OFF"光电信号。表 8-1 所列的是将车身高度变化范围划分为 16 个高度区所对应的光电信号,电子控制器根据传感器输入的一组信号就可获得瞬时的车身高度变化信息。

电子控制器根据采样时间内(一般为 1ms)车身高度在某一区间的频度来判断车身的高度;根据车身高度变化的幅度和变化的频率,可判断车身的振动情况。

传感器信号与车身高度区间对应关系 表 8-1

车 高	传 感 器 信 号				车身高度区间
	SH_1	SH_2	SH_3	SH_4	
高↑ | ↓ 低	OFF	OFF	ON	OFF	15
	OFF	OFF	ON	ON	14
	ON	OFF	ON	ON	13
	ON	OFF	ON	OFF	12
	ON	OFF	OFF	OFF	11
	ON	OFF	OFF	ON	10
	ON	ON	OFF	ON	9
	ON	ON	OFF	OFF	8
	ON	ON	ON	OFF	7
	ON	ON	ON	ON	6
	OFF	ON	ON	ON	5
	OFF	ON	ON	OFF	4
	OFF	ON	OFF	OFF	3
	OFF	ON	OFF	ON	2
	OFF	OFF	OFF	ON	1
	OFF	OFF	OFF	OFF	0

2.光电式车身高度传感器的结构与工作原理

光电式车身高度传感器的结构与安装位置如图 8-40 所示。

传感器被固定在车身上,传感器连杆通过拉杆与悬架臂(或车桥)连接。当车身的高度发生变化时,就会通过拉杆及连杆带动传感器轴和遮光转子转动,使传感器输出一组与车身高度相对应的电信号。

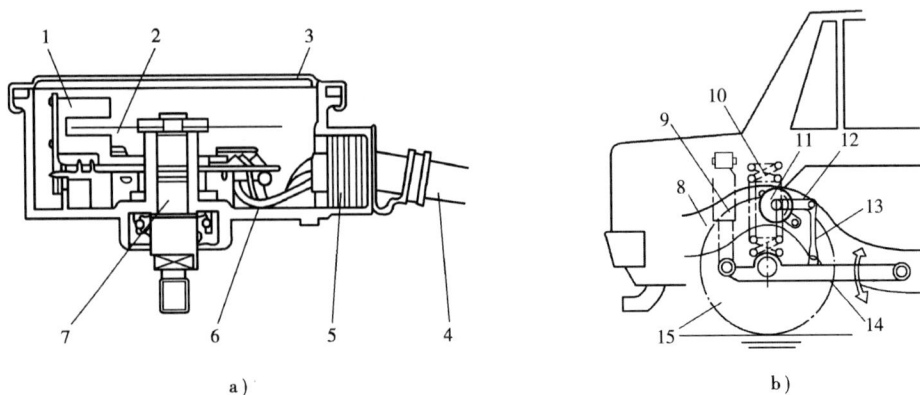

图 8-40 光电式车身高度传感器
a)传感器的结构;b)传感器的安装位置

1-光电耦合器;2-遮光盘;3-传感器盖;4-导线;5-金属油封;6-传感器壳;7-传感器轴;8-车架;9-减振器;10-螺旋弹簧;11-传感器;12-连杆;13-拉杆;14-后悬架臂;15-车轮

十、转向盘转角传感器

转向盘转角传感器将转向盘转动的角度和转动方向转换为相应的电信号,电子控制器根据转向盘转角传感器输入的信号判断汽车的转向情况,并根据当前的车速计算车身可能出现的侧倾程度。

转向盘转角传感器有光电式、磁电式、霍尔效应式等多种类型,目前汽车上使用较多的为光电式转向盘转角传感器。转向盘转角传感器的基本组成及电信号产生原理与同类型的发动机转速传感器相同,但转向盘转角传感器为了能辨别转动方向,需要同时产生两组信号。

光电式转向盘转角传感器的基本组成部件与电路原理如图 8-41 所示。

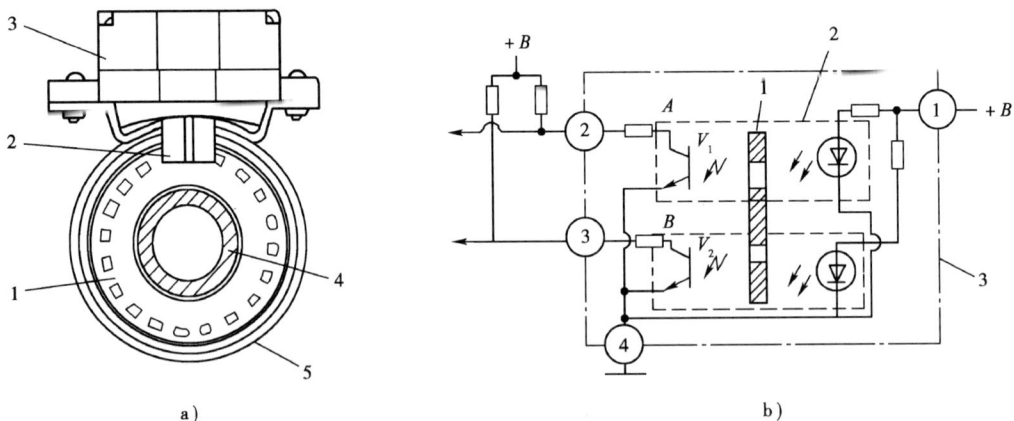

图 8-41 光电式转向盘转角传感器
a)结构简图;b)电路原理

1-遮光盘;2-光电耦合元件;3-转向盘转角传感器;4-转向器轴;5-转向柱

传感器的遮光盘上有尺寸相同且均布的透光槽,当驾驶人转动转向盘时,通过转向轴带动遮光盘转动,两对光电耦合器便产生脉冲电压。电子控制器根据传感器输出的脉冲个数就可计算转向盘转过的角度。

电子控制器根据传感器的信号判断转动方向的原理如图 8-42 所示。A、B 两个光电耦合器产生的信号脉冲其脉宽相同,但相位上相差 90°,电子控制器以 A 信号从高电平转为低电平(下降沿)时,B 信号是高电平还是低电平来判断转向。如果 A 信号在下降沿时,B 信号是高电平,则为右转向;如果 A 信号在下降沿时,B 信号为低电平,则为左转向。

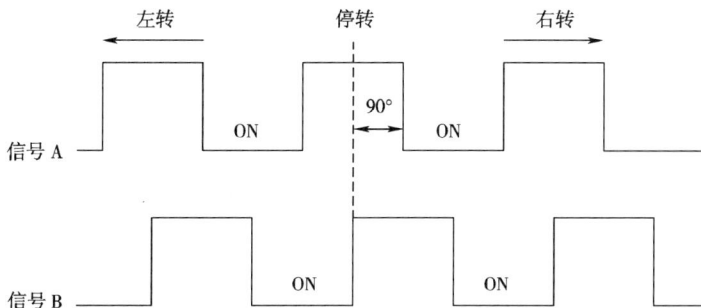

图 8-42　转动方向判断原理

十一、其他传感器

1.转向盘转矩传感器

电动式动力转向系统通常设有转向盘转矩传感器,此传感器可将作用于转向轴的转矩转变为相应的电信号,电子控制器根据转向盘转矩传感器信号判断驾驶人施于转向盘上的作用力(转矩)大小,用以及时调整电动助力大小。

根据产生信号的原理不同分,转向盘转矩传感器主要有电感式和电位计式两种。

1)电感式转向盘转矩传感器

电感式转向盘转矩传感器的基本组成与原理如图 8-43 所示。输入轴与输出轴之间用扭力杆连接,在输出轴的 4 个极靴上各绕有相同的线圈,并连接成电感式电桥。

无转向力矩时,输出轴(定子)与输入轴(转子)的相对转角为 0,每个极靴上的磁通量均相等,电桥处于平衡状态,V、W 两端的电位差 U_0 为 0。转向时,驾驶人作用于转向盘的力矩使扭力杆扭转变形,定子与转子之间产生角位移 θ。这时,极靴 A、D 间的磁阻增大,B、C 间的磁阻减小,各极靴的磁通量产生了差别,电桥失去平衡而有电压输出。电桥的输出电压 U_0 与扭力杆的扭转角 θ 成正比($U_0 = k\theta U_i$,k 为比例系数),而扭转角 θ 与作用于扭力杆的转矩又成比例,因此 U_0 值可反映转向盘转矩的大小。

2)电位计式转向盘转矩传感器

电位计式转向盘转矩传感器的结构如图 8-44 所示。

汽车转向时,扭力杆的扭转变形使电位计滑片与电阻有相对的转动,电位计的电阻相应改变,通过滑环输出相应的电压信号。

2.减速度传感器

减速度传感器用于将汽车制动时的减速度转变为相应的电信号,防抱死制动系统电子控制器可根据减速度传感器所提供的电信号判断路面情况,并选择适当的制动力控制方案。应用于汽车电子控制防抱死制动系统(ABS)的减速度传感器也被称之为 G 传感器。

ABS 所使用的减速传感器有差动变压器式、汞式等不同的类型。

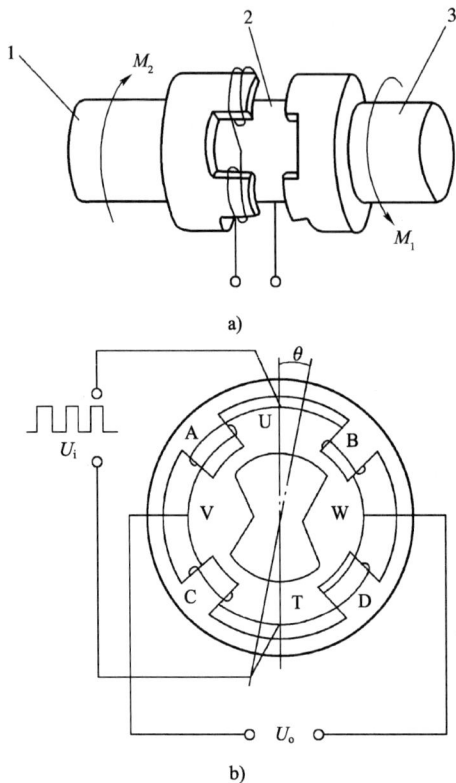

图 8-43　转矩传感器

a)结构简图；b)原理图

1-输出轴；2-扭力杆；3-输入轴；M_1-转向盘转矩；

M_2-转向器阻力矩

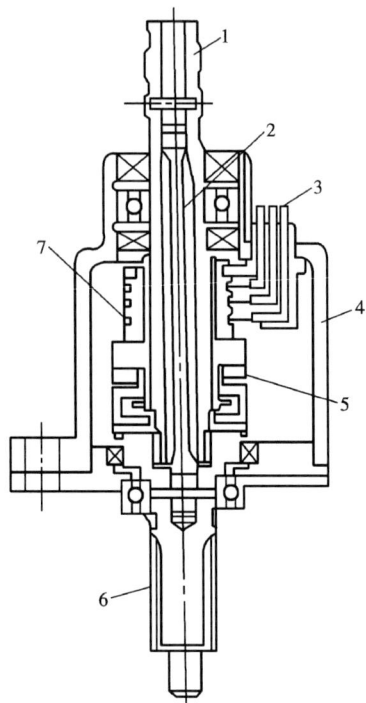

图 8-44　电位计式转向盘转矩传感器

1-转向轴；2-扭力杆；3-输出轴；4-外壳；5-电位计；6-转向器主动小齿轮；7-滑环

1)差动变压器式减速度传感器

差动变压器式减速传感器主要由铁芯可移动的变压器和信号处理电路组成，其结构与工作原理如图 8-45 所示。

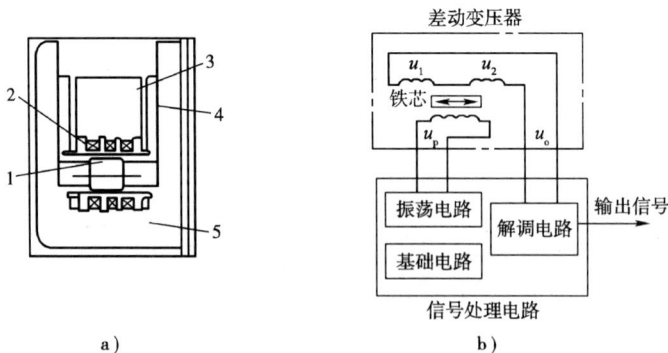

图 8-45　差动变压器式减速度传感器

a)结构简图；b)电路原理

1-铁芯；2-变压器绕组；3-印刷电路；4-弹簧；5-变速器油

平时变压器铁芯由两端弹簧将其保持在中间位置，变压器初级绕组输入电压 u_P 后，次级绕组产生大小相同、相位相反的电压 u_1 和 u_2，变压器输出 u_o 为 0。当汽车制动时，在惯性力的作用下，差动变压器铁芯移动，使变压器次级绕组产生的 u_1、u_2 一个增大，一个减小，变

压器就会有电压 u_0 输出。u_0 经信号处理电路处理后向控制器输出一个与汽车减速度相对应的电压信号。

2）汞式减速度传感器

汞式减速度传感器为开关式传感器，其主要部件是带动合触点的玻璃管和可在玻璃管内移动的汞，汞式减速度传感器的基本结构与工作原理如图8-46所示。

汽车在低附着系数路面上紧急制动时，汽车的减速度较小，玻璃管内汞的惯性力较小而不能移动到触点处，触点仍处于断开状态（图8-46a）；当在高附着系数路面制动时，汽车的减速度较大，玻璃管内的汞在较大惯性力的作用下移动至触点处，使触点处于接通状态（图8-46b）。ABS控制器根据传感器输入的通、断信号就可判断路面情况。

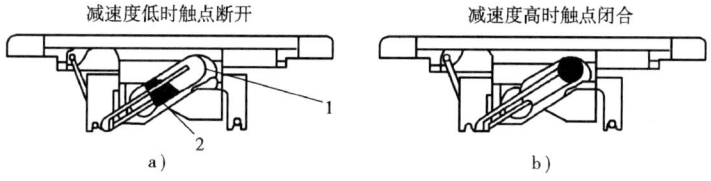

图 8-46　汞式减速度传感器
a）减速度较低时；b）减速度较高时
1-玻璃管；2-汞

3. 碰撞传感器

碰撞传感器也被称之为气囊传感器，用于检测汽车发生碰撞时的汽车减速度，安全气囊控制器根据此传感器的信号判断汽车碰撞的强度，并确定是否需要启用气囊。开关式碰撞传感器也被用作安全传感器，其作用是在汽车发生碰撞时才将气囊点火器电源电路接通，以避免平时气囊的误爆。

碰撞传感器有多种形式，按传感器的结构和信号形式分有机械触点式和电子式两大类。机械触点式碰撞传感器有偏心锤式、滚球式、滚柱式、汞开关式等多种结构形式，此类传感器的内部有一触点，在汽车发生碰撞时，传感器内部机械装置受惯性力的作用而动作，并使触点闭合，发出汽车碰撞信号。电子式碰撞传感器主要有压电式和压敏电阻式，此类碰撞传感器将汽车的减速度参数转变为相应的电信号。

1）偏心锤式碰撞传感器

偏心锤式碰撞传感器是一种开关式减速度传感器，其结构如图8-47所示。

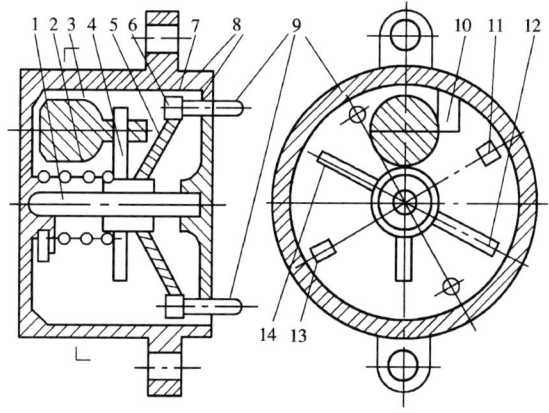

图 8-47　偏心锤式碰撞传感器
1-心轴；2-扭力弹簧；3-重块；4-转盘；5-触桥；6、12、14-活动触点；7、11、13-固定触点；8-外壳；9-插头；10-止位块

扭力弹簧力使重块、转盘动触点臂等固定在触点断开的位置。当汽车发生碰撞时,重块在惯性力作用下克服弹簧的扭力而移动,并通过转盘带动活动触点臂转动而使触点闭合,向安全气囊控制器发出汽车碰撞电信号,或将气囊点火器的电源电路接通。

2)滚球式碰撞传感器

滚球式碰撞传感器也是一种开关式减速度传感器,其结构如图8-48所示。

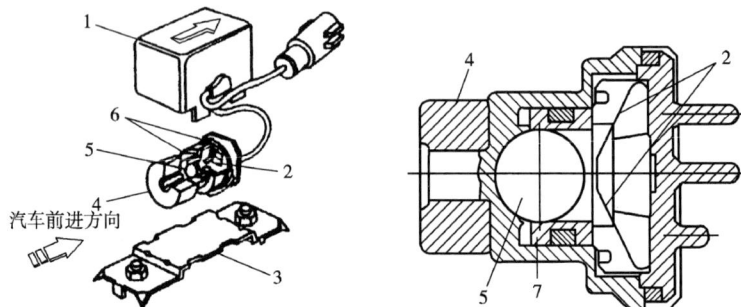

图8-48　滚球式碰撞传感器

1-传感器壳;2-触点;3-固定板;4-永久磁铁;5-钢球;6-O形密封圈;7-滚筒

汽车正常行驶时,钢球被永久磁铁吸引,触点处于断开状态。当汽车发生碰撞时,钢球在惯性力的作用下,摆脱磁铁的吸引力滚向触点端,将触点接通,向安全气囊控制器发出汽车碰撞电信号,或将气囊点火器的电源电路接通。

3)压敏效应式碰撞传感器

压敏效应式碰撞传感器是在汽车上使用较多的电子式碰撞传感器,其结构和测量原理如图8-49所示。压敏效应式碰撞传感器的敏感元件是受力变形后,其电阻值会相应改变的电阻应变片,被固定在传感器测量悬臂端部。

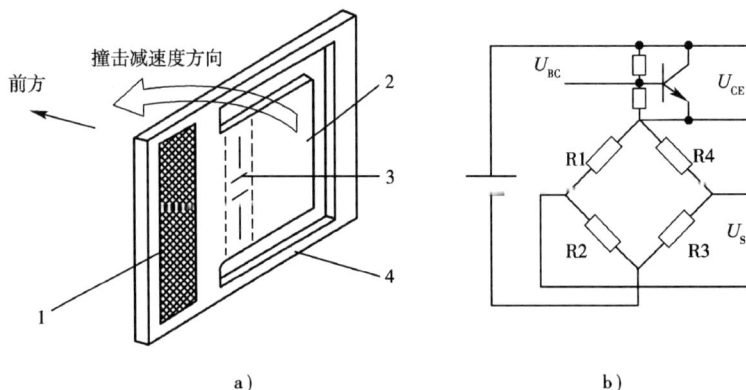

图8-49　压敏效应式碰撞传感器

a)传感器结构;b)传感器测量电路

1-集成电路;2-测量悬臂;3-电阻应变片;4-悬臂架

当汽车发生碰撞时,测量悬臂端部受减速惯性力的作用而变形,测量悬臂端部的电阻应变片产生形变而使其电阻值相应改变。电阻应变片连接于传感器测量电路(电桥)中,应变片电阻值改变时,电桥输出端就有相应的电压信号(U_S)输出。

4.光照度传感器

光照度传感器在日光或灯光的照射下产生电信号,用于空调系统的自动控制或前照灯自动变光控制。用于检测日光照度的传感器也被称之为日光传感器或阳光传感器。

光照度传感器有光电池式和光敏电阻式两种类型,汽车上使用的多为半导体光敏电阻式光照度传感器和二极管光敏电阻式光照度传感器。

1)半导体光敏电阻式光照度传感器

半导体光敏电阻式传感器的敏感元件为半导体元件,此类光照度传感器一例如图8-50所示。

硫化镉(CdS)半导体材料的电阻率随光照度增强而下降,将其连接到图8-50b)所示的测量电路中,CdS在灯光照射下其电阻值改变时,就会输出相应的电压U_0,控制电路或电子控制器根据此电压信号进行与光照度有关的自动控制。

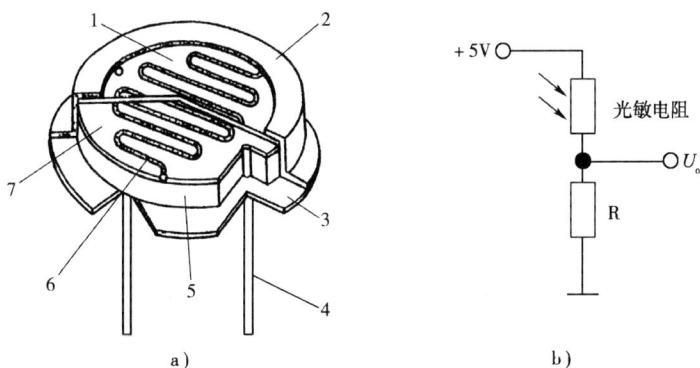

图8-50 CdS半导体光敏电阻式光照度传感器
a)传感器结构;b)测量电路
1-玻璃罩;2-金属盖;3-金属底板;4-电极引线;5-陶瓷基片;6-硫化镉(CdS);7-电极

2)二极管光敏电阻式光照度传感器

二极管光敏电阻式传感器以二极管为敏感元件,此类光照度传感器一例如图8-51所示。

光敏二极管的PN结与普通二极管一样,具有单向导电性,但在阳光照射下,其反向电阻会明显减小。阳光越强,光敏二极管的反向电阻就越小,将其连接到图8-51b)所示的测量电路中,当光敏二极管受到阳光照射,其反向电阻下降时,测量电路就会有与日光量相对应的电流产生,并可输出电压U_0。空调控制器可根据光敏传感器输出的U_0判断车外阳光的照射强度,并进行相关的控制。

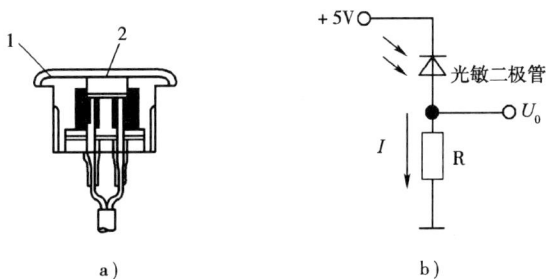

图8-51 二极管光敏电阻式光照度传感器
a)传感器结构;b)测量电路
1-滤波器;2-光敏二极管

第三节 电子控制器

一、电子控制器的基本组成

电子控制器(Electric Control Unit,ECU)是汽车电子控制系统的核心。ECU 对各传感器及开关的输入信号进行预处理、分析、判断,并根据信号处理的结果输出控制信号,控制执行器工作,实现设定的控制目标。

现代汽车电子控制系统的电子控制器主要由微处理器、输入电路、输出电路等组成,如图 8-52 所示。

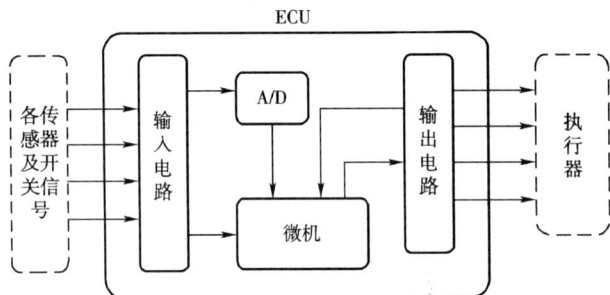

图 8-52 电子控制器(ECU)的基本组成

二、输入电路

电子控制器输入电路包括信号处理电路和传感器电源,其作用是将各传感器及开关信号进行预处理,转换为计算机可接受的数字信号;向传感器提供电压稳定的电源,确保各传感器正常工作。

1.数字信号输入电路

数字信号只有高电平和低电平两种状态,信息由矩形波的个数或频率来表示。在汽车电子控制系统中,各种转速传感器、涡旋式空气流量传感器等输出的是以脉冲数或脉冲的频率为计量参数的脉冲信号,碰撞传感器、挡位开关等输出的是高低电平跃变的阶跃信号。这些"数字信号"还不能直接被微处理器接受,需要经数字信号输入电路的预处理才能输入微处理器。

对于可能包含有杂波的脉冲信号,需要通过输入电路的滤波、整形和电平转换等预处理,如图 8-53 所示。磁感应式转速传感器其信号电压随转速而变,则输入电路可能还包括信号放大和稳压电路。一些传感器的测量电路包含有信号的预处理电路,输出幅值稳定的矩形波。对于矩形波信号和开关信号,输入电路通常只需对其进行电平转换即可输入微处理器。

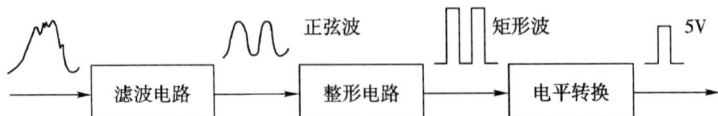

图 8-53 数字信号输入电路工作过程

2. 模拟信号输入电路

模拟信号是一个连续变化的电量,通常以信号电压的幅值来表示信息的量值。在汽车电子控制系统中,输出模拟信号的传感器有冷却液温度传感器、节气门位置传感器和热式空气流量传感器等。模拟信号所表示的信息需经模/数(A/D)转换器转化为相应的数字信息后才能被微处理器接受。A/D转换主要包括采样、量化及编码等过程,如图8-54所示。

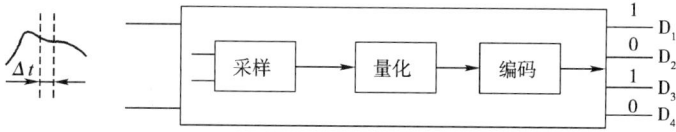

图8-54 A/D转换器的工作过程
0-低电平;1-高电平

采样过程是A/D转换器以一固定的时间间隔对模拟信号进行扫描,取得一系列离散的采样幅值。量化过程是通过舍入或去尾的方法将采样幅值变为一个有限有效数字的数。编码就是将这些代表各采样幅值的有效数字变为二进制数。比如,模拟输入信号的某一个采样幅值量化后的数为5,A/D便会输出"0101"这个微处理器可接受的二进制代码。

3. 传感器电源

除了可通过自身发电产生电信号,并将电信号直接输入电子控制器的磁感应式传感器、氧化锆型传感器等发电型传感器外,其他传感器均需要有一个电压稳定的电源。电子控制器由内部稳压电路产生5V稳压电源,通过输入电路输送给各传感器,使各传感器能正常地工作。

传感器电源除向传感器提供产生电信号所需的电能、向传感器测量电路提供工作电流外,对于像热敏电阻式传感器(如发动机温度传感器、进气温度传感器等)、电位计式传感器(如节气门位置传感器等),传感器电源电压也是信号的基准电压,此类传感器电源电路如图8-55所示。

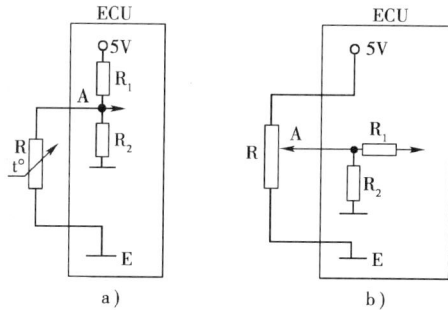

图8-55 传感器电源电路
a)热敏电阻式传感器电源电路;b)电位计式传感器电源电路

三、微处理器

微处理器是电子控制器的核心,它接受输入电路送来的各传感器及开关电信号,再根据存储器中的控制程序和标准数据进行运算、分析与判断后,输出控制指令,通过输出电路控制执行器工作。微处理器主要由中央微处理器(CPU)、存储器、输入/输出接口(I/O)等组成,各组成部件用总线连接,如图8-56所示。

1. 中央微处理器

中央微处理器(Central Processing Unit,CPU),包含运算器、控制器、寄存器等部件,这些部件也是通过总线连接,如图8-57所示。

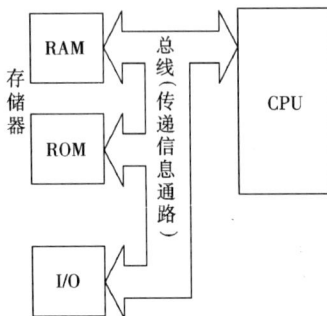

图8-56　微处理器的基本组成　　　　图8-57　CPU的基本组成

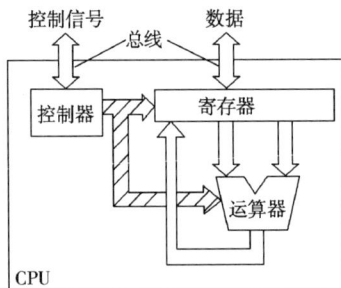

运算器:用于对数据的算术运算和逻辑运算。

控制器:按事先编排的程序发出控制脉冲,控制计算机系统各部自动协调地工作。

寄存器:用于暂时存储运算器的中间运算数据。

CPU在控制器控制脉冲的控制下,按其时钟脉冲的频率(节拍)自动协调地进行数据的运算、寄存、传送等操作。

2. 存储器

存储器用于记忆数据和程序,包含只读存储器(ROM)和随机存储器(RAM)。

1)只读存储器

只读存储器(Read Only Memory,ROM),一般用于存储计算机的控制程序、实施各项控制所需的标准参数等,在制造时写入后不能更改。工作时只供读取,电源切断时其储存的信息不会消失。

PROM:可编程只读存储器(Programable ROM),这种只读存储器可由用户根据需要自行编程,一次写入。PROM给用户根据需要写入不同的信息资料,为微处理器适用于不同车型、不同控制项目提供了方便。

EPROM:可擦除可编程只读存储器(Erasable Programable ROM),与PROM不同的是存储的信息可通过芯片顶部窗口用紫外线照射的方法全部清除,然后再通过编程器写入新的信息。EPROM是可反复擦写使用的只读存储器。

EEPROM:电可擦只读存储器(Electrically Erasable Programable ROM),可在通电的情况下改写部分信息,可使微处理器的使用更为方便灵活。汽车电子控制系统中使用了EEPROM,就可通过专用的诊断仪器对EEPROM中的程序和数据进行修改,以实现汽车电子控制系统的技术升级。

2)随机存储器

随机存储器(Read Access Memory,RAM),在计算机工作时随时可存入或读取信息,电源切断后,RAM中的信息随即消失。汽车电子控制系统的故障信息(代码)和自适应学习修正参数一般用RAM储存,这些信息需要在点火开关断开后仍然保留。因此,汽车电子控制系统的微处理器都有一个不经点火开关控制的常接电源。

3. 输入/输出接口

输入/输出接口(Input/Output, I/O),它是 CPU 与外部设备进行数据传送的纽带,从输入电路送来的传感器、开关信号及某些执行器的反馈信号经输入接口送入 CPU;CPU 的控制指令则是通过输出接口传送到输出电路。I/O 在 CPU 与外部设备之间起着数据的缓冲、电平和时序的匹配等多种作用。

四、输出电路

电子控制器输出电路通常由信号处理电路和驱动电路组成。其作用是根据微处理器的控制信号工作,使执行器按微处理器的指令动作。

微处理器经输出接口输出的控制信号一般不能直接控制执行器,需由信号处理电路将微处理器的控制指令转换为相应的控制脉冲,再经驱动电路控制执行器工作。输出电路驱动执行器的方式大致有两种:一种是执行器直接连接车载电源,由控制器驱动电路提供搭铁通路而使执行器通电工作(图 8-58a);另一种是执行器本身连接搭铁,由控制器内部电源向执行器提供电流(图 8-58b)。

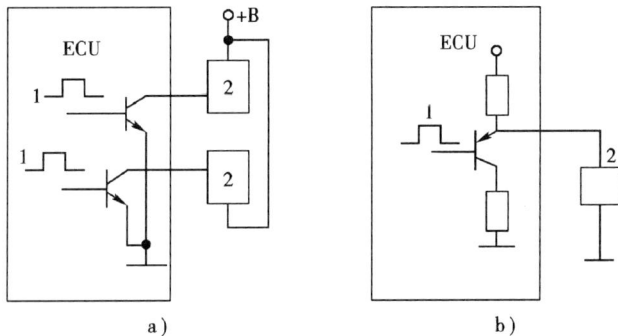

图 8-58 控制器的输出电路
a)向执行器提供搭铁通路;b)向执行器提供电压脉冲
1-控制脉冲;2-执行器

第四节 执 行 机 构

一、电磁类执行机构

电磁类执行机构通过产生电磁力完成控制动作,将控制参量迅速调整到设定的值,使控制对象在设定的状态下工作。电磁类执行机构有直动式和旋转式两大类。

1. 直动电磁类执行机构

直动电磁类执行机构中的电磁线圈通电后产生磁场,电磁力使动作机构产生直线运动,喷油器、开关式怠速控制阀、废气再循环电磁阀、碳罐通气电磁阀等均属此类执行机构。

直动电磁类执行机构的主要组成部件有电磁绕组、铁芯和弹簧,如图 8-59 所示。电磁绕组通电后产生电磁力,铁芯在电磁力的作用下克服弹簧力而轴向移动,带动阀芯、滑阀等作直线移动,完成相应的控制动作。

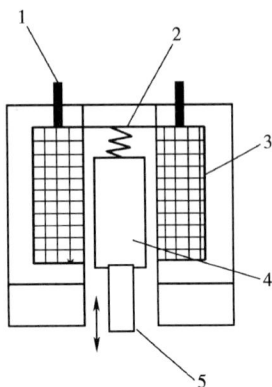

图 8-59　直动电磁类执行机构
1-接线端子;2-弹簧;3-线圈;4-铁芯;5-连接阀体

直动电磁类执行机构按其工作方式分,有开关式、定位式和脉动式等几种。

1)开关工作方式

执行机构电磁线圈只有通电和不通电两个工作状态,执行机构由弹簧力保持初始状态,由电磁绕组通电产生的电磁力克服弹簧力产生控制动作,并由持续通电保持动作后的状态。

2)定位工作方式

执行机构电磁绕组电流大小由控制器控制,电磁绕组在不同的电流下产生大小不同的电磁力,与弹簧力平衡后实现不同程度的动作。比如,制动压力调节器中使用的三位三通电磁阀,控制器通过使其电磁绕组全通电、半通电和不通电,使电磁阀处于左位、中位、右位 3 个不同工作状态,分别完成不同的控制动作。

3)脉动工作方式

执行机构电磁绕组也只有通电和不通电两个工作状态,但电流以占空比脉冲的方式流经电磁绕组,通过执行机构动作前、后比率来实现对目标参量的控制。占空比脉冲信号是一种频率固定不变,脉冲宽度可变的电压或电流脉冲,如图 8-60 所示。

2. 旋转电磁类执行机构

旋转电磁类执行机构其电磁绕组通电后使动作机构产生角位移,旋转式发动机怠速控制阀就属此类执行机构。

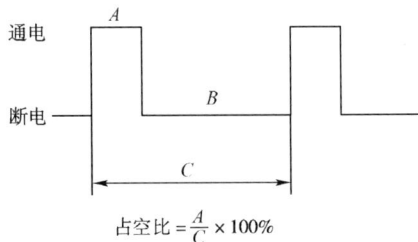

$$占空比 = \frac{A}{C} \times 100\%$$

图 8-60　占空比脉冲信号

1)旋转电磁机构的组成

旋转电磁类执行机构的主要部件是带动阀转动的转子和定子,有两种形式:一种是转子为永久磁铁,电磁绕组绕在定子上;另一种定子为永久磁铁,转子上绕有电磁绕组,通过电刷和滑片将电流引入电磁绕组。电磁绕组有两个,无论是绕在转子上的还是在定子上的,两个电磁绕组的匝数相同且对称布置,通电后两电磁绕组所产生的电磁力对转子的作用力方向相反。

2)旋转电磁机构的工作原理

转子为永久磁铁的旋转电磁机构其两个电磁绕组绕在定子上,电路原理如图 8-61 所示。

ECU 输出的是占空比脉冲信号,此控制信号通过 V_1、V_2 组成的驱动电路控制电磁阀绕组 L_1、L_2 的通断电。由于控制信号到 V_1 基极经反相器反相,因此,从三极管 V_1、V_2 集电极输出的是相位相反的控制脉冲。

当控制信号占空比为 50% 时,一个信号周期中 V_1、V_2 的导通相位相反,但导通时间相同。L_1、L_2 的通电时间各占 50%,两绕组的平均电流相同,产生相同大小的电磁力,对转子的作用力互相抵消,所以这时的转子在原来的位置保持不动,如图 8-62a)所示。

当控制信号占空比大于 50% 时,L_2 通电时间大于 L_1,两绕组产生的磁场合力使转子逆时针转动,如图 8-62b)所示。

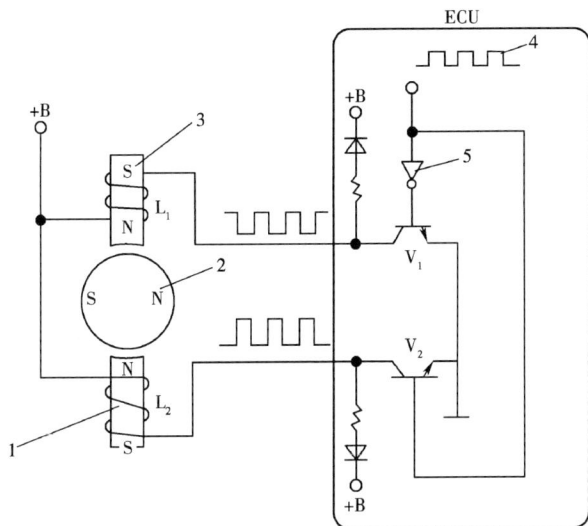

图 8-61　旋转电磁机构的电路原理

1、3-定子;2-转子(永久磁铁);4-控制信号(占空比信号);5-反相器

当控制信号占空比小于 50% 时,L_1 的通电时间大于 L_2,两绕组产生的磁场合力则使转子顺时针转动,如图 8-62c)所示。

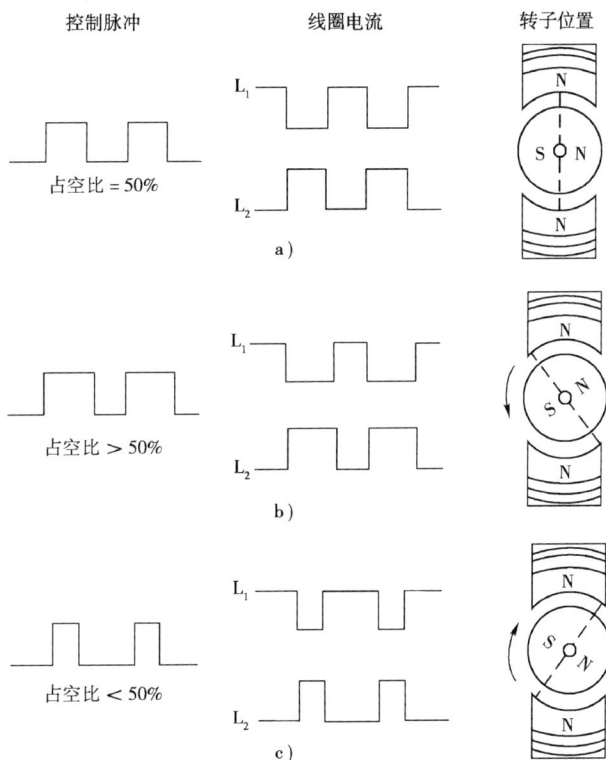

图 8-62　旋转式电磁阀转动控制原理

a)不转动的控制脉冲;b)逆时针转动的控制脉冲;c)顺时针转动的控制脉冲

控制器通过输出占空比不同的脉冲信号,就可使转动电磁机构的转子顺转或逆转不同角度。

定子是永久磁铁的旋转电磁机构,两个电磁绕组绕在转子铁芯上,通过电刷将电流引入绕组(图 8-63),其旋转控制原理与转子是永久磁铁的旋转电磁机构相同。

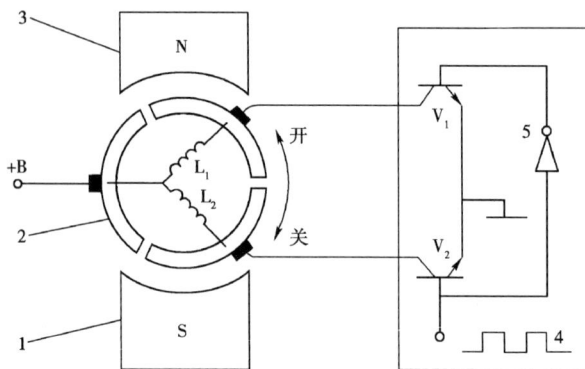

图 8-63 定子为永久磁铁的旋转电磁类执行机构

1、3-定子;2-转子;4-占空比控制信号;5-反相器

二、电动机类执行机构

电动机类执行机构通过电动机的转动完成控制动作,将控制参量迅速调整到设定的值,使控制对象在设定的状态下工作。电动机类执行机构所用的电动机有普通直流电动机和步进电动机两种。

1. 普通直流电动机

普通直流电动机通电后产生持续的旋转运动,经机械传动机构的减速、运动转向或转换运动方式后,带动执行机构按控制的要求动作。

普通直流电动机电磁转矩大小由输入的电流大小控制,电动机转动方向通过改变电动机电流方向控制。

2. 步进电动机

步进电动机按"步"转动,可控制其转动的角度和转向,通过机械传动实现控制参量的调节作用和定位控制。

1)步进电动机的基本组成

步进电动机主要由永久磁铁的转子和绕有两个绕组的定子组成,其组成部件及内部电路如图 8-64 所示。

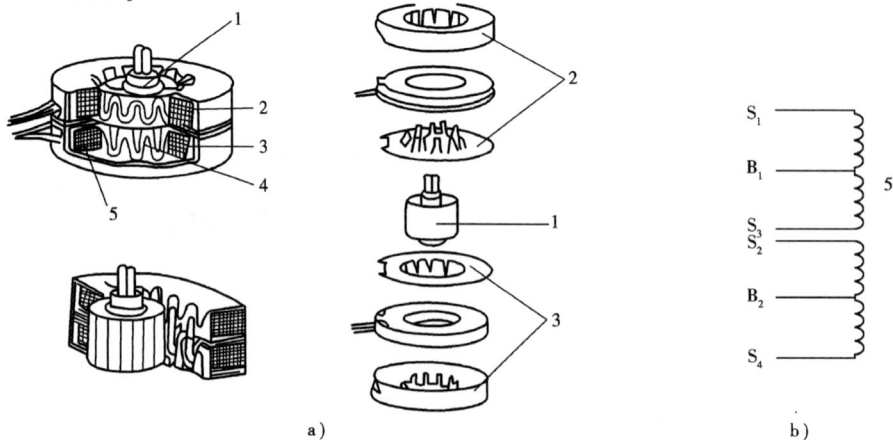

图 8-64 步进电动机的组成与内部电路

a)转子与定子;b)内部电路

1-转子;2-定子 A;3-定子 B;4-爪极;5-定子绕组

步进电动机的转子由永久磁铁构成,有 8 对磁极,其 N 极和 S 极在圆周上相间排列。定子有 A、B 两个,每个定子由具有 8 对爪极的铁芯和两组绕向相反的定子绕组组成。

2)步进电动机的工作原理

当定子绕组通入转动控制脉冲时,A、B 两定子各有一个绕组通电,两定子的铁芯被磁化,形成 16 对(32 个)磁极,如图 8-65 所示。当 A 或 B 定子中的两个绕组交换通断电状态时,该定子铁芯磁化极性反向,使定子 32 个磁极的极性排列发生改变。

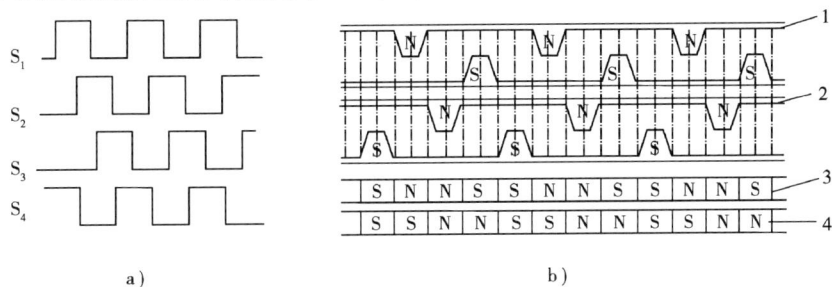

图 8-65　步进电动机定子磁极的形成

a)定子线圈转动控制脉冲(正转);b)定子磁极的排列

1-定子 A;2-定子 B;3-S_1、S_2 通电定子磁极排列;4-S_3、S_4 通电定子磁极排列

步进电动机按步转动的原理如图 8-66 所示。步进电动机转动前,转子的位置使其磁极与定子磁极异性相对应,如图 8-66a)所示。当 A 或 B 定子中另一个绕向相反的绕组通电时,定子的 32 个磁极极性排列发生改变,形成了与转子磁极同性相斥、异性相吸的磁力作用(图 8-66b),使转子转动至其 N、S 极又与定子的异性磁极相对应的位置(图 8-66c)。定子的 4 个绕组按 S_1、S_2、S_3、S_4 的顺序输入通电脉冲,就可使电动机按正方向逐步(1/32 圈)转动。如果要使电动机反方向转动,则使 4 个绕组按 S_4、S_3、S_2、S_1 的顺序通电即可。

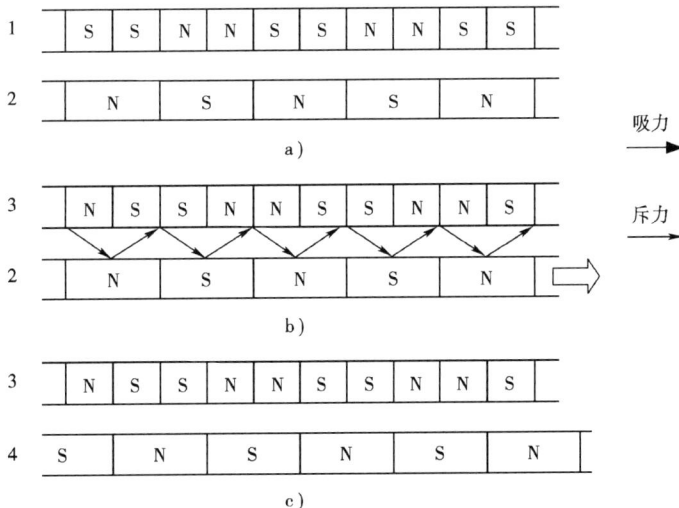

图 8-66　步进电动机的工作原理

a)转动一步前;b)开始转动;c)转动一步后

1-转动前定子磁极排列;2-转动前转子磁极位置;3-转动一步定子磁极排列;4-转动后转子磁极位置

第九章 发动机电子控制系统

第一节 点火控制系统

一、点火控制系统的控制目标

1. 机械式点火提前调节的不足

传统的点火提前调节装置是分电器内的真空点火提前装置和离心点火提前装置,这种机械式点火提前角调节方式主要有如下不足。

1)点火提前角调节达不到实际需要

理论和实践证明,发动机的最佳点火时间应能够使发动机的燃烧临近爆震(但不产生爆震),因此,发动机的最佳点火提前角随发动机转速和负荷的变化应该是一个图9-1所示的不规则曲面。真空、离心点火提前调节器具有线性调节特性(图9-2),不可能在发动机转速、负荷变化范围内将点火提前角都调整到最佳的值。真空、离心点火提前调节器的点火提前角调节只能使发动机在某些工况下接近于最佳点火,而在许多工况下实际上处于点火过迟的状态,使发动机的功率不能充分发挥,油耗和排污较高。

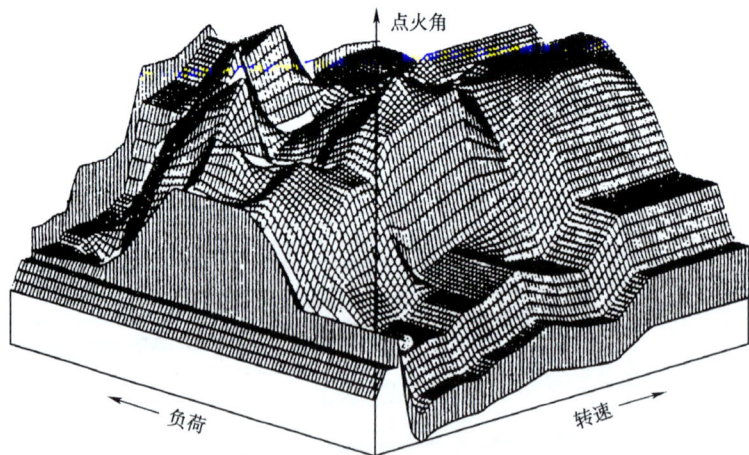

图9-1 最佳点火提前角曲面

2)对其他影响点火提前角的诸多因素不起作用

真空、离心点火提前调节器装置只在发动机转速和负荷改变时起调节作用,但实际上发动机的温度、进气压力、混合气浓度等因素均对点火提前角有不同的要求。此外,发动机在起动、怠速工况时,也应与正常工作时有不同的点火提前角。机械式点火提前角调节装置对上述情况均不能有所作为,也不能在发动机出现爆震时做出适当的反应。

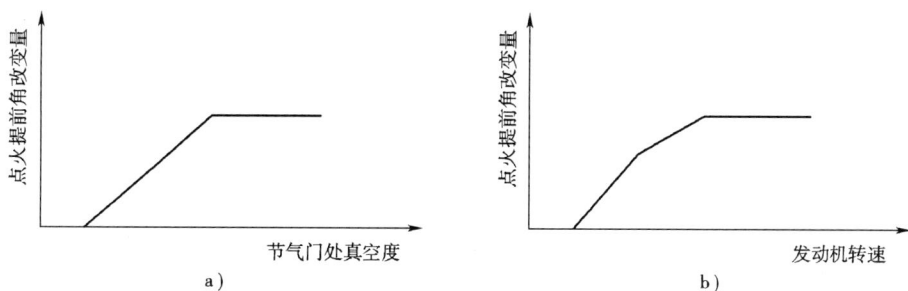

图9-2 机械式点火提前调节特性
a)真空点火提前调节器工作特性;b)离心点火提前调节器工作特性

3)不能与其他系统实现协调控制

发动机怠速控制、汽油喷射控制、自动变速器控制等在某种情况下需要点火提前角的迅速改变来实现某个理想的控制目标,真空、离心点火提前调节器装置则不可能实现这种协调控制。

2.点火控制系统的控制目标

电子点火控制系统对通过点火提前角及点火能量等的控制,使发动机的燃烧能始终保持及时和完全,以充分发挥发动机的功率和有效地降低发动机油耗和排气污染。具体的控制目标包括:

(1)在发动机工况变化时,能实现非线性控制,使发动机在各工况下都处于最佳的点火状态。

(2)能针对发动机温度、进气压力、混合气浓度等各种影响因素对点火提前角进行及时修正,使发动机在任何状态下都不偏离最佳的点火提前角控制。

(3)能与其他电子控制系统实现协调控制,以使发动机的运转和汽车的运行更加平稳。

二、点火控制系统的基本控制内容

发动机工作时的实际点火提前角包含了初始点火提前角、基本点火提前角和修正点火提前角。

初始点火提前角:是指由曲轴位置传感器信号与曲轴转角的对应关系确定的点火提前角。比如,某发动机把 G 信号后的第一个 N_e 信号过零点作为点火基准点,该信号过零点为活塞压缩行程上止点前10°,那么该发动机点火系统初始点火提前角就是10°。

基本点火提前角:发动机在正常工作温度下运转时,点火控制系统根据发动机的转速和负荷的变化所确定的点火提前角。

修正点火提前角:点火控制系统电子控制器对除发动机转速和负荷以外的点火提前角影响因素所作出的点火提前角修正量。

发动机工作时初始点火提前角是固定不变的,点火控制系统通过适时地改变基本点火提前角和修正点火提前角,使发动机保持在最佳的点火工作状态。

为实现控制目标,点火控制系统通常设有如表9-1所列的控制内容。

起动时点火提前角控制	初始点火提前角控制	
	非初始点火提前角控制	
起动后点火提前角控制	基本点火提前角	怠速运行基本点火提前角控制
		正常运行基本点火提前角控制
	修正点火提前角	·暖机修正量控制 ·稳定怠速修正量控制 ·空燃比反馈修正量控制 ·过热修正量控制 ·爆震修正量控制 ·最大提前和推迟控制 ·其他点火修正控制

1. 起动时点火提前角控制

起动时的点火提前控制目标是使发动机在各种情况下都有良好的起动性能。起动时点火提前角控制有起动初始点火提前角控制和起动非初始点火提前角控制两种控制方式。

1）起动初始点火提前角控制

发动机在起动期间的转速很低,此时的发动机负荷信号不稳定,为确保有适当而又稳定的点火提前角,通常将点火提前角固定在初始点火提前角。在起动时,由发动机转速与曲轴位置传感器信号确定的点火正时信号直接输出,不经点火控制器的 CPU 控制。

2）起动非初始点火提前角控制

为提高起动性能,发动机点火控制系统根据发动机的温度和起动转速对起动点火提前角进行调整。

在正常的起动转速(100r/min 以上)下起动,主要考虑的是温度对发动机燃烧的影响。在温度低于 0℃ 时,从点火到迅速燃烧需较长的时间,故需适当增大点火提前角。低温起动点火提前角调整特性一例如图 9-3 所示。

在起动转速很低(100r/min 以下)时,保持原有的点火提前角,可能会出现在活塞上止点前混合气就已迅速燃烧起来,引起起动困难或造成反转。为避免此种情况,点火控制系统根据起动转速降低的比率来减小点火提前角,起动转速越低,点火提前角就越小,以确保在低速时能顺利起动。

2. 基本点火提前角控制

基本点火提前角控制的目标是使发动机在各种负荷和转速下都有最佳的点火提前角。发动机怠速和正常运行工况下的基本点火提前角控制有所不同。

1）怠速时基本点火提前角控制

发动机处于怠速运转状态时,点火控制系统根据发动机的转速和空调开关是否接通来确定不同的基本点火提前角,其控制特性一例如图 9-4 所示。

2）正常运转时基本点火提前角控制

发动机处于正常运转状态时,点火控制器根据进气管压力传感器(或进气流量传感器)和发动机转速传感器的信号,通过查找和计算后得到基本点火提前角值,并根据当前的点火提前角情况对点火提前角及时进行调整。

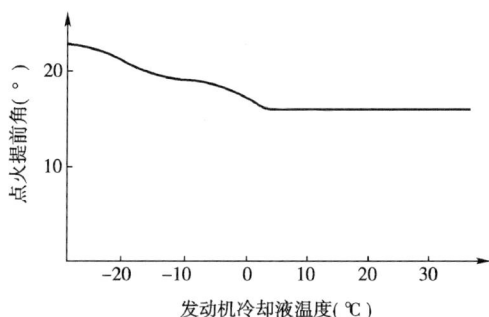

图 9-3　日产 ECCS 系统低温起动点火提前角调整特性

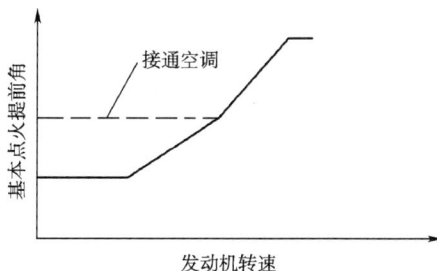

图 9-4　怠速基本点火提前角控制特性

3.点火提前角的修正控制

当发动机温度不在正常范围或出现了其他影响因素时,点火控制系统即对基本点火提前角进行修正,使发动机仍处于最佳的点火工作状态。

修正点火提前角是基本点火提前角乘以适当的系数得到的点火提前角。不同型号的发动机,其修正系数各不相同,所修正的项目也不尽相同。

1)暖机修正

在发动机冷机起动后,其温度还很低,需适当增大点火提前角,以改善混合气的燃烧,加快暖机过程和增强其驱动性能。暖机修正点火提前角随发动机的温度上升而减小,修正特性一例如图 9-5 所示。

2)怠速稳定修正

发动机在怠速运行期间,当发动机的怠速因负荷变化而出现波动时,通过适当改变点火提前角使发动机的转速稳定。当发动机转速低于所设定的目标转速时,点火控制系统根据当前转速与目标转速的差值大小适当地增大点火提前角;当发动机的转速高于设定目标转速时,则适当地减小点火提前角。怠速修正特性一例如图 9-6 所示。

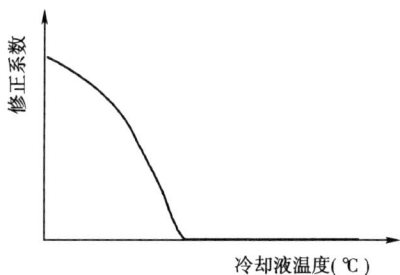

图 9-5　暖机点火提前角修正特性

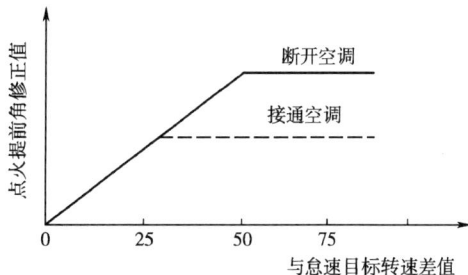

图 9-6　怠速稳定点火提前角修正特性

3)空燃比反馈修正

当电子控制器根据氧传感器的反馈信号对空燃比进行修正时,随着喷油量的增加或减少,会引起发动机的转速在一定的范围内波动。为提高发动机怠速的稳定性,控制器在控制喷油量减少的同时,适当地增大点火提前角。空燃比反馈点火提前角修正过程如图 9-7 所示。

4)过热点火提前角修正

当发动机的温度过高时,为使发动机能保持正常工作而对点火提前角作适当的修正。过热点火提前角修正特性如图 9-8 所示。

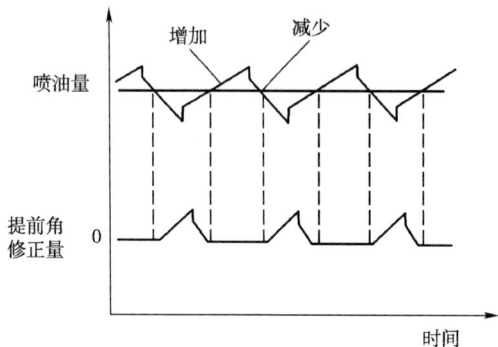

图9-7　空燃比反馈点火提前角修正　　　　图9-8　发动机过热点火提前角修正

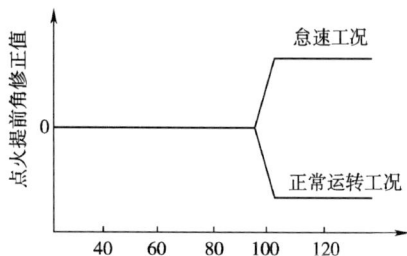

在发动机正常运行工况时,如果发动机温度过高则易产生爆震。为避免这种情况发生,点火控制系统适当地减小点火提前角。

在发动机怠速运行工况时,如果发动机温度过高则应适当增大点火提前角,以避免发动机长时间过热。

5)发动机爆震点火提前角修正

当发动机产生爆震时,对基本点火提前角进行适当的修正(减小点火提前角),以迅速消除爆震。这是点火控制系统根据发动机的燃烧情况所进行的反馈修正控制。

6)最大提前和推迟控制

点火控制系统设定了一个实际点火提前角的数值范围,以控制发动机工作时其点火提前角不会超出正常工作的极限值。

不同发动机其设定的点火提前角的最大和最小极限值不同,一般其最大点火提前角为$35° \sim 45°$,最小点火提前角为$-10° \sim 0°$。

三、点火控制系统的基本组成和类型

1.点火控制系统的基本组成

点火控制系统主要由传感器、电子控制器(ECU)、电子点火器等组成,如图9-9所示。

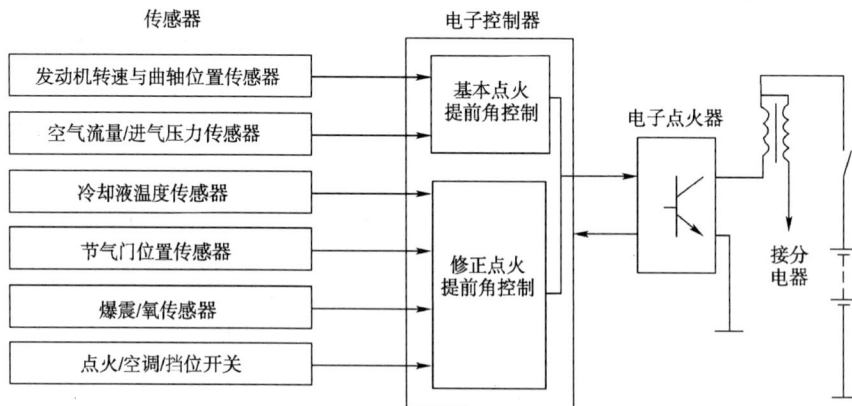

图9-9　点火控制系统的基本组成

1)传感器

传感器的作用是将发动机工况与状态信息转换为相应的电信号,并输送给电子控制器。不同型号的发动机其点火控制系统所用的传感器类型、数量及安装位置等不尽相同。

（1）发动机转速与曲轴位置传感器：将曲轴的转角和基准位置转换为相应的脉冲信号，点火控制系统电子控制器根据该脉冲信号产生点火定时脉冲、计算发动机的转速和确定基本点火提前角等。

（2）空气流量/进气压力传感器：空气流量传感器或进气压力传感器将进气管的空气流量或进气压力转换为相应的电信号，电子控制器根据该传感器所提供的信号获得发动机的负荷信息，并确定基本点火提前角。

（3）冷却液温度传感器：将发动机的温度转换为相应的电信号，电子控制器根据该传感器所提供的信号判断发动机的温度。当发动机不在正常的工作温度时，做出点火提前角的温度修正控制。

（4）节气门位置传感器：将节气门的开度转换为相应的电信号，电子控制器根据此传感器信号判断发动机的工作状况。当发动机处于怠速工况时，电子控制器就按怠速运行要求进行基本点火提前角控制，否则，就按正常运行工况进行基本点火提前角控制。

（5）爆震传感器：在闭环点火控制系统中使用，电子控制器根据爆震传感器所提供的电信号判断发动机是否产生了爆震。当发动机爆震时，电子控制器就会做出爆震点火提前角修正控制。

（6）氧传感器：将发动机排气中的氧含量高低转换为相应的电信号，电子控制器根据氧传感器的信号判断汽油喷射系统是否进行了喷油量的修正控制，并根据需要对点火提前角进行修正控制。

（7）点火/空调/挡位开关：点火开关提供发动机起动、正常工作信号，空调开关提供空调是否使用信号，挡位开关提供自动变速器挡位变化信号。电子控制器根据这些开关信号对点火提前角进行不同的基本点火提前角控制和对点火提前角进行修正控制。

2）电子控制器

电子控制器是点火控制系统的核心，它接收各相关传感器及开关信号，并按照设定的程序对输入信号进行计算、分析后，输出控制信号，控制电子点火器工作，实现最佳的点火提前角控制和点火线圈初级电流通电时间控制。

3）电子点火器

电子控制器控制信号通过电子点火器控制点火线圈工作。不同车型的点火控制系统，其电子点火器的功能及内部电路结构会有较大的差异。功能较多的电子点火器内部有闭合角控制、恒流控制、停机断电保护、汽缸识别（无分电器点火控制系统）、功率放大、点火工作状态反馈信号生成、转速表驱动脉冲电流生成等功能电路，功能较少的电子点火器可能只有功率放大电路，有的电子点火器则只有大功率的三极管，其他功能电路均在电子控制器内部。也有一些点火控制系统无电子点火器，所有点火控制信号处理功能电路均在电子控制器内，由电子控制器直接控制点火线圈工作。

2. 点火控制系统的类型

点火控制系统按点火高压配电方式不同，分为机械高压配电和电子高压配电两种。

1）机械高压配电方式点火控制系统

机械高压配电仍采用传统的配电器分配点火线圈所产生的高压，因此采用这种高压配电方式的电子点火控制系统还有分电器。

2）电子高压配电方式点火控制系统

由电子电路进行高压分配，这种电子点火控制系统无分电器，因此也被称之为无分电器点火控制系统。

四、点火控制系统的工作原理

1. 最佳点火提前角的控制

1）点火定时脉冲的产生

点火控制系统通过发动机转速与曲轴位置传感器产生点火定时脉冲（初始点火提前角），并在此点火提前角的基础上，通过控制基本点火提前角和对点火提前角的修正，实现最佳点火提前角控制。产生点火定时脉冲的方式有多种，典型的三种点火定时脉冲产生方式如图9-10所示。

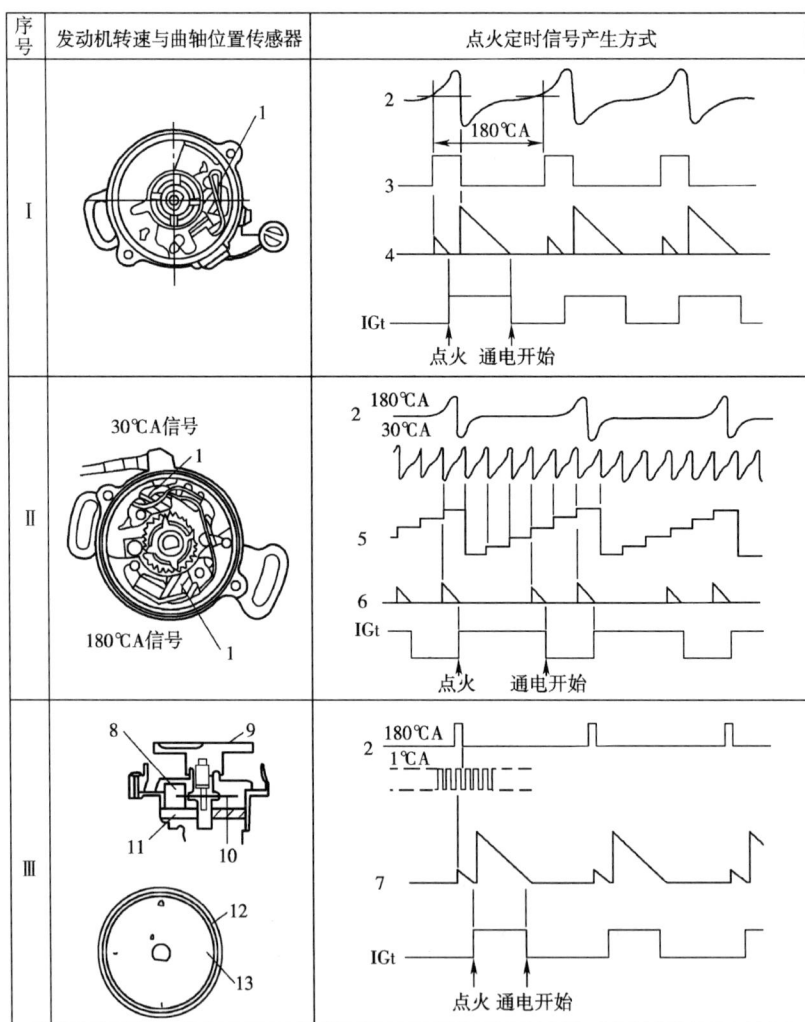

序号	发动机转速与曲轴位置传感器	点火定时信号产生方式

图9-10　点火定时脉冲信号的产生方式

1-磁感应式传感器;2-传感器信号;3-传感器信号(整流后);4、5、6、7-定时计数波形;8-光电耦合器;9-分火头;10-遮光转子;11-整形电路;12-1°信号槽;13-180°信号槽

第Ⅰ种方式：曲轴位置传感器信号触发转子的齿数与汽缸数相同，产生180°（四缸）或120°（六缸）曲轴转角信号，作为点火基准信号，电子控制器根据预定程序的通电时间和点

火提前角进行计算,求出开始通电和断电时刻,并输出点火定时信号 IGt。这种方式结构比较简单,但由于发动机在过渡状态时汽缸工作间隔每时都在变化,因此其控制精度较低,现已很少采用。

第Ⅱ种方式:曲轴位置与发动机转速传感器的信号触发转子 4 个齿和 24 个齿,产生180°曲轴转角信号和30°曲轴转角信号。电子控制器以 180°曲轴转角信号为基准,计算出通电开始时刻到点火时刻的 30°曲轴转角信号,并输出点火定时信号 IG_t。

第Ⅲ种方式:曲轴位置与发动机转速传感器产生 1°曲轴转角信号和180°曲轴转角信号,电子控制器同样以 180°曲轴转角信号为基准,计算出从通电开始到断电时刻的 1°曲轴转角信号,并输出点火定时信号 IG_t。

第Ⅱ种方式和第Ⅲ种方式均由发动机转速与曲轴位置脉冲信号确定点火定时脉冲,在发动机过渡工况时,其点火控制精度较高,因此已被广泛采用。

2)最佳点火提前角确定

由于点火提前角的影响因素很多,且关系复杂,要想建立一个最佳点火提前角控制模型是很困难的。因此,现代汽车点火控制系统通过实验的方法来确定发动机各种工况、状态下的最佳点火提前角。

(1)基本点火提前角的确定:将发动机的转速、负荷划分若干个小区,形成一个转速与负荷构成的点阵(图9-11a),各交叉点为发动机的试验工况,通过试验确定其的最佳点火提前角,并将这些数据作为最佳点火提前角标准参数存入 ROM 中(9-11b),点火控制系统工作时可通过查寻得到。非试验工况点的最佳点火提前角则是在工作中由微处理器根据周围四个试验工况点的最佳点大提前角参数通过插值计算的方式得到。

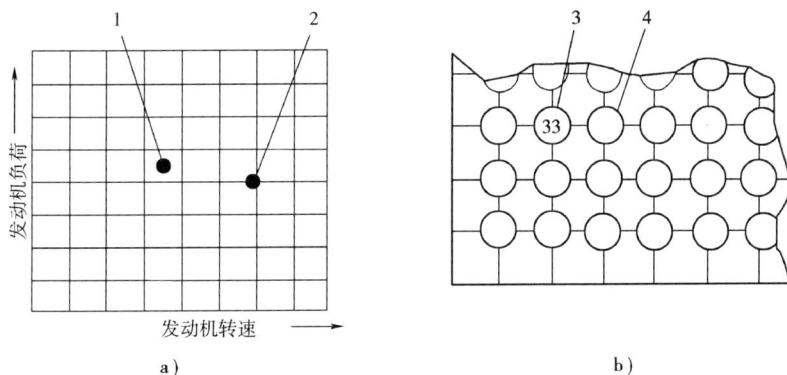

图9-11 基本点火提前角确定

a)最佳点火提前角的确定;b)最佳点火提前角的存储

1-非试验工况点;2-试验工况点;3-存储的标准点火提前参数;4-存储单元

(2)修正点火提前角确定:发动机温度等点火提前角的修正系数或修正控制程序也是通过试验确定,并将其储存在 ROM 中,以供点火控制系统工作时对点火提前角进行修正。

3)点火提前角控制过程

发动机的转速、空气流量(或进气管压力)、温度及其他传感器的电信号输入电子控制器,控制器内的 CPU 经查找(试验工况)、计算(插值、修正)后得到当前工况和状态下的最佳点火提前角,并与当前的点火提前角进行比较。如果不一致,则输出调整后的点火控制脉冲信号;如果一致,说明当前已处于最佳点火状态,不对点火控制脉冲信号进行调整。

2.发动机爆震推迟点火控制

1)爆震点火提前角修正控制的作用

点火控制系统中增设发动机爆震传感器,就形成了点火提前角闭环控制系统,点火控制系统根据爆震传感器的反馈信号判断发动机是否爆震。当发动机爆震时,点火控制器立即做出点火提前角修正控制(推迟点火控制),以迅速消除发动机爆震。相比于无爆震传感器的开环点火控制系统,有爆震推迟点火控制的闭环点火控制系统其点火提前角的控制可尽量靠近爆震区,能更有效地发挥发动机的功率。

2)爆震的判别

由于爆震传感器输出的电压信号中,包含有非爆震振动所产生的其他频率成分,因此,需要用识别电路来鉴别爆震信号。不同类型的爆震传感器,其爆震信号的识别电路也有所不同。典型的爆震判别电路如图 9-12 所示。

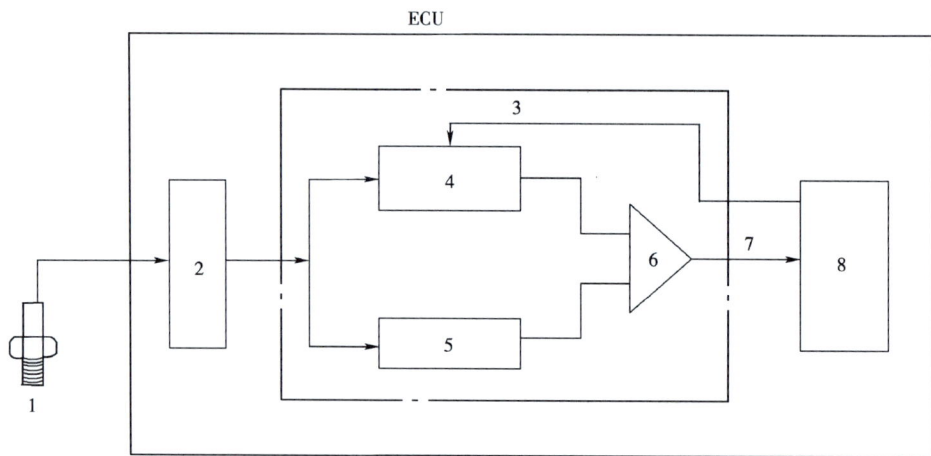

图 9-12　爆震信号判别电路

1-爆震传感器;2-滤波电路;3-爆震判断区间信号;4-峰值检测;5-比较基准产生电路;6-爆震判定比较器;7-爆震信号输出;8-微处理器

滤波器的作用是将非爆震振动电压波滤掉,以进一步提高信噪比,使爆震判别更为准确。比较基准电路根据输入的信号产生一个比较基准值,利用比较器将信号电压波形的峰值与基准值比较,判断是否发生爆震。信号峰值超过基准值的,比较器就会有爆震信号输出,送入微处理器。

因为爆震只可能在发动机汽缸燃烧期间发生,因此爆震判别也只需在此期间进行。这样可避免发动机其他的振动干扰而引起的误判。爆震的强度以判定爆震期内测得的超过比较基准值的次数来确定。信号峰值超过比较基准值次数越多,说明爆震越强。爆震判定波形示例如图 9-13 所示。

3)爆震推迟点火提前角控制

爆震推迟点火提前角的控制过程如图 9-14 所示。当检测出爆震时,电子点火控制系统就立刻减小点火提前角;而当爆震消失时,点火提前角又恢复至原调定值。如果在点火提前角恢复过程中又检测到了爆震信号,则又继续减小点火提前角。

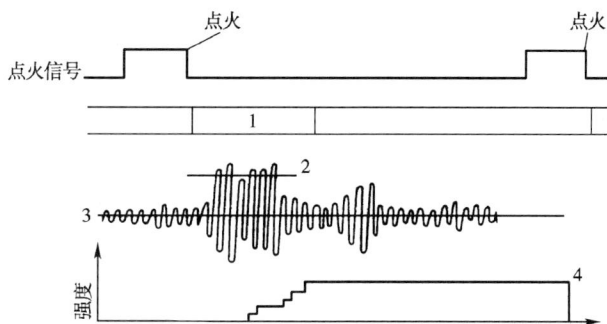

图 9-13　爆震强度判定

1-爆震判定期间；2-爆震判定基准值；3-爆震传感器输出信号；4-爆震判定值

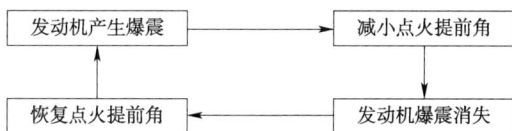

图 9-14　爆震推迟点火控制过程

3．点火线圈通电时间控制

1）点火线圈通电时间控制的作用

当电源电压变化不同时，点火线圈初级电流上升速率也不同，这会使得点火线圈初级电流随电源电压波动而变。点火线圈通电时间控制的作用是：在电源（蓄电池）电压高、点火线圈初级电流上升较快时，减小通电时间，以限制点火线圈形成过大的初级电流，避免点火线圈温度过高而损坏；在蓄电池电压低时，则增加点火线圈初级通电时间，以保证能形成足够大的初级电流。

2）点火线圈通电时间控制原理

在 ROM 存储器中，存有蓄电池电压与相应的通电时间有关的标准参数，工作时，ECU 根据蓄电池电压值从 ROM 寻得相应的通电时间，并控制点火线圈初级的通路时间，使得点火线圈初级电流在蓄电池电压变化较大的范围内能保持稳定的初级电流。

五、无分电器点火系统

无分电器点火系统采用电子高压配电方式，避免了分电器高压配电过程中的能量损失，并可降低点火系统高压回路的故障率。此外，由于有两个点火线圈（初级绕组）或两个以上的点火线圈，使点火线圈初级绕组有足够的通路时间。因此，无分电器点火系统的点火性能及工作可靠性都较高，在现代汽车上得到了广泛的应用。

1．无分电器点火系统电子高压配电原理

无分电器点火系统的高压配电方式主要有三种方式：二极管分配同时点火方式，点火线圈分配同时点火方式和单独点火方式。

1）二极管分配同时点火方式电路原理

二极管分配同时点火方式的电路原理如图 9-15 所示。

二极管分配同时点火方式的点火线圈两个初级绕组各由驱动电路中的 V_1、V_2 控制其通断，汽缸识别电路根据控制器的汽缸识别信号和点火信号输出点火脉冲，按照点火顺序交替触发 V_1、V_2 的导通和截止。当汽缸识别电路输出 1、4 缸点火触发信号时，V_1 由导通转为截止,初级绕组 A 断电,次级绕组产生实线箭头方向的电动势 e。e 使 VD_1、VD_4 正向导通,1、4 缸火花塞电极电压迅速升高直至跳火。当汽缸识别电路输出 2、3 缸点火触发信号时,V_2 由导通转为截止,这时初级绕组 B 断电,使次级绕组产生虚线箭头方向的电动势 e'。e' 使 VD_2、VD_3 导通,2、3 缸火花塞跳火。

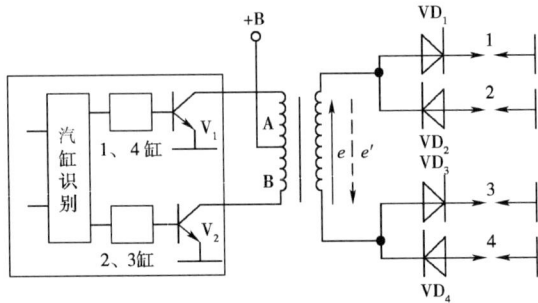

图 9-15　二极管分配同时点火方式电路原理

2)点火线圈分配同时点火方式电路原理

点火线圈分配同时点火方式的电路原理如图 9-16 所示。

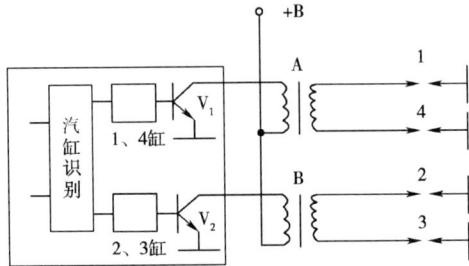

图 9-16　点火线圈分配同时点火方式电路原理

点火线圈分配同时点火方式是用一个点火线圈直接供给成对的两缸火花塞,4 缸发动机有两个点火线圈,6 缸发动机则有 3 个点火线圈。汽缸识别电路根据电子控制器送入的点火信号和汽缸识别信号输出点火控制脉冲,按点火顺序轮流触发 V_1、V_2 导通和截止,控制 A、B 两个点火线圈轮流产生高压。当汽缸识别电路输出 1、4 缸点火触发信号时,V_1 由导通转为截止,点火线圈 A 产生高压,使 1 缸和 4 缸两火花塞同时跳火;当汽缸识别电路输出 2、3 缸点火触发信号时,V_2 由导通转为截止,点火线圈 B 产生高压,2 缸和 3 缸两火花塞同时跳火。

3)点火线圈分配单独点火方式电路原理

点火线圈分配单独点火方式的电路原理如图 9-17 所示。

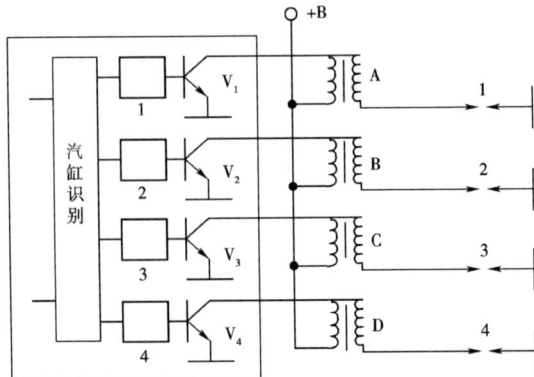

图 9-17　点火线圈分配单独点火方式电路原理

单独点火方式无分电器点火系统每个汽缸的火花塞均配有一个点火线圈,通常将点火线圈直接安装在火花塞的上方,因此可省去高压导线。汽缸识别电路根据电子控制器送入的点火信号和汽缸识别信号输出点火控制脉冲,按点火顺序轮流触发 V_1、V_2、V_3、V_4 导通和截止,控制各个点火线圈轮流产生高压,并直接输送给予之连接的火花塞。

2.无分电器点火系统部件结构

1)点火线圈

无分电器点火系统的均采用干式(闭磁路)点火线圈,有多种结构形式。

(1)适用于二极管分配的点火线圈:这种点火线圈具有两个初级绕组,一个次级绕组,用于高压分配的 4 个高压二极管连接在次级绕组与点火线圈输出端子之间,如图 9-18 所示。图 9-19 所示的点火线圈其内部只有初、次级绕组,4 个高压二极管连接在点火线圈外部的高压电路中。

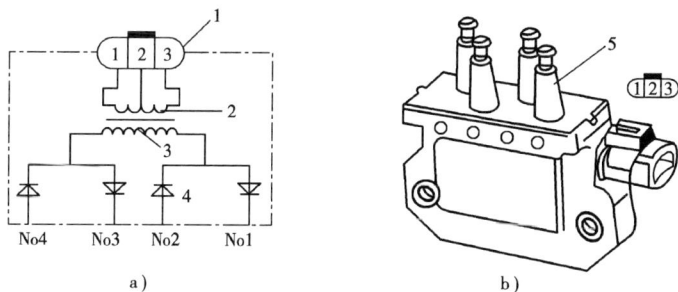

图 9-18　内接高压二极管的二极管分配式点火线圈

a)点火线圈内部电路;b)点火线圈外形

1-低压插接器端子;2-初级绕组;3-次级绕组;4-高压二极管;5-高压接线柱

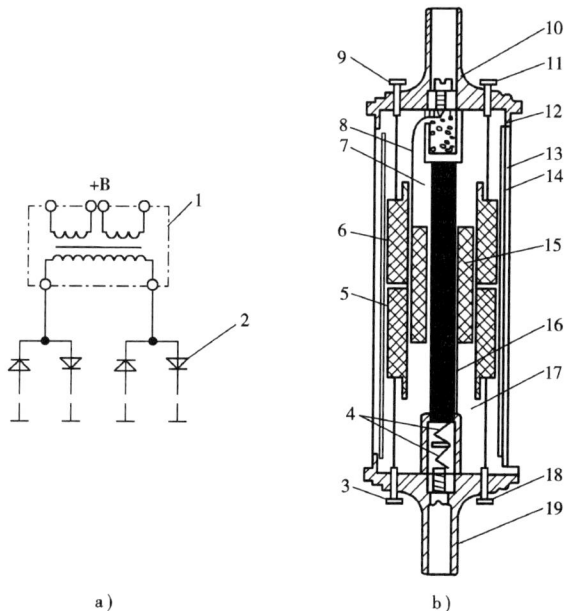

图 9-19　高压二极管连接在外部的二极管分配式点火线圈

a)点火线圈连接线路;b)点火线圈内部结构

1-点火线圈;2-高压二极管;3、11-接电子点火器;4-弹簧;5-初级绕组Ⅰ;6-初级绕组Ⅱ;7-铁芯;8、16-高压导电片;9、18-电源接线柱;10、19-高压线插座;12-外壳;13-导磁板;14-衬纸;15-次级绕组;17-变压器油

（2）适用于点火线圈分配的点火线圈：每个点火线圈都有一个初级绕组和一个次级绕组，两个或三个点火线圈多采用组合安装的形式。适用于六缸发动机的组合式点火线圈一例，如图9-20所示。

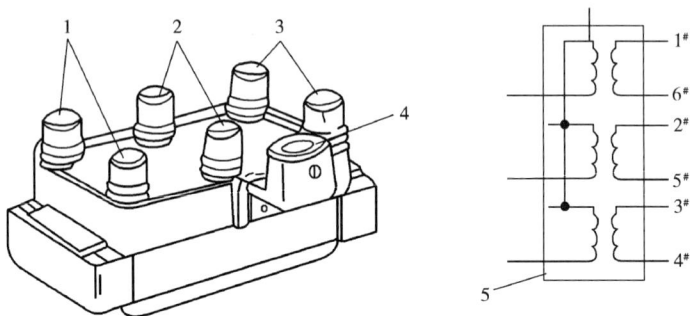

图9-20　点火线圈分配式点火线圈

1-点火线圈B高压线插座；2-点火线圈C高压线插座；3-点火线圈A高压线插座；4-点火线圈低导线插座；5-点火线圈内部电路

点火线圈分配式点火线圈也有其内部装有高压二极管的，或者是点火线圈的高压电路中连接有高压二极管，这些二极管的作用是防止误点火。点火线圈分配方式由于点火线圈与火花塞直接通过导线相连，初级通路瞬间次级产生的约 1kV 的电压就直接加在了火花塞电极的两端，如果火花塞所处的汽缸又恰好是进气终了或压缩行程开始等汽缸压力较低，又有可燃混合气的行程，就可能会产生跳火。将高压二极管串联在高压回路中（图9-21），利用其单向导电性，使初级绕组通路的瞬间次级产生的电压不能加在火花塞电极上，从而避免了误点火的可能。

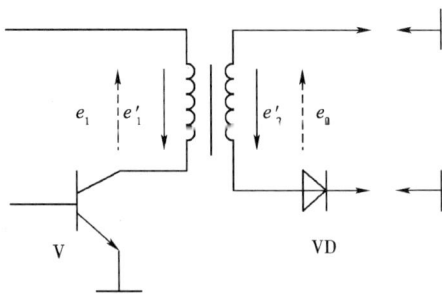

图9-21　点火线圈分配同时点火高压回路二极管的作用

e_1、e_2-初级通路瞬间初、次级绕组的感应电动势；e_1'、e_2'-初级断路瞬间初、次级绕组的感应电动势

有的无分电器电子控制点火系统在点火线圈与火花塞的连接电路中，留有 3~4mm 的间隙，其作用也是防止点火线圈初级通路瞬间产生误点火。

（3）单独点火方式的点火线圈：通常是将点火线圈直接安装在火花塞上端，如图9-22所示。这样，就可省去高压导线，使点火能量的损失和点火系统的故障率进一步降低。

2）电子点火器

无分电器点火系统的电子点火器增设了汽缸识别电路，一种点火线圈分配同时点火方式的电子点火控制系统的电子点火器的组成及功能，如图9-23所示。

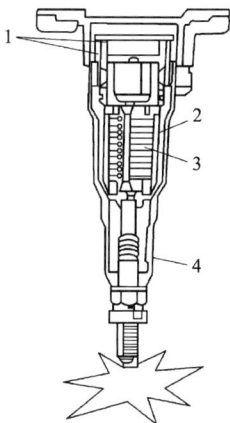

图9-22 单独点火方式的点火线圈
1-接ECU;2-初级绕组;3-次级绕组;
4-火花塞

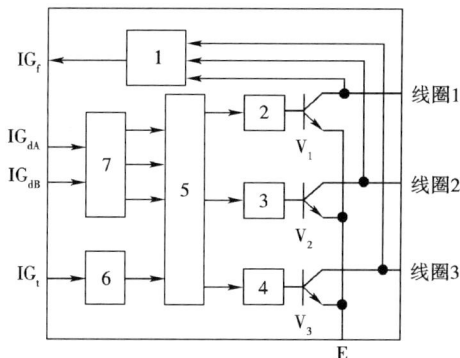

图9-23 某种电子点火器的组成及功能
1-IGf信号发生器;2、3、4-开关三极管驱动电路;5-汽缸
识别电路;6-闭合角控制电路;7-输入电路

一些无分电器点火系统无电子点火器,包括汽缸识别电路及通、断点火线圈初级回路用的开关三极管等均在电子控制器内,由电子控制器的点火控制端子直接控制点火线圈初级绕组的通断。

六、点火控制系统实例

一种典型的点火线圈分配式无分电器点火系统,如图9-24所示。

1. 点火控制系统的组成与结构特点

发动机转速与曲轴位置传感器为磁感应式,其中曲轴位置传感器信号触发转子有1个突齿,两个位置不同的感应线圈,转速传感器信号触发转子有24个突齿,发动机转速与曲轴位置传感器的信号电压波形如图9-25所示。三个点火线圈分别连接两缸火花塞,每个点火线圈内有一个高压二极管,用于防止点火线圈初级通路瞬间所产生的次级电压造成误点火。电子点火器所具有的功能如图9-24b)所示,除点火控制所需的功能外,还输出一个与发动机转速信号同步的矩形波脉冲信号,用于驱动发动机转速表。电子控制器(ECU)与汽油喷射控制系统共用,由各有关传感器的信号所产生相应的控制信号,控制电子点火器工作。

2. 点火控制系统工作原理

1) 点火定时信号 IG_t 的产生

曲轴位置信号 G_1 用于确定第六缸压缩行程上止点, G_2 用于确定第一缸的上止点。发动机转速信号 Ne 同时用于确定初始点火定时。工作时,控制器以 G_1 或 G_2 信号后的第一个 Ne 信号为第六缸或第一缸初始点火时间,并产生一个点火定时脉冲 IG_t,之后每隔4个 Ne 信号波形确定下一缸点火初始点火时间,产生的点火定时脉冲如图9-26所示。电子控制器再根据发动机转速、进气流量(或进气压力)等传感器所提供的电信号对点火时间进行适当的调整,然后向电子点火器输出点火定时信号 IG_t。

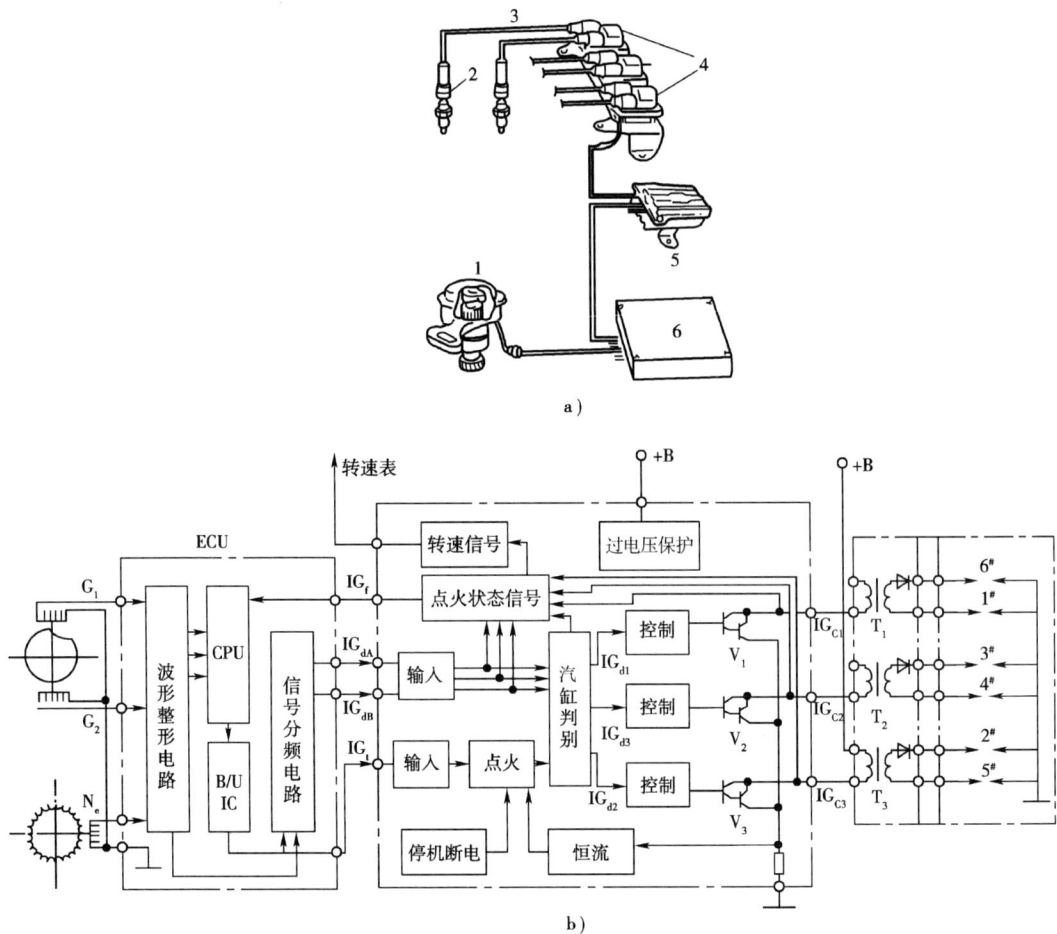

图 9-24　丰田 IG-GZEU 型发动机点火控制系统

a) 点火控制系统组成 ; b) 点火控制系统电路原理

1- 发动机转速与曲轴位置传感器 ; 2- 火花塞 ; 3- 高压导线 ; 4- 点火线圈 ; 5- 电子点火器 ; 6- 电子控制器

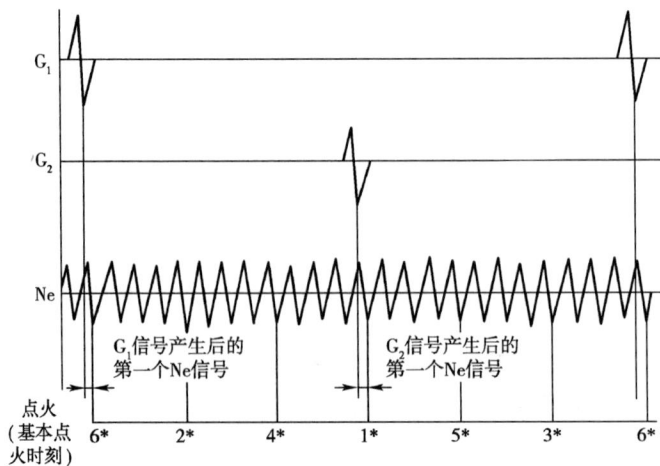

图 9-25　发动机转速与曲轴位置传感器信号波形

2）汽缸识别原理

电子控制器（ECU）根据曲轴位置传感器的 G_1、G_2 信号产生汽缸识别信号 IG_{dA}、IG_{dB}（图 9-26），并向电子点火器输出。点火控制器内的汽缸识别电路具有表 9-2 所示的逻辑功能，在每一个点火定时波形 IG_t 下降沿时，汽缸识别电路根据 IG_{dA} 和 IG_{dB} 的高、低电平情况，触发相应的开关三极管截止，使该三极管所连接的点火线圈初级绕组断电，次级产生高压而使相应的两缸火花塞点火。

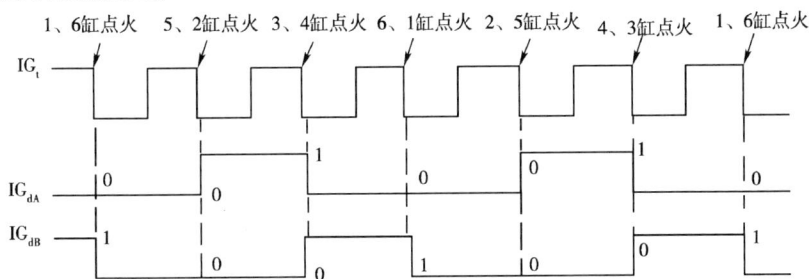

1、6缸点火　5、2缸点火　3、4缸点火　6、1缸点火　2、5缸点火　4、3缸点火　1、6缸点火

图 9-26　电子控制器产生的控制脉冲信号

汽缸识别电路逻辑功能　　　　　　　　　　　　　　　　　　　表 9-2

点火的汽缸 \ 汽缸识别信号	1、6	2、5	3、4
IG_{dA}	0	0	1
IG_{dB}	1	0	0

3）点火反馈信号 IG_f 的产生及作用

电子点火器中的 IG_f 信号发生器根据每个点火线圈驱动电路的工作情况（点火线圈初级绕组的工作电压波形）产生 IG_f 脉冲（矩形波）信号，并向电子控制器输出。电子控制器根据 IG_f 脉冲是否正常来判断点火系统的工作情况，如果电子控制器接收不到连续的 IG_f 信号或信号有缺失，电子控制器就会做出点火系统工作不正常的判断，并立刻停止汽油喷射系统喷油，使发动机立刻熄火，以避免有过多的 HC 排入三元催化反应器而使其温度过高而损坏。

第二节　汽油喷射控制系统

一、汽油喷射系统的控制目标

1. 传统化油器的不足

化油器依靠气流经过喉管时所产生的真空度吸出汽油，形成可燃混合气，这种供油方式有如下不足：

（1）进气阻力大、汽油雾化质量差。喉管设在进气通道中增加了进气阻力，使发动机的充气系数较小；受气流速度的限制，吸出的汽油其雾化较差，尤其在小负荷和低转速时，汽油的雾化就更差。这些都对发动机的动力性和经济性造成不良的影响。

（2）供油变化不及时。由于汽油的惯性较空气大，在加速时容量造成供油滞后而使混合气过稀，减速时则会使汽油不能及时减少而造成混合气过浓。

（3）不能实现最佳空燃比控制。虽然化油器通过主供油装置和增设一些辅助装置来改善其供油特性，但仍不能满足发动机工况变化对混合气空燃比的实际需要，发动机通常在混合气偏浓的情况下工作。

化油器式发动机其动力性、经济性差，排气污染高，已成为现代汽车发展的障碍。汽油喷射系统采用喷油器将汽油喷射到进气管中，并与进气流混合形成可燃混合气。这种供油方式很好地解决了化油器进气阻力大、汽油雾化质量差、供油变化不及时等问题，并可实现最佳的空燃比控制，因此，在现代汽车上已得到了普及。

2. 汽油喷射系统的控制目标

汽油喷射系统以喷射的方式提供汽油，并通过控制喷油量，使发动机始终保持在最佳的空燃比状态，以提高发动机的动力性与经济性，降低排气污染。汽油喷射系统具体的控制目标是：

（1）在发动机的负荷及转速变化时，及时调整喷油量，使发动机始终保持最佳的空燃比状态。

（2）在发动机温度、进气温度等影响因素改变时，以及加速、减速等行驶工况时，能对喷油量进行修正，以满足发动机在这些工况状态下的混合气空燃比的实际需要。

（3）能与其他电子控制系统实现协调控制，以使发动机的运转更加平稳，使汽车行驶的安全性、舒适性、动力性及经济性等得到进一步提高。

二、汽油喷射系统的控制内容

为实现汽油喷射系统的控制目标，汽油喷射系统通常所设的控制内容见表9-3。

汽油喷射控制的基本内容 表9-3

起动时喷油控制	基本喷油量控制	
	发动机温度及蓄电池电压修正控制	
起动后喷油控制	基本喷油量控制	
	喷油量修正控制	·进气温度修正
		·起动后修正
		·怠速暖机修正
		·加速时修正
		·减速时修正
		·大负荷时修正
		·燃油高温修正
		·燃油关断控制
		·蓄电池电压修正
		·混合气浓度反馈修正
		·自适应修正

1. 基本喷油量的控制

基本喷油量是保证发动机在正常的工作温度下运行有最佳的空燃比。电子控制器根据发动机转速、进气压力（或进气流量）确定基本喷油量。

由于喷油器的喷油压力和喷油器的喷口截面积均为恒定，因此，喷油量的控制实际上就是控制喷油器的喷油时间。基本喷油时间的确定方式有公式计算法和查寻法两种。

1）公式计算法确定基本喷油时间

公式计算法通常用如下的计算模型来确定基本喷油时间 T_p

$$T_p = \frac{120G_a}{CZn} \tag{9-1}$$

式中：G_a——空气流量，g/s；

$\quad\quad C$——与喷油器结构和理论空燃比有关的常数；

$\quad\quad Z$——发动机汽缸数；

$\quad\quad n$——发动机转速，r/min。

2）查寻法确定基本喷油时间

在电子控制器中的 ROM 存储器储存有特定工况下的最佳喷油时间标准参数（基本喷油时间三维图，如图 9-27 所示），发动机特定工况下的最佳喷油时间通过试验取得的。工作时，电子控制器根据当时的发动机转速和空气流量（或进气管压力），从 ROM 中查寻得到基本喷油时间。如果发动机工作在非特定工况，CPU 则根据该工况周围的 4 个特定工况点的基本喷油时间，通过插值法计算得到该工况下的喷油时间。

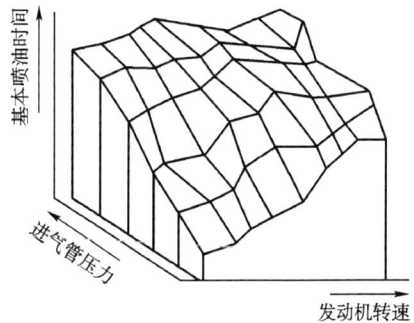

图 9-27　基本喷油时间三维图

用查寻法求得最佳的基本喷油时间，可实现非线性控制，使汽油喷射的控制精度更高，因此，汽油喷射控制系统多采用查寻法求得基本喷油时间。

2. 喷油量修正控制

喷油量修正控制是使发动机在各种情况下都有适当的空燃比，以保证发动机在各种情况下都能有可靠和良好的工作状态。

1）起动时喷油量修正

发动机在起动时其转速很低，基本喷油量很少，因此，需要通过起动喷油修正（适当增加喷油量）来改善其起动性能。电子控制器根据点火开关（起动挡）做出起动时喷油量修正控制，根据冷却液温度传感器的信号确定喷油修正量。

2）进气温度修正

进气温度不同时，空气的密度也不同，使混合气的空燃比发生变化。进气温度修正是为了在不同的进气温度下均能达到理想的空燃比。电子控制器根据进气温度传感器输入的进气温度信号对喷油时间做出适当的修正。进气温度修正特性一例如图 9-28 所示。

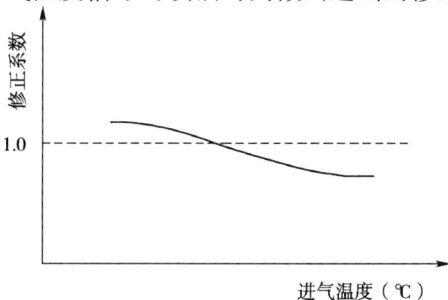

图 9-28　进气温度修正特性曲线

3）起动后喷油量修正

发动机起动后，电子控制器在基本喷油量的基础上增加起动后补充喷油量，以保证发动机在温度较低，汽油雾化不良的情况下能稳定运转。控制器根据点火开关从"起动"挡到"点火"挡的瞬间做出起动后喷油修正控制，根据冷却液温度传感器和发动机转速传感器的信号确定起动后喷油修正量。起动后喷油量修正特性曲线如图 9-29 所示。

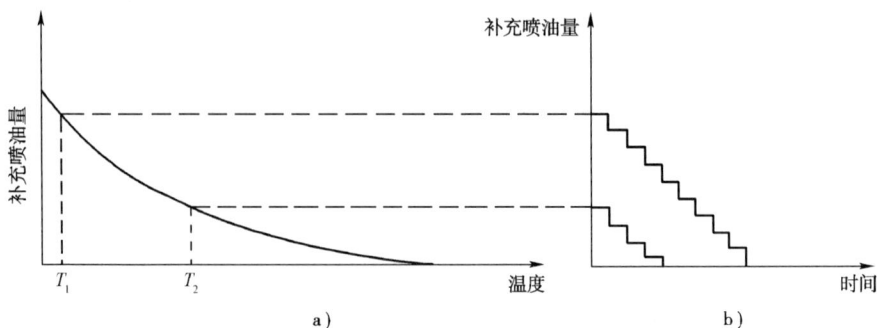

图 9-29　起动后喷油量修正特性

a)起动后喷油补充量初始值;b)起动后喷油补充量随转速信号递减过程

4)怠速暖机喷油量修正

发动机冷机起动后,保证发动机起动后能稳定运行的起动后补充喷油量很快就会消失,如果这时发动机的温度还较低,就仍需要较浓的混合气,这将由时间相对较长的怠速暖机修正来保证。电子控制器根据冷却液温度传感器、节气门位置传感器(怠速开关)信号做出怠速暖机喷油量修正控制,并根据发动机转速传感器信号对喷油修正量进行适当的调整。怠速暖机喷油量修正特性一例如图 9-30 所示。

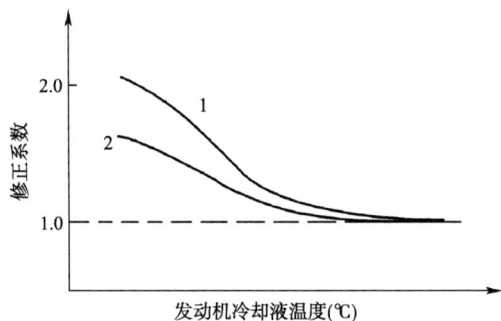

图 9-30　怠速暖机喷油量修正特性

1-发动机起始温度低修正特性曲线;2-发动机起始温度高修正特性曲线

5)加速时喷油量修正

汽车加速时,为保证发动机有良好的加速性能,需要在基本喷油量的基础上增加适当的喷油量。电子控制器根据节气门位置传感器信号做出加速时喷油量修正控制,根据空气流量传感器或进气压力传感器、发动机转速传感器及冷却液温度传感器的信号确定加速喷油修正量。加速时喷油量修正特性一例如图 9-31 所示。

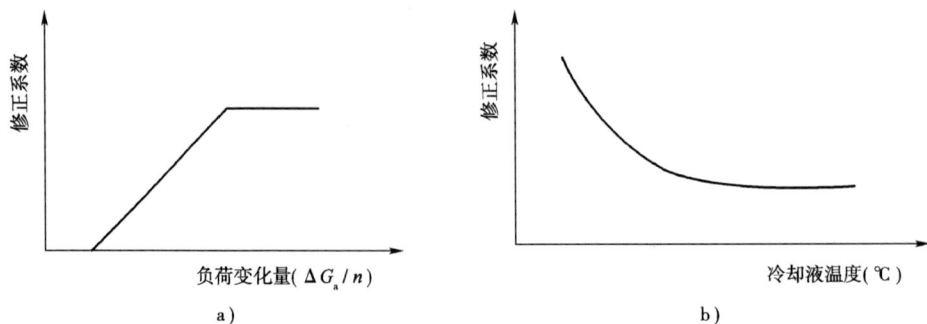

图 9-31　加速时喷油量修正特性

a)负荷变化量修正特性;b)冷却液温度变化修正特性

有的汽油喷射系统是通过在正常喷油脉冲之间额外地输出一个喷油脉冲信号,使喷油器多喷一次油(称异步喷射)的方式增加加速时的喷油量。

6)减速时的喷油量修正

为避免减速时混合气过浓,电子控制器根据节气门位置传感器、空气流量或进气压力传感器、发动机转速传感器及冷却液温度传感器的信号做出减速喷油量修正,以适当减少减速时的喷油量。

7)大负荷喷油量修正

在发动机大负荷时需适当加浓混合气,以保证发动机仍处于最佳的状态下工作。电子控制器根据节气门位置传感器的信号做出大负荷喷油量修正。

8)燃油高温喷油量修正

当汽油温度过高时,喷油器内的汽油会汽化。含有蒸气的汽油会导致喷油量减少而使混合气过稀。因此,在汽车发动机热机起动时,如果汽油的温度过高,就需要通过适当增加喷油时间,以弥补因汽油汽化所引起的混合气稀化。电子控制器根据点火开关(起动挡)信号和冷却液温度传感器的信号做出热起动喷油量修正控制。有的汽油喷射系统直接采用汽油温度传感器作为燃油高温喷油量修正的信号。燃油高温喷油量修正特性如图9-32所示。

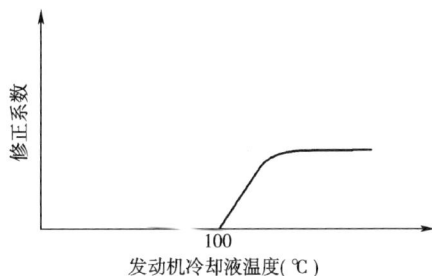

图9-32 燃油高温喷油量修正特性

9)燃油关断控制

燃油关断控制有两种情况,一是在汽车减速时停止喷油,以达到节油和降低排气污染之目的;二是在发动机转速太高时停止供油,以防止发动机超速而损坏。

电子控制器根据节气门位置传感器信号判断是否是减速工况(节气门开度突然减小至关闭),再根据发动机转速传感器和冷却液温度传感器信号做出减速停止喷油控制。电子控制器根据发动机转速传感器信号做出高转速停止喷油控制。

10)蓄电池电压变化喷油量修正

喷油器电源电压变化时,喷油器阀的开启速率会发生变化。为消除因喷油器阀开启速率变化而引起喷油量偏差,电子控制器根据蓄电池电压的变化对喷油器通电时间(喷油脉冲宽度)进行修正。

11)混合气浓度反馈喷油修正

为使发动机排放有害物降至很低的水平,现代汽车发动机排气管大都安装了三元催化反应器来净化废气中的 NO_X、HC 和 CO。为使三元催化反应器的净化效果达到最佳,就必须将混合气的浓度控制在理论空燃比附近。混合气浓度反馈喷油修正是通过氧传感器反馈的混合气浓度信号对喷油量进行修正,将混合气的浓度控制在理论空燃比附近,以保证三元催化反应器良好的排气净化效果。

氧传感器通过监测发动机排出废气中的氧含量来反映混合气浓度,电子控制器则根据氧传感器输入的信号对喷油量进行修正,使混合气浓度保持在理论空燃比附近。

为确保发动机正常起动和运行,发动机温度在60℃以下、起动时及起动后加浓期间、大负荷加浓期间及减速断油期间,电子控制器将停止混合气浓度反馈修正。

12）自适应修正

自适应修正也称学习修正，用于进一步提高空燃比控制精度。在使用过程中，发动机的供油系统、进气系统及汽油喷射电子控制系统等的性能会发生变化，使得实际空燃比中心值与理论空燃比的偏差逐渐加大，导致电子控制系统不能进行正常的控制。

自适应修正就是计算出实际空燃比中心值与理论空燃比的偏离量，并求出空燃比偏离量的修正系数，然后将修正系数存入点火开关断开时不断电的 RAM 存储器中，并在以后的工作中使用这一修正系数修正喷油时间。

三、汽油喷射控制系统的基本组成和类型

1. 汽油喷射控制系统的基本组成

汽油喷射控制系统主要由传感器、控制器、喷油器及相应的控制电路等组成，控制系统的基本组成框图如图9-33所示。

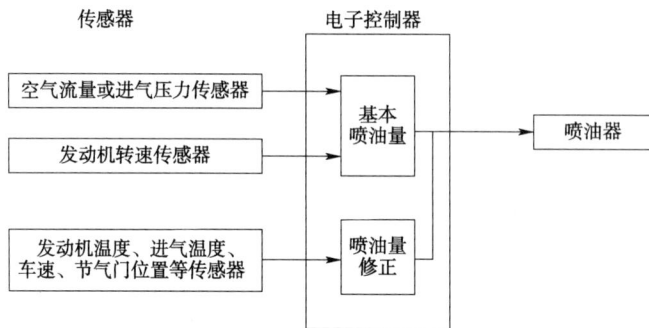

图9-33　汽油喷射控制系统的基本组成框图

1）传感器

汽油喷射控制系统各传感器将发动机的转速与负荷、冷却液温度、进气温度、节气门开度、车速等物理参量转换为相应的电信号，并输送给电子控制器，使电子控制器能及时判断发动机的工况和状态，并作出相应的汽油喷射控制。

2）控制器

汽油喷射控制器按设定的程序进行工作，根据各传感器输入的电信号和预设的标准参数进行基本喷油量和修正喷油量控制，输出喷油时间控制脉冲，并通过驱动电路控制执行器工作。

3）执行机构

汽油喷射控制系统的主要执行机构是喷油器，喷油器严格按控制器输出的喷油控制脉冲工作，将适量的汽油适时地喷入进气歧管，以使发动机实现最佳的空燃比控制。

2. 汽油喷射系统的类型

1）按喷油和供油量的控制方式不同分类

（1）机械控制方式：通过油路中的压力油顶开喷油器实现喷油，由空气流量计的感知板根据进气管空气流量动作，并通过柱塞式比例阀的联动来控制喷油量，工作过程中喷油器连续喷油，通过控制喷射流量来调节空燃比。这种机械控制方式控制精度不高，结构较为复杂，现代汽车上已不再使用。

（2）机电混合控制方式：在机械控制方式的基础上增设了一个由电子控制器控制的电液流量调节器，使汽油喷射系统的适应性和控制功能有所提高。

（3）电子控制方式：电子控制器根据发动机各传感器输入的信号产生适当的喷油控制脉冲，控制喷油器的喷油时间，以实现最佳的空燃比控制。现代汽车普遍使用电子控制的汽油喷射系统。

2）按喷油器的位置不同分类

（1）缸内喷射式：喷油器安装在发动机汽缸盖上，汽油直接喷射到汽缸内。这种喷射方式在提高发动机的动力性和经济性、降低排放方面具有优势，但其喷油的压力高，喷射的时间要求很高，且喷油器要承受高温、高压，其结构较为复杂。电子控制汽油喷射装置采用缸内喷射方式的目前已在部分汽车上得到了应用。

（2）缸外喷射式：喷油器安装在进气歧管或节气门体处，汽油喷射到汽缸的外边。这种喷射方式喷油的压力不需要很高，喷油的时间要求也不严格，低温、低压的喷油器结构较为简单，因此，现代汽车上汽油喷射系统大都采用缸外喷射方式。

3）按喷油器的数量和喷射的位置不同分类

（1）单点喷射式（SPI）：SPI汽油喷射装置有一个或两个喷油器，安装在节气门体处，因此也被称之为节气门体式汽油喷射装置（图9-34a）。SPI的控制精度较低，但执行机构简单、成本较低、工作可靠性相对较高。在20世纪80年代，SPI在一些汽车上得到了应用。

（2）多点喷射式（MPI）：MPI汽油喷射装置有与发动机汽缸数相等的喷油器，安装在进气门处的进气歧管上（图9-34b）。这种喷射方式其空燃比的控制精度、喷油变化灵敏度等均优于单点喷射，是目前广泛采用的汽油喷射装置。

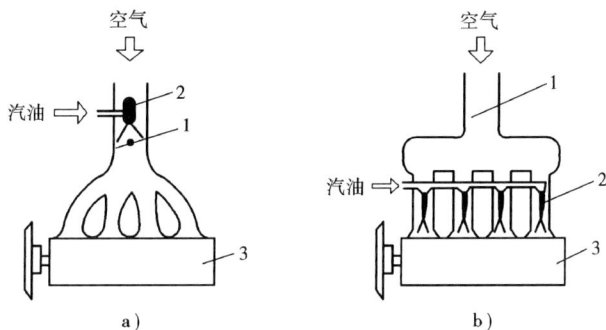

图9-34　单点喷射与多点喷射示意图
a）SPI；b）MPI
1-节气门；2-喷油器；3-发动机

4）按发动机进气量的检测方式不同分类

（1）流量型汽油喷射系统：也称L型汽油喷射系统，直接用空气流量传感器检测进气流量确定发动机的进气量，是一种"质量流量"空气流量检测方式的电子控制汽油喷射系统。

（2）压力型汽油喷射系统：也称D型汽油喷射系统，用压力传感器检测进气管压力，再根据发动机的转速推算出进入发动机的空气量，是一种"速度密度"空气流量检测方式的电子控制汽油喷射系统。

四、汽油喷射系统的结构

电子控制汽油喷射系统组成部件一例如图9-35所示，可以将其分为汽油供给系统、空气供给系统和电子控制系统三部分。

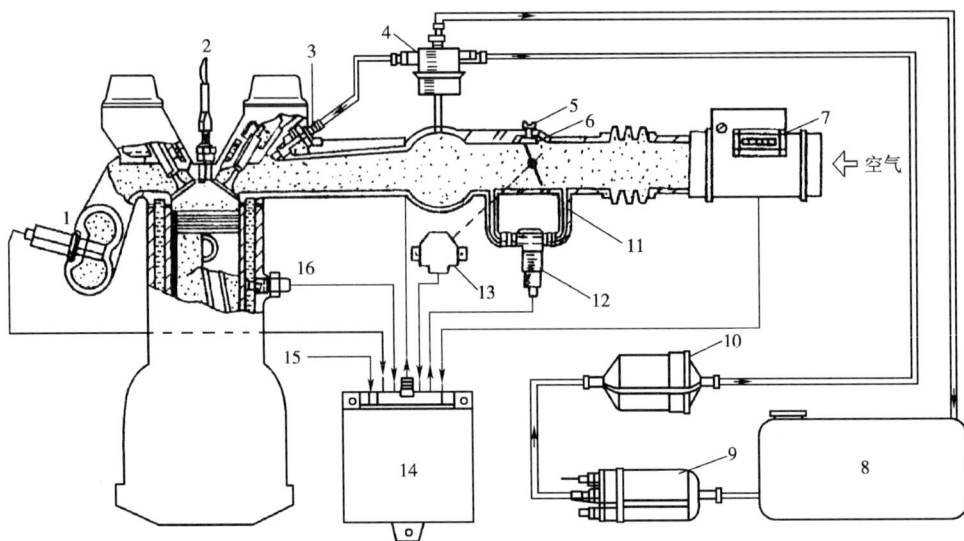

图 9-35　电子控制汽油喷射系统的构成

1-氧传感器;2-火花塞;3-喷油器;4-燃油压力调节器;5-急速调整螺钉;6-急速旁道通道;7-空气流量传感器(热丝式);
8-汽油箱;9-汽油泵;10-汽油滤清器;11-急速辅助空气通道;12-急速调节电磁阀;13-节气门位置传感器;14-电子控制
器;15-接点火开关;16-冷却液温度传感器

1. 汽油供给系统

汽油供给系统的主要组成部件有汽油箱、汽油泵、汽油滤清器、汽油压力调节器及喷油器等,其作用是向汽油喷射系统提供压力稳定的汽油,并在控制器的控制下,将适量的汽油喷入进气歧管。

1)汽油泵

汽油泵的作用是将汽油源源不断地泵入供油管路。汽油泵主要由直流电动机和油泵组成,其油泵有滚柱式、叶片式(涡轮式)、齿轮式等多种结构形式。目前使用较多的滚柱式汽油泵如图 9-36 所示。

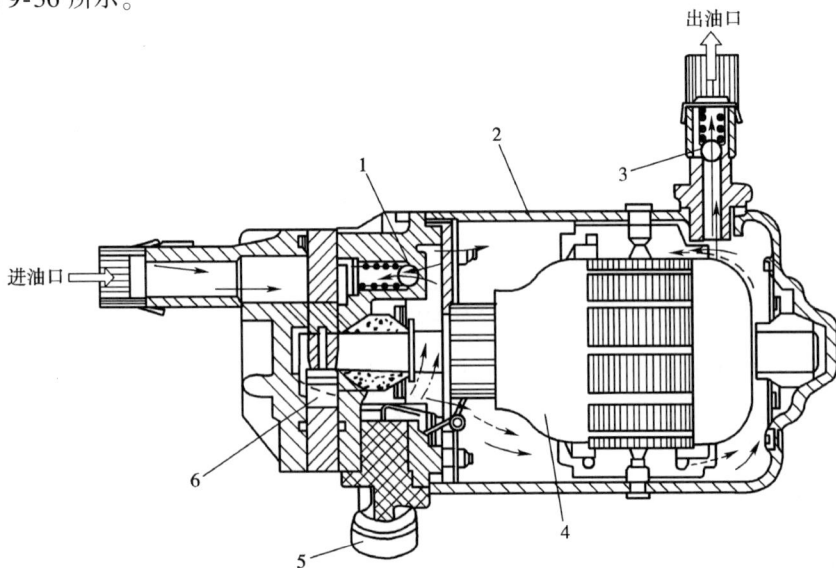

图 9-36　滚柱式汽油泵

1-安全阀;2-汽油泵壳体;3-止回阀;4-电动机;5-燃油泵电动机插接器;6-滚柱式油泵

滚柱式油泵的泵油工作原理如图9-37所示,泵转子与泵套内腔不同心,泵转子在电动机的带动下转动时,转子槽内的滚柱在离心力的作用下向外侧移动至与泵套壁接触后形成油腔。泵转子转动过程中,左侧油腔会逐渐增大,将汽油箱中的汽油吸入油腔;右侧油腔则逐渐减小,将汽油压出至供油管路。

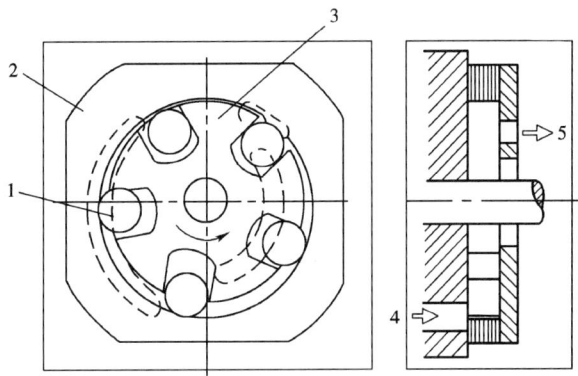

图9-37 滚柱式油泵工作原理
1-滚柱;2-泵套;3-泵转子;4-汽油吸入;5-汽油泵出

汽油泵中设有安全阀,其作用是防止供油管路中的油压过高;汽油泵出口处止回阀的作用是在汽油泵停止工作时,使汽油管路中保持一定的油压,当发动机再次起动时能及时供油而易于起动。

汽油泵可安装于燃油箱内,也可安装于燃油箱外。滚柱式汽油泵的自吸能力较强,因此,安装在汽油箱内外均可,但自吸能力较差的汽油泵(比如叶片泵)一般都安装于燃油箱内。

2)汽油压力调节器

汽油压力调节器的作用是稳定喷油器的喷油压力,以保证控制器通过喷油时间的控制空燃比的精确度。汽油压力调节器有绝对压力调节和相对压力调节两种形式。

绝对压力调节器的组成及工作原理如图9-38所示。绝对压力调节器的不足是当进气管的压力发生变化时,喷油压力与进气管的压力差就会随之改变,这会导致喷油量发生变化。因此,电子控制器必须根据进气管压力的变化对喷油器的喷油时间作适当的修正。

相对压力调节器的原理如图9-39所示,这种压力调节器在膜片的弹簧侧通过一真空管与进气歧管相通,其调节的汽油压力与进气歧管压力大小相关。当进气歧管的压力变化时,由于作用于弹簧侧膜片的真空吸力也改变了,使调节器调定的汽油绝对压力随之改变。这种压力调节方式使得喷油器的喷油压力与进气歧管的压力差保持恒定,因此,进气歧管压力变化时不会对喷油量造成影响。

3)喷油器

喷油器的核心部件是电磁线圈和连接阀体的铁芯,其结构形式有多种。按适用性分,有单点喷射喷油器、多点喷射喷油器和冷起动喷油器等几种;按喷油器阀的结构分,则有针阀式、球阀式、片阀式等几种;按喷油器喷孔数量分,又有单喷口喷油器、双喷口喷油器和多喷口喷油器等;按喷油器电磁

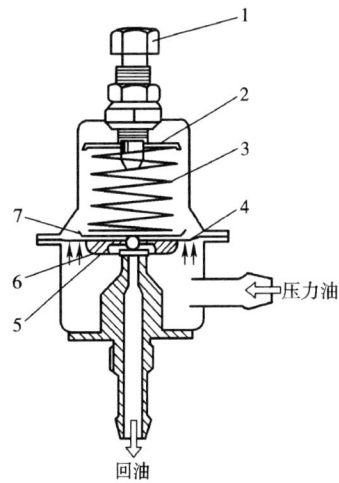

图9-38 绝对压力调节器
1-调节螺钉;2、7-弹簧座;3-弹簧;4-膜片;5-阀托盘;6-阀体

线圈的电阻大小分,有低电阻(2~3Ω)型喷油器和高电阻(13~17Ω)型喷油器两种。不同类型的喷油器,其基本组成与工作原理相同,图9-40所示的是适用于多点喷射的针阀式喷油器。

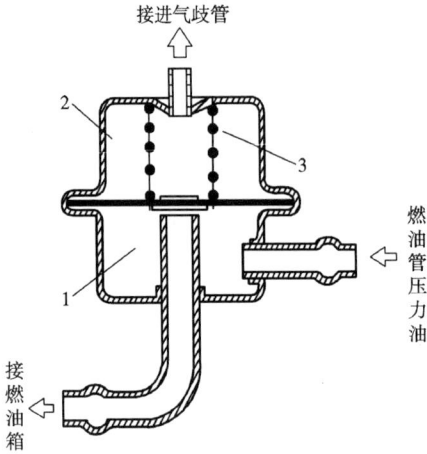

图9-39 相对压力调节器
1-燃油室;2-真空室;3-弹簧

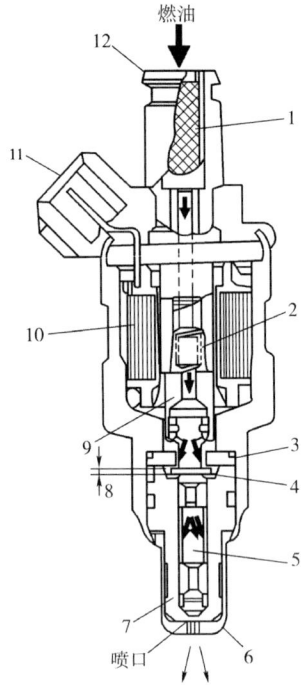

图9-40 喷油器的结构
1-滤网;2-弹簧;3-调整垫片;4-凸缘部;5-针阀;6-壳体;7-阀体;8-阀行程;9-铁芯;10-电磁线圈;11-接线端子;12-油管接头

具有恒定压力的汽油经滤网进入喷油器,当电磁线圈通电时,其电磁力使铁芯克服弹簧力而移动,与铁芯一体的阀体上移后,压力油便从喷口喷出;当电磁线圈断电时,其电磁力消失,铁芯在弹簧力作用下迅速回位,阀体落座,喷油器立刻停止喷油。

2. 空气供给系统

空气供给系统的主要组成部件有空气滤清器、进气管道、节气门及节气门体、怠速辅助空气通道及怠速调节电磁阀等,参见图9-35。在发动机各汽缸进气行程真空吸力作用下,空气经空气滤清器、进气管、节气门和(或)怠速通道到进气歧管,与喷油器喷出的汽油混合后从进气门进入汽缸。

发动机正常工作时,进入汽缸的空气流量由节气门开度控制,由空气流量传感器或进气压力传感器监测进气流量的大小。发动机处于怠速工况时,节气门关闭,空气由怠速旁通道和怠速辅助通道进入汽缸。怠速调节螺钉通过改变怠速旁通道的通气量来调整发动机的怠速,电子控制器通过控制怠速调节电磁阀调节怠速辅助空气通道的空气流量,实现发动机怠速的自动控制。

3. 电子控制系统的控制电路

1) 电源控制电路

由点火开关直接控制的电源控制电路如图9-41a)所示。点火开关通过主继电器控制电子控制器的电源。ECU另有一个直接连接蓄电池的电源,以便在点火开关关断时,使储存故障信息和学习修正参数的随机存储器(RAM)继续保持通电。

由点火开关与ECU控制,具有延时关断功能的电源控制电路如图9-41b)所示。点火开关接通时,ECU的IGSW端子通电,通过ECU内部主继电器控制电路使ECU的MREL端子通电,主继电器线圈通电而使其触点闭合,接通ECU主电源。在点火开关关断时,ECU内部的主继电器控制电路可使其MREL端子继续通电2s左右,可使ECU的主电源在点火开关断开后仍能保持2s左右的时间,ECU利用这段时间完成怠速控制阀初始状态的设定(步进电动机式怠速控制阀)、热丝的清洁(热丝式空气流量传感器)等工作。

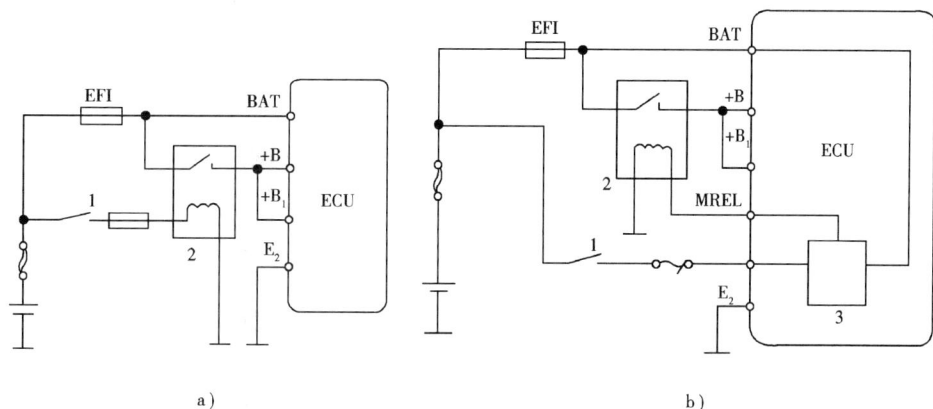

图9-41　电子控制器电源控制电路
a)点火开关直接控制;b)点火开关与ECU控制
1-点火开关;2-主继电器;3-主继电器控制电路

2)汽油泵控制电路

汽油喷射系统设有汽油泵控制电路,其基本控制功能是:在起动发动机和发动机正常运转时,使汽油泵稳定可靠地工作;发动机一旦熄火,汽油泵能立即自动停止工作;发动机不工作时,即使将点火开关置于接通(点火)状态,汽油泵也不会工作。

汽油泵控制电路通常设有汽油泵继电器,该继电器为动合触点,有两个线圈,其中的一个线圈通电就可使触点闭合。汽油泵控制电路有多种形式,图9-42所示的汽油泵控制电路中,燃油泵继电器L_1线圈电流由ECU控制,在发动机工作时,ECU接收到发动机转速传感器的电信号,并通过内部的控制电路使V导通,L_1通电而使K_2保持闭合,汽油泵正常通电工作;当发动机熄火时,ECU接收不到发动机转速传感器信号,ECU内部电路立即使L_1断电,K_2断开,汽油泵立即停止工作。

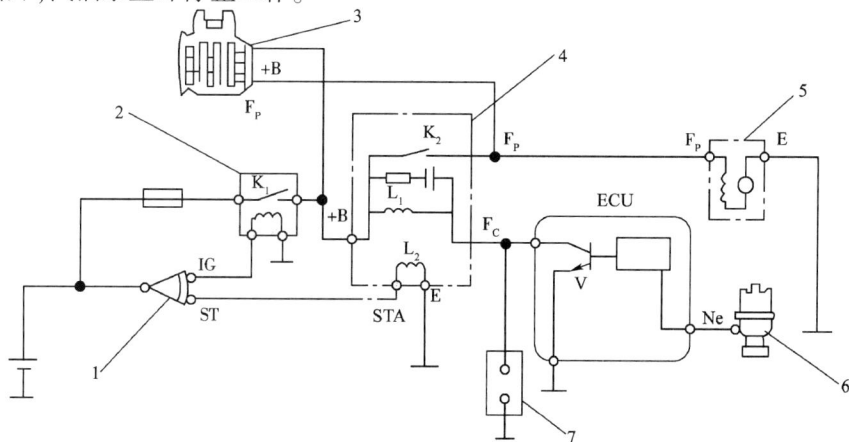

图9-42　由ECU控制的燃油泵控制电路

1-点火开关;2-主继电器;3-故障检查插座;4-燃油泵继电器;5-燃油泵;6-发动机转速传感器;7-燃油泵检查插座

3）喷油器控制电路

喷油器的控制电路具有不同的形式,按喷油器的驱动方式分为电压驱动和电流驱动两种。

（1）电压驱动方式。电压驱动方式是在喷油的时间内,对喷油器施加一稳定的电压。电压驱动方式的喷油器有高电阻型和低电阻型两种,其控制电路如图9-43所示。

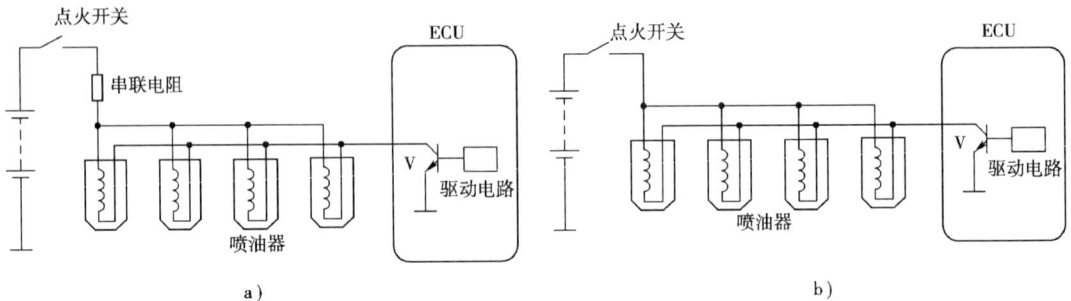

图9-43　电压驱动方式的喷油器控制电路

a）低电阻型喷油器控制电路；b）高电阻型喷油器控制电路

由于喷油器线圈自感电动势的阻碍作用,喷油器线圈电流呈指数规律逐渐上升（电流上升较慢）,这使喷油器阀开启速率较低,因此,电压驱动方式喷油器的动态响应较差。减少喷油器电磁线圈的匝数,其电感量减小,可提高线圈电流的上升速率,使喷油器开启速率提高。因此,电磁线圈匝数少的低电阻型喷油器其动态响应较好。为避免工作电流过大而容易烧坏,低电阻喷油器驱动电路中需要串联电阻。

（2）电流驱动方式。电流驱动方式采用匝数较少、电感很小的低电阻型喷油器,其电磁线圈电流上升迅速,可使喷油器阀迅速全开,然后控制电路控制电流的大小,使之至仅能维持喷油器阀打开,以防止电磁线圈过热。电流驱动方式的控制电路一例如图9-44所示,其工作电压与电流波形如图9-45所示。

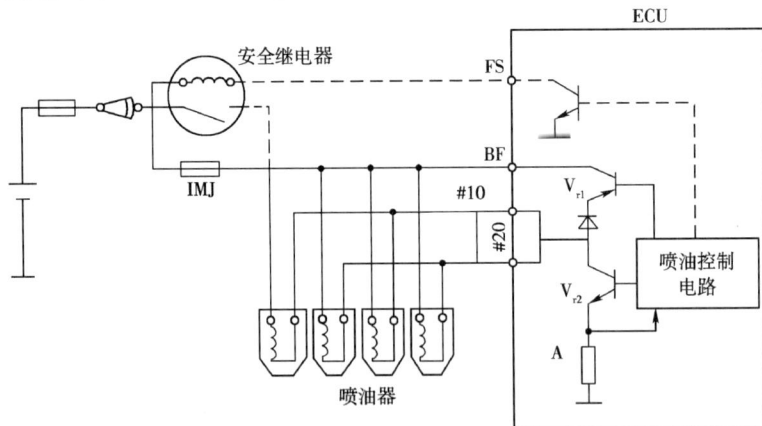

图9-44　电流驱动方式的喷油器控制电路

当喷油控制脉冲到来时,喷油器驱动控制电路使V_{r1}导通,喷油器电磁线圈的电流迅速上升,并使喷油器阀迅速全开。蓄电池电压为14V时,其峰值电流可达到8A。喷油器电磁线圈电流的上升使A点的电位升高至设定值时,喷油器驱动控制电路使V_{r1}截止—导通不断地变化,其变化频率为20kHz,使通过喷油器电磁线圈的电流为2A左右,以保持喷油器阀的全开状态。

电流驱动方式其控制电路较为复杂,但其动态响应好。

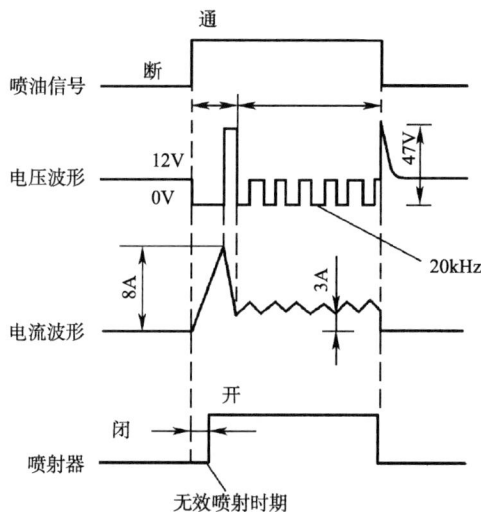

图 9-45　电流驱动喷油器工作时有关的波形

五、汽油喷射系统的工作原理

1.汽油喷射系统的基本工作原理

汽油喷射系统的基本工作原理如图 9-46 所示。

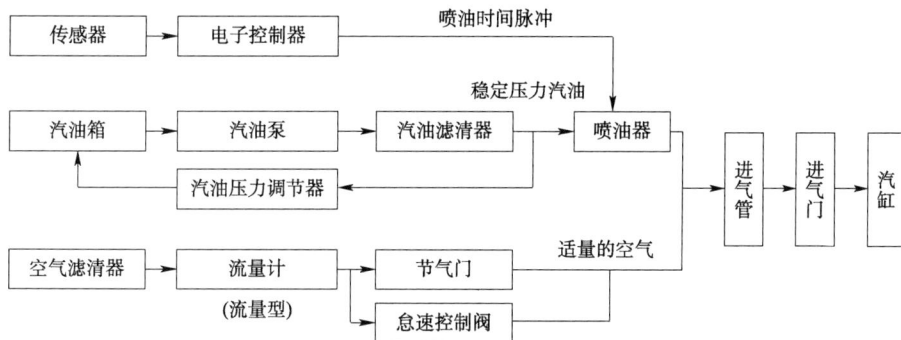

图 9-46　汽油喷射系统工作原理框图

进气系统通过节气门的调节作用(急速时由急速控制阀控制),控制适量的空气进入进气歧管;燃油供给系统通过汽油泵的泵油和汽油压力调节器的调节作用,使喷油器内充满一定压力的汽油;电子控制器根据各传感器的信号进行基本喷油时间控制和喷油时间修正控制,通过输出的喷油脉冲信号,控制喷油器的喷油时间。喷油器喷出适量的汽油与进气歧管的空气混合,形成空燃比适当的可燃混合气,并在进气门打开时进入汽缸。

2.喷油正时控制方式

汽油喷射系统控制喷油器喷油有异步喷射方式和同步喷射方式两种。异步喷射方式喷油器的间歇喷油频率与发动机转速不同步,多应用于临时性的补充喷油,比如,某些汽油喷射系统的加速喷油量修正控制中,通过在正常喷油控制脉冲之间增加几个异步喷油脉冲来提高急加速时的混合气浓度。同步喷射方式喷油器频率与发动机转速同步,是汽油喷射的基本形式。

与发动机转速同步的多点喷射系统有同时喷油、分组喷油和单独喷油三种控制方式。

1）同时喷射方式

同时喷射方式的控制器通过一个喷油器驱动电路同时控制各缸喷油器喷油。工作时，控制器按发动机转动节拍输出喷油控制脉冲，使各缸喷油器同时喷油，喷油正时图如图9-47所示。这种控制方式只需一个喷油器驱动电路，其控制电路比较简单，但空燃比的控制精度相对较低。

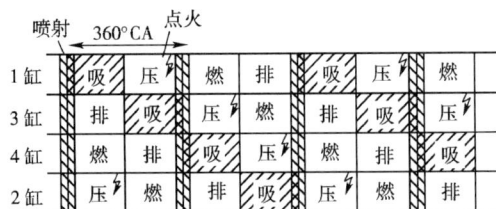

图9-47　与发动机转速同步、同时喷射正时图

2）分组喷射方式

分组喷射方式的控制器有与分组数相同的喷油器驱动电路，控制各组喷油器同时喷油。工作时，控制器按发动机转动节拍输出喷油控制脉冲，并经分组汽缸识别电路辨别后，控制相应组的各喷油器同时喷油（图9-48）。分组同时喷射方式其控制精度有所提高，但增加了喷油器驱动电路，且需要分组汽缸识别信号，控制电路相对要复杂一些。

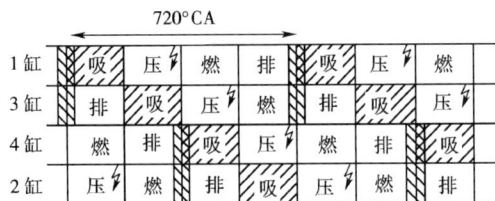

图9-48　与发动机转速同步、分组同时喷射正时图

3）独立喷射方式

独立喷射方式需要有与喷油器数相同的驱动电路，各自控制一个喷油器喷油。工作时，每个各缸喷油器按照发动机汽缸的工作顺序喷油（图9-49）。各缸独立喷射可相对于各缸的每次燃烧所需喷油量都设定一个最佳的喷射时刻，因此，可以展宽稀薄空燃比界限，进一步降低油耗。这种喷射方式需要汽缸识别信号及与汽缸数相等的喷油器驱动电路，因此其控制电路的结构更为复杂。

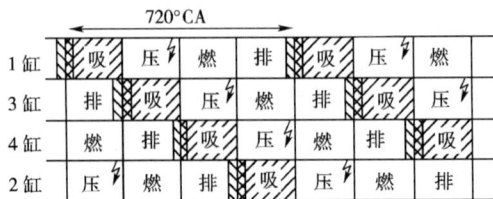

图9-49　与发动机转速同步、单独喷射正时图

第三节　发动机辅助控制系统

一、怠速控制

1.怠速控制的作用与类型

1)怠速控制的作用

现代汽车怠速控制系统均有多项控制功能,其作用如下:

(1)怠速稳定控制:使发动机在各种状态下都有最佳的稳定怠速。

(2)快速暖机控制:使冷机起动后的发动机以较高的怠速稳定运行,以使发动机快速暖机。

(3)高怠速控制:使发动机在负荷突然增加的情况下仍能保持稳定的怠速,或在怠速工况下,使发动机能输出一定的功率,以带动需要在发动机在怠速工况下工作的负载。

2)怠速控制系统的类型

怠速控制系统按进气量的调节方式分为节气门直动式和旁通空气式两种类型,如图9-50所示。

节气门直动式怠速控制系统通过直接操纵节气门开度来控制怠速(图9-50a),怠速控制执行器由直流电动机和减速机构组成。这种控制方式工作可靠,控制位置的稳定性也良好,其缺点是动态响应性较差,执行机构较为复杂且体积较大,因此目前使用较少。

旁通空气式怠速控制系统通过改变怠速辅助空气通道的空气流量来控制怠速(图9-50b),这种控制方式动态响应好,结构简单且尺寸较小,故应用较多。旁通空气式怠速控制执行器有步进电动机式、开度电磁阀式和开关电磁阀式等几种。

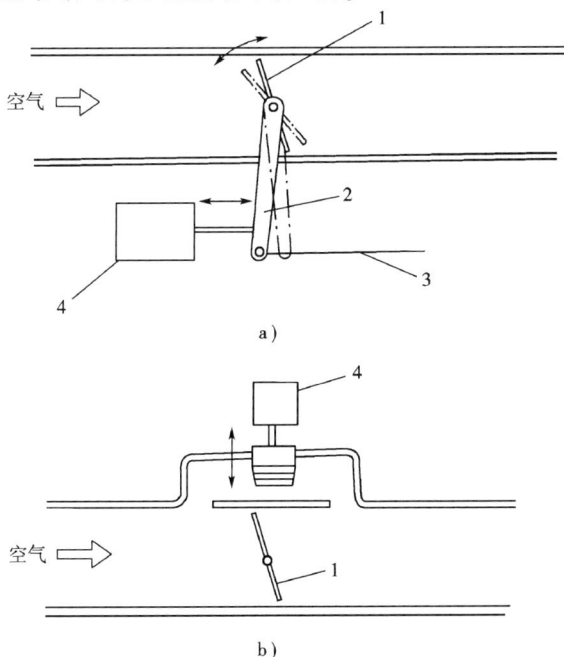

图9-50　怠速进气量调节方式

a)节气门直动式;b)旁通空气式

1-节气门;2-节气门操纵臂;3-加速踏板拉杆;4-怠速控制执行器

（1）步进电动机式：其怠速控制阀以步进电动机为动力，控制器通过使步进电动机转动来控制空气阀的开与关和开启程度。

（2）开度电磁阀式：其怠速控制阀以电磁阀通电产生的电磁力来控制空气阀的开度。开度电磁阀式怠速控制阀根据其阀的运动方式不同，又有直动式和转动式两种。

（3）开关电磁阀式：其怠速控制阀为直动式电磁阀，其工作方式只有打开和关闭两种状态。工作时，电磁阀以一定的频率开闭，通过电磁阀的开关比来控制怠速空气流量。

2. 怠速控制系统的基本组成

典型发动机怠速控制系统的基本组成，如图 9-51 所示。

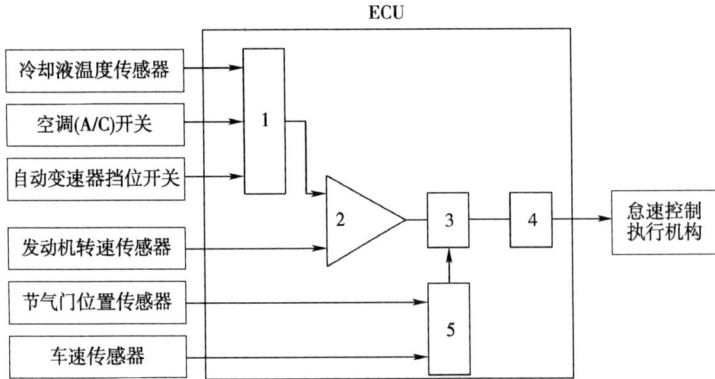

图 9-51　怠速控制系统的组成与原理
1-目标转速产生电路；2-比较电路；3-控制量计算；4-驱动电路；5-怠速状态判断

怠速控制系统所用各传感器和开关向电子控制器提供反映发动机温度、发动机转速、节气门开度、空调开关位置、自动变速器挡位等电信号。电子控制器的存储器中，储存有发动机在不同状态下的最佳稳定怠速参数和相应的控制程序。工作中，控制器根据各传感器的信号进行目标转速设定、怠速判断、转速比较与计算，并输出控制信号，控制怠速控制执行机构动作，将发动机怠速控制在目标范围之内。

3. 怠速控制系统的控制原理

1）怠速稳定控制

电子控制器根据节气门位置传感器信号判断发动机是否为怠速工况，当发动机处于怠速工况时，怠速控制系统进入怠速控制程序，电子控制器根据发动机冷却液温度传感器的电信号选取当前的目标转速，通过发动机转速传感器监测当前发动机的转速，并与目标转速进行比较，如果发动机转速偏离了目标转速，ECU 便输出控制脉冲使怠速控制执行器动作，及时调整发动机转速，使发动机在目标转速下稳定运转。

这种怠速稳定控制方式可实现发动机的快速暖机控制。因为发动机在温度低时其设定的目标转速较高，发动机冷机起动后，可以在较高的稳定怠速下运转而使发动机迅速达到正常的工作温度。

怠速稳定控制过程中，车速传感器所提供汽车行驶速度信号作为怠速工况判断的辅助信号，当车速低于 2km/h，且节气门关闭时，ECU 做出"发动机处于怠速工况"的判断，进入怠速控制程序；空调开关提供空调关断信号，只有在空调不使用时，ECU 才进入怠速稳定控制程序。

2）高怠速运行控制

高怠速运行控制可分为发动机负荷高怠速控制和转速变化预见性高怠速控制两种情况。

（1）发动机负荷高怠速控制：通过适当地提高发动机的转速，使处于怠速工况下的发动机能带动其负载。在节气门处于关闭状态时，ECU 根据空调开关、蓄电池电压等信号判断是否需要进入发动机负荷高怠速控制。比如，在使用汽车空调、蓄电池亏电等情况下，ECU 输出控制信号，使怠速控制执行器动作，将发动机的怠速调高至某一值，以保证在发动机怠速工况下的空调系统正常工作和及时向蓄电池补充电能。

（2）转速变化预见性高怠速控制：通过适当地提高发动机转速，使处于怠速工况下的发动机避免其阻力矩突然增大而导致发动机怠速下降甚至熄火。在节气门处于关闭状态时，ECU 根据自动变速器挡位开关、灯光继电器等信号判断是否需要进入转速变化预见性高怠速控制程序。比如，自动变速器挡位从 N 或 P 挡位挂上运行挡位、灯光继电器触点闭合时，ECU 输出控制信号，通过怠速控制执行器预先调大怠速进气量，以使发动机在负荷突然增加时仍能保持稳定的怠速。

3）其他怠速控制

一些怠速控制系统通常还有如下的怠速控制功能：

（1）起动时怠速控制阀的控制：在发动机起动时，ECU 控制怠速控制阀至开度最大位置，以使发动机起动容易。

（2）碳罐电磁阀工作怠速控制阀的控制：在一些汽车上，怠速控制系统还根据碳罐控制阀的开启情况来调整怠速通道的通气量，以避免发动机怠速产生波动。

（3）怠速偏离修正控制：怠速偏离修正控制也就是怠速控制系统的学习修正控制。当因发动机部件老化等外部原因使发动机的怠速偏离原设定值时，ECU 控制怠速控制阀预置一个开度，将发动机的怠速修正到设定的值。

4. 怠速控制系统的结构

1）步进电动机式怠速控制系统

（1）步进电动机式怠速控制阀的结构：步进电动机式怠速控制阀主要由步进电动机、丝杆机构和空气阀等组成，如图 9-52 所示。步进电动机的转子与丝杆组成丝杆机构，当步进电动机转子在怠速控制信号的控制下转动时，丝杆作直线移动，通过阀杆带动空气阀上、下移动，使空气阀开启或关闭。

（2）步进电动机式怠速控制系统电路原理：步进电动机式怠速控制系统典型的控制电路，如图 9-53 所示。

电子控制器（ECU）根据节气门位置传感器、发动机转速传感器、发动机冷却液温度传感器、空调开关、自动变速器挡位开关等所提供的电信号进行怠速控制。当需要调整怠速时，ECU 输出控制信号，通过其内部的步进电动机驱动电路控制步进电动机的 4 个绕组依次通电，使步进电动机转动相应的角度，将空气阀转动至适当的位置。

ECU 内主继电器控制电路的作用是当点火开关关断时，使 ECU 继续通电 2s，以便使 ECU 完成怠速控制电磁阀起动初始位置的设定。在点火开关断开后的这 2s 时间里，步进电

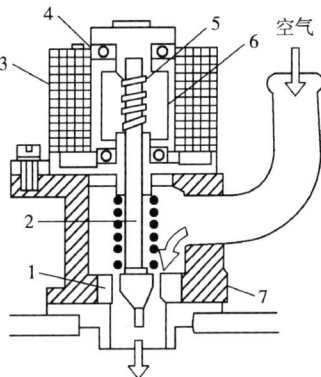

图 9-52 步进电动机式怠速控制阀
1-空气阀阀座；2-阀杆；3-定子绕组；
4-轴承；5-丝杆；6-转子；7-空气阀阀体

动机在 ECU 的控制下转动,使空气阀开启至最大,为下次起动做好准备。

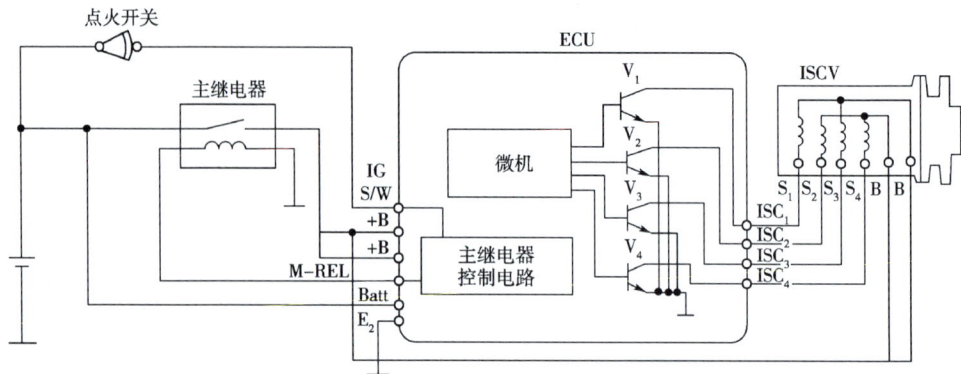

图 9-53　步进电动机式怠速控制系统电路原理

2）开度电磁阀式怠速控制系统

（1）开度电磁阀式怠速控制阀的结构。开度电磁阀式怠速控制阀有直动式和转动式两种。

直动式电磁阀式怠速控制阀的结构如图 9-54 所示。电磁线圈通电后产生的电磁力吸引阀杆克服弹簧力作轴向移动,使阀打开。阀的开度取决于电磁线圈的平均电流大小,由 ECU 通过输出占空比信号进行控制。直动电磁阀的高精度开度控制难度相对较大,因此,现使用这种形式的怠速控制阀已比较少见。

转动电磁阀式怠速控制阀一例如图 9-55 所示。该转动电磁阀的定子是永久磁铁,电磁线圈绕在转子中,通过电刷与滑片引入电磁线圈电流。转子的转动使旋转阀开启或关闭,阀转动的位置取决于两电磁线圈平均电流的比率,由 ECU 通过占空比脉冲信号控制。

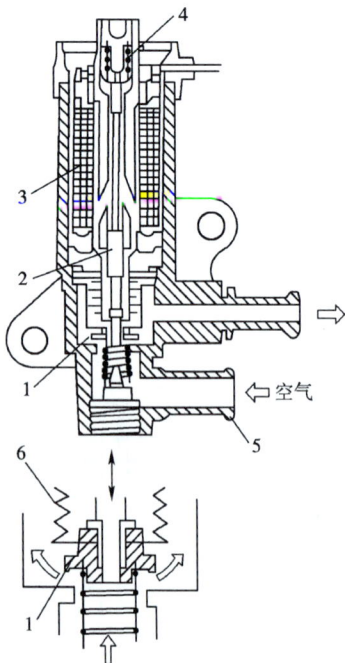

图 9-54　直动电磁阀式怠速控制阀
1-阀;2-阀杆;3-线圈;4-弹簧;5-壳体;6-消除负压用的波纹管

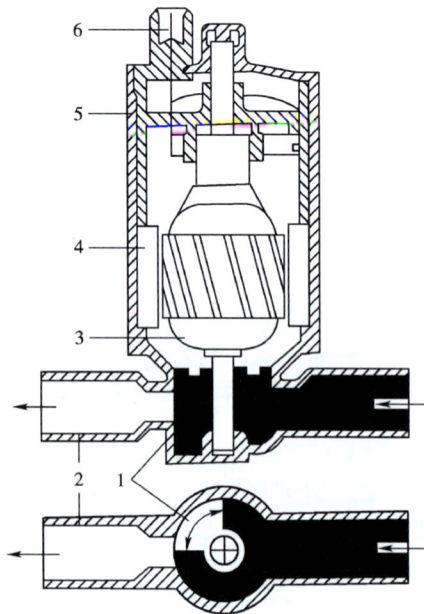

图 9-55　转动电磁阀式怠速控制阀
1-旋转阀;2-附加空气通道;3-转子;4-定子（永久磁铁）;5-壳体;6-电路插接器

（2）开度电磁阀式怠速控制系统电路原理。转动电磁阀式怠速控制系统的控制电路如图 9-56 所示。当 ECU 根据相关传感器及开关电信号确定需要调整怠速时，便输出相应的占空比信号，并经驱动电路（反相器及 V_1、V_2）分出同频反相的电磁线圈电流控制脉冲 ISC_1、ISC_2，使两个电磁线圈通电并产生相应的磁力，吸引转子转动相应的角度。ECU 通过改变控制信号的占空比，使两个线圈的通电时间发生变化来改变阀的开启程度。

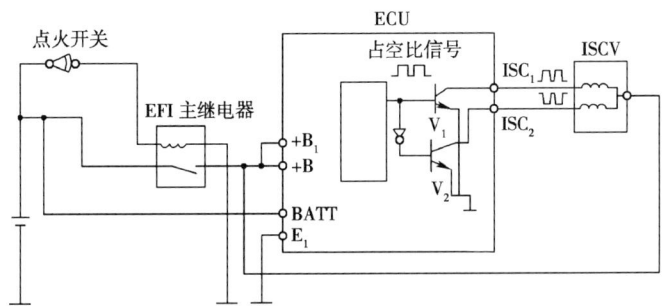

图 9-56　转动电磁式怠速控制系统电路原理

3）开关电磁阀式怠速控制系统

开关电磁阀式怠速控制阀只有开和关两种状态：电磁线圈通电时，阀被打开，电磁线圈断电时，阀就关闭。开关电磁阀式怠速控制阀有占空比控制方式和开关控制方式两种，其控制电路如图 9-57 所示。

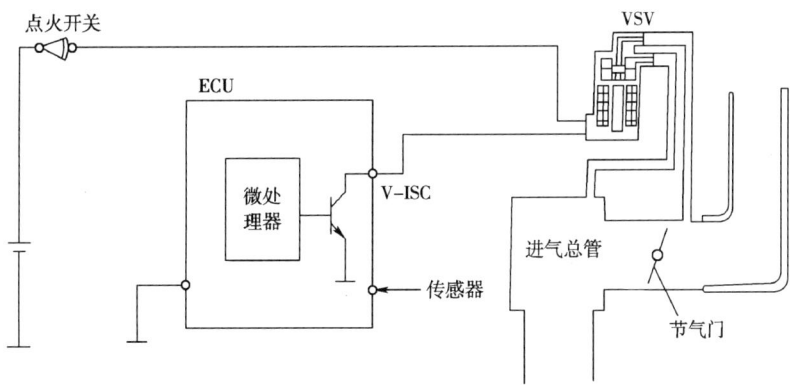

图 9-57　开关电磁阀式怠速控制电路

占空比控制方式：ECU 输出频率固定，但占空比变化的怠速控制信号，通过调整电磁阀的开闭比率来调节怠速辅助空气通道的空气流量，实现怠速的控制。

开关控制方式：ECU 输出的控制信号只有高电平和低电平两种状态，控制电磁阀的通电或断电。因此，开关控制方式的电磁阀式怠速控制阀只有打开（高怠速）和关闭（正常怠速）两种工作状态。

二、燃油蒸发排放控制

1. 燃油蒸发排放控制的作用

1）活性碳罐的作用

燃油箱中的汽油蒸发，汽油蒸汽的压力达到设定值时，就会从油箱盖的排气阀排出，造成对大气的 HC 污染。燃油箱用通气管与活性炭罐连接，其作用就是将汽油箱中的汽油蒸气收集于炭罐中，并在发动机工作时，通过流经的空气将汽油蒸气带入进气管并送入汽缸烧掉,以免汽油箱中的汽油蒸气直接排放到大气中而造成空气污染。

2）碳罐通气量控制的作用

要使碳罐能随时收集汽油箱中的汽油蒸气,就必须及时将碳罐中的汽油蒸气"驱走",但携带碳罐汽油蒸气的这部分气体量如果不加控制,会对发动机的工作造成负面影响。碳罐通气量控制的作用就是及时地将碳罐中的汽油蒸气送入进气管,以确保碳罐能正常起作用,同时不影响发动机的正常工作。

2.燃油蒸发排放控制系统的组成

较早的燃油蒸发排放控制系统主要由活性碳罐、碳罐通气阀组成,直接利用节气门处的真空度来控制膜片式通气阀的开度,使活性炭罐的通气量适应发动机工况变化的需要。这种控制方式的控制精度不高,现已被电子控制方式所取代。

电子控制燃油蒸发排放控制系统增加了可调节碳罐通气阀真空室真空度大小的电磁阀、电子控制器及相应的传感器,其基本组成如图 9-58 所示。

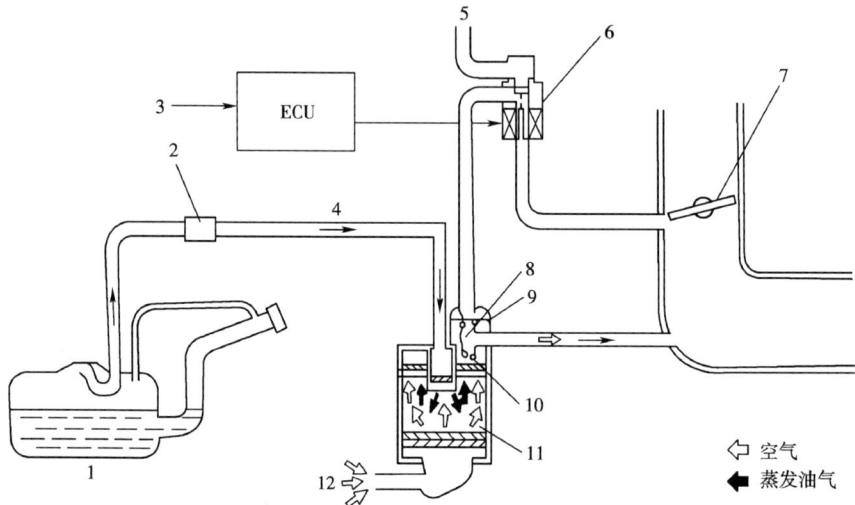

图 9-58　电子控制式碳罐排放控制系统

1-燃油箱;2-止回阀;3-传感器信号;4-通气管路;5-接进气缓冲器;6-碳罐通气电磁阀;7-节气门;8-主通气口;9-碳罐通气阀;10-定量通气小孔;11-碳罐;12-新鲜空气

3.燃油蒸发排放控制系统工作原理

碳罐通气量电子控制系统的组成与控制原理,如图 9-59 所示。

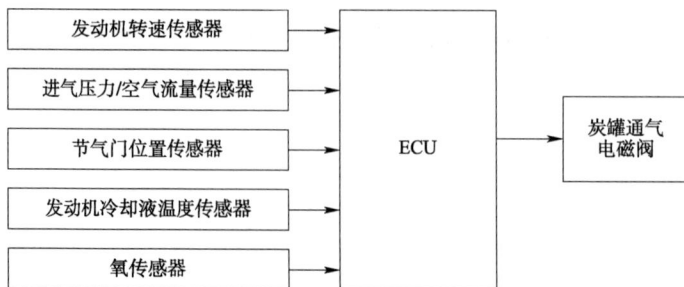

图 9-59　碳罐通气电子控制系统组成与原理

EUC 根据有关传感器的信号判断发动机工况与状态,并输出相应的控制脉冲,通过控制碳罐通气电磁阀的开关占空比来调节碳罐通气阀的开度,使流经碳罐进入进气管的空气流量适应发动机工况、状态变化的需要。碳罐通气电子控制系统具体的控制过程如下。

1)发动机转速变化时的碳罐通气量控制

ECU 根据发动机转速传感器获得发动机转速信号。当发动机高转速时,ECU 输出控制脉冲使碳罐通气阀开度加大,以增加碳罐通气量,使碳罐中的汽油蒸气能及时净化掉。当发动机不工作(无转速信号)时,ECU 使碳罐通气阀关闭,碳罐无空气流通。

2)发动机负荷变化时的碳罐通气量控制

ECU 根据进气管压力(或空气流量)传感器获得发动机负荷信号。当发动机负荷大时,ECU 输出控制脉冲使碳罐通气阀开度加大,用较大的通气量将碳罐中的汽油蒸气及时净化掉。当发动机处于急速工况(节气门位置传感器提供发动机怠速信号)时,ECU 输出的控制脉冲将碳罐通气量减少,以免造成混合气过稀而使发动机怠速不稳。

3)发动机温度低时的碳罐通气量控制

ECU 根据冷却液温度传感器获得发动机温度信号。当发动机温度低于60℃时,碳罐通气阀完全关闭,使碳罐无空气流通,以避免影响发动机的工作。

4)空燃比反馈碳罐通气量控制

ECU 根据氧传感器信号判断混合气空燃比状态。当氧传感器输出混合气过浓或过稀的电信号时,ECU 输出控制脉冲,及时调整碳罐通气阀的开度,以避免混合气过浓或过稀。

4. 燃油蒸发排放控制系统结构

1)碳罐

碳罐中装有活性炭,活性炭可吸附汽油箱中的汽油蒸气,但这种吸附力不强,当有空气流过时,蒸气分子又会脱离,随空气一起进入进气歧管。

2)碳罐通气阀

碳罐通气阀的结构参见图9-58,阀膜片的上部为真空室,其真空度由碳罐通气电磁阀控制。当真空度增大时,阀膜片向上拱,主通气口通气量增加。

3)碳罐通气电磁阀

碳罐通气电磁阀有三个通气口,其结构如图9-60 所示。

电磁阀不通电时,阀体 2 由弹簧力将其向上压紧,通进气缓冲室的阀口被关闭,通进气管阀口与接膜片式通气阀的阀口相通,碳罐通气阀真空室与进气管(节气门处)相通,其真空度增大。电磁阀通电时,电磁力使阀体下移,通进气缓冲室阀口打开,通进气管阀口则被关闭,碳罐通气阀真空室与接近大气压的进气缓冲室相通,其真空度减小。ECU 通过输出占空比脉冲信号控制电磁阀的通断电比率,以控制碳罐通气阀真空室的真空度,使通气阀的开度改变。

有二通气口的碳罐通气电磁阀,其结构与工作原理与开关电磁式怠速控制阀相似。使用这种碳罐通气电磁阀的燃油蒸发排放控制系统不设碳罐通气阀,直接通过碳罐通气电磁阀的开关占空比来控制通气量,这种燃油蒸发排放控制系统如图9-61 所示。

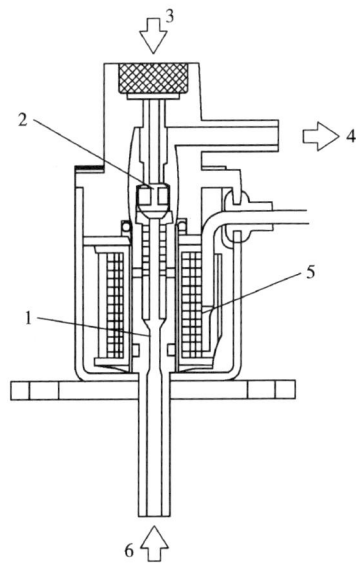

图9-60 碳罐通气电磁阀
1-空气通道;2-阀体;3-通进气缓冲室;
4-接膜片式通气阀;5-电磁阀线圈;6-通进气管(节气门处)

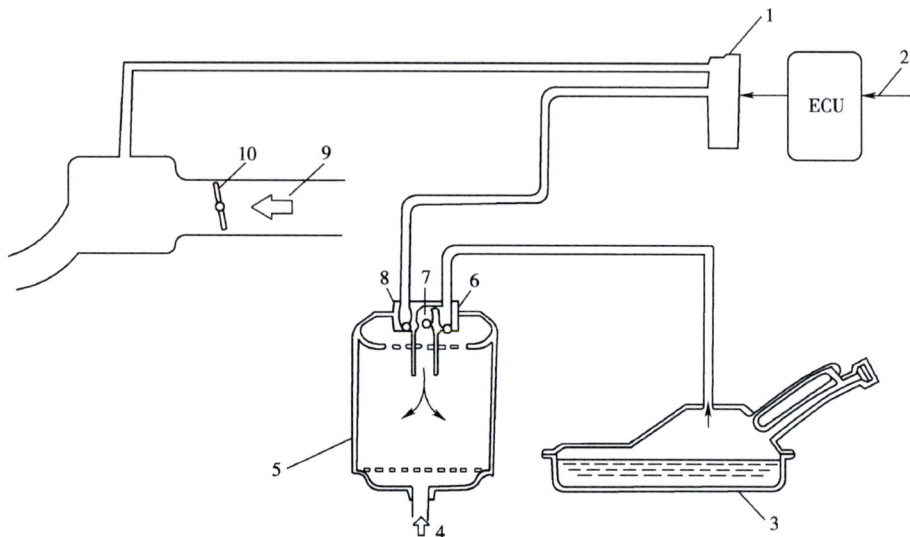

图 9-61 碳罐通气量控制的另一种形式

1-碳罐通气电磁阀;2-传感器信号输入;3-燃油箱;4-新鲜空气;5-碳罐;6、7、8-止回阀;9-进气流;10-节气门

三、废气再循环控制

1. 废气再循环控制的作用

1) 废气再循环的作用

发动机燃烧过程中,氮与氧气在高温下会化合生成氮氧化物(NO_x)。在其他条件相同的情况下,发动机的燃烧温度越高,燃烧后产生的 NO_x 就越多。废气再循环(Exhaust Gas Recirculation,EGR)就是将发动机排出的部分废气引入进气管,与新鲜空气混合后进入气缸,利用废气中所含有大量的二氧化碳(CO_2)不参与燃烧却能吸收热量的特点,降低燃烧温度,以减少 NO_x 的排放。

2) 废气再循环量控制的作用

废气再循环量大,发动机的燃烧温度低,抑制 NO_x 产生的作用就会更有效。但是,废气再循环量过多,会导致混合气的着火性变差,造成发动机的油耗上升,动力性下降,HC 排放量上升。因此,必须对废气的引入量进行控制,废气再循环量的控制就是要在保证发动机正常工作的前提下,最大限度地抑制 NO_x。而当发动机在燃烧温度较低(起动、怠速和低负荷等工况)时,不引入废气 NO_x 也不会超量,因此,在这种情况下,控制废气再循环量为0,以确保发动机可靠运行。

2. 废气再循环量的控制方式

废气的引入量通常用废气再循环率来衡量,废气再循环率定义如下

$$EGR\ 率 = \frac{EGR\ 气体量}{吸入的空气量 + EGR\ 气体量} \times 100\% \qquad (9-2)$$

废气再循环控制系统通过控制 EGR 率来保证发动机运转性能良好的同时,达到最佳的 NO_x 净化效果。EGR 率的控制方式有机械控制式和电子控制式两种类型。

1) 机械控制式

机械控制式 EGR 控制装置利用进气歧管的真空度及排气压力来控制 EGR 阀的开闭及

开启的程度,其 EGR 率不可变或控制范围有限(控制范围一般为 5% ~ 15%)。机械控制式 EGR 其控制精度也远不能满足发动机的实际需要,因此现在已很少在汽车上使用。

2)电子控制式

电子控制式 EGR 控制装置是通过电磁阀来控制 EGR 阀的开闭及开启程度,可实现发动机各工况下的最佳废气循环量控制,因此已取代了机械式 EGR 控制装置。

3. 废气再循环控制系统的基本组成与控制原理

1)EGR 控制系统的基本组成

电子控制的 EGR 系统主要由 EGR 阀和 EGR 电子控制系统(传感器、控制器及 EGR 电磁阀)组成,典型的电子控制式 EGR 控制系统如图 9-62 所示。

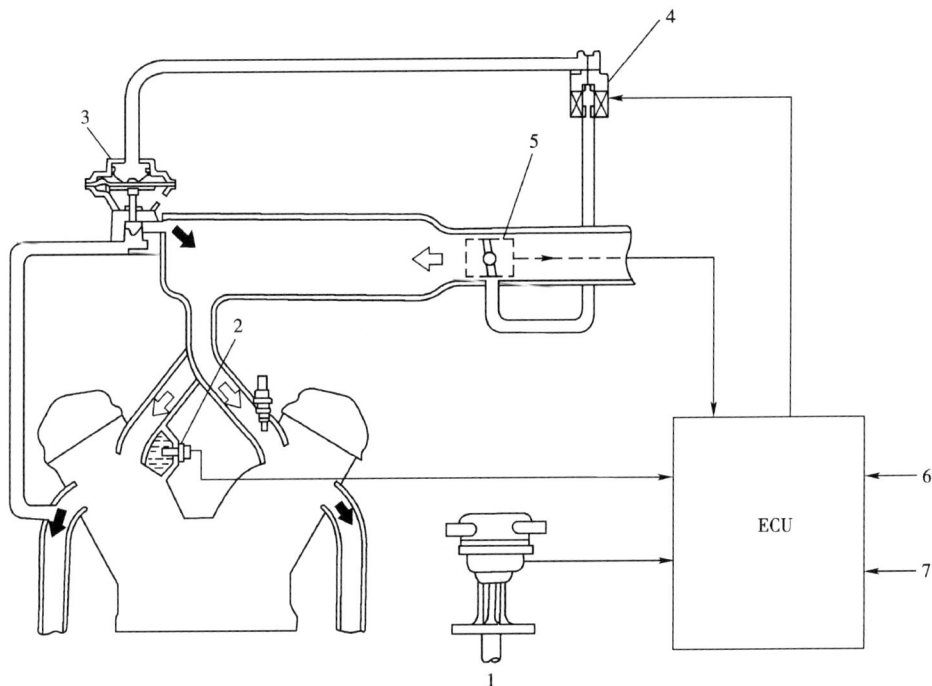

图 9-62 电子控制 EGR 系统

1-发动机转速与曲轴位置传感器;2-冷却液温度传感器;3-EGR 阀;4-EGR 电磁阀;5-节气门位置传感器;6-起动信号;
7-发动机负荷信号

2)EGR 再循环流量的控制原理

废气再循环电子控制系统的基本组成与控制原理,如图 9-63 所示。

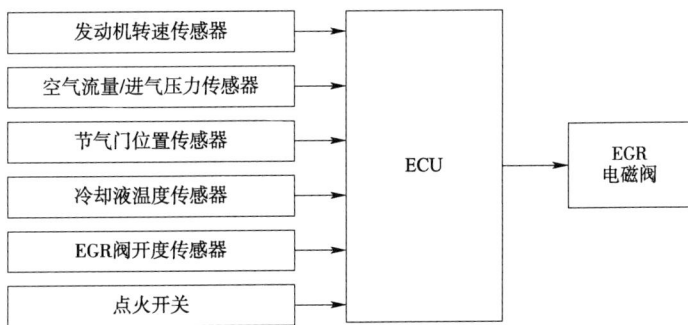

图 9-63 EGR 电子控制系统的组成

ECU 根据各传感器的信号判断发动机的工况与状态，并确定是否需要废气再循环或再循环流量的大小，然后输出占空比可变的控制脉冲，通过控制 EGR 电磁阀的占空比来调节 EGR 阀的开度，以实现最佳的 EGR 率控制。

为实现 EGR 再循环流量的非线性控制，在 EGR 电子控制器的存储器中，储存有各工况下最佳废气再循环流量值。特殊工况下的最佳废气再循环流量也是通过实验得到的，通常以电磁阀占空比参数的方式储存。ECU 根据发动机转速传感器和空气流量（或进气压力）传感器所提供的电信号获得发动机转速和负荷参数，通过查找和计算得到最佳的 EGR 电磁阀占空比值，然后输出相应的占空比脉冲信号。

对于有 EGR 阀开度传感器的 EGR 电子控制系统，由于有 EGR 阀开度传感器反馈 EGR 阀开度信息，相应于 ECU 存储器中储存的是发动机各工况下的 EGR 阀开度参数。EGR 控制装置工作时，ECU 根据各传感器信号查找并计算得到最佳的 EGR 阀开度，并与当前 EGR 阀开度比较。如果不相等，ECU 将调整占空比控制脉冲，将 EGR 阀的开度调整至最佳状态。

为确保发动机正常工作，在如下情况下，废气再循环电子控制系统使 EGR 再循环流量为 0。

（1）当发动机转速低于 900r/min 或高于 3200r/min 时（高低限值因车型而不同），ECU 输出控制信号，使发动机停止废气再循环。

（2）在发动机处于低温度状态时，ECU 也输出控制信号，不进行废气再循环。

（3）当发动机处于怠速工况时，ECU 输出控制信号，不进行废气再循环。

（4）在起动发动机时，ECU 输出控制信号，不进行废气再循环。

4. 电子控制废气再循环的结构

1）EGR 阀

EGR 阀为膜片式空气阀，参见图 9-62，膜片一侧通大气，另一侧为真空室，并装有弹簧。EGR 阀真空室的真空度由 EGR 电磁阀控制。当 EGR 阀真空室的真空度增大时，真空吸力使膜片克服弹簧力移动增大，阀的开度增大，废气再循环流量增加；当 EGR 阀真空失去真空度时，膜片在弹簧力的作用下回位而使阀关闭，阻断废气再循环。

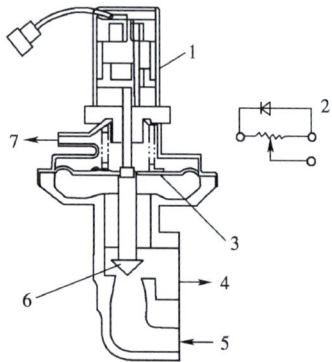

图 9-64　装有 EGR 阀开度传感器的 EGR 阀

1-EGR 阀开度传感器；2-EGR 阀开度传感器电路；3-膜片；4-废气出；5-废气入；6-阀体；7-接 EGR 电磁阀

安装有 EGR 阀开度传感器的 EGR 阀，如图 9-64 所示。EGR 阀开度传感器一般为电位计式传感器，其测量杆与 EGR 阀的膜片相连接，EGR 阀开度变化时，通过膜片带动测量杆移动，使电位计输出相应的电信号。

2）EGR 电磁阀

EGR 电磁阀的结构与三通气口的碳罐通气电磁阀相似，参见图 9-60。EGR 电磁阀线圈不通电时，阀在弹簧力的作用下将通大气口关闭，EGR 电磁阀使进气歧管与 EGR 阀真空室相通，真空室真空度增大；EGR 电磁阀线圈通电时，阀在电磁力作用下移动，将通进气歧管口关闭，使 EGR 阀的真空室与大气相通，其真空度下降。EGR 电磁阀具体的工作情况如下：

当需要增大废气再循环流量时，ECU 输出的占空比减小，EGR 电磁阀相对的通电时间减小，EGR 阀真空室通进气歧管的相对时间增大，其真空度增大而使 EGR 阀开度增大，废气再循环流量相应增加。

当 EUC 输出占空比为 0 的信号（持续低电平）时，EGR 电磁阀断电，这时，EGR 阀真空室与进气歧管持续相通,其真空度达到最大(直接取决于进气歧管的真空度),EGR 阀的开度最大,废气的再循环流量也达到最大。

当不需要废气再循环时,ECU 输出占空比为 100% 的信号(持续高电平),使 EGR 电磁阀常通电,EGR 阀真空室与大气常通,EGR 阀关闭,阻断了废气再循环。

第四节　发动机集中控制系统

一、发动机集中控制系统概述

1. 发动机集中控制系统发展概况

在 20 世纪 60 年代至 70 年代初,汽车上出现了由集成电路组成的电子控制系统。这种模拟电子电路模块只能完成某种控制功能,如果要增加控制项目,需要增加相应的控制功能电路,使得组合控制模块的电路很复杂且体积大,其控制精度、工作可靠性等都较低。因此,这一时期出现的多为单一控制功能的汽车电子控制系统,发动机的电子控制项目发展受到了限制。

微电子技术的发展,给发动机集中控制技术的应用与发展提供了必要的条件。微处理器所具有的高运算速度、大存储量和多路数据传输通道等特点,使得将几个电子控制装置集中控制成为可能,增加新的电子控制项目也很容易。发动机集中控制系统在增加新的控制项目时,只需增加相应的执行机构和该项目特有的传感器,而电子控制器中的微处理器则只要增加该控制项目所需的标准参数和控制程序、增设相应的输入输出接口即可。因此,20 世纪 70 年代后期以来,以微机为控制核心的电子控制系统不仅将原先互相独立的电子点火控制系统和汽油喷射电子控制系统组合成一个综合的控制系统,还增加了怠速控制、废气再循环控制、碳罐通气控制及故障自诊断等功能。

发动机集中电子控制系统各控制项目共用传感器所提供的信息,可以设置协调各控制单项的综合控制程序,因而其控制的协调性和精度比各单项独立控制高。随着对汽车性能要求的不断提高和微电子技术、传感器技术的进一步发展,发动机集中控制系统的项目将会更多,并向着与汽车其他电子控制系统实现集中控制的整车集中电子控制的方向发展。

2. 发动机集中控制系统的工作过程

发动机集中控制系统具有多项控制功能,因此,其电子控制器中的 ROM 存储器除了储存有各个控制单项所需的标准参数外,还存有集中控制系统的主程序及各个单项控制的子程序。主程序将各个子程序模块连接成一个有机的整体。工作中,发动机集中控制系统通过各传感器及有关的开关获得发动机工况、状态电信号,由主程序按预先的设定逐个调用子程序,周而复始地进行各个单项的控制,使发动机始终工作在最佳的状态。与此同时,系统还对输入电信号进行监测,并通过内部监控电路对控制器自身进行监测,当控制系统出现异常情况时,自动将相应的故障信息以代码的形式储存于 RAM 存储器中,以便于故障检修。系统还会根据所出现故障对控制系统和发动机的影响程度做出不同的处理,比如:使发动机检查灯亮起,以示警告;使有故障的单项控制系统在设定的状态下"带病工作",以避免汽车"抛锚"在途中;使发动机迅速停止工作,以避免伤害发动机及其他部件,或出现安全事故等。

二、发动机集中控制系统功能的扩展

发动机集中控制系统除了点火控制、汽油喷射控制及各项发动机辅助控制外,现代汽车为进一步提高发动机的性能,还在不断地扩展其他的控制功能。一些新的发动机控制功能有的已经应用于某种型号的汽车发动机上,有的还处于进一步的研究与开发之中。

1. 配气相位可变控制

1)配气相位可变控制的作用

进排气门的早开角、晚关角固定不变的发动机只能使其在某一转速下处于最佳的配气相位,而在其转速很低或很高时,其配气相位实际上是不适当的。配气相位可变控制的作用是让发动机的配气相位随发动机转速的变化而改变,使发动机在各种转速下均处于理想的配气相位状态,以提高发动机的动力性和经济性。

2)配气相位可变控制方法

发动机电子控制系统 ECU 根据发动机转速传感器的信号,并参考发动机负荷、发动机温度及车速等传感器的信号,对当前的配气相位是否需要调整作出判断。当需要调整时,ECU 输出控制信号,通过执行机构做出相应的调整动作,使配气相位及气门行程得到相应的改变。

目前已在一些汽车发动机上使用的配气相位可变控制系统仍以凸轮驱动为基础,通过配气相位调整机构来改变配气相位。配气相位调整机构有机械式、液压式、机液混合式等多种形式。取消传统凸轮轴驱动方式,采用电磁、电液、电气或其他方式驱动气门,并辅以配气相位可变控制的无凸轮轴气门驱动研究也已成为汽车技术研究的热点之一。

2. 进气压力波增压控制

1)进气压力波的产生

发动机工作中,当进气门关闭时,高速的进气流由于惯性作用仍在流动,使进气门附近的气体被压缩而压力上升。气流惯性过后,被压缩的气体开始膨胀,向着进气相反的方向流动,进气门处的气压下降。当膨胀的气体波传到进气管口处时,又会被反射回来。于是,在进气管内形成了脉动的压力波。

2)进气压力波的利用

如果进气压力波的波峰在进气门快要打开时到达进气门附近,当进气门打开时,进气压力波就具有增压效果,进气量会有所增加。进气压力波的波长与进气管的长度有关,进气管长,压力波长较长,中低速时可有进气增压的效果;进气管较短时,压力波长较短,高速时可有进气增压效果。

3)进气压力波增压控制的作用与控制方式

发动机进气管长度是不可变的,在设计进气管长度时,通常是以最大转矩所对应的转速区域能有进气增压效果来考虑。进气压力波增压控制的作用是使进气压力波的波长随发动机转速变化而改变,以使发动机在中低速和高速时都有进气增压效果。

通常的进气压力波增压控制方式,是在进气管的中部设置一个容量较大的空气室,并通过进气增压控制阀的开闭控制其与进气管的通断。当发动机的转速较低时,进气增压控制阀处于关闭状态,进气流压力波传递长度为空气滤清器至进气门,进气压力波长较长,进气压力波具有增压效果。当发动机的转速较高时,发动机控制系统 ECU 将进气增压控制阀打开,进气流压力波只在空气室口至进气门之间传播,压力波长缩短,使高速下的发动机仍可利用进气压力波增压。

进气压力波增压控制技术在一些汽车上已得到了应用,比如,丰田皇冠 3.0 轿车 2JZ-GE 发动机上使用的"谐波进气增压控制系统",日产千里马轿车 VG30E 发动机上使用的"动力阀控制系统"等。

3. 电子节气门

1）电子节气门的组成

传统的节气门与加速踏板之间通过拉索（杆）连接，节气门的开度完全由驾驶人踩下加速踏板的程度确定。电子节气门则与加速踏板之间无机械连接关系，而是通过传感器、电子控制器及驱动电动机实现电子方式的连接，其基本组成如图 9-65 所示。

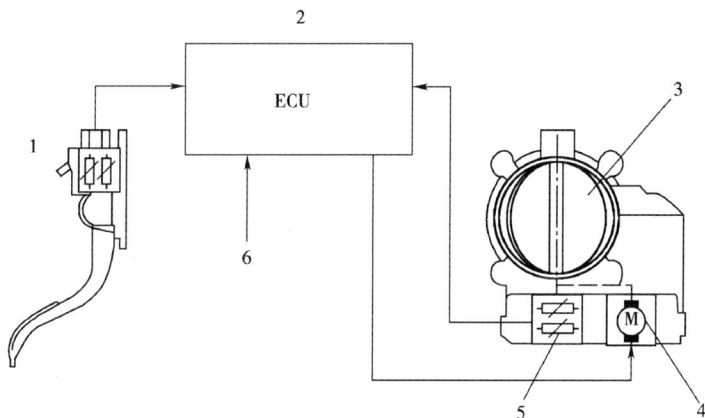

图 9-65　电子节气门的组成

1-加速踏板位置传感器；2-电子控制器；3-节气门；4-电动机；5-节气门位置传感器；6-其他相关传感器信号

2）电子节气门的工作方式

驾驶人踩下加速踏板时，加速踏板位置传感器将加速踏板的位置电信号输送给控制器，控制器再结合当前的发动机工况，得到最佳的节气门开度参数，并与当前的节气门位置进行比较后，输出控制信号，控制电动机工作，将节气门调整到适当的开度。

电子节气门可使节气门的开度与加速踏板踩下的行程不一致，控制器可根据发动机的运转情况、驾驶人的操纵情况及汽车的行驶工况等对节气门的开度进行适当的控制。电子节气门可实现基于驾驶人不同踏板感觉需要的踏板特性控制、良好的驾驶特性控制、舒适的车速控制、发动机转速限制控制、降低转矩控制、巡航控制等。

4. 废气涡轮增压控制

1）废气涡轮增压控制的作用

一些汽油发动机采用了废气涡轮增压，废气涡轮增压控制的作用就是使发动机在工作中能达到最佳的增压值。

2）废气涡轮增压控制方式

典型的废气涡轮增压控制系统如图 9-66 所示。

发动机 ECU 根据发动机加速、进气量、温度等信号确定增压压力目标值，并与进气管压力传感器所监测的实际增压压力值进行比较。当目标值与实际值有差别时，ECU 输出控制信号（占空比脉冲信号），分别控制可变喷嘴环控制电磁阀

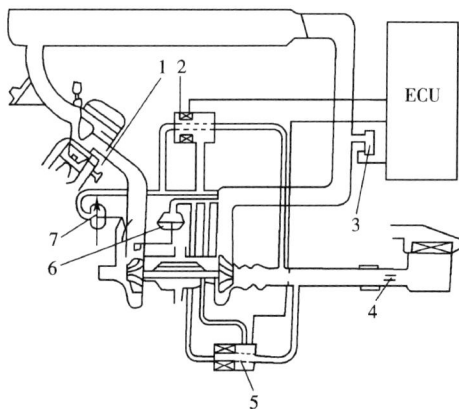

图 9-66　废气涡轮增压控制系统

1-爆震传感器；2-放气阀控制电磁阀；3-进气管压力传感器；4-空气流量传感器；5-可变喷嘴环控制电磁阀；6-可变喷嘴环控制膜盒；7-放气阀控制膜盒

和放气阀控制电磁阀的开关占空比，用以改变可变喷嘴环控制膜盒和放气阀控制膜盒的真

空度而使其动作,改变可变喷嘴环的角度和废气放气阀的开度,从而控制废气涡轮的转速,将增压压力调整到目标值。

爆震传感器反馈发动机的爆震情况,以实现废气涡轮增压的闭环控制。由于增压发动机的排气温度较高,不可能单纯用点火提前角来控制爆震,也不能只用降低增压来防止爆震,因为这样将使发动机的动力性下降,因此采用的是减小点火提前角与降低增压压力相结合的办法。具体控制方法是:当发动机产生爆震时,ECU立刻推迟点火时间,同时,降低增压压力,当点火提前角改变已经生效时,增压压力下降就可缓慢下降。随着增压压力的降低,点火提前角则又恢复至正常值。

三、发动机集中控制系统实例

现代汽车发动机电子控制系统均采用集中控制方式,但各汽车公司的发动机集中控制系统有不同的名称,比如,日产公司的ECCS(发动机集中电子控制系统)、丰田公司的TCCS(丰田计算机控制系统)、本田公司的PGM(程序式燃油喷射系统)、通用公司的DEI(数字式燃油喷射系统)、福特公司的EEC(发动机电子控制系统)、大众公司的MPFI(多点燃油喷射系统)等,都具有多项控制功能。

1. ECCS的组成及控制功能

日本日产汽车公司的ECCS是较早的发动机集中电子控制系统之一,应用于日产汽车VG30E发动机上的ECCS组成如图9-67所示。

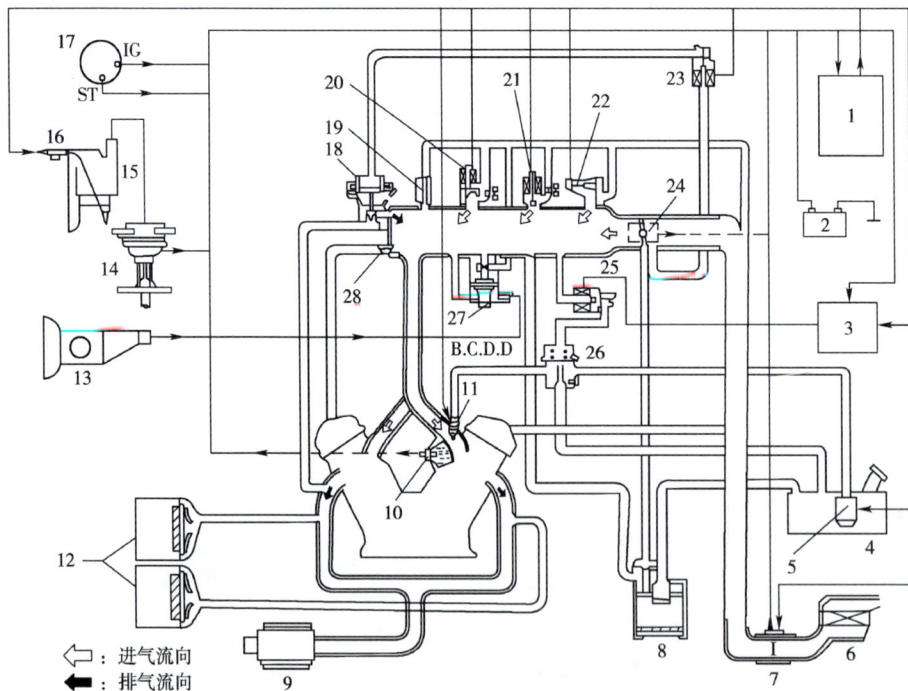

图9-67　日产汽车VG30E发动机上使用的ECCS

1-ECCS控制器;2-蓄电池;3-燃油压力控制模块;4-燃油箱;5-燃油泵;6-空气滤清器;7-空气流量传感器(热丝式);8-碳罐;9-排气消声器;10-冷却液温度传感器;11-喷油器;12-排气管二次空气吸入阀;13-空挡开关;14-发动机转速与曲轴位置传感器;15-点火线圈;16-功率晶体管;17-点火开关;18-EGR阀;19-真空控制阀;20-稳定怠速电磁阀;21-高怠速控制电磁阀;22-辅助空气阀;23-EGR电磁阀;24-节气门位置传感器;25-燃油压力控制电磁阀;26-燃油压力调节器;27-混合比加浓式减速废气净化装置;28-曲轴箱强制通风阀

ECCS 采用热丝式空气流量传感器检测空气流量,燃油蒸发排放控制采用机械方式,电子控制系统的组成及基本控制功能如图 9-68 所示。

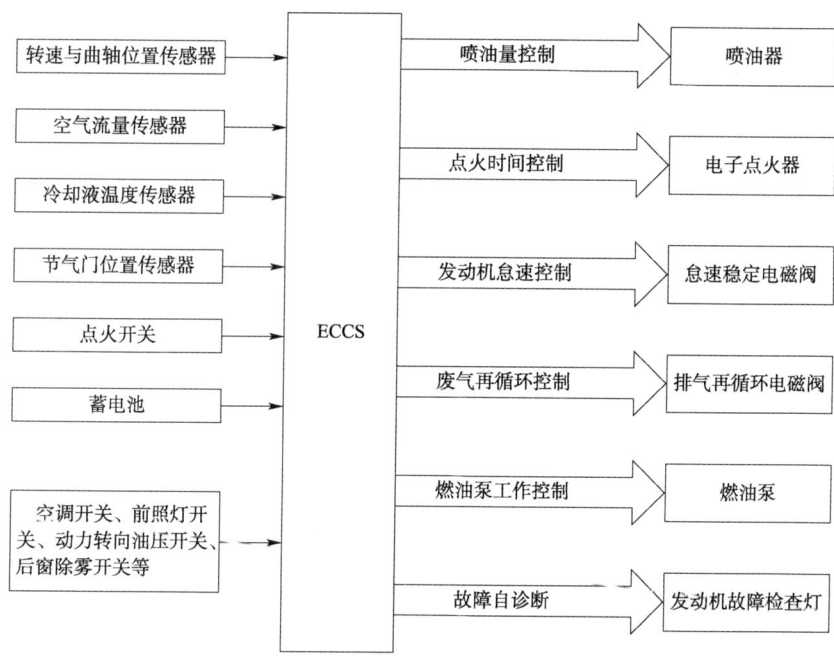

图 9-68　ECCS 电子控制系统的基本组成与控制功能

2. ECCS 的特点简介

为提高发动机热机起动性能,ECCS 增设了燃油压力调节电子控制装置;ECCS 系统的怠速控制也与众不同,采用了两个电磁阀和一个双金属式空气阀;此外,为加强对排气污染的控制,还设置了混合比加浓废气净化装置、真空控制阀及排气管二次空气吸入阀等。

1)燃油压力控制装置

燃油压力控制装置由燃油压力控制模块 26 和燃油压力控制电磁阀 25 组成,参见图 9-67。燃油压力控制电磁阀通电时阀关闭。发动机热机起动时,如果发动机冷却液温度超过 100℃,电子控制器就输出控制信号,在起动时及起动后的 3s 内,通过燃油压力控制模块使燃油压力控制电磁阀通电,截断进气歧管真空度对燃油压力调节器的作用力,使燃油压力适当提高,以改善热机状态下的发动机起动性能。

2)辅助空气阀

辅助空气阀用于冷机起动后的快速暖机控制,其结构如图 9-69 所示。旋转式阀门由双金属片控制其开闭,双金属片的弯曲则是由发动机冷却液的温度直接控制。在冷机起动时,辅助空气阀的双金属未弯曲,

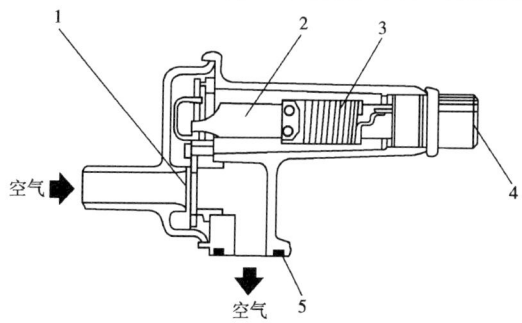

图 9-69　双金属式辅助空气阀

1-旋转式阀门;2-双金属片;3-电热丝;4-接线端子;5-O 形圈

阀处于开启状态,空气可经辅助空气阀进入汽缸,起动后怠速工况下的进气量较大,发动机可在较高的怠速下运转平稳,以加速发动机的暖机过程。

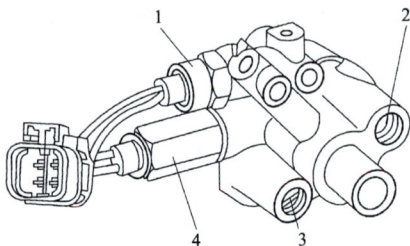

图 9-70 ECCS 的怠速控制电磁阀

1-稳定怠速电磁阀;2-怠速调整螺钉;3-高怠速
调整螺钉;4-高怠速控制电磁阀

绕在双金属片上的电热丝用于控制高怠速快速暖机的时间。在起动时及起动后,电热丝由点火开关接通通电,逐渐加热双金属片,双金属片受热弯曲,并使阀门开度逐渐减小。当双金属片的温度达到设定值时,辅助空气阀关闭,发动机在正常怠速下运转。

3)高怠速控制电磁阀与稳定怠速电磁阀

高怠速控制电磁阀和稳定怠速电磁阀组合成一个怠速控制阀,其外形如图 9-70 所示。ECCS 进行发动机高怠速控制和怠速稳定控制时,需分别控制高怠速控制电磁阀和稳定怠速电磁阀的工作,而在其他的发动机集中控制系统中,电子控制器通过控制一个怠速控制电磁阀的工作,可分别完成高怠速控制、怠速稳定控制及快速暖机控制。

4)进气管真空控制阀

当汽车需要减速而节气门突然关闭时,由于发动机转速还未下降,进气歧管形成高真空,进入汽缸的新鲜混合气量锐减,混合气中残存废气的比例突然猛增而导致缸内燃烧条件恶化,造成混合气不能完全燃烧,排气中的 HC 迅速增加。真空控制阀在节气门突然关闭和进气管内的真空度超过了限定值时阀打开,向进气管补充额外的空气,以使汽缸内混合气能完全燃烧,降低汽车减速时的 HC 排放量。

真空控制阀的结构如图 9-71 所示,当进气管的真空度超过设定值时,阀被打开,空气被吸入进气管,使进入汽缸的混合气量适当增加。

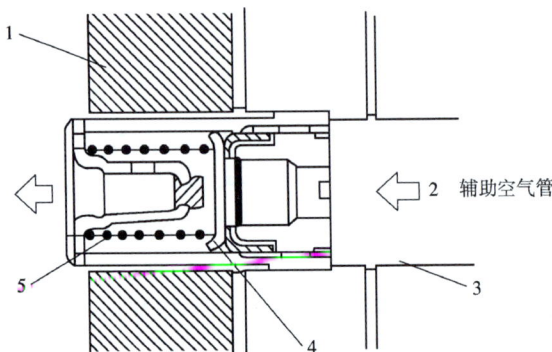

图 9-71 进气管真空控制阀

1-进气总管管壁;2-辅助空气管的空气;3-阀壳;4-阀;5-弹簧

5)混合比加浓式减速废气净化装置

混合比加浓式减速废气净化装置所起的作用与真空控制阀相似,两者同时使用,以提高减速废气净化效果。混合比加浓式减速废气净化装置的结构与工作原理,如图 9-72 所示。

当进气管内的真空度超过了设定值时,真空室 I 的真空吸力吸动膜片 I 上拱,带动真空控制阀上移,使真空室 I 与真空室 II 相通。真空室 II 的吸力吸动膜片 II 下拱,使旁通空气控制阀打开,使辅助空气管中的空气进入进气管,增加了进入汽缸的混合气量。

混合比加浓控制电磁阀用于控制该装置的工作。停车时,自动变速器处于 N 或 P 挡位,空挡开关接通电磁阀线圈电路而使电磁阀打开,使真空室 II 与大气相通,这时无论进气管的真空度有多高,旁通空气阀都可不能打开,以使混合比加浓式减速废气净化装置在汽车停车状态下不起作用。

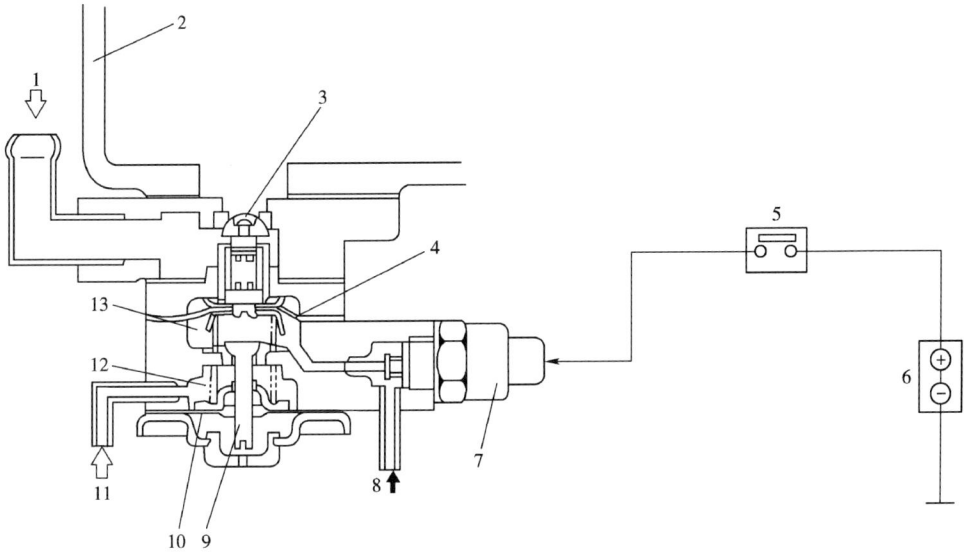

图9-72　混合比加浓式减速废气净化装置

1-辅助空气管空气;2-进气管壁;3-旁通空气控制阀;4-膜片Ⅱ;5-空挡开关;6-蓄电池;7-混合比加浓控制电磁阀;8-通大气;9-真空控制阀;10-膜片Ⅰ;11-进气管真空度;12-真空室Ⅰ;13-真空室Ⅱ

6)二次空气吸收阀

排气管二次空气吸收阀的作用是将新鲜空气引入排气管中,促使灼热废气中的 CO、HC 进一步氧化(燃烧),以生成无害的水蒸气(H_2O)和二氧化碳(CO_2)。

二次空气吸收阀利用排气管中排气脉动产生的真空度向排气管输入新鲜空气,其作用原理如图9-73所示。当排气压力低于大气压力时,新鲜空气通过空气导入阀被吸入排气管,吸入量与排气真空度成正比;当排气压力高于大气压力时,空气导入阀关闭,以防止排气逆流到空气滤清器。

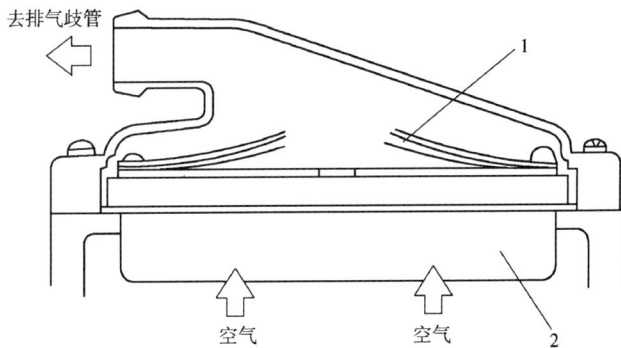

图9-73　二次空气吸收阀

1-空气导入阀;2-空气过滤器

实际上,日产汽车新的 ECCS 及其他车型的发动机集中控制系统已经不用燃油压力调节电子控制装置,而是通过燃油高温喷油量修正控制来提高发动机热机起动性能;采用一个怠速控制电磁阀通过怠速稳定和高怠速控制,实现了两个电磁阀和一个双金属式空气阀的控制功能;没有混合比加浓废气净化装置和真空控制阀,而是通过减速喷油量修正控制来实现减速时的汽车排放问题;用装在排气管内的三元催化反应器替代排气管二次空气吸入阀,对发动机排出的废气进行净化。

第十章 电子控制自动变速器

第一节 概 述

一、自动变速器的类型

目前,在汽车上使用的自动变速器主要有液力传动式自动变速器(AT)、机械传动式自动变速器(CVT)和机械传动式自动变速器(AMT)3 种类型。

1. 液力传动式自动变速器(AT)

AT 由液力变矩器承担动力传递和无级变速,辅以可自动换挡的齿轮变速器,以扩大变速范围。这种液力传动式自动变速器是目前汽车上使用最广泛的自动变速器。

液力传动式自动变速器按其换挡的控制方式分,又有液压控制式和电子控制式两种,早期的液力传动自动变速器采用液压控制式,现已被电子控制式所取代。

2. 机械传动式自动变速器(CVT)

由机械传动装置承担动力传递和无级变速,较为常见的结构形式是在机械传动装置中设置离心式自动离合器和 V 形带轮作用半径调整机构。控制器根据车速、节气门开度等情况控制调整机构动作,通过改变带轮作用半径实现无级变速。CVT 结构较为复杂,价格较高,目前在汽车上使用还不多。

3. 机械传动式自动变速器(AMT)

机械传动式自动变速器(AMT)是在普通固定轴式齿轮变速器的基础上,将选挡、换挡及离合器等相应的操纵改为以微处理器为控制核心,以电动、液压或气动执行机构来完成起步和换挡的自动操纵变速器。AMT 既具有 AT 自动变速的优点,又有机械式变速器传动效率高、价格低、结构简单的优点,有很好的发展势头。

二、电子控制自动变速器的控制目标

1. 液压控制自动变速器的不足

较早使用的自动变速器由变矩器、齿轮式辅助变速器及换挡控制装置组成。这种自动变速器利用节气门阀和调速器将节气门开度和车速参数转化为相应的液压,控制换挡阀动作,实现辅助变速器的自动换挡。这种自动换挡控制方式,解决了手动变速器的诸多问题,但还存在以下不足:

(1)不能确保始终在最佳的换挡时机,由于是依靠机械装置(节气门阀和调速器)获得

换挡控制液压,其换挡特性不可能与最佳的换挡点完全吻合。

(2)自动换挡特性不能改变,而汽车行车条件和驾车意图的改变对换挡规律有不同的要求,因此,这种只有一种换挡特性的自动变速器适应能力差,在汽车行驶中会经常出现换挡控制与行车实际换挡需求不完全合拍的情况。

(3)自动变速器控制液压不能根据工作情况及时进行调整,自动变速器在工作时,容易产生冲击和打滑现象。

(4)通过液力传递发动机转矩的变矩器其传动效率低,导致汽车油耗增加。

2.电子控制自动变速器的控制目标

目前在汽车上广泛使用的是电子控制液力传动自动变速器,其电子控制系统根据汽车行车条件和驾车意图进行自动换挡控制,并通过对变速器液压控制及变矩器锁止控制,以提高汽车的经济性、动力性和舒适性。具体的控制目标通常包括3个方面。

(1)能实现最佳的自动换挡控制,在不同的节气门开度时,变速器均能在最适当的车速下自动换挡。汽车在通常行驶情况下,自动变速器的换挡特性能满足经济性的需要,当汽车在上坡、加速、超车等行驶工况时,自动变速器的换挡特性能满足汽车动力性的需要。

(2)能实时地对变速器的工作液压进行控制,使其能适应自动变速器工况和状态的变化,以确保自动变速器的工作平稳可靠。

(3)能对变矩器进行自动锁止控制,在汽车行驶工况及自动变速器状态等满足变矩器锁止条件时,通过锁止机构,使变矩器的液力传动变成为机械传动,以提高变速器的传动效率。

三、电子控制自动变速器的基本组成

电子控制液力传动式自动变速器由液力传动装置、机械辅助变速装置和自动控制系统三大功能部分组成,如图10-1所示。

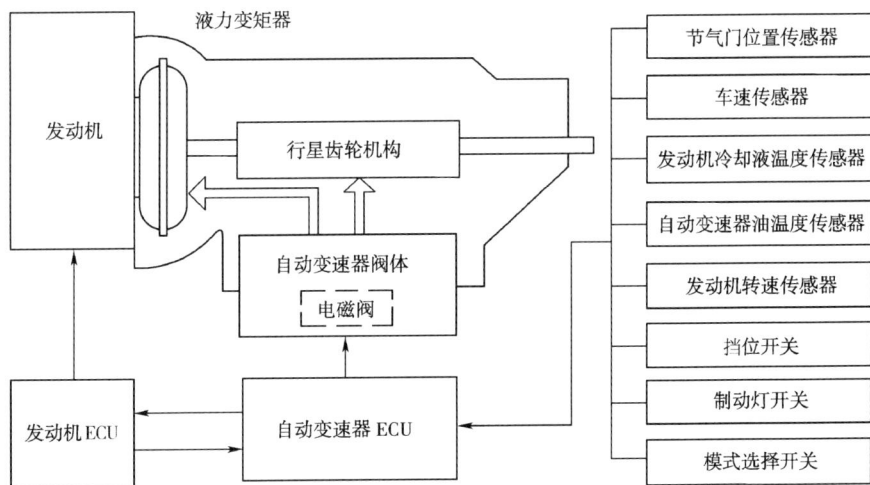

图 10-1 电子控制自动变速器的基本组成

1.液力传动装置

液力传动装置(液力变矩器)通过液力传动将发动机飞轮输出的功率输送给齿轮变速器。液力变矩器可在一定的范围内实现增矩减速和无级变速,在必要时还可通过其锁止离合器锁止来提高传动效率。

2. 辅助变速装置

辅助变速装置包括齿轮变速机构和换挡执行机构两部分,其作用是进一步增矩减速,通过换挡实现不同的传动比传动,以提高汽车的适应能力。齿轮变速器与液力变矩器相配合,就形成了更大范围内的自动变速。

3. 自动控制系统

自动控制系统包括电子控制系统和液压控制系统两部分。电子控制系统包括相关的传感器及开关、电子控制器(ECU)及电磁阀,液压控制系统是安装在自动变速器阀体内的各种液压阀及控制油路。ECU 根据各传感器及有关开关的输入信号产生相应的电控信号控制各电磁阀的动作,再通过换挡阀及阀体中的各油路转换为相应的控制油压,实现对换挡执行机构、油压调节装置及液力变矩器锁止装置等的自动控制。

第二节　电子控制自动变速器的结构及控制原理

一、电子控制自动变速器的结构

1. 液力变矩器

1) 液力变矩器的基本组成与原理

液力变矩器安装在发动机与齿轮变速器之间,起着离合与传递转矩的作用,并可在一定的范围内实现无级变矩与变速。液力变矩器的基本元件是泵轮、涡轮、导轮,如图 10-2 所示。

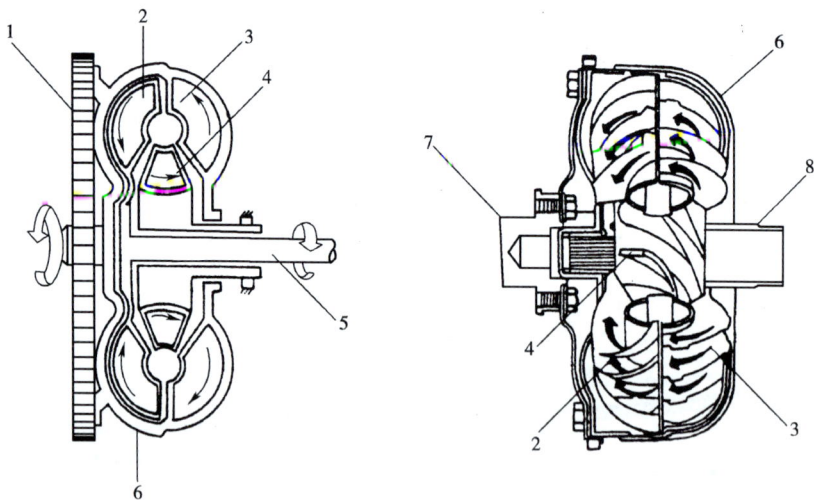

图 10-2　液力变矩器的基本组成

1-飞轮;2-涡轮;3-泵轮;4-导轮;5-变矩器输出轴;6-变矩器壳;7-曲轴;8-导轮固定套

泵轮是液力变矩器的主动件,它与固定在飞轮上的变矩器壳连为一体;涡轮是变矩器的从动件,涡轮与输出轴相连。泵轮和涡轮上都均布有叶片,变矩器壳体内充满了液压油。

在发动机不转动时,变矩器内的液压油静止不动,变矩器处于分离状态。当发动机飞轮带动泵轮转动后,泵轮内的液压油随泵轮叶片一起旋转,在自身离心力的作用下甩向泵轮叶片的外缘,并从涡轮叶片的外缘冲向涡轮叶片,涡轮便在液压油冲击力的作用下旋转;冲入涡轮的液压油顺涡轮叶片流向内缘后,又流回到泵轮的内缘,并再次被泵轮甩向外缘。转动的泵轮使变速器内的液压油循环流动,使变矩器处于接合状态,并将发动机的转矩传递给涡轮,再由输出轴传递给齿轮变速器。

导轮在泵轮与涡轮之间,流向涡轮内缘的液压油冲向静止不动导轮后,沿导轮叶片流回泵轮。当液压油给导轮以一定的冲击力时,导轮则给液压油一个同样大小的反作用力,此反作用力传递给了涡轮,起到了增矩的作用。

2)导轮单向离合器的作用与原理

导轮的增矩作用与涡轮冲向导轮的液流速度及液流方向与导轮叶片的夹角大小有关。在同样的液流速度下,液流方向与导轮叶片的夹角越大,增矩作用也越大。

在涡轮未转动时,从涡轮内缘冲向导轮叶片的液流方向就是涡轮内缘处叶片的方向,此时,液流方向与导轮叶片的夹角最大,增矩作用也最大。当涡轮转动起来以后,从泵轮冲向涡轮的液流除沿涡轮叶片流动外,还将随涡轮一起做旋转运动,从涡轮内缘冲向导轮叶片的液流方向将向涡轮旋转方向偏斜,使之与导轮叶片的夹角变小,增矩作用也随之减小。涡轮的转速越高,从涡轮冲向导轮的液流与导轮叶片的夹角就越小,增矩作用也就越小。当涡轮的转速高致使涡轮冲向导轮的液流方向与导轮叶片的夹角为 0 时,变矩器就无增矩作用。如果涡轮的转速继续增高,从涡轮内缘冲向导轮的液压油将冲击导轮叶片的背面,此时的导轮就会起减矩作用了。

导轮与固定轴之间加装单向离合器后,当涡轮的转速较低,涡轮冲向导轮的液流方向与导轮叶片的夹角大于 0° 时,单向离合器锁止而使导轮不能转动,导轮起正常的增矩作用。当涡轮的转速高致使其内缘液流冲向导轮叶片背面时,单向离合器打滑,导轮能自由转动而失去了对液压油的反作用力,避免了导轮起减矩作用。

3)锁止离合器的作用与原理

为了充分利用发动机的功率,降低油耗,液力变矩器中设置了一个锁止离合器,用于在车速较高时,将变矩器锁定,使之成为一个纯机械传动,以提高变矩器的传动效率。

液力变矩器锁止离合器常采用摩擦盘式结构,离合器的主动片与变矩器外壳直接相连,从动片可轴向移动,通过花键与涡轮轴连接。锁止离合器的接合和分离由控制系统通过对其液压腔施加液压或释放液压进行控制。

2. 齿轮变速器

齿轮变速器用于扩大自动变速器的传动比变化范围,以满足汽车实际行驶的需要。齿轮变速器由齿轮传动与变速装置和换挡执行机构组成,齿轮传动与变速装置主要有行星齿轮式和平行轴式两种,行星齿轮式占绝大多数。换挡执行机构由离合器、制动器及单向离合器组成,不同型号的自动变速器,换挡执行机构的结构类型、数量往往不同。

1)行星齿轮机构

行星齿轮机构由太阳轮、行星齿轮及行星齿轮架、齿圈等组成,如图 10-3 所示。

行星齿轮的某一个构件通过制动的方式予以固定,再

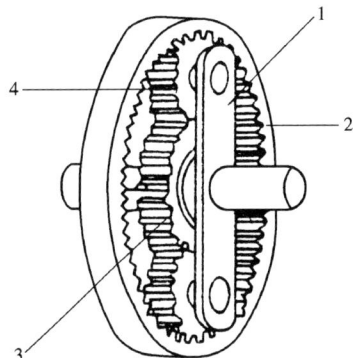

图 10-3 行星齿轮机构的组成

1-行星齿轮架;2-齿圈;3-太阳轮;4-行星齿轮

将一个连接输入轴,另一个连接输出轴,就可获得6种不同的传动方式。加上任意两构件连接形成的直接传动和任何构件都不加限制的自由空转两种状态,单排行星齿轮就有8种传动方案的选择。

由于受结构的限制,单排行星齿轮的传动比范围有限,不能满足汽车行驶的实际需要,因此在自动变速器中一般有两排或三排行星齿轮。

2）换挡执行机构

换挡执行机构中的离合器、制动器和单向离合器用于对行星齿轮构件实施不同的连接或制动,以使齿轮传动装置实现不同的传动组合。

（1）离合器:用于将行星齿轮中的某个构件与行星齿轮变速器的输入轴等主动部分连接,使之成为主动构件。或是将行星齿轮中的两个构件连接起来,使之成为一个整体,以实现直接传动。齿轮变速器换挡执行机构大都采用多片湿式离合器,由液压控制系统对离合器油缸工作腔注入控制油压或释压来控制离合器的接合或分离。

（2）制动器:制动器的作用是将行星齿轮中的某一构件固定不动。制动器有摩擦片式和制动带式两种结构形式。摩擦片式制动器的结构与摩擦片式离合器相同,区别在于其制动鼓（相当于离合器鼓）是固定不动的,因而其摩擦片接合的效果是制动。制动带式制动器主要由连接行星齿轮某一构件的制动鼓、静止不动的制动带和制动油缸组成。

（3）单向离合器:单向离合器的作用是连接或制动,由于单向离合器是以自身的单向锁止功能来实现连接和制动,无须控制机构对其控制,因此,从某种程度上讲,单向离合器的使用,可使自动变速器换挡控制系统得以简化。齿轮变速器换挡执行机构通常采用滚柱式和楔块式单向离合器。

3）齿轮变速器实例

由辛普森式和拉威挪式行星齿轮机构组成的4挡齿轮变速器如图10-4、图10-5所示。

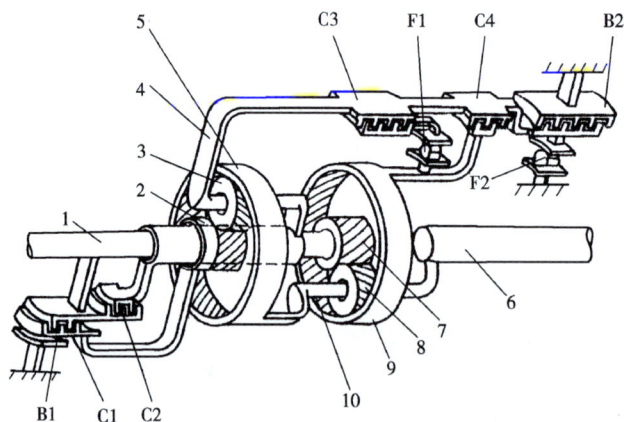

图10-4 辛普森式4挡行星齿轮变速机构

1-输入轴;2-前太阳轮;3-前行星轮;4-前行星架;5-前齿圈;6-输出轴;7-后太阳轮;8-后行星轮;9-后齿圈;10-后行星架;C1-倒挡离合器;C2-高挡离合器;C3-前进离合器;C4-前进强制离合器;B1-Ⅱ挡及Ⅳ挡制动器;B2-低挡及倒挡制动器;F1-前进单向离合器;F2-低挡单向离合器

4）齿轮变速器的换挡原理

以图10-6所示的4前进挡、辛普森式齿轮变速器为例,说明通过换挡执行机构在齿轮变速器换挡控制中的作用原理。

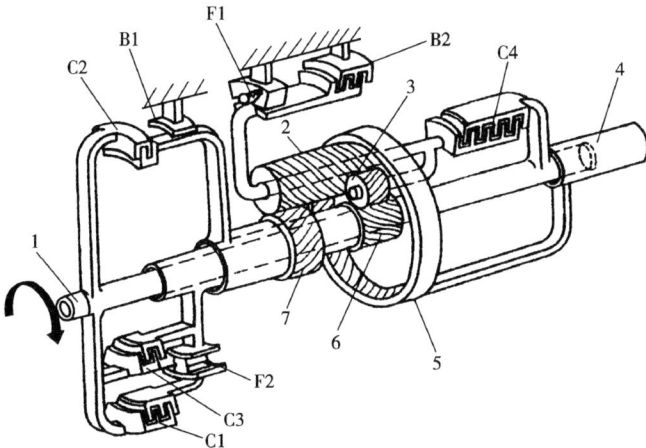

图 10-5　拉威娜式 4 挡行星齿轮变速机构

1-输入轴;2-长行星轮;3-短行星轮;4-输出轴;5-齿圈;6-后太阳轮;7-前太阳轮;C1-前进离合器;C2-倒挡离合器;C3-前进强制离合器;C4-高挡离合器;B1-Ⅱ挡与Ⅳ挡制动器;B2-低挡与倒挡制动器;F1-低挡单向离合器;F2-前进单向离合器

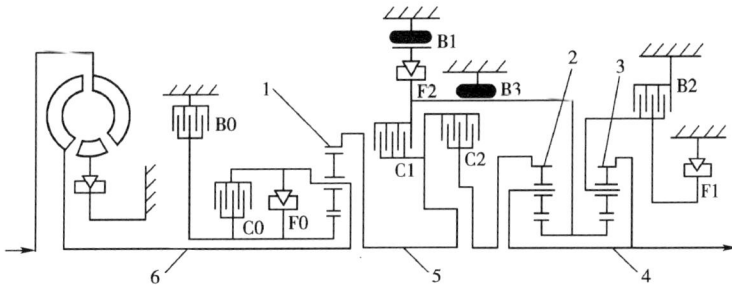

图 10-6　辛普森式 4 挡行星齿轮变速器结构简图

1-超速挡行星排;2-前行星排;3-后行星排;4-输出轴;5-中间轴;6-输入轴;C0-直接离合器;C1-倒挡及高挡离合器;C2-前进离合器;B0-超速挡制动器;B1-Ⅱ挡制动器;B2-低挡及倒挡制动器;B3-Ⅱ挡强制制动器;F0-直接单向离合器;F1-低挡单向离合器;F2-Ⅱ挡单向离合器

　　本例在辛普森式 2 行星排的基础上又增设了超速挡行星排,当变速器操纵手柄置于不同的行驶挡位时,自动变速器控制系统通过对各换挡执行元件的控制,实现行星齿轮变速器的自动换挡。该自动变速器各挡下换挡执行元件工作情况见表 10-1。

3 行星排 4 挡行星齿轮变速器各换挡执行元件的工作情况　　　　表 10-1

变速器操纵手柄位置	变速器工作挡	换挡执行元件状态									
		C0	C1	C2	B0	B1	B2	B3	F0	F1	F2
D	Ⅰ挡	○		○					○	○	
	Ⅱ挡	○		○		○			○		○
	Ⅲ挡	○	○	○		●			○		
	超速挡		○	○	○	●					
R	倒挡	○	○				○		○		
S、L(2、1)	Ⅰ挡	○		○				○	○		
	Ⅱ挡	○		○		●		○	○		
	Ⅲ挡	○	○	○					○		

　　注:○表示接合、制动或锁止;●表示接合或制动,但不传递动力。

当自动变速器操纵手柄置于 D 挡位时,控制系统通过控制各离合器和制动器的工作,使齿轮变速器可在 I 挡~IV 挡之间变换。如果控制系统使离合器 C0、C2 接合,单向离合器 F0、F1 则会处于锁止状态,这时齿轮变速器在 I 挡下工作;在离合器 C0、C2 接合的同时,控制系统再使制动器 B1 制动,这时,单向离合器 F0、F2 锁止,齿轮变速器变为 II 挡传动;如果控制系统使离合器 C0、C2 接合的同时,再使 C1 接合(将太阳轮与第一行星排的齿圈连接),齿轮变速器就实现了直接挡(III 挡)传动;当控制系统使离合器 C0 退出接合,C1、C2 保持接合,并使制动器 B0、B1 制动时,齿轮变速器便处于超速挡(IV 挡)。

3. 主油路供油及液压调节装置

1)油泵

油泵除了要向液力变矩器提供冷却循环所需的压力油外,同时还是液压控制系统和换挡执行机构的液压源。油泵一般由变矩器壳后端的轴套驱动,只要发动机运转,油泵就工作。油泵的泵油量应满足如下的要求:

(1)提供换挡执行元件(离合器和制动器)和变矩器锁止离合器工作所需的液压。

(2)提供防止变矩器内液压油过热所需的循环液压油。

(3)提供行星齿轮机构润滑所需的液压油。

(4)补充各处油封泄漏的液压油。

自动变速器所采用的油泵主要有齿轮泵、摆线转子泵和叶片泵 3 种。

2)液压调节装置

油泵的泵油量与发动机的转速有关,发动机转速升高,油泵的泵油量会相应增大。为保证自动变速器在发动机怠速时有足够的供油量,而在发动机高转速时供油量和供油压力又不过大,就必须在主油路中设置一个液压调节装置。此外,为使主油路中的液压能自动适应自动变速器工况变化对液压的不同要求,液压调节装置还应在节气门开度变化、挡位变化、换挡时及变速器温度低时等对主油路的油压做出适当的调整,以满足自动变速器可靠、平稳工作的需要。因此,液压调节装置的作用就是在发动机转速变化时使主油路的液压稳定,并能根据需要将主油路的液压适当地调高或调低。

(1)主油路液压调节阀:电子控制自动变速器的主油路液压调节阀大都采用阶梯状滑阀式,其原理如图 10-7 所示。

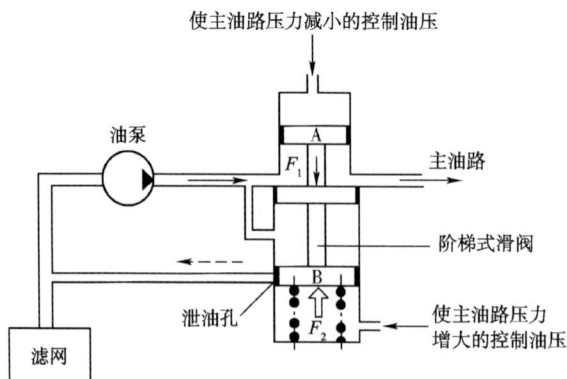

图 10-7　阶梯滑阀式主油路液压调节装置原理

滑阀的 B 面大于 A 面,使液压油对滑阀有一个向下的推力 F_1。F_1 与滑阀下端的弹簧力 F_2 相平衡时,滑阀静止不动。当主油路的液压较低时,滑阀处于静止状态后将泄油口关闭。当主油路的液压较高而使 $F_1 > F_2$ 时,滑阀便下移,使泄油口打开,多余的液压油经泄油口排出,从而使主油路的液压稳定。

滑阀的上腔和下腔各有一个液压反馈孔,用于对主油路液压的调整。当滑阀下腔接入反馈(控制)液压时,主油路的液压上升;而当滑阀上腔接入反馈(控制)液压时,主油路的液压就会下降。

（2）主油路液压调节电磁阀:自动变速器油压调节电磁阀多采用开关电磁阀,由 ECU 输出占空比可变的脉冲信号控制。电磁阀线圈通电时,阀被打开,液压油从泄油孔排出,调节液压随之下降。电磁阀断电时,阀在弹簧力的作用下关闭,调节液压又会上升。自动变速器 ECU 通过输出占空比不同的脉冲信号来控制电磁阀动作,实现对主油路液压的自动调节。

4. 换挡液压控制装置

液压控制装置是将驾驶人操纵变速器挡位和控制开关的手动信号以及 ECU 输出电控信号转变为相应的控制液压,控制自动变速器中液压执行元件的动作,实现自动变速器的挡位设置和自动换挡控制。换挡液压控制装置包括手动阀、换挡阀、换挡电磁阀及相应的控制油路等。

1）手动阀

手动阀由变速器操纵手柄控制,它是一个多位换向阀,其滑阀的位置决定了自动变速器的工作状态。手动阀的滑阀有两柱式和三柱式两种,三柱式滑阀其控制的油路数要多于二柱式滑阀。图 10-8 所示的是三柱式手动阀示意图。

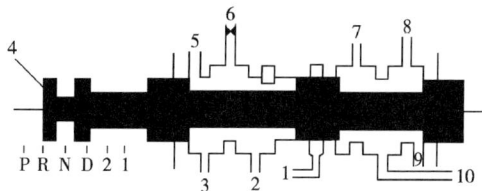

图 10-8　三柱式手动阀示意图

1-主油路;2-前进挡油路;3-高挡油路;4-手动阀滑阀;5、9-泄油孔;6-Ⅱ挡油路;7-Ⅱ挡锁止油路;8-倒挡油路;10-低挡油路

当驾驶人将变速器操纵手柄拨至某一挡位时,通过其机械传动机构将手动阀中的滑阀移至相应的位置,使主油路与相应的控制油路或换挡执行元件接通,并让不参加工作的控制油路与泄油孔接通,从而使自动变速器处于相应的工作状态(挡位)。

2）换挡阀与换挡电磁阀

换挡阀是一个二位液压换向阀,由换挡电磁阀提供的控制油压控制其滑阀移动。滑阀移动的结果是将主油路与需要工作的换挡执行元件的油缸接通,使其建立液压,实现连接或制动与此同时,将不工作的换挡执行元件的油缸与泄油孔接通,使其泄压而停止工作。

换挡电磁阀通常是开关式电磁阀,由一个电磁阀控制一个换挡阀的控制过程如图 10-9 所示。

换挡电磁阀不通电时阀处于泄压状态,这时,换挡阀的滑阀左端无液压,滑阀在右端弹簧力的作用下被推至左位(图 10-9a);当换挡电磁阀通电时,换挡滑阀的左端通入液压油并被保持,使滑阀克服弹簧力移至右位(图 10-9b)。换挡阀滑阀的移位改变了控制油路,从而实现了换挡。

不同型号的自动变速器换挡电磁阀控制换挡阀的方式不同,其换挡电磁阀与换挡阀的数量并不都是一致的。有的变速器其换挡电磁阀多于换挡阀,有的则是换挡电磁阀少于换挡阀。用 2 个电磁阀控制 3 个换挡阀工作,实现 4 前进挡控制一例如图 10-10 所示。

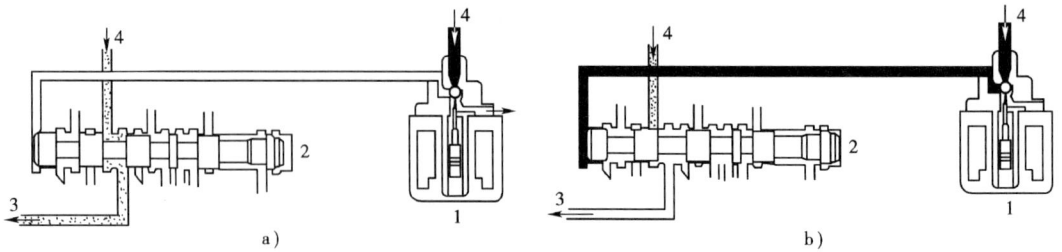

图 10-9　换挡电磁阀与换挡阀工作过程

a)电磁阀不通电,换挡阀在左位;b)电磁阀通电,换挡阀在右位

1-换挡电磁阀;2-换挡阀;3-接换挡执行元件;4-接主油路

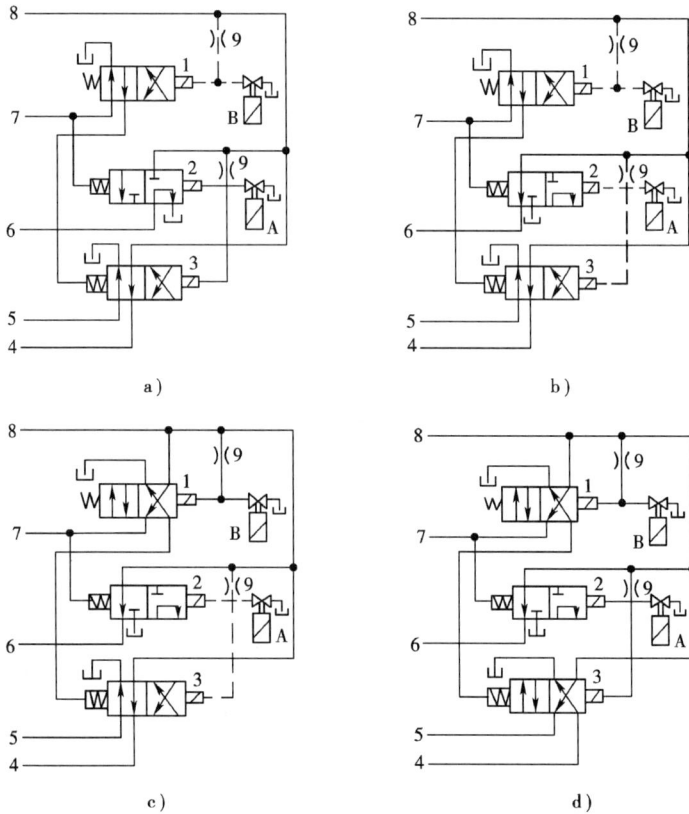

图 10-10　4 前进挡、2 电磁阀换挡控制原理

a)Ⅰ挡控制油路;b)Ⅱ挡控制油路;c)Ⅲ挡控制油路;d)Ⅳ挡控制油路

1-Ⅱ—Ⅲ换挡阀;2-Ⅰ—Ⅱ换挡阀;3-Ⅲ—Ⅳ换挡阀;4-直接离合器油路;5-超速挡制动器油路;6-Ⅱ挡油路;7-Ⅲ挡油路;8-来自手动阀的油路;9-节流阀;A、B-换挡电磁阀

　　电子控制器通过对 A、B 两个电磁阀的不同通、断电组合控制,使自动变速器在相应的挡工作。各挡电磁阀的工作情况见表 10-2。

各挡电磁阀的工作情况　　　　　　　　　　　　　　　　　　　表 10-2

换挡电磁阀	通　电　情　况			
	Ⅰ挡	Ⅱ挡	Ⅲ挡	Ⅳ挡
A	×	○	○	×
B	○	○	×	×

注:○表示电磁阀通电;×表示电磁阀不通电。

Ⅰ挡:电磁阀 A 不通电,电磁阀 B 通电。Ⅰ—Ⅱ换挡阀因右端有控制油压作用而左移,关闭Ⅱ挡油路;Ⅱ—Ⅲ换挡阀处在左位,关闭了Ⅲ挡油路,同时将主油路油压接入Ⅲ—Ⅳ换挡阀左端,从而使Ⅲ—Ⅳ换挡阀锁止在左位。这时,直接离合器油路与主油路接通,其他油路均处于泄压状态。

Ⅱ挡:电磁阀 A、B 同时通电。Ⅰ—Ⅱ换挡阀右端油压下降,换挡滑阀右移,主油路与Ⅱ挡油路接通,Ⅲ挡油路和超速挡制动器油路处于泄油状态。

Ⅲ挡:电磁阀 A 通电,电磁阀 B 不通电。Ⅱ—Ⅲ换挡阀因右端油压升高而左移,将Ⅲ挡油路与主油路接通,并让Ⅲ—Ⅳ换挡阀左端控制压力油泄空。

Ⅳ挡:电磁阀 A、B 均不通电。Ⅲ—Ⅳ换挡阀右端控制压力上升,换挡滑阀左移,关闭直接离合器油路,接通超速制动器油路。此时Ⅰ—Ⅱ换挡阀左端作用着主油路油压,被锁定在左位。

5. 锁止离合器控制装置

锁止离合器控制装置通常由液压控制阀和锁止控制电磁阀组成,用于执行 ECU 的变矩器锁止控制指令,实现对变矩器的锁止离合器的控制作用。锁止离合器控制有开关式控制方式和脉冲式控制方式两种。

1)开关控制方式

开关控制方式的变矩器锁止离合器控制阀的工作原理如图 10-11 所示。

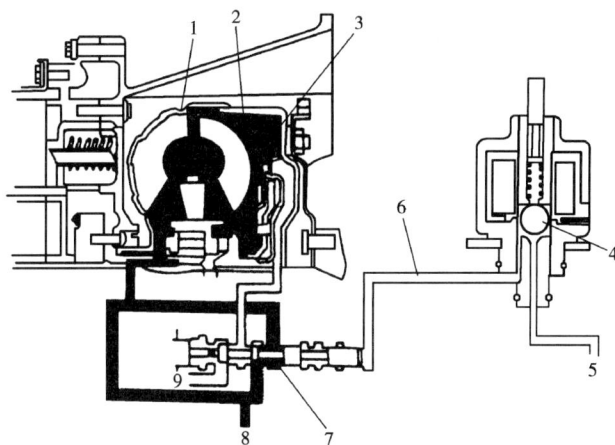

图 10-11　变矩器锁止离合器控制装置

1-变矩器;2-变矩器液压油;3-锁止离合器;4-电磁阀;5-主油路液压油;6-控制液压油;7-锁止离合器控制阀;8-来自变矩器阀;9-泄油孔

当无须变矩器锁止时,电磁阀不通电而处于关闭状态,锁止离合器控制阀的右端无控制液压,滑阀在弹簧力的作用下处在右位。此时,锁止离合器活塞的两端都作用着来自变矩器阀的主油路液压油,锁止离合器处于分离的状态。

当变矩器需要锁止时,电磁阀通电而开启,主油路的液压进入,使锁止离合器控制阀右端控制油压上升,推动控制阀滑阀左移,使锁止离合器活塞右腔与泄油孔接通。于是,活塞在左边变矩器液压的作用下右移,使锁止离合器接合而将变矩器锁止。

2)脉冲控制方式

脉冲控制方式通过脉冲信号的占空比大小来控制电磁阀的开启比率,以控制锁止离合器控制阀右端控制油压的大小,使锁止离合器控制滑阀向左移动所打开的泄油孔开度可控。这样,就可根据需要来控制锁止离合器活塞右腔的油压大小,使锁止离合器接合力可以控制。ECU 可通过输出不同占空比的控制脉冲信号来控制变矩器锁止离合器的接合力大小和接合速度,使锁止离合器的接合力渐渐增大,使接合过程更加柔和。此外,在汽车行驶工况接近变矩器锁止条件时,脉冲式电磁阀控制形式可实现滑动锁止控制(半接合状态),以提高变矩器的传动效率。

由于脉冲控制方式具有良好的变矩器锁止控制特性,因此,在现代汽车电子控制自动变速器中的应用已越来越多。

6.电子控制系统

电子控制系统的作用是监测汽车行驶工况、发动机工况,并根据检测的结果和设定的控制程序输出控制信号,控制有关电磁阀的动作,以实现对自动变速器的换挡、变矩器锁止及变速器油压等的自动控制。自动变速器电子控制系统由传感器与控制开关、电子控制器及执行器组成。不同型号的自动变速器,其电子控制系统电子元器件的配置和电路的具体布置可能会有一些差别,但基本控制功能和控制原理相似。自动变速器电子控制系统电路一例如图 10-12 所示。

1)传感器与控制开关

车速传感器:用于检测变速器输出轴的转速,ECU 根据此信号计算得到汽车的行驶速度,它是自动变速器换挡控制的主要参数之一。车速传感器多采用磁感应式,也有一些车型采用光电式、霍尔效应式、舌簧式等不同结构形式的车速传感器。

节气门位置传感器:用于将节气门的位置参数转变为电信号,是自动变速器 ECU 控制自动换挡的另一主要参数。电子控制自动变速器采用带有怠速触点的线性节气门位置传感器,与发动机电子控制系统共用。

变速器输入轴转速传感器:用于检测齿轮变速器输入轴的转速,变速器输入轴转速信号是自动变速器 ECU 控制换挡的参考信号之一。ECU 根据变速器输入轴转速信号和发动机转速信号可准确计算变矩器的传动比,实现对液压油路的压力调节过程和变矩器锁止控制过程的优化控制,以进一步提高汽车的行驶性能和改善换挡感觉。变速器输入轴转速传感器通常采用与车速传感器相同类型的传感器。

变速器油温度传感器:用于检测自动变速器液压油的温度,是 ECU 进行换挡控制、液压油压力调节和变矩器锁止控制的参考信号。一些自动变速器还设有变速器油温控制功能,控制器根据变速器油温度传感器的电信号控制变速器油冷却循环流量,以达到控制变速器油温度之目的。变速器油温度传感器的温度敏感元件一般为温度系数为负的热敏电阻。

超速挡开关(O/D):O/D 开关用于接通或断开自动变速器超速挡控制电路。当接通此开关时,自动变速器超速挡控制电路通路,在 D 挡位下变速器最高可升入Ⅳ挡(超速挡);如果断开此开关,就使超速挡控制电路断路,在 D 挡位下变速器最高只能升至Ⅲ挡。

模式选择开关:一些电子控制自动变速器设有模式选择开关,用于选择自动变速器的控制模式,以满足不同的使用要求。模式开关由驾驶人手动控制,选择不同的模式,ECU 就按照不同的换挡规律进行换挡控制。模式选择开关通常设有经济模式(Economy)、正常模式(Normal)、动力模式(Power)等选择按键。有的电子控制自动变速器其 ECU 设有自动换挡模式选择功能,因此,这种汽车自动变速器无模式选择开关。

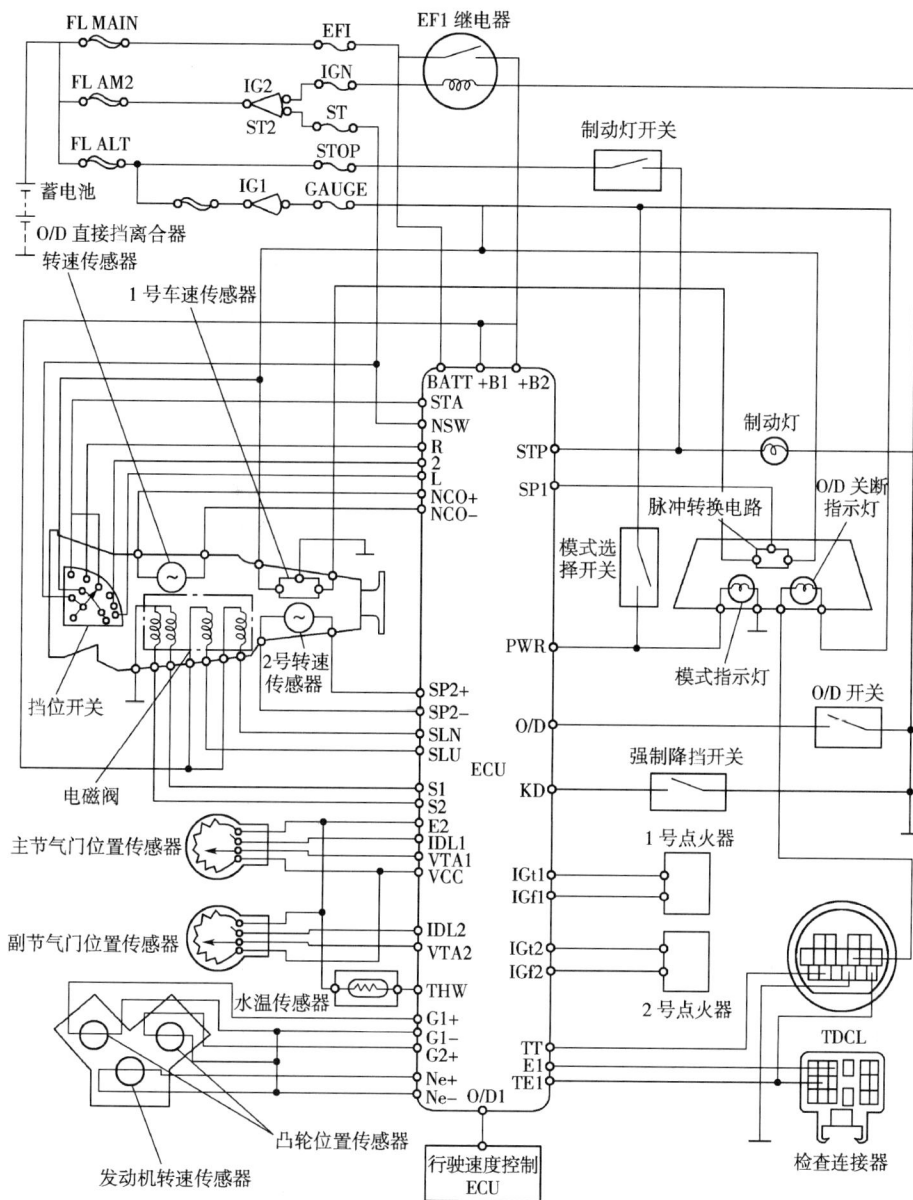

图 10-12　丰田 A341E、A342E 型自动变速器电子控制系统电路

保持开关:一些电子控制自动变速器设有保持开关,其作用是锁定自动变速器的自动换挡,因此也被称为挡位锁定开关。当接通此开关时,自动变速器就不能进行自动换挡,换挡由驾驶人通过自动变速器操纵手柄的手动操作控制。将操纵手柄置于 D、S(或 2)、L(或 1)挡位时,变速器就分别保持在Ⅲ挡、Ⅱ挡、Ⅰ挡。

挡位开关:用于检测变速器操纵手柄的挡位,安装于自动变速器手动阀的摇臂轴上,内部有与被测挡位相对应的触点。当变速器操纵手柄在行车挡位时,相应的触点被接通,向 ECU 提供变速器操纵手柄挡位的信号,使 ECU 按照该挡位的控制程序自动控制变速器的工作。为确保起动安全,挡位开关内设有空挡起动触点,只有当变速器操纵手柄在空挡位(N)或停车挡位(P)时,挡位开关才将起动开关电路接通,发动机才能起动。因此,也被称之为空挡起动开关降挡开关：也被称之为自动跳合开关或强制降挡开关，用于检测加速踏板是否超过节气门全开的位置。当检测到加速踏板的位置超过了节气门全开的位置时，降挡开关便接通，向ECU提供信息，ECU便按照这种情况下的设定程序控制换挡，并使变速器自动下降一个挡位，以提高汽车的加速性。

2）电子控制器

自动变速器电子控制器（AT ECU）根据各个传感器及控制开关的信号和其内部设定的控制程序，经运算和分析后，通过各执行机构进行自动换挡、变速器油压调节及变矩器锁止等控制。自动变速器电子控制器通常有与其他的控制系统ECU互相传递所需的信号，以实现各个控制系统的互相协调控制。一些车型的自动变速器控制与发动机电子控制系统用一个ECU进行控制，使得自动变速器和发动机的控制相互匹配更好。

3）执行机构

自动变速器电子控制系统主要的执行机构是换挡电磁阀、油压调节电磁阀及变矩器锁止电磁阀，这些电磁阀将ECU输出的电控信号转变为相应的液压控制信号，使相关的液压执行元件动作，从而完成自动变速器的各项自动控制。

二、电子控制自动变速器的控制原理

自动变速器电子控制系统的基本组成及主要控制功能，如图10-13所示。

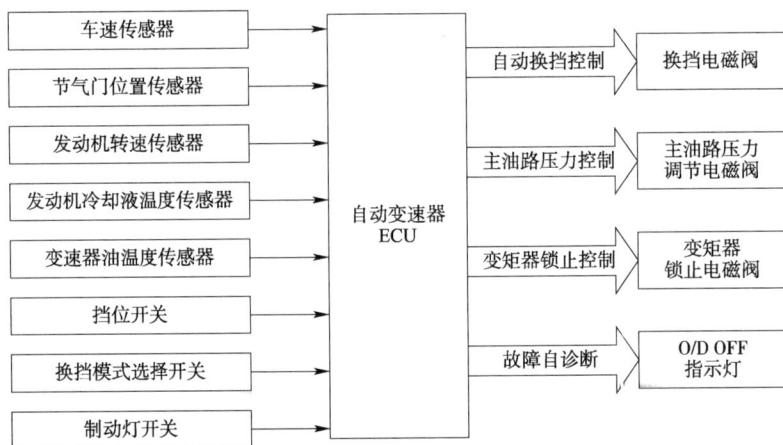

图 10-13　自动变速器电子控制系统的基本组成与控制功能

1. 自动变速器的自动换挡控制

自动变速器的自动换挡控制目标是使汽车在行驶过程中，自动选择最佳的时机换挡，以使汽车的动力性和经济性最优化。

1）最佳换挡点的确定

在节气门开度较小时，汽车行驶阻力较小，升挡的车速可以低一些，以便使变速器较早地升入高挡，发动机可在较低的转速下运行（避免转速太高），这样便可降低汽车的燃油消耗；节气门的开度较大时，汽车行驶的阻力较大，这时需要保证汽车有足够的动力，升挡的车速应当提高，以使发动机在较高的转速下运行，输出较大的功率来克服汽车的行驶阻力。自动变速器不同节气门开度下的最佳换挡车速参数通过试验的方法确定，并将这些最佳换挡参数储存在自动变速器ECU的ROM存储器中，以供ECU进行自动换挡控制时使用。

汽车在不同的行驶条件下对自动变速器换挡规律的要求也有所不同，因此，在ECU的

ROM 存储器中,储存有多个换挡规律不同的自动换挡控制参数,以供 ECU 在汽车不同的行驶工况、变速器操纵手柄和模式选择开关处于不同位置时选用。

2)自动换挡控制过程

自动换挡控制过程如图 10-14 所示。汽车行驶中,自动变速器 ECU 根据挡位开关和模式开关的位置从 ROM 存储器中取得自动换挡的标准参数,通过节气门位置传感器和车速传感器的信号获得发动机的节气门开度和汽车行驶速度参数,并与标准参数进行比较,如果达到了设定的最佳换挡点时,ECU 就向换挡电磁阀输出换挡控制信号,使齿轮变速器自动换挡。

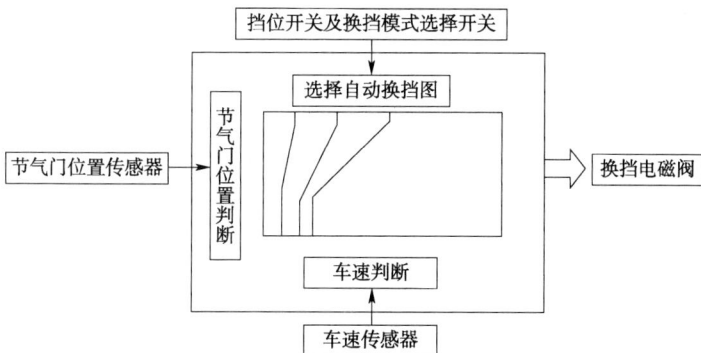

图 10-14　自动换挡控制过程

3)自动模式选择控制

设置自动模式选择功能的电子控制自动变速器,ECU 根据相关传感器的信号判断汽车的行驶状况和驾驶人的操作方式,然后自动选择经济模式、正常模式或动力模式进行自动换挡控制。自动变速器 ECU 主要根据变速器操纵手柄的位置和加速踏板踩下的速率来判断驾驶人的操作方式。ECU 自动选择换挡模式原理如下:

当变速器操纵手柄在 D 前进挡时,ECU 根据加速踏板踩下的速率(节气门开启速率)来确定换挡模式,但在不同的车速和节气门开度下,使换挡模式转换的加速踏板踩下速率是不同的。为此,将车速和节气门开度划分为若干小区(图 10-15),每一个车速与节气门开度小区域都确定了一个节气门开启速率值,这些数值作为 ECU 判断是否转变换挡模式的标准参数而存入 ECU 的 ROM 存储器中。工作中,ECU 根据各传感器的信号得到了车速、节气门开度

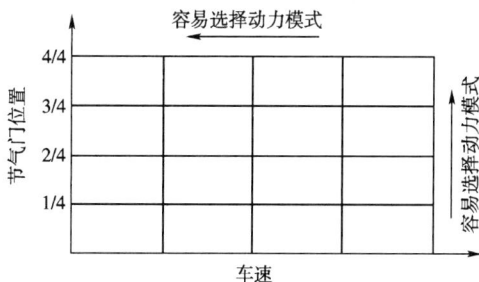

图 10-15　自动换挡模式选择原理

及加速踏板踩下速率参数,并与该车速与节气门开度小区域的节气门开启速率标准值进行比较,如果实测的节气门开启速率高于标准值,ECU 就自动选择动力模式;如果加速踏板踩下速率小于该小区域内的节气门开启速率标准值,ECU 就选择经济模式。各个小区域的节气门开启速率标准值从左到右、从上到下逐渐增大。因此,车速越低或节气门开度越大,就越容易选择动力模式。

变速器操纵手柄在前进低挡位时,ECU 只选择动力模式。变速器操纵手柄在 D 前进挡,ECU 处于动力模式换挡控制状态下,一旦节气门的开度小于 1/8,ECU 就立即由动力模式转换为经济模式。

2．主油路液压的控制

主油路液压控制是使自动变速器主油路的压力可根据实际需要及时改变。当需要调整主油路压力时，ECU输出相应的占空比脉冲信号，控制油压调节电磁阀的开关比率，使其输出相应的控制油压，主油路液压调节阀在控制油压的作用下，将主油路的油压调整到目标值。自动变速器ECU主要根据反映节气门开度、挡位、变速器油温及换挡情况等的电信号对自动变速器主油路压力进行控制。

1）节气门开度变化的主油路油压控制

当节气门开度增大时，发动机功率增大，变速器传递转矩相应增大，换挡执行元件油压需相应升高，因此，需适当调高主油路的油压。节气门开度与主油路油压的关系如图10-16所示。

工作时，ECU根据节气门位置传感器的节气门位置电信号，经计算分析后，向油压调节电磁阀输出相应占空比的脉冲信号，将主油路油压调节至适当的值。

2）挡位变化时对主油路油压的控制

挡位变化时对主油路油压的控制通常是通过对D挡位时各个节气门开度下的油压值进行修正实现的，包括倒挡与低挡油压增大控制和换挡过程的油压减小控制。

倒挡油压增大控制：当操纵手柄置于倒挡位置时，主油路的油压需相应增大，以满足倒挡液压执行元件对液压油压力较高的要求。当自动变速器ECU从挡位开关接收到倒挡信号后，立刻对D挡相应的油压标准参数进行修正（或查找倒挡下的主油路油压标准参数，参见图10-16），并输出占空比较小的脉冲信号，使主油路油压适当增大。

低挡油压增大控制：在前进低挡（L挡或S挡）时，由于此时传递的功率较大，主油路油压也应高于D挡。因此，当操纵手柄置于L挡或S挡时，ECU对油压标准参数进行修正，使得主油路的油压适当升高。

换挡过程油压减小控制：在自动变速器变换挡位过程中，为减小换挡冲击，应减小换挡液压执行元件的液压。换挡时的主油路油压修正情况如图10-17所示。

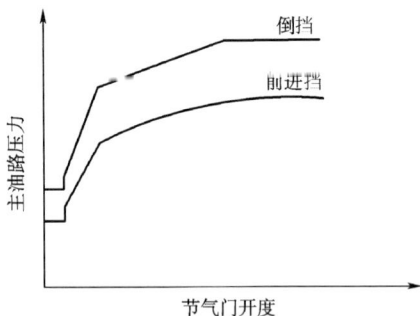

图10-16　节气门开度与主油路油压关系　　　　图10-17　换挡时的主油路油压修正

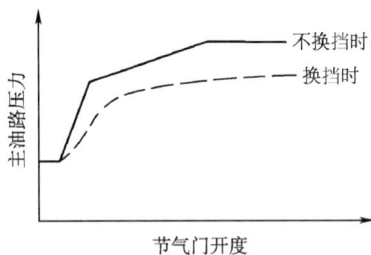

3）变速器低油温的主油路油压控制

针对自动变速器油温度进行的主油路压力控制，分为一般低温和过度低温两种情况。

低温主油路油压修正控制：在液压油温度低于正常工作温度（60℃）时，由于其黏度较大，为避免换挡冲击，自动变速器ECU选择较低的主油路油压参数，并输出相应的占空比控制脉冲，使主油路的油压适当减小。

温度过低主油路油压修正控制:当液压油温度过低(< -30℃)时,其黏度过大,容易造成液压换挡执行元件动作迟缓,影响换挡质量。因此,在这种情况下,自动变速器 ECU 选择较高的主油路油压参数,并通过控制油压调节电磁阀的开关比率,将主油路油压适当调高,以使换挡能正常进行。

3. 液力变矩器锁止离合器控制

液力变矩器锁止控制的目的是最大限度地提高变矩器的传动效率,以降低汽车的燃油消耗。自动变速器 ECU 控制锁止离合器的工作过程如图10-18所示。

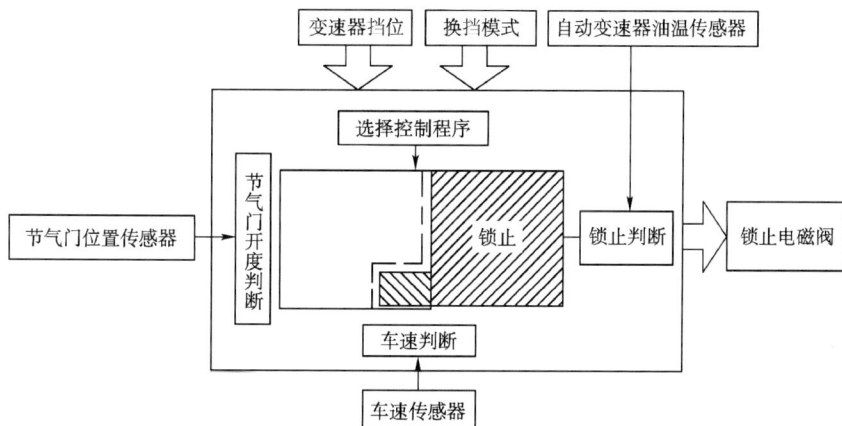

图 10-18 液力变矩器锁止控制过程

自动变速器 ECU 的 ROM 存储器中,储存有不同工作条件下锁止离合器的控制程序及控制参数。工作中,ECU 根据自动变速器的挡位、换挡模式等工作条件从存储器中选择相应的锁止离合器控制程序及控制参数,并与当前的车速和节气门开度等进行比较,当车速及其他因素都满足变矩器锁止条件时,ECU 就向锁止离合器电磁阀输出控制信号,使锁止离合器接合,将变矩器锁止。

为保证汽车的行驶性能,一般在液压油温度低于60℃、车速低于60km/h,且怠速开关接通时,自动变速器 ECU 将不进行锁止离合器控制。

4. 其他控制

1)发动机制动控制

利用发动机的阻力矩对汽车产生制动力,可减轻制动器的工作负荷,提高汽车的行驶安全性。自动变速器 ECU 根据变速器操纵手柄、车速、节气门开度信号进行发动机制动控制。

当汽车的行驶状态需要利用发动机制动时(比如:变速器操纵手柄在 S 挡或 L 挡且车速高于10km/h,节气门的开度小于1/8 等),ECU 就向有关的电磁阀输出控制信号,通过电磁阀的动作,控制齿轮变速器换挡执行机构中的强制离合器接合或强制制动器制动,使齿轮变速器能逆向传递动力,以便通过发动机的转动阻力制动滑行的汽车。

2)发动机转速与转矩控制

在自动变速器自动换挡或变换挡位操作过程中,自动变速器 ECU 通过与发动机 ECU 的协调控制,控制发动机的转速与转矩,以减小变速器的换挡冲击和变速器输出轴转速的波动,使自动变速器换挡更为柔和。

自动换挡时发动机转速与转矩控制:在自动变速器自动换挡瞬间,自动变速器 ECU 向发动机 ECU 发出减矩控制信号,由发动机控制系统 ECU 发出延迟点火时间或减少喷油量控制信号,使发动机的转矩适当减小,以减小换挡冲击。

　　变换挡位时发动机转速与转矩控制:当自动变速器操纵手柄从空挡位(N)或停车挡位(P)拨至行车挡位时,自动变速器 ECU 向发动机 ECU 输出相应的信号,使发动机喷油量适当增加,以避免因发动机负荷突然增加而引起转速下降;而当操纵手柄从行车挡位拨至 N 挡或 P 挡位时,自动变速器 ECU 输出的信号使发动机喷油量减小,以避免因发动机的负荷突然减小而使转速上升。

第十一章　电子防滑控制系统

第一节　概　　述

一、电子防滑控制系统的控制目标

1.汽车制动时的车轮拖滑及其影响

1）车轮拖滑的产生

汽车在制动时,车辆在惯性力的作用下仍以较高的速度行进,而车轮在制动器制动力矩的作用下停止转动或转动速度很低,使车轮轮缘速度为 0 或低于车辆相对于地面的移动速度,造成车胎与地面之间相对滑动。这种由汽车的行驶速度高于滚动车轮轮缘速度而产生的车轮滑动称之为拖滑。

2）车轮拖滑对汽车制动的影响

汽车制动时,对车身的制动力是由车胎与地面的摩擦力产生的,其大小与地面的附着力有着直接的关系。某种路面的附着系数与滑移率之间的关系,如图 11-1 所示。滑移率 S 的定义如下:

$$S = \frac{v - r_0 \omega}{v} \times 100\% \qquad (11\text{-}1)$$

式中:v——汽车行驶速度;

　　　r_0——车轮的工作半径;

　　　ω——车轮的角速度。

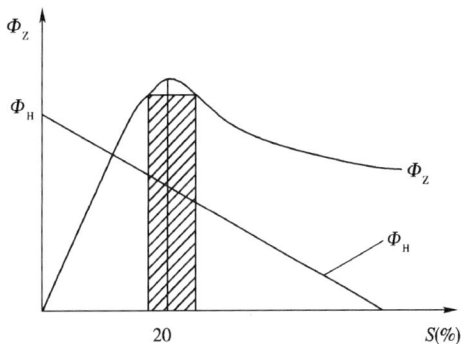

图 11-1　滑移率与地面附着系数

车轮被完全抱死时,$\omega = 0$,$S = 100\%$;车轮作纯滚动时,$\omega r_0 = v$,$S = 0$。

从这有代表性的地面附着系数变化特性中可知,汽车在紧急制动时,车轮滑移率 S 在 20% 左右时,纵向附着系数最大。此后,随着车轮滑移程度的增加,地面附着力随之下降。如果车轮被抱死($\omega = 0$),车轮的滑移率为 100%,地面的纵向附着系数较小,地面对车辆的制动力减小,会造成汽车制动距离延长;地面的横向附着系数为 0,地面对车轮无防侧滑能力,失去了方向操控作用,车辆易出现侧滑和甩尾;轮胎拖滑而造成的与地面的剧烈摩擦,使轮胎的磨损加剧。

2.汽车行驶时的车轮滑转及其影响

1）车轮滑转的产生

汽车在起步或行驶中,驱动车轮转动,但车辆未移动或移动速度低于驱动车轮轮缘速度,车胎与地面之间就产生了相对的滑动。这种由于驱动车轮转动的轮缘速度高于车辆相对于地面移动速度所产生的车轮滑动称之为滑转。

2)车轮滑转对汽车行驶的影响

汽车起步或行驶时,汽车的牵引力也是由车胎与地面的摩擦力产生的,其大小同样与地面的附着力有着直接的关系,而车轮的滑转也会影响地面附着系数。车轮的滑转程度可用滑转率(S_z)来表示,S_z的定义如下

$$S_z = \frac{v_q - v}{v_q} \times 100\% \tag{11-2}$$

式中:v_q——汽车行驶速度;

v——汽车行驶速度,实际应用中,通常以非驱动车轮的轮缘速度(ωr_0)代替。

当汽车未移动($v = 0$),而驱动车轮转动时,其滑转率为100%;车轮作纯滚动时,其滑转率为0。

在各种路面上,地面的附着系数均随滑转率的变化而改变,试验研究表明,车轮滑转率S_z在10% ~ 30%时,纵向附着系数达到最大,横向附着系数也较大。此后,随着车轮滑转程度的增加,地面附着力随之下降。当车轮的滑转率为100%时,地面纵向附着系数较小,地面所能产生的最大牵引力降低;地面横向附着系数为0,汽车将失去操纵性;轮胎滑转而造成的与地面的剧烈摩擦,使轮胎的磨损加剧。

3.汽车电子防滑控制系统的控制目标

1)电子防拖滑控制系统的控制目标

电子防拖滑控制系统的控制目标是:汽车在紧急制动时,通过控制车轮制动器制动力的大小,使车轮不被抱死,而是处于边滚边滑(滑移率控制在20%左右)的状态,从而使地面保持较高的附着力,以提高汽车制动的安全可靠性。

电子防拖滑控制系统通过控制车轮制动器制动力,使车轮不被抱死来实现控制目标,因此,被称之为防抱死制动系统(Anti-lock Braking System,ABS)。

2)电子防滑转控制系统的控制目标

电子防滑转控制系统的控制目标是:汽车在起步、急加速或滑溜路面行驶时,通过控制车轮的驱动功率或对滑转车轮施以适当的制动等,抑制驱动车轮的滑转,从而使地面保持较高的附着力,以提高汽车的牵引力及操控性。

电子防滑转控制系统(Anti Slip Regulation,ASR),这种防滑转控制系统也被称之为牵引力控制系统(Traction Control,TRC)。

二、电子防滑控制系统的作用

1.防抱死制动控制系统的作用

防抱死制动控制系统(ABS)在汽车制动时起作用,用于自动控制制动器制动力的大小,使车轮不被抱死,并将车轮滑移率S控制在20%左右,使地面纵向附着系数保持在较大的范围内,横向附着系数也不小,因此ABS可起如下作用:

(1)充分发挥制动器的效能,缩短了制动时间与距离。

(2)有效地防止了紧急制动时车辆的侧滑与甩尾,提高了汽车制动时的行车稳定性。

(3)在紧急制动时可转动汽车行驶方向,具有良好的操纵性。

(4)避免了轮胎与地面之间的剧烈摩擦,减少了轮胎的磨损。

2.防滑转控制系统的作用

防滑转控制系统(ASR)在汽车起步、加速或滑溜路面行驶时起作用,用于自动控制发动机的输出功率或对滑转驱动轮施以制动力,避免驱动车轮滑转,以使地面保持较高的附着力,提高汽车的牵引力和操控性。ASR具体的作用有如下几点:

(1)汽车在起步、行驶过程中可获得最佳的驱动力,提高了汽车的动力性。尤其在附着系数小的路面,汽车起步、加速及爬坡能力的提高就更加显著。

(2)汽车的行驶稳定性得以提高,前轮驱动汽车的方向控制能力好。路面的附着系数越低,其性能提高就越是明显。因此,ASR与ABS一样,也是汽车主动安全控制装置。

(3)减少了轮胎的磨损,可降低汽车的燃油消耗。

(4)在ASR起作用时,可通过仪表板上的ASR指示灯或蜂鸣器向驾驶人提醒:不要踩制动踏板过猛(紧急制动),注意转向盘的操作,不要猛踩加速踏板等,以确保行车的安全。

第二节　电子控制防抱死制动系统

一、电子控制防抱死制动系统的基本组成和类型

1.电子控制防抱死制动系统的基本组成

防抱死制动系统是在普通制动系统的基础上,配置了防止车轮抱死的电子控制系统。典型的电子控制防抱死制动系统如图11-2所示。

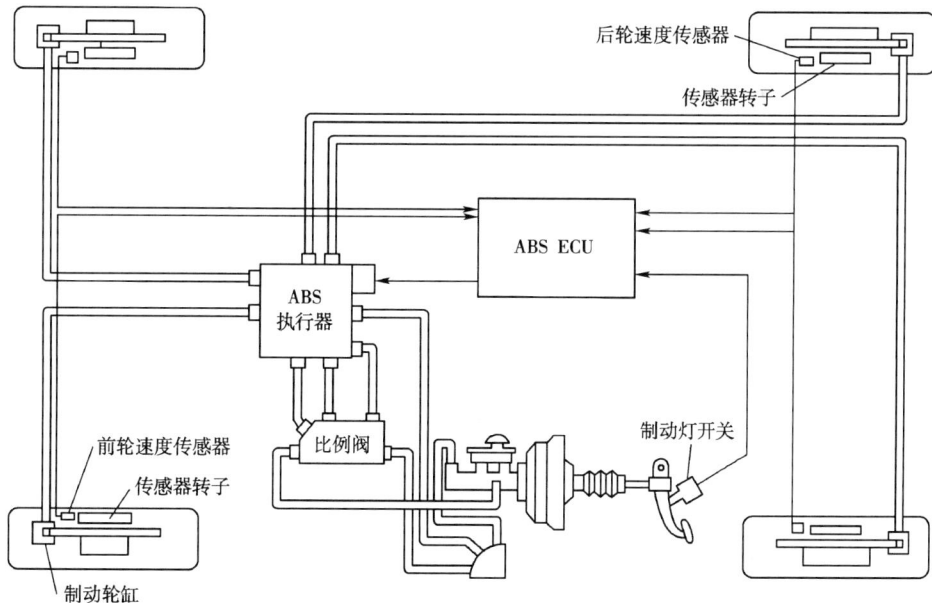

图 11-2　电子控制防抱死制动系统

ABS电子控制器通过各传感器监测汽车制动时车轮的转动情况。当汽车在紧急制动或是在松滑路面行驶中制动而出现车轮被抱死时,控制器就迅速做出反应,输出制动力调整控制信号,通过ABS执行器(制动压力调节器)对制动器的制动力进行调整,使车轮不被抱死。

2. 电子控制防抱死制动系统的类型

1) 按系统控制方案不同分

轴控式 ABS：根据一个车轮转速传感器（或轴转速传感器）信号共同控制同一轴上的两车轮，这种控制方案多用于载货汽车。轴控式又分低选控制（由附着系数低的车轮来确定制动压力）和高选控制（由附着系数高的车轮来确定制动压力）两种方式。

轮控式 ABS：也称单轮控制，即每个车轮均根据各自车轮转速传感器信号单独进行控制。

混合式 ABS：系统中同时采用轴控式和轮控式两种控制方式。

2) 按控制通道不同分

ABS 系统中的控制通道是指能独立进行制动压力调节的制动管路。按控制通道数分，ABS 有单通道、双通道、三通道及四通道等 4 种形式。

单通道式 ABS：单通道 ABS 如图 11-3 所示，通常是对两后轮采用轴控方式，车轮转速传感器有 1 个或两个。采用 1 个轮速传感器的将传感器安装在后桥主减速器处，采用两个轮速传感器的则在两个后轮上各装 1 个，并采用低选控制。由于前轮未进行防抱死控制，因而汽车制动时的转向操纵性没有提高。但单通道 ABS 结构简单、成本低，因此在一些载货汽车上还有应用。

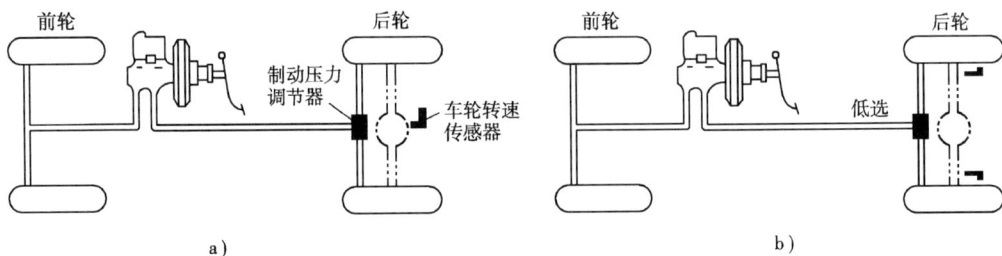

图 11-3　单通道式 ABS

a) 单通道一传感器；b) 单通道二传感器

双通道式 ABS：双通道 ABS 有不同的形式，如图 11-4 所示。双通道结构比较简单，但难以同时兼顾制动时的方向稳定性、转向操纵性及制动效能，因此目前在汽车上已很少使用。

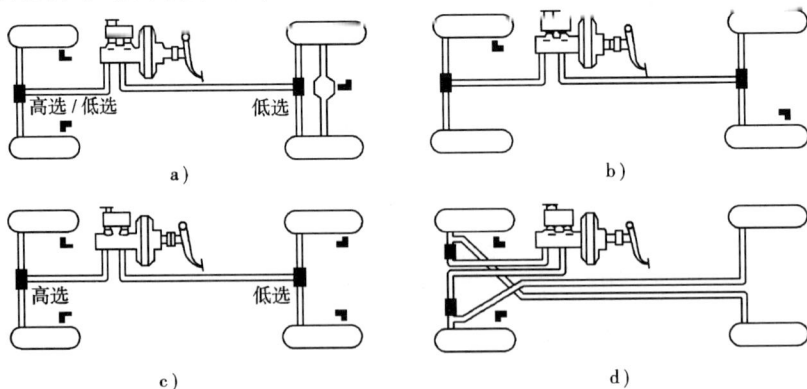

图 11-4　双通道式 ABS

a) 二通道三传感器；b) 二通道二传感器；c) 二通道四传感器；d) 二通道二传感器

三通道式 ABS：三通道 ABS 通常是前轮采用轮控式，后轮采用低选轴控式，如图 11-5 所示。图 11-5c) 所示的 ABS 后轮制动管路中各装有一个制动压力调节器，但两调节器由 ECU 按低选原则同一控制，因此实际上是一个控制通道。

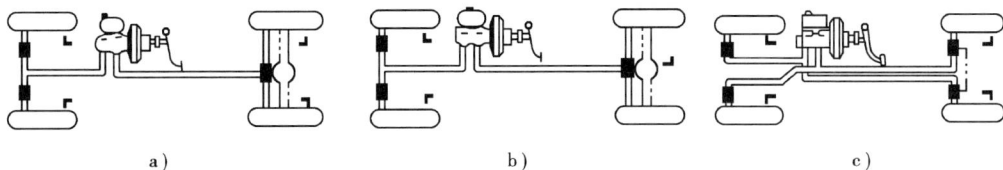

图 11-5　三通道式 ABS

a)三通道四传感器(双管路前后布置);b)三通道三传感器;c)三通道四传感器(双管路对角布置)

四通道式 ABS:四通道 ABS 四个车轮均采用轮控式,如图 11-6 所示。

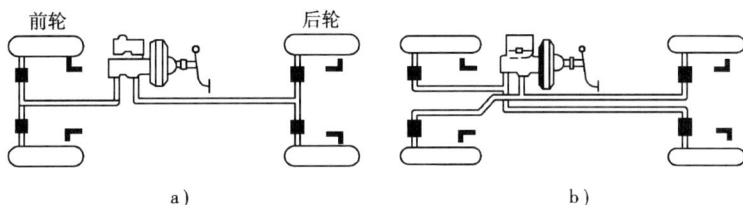

图 11-6　四通道式 ABS

a)四通道四传感器(双管路前后布置);b)四通道四传感器(双管路对角布置)

　　只对汽车的后轮进行防抱死控制的 ABS 在轿车上已很少应用,目前在一些轻型载货汽车上还有少量使用。现代汽车基本上都采用了四轮防抱死制动系统。

二、电子控制防抱死制动系统的结构

1. ABS 传感器与开关

1)车轮转速传感器

　　车轮转速传感器将车轮的转速转变为电信号,并输送给控制器,用于计算车轮滑移率、角加速度及汽车参考速度等,是 ABS 控制器进行防抱死控制的重要依据。车轮转速传感器有磁感应式、光电式和霍尔效应式等,目前汽车上使用最广泛的是磁感应式车轮转速传感器。

　　磁感应式车轮转速传感器的具体结构形式与安装位置有多种。安装在车轮处的转速传感器如图 11-7 所示,传感器的齿圈随车轮一起转动。有的车轮转速传感器安装在主减速器、变速器等传动系统部件处。

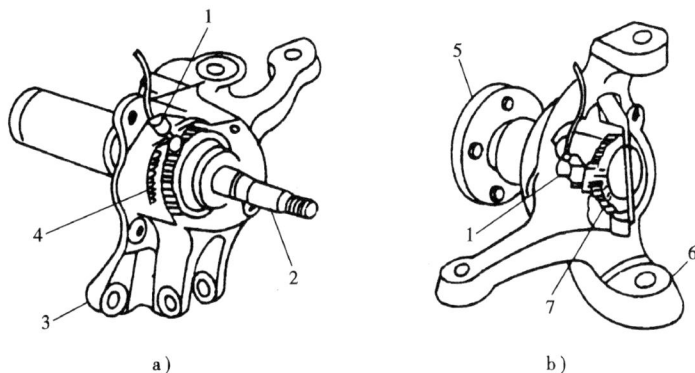

图 11-7　安装在车轮处的转速传感器

a)驱动车轮处;b)非驱动车轮处

1-传感器;2-半轴;3-悬架支座;4-齿圈;5-轮毂;6-转向节;7-传感器齿圈

2）减速度传感器

减速度传感器也被称之为 G 传感器，将汽车制动时的减速度大小转换为相应的电信号。ABS 电子控制器根据 G 传感器所提供的电信号判断路面附着力的高低情况，并进行与路面附着力相适应的制动力控制。装有减速度传感器的 ABS，可使汽车在不同的路面上均有最佳的制动效果。

ABS 中使用的减速度传感器主要有汞式、差动变压器式（详见第八章）。汞式减速度传感器只产生"开"与"关"两种信号，ABS 电子控制器根据汞式减速度传感器的信号可做出低附着系数路面和高附着系数路两种判断结果。

3）制动灯开关

制动灯开关用于向 ABS 电子控制器提供汽车制动信号。当驾驶人踩下制动踏板时，制动灯开关在接通制动灯电路的同时，向 ABS 电子控制器输出一电压信号，电子控制器根据此信号判断汽车处于制动状态，并根据相关传感器输入的信号进行防抱死制动控制。

2. ABS 电子控制器

ABS 电子控制器（ECU）接收各传感器和开关的电信号，通过计算与分析，判断车轮的滑移状况，并向制动压力调节器输出控制信号，及时调节制动力的大小。此外，控制器还具有故障监控报警和故障自诊断等功能。一种适用于四通道的 ABS ECU 的基本组成如图 11-8 所示。

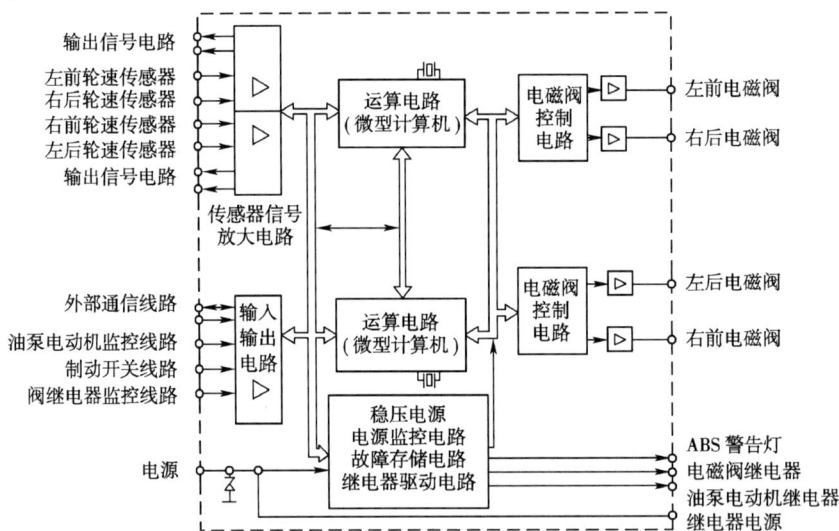

图 11-8　ABS 电子控制器

1）输入电路

输入电路由低通滤波、整形、放大、A/D 转换等电路组成，用于对车轮转速传感器的交流信号进行预处理，并将其转换为数字信号后送入运算电路（CPU）。输入电路同时传送 ECU 对各轮速传感器的监测信号，并将反馈信号送回 CPU。输入电路还接收点火开关、制动开关、液位开关等开关信号和电磁阀继电器、油泵电动机继电器等执行机构电路的反馈信号，经处理后送入 CPU。

2）运算电路

运算电路的作用是按照设定的程序对输入的传感器等信号进行计算、分析和处理，并形成相应的控制指令。运算电路通常由两个微处理器组成，以确保系统工作的可靠性。两个微处理器同时接收输入信号进行运算和处理,并进行交互式通信来比较,如果处理结果不一致,微处理器就立即使 ABS 停止工作,以防止系统因发生故障而导致错误的控制。运算电路在监测到传感器、执行器等外部电路有故障时,也会向安全保护电路输出停止 ABS 工作的指令,使 ABS 立刻停止工作。

3)输出电路

输出电路由电磁阀控制电路、油泵电动机控制电路等组成,其作用是将运算电路的控制指令(如制动压力的增压、保持、减压及油泵的工作、停止等)转换为模拟控制信号,并通过功率放大器向执行器提供控制电流。

4)安全保护电路

安全保护电路由电源控制、故障记忆、继电器控制、ABS 警告灯控制等电路组成,其主要功能有三个:一是对汽车电源电压进行监控,并向 ECU 提供工作所需的 5V 标准电压;二是当 ABS 出现故障时,能根据 CPU 的指令,迅速使 ABS 停止工作,以确保普通制动功能,同时使 ABS 警告灯亮起;三是通过故障记忆电路(存储器)将 ABS 出现的故障以代码的形式储存起来。

3. 制动压力调节器

制动压力调节器的作用是按照 ABS ECU 输出的控制信号动作,准确、迅速地调节制动器制动压力的大小,使车轮处于理想的滑移率状态。

制动压力调节器的种类较多,根据制动系统制动压力传递介质的不同制动压力调节器有气压式和液压式两种。液压式制动压力调节器按调压的方式不同分为循环流通式和变容积式两种;按与制动主缸的结构关系可分为整体式(图 11-9)和分体式(图 11-10)两种。

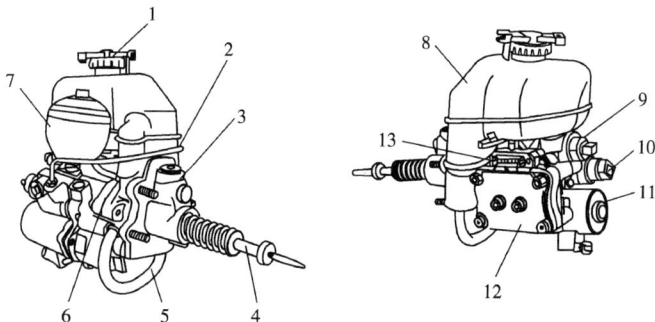

图 11-9　整体式制动压力调节器

1-液位指示开关;2-高压管路;3-助力器;4-推杆;5-低压软管;6-油泵总成;7-储压器;8-储油罐;9-主电控阀;10-压力开关;11-电子泵总成;12-阀体;13-电磁阀

1)循环流动式制动压力调节器

循环流动式制动压力调节器串联在普通制动管路中,其组成部件如图 11-11 所示。

制动压力调节器电磁阀常见的有三位三通和二位二通两种,用于控制连接制动主缸、制动轮缸及储液器三条管路的通断,以实现制动轮缸压力的控制;储液器用于暂时储存制动轮缸压力减小过程流出的制动液;回油泵则是将储液器的制动液泵回制动主缸。

(1)三位三通电磁阀循环流动式制动压力调节原理。采用三位三通电磁阀的循环流动式制动压力调节器的工作原理如图 11-12 所示。三位三通电磁阀有三个工作位置,由不通电、半通电和全通电三种通电状态控制;三个液压通道,分别连接制动主缸、制动轮缸和储液罐。

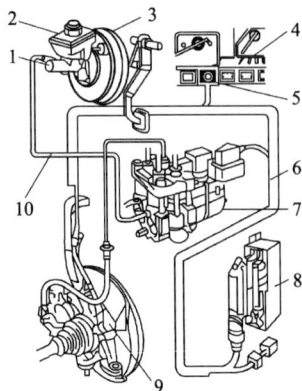

图 11-10 分体式制动压力调节器
1-制动主缸；2-储油罐；3-助力器；4-仪表板；
5-ABS指示灯；6-ABS线束；7-制动压力调节器；
8-ABS控制器；9-车轮转速传感器；10-制动管路

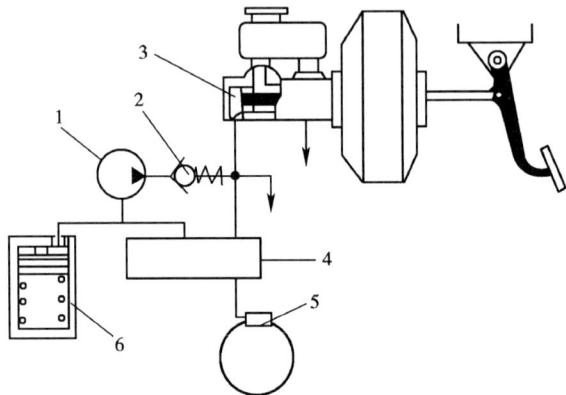

图 11-11 循环流动式制动压力调节器的组成
1-回油泵；2-止回阀；3-制动主缸；4-制动压力调节电磁阀；
5-制动轮缸；6-储液器

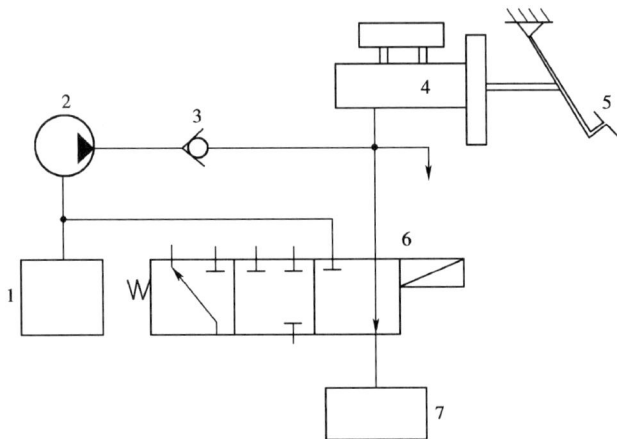

图 11-12 循环流动式制动压力调节器原理(三位三通电磁阀)
1-储液器；2-回油泵；3-止回阀；4-制动主缸；5-制动踏板；6-三位三通电磁阀；7-制动轮缸

三位三通电磁阀制动压力调节过程如下：

普通制动：在减速制动或停车慢速制动时，由于车轮不会被抱死，ABS不介入工作，制动压力调节器电磁阀不通电，电磁阀处于右位，制动主缸与轮缸直通，制动轮缸的压力直接通过制动踏板控制。

减压过程：当需要减小制动压力时，ECU输出减压信号，向电磁阀提供较大的电流，电磁阀处于左位，将连接制动主缸的通道封闭，并将制动轮缸与储液器接通，制动压力降低。此时，电动回油泵工作，将从轮缸流入储液器的制动液泵回制动主缸。

保压过程：当需要保持制动压力时，ECU输出保压信号，向电磁阀提供较小的电流，电磁阀处于中位，电磁阀的三个通道都被封闭，制动轮缸的压力将保持不变。

增压过程：当需要增大制动压力时，ECU输出增压信号，使电磁阀断电，电磁阀回到右位，制动主缸与制动轮缸相通，制动主缸的高压制动液进入轮缸，使其压力增大。

当ABS失效时，使电磁阀处于断电状态，这时，制动主缸与轮缸直通，可保证普通制动器正常起作用。采用三位三通电磁阀的循环流动式制动压力调节器一例如图 11-13 所示。

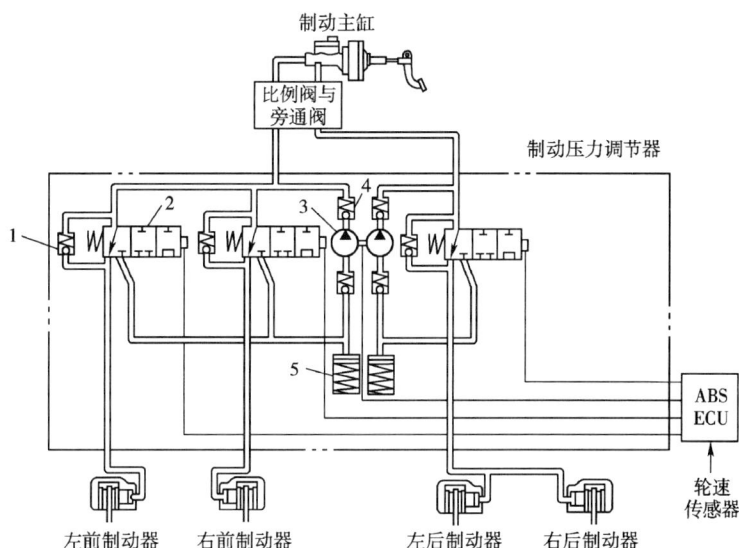

图 11-13　丰田雷克萨斯 LS400 型轿车 ABS 制动压力调节器
1-解除制动止回阀;2-三位三通电磁阀;3-回油泵;4-止回阀;5-储液器

（2）二位二通电磁阀循环流动式制动压力调节原理。采用两个二位二通电磁阀的循环流动式制动压力调节器工作原理如图 11-14 所示。电磁阀只有两个工作位置,两个液压通道。常开电磁阀不通电时将制动主缸与轮缸接通,常闭电磁阀通电时则将制动轮缸与回油管路接通。

采用两个二位二通电磁阀的循环流动式制动压力调节器工作过程如下。

普通制动:在减速制动或停车慢速制动时,ABS 不工作,两电磁阀均不通电。此时,制动主缸通过常开电磁阀制动轮缸相通,常闭电磁阀则将通储液器通道关闭,制动轮缸的压力直接通过制动踏板控制。

减压过程:当需要减小制动压力时,ECU 输出减压控制信号,使两电磁阀均通电。常开电磁阀通电后关闭,断开了连接制动主缸的通道;常闭电磁阀通电后打开,使制动轮缸与储液器相通。于是,制动压力降低。此时,电动回油泵工作,将从轮缸流入储液器的制动液泵回制动主缸。

保压过程:当需要保持制动压力时,ECU 输出保压信号,只使常开电磁阀通电。常开电磁阀通电后关闭,常闭电磁阀不通电也处于关闭状态,此时,制动轮缸与制动主缸和储液器通道均被封闭,使制动轮缸的压力保持不变。

增压过程:当需要增大制动压力时,ECU 输出增压信号,使两电磁阀均处于断电状态。这时,制动轮缸只与制动主缸相通,制动主缸的高压制动液进入轮缸,使其压力增大。

当 ABS 失效时,使两电磁阀均处于断电状态,制动主缸与轮缸直通,可保证普通制动器正常起作用。采用二位二通电磁阀的循环流动式制动压力调节器一例如图 11-15 所示。

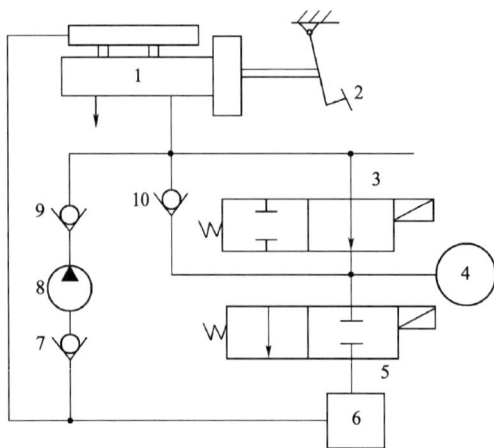

图 11-14 循环流动式制动压力调节器原理(二位二通电磁阀)
1-制动主缸;2-制动踏板;3-常开电磁阀;4-制动轮缸;5-常闭电磁阀;6-储液器;7、9、10-止回阀;8-回油泵

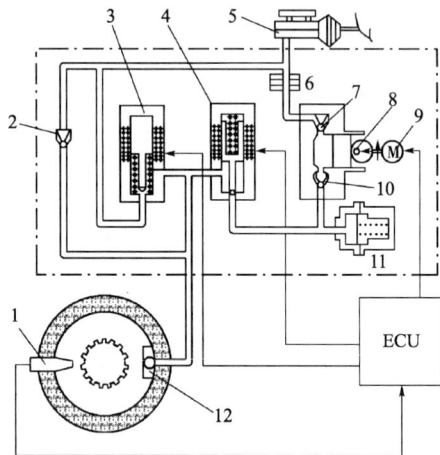

图 11-15 富康系列轿车 ABS 制动压力调节器
1-车轮转速传感器;2-解除制动止回阀;3-常开电磁阀;4-常闭电磁阀;5-制动主缸 6-缓冲器;7、10-回油泵排出与吸入止回阀;8-回油泵;9-电动机;11-储液器;12-制动轮缸

2)变容积式制动压力调节器

变容积式制动压力调节器通过调节制动轮缸的等效容积来调节制动压力,其基本组成如图 11-16 所示。

当止回阀关闭时,制动主缸与制动轮缸之间的液压通路被隔断,动力活塞左腔容积则构成了制动轮缸的等效容积。此时,动力活塞的移动便可改变轮缸制动压力。动力活塞由控制油腔的控制油压来控制其移动,蓄压器及电动油泵所组成的液压装置是控制油压的高端液压源。电磁阀执行 ECU 的指令,用于改变控制油压。

(1)三位三通电磁阀变容积式制动压力调节原理。三位三通电磁阀变容积式制动压力调节器其制动压力调节过程如下:

①普通制动:电磁阀不通电,电磁阀柱塞保持在左位,使动力活塞控制油腔与储液器相通,动力活塞在其弹簧力的作用下保持在最左的位置,活塞左端的顶杆顶开止回阀,使制动主缸与制动轮缸直接连通,此时,制动压力直接由制动踏板力控制。

②减压过程:ECU 输出减压控制信号时,向电磁阀提供较大电流,使电磁阀柱塞处于右位(图 11-17)。这时,动力活塞控制油腔与蓄压器连接,其压力增大,使动力活塞向右移动,止回阀关闭,使制动主缸与制动轮缸断开。止回阀关闭后,动力活塞的继续右移使其左腔容积增大,制动轮缸的制动压力降低。

③保压过程:当 ECU 输出保压信号时,向电磁阀提供较小的电流,电磁阀柱塞处于中位,如图 11-18 所示。这时,电磁阀的三个通道都被封闭,动力活塞控制油腔的控制液压保持不变,动力活塞因两端的受力保持平衡而静止不动,使制动轮缸的压力保持不变。

④增压过程:当 ECU 输出增压信号时,电磁阀断电,电磁阀柱塞回到左位,如图 11-19 所示。这时,由于动力活塞控制油腔又与储液器相通,控制油压下降,动力活塞在其弹簧力的作用下向左移动,使动力活塞左腔容积减小,制动轮缸压力增大。当动力活塞移动到最左位时,活塞左端的顶杆顶开止回阀,制动主缸又与制动轮缸相通,使轮缸的压力进一步增大。

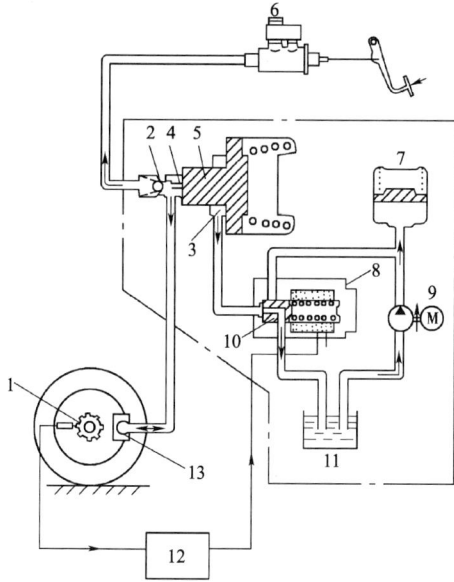

图 11-16　变容积式制动压力调节器(三位三通电磁阀)
1-轮速传感器;2-止回阀;3-动力活塞控制油腔;4-动力
活塞左腔;5-动力活塞;6-制动主缸;7-蓄压器;8-三位
三通电磁阀;9-电动油泵;10-柱塞;11-储液器;
12-ECU;13-制动轮缸

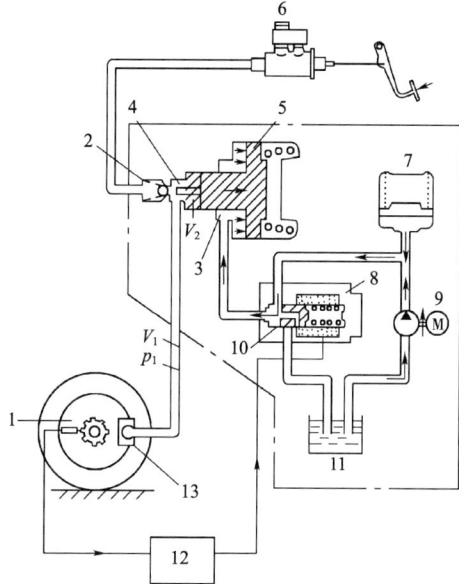

图 11-17　变容积式制动压力调节器减压过程
1-轮速传感器;2-止回阀;3-动力活塞控制油腔;
4-动力活塞左腔;5-动力活塞;6-制动主缸;7-蓄
压器;8-三位三通电磁阀;9-电动油泵;10-柱塞;
11-储液器;12-ECU;13-制动轮缸

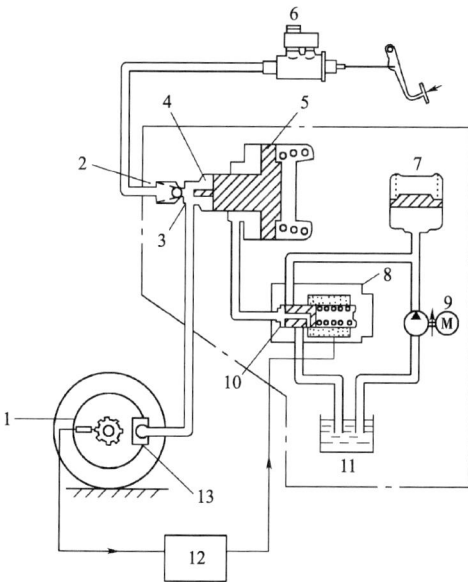

图 11-18　变容积式制动压力调节器保压过程
1-轮速传感器;2-止回阀;3-动力活塞控制油腔;
4-动力活塞左腔;5-动力活塞;6-制动主缸;7-蓄压
器;8-三位三通电磁阀;9-电动油泵;10-柱塞;11-储
液器;12-ECU;13-制动轮缸

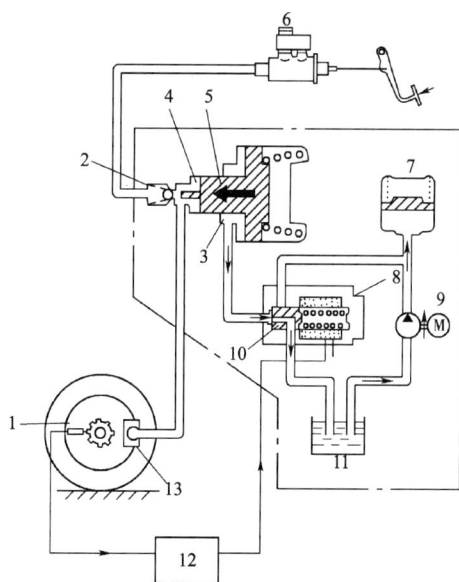

图 11-19　变容积式制动压力调节器增压过程
1-轮速传感器;2-止回阀;3-动力活塞控制油腔;
4-动力活塞左腔;5-动力活塞;6-制动主缸;7-蓄
压器;8-三位三通电磁阀;9-电动油泵;10-柱塞;
11-储液器;12-ECU;13-制动轮缸

（2）二位二通电磁阀变容积式制动压力调节原理。二位二通电磁阀变容积式制动压力调节器，采用两个二位二通电磁阀来调节控制油压，实现变容积式制动压力调节的制动压力调节器原理，如图11-20所示。

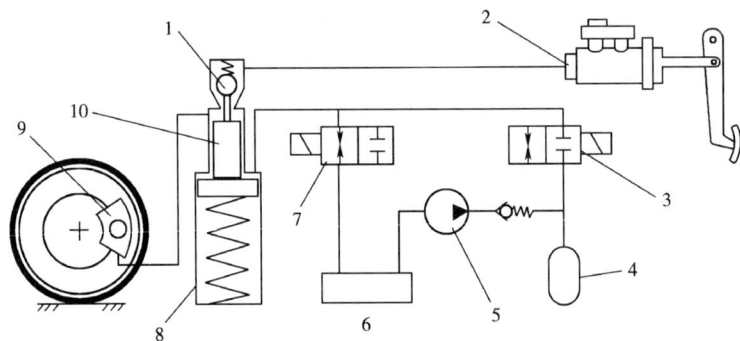

图11-20　变容积式制动压力调节器（二位二通电磁阀）

1-止回阀;2-制动主缸;3-常闭电磁阀;4-蓄压器;5-液压泵;6-储液器;7-常开电磁阀;8-调压缸;9-制动轮缸;10-动力活塞

①普通制动：在减速制动或停车慢速制动时，ABS不工作，两电磁阀均不通电。此时，常开电磁阀使动力活塞控制油腔与储液器连通，动力活塞在弹簧力作用下保持在最高位，活塞顶杆顶开止回阀，使制动主缸与制动轮缸直接连通。此时制动压力直接由制动踏板力控制。

②减压过程：ECU输出减压控制信号时，两电磁阀均通电，使常开电磁阀关闭，常闭电磁阀打开。这时，动力活塞控制油腔与蓄压器连接，其压力增大，推动动力活塞向下移动。止回阀关闭后，制动主缸与制动轮缸断开，动力活塞的继续下移就使轮缸等效容积增大，制动轮缸的制动压力降低。

③保压过程：ECU输出减压控制信号时，只使常开电磁阀通电。常开电磁阀通电后关闭，常闭电磁阀不通电也关闭，此时，动力活塞控制油腔的控制液压保持不变，动力活塞不移动，因而制动轮缸的压力将保持不变。

④增压过程：ECU输出减压控制信号时，使两电磁阀均处于断电状态。动力活塞控制油腔又与储液器相通，控制油压下降，动力活塞在其弹簧力的作用下向上移动，使轮缸的等效容积减小，制动压力增大。当动力活塞上移到某位置时，活塞顶杆顶开止回阀，制动主缸与制动轮缸相通，制动主缸的高压制动液进入制动轮缸，使制动轮缸的压力进一步增大。

3）特殊形式的制动压力调节器

通常变容积式制动压力调节器有蓄压器，循环流动式制动压力调节器则无蓄压器，但也有例外。

有的变容积式制动压力调节器没有提供高端控制液压的蓄压器，而是用汽车上其他液压系统作为制动压力调节器控制油压的液压源。比如，较早的日本皇冠轿车，其ABS利用动力转向液压泵所产生的液压来推动制动压力调节器内的动力活塞。

有的循环流动式制动压力调节器却设有蓄压器（图11-21），通过电动液压泵的工作使蓄压器保持较高的液压，用于对制动轮缸的增压控制。当需要增大制动轮缸压力时，二位三通的主电磁阀通电，使蓄压器与制动轮缸相通，蓄压器高压液流通过主电磁阀、制动主缸、常开二位二通电磁阀到制动轮缸，使轮缸制动压力增大。这种蓄压器还可取代真空助力装置，起制动助力作用。戴维斯（Teves）MKⅡ ABS就是采用了这种结构形式。

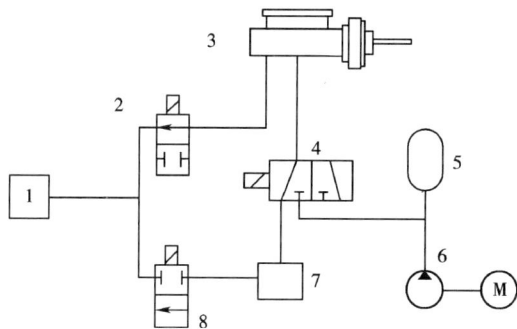

图 11-21　蓄压器增压调节方式

1-制动轮缸;2-常开电磁阀;3-制动主缸;4-主电磁阀;5-蓄压器;6-电动液压泵;7-储液器;8-常闭电磁阀

4) 液压与液位开关

ABS 液压系统设有液压和液位开关,用于液压控制和警告、液位指示与报警等。

压力控制开关(PCS):此开关设在蓄压器与电动液压泵组件中,在蓄压器下腔的液压作用下动作。当蓄压器的制动液压下降到一定值时,PCS 触点闭合,将电动泵继电器线圈电路接通,使电动液压泵工作,以提高蓄压器制动液压。

压力警告开关(PWS):也是在蓄压器下腔液压的作用下动作。压力警告开关用于监视蓄压器的制动液压,当制动液压降到设定值以下时,其触点闭合,接通红色制动警告灯,随后黄色的 ABS 灯也会亮起,ABS 电子控制器将中止 ABS 起动作用。

液位指示开关(FLI):用于监视储液箱内的制动液液面,通常有两个触点,当制动液液面下降到最低限时,其动合触点闭合,接通红色制动警告灯电路,使红色制动警告灯亮起,以警告驾驶人必须停车检查制动系统;动断触点打开,断开了 ABS 电子控制器的电源电路,使黄色的 ABS 灯亮起,同时使 ABS 停止起作用。

4. ABS 电子控制系统电路

各种类型的 ABS,其控制电路中都设置了若干个继电器,起相应的自动控制和保护作用,具体的电子元器件的配置和电路的具体布置各有不同。

1) 博世(Bosch)ABS2 系统电路

博世(Bosch)ABS2 为三通道四传感器式 ABS,采用循环流动式制动压力调节器,3 个制动压力调节通道用 3 个三位三通电磁阀进行制动压力控制,其电子控制系统电路如图 11-22 所示。

博世(Bosch)ABS2 的控制电路中设置了一个横向加速度开关,用于检测汽车横向加速度,当汽车急转弯而使汽车的横向加速度超过限定值时,开关的触点在其自身惯性力的作用下打开,ABS ECU 根据此信号对制动防抱死做出适当的修正。

2) 戴维斯(Teves)MK Ⅱ ABS 电路

戴维斯(Teves)MK Ⅱ ABS 也是三通道四传感器式,其制动压力调节器也是循环流动式,但每个制动压力调节通道使用了两个二位二通电磁阀进行制动压力控制,因此,三通道的制动压力调节器有 6 个电磁阀。戴维斯(Teves)MK Ⅱ ABS 系统电路如图 11-23 所示。

戴维斯(Teves)MK Ⅱ ABS 的控制电路中的电动泵为高液压泵,用于保持蓄压器正常的液压,由蓄压器压力开关控制。该蓄压器具有较高的液压,是 ABS 增压控制和制动助力的液压源。

接蓄电池

接点火开关

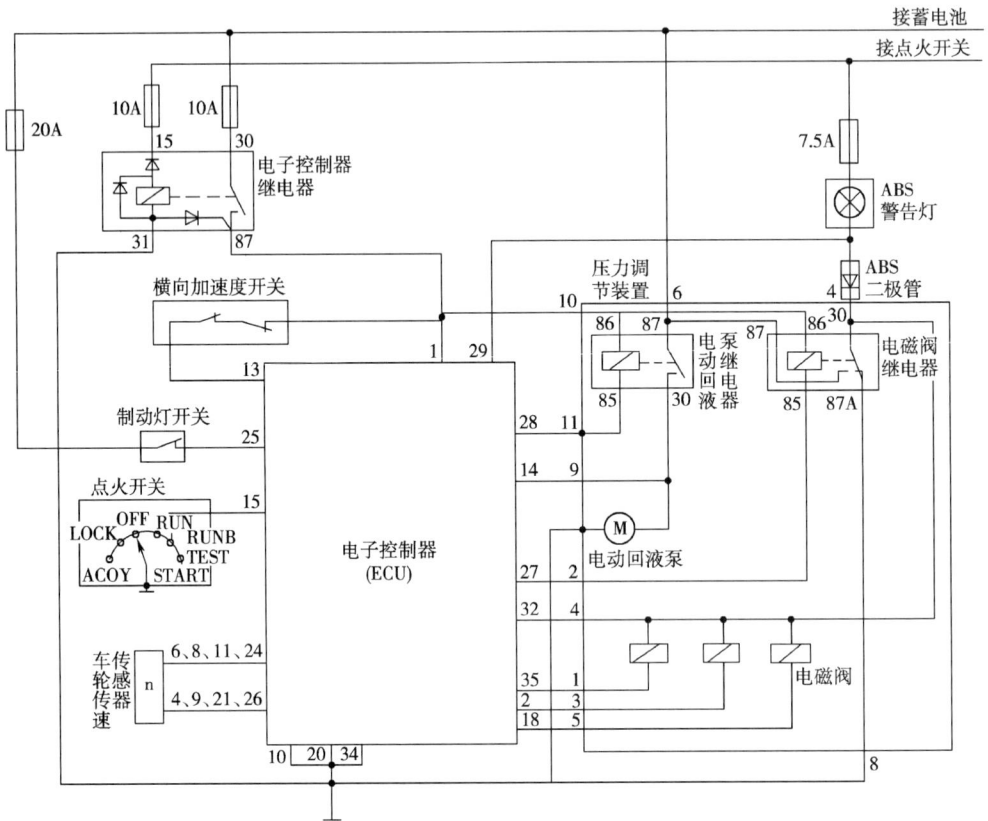

图 11-22　博世（Bosch）ABS2 系统电路

接蓄电池

接点火开关

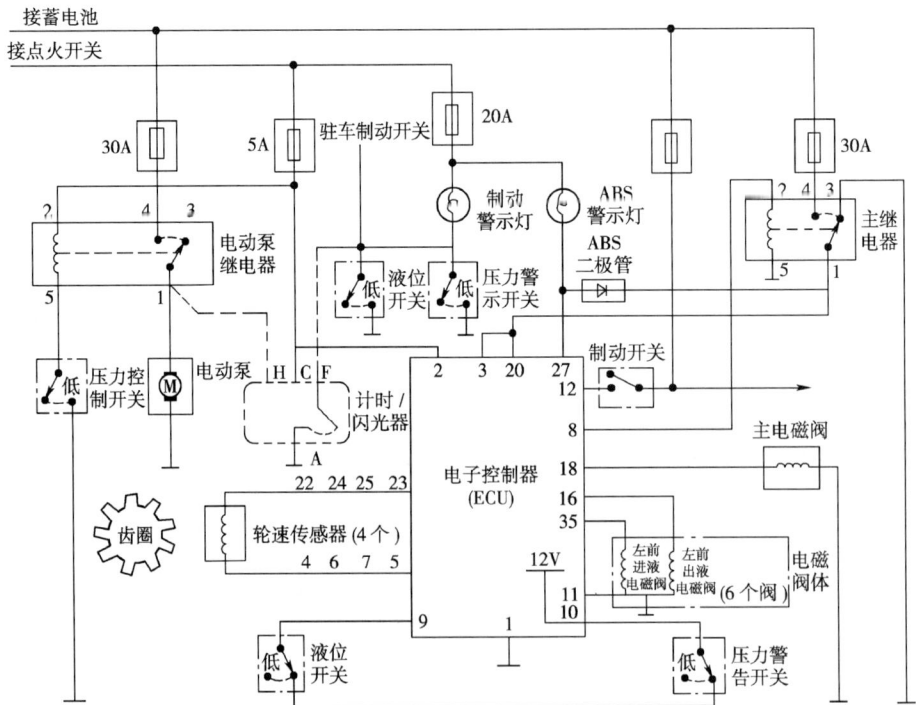

图 11-23　戴维斯（Teves）MK Ⅱ ABS 电路

三、电子控制防抱死制动系统的控制原理

1. 电子控制防抱死制动系统的基本控制原理

电子控制防抱死制动系统的基本原理如图 11-24 所示。ABS 电子控制器根据相关传感器的电信号对制动车轮的滑移情况进行计算与判断后,输出控制信号,通过其执行机构(制动压力调节器)控制车轮制动器的制动力,以使车轮不被抱死。

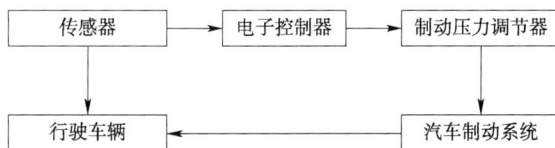

```
┌─────────┐     ┌───────────┐     ┌─────────────┐
│  传感器  │ ──→ │  电子控制器 │ ──→ │ 制动压力调节器 │
└─────────┘     └───────────┘     └─────────────┘
     │                                    │
     ↓                                    ↓
┌─────────┐                        ┌─────────────┐
│  行驶车辆 │ ←───────────────────── │  汽车制动系统  │
└─────────┘                        └─────────────┘
```

图 11-24 电子控制防抱死制动系统基本原理

2. 电子控制防抱死制动的控制方式

在各种路况下,ABS 的防抱死控制应确保汽车能获得尽可能大的纵向制动力和防侧滑力,并使车轮的制动力矩变化幅度尽可能小。采用逻辑门限值控制方法、最优化控制方法及滑动模态变结构控制方法等均可使 ABS 达到理想控制效果,目前大量采用的是逻辑门限值控制方法。逻辑门限值控制方法有以车轮滑移率、车轮角加速度、滑移率与角加速度结合等为控制参数。

1)以车轮滑移率为控制参数

ABS 电子控制器根据车速传感器和车轮转速传感器信号计算车轮的滑移率 S,以 S 作为控制制动力大小的依据。当计算得到的滑移率 S 超出设定值时,ABS 电子控制器就输出减小制动力信号,通过制动压力调节器减小制动压力;当滑移率 S 低于设定值时,ABS 电子控制器输出增大制动力信号,制动压力调节器又使制动压力增大。通过这样不断地调整制动压力,使制动车轮不被抱死,并将车轮的滑移率控制在设定的最佳范围内。

2)以车轮的角减速度、角加速度为控制参数

ABS 电子控制器主要根据车轮转速传感器信号计算车轮的角减速度、角加速度,作为控制制动力的依据。在电子控制器中的控制程序中,事先设定了一个角减速度门限值,作为车轮已被抱死的判断值;另一个角加速度门限值,作为制动力过小而使车轮转速过高的判断值。制动时,当车轮角减速度达到角减速度门限值时,控制器输出减小制动力信号;当车轮转速升高至角加速度门限值时,控制器则输出增加制动力信号。如此不断地调整制动压力,使车轮不被抱死,处于边滚边滑的状态。

3)以车轮的角减速度和滑移率为控制参数

单纯用一种控制参数存在局限性。仅以车轮的角减速度、角加速度为门限值,汽车在不同路况下行驶过程中紧急制动,车轮达到设定的角速度门限值时,车轮的实际滑移率差别很大,这会使得一些路面的制动控制达不到好的效果;仅以车轮的滑移率为门限值进行控制,由于路况的不同,最佳滑移率的变化范围较大(8% ~ 30%),因此,就不可能在各种路况下都能获得最佳的制动效果。将两种门限参数结合在一起,可使系统能辨识路况,提高系统的自适应控制能力。

3. 电子控制防抱死系统的控制过程

目前的 ABS 大都采用车轮角减速度、角加速度和滑移率为控制参数的门限控制方式,一

般以设定的车轮角减速度和角加速参数为主要控制门限,以滑移率参数为辅助控制门限值。通常以车轮转速信号和设定一个车辆制动减速度值来计算得到参考滑移率,而门限减速度、门限加速度及车辆制动减速度值均通过试验确定,因此,不同车型,不同类型的 ABS 一般不具有通用性。现以典型的博世(Bosch)公司的 ABS 为例,说明 ABS 电子控制系统的控制原理。

1) 高附着系数路面的制动控制过程

ABS 在高附着系数路面的制动控制过程,如图 11-25 所示。

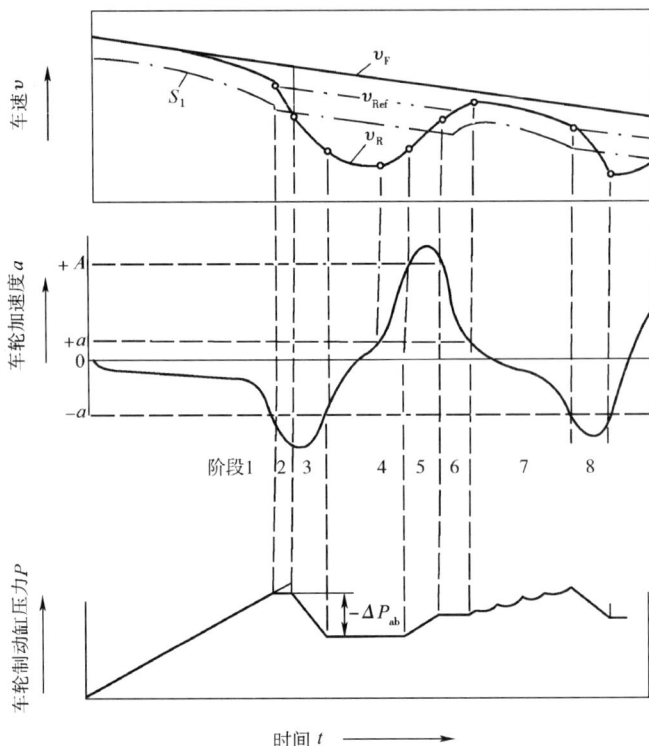

图 11-25　高附着系数路面的制动防抱死控制过程

v_F-实际车速;v_{Ref}-参考车速;v_R-车轮速度

第 1 阶段:为制动初始阶段,制动压力上升。此阶段车轮速度 v_R 随制动压力的增大而下降,车轮的减速度增大。当车轮减速度达到门限值 $-a$ 时,制动压力将停止增大。

第 2 阶段:车轮减速度达到了门限值 $-a$,但计算得到的参考滑移率还未达门限值 S_1,因此,控制系统使制动压力进入保持阶段,以使车轮充分制动。

第 3 阶段:当参考滑移率大于门限值 S_1 时,控制系统使制动压力进入减小阶段。随着制动压力的减小,车轮在惯性力的作用下开始加速。

第 4 阶段:当车轮的减速度减小至门限值 $-a$ 时,控制系统使制动压力进入保持阶段。此阶段由于汽车惯性的作用,车轮仍然在加速。当车轮加速度达到加速门限值 $+a$ 时,仍然保持制动压力,直到车轮加速度超过第二门限值 $+A$ 为止。

第 5 阶段:第二门限值 $+A$ 为适应附着系数突然增大而设,当车轮的加速度超过第二门限值 $+A$ 时,控制系统再使制动压力增大,以适应附着系数的增大。此时,随着制动压力的增大,车轮加速度会下降。

第 6 阶段:当车轮加速度又低于 $+A$ 时,控制系统又使制动压力进入保持阶段,直到车轮加速度又回落至 $+a$ 以下。

第 7 阶段:车轮的加速度在 $+a$ 以下时,对制动压力的控制为增压、保持的快速转换,以使车轮滑移率在理想滑移率附近波动。此阶段制动压力有较小的阶梯升高,车轮加速度继续回落。

第 8 阶段:当车轮减速度再次超过 $-a$ 时,又开始进入制动压力减小阶段,此时制动压力降低不再考虑参考滑移率门限值,进入下一个控制循环过程。

2)低附着系数路面的控制过程

汽车在低附着系数路面行驶中制动时,较低制动压力就可能使车轮抱死,且需要更长的时间加速才能走出高滑移率区。因此,低附着系数路面的防抱死控制与高附着系数路面的有所不同,其控制过程如图 11-26 所示。

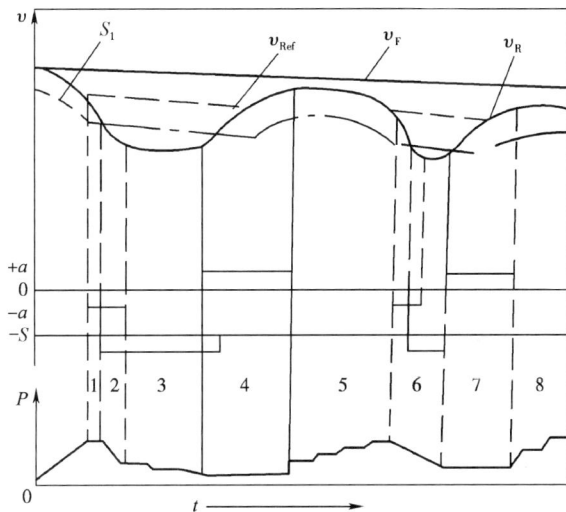

图 11-26　低附着系数路面的制动防抱死控制过程

低附着系数路面的防抱死控制的第 1、第 2 阶段与高附着系数路面控制过程的第 2、第 3阶段相似。当进入制动压力保持阶段的第 3 阶段后,由于附着系数小,车轮的加速很慢,在设定的制动压力保持时限内车轮加速度未能达到门限值 $+a$,ECU 由此判定车轮处于低附着系数路面,并以较小的减压率使制动压力降低,直到车轮加速度超过 $+a$。此后,系统又进入制动压力保持的第 4 阶段。当车轮加速度又低于 $+a$ 时,系统以较低的阶梯升压率增大制动压力的第 5 阶段,直到车轮的减速度又低于门限值 $-a$,进入下一个防抱死控制循环。由于在第一个循环中车轮处于较大滑移率的时间较长,ECU 根据此状态信息,在下一个循环中,采用持续减压的方式使车轮加速度升至 $+a$(第 6 阶段)。这样可缩短车轮在高滑移率状态的时间,使车辆的操纵性和稳定性得以提高。

3)制动中路况突变的防抱死控制过程

在制动过程中会有从高附着系数路面进入低附着系数路面的情况,比如在沥青或混凝土路面制动中驶入结冰路面。这种由高附着系数路面突变到低附着系数路面的制动防抱死控制过程,如图 11-27 所示。

如果在上一个防抱死控制循环结束、下一个循环刚刚开始时车轮突然从高附着系数路面进入低附着系数路面,这时因制动压力调节器还保持在与高附着系数路面相适应的较高压力,可能会出现车轮的参考滑移率超过高门限值 S_2。因此,在车轮的角减速从低于 $-a$ 到高于 $-a$ 变化过程中,还需要对车轮的参考滑移率是否超过 S_2 进行判断。如果参考滑移率超过 S_2,说明车轮处于滑移率过大状态,系统将不进行制动压力保持,继续减小制动压力,直至车轮的加速度高于门限值 $+a$(第 3 阶段)。此后,系统再进入制动压力保持阶段的第 4 阶段,直到车轮的角加速度又低于门限值 $+a$。然后再以较低的阶梯升压率增大制动压力(第 5 阶段),直到车轮的角减速度再次低于门限值 $-a$,进入下一个防抱死控制循环。

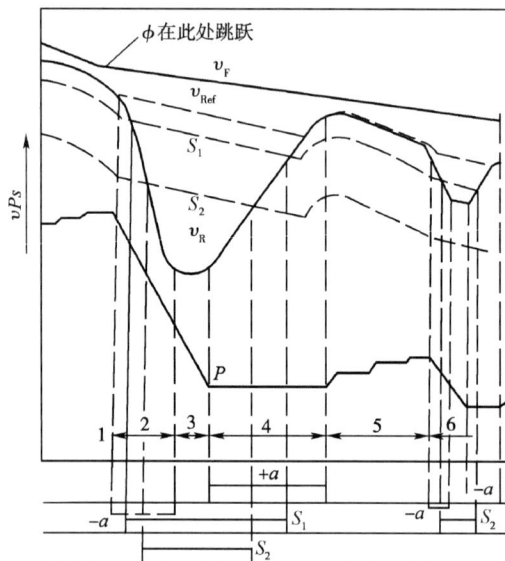

图 11-27　路面附着系数由高向低突变的制动防抱死控制过程

在低附着系数路面、车速低于 20km/h 的情况下,由于车轮角减速度较小,通常以滑移率门限作为主要控制门限,而以车轮的角减速度和角加速度作为辅助控制门限。

第三节　电子控制驱动防滑系统

一、电子控制驱动防滑系统的控制途径

电子控制驱动防滑系统通过控制发动机输出功率、对滑转车轮施以制动、对差速锁进行控制等方式防止驱动车轮滑转。

1. 控制发动机输出功率

如果在汽车起步、加速时加速踏板踩得过猛,就会因为驱动力过大而出现两边的驱动车轮都滑转的情况,这时,ASR 控制器输出控制信号,控制发动机的功率输出,以抑制驱动车轮的滑转。控制发动机功率的方法有:改变节气门开度、调节喷油器喷油量和改变点火时间等。

2. 控制驱动轮制动力

当驱动车轮单边滑转时,控制器输出控制信号,对滑转车轮施以制动力,使车轮的滑转率控制在目标范围之内。这样,就可使非滑转车轮仍有正常的驱动力,从而提高了汽车在滑溜路面的起步和加速能力、行驶稳定性及转向操纵能力。这种控制方式可起到与差速锁相似的作用,在一边驱动车轮陷于泥坑部分或完全失去驱动能力时,对其制动后,另一边的驱动车轮仍能保持其驱动力,使汽车能驶离泥坑。当两边的驱动车轮都滑转,但滑转率不同的情况下,则对两边驱动车轮施以不同的制动力。

3. 发动机输出功率与驱动轮制动综合控制

为了达到最理想的控制效果,采用发动机输出功率控制与驱动轮制动控制相结合的控制系统。汽车在行驶过程中,路面滑溜的情况千差万别,驱动力的状态也是不断变化,综合控制系统则是根据发动机的状况和车轮滑转的实际情况采取相应的控制。比如,在发动机驱动力较小的状态下出现车轮滑转的主要原因可能是由于路面滑溜,这时,采用对滑转车轮施以制动的方法就比较有效。而在发动机输出功率大(节气门开度大、转速高)时出现车轮滑转,则主要通过减小发动机输出功率的方法来控制车轮的滑转。有时候,车轮滑转的情况更为复杂,需要通过对驱动车轮制动和减小发动机驱动力的共同作用来控制车轮的滑转。

4. 防滑差速器锁止控制

这种电子控制的差速器可以在不锁止到完全锁止(0～100%)的范围内,通过对锁止离合器施加不同的液压来进行控制。当一边的驱动轮出现滑转或两边的驱动车轮有不同程度的滑转时,控制器输出控制信号,通过液压控制装置调节差速器的锁止程度,以提高汽车的驱动力和行驶稳定性。

在现代汽车上,通常采用发动机输出功率与驱动轮制动综合控制的途径来获得最佳的驱动防滑转效果,而防滑差速器锁止控制则很少应用。

二、电子控制驱动防滑系统组成

具有发动机输出功率控制和驱动轮制动控制功能的电子控制驱动防滑系统的组成,如图 11-28 所示。

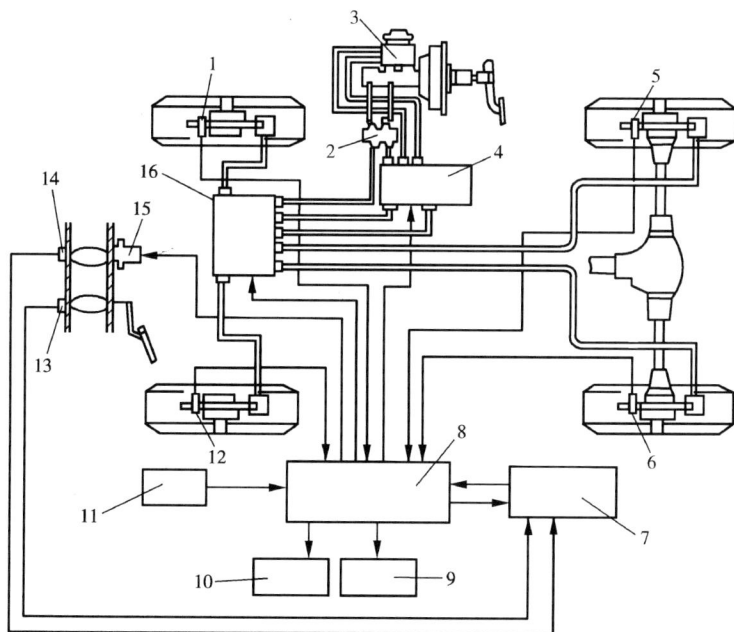

图 11-28　典型 ASR 的基本组成

1-右前车轮转速传感器;2-比例阀和差压阀;3-制动主缸;4-ASR 制动压力调节器;5-右后车轮转速传感器;6-左后车轮转速传感器;7-发动机电子控制器;8-ABS/ASR 电子控制器;9-ASR 关闭指示灯;10-ASR 工作指示灯;11-ASR 选择开关;12-左前车轮转速传感器;13-主节气门位置传感器;14-副节气门位置传感器;15-副节气门驱动步进电动机;16-ABS 制动压力调节器

1. 电子控制驱动防滑系统传感器

1）车轮转速传感器

车轮转速传感器是电子控制驱动防滑系统（ASR）最主要的传感器，ASR控制器根据各驱动轮和非驱动轮转速传感器的电信号计算每个驱动车轮的滑转率。ASR与ABS共用车轮转速传感器。

2）节气门位置传感器

节气门位置传感器用于向ASR控制器提供主、副节气门的开度信息，ASR控制器参考主、副节气门位置传感器的电信号进行最佳的驱动轮防滑转控制。ASR与发动机电子控制系统共用节气门位置传感器，或由发动机电子控制器提供节气门开度相关的信息。

3）ASR选择开关

ASR选择开关用于关闭ASR功能，在需要时可使ASR不起作用。比如，在需要将汽车驱动车轮悬空转动来检查汽车传动系统或其他系统故障时，ASR就可能对驱动车轮施以制动，影响故障的检查。这时，就需要通过ASR选择开关来中止ASR的工作。

2. 电子控制驱动防滑系统控制器

ASR控制器是驱动防滑控制的核心，由微处理器、输入电路、输出电路及电源等组成，典型的ASR控制器的组成，如图11-29所示。

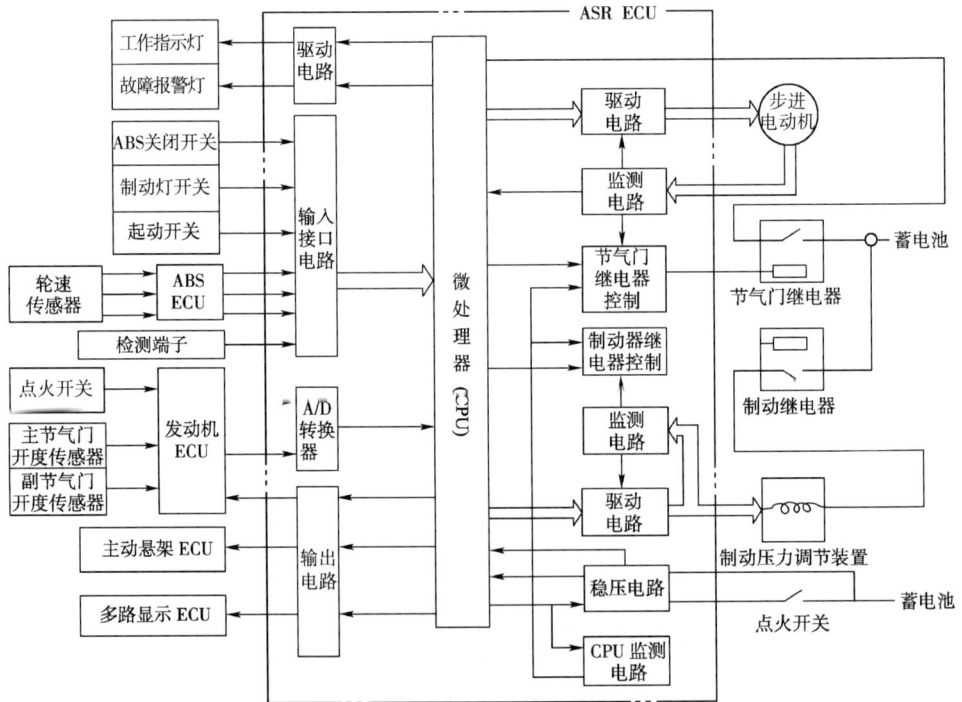

图11-29 典型的ASR控制器的组成

一些ASR控制器从ABS电子控制器、发动机电子控制器得到各车轮转速、节气门开度等信息，这样可省去传感器信号处理电路，减少了电子器件的应用数量，使结构紧凑。有的汽车则是将ASR和ABS两个控制系统组合成一个ECU。

3. 电子控制驱动防滑系统执行器

ASR的执行器是驱动车轮制动压力调节器和副节气门驱动装置，用于对滑转车轮施以适当的制动和控制发动机的输出功率。

1）ASR 制动压力调节器

ASR 制动压力调节器执行 ASR 控制器的指令，对滑转车轮施加的制动力进行控制，以使滑转车轮的滑转率在目标范围之内。与 ABS 制动压力调节器一样，ASR 制动压力调节器也有循环流动式和变容积式两种。从其结构形式分，有单独的 ASR 制动压力调节器和与 ABS 制动压力调节器一体式两种。

（1）单独方式的 ASR 制动压力调节器。ASR 制动压力调节器与 ABS 制动压力调节器为两个独立的装置，通过液压管路互相连接。一种采用三位三通电磁阀、变容积式 ASR 制动压力调节器的组成及工作原理如图 11-30 所示。

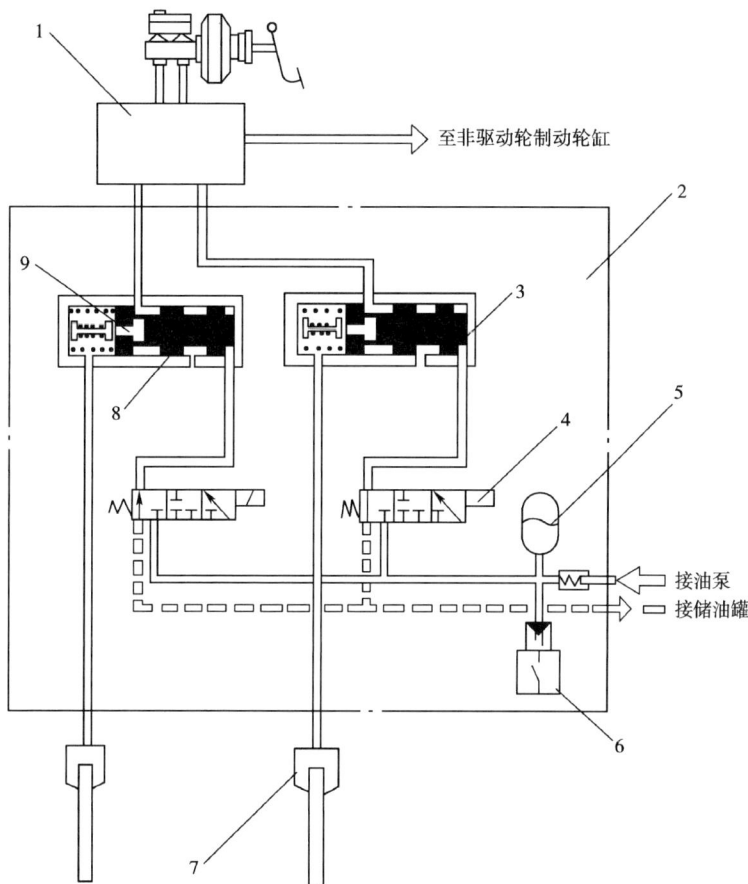

图 11-30　变容积式 ASR 制动压力调节器

1-ABS 制动压力调节器;2-ASR 制动压力调节器;3-调压缸;4-三位三通电磁阀;5-蓄压器;6-压力开关;7-驱动车轮制动器;8-调压缸活塞;9-活塞通液孔

在 ASR 不起作用时，电磁阀不通电，阀在左位，使调压缸的右腔与储液器相通而压力低，调压缸活塞被复位弹簧推至调压缸的右端。这时，调压缸活塞左端中央的通液孔将 ABS 制动压力调节器与车轮制动轮缸连通，使 ABS 制动压力调节器在汽车制动时可对制动车轮进行防抱死控制。

当驱动车轮出现滑转而需要对驱动车轮实施制动时，ASR 控制器输出驱动轮制动信号，使电磁阀通电而移至右位。这时，调压缸右腔与蓄压器接通，其压力升高，推动调压缸的活塞左移，ABS 制动压力调节器与制动轮缸的通道被封闭，调压缸左腔的压力随活塞的左移而增大,驱动车轮制动轮缸的制动压力上升。当需要保持驱动车轮的制动压力时,ASR控制器使电磁阀半通电,阀处于中位,使调压缸与储液器和蓄压器都隔断,于是,调压缸活塞保持原位不动,使驱动车轮制动轮缸的制动压力不变。当需要减小驱动车轮的制动压力时,控制器使电磁阀断电,阀在其复位弹簧力的作用下回到左位,使调压缸右腔与蓄压器隔断而与储液器接通。于是,调压缸右腔压力下降,其活塞右移,使驱动车轮制动轮缸的制动压力下降。

在驱动车轮出现滑转时,ASR ECU 通过对电磁阀的通电、半通电和断电控制,实现对驱动车轮制动和制动力大小的控制,将车轮的滑转率控制在目标范围之内。

此种 ASR 制动压力调节器应用一例如图 11-31 所示。该例 ABS 制动压力调节器为循环流动式,也是采用了三位三通电磁阀。

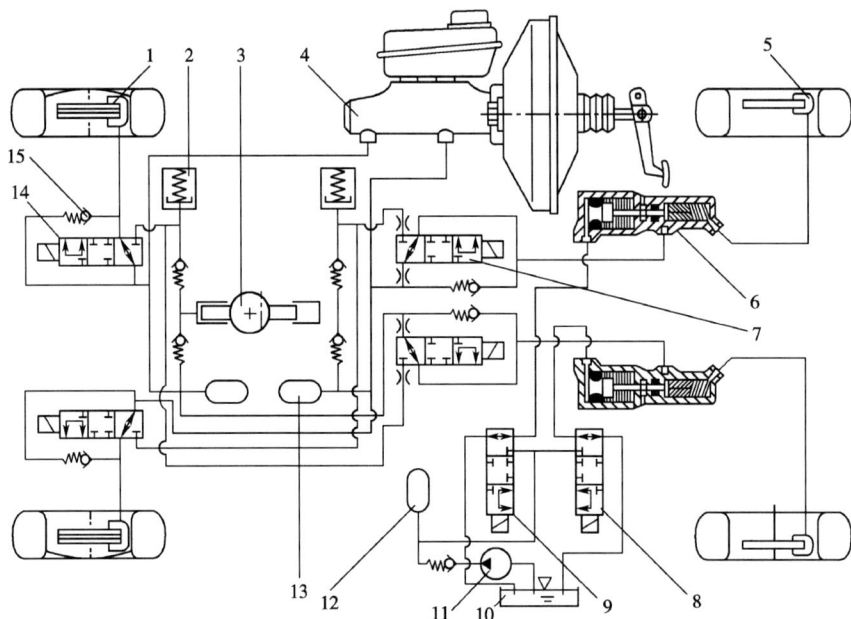

图 11-31　宝马(BMW)轿车的 Bosch ASC + T 制动压力调节系统

1-非驱动轮制动器;2-储液器;3-回油泵;4-制动主缸;5-驱动轮制动器;6-驱动轮调压缸;7-驱动轮 ABS 调压电磁阀;8、9-驱动轮 ASR 调压电磁阀;10-储液罐;11-液压泵;12-ASR 蓄压器;13-ABS 缓冲器;14-非驱动轮 ABS 调压电磁阀;15-止回阀

（2）组合方式的 ASR 制动压力调节器。ASR 制动压力调节器与 ABS 制动压力调节器为一整体。采用三位三通电磁阀、循环流动式 ASR/ABS 制动压力调节器原理如图 11-32 所示。

在 ASR 不起作用时,ASR 电磁阀不通电而处于左位,制动主缸与两压力调节电磁阀接通。这时,如果汽车制动出现车轮抱死情况,ABS 电子控制器可通过控制压力调节电磁阀 I 和压力调节电磁阀 II 对两驱动轮进行制动压力调节,以实现防抱死制动控制。

当驱动车轮出现滑转而需要 ASR 起作用时,ASR 电子控制器使 ASR 电磁阀通电而移至右位,将蓄压器与两压力调节电磁阀接通。这时,ASR 电子控制器可通过压力调节电磁阀 I 和压力调节电磁阀 II 分别对两驱动轮进行制动压力调节,以实现驱动轮防滑转制动控制。

如果需要对左右驱动车轮的制动压力实施不同的控制,ASR 电子控制器只需分别对压力调节电磁阀 I 和压力调节电磁阀 II 输出不同的控制信号即可。

ASR 与 ABS 组合在一起的循环流动式制动压力调节器应用一例如图 11-33 所示。

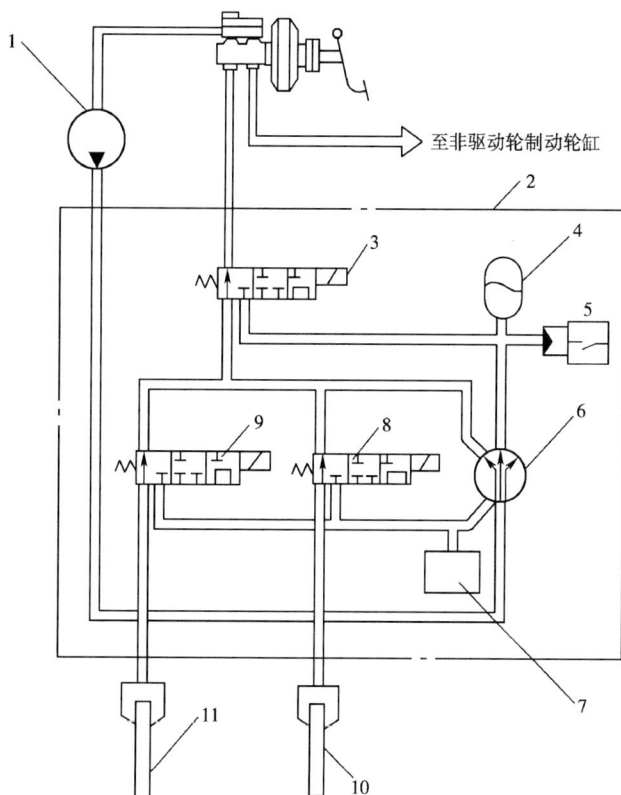

图 11-32　循环流动式 ASR/ABS 制动压力调节器

1-输液泵;2-ABS/ASR 制动压力调节器;3-ASR 电磁阀;4-蓄压器;5-压力开关;6-循环泵;7-储液器;8-压力调节电磁阀Ⅰ;
9-压力调节电磁阀Ⅱ;10、11-驱动车轮制动器

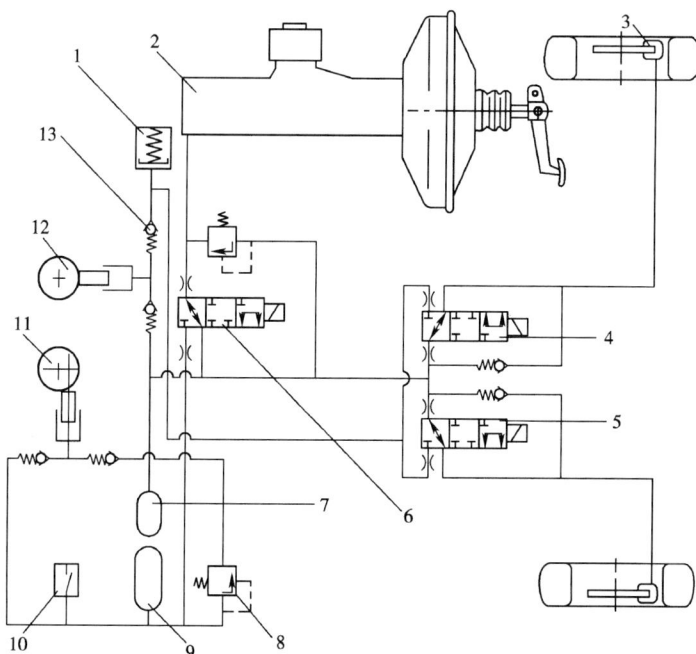

图 11-33　奔驰(Benz)轿车的 Bosch ABS/ASR2I 制动压力调节系统

1-储液器;2-制动主缸;3-驱动轮制动器;4、5-压力调节电磁阀;6-ASR 电磁阀;7-ABS 缓冲器;8-限压阀;9-ASR 蓄压器;
10-压力开关;11-ASE 液压泵;12-ABS 回油泵;13-止回阀

2）副节气门驱动装置

副节气门驱动装置执行 ASR 控制器的指令，对发动机的输出功率进行控制。副节气门驱动装置一般由步进电动机和传动机构组成，其工作原理如图 11-34 所示。

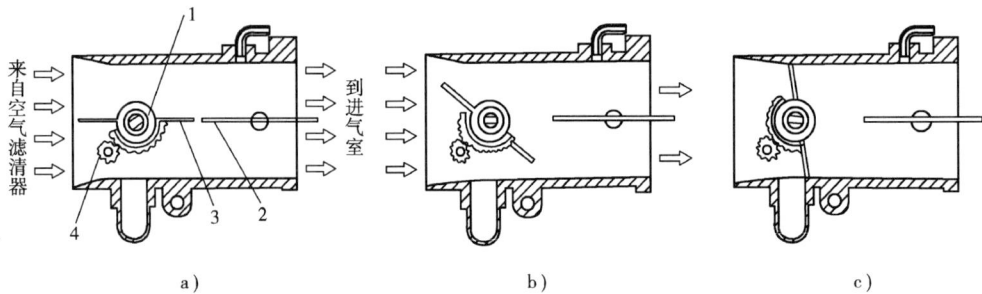

图 11-34 副节气门工作原理

a）全开位置；b）半开位置；c）全关位置

1-扇形（从动）齿轮；2-主节气门；3-副节气门；4-主动齿轮

副节气门与主节气门在节气门体的进气通道处前后布置，当 ASR 不起作用时，副节气门处于全开的位置，驾驶人通过操纵主节气门的开度来调节进气量，以控制发动机的功率。当驱动轮滑转而需要减小发动机输出功率时，ASR 电子控制器输出控制信号，副节气门驱动电动机随之转动，通过传动机构带动副节气门转过相应的角度，以改变发动机进气量，从而达到控制发动机的输出功率、抑制驱动车轮滑转之目的。

三、电子控制驱动防滑系统的控制原理

1. 电子控制驱动防滑系统的基本原理

ASR 基本控制原理系统如图 11-35 所示。

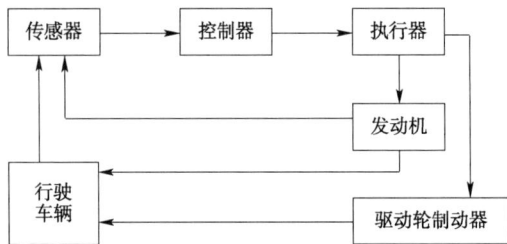

图 11-35 ASR 的基本控制原理

车轮转速传感器将行驶汽车驱动车轮转速及非驱动轮转速转变为电信号，输送给控制器。控制器根据车轮转速传感器的信号计算驱动车轮的滑转率，如果滑转率超出了目标范围，控制器再参考节气门位置传感器、发动机转速传感器及其他相关传感器的电信号进行综合分析后，确定控制方式，并输出控制信号，使相应的执行器动作，将驱动车轮的滑转率控制在目标范围之内。

2. 电子控制驱动防滑系统的工作过程

1）通过控制发动机输出功率防止车轮滑转过程

当汽车在起步或行驶中出现两驱动车轮同时滑转时，ASR 电子控制器便输出控制信号，控制副节气门驱动步进电动机工作，使副节气门的开度适当减小，以减小发动机的输出功率，抑制驱动车轮的滑转。当驱动车轮滑转消失后，ASR 电子控制器则又输出控制信号，

使副节气门开度增大;如果在副节气门开度增大过程中驱动轮的滑转又超过了限值,ASR电子控制器则又输出控制信号,使副节气门的开度再适当减小。ASR电子控制器通过调节副节气门的开度,自动将发动机的功率控制在适当水平,使驱动车轮的滑转率保持在理想的范围之内。

通过副节气门控制发动机输出功率其反应速度较慢,通常用调整点火时间和燃油喷射量来补偿副节气门调节的不足。当发动机输出功率调节量较小或副节气门调节还未能有效控制车轮滑转时,ASR ECU则向发动机ECU输出控制信号,使点火时间适当推迟或喷油量适当减少,以实现迅速控制发动机输出功率之目的。由于推迟点火和减少喷油量会使燃烧质量变差,造成排气污染的上升或增大三元催化反应器的负担,因此只能用于发动机输出功率瞬时微量调节。

2) 通过对滑转车轮施以制动防止车轮滑转过程

当汽车在行驶中再现某驱动轮滑转,或两个驱动轮同时滑转时,ASR电子控制器对ASR制动压力调节器输出控制信号,对滑转车轮施以适当的制动。在对驱动轮实施制动的过程中,通过对制动轮缸制动压力的增压、保压及减压的控制,将车轮的滑转率控制在理想的范围内。当驱动轮滑转消失后,ASR电子控制器则迅速解除对驱动轮的制动,ASR制动压力调节器停止工作。

通过制动来控制驱动轮的滑转率反应速度快,但是从舒适性和避免制动器过热等方面的考虑,这种控制方式只应在汽车行驶速度不高和短时间的情况下使用。

3) 发动机输出功率和驱动车轮制动的协调控制过程

通过发动机输出功率与驱动轮制动综合控制来实现驱动防滑的ASR,ASR电子控制器根据各相关传感器所提供的电信号计算得到驱动车轮的滑转率,并判断汽车的行驶速度及行驶状况、节气门开度、发动机的工况等,然后确定是否进行防滑转控制和选择什么样的控制方式。

在两边车轮同时出现滑转、发动机转速较高、汽车高速行驶等情况下,ASR电子控制器优先选择发动机输出功率控制方式,如果减小发动机输出功率还未能使滑转率控制在目标范围之内,则再辅以驱动轮制动控制。在两边驱动轮滑转率不一致、发动机输出功率较小、汽车行驶速度不高的情况下,ASR ECU则选驱动轮制动控制方式。必要时,再辅以减小发动机输出功率控制,以将驱动轮滑转率控制在最佳的范围之内。

3. ASR 的工作特点

(1) ABS和ASR都是用来控制车轮相对地面的滑动,以使车轮与地面的附着力不下降,但ABS控制的是汽车制动时车轮的"拖滑",主要是用来提高制动效果和确保制动安全;而ASR是控制车轮的"滑转",用于提高汽车起步、加速及滑溜路面行驶的牵引力和确保行驶稳定性。

(2) 虽然ASR也可以和ABS一样,通过控制车轮的制动力大小来抑制车轮与地面的滑动,但ASR只对驱动车轮实施制动控制。

(3) ASR在汽车起步及一般行驶过程中工作(除非驾驶人将ASR选择开关关闭,使ASR控制系统不能进入工作状态),当车轮出现滑转时即可起作用,而当车速很高(80 ~ 120km/h)时一般不起作用。ABS则是在汽车制动时工作,在车轮出现抱死时起作用,当车速很低(<8km/h)时不起作用。

(4) ASR在处于防滑转控制过程中,如果汽车制动,ASR就立即中止防滑转控制,以使制动过程不受ASR的影响。

第四节　汽车其他防滑控制技术

一、电子制动辅助系统EBA

1. EBA的作用

电子制动辅助系统（Electronic Brake Assist，EBA）也被称之为制动辅助系统（Brake Assist System，BAS），是由机械制动辅助系统BA发展而来。其作用是：当汽车行驶中遇情况而必须紧急制动，但驾驶人因缺乏果断而制动踏板的踩踏迟缓或踩踏力不够时，EBA根据相关传感器的信号确定驾驶人有紧急制动意图，并立即启动辅助增压装置，瞬间增加制动压力，以缩短制动距离，避免汽车追尾。

EBA瞬间提高制动压力后，防抱死制动系统随即进入工作状态，ABS+EBA可进一步提高汽车制动安全，尤其是在高速公路上高速行驶时，或驾驶人是老人和妇女，EBA的作用就更加明显。

2. EBA的组成与原理

1）EBA的基本组成

EBA的构成和控制方案大体上可分为两种类型：一种是采用变容积式制动压力调节器的ABS中增加了一个EBA控制程序，这一类EBA须与ABS一起进行系统研发；另一种相对独立的EBA，这一类EBA制动压力的建立和控制相对独立，因而研发过程相对单纯一些。EBA的基本组成如图11-36所示。

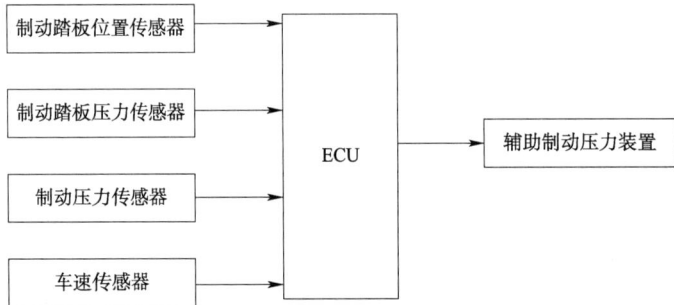

图11-36　电子辅助制动系统组成

2）EBA的工作原理

EBA主要以制动踏板位置传感器感知制动踏板踩踏的速度，当对制动踏板的踩踏速度超过某一设定值时，辅助制动ECU就会以制动踏板压力传感器的信号来确认驾驶人的制动意图。如果此时制动踏板压力开始减小，ECU就会判断此次踩制动踏板为非紧急制动状态，ECU不激活制动辅助系统；如果此时ECU通过制动踏板压力传感器检测到的踏板压力保持不变或继续增大，就判断此次踩制动踏板为紧急制动，并立即激活制动辅助系统，使制动系统迅速建立最大的制动压力。

制动压力传感器将制动主缸或轮缸的制动压力参数转换电信号，并输送给ECU，使ECU对辅助制动压力激活后的制动压力进行准确的控制。

车速传感器将驾驶人踩踏制动踏板时的汽车行驶速度转换为电信号，并输送给ECU，以使ECU能根据汽车的行驶速度确定是否需要激活制动辅助系统。在车速较低时，即使驾驶人踩踏制动踏板的速度很快,也不会激活制动辅助系统。

3)辅助制动压力装置

辅助制动压力装置有制动助力器式和蓄压器式等不同的结构形式。

制动助力器式辅助制动压力装置是在原制动真空助力器的基础上,进行结构上的改造,并增设电磁阀等元件。ECU 通过电磁阀激活制动辅助系统,将力传递给主缸活塞杆,由主缸迅速建立所需的制动液压。

蓄压器式辅助制动压力装置是一个与制动主缸并联的液压系统,主要由蓄能器、电磁阀、液压泵等部件组成。非紧急制动时,ECU 使蓄能器保持必要的液压。需要时,ECU 通过控制电磁阀,使蓄能器的液压油进入轮缸而建立辅助制动所需的制动压力。

二、电子制动力分配系统(EBD)

1. EBD 的作用

电子制动力分配系统(Electric Brakeforce Distribution,EBD),其作用是:汽车在制动时,根据车轮的实际附着路面及轴荷转移情况,自动调节左右轮和前后轴各轮缸的制动压力分配比例,以提高制动效能,并配合 ABS 提高制动稳定性。

汽车在制动过程中,4 个车轮的地面附着力可能会不一样,且车辆减速惯性力使前后轴荷发生变化,这些会使汽车制动时 4 个车轮与地面的摩擦力有差异,导致制动的效率下降,并容易使车轮打滑,造成车辆甩尾或侧翻事故。

EBD 可在汽车制动的瞬间,分析各车轮实际附着力的差异,并及时调整四个轮缸的制动压力分配,从而使各个车轮的轮缸均有与其地面附着力相匹配的制动压力,使高附着力车轮的轮缸有较高的压力,以提高制动效率,缩短制动距离;且使低附着力车轮的轮缸适当降低压力,以避免车轮打滑,保证车辆制动安全。

2. EBD 的组成与原理

1)EBD 的基本组成

EBD 并不是一个独立的制动控制系统,而是 ABS 的有效补充,通常是在 ABS ECU 中增设 EBD 控制程序。EBD 的硬件构成如图 11-37 所示。

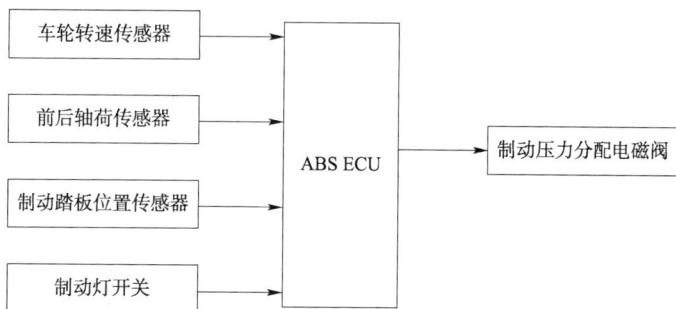

图 11-37　电子制动力分配系统组成

2)EBD 的工作原理

当驾驶人踩下制动踏板时,ABS ECU 根据各车轮转速传感器、车速传感器及前后轴荷传感器的信号,分析计算各个车轮因地面附着力不同及前后轴荷的变化而摩擦力的大小变化,然后立即输出前后轮缸制动压力调整控制信号,通过控制制动压力分配电磁阀工作,对各车轮制动压力进行动态调整,使各车轮制动压力与其地面附着力相匹配。

3）EBD 与 ABS 的关系

EBD 是在汽车制动时即开始起作用，对各个车轮制动压力进行调整，使前后轴的制动力得到合理分配，调整的是每个车轮最高制动压力的大小，以便在 ABS 动作之前平衡每一个轮的有效地面附着力。ABS 则是在车轮有抱死倾向时才开始工作，调整的是每个瞬间车轮制动压力的大小，以防止车轮抱死，提高车轮纵向附着力（制动力）和横向附着力（防侧滑力）。

三、电子驻车制动系统（EPB）

1. EPB 的作用

电子驻车制动系统（Electrical Park Brake，EPB）是一种将行车过程中的临时性制动和停车时的长时间制动功能整合在一起，并且由电子控制方式实现停车制动的技术。

电子驻车制动控制方式将机械式驻车制动拉杆变成了电子按钮，制动盘与制动摩擦块压紧力是由电动机转动产生电磁转矩，并通过机械传动机构使制动盘与制动摩擦块压紧。电子式驻车制动系统由电子控制器根据相关传感器和开关的信号来判断是否需要驻车制动，或驻车制动是否应该解除。因此，电子驻车制动系统具有如下功能。

（1）普通驻车功能。在汽车长时间停车时，对车轮施以驻车制动，以防止车辆滑移。

（2）自动驻车功能 AUTO HOLD。在 AUTO HOLD 状态下，可在临时停车时自动对车轮施以制动，驾驶人无须长时间踩住制动踏板。汽车从临时停车状态转为继续行车时，驾驶人只需做起步相关的操作（例如，轻踩一下加速踏板），车轮制动状态可自行解除，避免了车辆的滑移，即使是坡道起步，也不会有车辆后滑的情况发生。

（3）坡道停车时，电子控制器会根据具体的坡度，控制电动机工作，使制动盘和制动摩擦块具有足够的压紧力，车辆不会因为坡陡，驻车制动力不够而产生滑移现象。

2. EPB 的组成原理

1）EPB 的基本组成

电子驻车制动系统的主要包括传感器与开关、电子控制器和驻车制动执行器等部件，其基本组成如图 11-38 所示。

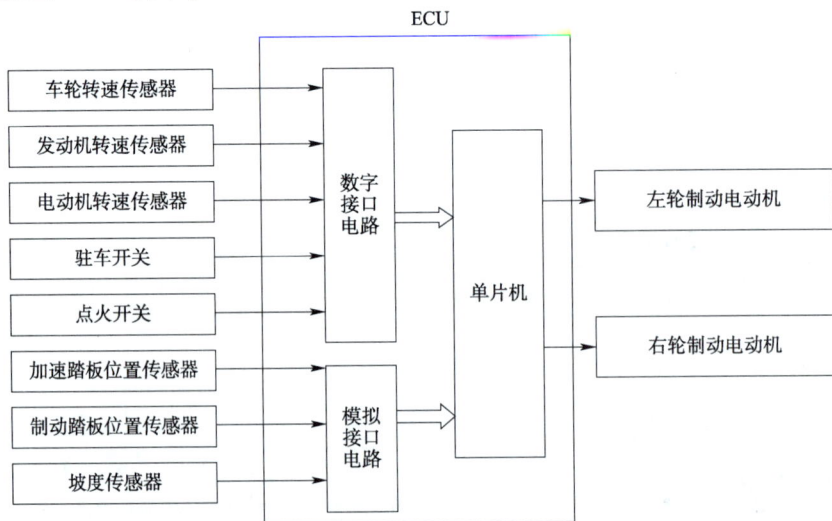

图 11-38 电子驻车制动系统组成

EPB 所用到的传感器与开关大都是与其他的电子控制系统共用的，一些 EPB 配有反映坡度的传感器,电子控制器根据汽车所停位置的坡度情况,控制驻车制动执行器对后轮施加制动力来平衡下滑力,使车辆能停稳在坡道上。

驻车制动执行器由电动机和机械传动机构组成,电动机由电子控制器控制其正转或反转,通过传动机构产生制动力(将制动盘和制动摩擦块压紧)或解除制动力(使制动盘和制动摩擦块放松)。机械传动机构由蜗轮蜗杆和加齿轮机构组成,或是齿轮机构加柔性拉线组成,作用是将电动机的电磁转矩转换为制动盘与制动摩擦块的压紧力。

2)EPB 的工作原理

EPB 兼有手动操作和自动控制功能,大多数汽车的 EPB 都可通过驻车按键来启动或关闭驻车制动。当 EPB 处于自动控制状态(AUTO HOLD)时,电子控制器根据各相关传感器和开关的信号来判断汽车的行驶状态,并根据需要输出驻车制动、解除驻车制动及驻车制动力大小调整等控制信号,通过控制电动机的工作,实现驻车制动的启动、解除及制动力大小调整等自动控制。

EPB 的 AUTO HOLD 控制过程如下:

(1)当汽车遇红灯等情况而临时停车时,电子控制器根据车速传感器及制动踏板位置传感器的信号做出启动驻车制动,使车辆自动处于驻车制动状态;当汽车需要起步行车时,电子控制器则根据加速踏板位置传感器及发动机转速传感器的信号分析判断出驾驶人的驾车意图,立即输出解除驻车制动控制信号,使制动立刻解除。

(2)当汽车停于坡道时,电子控制器根据坡度传感器的信号迅速计算驻车所需的制动力,并输出相应的控制信号控制电动机工作,使车辆能在坡道上停稳而不滑动;坡道起步时,电子控制器则根据离合器踏板位置传感器和加速踏板位置传感器的信号及发动机 ECU 输送的发动机牵引力信息,计算防止车辆后滑所需的制动力,并随发动机牵引力的增加,相应的减少制动力。当牵引力足够克服下滑力时,电子控制器控制电动机工作,解除制动,以实现车辆在坡道上的顺畅起步。

四、汽车电子稳定系统(ESP)

1. ESP 的作用

汽车电子稳定系统(Electronic Stability Program,ESP)用于汽车行驶稳定性控制,ESP 相当于一个综合控制程序,组合了防抱死制动系统(ABS)、驱动防滑控制系统(ASR)、电子制动力分配系统(EBD)、牵引力控制系统(TCS)的基本功能。

当汽车在行驶中由于道路或驾驶人操作的原因,车辆出现侧滑、甩尾,或汽车明显转向不足、转向过度时,ESP 会根据相关传感器的信号识别出车辆的不稳定行驶状态,并迅速确定控制方案,并通过 ABS 和 ASR,对发动机输出功率的控制和对相关车轮施以制动,及时纠正汽车行驶不稳定趋势,以使汽车保持正常的行驶轨迹,避免车辆失控而引发交通事故。

2. ESP 的组成与原理

1)ESP 的组成

不同公司研发的汽车电子稳定系统有不同的名称,但基本功能大体相似。ESP 用到的传感器主要有:转向传感器、车轮转速传感器、角速度传感器、横向加速度传感器、转向盘转角传感器、加速踏板位置传感器、制动踏板位置传感器等。不同汽车公司开发的 ESP 用于采集汽车行驶状态参数的传感器会因其控制程序的不同而有所差别。图 11-39 所示的是三菱汽车上使用的被称之为主动稳定控制系统(ASC)的组成。

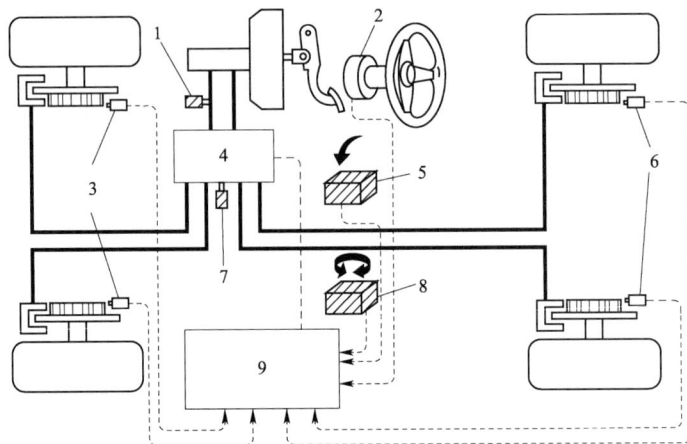

图 11-39　ASC 的构成

1-主油缸压力传感器;2-转向盘转角传感器;3、6-车轮转速传感器;4-制动压力调节器;5-横向 G 传感器;7-蓄压器压力传感器;8-角速度传感器;9-ECU

该汽车电子稳定系统 ASC 是在防抱死制动系统(ABS)和防滑转控制系统(ASR)的基础上,又加了角速度传感器(监测车身旋转速度)、横向减速度传感器 G(监测汽车转向时的离心力)、主油缸压力传感器、蓄压器压力传感器等部件。

2)ESP 的工作原理

ASC 通过对 4 个车轮制动力的控制,实现车辆的行驶稳定性控制。工作时,各传感器的信号不断地输入 ECU,ECU 进行汽车行驶状态的分析计算。当 ECU 根据角速度传感器及其他相关传感器的信号,判断出车辆转向不足时,就输出控制信号,减小前外轮的制动力、增大后内轮的制动力(图 11-40a),产生一个抑制转向不足(与自转同向)的转矩。ECU 如果判断出车辆转向过度,则增大前外轮的制动力、减小后内轮的制动力(图 11-40b),产生一个抑制转向过度(与自转反向)的转矩。当 ECU 判断出车辆转向时速度过快时,对前内侧车轮施以制动,使其减速,实现安全平稳的转向。

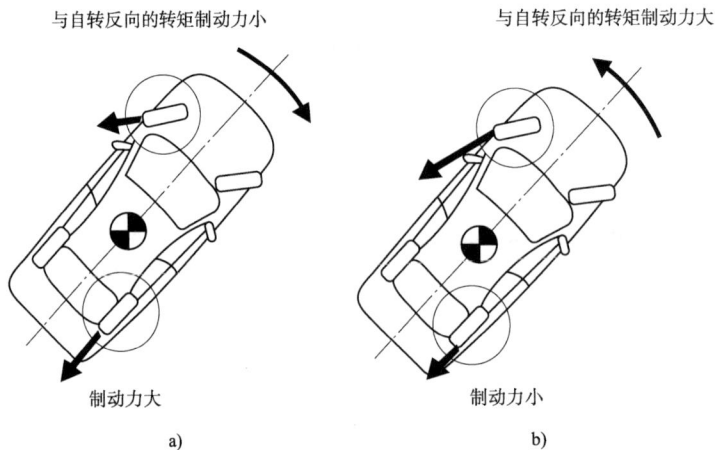

图 11-40　ASC 系统工作过程示例

a)转向不足;b)转向过度

第十二章　电子控制动力转向系统

第一节　概　述

一、电子控制动力转向系统的作用

汽车转向时要求操纵轻便,即以较小的转向盘操纵力获得较大的转向力矩;同时又要求转向灵敏,即以较小的转向盘转角获得较大的转向角。由于传统的转向系统无法同时满足这两方面的要求,因此电子控制动力转向系统在现代汽车中得到了广泛的应用。

电子控制动力转向系统的基本作用是:汽车低速行驶时,能够减少驾驶人作用于转向盘上的转向力;汽车高速行驶时,能够通过转向盘向驾驶人反馈适度的路面作用力。具体地说,应能满足如下的要求:

(1)既要保证转向轻便省力,又要能够很好地反馈地面作用力,即"路感"。

(2)在转向结束时,转向盘能平顺地自动回正,使车轮回到直线行驶的位置上。

(3)当电子控制动力转向系统发生故障时,转向系统仍能依靠人力进行转向。

(4)在保证转向性能的前提下,尽可能降低转向的动力消耗。

二、电子控制动力转向系统的类型

电子控制动力转向系统(Electronic Power Steering,EPS),根据转向动力形式,分为液压式电子控制动力转向系统(液压式 EPS)、电液混合式电子控制动力转向系统和电动式电子控制动力转向系统(电动式 EPS)。液压式 EPS 是在传统的液压动力转向系统的基础上增设了控制液体流量的电磁阀、车速传感器和电子控制单元等,电子控制单元根据检测到的车速信号,控制电磁阀,使转向动力放大倍率实现连续可调,从而满足高、低速时的转向助力要求。电动式 EPS 是利用直流电动机作为动力源,电子控制单元根据转向参数和车速等信号,控制电动机转矩的大小和方向。电动机的转矩由电磁离合器通过减速机构减速增扭后,加在汽车的转向机构上,使之得到一个与工况相适应的转向作用力。

第二节　电子控制动力转向系统的工作原理

一、液压式电子控制动力转向系统

液压式电子控制动力转向系统根据控制方式的不同,可分为流量控制式、阀灵敏度控制式和反力控制式三种形式。

1.流量控制式液压动力转向系统

流量控制式液压动力转向系统是根据车速传感器信号,调节液压动力转向装置中油液的输入、输出流量和压力,来控制液压助力的大小,一般是在液压动力转向系统上增加流量控制电磁阀、车速传感器、电子控制单元和控制开关等元件,如图12-1所示。

电磁阀安装在转向油泵和转向机体(含有转向动力缸)之间的油路中,根据车速传感器和控制开关等信号,电控单元向电磁阀发出控制信号,改变电磁阀的开度,调整通向转向动力缸的油液流量。汽车原地转向时,电磁阀的开度最大,进入动力缸的油液流量最大,以减少驾驶人的体力消耗。高速转向时,电控单元使电磁阀的开度减小,进入动力缸的油液流量较小,转向助力较小,确保驾驶人有很好的路感,使转向灵敏性和轻便性得到很好的兼顾,电磁阀的开度情况如图12-2所示。

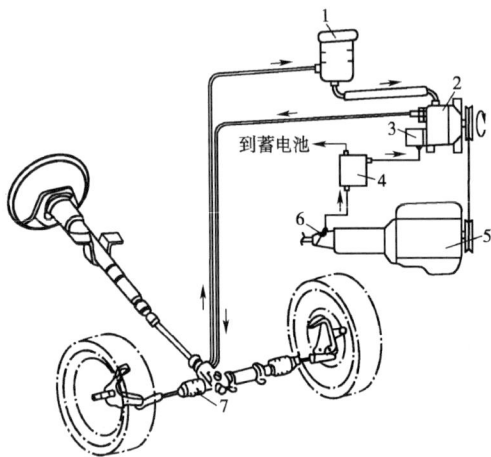

图12-1 流量控制式液压动力转向系统

1-储液罐;2-转向油泵;3-流量控制电磁阀;4-电控单元;
5-发动机;6-车速传感器;7-齿轮齿条转向器及动力缸

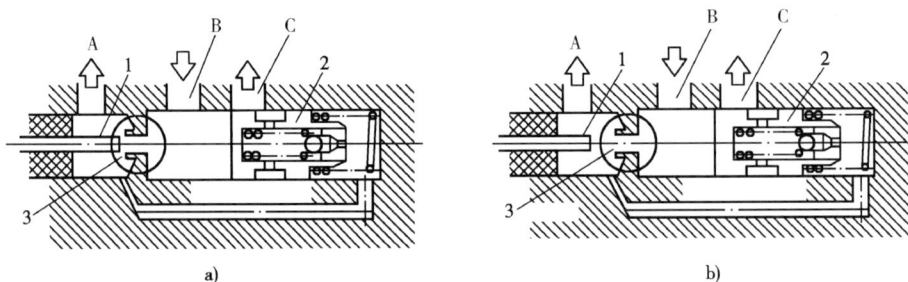

图12-2 流量控制电磁阀的结构

a)高速时;b)低速时

1-电磁阀阀杆;2-流量调节阀;3-节流孔;A-接转向动力缸;B-接转向油泵;C-回液口

2.灵敏度控制式液压动力转向系统

阀灵敏度控制式液压动力转向系统的转子阀结构如图12-3所示。转子阀中带有可变小孔,分为低速专用小孔(1R、1L、2R、2L)和高速专用小孔(3R、3L)两种,在高速专用可变孔的下边设有旁通电磁阀回路,其等效液压回路如图12-4所示。

当汽车在原地转向时,电磁阀完全关闭。若向右转,则高灵敏度低速专用小孔1L及2L在较小的转向力矩作用下即可关闭,转向液压泵的高压油液经1R流向转向动力缸右腔室,其左腔室的油液经3L、2R流回储油罐,如图12-3箭头所示,此时具有轻便的转向特性。施加在转向盘上的转向力矩越大,可变小孔1R、2R的开口面积越大,节流作用就越小,转向助力越大。若汽车向左转,油液流动方向如图12-4所示。

随着汽车行驶速度的提高,在电控单元的作用下,电磁阀的开度也线性增加,如果向右转动转向盘,则转向油泵的高压油液经1R、3R旁通电磁阀流回储油罐。此时,转向动力缸右腔室的转向助力油压就取决于旁通电磁阀和高速专用可变孔 3R 的开度。车速越高,在电子控制单元的控制下,电磁阀的开度越大,旁通流量越大,转向助力作用越小;在车速不变的情况下,施加在转向盘上的转向力越小,高速专用小孔 3R 的开度越大,转向助力作用也越小,当转向力增大时,3R 的开度逐渐减小,转向助力作用也随之增大。由此可见,阀灵敏度控制式动力转向系统可使驾驶人获得非常自然的转向手感和良好的速度转向特性。

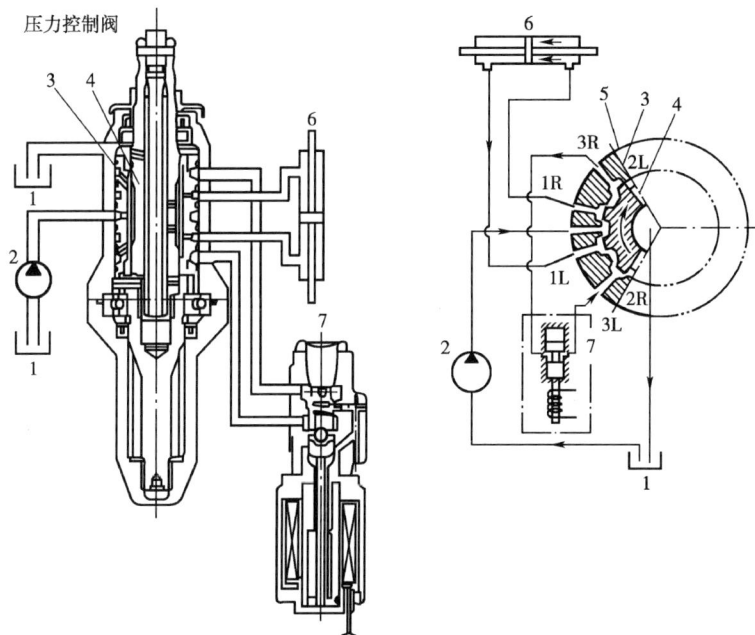

图 12-3 转子阀结构
1-储液罐;2-转向油泵;3-阀套;4-阀芯;5-压力控制阀;6-动力缸;7-电磁阀

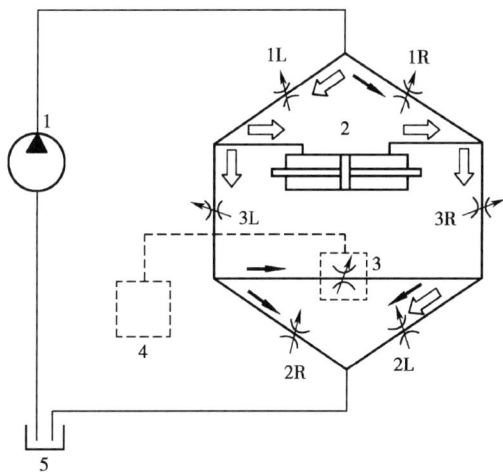

图 12-4 阀灵敏度控制式液压动力转向系统等效液压回路
1-转向油泵;2-转向动力缸;3-电磁阀;4-电控单元;5-储液罐

3.反力控制式液压动力转向系统

在反力控制式液压动力转向系统中设有转向反力调节机构,汽车转向时的速度越高,电控单元使反力机构的刚度越大,汽车的转向反力越大,使驾驶人高速行驶时获得较强的路感。由于增加转向反力与进入动力缸的油液流量无关,所以设置转向反力不会对转向灵敏性产生影响,但系统结构较为复杂,成本较高。

二、电液混合式电子控制动力转向系统

电液混合式电子控制动力转向系统是用电控单元(ECU)控制的电动—液压泵取代发动机控制的液压泵。由于转向油泵由电动机驱动,电动机由 ECU 控制,因而能根据汽车行驶状态,在需要助力时,才使液压泵工作;同时,根据车速和转向角的变化,使驾驶人感知转向力的变化,以增强"手感"。电动机只在进行转向时运转,消除了转向油泵的无效运转,与普通液压动力转向相比,减少了发动机功率的消耗。电液混合式电子控制动力转向系统如图 12-5 所示。其主要由电控单元、车速传感器、转向传感器、电动机转向油泵总成和动力转向执行装置即转向动力缸组成。

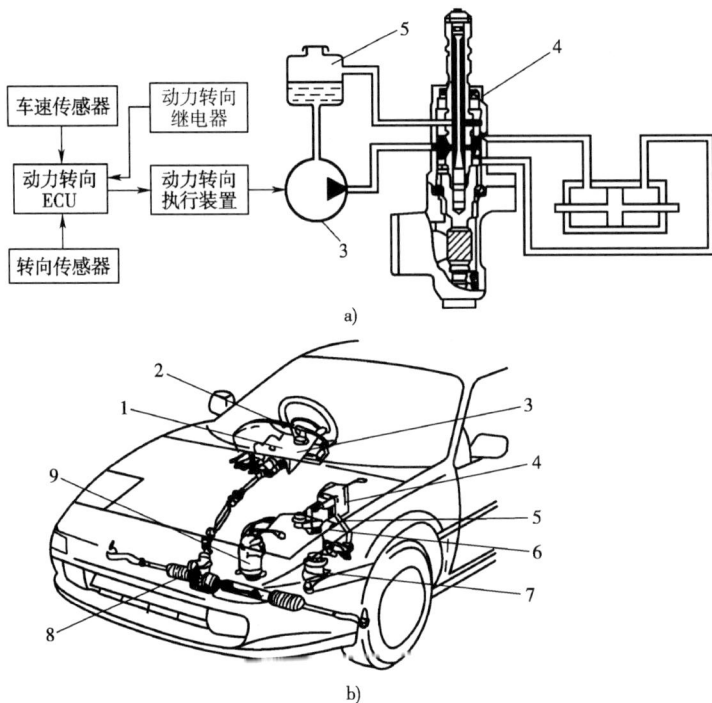

图 12-5　电液混合式电子控制动力转向系统
a)组成图;b)零件布置图

1-车速传感器;2-转向传感器;3-报警灯;4-动力转向 ECU;5-动力转向继电器;6-动力转向执行装置;7-储液罐;8-转向齿轮机构;9-液压泵和电动机总成

电液混合式电子控制动力转向系统,根据响应方式可分为行驶模式响应型和转向盘转速响应型两类。行驶模式响应型是根据车速区间和转向盘角速度区间判定汽车的行驶模式,市区道路、乡村公路、山区公路和高速公路等行驶模式的车速区间和转向盘角速度区间,如图12-6a) 所示。ECU 根据判定的汽车行驶模式对电动机转速进行控制,使转向油泵的输出流量与汽车的行驶模式相适应,汽车行驶模式与转向油泵的输出流量的关系如图 12-6b)所示。

转向量速度响应型则根据转向盘转向传感器和车速传感器输入的信号控制电动机转速,使转向油泵的输出流量得到控制。随着汽车转向时车速的提高,ECU 使电动机转速降低,以减少转向油泵的输出流量,降低车轮的偏转速度;随着转向盘角速度的增加,ECU 使电动机转速提高,以增大转向油泵的输出流量,满足快速转向的要求。

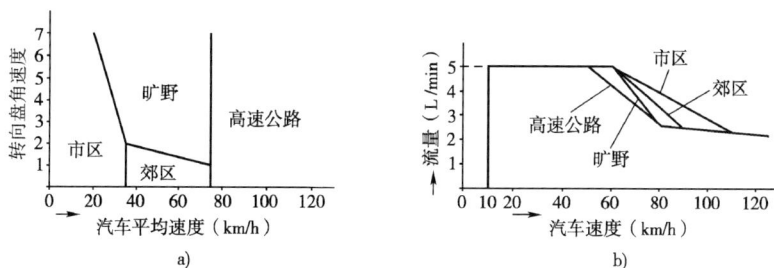

图 12-6　行驶模式与转向油泵输出流量

a)行驶模式图;b)流量控制图

在系统出现异常时,应能够进行故障诊断并备有失效安全保护机能。一旦控制系统出现故障,手动机械转向系统仍能确保转向。

三、电动式电子控制动力转向系统

电动式电子控制动力转向系统不再使用液压装置,完全依靠电动机实现动力转向,其结构更加紧凑,质量减轻;不需要给转向液压泵补充油,不必担心漏油;电动机只是在需要转向时,才接通电源,所以动力消耗和燃油消耗均可降到最低;比较容易按照汽车行驶性能的需要设置、修改转向助力特性。

电动式电子控制动力转向系统,主要由转矩传感器、转向角传感器、车速传感器、电子控制单元(ECU)、电动机和电磁离合器等组成,如图 12-7 所示。

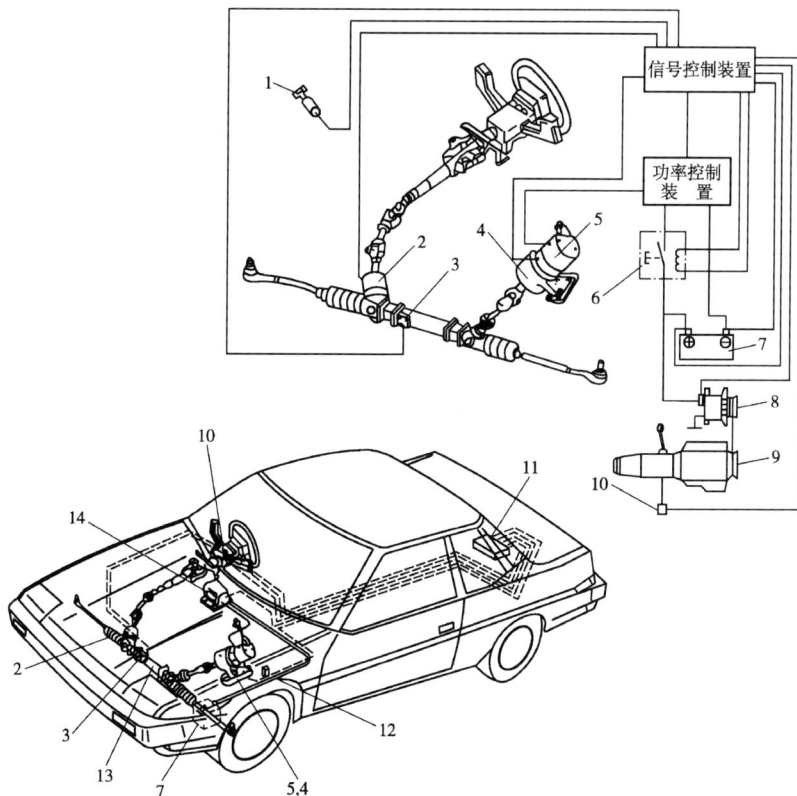

图 12-7　电动式电子控制动力转向系统

1-点火开关;2-转矩传感器;3-转向角传感器;4-电磁离合器;5-电动机;6-继电器;7-蓄电池;8-发电机;9-发动机;10-车速传感器;11-电控单元;12-电动机继电器;13-转向器;14-功率控制装置

电动机作为助力源,通过电磁离合器与转向器的小齿轮联结,装在转向盘轴上的转矩传感器不断地检测转向轴上的转矩信号,该信号与车速信号、转向角信号同时输入到电子控制单元。电控单元根据这些输入信号,确定助力转矩的大小和方向,即选定电动机电流的大小和方向。电动机的转矩由电磁离合器通过减速机构减速增扭后,加在汽车转向器小齿轮上,向转向齿条提供助推扭矩。

1. 主要部件

1) 电动机

用于电动式动力转向系统的电动机,一般为可正反转的小型永磁式直流电动机。其驱动电路如图12-8所示,a_1、a_2为控制端,由电控单元(ECU)输出的触发控制信号由此两端加到驱动电路上,触发控制电动机起动旋转,输出转矩。当a_1端收到触发控制信号时,晶体管V_3和V_2导通,电动机M通电,电流由电枢的VD_2端流入、VD_1端流出,电动机正转。当a_2端收到触发控制信号时,晶体管V_4和V_1导通,电动机M通电,电流由电枢的VD_1端流入、VD_2端流出,电动机反转。电动机输出转矩的大小由加到控制端触发信号的电流大小来决定。当汽车慢速转向时需要较大的助力转矩,电控单元(ECU)则输出较大的触发电流经a_1或a_2端流入,使得晶体管V_3或V_4集电极电流相应增加。于是流经电动机电枢的电流增加,电动机输出的助力转矩增大,反之则电动机输出动力转矩减小。

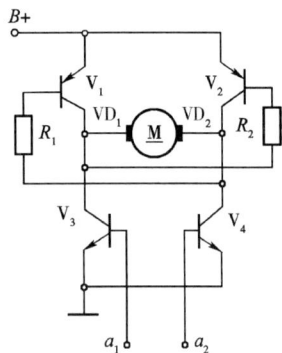

图12-8 电动机控制电路

2) 转矩传感器

转矩传感器的作用是测量转向盘与转向器之间的相对扭矩以及转动方向。测量原理是当操作转向盘时转向轴将产生扭转变形,其变形的扭转角与转矩成正比,所以只要测定扭转角大小,即可知道转向力的大小。转矩传感器主要有电感式和电位计式两种,其结构和工作原理详见本书第八章介绍。

3) 转向角传感器

转向角传感器安装在转向器内,有光电式和霍尔效应式两种类型。光电式转向角传感器的结构和工作原理见本书第八章介绍。

霍尔效应式转向角传感器是根据齿条的位移量和位移方向测量出转向角,结构如图12-9所示,由啮合在齿条上的永久磁铁(N、S极)和固定在转向器上的霍尔元件等组成。转动转向盘时,齿条移动所引起的磁感应强度和极性的变化,均由霍尔元件转换为电压信号,此信号即作为转向角信号。

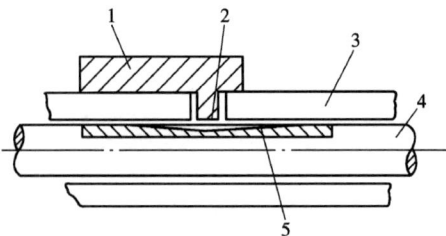

图12-9 霍尔式转向角传感器
1-霍尔元件;2-转向器;3-转向齿条;4-磁极(S极);
5-磁极(N极)

4) 电磁离合器

电磁离合器作用是按照电控单元(ECU)的指令接通和断开电动转向系统中电动机转矩的传递。图12-10为单片式电磁离合器的结构原理图。当需要助力时,主动轮随电动机轴一起转动,当来自ECU的控制电流经滑环进入电磁离合器线圈时,主动轮产生电磁吸力,带花键的压板被吸引与主动轮压紧,于是电动机的动力经过轴、主动轮、压板、花键、从动轴传递给减速机构。

当不需要电动机助力转向时，为了不使电动机和电磁离合器的惯性影响转向系统的工作，离合器在 ECU 的控制下应及时分离。另外，当电动机发生故障时，离合器会自动分离，此时仍可利用手动操纵转向。

5）减速机构

减速机构的作用是减速增扭。目前使用的减速机构有多种组合方式，一般采用蜗轮蜗杆与转向轴驱动组合式，也有的采用两级行星齿轮与传动齿轮组合式。为了抑制噪声和提高耐久性，减速机构中的齿轮有的采用特殊齿轮，有的采用树脂材料制成。

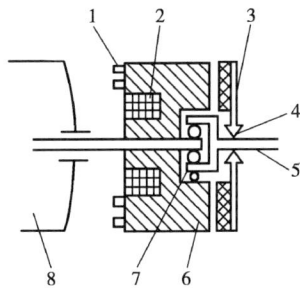

图 12-10　单片式电磁离合器工作原理
1-滑环;2-线圈;3-压板;4-花键;5-从动轴;
6-主动轮;7-滚珠轴承;8-电动机

2. 控制原理

当驾驶人操纵转向盘时，装在转向轴上的转矩传感器将测出作用于转向轴上的转向力矩大小和方向并转换为相应的电信号输入转向控制 ECU，ECU 根据转矩信号和车速信号确定助力转矩大小和方向并向离合器和电动机输出控制指令，经电磁离合器和电动机驱动电路控制电磁离合器动作和电动机旋转，电动机输出转矩经电磁离合器和减速机构作用于转向机构（转向轴、齿轮轴等）。由于电动机产生的转矩与电动机的电流成正比，因此电动机转矩控制通常采用电流控制方式来实现。即转向控制 ECU 根据转矩信号和车速信号设置目标电流，图 12-11 所示为某车电动式电控动力转向系统在不同车速下转向盘力矩与控制电流的关系，由图可见车速越低转向盘力矩越大，控制电流越大，电动机转矩也越大。

汽车在低速行驶过程中（如 40km/h 以下）进行转向时，ECU 通常根据类似如图 12-11 所示的关系对电动机进行助力控制，使电动机具有较好的转向响应，转向操纵灵敏轻便。

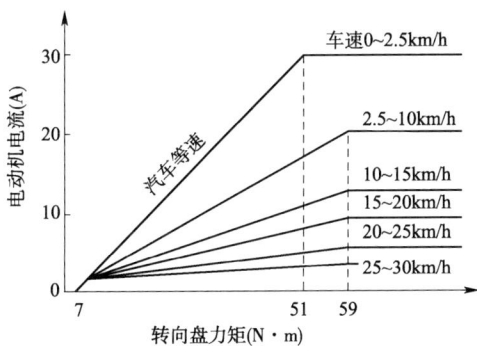

图 12-11　不同车速下转向盘力矩与控制电流的关系

汽车在高速行驶过程中进行转向时，电控单元通过控制功率放大器可以对电动机实施回正控制和阻尼控制。当转向盘回转到中位时，电控单元对电动机进行回正控制，电动机将产生一个与电动机转速成正比的阻力矩。在转向过程中将转向盘释放时，电控单元对电动机进行阻尼控制，电动机的供给电压为零，电动机将产生一个与电动机转动方向相反的转矩，使驾驶人能够获得适度的路感。

回正控制可以改善转向盘的回正特性。在汽车低速行驶过程中，当转向盘转动后回到中位时，电控单元将使电动机电流迅速减小，转向车轮迅速回正，使汽车具有良好的回正特性。在汽车高速行驶过程中，当转向盘转动后回到中位时，电控单元将使电动机电流逐渐减小，对转向车轮产生回正阻尼，使汽车具有稳定的转向特性。进行回正控制后，转向系统的回正滞后较大，回正能力有所降低，回正控制效果如图 12-12 所示。

阻尼控制可以衰减汽车高速行驶时出现的转向盘抖动现象，消除转向车轮因路面输入引起的摆振现象。阻尼控制原理如图 12-13 所示，当电动机绕组发生短路时，电动机将会产生一个大小与其转速成正比的反向转矩，电控单元就是利用这一特性对电动机进行阻尼控制的。某汽车以120km/h行驶时,进行阻尼控制时与不进行阻尼控制时,转向盘抖动试验对比如图12-14所示。

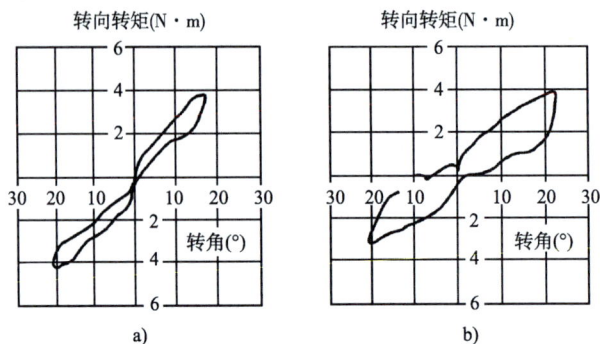

图 12-12 转向盘回正特性比较

a)不进行回正控制;b)进行回正控制

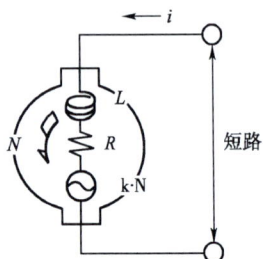

图 12-13 阻尼控制原理

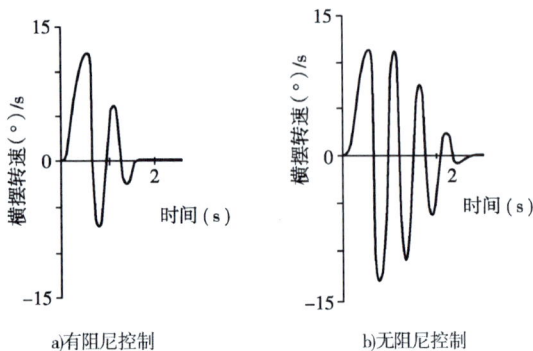

a)有阻尼控制　　b)无阻尼控制

图 12-14 阻尼控制效果

第三节　电子控制四轮转向系统简介

汽车转向时,在除了极低速的一般情况下,车轮平面与汽车行进速度方向并不一致,两者之间的角度值称为侧偏角。如图12-15a)所示,汽车转弯时,由于离心力的作用,在垂直于车轮平面的车轮中心上有侧向力,相应地在地面上产生反作用力,称为侧偏力。由于车轮侧向产生弹性变形,变形车轮的滚动方向与车轮平面方向并不一致,侧偏力又分解为与车轮行进方向平行的滚动阻力和与行进方向垂直的向心力即转弯力。在附着极限内,转向时路面反作用力的大小与方向随着侧偏角的大小而发生变化,转弯力随之发生变化,因而汽车的转向直径也随之变化。通常转向车轮转向时,各车轮路面向心力的合力应与汽车圆周运动的离心力平衡。一旦正在转弯的汽车车速提高,离心力随之增加,质心位置的侧偏角必然增大随之出现不足转向,如图12-15b)所示。

为了保证汽车按一定的转向半径运动,随着车速的增加,必须增加转向角或者使后车轮产生向外侧的运动,以增加转向时的路面反作用力,使其与离心力平衡。总之,通过前轮操作应使汽车重心的运动方向向内侧偏转。

汽车在低速行驶过程中转向时,四轮转向系统使后轮与前轮反向偏转,可以减小汽车的转向半径;汽车在中高速行驶过程中转向时,四轮转向系统使后轮与前轮同向偏转,使具有侧偏角的后轮行进方向与转向圆一致,则重心位置的侧偏角度(汽车重心的速度方向与汽车纵向轴线之间的角度)为零,如图 12-16 所示,可以减少转向过程中的横摆运动,提高转向灵敏度和改善汽车行驶的稳定性。

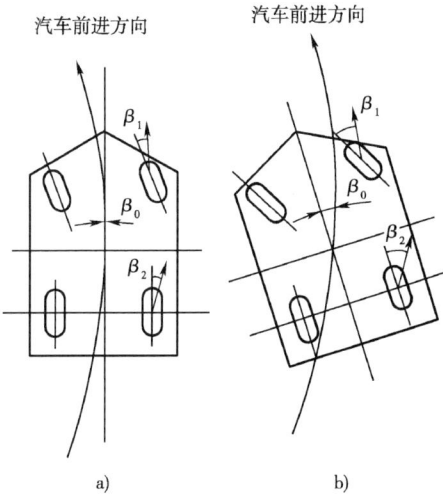

图 12-15 汽车转向时的侧偏角
β_1-前轮侧偏角;β_2-后轮侧偏角;β_0-汽车重心位置侧偏角

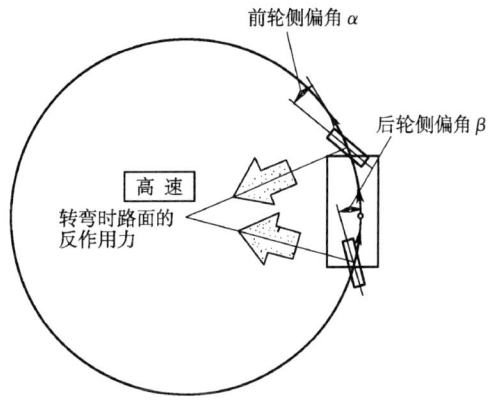

图 12-16 高速转向时侧偏角变化示意图

电子控制四轮转向系统有多种,有液压四轮转向系统、机械液压四轮转向系统和电动四轮转向系统等。

一、机械液压四轮转向系统

图 12-17 所示为一种车速及前轮偏转角响应型机械液压四轮转向系统,主要由前轮动力转向系统、后转向控制箱及动力缸、后转向传动轴、动力泵、两只车速传感器、进行信息处理和发出控制命令的电控单元(ECU)等构成。在后转向系统控制箱内还装有受 ECU 信号驱动的使后轮相位作相应变化的相位控制机构。

对应前轮的偏转角度,后轮的偏转角随车速变化。例如,前轮保持一定的偏转角,逐渐提高车速,首先后轮偏转角出现逆向变化,车速接近 35km/h,逆向角度逐渐减少;到 35km/h 时后轮转向角度为 0°。当车速超过 35km/h,后轮转向与前轮方向相同,其角度随车速上升逐渐增加。后轮最大偏转角与前轮最大偏转角按一定比例关系确定。

机械液压四轮转向系统具有控制范围宽广的优点,但后轮偏转机构比较复杂。

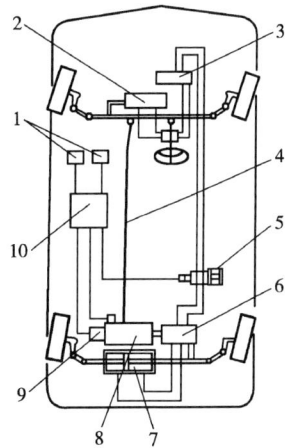

图 12-17 车速、前轮偏转角响应机械液压四轮转向系统

1-车速传感器;2、7-动力缸;3-动力泵;4-后转向传动轴;5-电磁阀;6-控制阀;8-后转向控制箱;9-步进电动机;10-ECU

二、电动四轮转向系统

图 12-18 所示为一种电动四轮转向系统,电控单元(ECU)根据转向盘转角、前轮偏转角和车速等信号通过与机械液压四轮转向系统相似的算法确定后轮的偏转角,然后控制后轮偏转机构的电动机驱

动球形滚道螺母转动,推动球形滚道螺杆移动,使后轮发生偏转,电控单元(ECU)再根据后轮偏转机构中主、副偏转角传感器反馈信号,对后轮的偏转角进行修正。电动四轮转向系统具有控制自由度高,机构简单等优点。

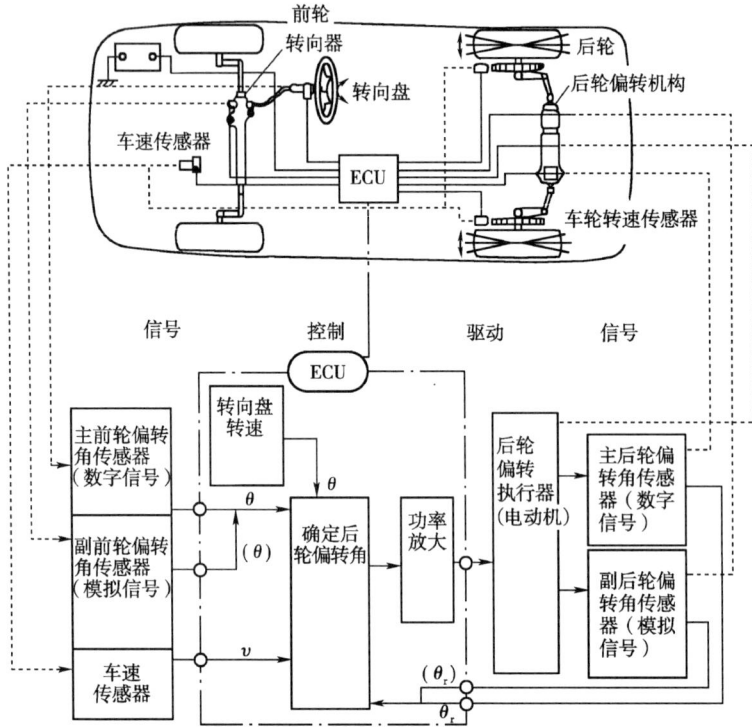

图 12-18　电动四轮转向系统

第十三章 电子控制悬架系统

第一节 概 述

一、传统被动悬架系统的不足

悬架是车架与车桥之间一切传力连接装置的总称,主要由弹性元件、减振器和导向机构三部分组成。其作用是把路面作用于车轮上的垂直反力、纵向反力、侧向反力及这些反力所造成的力矩传递到车架或车身,以保证汽车正常行驶。

当汽车在不平路面上行驶时,由于悬架系统实现了车身和车轮之间的弹性联系,有效地降低了车身与车轮的振动,从而改善了行驶平顺性和操纵稳定性,但二者性能要求又互相排斥。例如,降低弹簧刚度,可使车身加速度减小,平顺性变好,但同时会导致车体位移增加,对操纵稳定性产生不良影响;另一方面,增加弹簧刚度会提高操纵稳定性,但硬弹簧将导致汽车对路面不平度很敏感,使平顺性降低。直线行驶时,为了更有效地减缓路面不平而引起的车体振动以保持乘坐舒适性,希望弹簧刚度较小;而在转向、制动时,为使车体的倾斜或前后的俯仰较小以保持操纵稳定性,则要求弹簧刚度较大。因此,理想的悬架应在不同的使用条件下具有不同的弹簧刚度和减振器阻尼,即弹簧刚度和减振器阻尼能随汽车运行状况而变化,既能满足平顺性要求又能满足操纵稳定性的要求。传统的被动悬架系统因具有固定的悬架刚度和阻尼系数,在结构设计上只能在满足平顺性和操纵稳定性之间进行矛盾折中,无法达到悬架控制的理想目标。

二、电子控制悬架系统的作用和类型

随着电子控制技术的发展,为克服传统被动悬架系统的缺陷,现代汽车中采用了电子控制悬架系统,该悬架系统可根据不同的道路条件,不同的装载质量,不同的行驶速度以及不同的行驶状态等来控制悬架系统的刚度,调节减振器阻尼力的大小以及调整车身高度等,从而使车辆的行驶平顺性和操纵稳定性在各种条件下达到最佳的组合。

电子控制悬架系统包括半主动悬架和全主动悬架(简称主动悬架)两种。半主动悬架是指悬架元件中的弹簧刚度和减振器阻尼二者之一可以根据需要进行调节,常见的是调节减振器的阻尼,系统不用为这种调节设置动力源,即系统是无源的。主动悬架是根据行驶条件,随时对悬架系统的刚度、减振器的阻尼以及车身的高度和姿态进行调节,系统需要一个动力源(液压泵或空气压缩机)提供连续的能量输出,即系统是有源的。

第二节　半主动悬架系统

一、半主动悬架系统的控制原理

从行驶平顺性和舒适性出发，弹簧刚度和减振器的阻尼应能随汽车运行状态而变化，使悬架系统性能总是处于最优状态附近。但是，改变弹簧刚度需要复杂的装置，较难于进行，因此半主动悬架系统是从改变阻尼入手，由驾驶人手动或根据相关传感器信号自动调节减振器控制阀，改变液流通过面积，从而调节减振器阻尼的大小。

半主动悬架系统根据减振器阻尼的变化情况分为有级式半主动悬架系统和无级式半主动悬架系统。前者阻尼的变化是阶跃式的；后者阻尼的变化是连续的。

二、有级式半主动悬架系统

1. 阻尼调节装置

丰田汽车的三级式半主动悬架系统变阻尼执行装置安装在减振器支柱顶部，如图13-1所示。

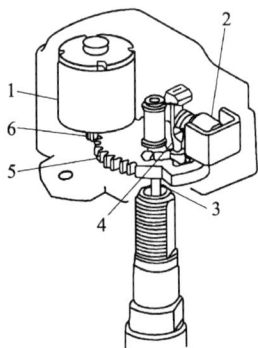

图13-1　变阻尼执行装置结构
1-步进电动机；2-电磁线圈；3-减振器阻尼控制杆；4-挡块；5-扇形齿轮；6-驱动小齿轮

所有减振器上变阻尼执行元件的电路均为并联连接，并由悬架 ECU 控制工作。每个执行元件由步进电动机1、驱动小齿轮6、扇形齿轮5、挡块4、电磁线圈2、减振器阻尼控制杆3及回转阀（图中未示出）等组成。控制单元接通执行元件的步进电动机转动时，电动机就带动其输出轴下端的小齿轮转动，小齿轮带动扇形齿轮转动，扇形齿轮带动减振器阻尼控制杆（回转阀控制杆）转动。回转阀上设有阻尼孔，当减振器阻尼控制杆转动时，回转阀上的阻尼孔开闭状态发生改变，从而改变悬架阻尼的大小。

挡块位于扇形齿轮的凹槽中，其功用是决定扇形齿轮在什么位置停止运动，从而限定回转阀控制杆的位置。

回转阀的结构如图13-2所示。减振器的阻尼控制杆（回转阀控制杆）与回转阀连接，在回转阀的不同截面 A—A、B—B、C—C 上设有阻尼孔，分别与减振器活塞杆上的油液阻尼孔处于同一个截面上，如图13-2所示。控制这些阻尼孔的开闭状态，即可控制减振器油液的流动量，从而控制阻尼大小。

2. 控制系统

丰田公司的有级变阻尼悬架控制系统组成如图13-3所示，主要由运行模式选择开关、车速传感器、转向盘转角传感器、制动灯开关、空挡起动开关（自动变速器车型）、节气门位置传感器、悬架控制器和4个车轮的变阻尼调节执行器等组成，节气门位置传感器信号是通过发动机电控单元间接获得的，其控制框图如图13-4所示。

3. 运行模式

1）运行模式选择

丰田汽车，电子控制悬架系统调节减振器阻尼的工作模式有"NORM（标准）"和"SPORT（运动）"两种，驾驶人可以根据汽车运行条件，操作仪表板上的工作模式开关进行选择。

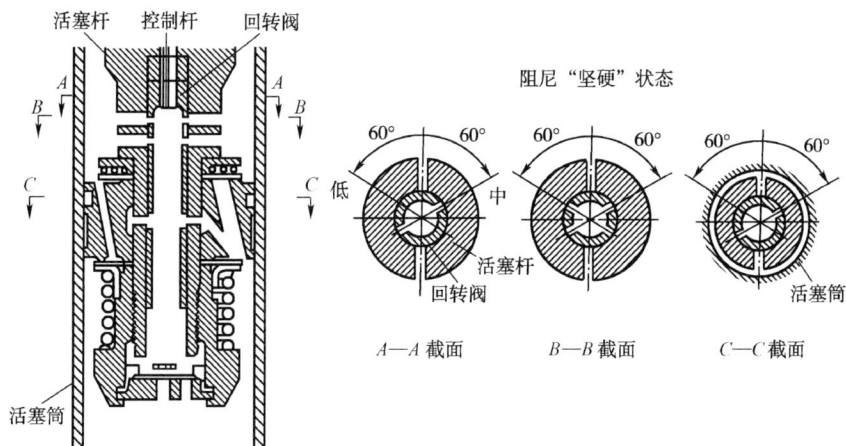

活塞杆　控制杆　回转阀

阻尼"坚硬"状态

活塞筒

低　中

活塞杆
回转阀

活塞筒

A—A 截面　　B—B 截面　　C—C 截面

图 13-2　回转阀结构原理

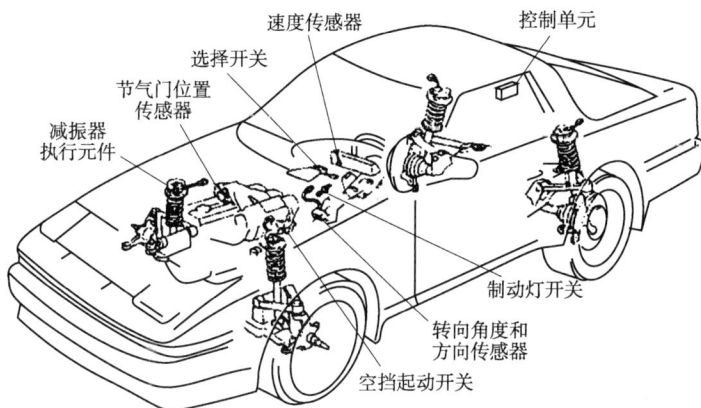

速度传感器　　　　控制单元
选择开关
节气门位置
传感器
减振器
执行元件

制动灯开关
转向角度和
方向传感器
空挡起动开关

图 13-3　丰田公司的有级变阻尼悬架控制系统组成

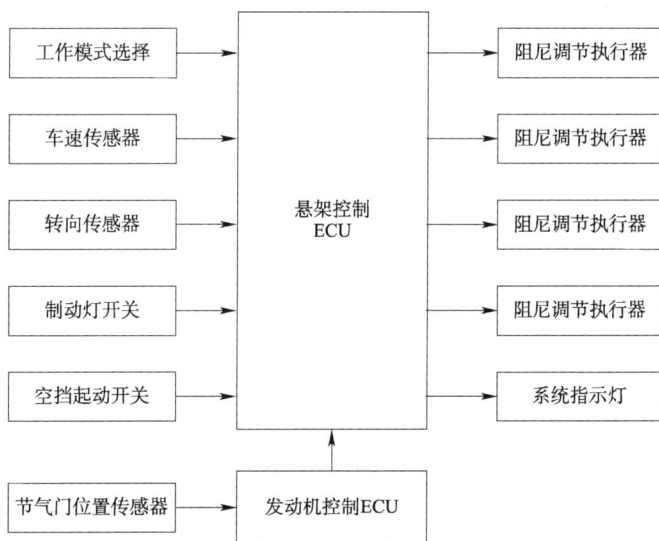

工作模式选择

车速传感器

转向传感器

制动灯开关

空挡起动开关

悬架控制
ECU

阻尼调节执行器

阻尼调节执行器

阻尼调节执行器

阻尼调节执行器

系统指示灯

节气门位置传感器　　　发动机控制ECU

图 13-4　控制框图

当仪表板上的模式开关处于"NORM(标准)"位置时,电控单元将使减振器保持"柔软"状态工作。但是,当汽车速度超过120km/h,如果模式开关处于"NORM(标准)"位置时,控制单元将自动控制减振器变为"中等硬度"状态工作。当车速下降到100km/h时,控制单元再自动控制减振器变为"柔软"状态工作。

当驾驶人选择"SPORT(运动)"模式时,电控单元将控制减振器处于"中等硬度"状态工作。

在以下条件时,控制单元将自动使减振器从"柔软"或"中等硬度"变为"坚硬"状态工作:

(1)转向盘转角转向传感器显示汽车急转弯时。

(2)车速传感器和节气门位置传感器显示汽车在低于20km/h的速度下急加速时。

(3)车速传感器和制动灯开关显示汽车在高于60km/h的速度下制动时。

(4)车速传感器和空挡起动开关显示汽车在低于10km/h的速度下,自动变速器从空挡或停车挡换入任何其他挡位时。

在下列条件下,控制单元将自动控制减振器从"坚硬"变为"中等硬度"或"柔软"状态工作:

(1)根据转向盘转动程度,转弯行驶2s或2s以上时间时。

(2)加速时间达到3s或汽车速度达到50km/h时。

(3)制动灯开关断开2s时间之后时。

(4)自动变速器从空挡或停车挡位置换入其他挡位达到3s或汽车速度达到150km/h时。

2)控制过程

(1)阻尼"柔软"的控制过程:当电控单元(ECU)根据传感器和控制开关信号确定阻尼为"柔软"状态时,控制单元向步进电动机发出控制指令使其沿顺时针方向旋转,因此,小齿轮驱动扇形齿轮沿逆时针方向转动,直到扇形齿轮凹槽的一边靠在挡块上为止,如图13-5a)所示。此时,扇形齿轮带动回转阀控制杆和回转阀旋转,回转阀上的阻尼孔与活塞杆上的减振油液孔的相对位置,如图13-6所示。由于$A—A$、$B—B$和$C—C$截面上的三个阻尼孔全部打开,允许减振油液以很快的速度流过活塞,因此,减振器能很快伸缩。

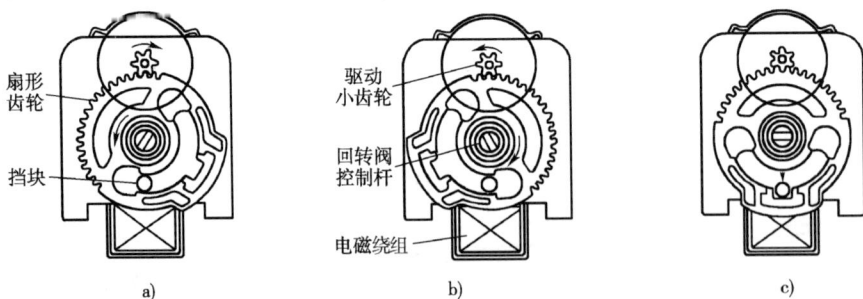

图13-5 扇形齿轮旋转方向与位置
a)阻尼"柔软";b)阻尼"中等";c)阻尼"坚硬"

(2)阻尼"中等"的控制过程:当电控单元(ECU)根据传感器和控制开关信号确定阻尼为"中等"状态时,控制单元向步进电动机发出控制指令使其沿逆时针方向旋转,因此,小齿轮便驱动扇形齿轮沿顺时针方向转动,直到扇形齿轮凹槽的另一边靠在挡块上为止(从"柔软"位置开始计算,其转角约为120°),如图13-5b)所示。与此同时,扇形齿轮带动回转阀控制杆和回转阀旋转,回转阀上的阻尼孔与活塞杆上的减振油液孔的相对位置,如图13-6所示。由于只有 B—B 截面上的阻尼孔打开,允许减振油液流过活塞的速度不快也不慢,因此,减振器能以缓慢速度伸缩。

阻尼孔位置 阻尼	A—A 载面阻尼孔	B—B 载面阻尼孔	C—C 载面阻尼孔
坚硬			
中等			
柔软			

图 13-6 回转阀阻尼孔与活塞杆上的油液孔的相对位置

(3)阻尼"坚硬"的控制过程:当电控单元(ECU)根据传感器和控制开关信号确定阻尼为"坚硬"状态时,控制单元将同时向步进电动机和电磁线圈发出控制指令,使步进电动机和扇形齿轮从阻尼"柔软"或"中等"的极限位置旋转约 60°(从"柔软"的极限位置顺时针旋转,从"中等"的极限位置逆时针旋转),接通电磁线圈电流,其电磁吸力将挡块吸出,使挡块进入扇形齿轮凹槽中间部位的凹坑内,如图 13-5c)所示。与此同时,扇形齿轮带动回转阀控制杆和回转阀旋转,回转阀的阻尼孔与活塞杆上的减振油液孔的相对位置如图 13-6 所示。由于 A—A、B—B 和 C—C 截面上的三个阻尼孔全部关闭,减振油液不能从孔中流动,因此,减振器伸缩非常缓慢。

三、无级式半主动悬架系统

无级式半主动悬架系统控制系统组成和控制原理基本相同,所不同的是减振器阻尼值可以根据道路条件和行驶速度自动连续调节。减振器阻尼连续调节的方法有电动调式式、比例电磁阀调节式、磁流变调节式和压电调节式等多种。

图 13-7 所示为一种电动调节式半主动悬架系统,悬架控制器 3 根据车速、转向盘转角以及加(减)速度传感器信号计算出系统的阻尼值并发出控制指令给步进电动机 2,步进电动机带动阀杆 4 旋转调节阀门 5,使其改变节流孔的通道截面大小,达到连续调节悬架系统阻尼的目的。

比例电磁阀调节式连续可变阻尼减振器是在双筒式减振器的基础上增加了 1 个中间缸和 1 个比例电磁阀控制的电子节流阀,其结构如图 13-8 所示。工作时,根据相关传感器信号与 ECU 的处理信号给出相应的控制电流,由电磁阀对节流阀芯的开口大小进行连续调节,实现减振器阻尼连续可调。

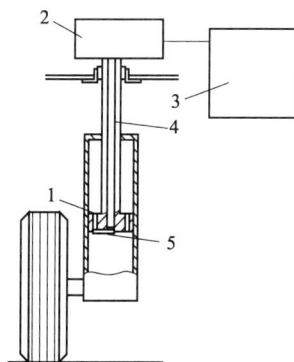

图 13-7 电动调节式半主动悬架系统
1-节流孔;2-步进电动机;3-悬架控制器;4-阀杆;5-调节阀门

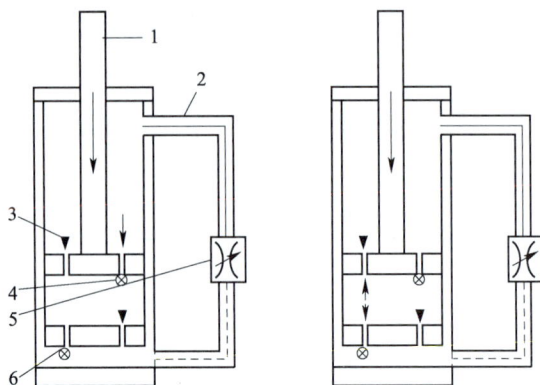

图 13-8　比例电磁阀调节式连续可变阻尼减振器
1-活塞杆;2-中间缸;3-流通阀;4-伸张阀;5-电磁阀控连续可变节流口;6-压缩阀

　　磁流变调节式连续可变阻尼减振器结构如图 13-9 所示,减振器中的油液为含有40%铁质悬浮微粒的合成油液,并在减振器活塞上下两腔的油液通道旁边设有由控制器控制通过电流的电磁线圈。当电磁线圈断电时,减振器油液中的铁质微粒将随机分散在油液中,油液黏度较小,油液通过活塞上油液通道时的阻尼也小;当需要增大减振器阻尼时,ECU 向电磁线圈通电,电磁线圈在活塞上的油液通道的周围将产生较强的磁场,将油液中的铁质微粒集中到油液通道附近并排列成纤维结构,使得含铁油液变成具有较大黏度的胶状体,这种状态的油液在流经通道时阻力会显著变大。控制电磁线圈的电流大小,便可连续调节悬架的阻尼且响应时间很短。

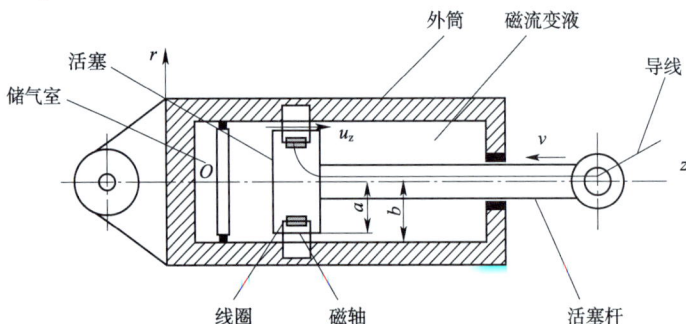

图 13-9　磁流变调节式连续可变阻尼减振器

第三节　主动悬架系统

一、主动悬架系统的特点

　　主动悬架系统包含有一个液压泵或空气压缩机,是一种具有作功能力的悬架,能够根据汽车载荷、车身高度、车速、转向角度、路面状况等行驶条件以及加速、制动等信号,由电子控制单元(ECU)控制悬架执行机构,从而改变悬架系统的刚度、减振器的阻尼力及车身高度等参数,达到同时满足汽车的行驶平顺性、操纵稳定性等各方面的要求。主动悬架系统具有如下特点:

　　(1)悬架刚度可以设计得很小,使车身具有较低的固有频率,以保证正常行驶时的乘坐舒适性。由于刚度可调,使汽车转弯出现的车身侧倾,制动、加速等引起车身的纵向摆动等问题得到解决。

（2）采用主动悬架系统时，因不必兼顾正常行驶时汽车的舒适性，可将汽车抗侧倾、抗纵摆的刚度设计得较大，因而提高了汽车的操纵稳定性，使汽车的行驶安全性得以提高。

（3）汽车载荷变化时，主动悬架系统能自动维持车身高度不变，汽车即使在凸凹不平道路上行驶也可保持车身平稳。

（4）普通汽车在制动时车头向下俯冲，由于前后轴载荷发生变化，延长了制动过程。主动悬架系统可以在制动时使车尾下沉，充分利用车辆与地面的附着条件，加速制动过程，缩短制动距离。

（5）主动悬架可使车轮与地面保持良好接触，即车轮跳离地面的倾向减小，可提高车轮与地面的附着力，从而增加了汽车抵抗侧滑的能力。

二、主动悬架系统的基本结构和控制原理

主动悬架系统包括主动式空气弹簧悬架系统和主动式油气弹簧悬架系统。

1. 主动式空气弹簧悬架系统的基本结构和控制原理

主动式空气弹簧悬架系统各部件在车上的布置如图13-10所示。主要由空气压缩机、干燥器、空气电磁阀、车身高度传感器、带有减振器的空气弹簧、悬架控制执行器、悬架控制选择开关及ECU等组成。空气压缩机由直流电动机驱动产生压缩空气，压缩空气经干燥器干燥后由空气管道经空气电磁阀送至空气弹簧的主气室。当车身需要降低时，ECU控制电磁阀使空气弹簧主气室中压缩空气排到大气中去，空气弹簧压缩，车身降低；当车身需要升高时，ECU控制空气电磁阀使压缩空气进入空气弹簧的主气室，使空气弹簧伸长，车身升高。在空气弹簧的主、副气室之间有一连通阀，空气弹簧的上部装有悬架控制执行器。ECU根据各传感器输出信号，控制悬架执行器，一方面使空气弹簧主、副气室之间的连通阀发生改变，使主、副气室之间的气体流量发生变化，因此改变悬架的弹簧刚度；另一方面，执行器驱动减振器的阻尼力调节杆，改变减振器的阻尼力。

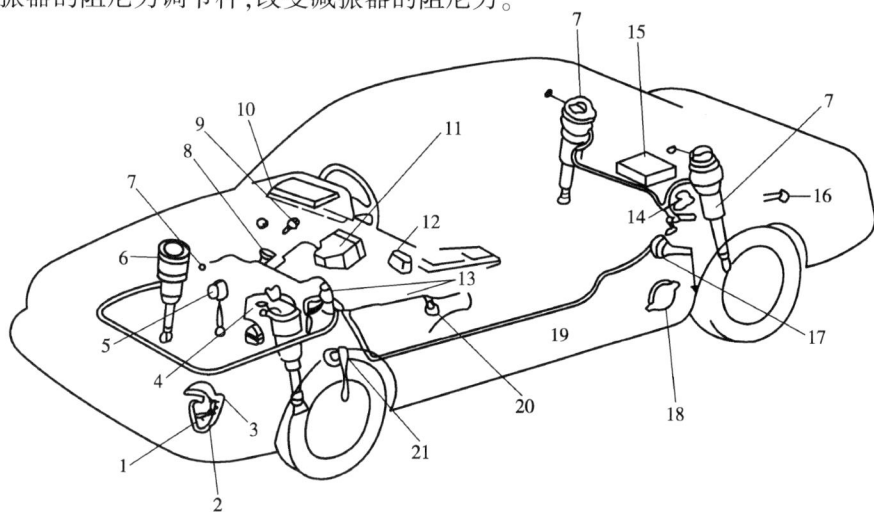

图13-10 主动式空气弹簧悬架系统布置图

1-空气压缩机；2-空气电磁阀；3-干燥器；4-节气门位置传感器；5-车身高度传感器；6-带减振器的空气弹簧；7-悬架控制执行器；8-转向传感器；9-停车灯开关；10-TEMS指示灯；11-电子多点视频器；12-悬架控制开关；13-1号高度控制阀；14-2号高度控制阀；15-显示器用ECU；16-诊断接口；17-车身高度传感器；18-悬架用ECU；19-空气管道；20-车速传感器；21-车身高度传感器

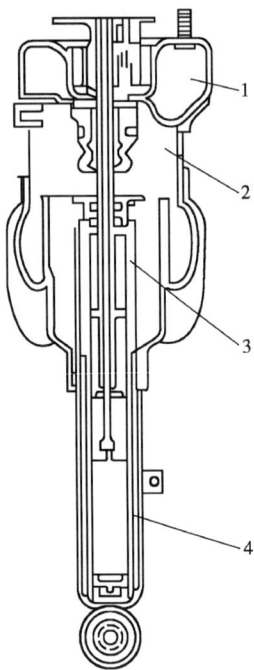

图 13-11 空气悬架系统的结构

1-副气室;2-主气室;3-低压惰
性气体;4-减振器

汽车电器与电子技术(第二版)

1)空气悬架系统刚度控制的基本结构和工作原理

(1)空气悬架系统的结构。空气悬架系统的基本结构如图 13-11 所示,由减振器(封入低压惰性气体和阻尼力可调)、主气室、副气室和悬架执行元件组成。主气室是可变容积的,在它的下部有一个可伸展的隔膜,压缩空气进入主气室可升高悬架的高度,反之使悬架高度下降。主、副气室设计为一体既省空间,又减轻了质量。悬架的上方与车身相连,下方与车轮相连。随着车身与车轮的相对运动,主气室的容积在不断变化。主气室与副气室之间通过一个通道,气体可相互流通。改变主、副气室间的气体通道的大小,就可以改变空气悬架的刚度。减振器的活塞通过中心杆(阻尼调整杆)与悬架控制执行器相连接,其结构原理与前述无级式半主动悬架系统的阻尼调节装置的结构基本相同。

(2)悬架刚度调节原理。悬架刚度调节原理如图 13-12 所示。主、副气室间的气阀体上有大小两个通道。悬架控制执行器带动气阀体控制杆转动,使阀芯转过一个角度,改变气体通道的大小,就可以改变主、副气室之间的气体流量,使悬架的刚度发生变化。

悬架刚度可以在低、中、高三种状态下变化。

当阀芯的开口转到对准图示的低位置时,气体通道的大孔被打开。主气室的气体经过阀芯的中间孔、阀体侧面通道与副气室的气体相通,两气室之间空气流量大,相当于参与工作的气体容积增大,悬架刚度处于低状态。

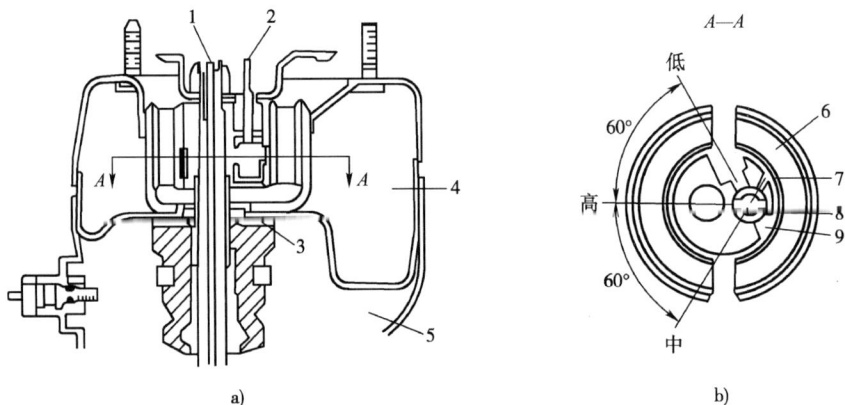

图 13-12 悬架刚度调节原理

1-阻尼调节杆;2-气阀控制杆;3-主、副气室通道;4-副气室;5-主气室;6-气阀体;7-气体通道小孔;8-阀芯;9-气体通道大孔

当阀芯的开口转到对准图示的中间位置时,气体通道的小孔被打开。两气室之间的流量小,悬架刚度处于中间状态。

当阀芯开口转到对准图示的高位置时,两气室之间的气体通道全部被封住,两气室之间的气体相互不能流动。压缩空气只能进入主空气室,悬架在振动过程中,只有主气室的气体单独承担缓冲的任务,悬架刚度处于高状态。

(3)悬架控制执行器。悬架控制执行器不仅控制减振器的回转阀进行阻尼调节,同时还驱动主、副气室的阀芯进行刚度调节。为适应频繁变化的工况,并保证精确的定位,驱动力采用直流步进电动机。悬架控制执行器的结构如图 13-13 所示。

步进电动机带动小齿轮 4 驱动扇形齿 7 轮转动,与扇形齿轮同轴的阻尼调节杆 5 带动回转阀转动,使阻尼孔开闭的大小发生变化,从而调节减振器的阻尼。

在调节阻尼的同时,齿轮传动机构带动与气室阀芯相连接的气阀控制杆 6 转动,随着气室阀芯角度的改变,悬架的刚度也得以调节。

电磁线圈 1 控制的电磁制动开关松开时,制动杆 2 处于扇形齿轮的滑槽内,扇形齿轮可以转动;电磁制动开关吸合时,制动杆往回拉,齿轮系处于锁住状态,各转阀均不能转动,使悬架参数保持相对稳定。

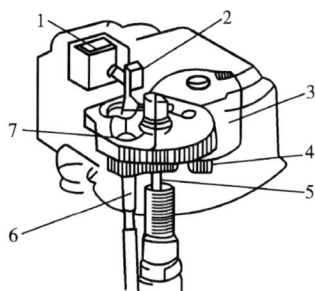

图 13-13　悬架控制执行器的结构
1-电磁线圈;2-制动杆;3-步进电动机;4-小齿轮;5-阻尼调节杆;6-气阀控制杆;7-扇形齿轮

2)车身高度控制系统的结构及工作原理

车身高度控制系统是根据乘员人数、装载质量和行车速度,调节车身高度,从而提高乘坐舒适性和高速行驶的稳定性,降低空气阻力,减小前照灯光束照射角度的变化,并改善汽车的驻车姿势。

(1)结构及工作原理:车身高度控制系统主要由空气压缩机、排气阀、干燥器、进气阀、储气罐、调压阀、高度传感器、气室及 ECU 组成,如图 13-14 所示。

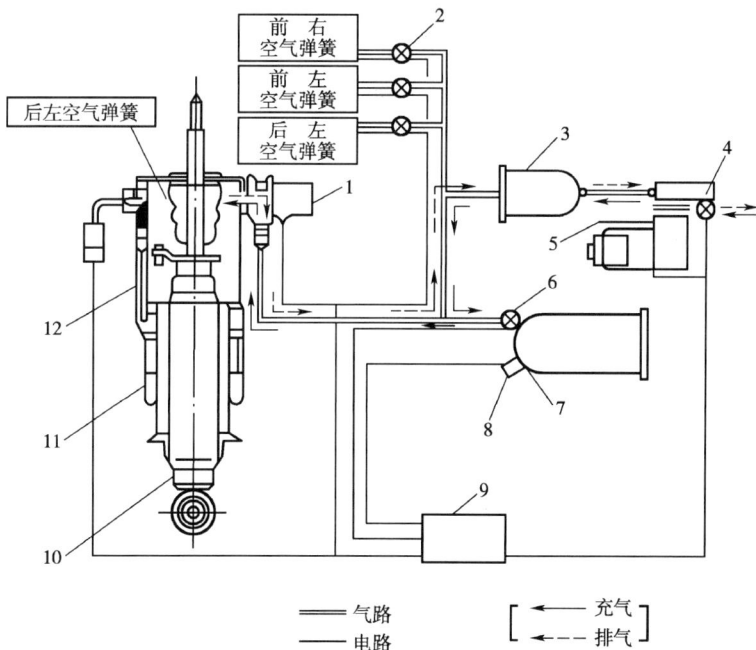

图 13-14　车身高度控制系统

1、2-电磁阀;3-干燥器;4-排气阀;5-空气压缩机;6-进气阀;7-储气罐;8-调压阀;9-ECU;10-减振器;11-伸缩膜;12-高度传感器

直流电动机带动空气压缩机工作,从压缩机出来的压缩空气经干燥器 3 干燥后进入储气罐 7,储气罐气体压力由调压阀 8 进行调节。

ECU 根据车高传感器信号的变化和驾驶人的控制模式指令,给控制车高的电磁阀发出指令。当车身需要升高时,电磁阀动作,压缩空气进入空气悬架的主气室,主气室的充气量增加,车身上升。如果电磁阀不动作,则悬架主气室的气量保持不变,车身维持一定的高度。如果乘客增加而使车身高度降低时,车高传感器 12 输出的车高信号将与 ECU 存储的车高信息相符,ECU 就会发出指令,电磁阀通电打开,给悬架主气室充气,直到车高达到规定的高度为止。当车身需要下降时,空气压缩机停止工作,电磁阀通电打开,同时排气阀也通电打开,悬架主气室的气体通过电磁阀、空气管路、干燥器 3、排气阀 4 而排出,车身下降。

干燥器的封闭容器内装有硅胶,在压缩空气经干燥器送至储气罐时,硅胶将压缩空气中的水分吸出。在排气阀打开、压缩空气经排气阀从系统中排出时,通过抽气喷嘴将吸出的潮湿气雾从干燥器内排出。

（2）身高度传感器:车身高度传感器作用是检测车身高度(汽车悬架装置的位移量),并将它转换成电子信号,输入悬架控制装置 ECU。在主动悬架系统中,要对车身高度进行检测与调节,一般只需在悬架上安装三个车身高度传感器,即在左、右前轮和后桥中部各装一个车身高度传感器,若传感器数目多于三个,则会出现干涉现象。

常用车身高度传感器有舌簧开关式、霍尔式、光电式,其中光电式车身高度传感器使用的最为广泛。光电式高度传感器的结构与工作原理详见本书第八章介绍。

2. 主动式油气弹簧悬架系统基本结构和控制原理

油气弹簧以气体作为弹性介质,而用油液作为传力介质,一般由气体弹簧和相当于液力减振器的液压缸组成。通过油液压缩气室中的空气实现刚度调节,通过电磁阀控制油液管路中的小孔节流实现变阻尼调节。图 13-15 为主动式油气弹簧悬架布置图,该系统采用了以下 5 个基本行车状态的传感器。

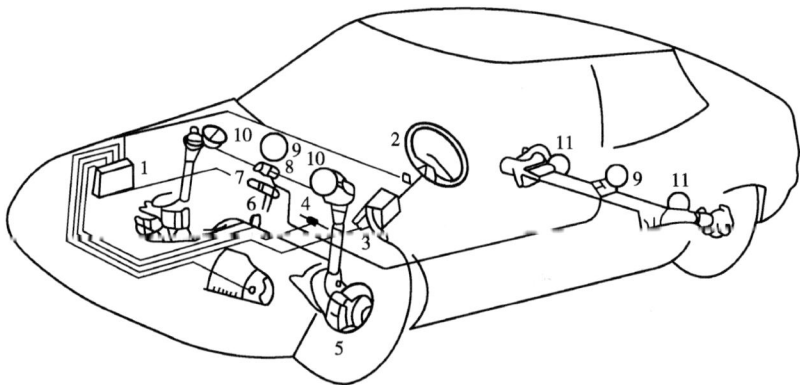

图 13-15　主动式油气弹簧悬架系统

1-ECU;2-转向盘转角传感器;3-加速度传感器;4-制动压力传感器;5-车速传感器;6-车身位移传感器;7-电磁阀;8-辅助液压阀;9-刚度调节器;10-前油气室;11-后油气室

（1）转向盘转角传感器安装在转向柱上,用于测量转向盘转角信号,并将信号送入 ECU。

（2）加速度传感器与加速踏板连接,将测得的加速信号送给 ECU。

（3）制动压力传感器安装于制动管路中,制动时向 ECU 发送一个阶跃信号表示制动,使 ECU 产生抑制"点头"的信号输出。

（4）车速传感器安装于车轮上,送出与转速成正比的脉冲,ECU 利用它和转向盘转角信号,可以计算出车身的侧倾程度。

（5）车身位移传感器安装于车身与车桥之间，用来测量车身与车桥的相对高度，其变化频率和幅度可反映车辆行驶的平顺性，同时还用于车高自动调节。

系统工作原理如图 13-16 所示，电磁阀在 ECU 指令下向右移动，接通压力油道，使辅助液压阀 8 的阀芯向左移动，中间的油气室与主油气室连通，使总的气室容积增加，气压减小，从而刚度变小。a、b 节流孔是阻尼器，在图 13-16a) 位置，系统处于"软"状态，在图 13-16b) 位置，电磁阀 7 中无电流通过，在弹簧作用下，阀芯左移，关闭压力油道，原来用于推动液压阀的压力油通过电磁阀的左边油道泄出，辅助液压阀阀芯右移，关闭刚度调节器，气室总容积减小，刚度增大，使系统处于"硬"状态。在正常行车状态时，系统处于"软"状态，以提高乘坐舒适性，当高速、转向、起步和制动时，系统处于"硬"状态，以提高车辆的操纵稳定性。

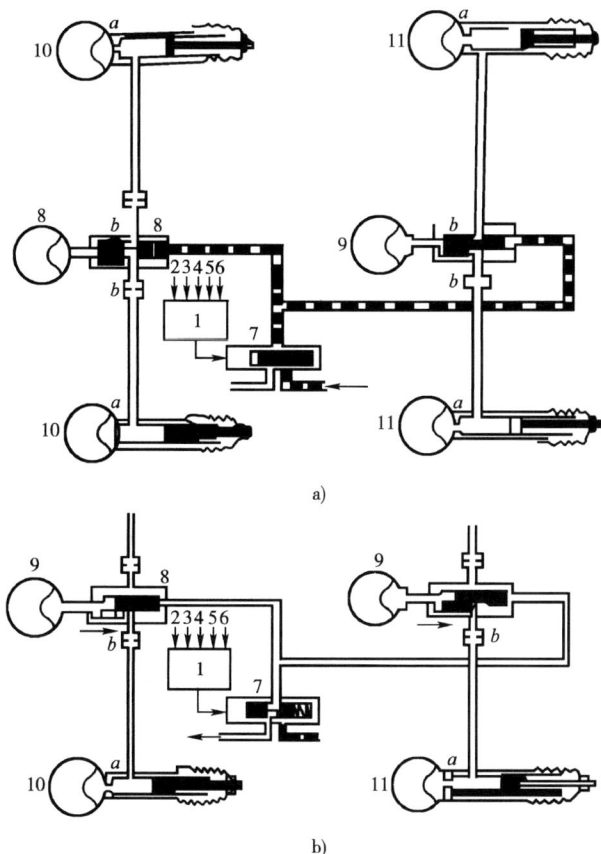

图 13-16　油气弹簧悬架系统工作原理

1-ECU；2-转向盘转角传感器；3-加速度传感器；4-制动压力传感器；5-车速传感器；6-车身位移传感器；7-电磁阀；8-辅助液压阀；9-刚度调节器；10-前油气室；11-后油气室

第十四章 车身电子系统

第一节 安全气囊系统

安全气囊系统(Supplemental Restraint System,SRS)是一种辅助防护系统。其功能是:当汽车前方一定角度范围内遭受的碰撞达到足够强度时,安装在驾驶人或乘员前方的气囊迅速膨胀,在驾驶人或乘员与车内构件之间形成一个气垫,利用气囊排气节流的阻尼作用吸收人体惯性力产生的动能,从而减轻人体遭受伤害的程度。因此,安全气囊是汽车的一种被动安全保护系统。

一、安全气囊系统的组成和类型

安全气囊系统主要由安全气囊组件、碰撞传感器和电子控制装置(SRS ECU)等组成,如图 14-1 所示。

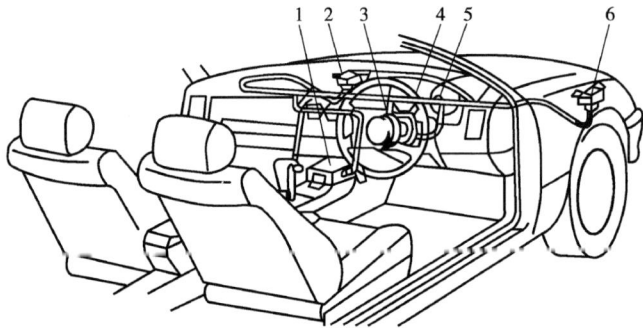

图 14-1 安全气囊系统的组成

1-安全气囊电子控制器总成;2-汽车前部气囊传感器(左);3-转向盘中心部位(气囊与充气装置);4-旋转连接器;5-气囊报警灯;6-汽车前部气囊传感器(右)

根据适用的碰撞类型不同,安全气囊系统可分正面碰撞防护安全气囊、侧面碰撞防护安全气囊和顶部碰撞防护安全气囊。正面碰撞防护安全气囊有较高的装车率,对正面碰撞事故中的驾驶人和前排乘员起到了很好的安全保护作用。随着对乘车安全性要求的提高,侧面碰撞防护安全气囊和顶部碰撞防护安全气囊的使用也将逐渐增多。

根据气囊数量的不同正面碰撞防护安全气囊系统可分为单气囊系统和双气囊系统两种。单气囊系统只有在驾驶人侧安装了一个气囊,双气囊系统则在前排乘员侧也安装了一个气囊。

根据安全气囊触发机构的形式,安全气囊系统可分为机械式和电子式两种。机械式安全气囊的触发不需使用电源,检测碰撞动作和引爆点火剂都是利用机械装置动作来完成。

电子式安全气囊是利用碰撞传感器检测碰撞信号并送往气囊电子控制装置（SRS ECU），SRS ECU 根据传感器信号判断碰撞强度并向安全气囊组件中的点火器发出点火指令引爆点火剂使气囊充气。

二、安全气囊系统的工作原理

安全气囊系统的工作原理，可以用图 14-2 所示的正面碰撞控制原理为例来说明。

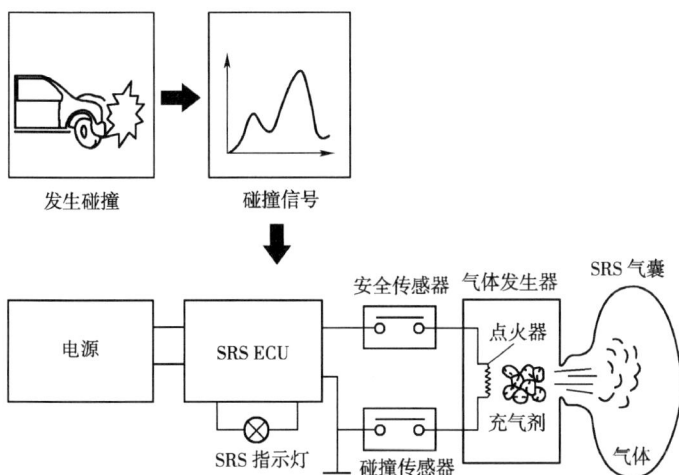

发生碰撞　　碰撞信号

安全传感器　气体发生器　SRS 气囊

电源　SRS ECU　点火器　充气剂　气体

SRS 指示灯　碰撞传感器

图 14-2　安全气囊系统的工作原理

当汽车遭受前方一定角度范围内（通常为车前方 ±30°）的碰撞时，安装在汽车前部碰撞传感器和 SRS ECU 内部的安全传感器检测到汽车突然减速的信号，当汽车遭受碰撞且减速度达到设定阈值时，上述碰撞传感器将信号输入 SRS ECU，经 SRS ECU 判别后发出指令控制气体发生器内点火器电路接通使点火器引爆，燃烧剂点火爆炸燃烧产生大量热量使充气剂受热分解并释放出大量氮气充入气囊，气囊冲开气囊组件上的装饰盖并鼓向驾驶人或乘员，使驾驶人或乘员面部和胸部压靠在充满气体的气囊上，在人体与车内构件之间铺垫一个气垫，将人体与车内构件之间的碰撞变为弹性碰撞，通过气囊产生变形和排气节流来吸收人体碰撞产生的动能，从而达到保护人体之目的。整个过程时间为 100～120ms。

三、安全气囊系统各部件的工作原理

1. 传感器

安全气囊系统所用的传感器，根据所承担的任务不同分为碰撞传感器与安全传感器。碰撞传感器用来感测汽车碰撞的强度信息，是 SRS ECU 判断安全气囊是否点火充气的重要依据；安全传感器则是用来防止系统在非碰撞状况引起安全气囊误动作。

1）碰撞传感器

碰撞传感器又称为碰撞烈度传感器，一般安装在汽车左前与右前翼子板内两侧前照灯支架下面、发动机散热器（水箱）支架左，右两侧或左右仪表台下面等部位。常用的碰撞传感器按结构和信号形式分有机械触点式和电子式两大类。机械触点式碰撞传感器有偏心锤式、滚球式和滚柱式等多种结构形式；电子式碰撞传感器主要有压电式和压敏电阻式。其结构和工作原理详见本书第八章介绍。

2）安全传感器

安全传感器又称为保险传感器,用来防止系统在非碰撞状况下引起气囊误动作,一般都安装在 SRS ECU 内部控制气囊点火器电源电路。其结构是一个汞开关,如图 14-3 所示。当汽车发生碰撞时,足够大的减速度力将汞上抛,接通电路。

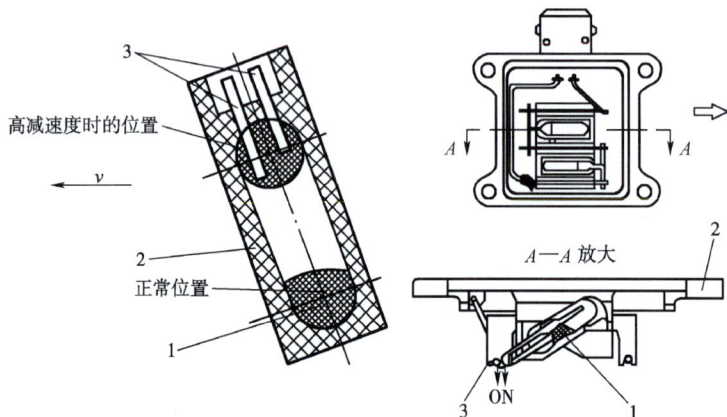

图 14-3　安全传感器
1-汞;2-壳体;3-接点

2. 气体发生器

气体发生器由点火器、燃烧剂、过滤器、缓冲垫、喷口过滤网、上、下盖等组成,如图 14-4 所示。其工作过程是:点火器引燃燃烧剂,使充气剂产生大量高温气体,通过渣状过滤屏过滤后的气体进入气体发生器的外层空腔,经进一步过滤并冷却后进入气囊使其膨胀。

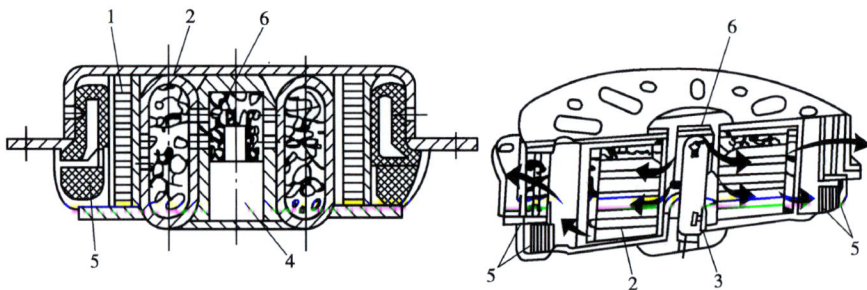

图 14-4　气体发生器
1-冷却器;2-充气剂;3-点火器;4-点火器安装位置;5-过滤器;6-燃烧剂

3. 气囊

气囊按位置分为驾驶人气囊、乘员气囊和侧面气囊等;有用来保护上身的大型气囊,也有用来主要保护面部的小型气囊。驾驶人气囊多采用尼龙布涂氯丁橡胶或有机硅制造。橡胶涂层起密封和阻燃作用,气囊背面有两个泄气孔。乘员气囊没有涂层,靠尼龙布本身的间隙泄气。

4. 旋转连接器

由于安全气囊安装于转向盘内,如使用普通的滑环作为导电形式,则转向盘的旋转部位会由于长期使用、触点磨损而引起接触不良,导致可靠性下降。为此,在转向盘转动部位设有电缆卷筒或螺旋电缆收缩装置,如图 14-5 所示。它是将卷绕的条片状导线装入一壳体内,保证电路的接通。当转子由中间位置向正反两个方向各转 2.5 圈时,不会影响导线的连接。

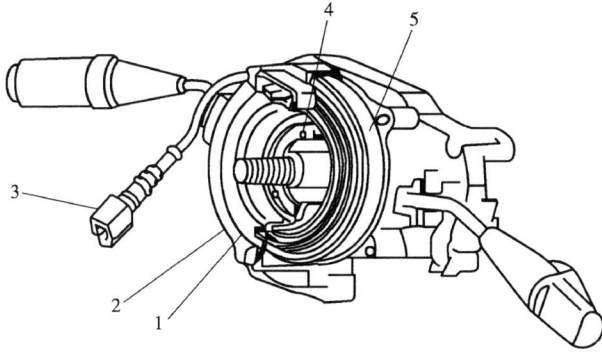

图 14-5　旋转连接器

1-旋转体;2-壳体;3-气囊用接头(充气装置用);4-解除凸轮;5-电缆

5.电子控制装置(SRS ECU)

电子控制装置包括引爆控制电路、驱动电路、储存电路和诊断电路等,如图 14-6 所示。引爆控制电路在接到各传感器送来的碰撞信号后,通过比较、判别,确认碰撞发生时,向驱动电路发出指令,由驱动电路接通电源引爆气囊。自诊断电路不断分析和诊断安全气囊系统的各种故障,这些故障可能造成无法引爆或意外引爆气囊。一旦发现故障,将点亮仪表板上的安全气囊系统报警灯,并将这些故障内容编成代码储存在记忆电路中,以备将来检修时用。如果诊断电路发现的故障有可能导致意外引爆气囊,诊断电路将向安全电路发出信号,在故障排除前,禁止触发气囊。

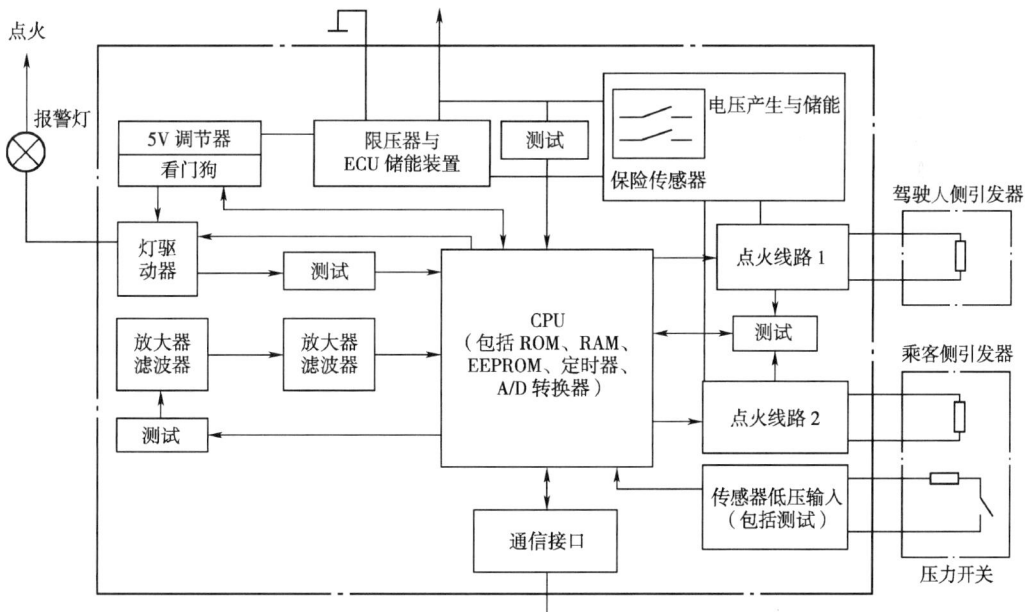

图 14-6　电子控制装置 SRS(ECU)

备用电源包括一个直流稳压器和一个储能器。直流稳压电源保证供给系统电压的恒定性,使系统能正常工作而不发生失效引爆事故。储能器用来储存电能,在碰撞中发生车上电源中断时,它将担负起气囊系统的电源作用,确保气囊可靠引爆。

四、安全气囊的使用维修注意事项

安全气囊系统是一个可靠性要求极高的电子控制系统,如在使用维修过程中任何不当的操作,包括不正确的拆卸和安装,都有可能产生安全隐患,造成安全气囊系统在紧急情况下不能及时打开或导致意外打开造成人身伤害,因此,在使用维修过程中应严格执行正确的操作程序,并注意以下事项:

(1)对安全气囊系统的任何作业均应先摘下蓄电池搭铁线,90s或更长时间以后,待电子控制装置中的电容(备能器)完全放电后再进行,以免造成气囊误爆;脱开蓄电池之前,必须要调出诊断代码。

(2)对安全气囊系统的电气测试要在系统安装好后才可进行,切不可用万用表测量气囊引发器的电阻,以免造成气囊误爆。

(3)安全气囊系统电器零件均一次性使用,决不能使用修复的碰撞传感器,左前和右前碰撞传感器应同时更换。在更换碰撞传感器时,应使用新的螺栓固定,不能使用其他不同型号车辆上的零部件。更换后,应执行自诊断,检查全部安全气囊的功能。

(4)不可在转向盘和乘客侧气囊部位粘贴任何饰物或胶条。

(5)不得擅自改动安全气囊系统的线路和元件。若线束损坏,则更换新线束。

(6)对安全气囊传感器不能进行人为冲击试验。在汽车修理作业中如对传感器会有冲击,应将它拆下,待修理完毕后再按规定装复。

(7)旋转连接器不能修理,切勿拆开,如有故障请更换整个部件。往转向柱上安装转向盘时,要前轮回正,使转向柱和旋转连接器间的配对标记对正,然后安装。拆卸转向机构时,要将前轮回正并取下点火钥匙,否则有可能损伤旋转连接器或使气囊打开。安全气囊展开后,旋转连接器要更换。

(8)在拆卸或存放安全气囊时,应将缓冲垫(软面)朝上,上面不可叠置任何物品。气囊存放处的温度不可高于93℃,湿度也不可过高。

(9)检修电焊作业前,要摘开转向柱下组合开关附近的气囊连接器,气囊系统的线束和连接器一般套有特殊颜色的套管(通常为黄色),借以与其他系统线束作区别,连接器具有防误爆功能,检查时一般不要损坏这些套管和连接器,以防连接器失去安全功能。

(10)不允许对电子控制装置和碰撞传感器进行敲击、跌落、振动或酸碱、油、水的侵蚀。如发现有凹陷、裂纹、变形或生锈,要更换新件。

(11)电子控制装置和碰撞传感器在安装时,一定要将安装方向与电子控制装置及传感器上的标定方向一致。

(12)安全气囊接线插头拔出后,可用一小段铜线将气囊接头短接。

(13)将气囊接入电路之前,可用一只12V的小灯泡代替气囊接入电路,检查时,在下述情况下小灯泡均不闪亮为正常:

①接通点火开关。

②起动发动机。

③汽车行驶至车速超过80km/h时,紧急制动。

④在崎岖道路上行驶,或设置常见障碍,如路面有砖头等,高速驶过。

第二节　汽车电子防盗系统

一、防盗系统的类型

汽车防盗系统实质上是一种安装在车上,用来增加盗车难度,延长盗车时间,防止车辆被盗的装置。防盗系统按结构可分为三大类:机械式、电子式、电子跟踪定位式(也称网络式)。

1. 机械式防盗装置

1)转向盘锁

转向盘锁是将转向盘锁住使其不能转动,或在转向盘上装一根长铁棒使转向盘不能正常使用,有的转向盘锁则把转向盘与制动脚踏板连接一起,使转向盘不能做大角度转向及制动汽车,从而达到防盗的目的。

2)变速手柄锁

在变速手柄附近安装变速手柄锁,可使变速器不能换挡从而限制汽车的正常行驶。

3)轮胎锁

用一套专用锁具将汽车的一只轮胎锁定,使汽车不能移动而达到防盗的目的。

上述这些机械式防盗装置虽然成本较低,但使用起来不太方便且安全性可靠性较差。现代汽车则广泛采用电子式防盗系统。

2. 电子式防盗系统

电子式防盗系统具有声音和灯光报警功能以及锁定发动机控制电脑或起动系统电路的功能,通常装有电控中央门锁、超声波传感器和振动传感器等监控装置,当盗贼非法打开车门、行李舱门或发动机罩,强行进入车内,企图起动车辆时,报警装置(喇叭、转向指示灯、前照灯)就会鸣叫、闪亮以吓阻盗贼;同时可通过电子应答来判断用户使用的钥匙是否正确,并以此确定是否允许发动机控制单元工作。若钥匙密码信号不符,将会立即切断点火、喷油电路、供油电路及起动电路使发动机不能起动。

电子式防盗系统安装隐蔽,功能齐全,无线遥控操作简便,但对安装调试技术要求较高,可靠性要求也高,不能受其他电波干扰而出现误动作。

3. 电子跟踪定位式防盗系统

电子跟踪定位式防盗系统是建立在无线寻呼系统、公用有线和无线通信系统以及卫星全球定位系统(GPS)等高科技电子通信技术发展的基础上的,它必须具备网络中心、车载装置两大部分。网络中心监控联网中的各车辆并且管理整个网络,车载装置担任车辆的防范工作并且和网络中心保持联系(在防范要求上,它应和上述车辆防盗报警系统的功能基本相同,而由于联网的需要,它必然还有信息收发和显示功能)。在网络区域内,入网的车辆与网络中心之间保持着联系,车辆若发生被盗、被抢等警情时,网络中心会通过定位、跟踪功能,便能够使被盗、被抢车辆得到及时救援,还能对车辆准确地实施追堵。因此,这是目前最先进的防盗系统。

二、电子防盗系统的组成和工作原理

电子式防盗系统一般由车身防盗报警装置和发动机防起动装置两部分组成。当盗贼企图非法开锁或强行进入车内而触发防盗报警系统后,车身防盗报警装置将发出刺耳的声音和闪光,恐吓盗贼,增加盗贼的心理压力,使其主动放弃,同时也提醒路人和车主以便采取相应措施;当盗贼企图非法起动车辆时,防盗系统使起动机或发动机电脑控制系统处于锁止状态,使其无法起动车辆,延长其盗车时间。部分原厂车为了降低成本,仅安装发动机防起动装置。

1. 车身防盗报警装置

图 14-7 所示为轿车的车身防盗报警装置,控制原理框图如图 14-8 所示。

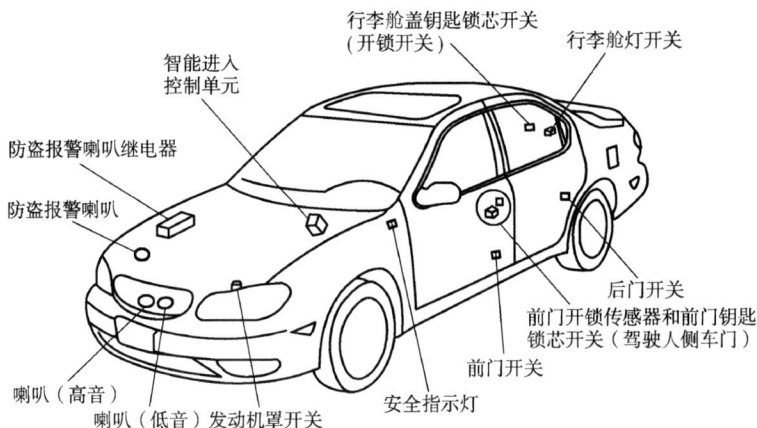

图 14-7　车身防盗报警装置的组成及布置

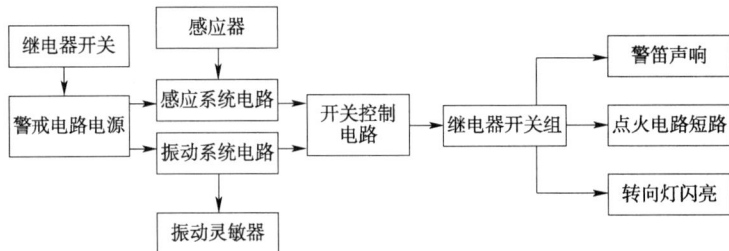

图 14-8　车身防盗报警装置控制原理框图

电子防盗报警装置的各部分组成及主要功能如下:

(1)防盗控制器:即遥控防盗系统控制单元,它是防盗系统的核心和控制中心。

(2)感应探测部分:它由传感器或探头组成,目前普遍使用的是振荡传感器,部分车辆也使用微波及红外探头,当车辆受到盗贼外力击打、非法开锁或非法进入车内时,将为防盗控制器提供触发信号。

(3)门控部分:包括发动机罩开关、门开关及行李舱开关等。

(4)报警部分:包括安全指示灯和防盗喇叭。安全指示灯用于指示防盗系统的工作状态,当防盗系统被触发或非法动作(开、闭锁)时防盗喇叭发出警报。

其工作原理如下:

当车身防盗系统的激活处于预警状态时,防盗控制器根据车门开关、发动机罩开关、行李舱开关、点火开关和超声波传感器等输入的信号,对汽车的不正常状态和非授权侵入进行监测。当判定出现不正常状态或非授权侵入时,电控单元将通过控制相应继电器使喇叭和报警器鸣响,使车灯和警告等闪烁,发出声光报警信号,并通过防盗继电器切断点火和起动机电路,使汽车不能起动。声光信号持续报警时间可以进行预设,一般为 1～3min。

2. 发动机防起动装置

大部分汽车原厂家的防盗系统多为防起动装置,即在车主离开汽车并设定防盗系统后,如有人非法进入车内,并试图用非法配制的点火钥匙起动车辆时,防发动机起动装置则断开发动机点火电路或通过发动机电脑控制系统切断喷油控制电路(有的车型也同时切断汽油泵电路),使起动机无法运转,从而防止车辆被盗。下面以桑塔纳2000GSI型轿车的防发动机起动装置为例,说明发动机防起动装置的原理。图14-9所示为桑塔纳2000GSI型轿车的防发动机起动装置的组成,由带转发器的钥匙、收发线圈和防盗控制器三部分组成,并由一个指示灯表示系统的不同状态。其控制电路如图14-10所示。

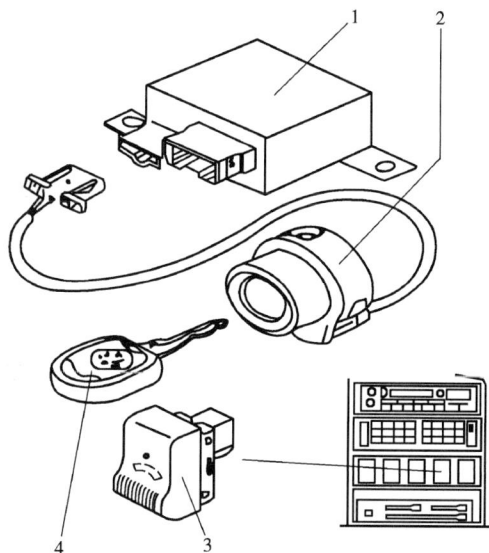

图14-9 桑塔纳2000GSI轿车电子防盗系统的组成

1-防盗器控制单元J362(装于转向柱左支架上);2-防盗器读识线圈D2(在点火锁上);3-防盗器警告灯K117(在仪表板上);4-带转发器的汽车钥匙

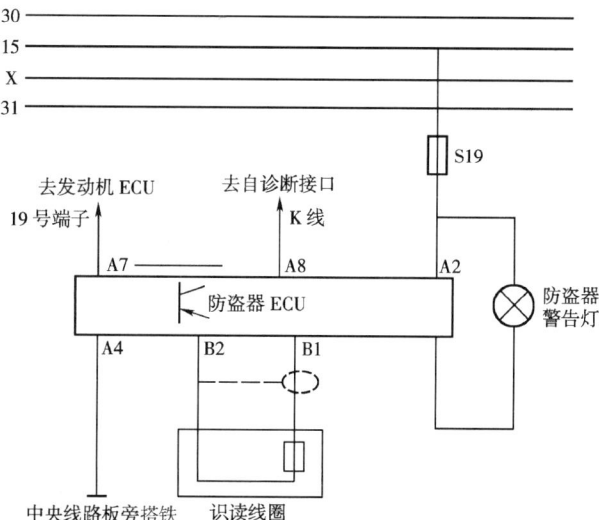

图14-10 桑塔纳2000GSI轿车电子防盗系统控制电路

(1)带转发器的钥匙:每一把钥匙中都有一只棒状转发器,内含有运算芯片和一个细小的电磁线圈。在系统工作期间,它与收发线圈一起完成防盗控制器与转发器中运算芯片信号及能量传递工作。点火开关打开后,收发线圈受防盗控制器的驱动,在它周围建立起电磁场;转发器中的电磁线圈受该电磁场的激励,就可以提供转发器中运算芯片工作所需的能量;还可以提供时钟同步信号,并在运算芯片与控制器之间传递各种信息。

（2）收发线圈:收发线圈安装在点火锁芯上,通过一定长度的导线与防盗控制器相连,作为防盗控制器的负载,担负防盗控制器与转发器之间信号及能量的传递任务。

（3）防盗控制器:防盗控制器是一个包含微处理器的电子控制器,只有在点火开关打开时才工作,它进行系统密码运算及比较过程,并控制整个系统的通信过程(包括与转发器和发动机控制器的通信),同时它还完成与诊断仪的通信工作。其内部框图如图 14-11 所示。

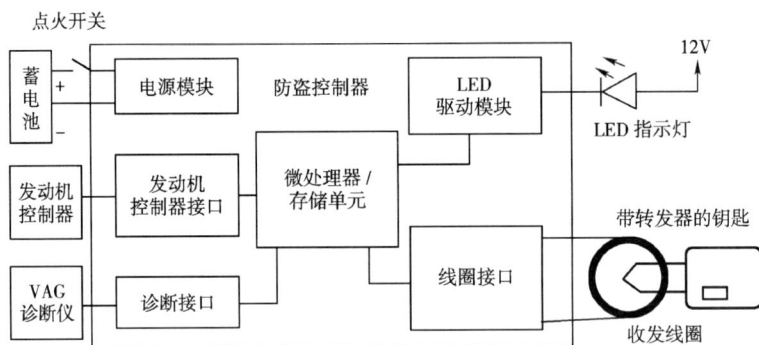

图 14-11　防盗控制器内部框图

桑塔纳 2000GSI 轿车防盗系统发动机防起动装置的原理如下:

当点火钥匙插入点火锁芯并将其旋至点火开关打开位置时,嵌在点火锁芯上的线圈马上受到防盗控制器的驱动,建立起一个电磁场。转发器受这个电磁场的激励才可以开始工作。点火开关一打开,防盗控制器即通过收发线圈向转发器输出一个 56bit 长度的随机数,这是一个询问过程。转发器的响应也是一个数,这个数由转发器根据从防盗控制器收到的随机数和其自身存储的密码信息经过特定的计算程序计算得出,将这个数与从转发器收到的数进行比较,两者只有吻合,防盗控制器才认为这把钥匙中的转发器是合法的。如果钥匙中没有转发器或者转发器信号太弱,防盗控制器将在 2s 内重复进行询问直至收到转发器的响应信号;若 2s 内一直没有收到转发器的响应信号,防盗控制器将向发动机控制器发出不允许起动的信号。如果钥匙中转发器非法,其响应信号也必然被防盗控制器确认为不正确,防盗控制器同样会向发动机控制器发出不允许起动的信号。在与转发器之间进行询问—应答过程的同时,防盗控制器与发动机控制器之间也存在着通信过程。在点火开关打开后,发动机控制器发出一个唤醒信号及一个内含发动机控制器识别码的请求信号给防盗控制器;只有发动机控制器识别码及转发器响应信号均与防盗控制器内存的有关信息相吻合,发动机控制器才会收到防盗控制器发出的允许起动信号。这之后,防盗系统停止工作,发动机控制器按照正常程序工作。

新钥匙配制需借助大众公司专用的 VAG 诊断仪及防盗控制器密码才能进行。

第三节　自动空调系统简介

一、自动空调系统的特点

手动空调系统操作不便,调节精度较差,并且当车外气温、日照强度以及车厢内冷、热负荷发生变化时,无法自动调整车厢内的送风温度、送风量等参数,因此,无法达到车厢内空气的最佳调节。为了能自动保持车厢内空气的舒适性环境而不受外部气候变化和车厢内冷、热负荷变化的影响,20 世纪 60 年代后期至 70 年代初,美国和日本先后采用电子控制装置和各种传感器对车外气温、日照情况以及车内温度进行不断检测,将检测信号送入电子控制器,由电子控制器对送风温度、送风速度以及送风出口进行不断调控,从而实现对车内空气参数进行自动调节和控制。这种带有自动检测和调节装置的空调系统也称为自动空调系统。

自动空调系统以微型电子计算机为控制中心,结合各种传感器对汽车发动机的有关运行参数(如冷却液温度、转速等)、车厢外的气候条件(如气温、空气湿度、日照强度等)、车厢内的平均温度、湿度、空调的送风模式(送风速度、送风口的选择等)以及制冷压缩机的开、停状况,制冷循环有关部位的温度、制冷剂压力等多种参数进行实时检测,并与操作面板送来的信号(如设定温度信号、送风模式信号等)进行比较,通过运算处理后作出判断并输出相应的调节和控制信号,通过相应的执行机构(如电磁真空转换阀和真空促动器、风门电动机、继电器等),对压缩机的开停状况,送风温度、送风模式、回风方式、暖风热水阀开度等作及时的调整和修正,以实现对车厢内空气环境进行全季节、全方位、多功能的最佳调节和控制。

二、自动空调系统的组成和工作原理

自动空调控制系统通常由传感器、空调电子控制器以及执行机构所组成,图 14-12 所示为轿车自动空调系统的结构和有关传感器的安装位置。图 14-13 所示为电子控制系统工作原理。安装在仪表板上的操作显示面板,如图 14-14 所示。

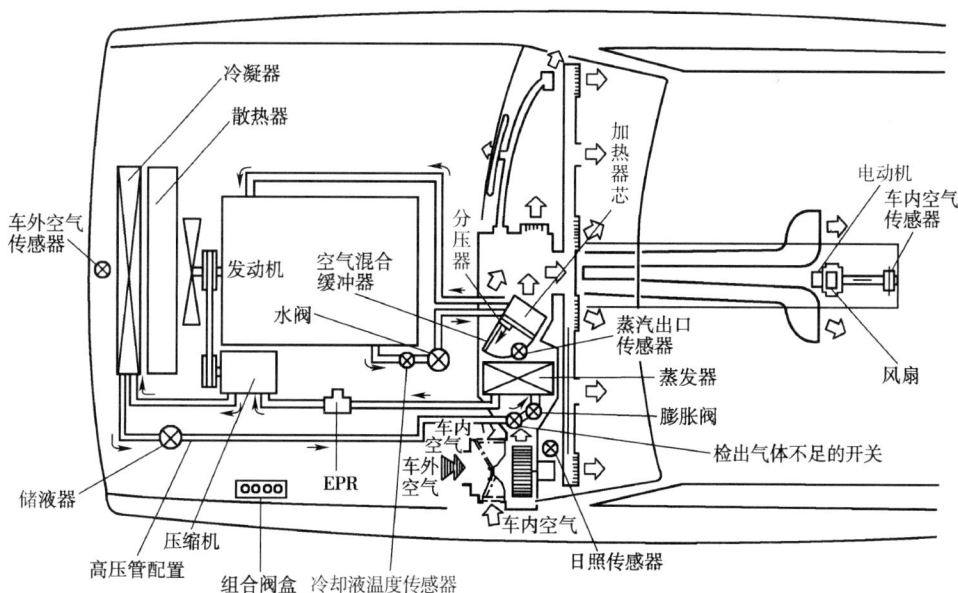

图 14-12　轿车自动空调系统的结构和有关传感器的安装位置

输入到空调电子控制器的信号,主要有车内温度、车外温度、发动机冷却液温度和日照温度等温度传感器信号,操作键盘输入信号(包括设定温度信号,空调运行模式信号等),空气混合风门位置信号,制冷循环运行参数如有关部位的制冷剂温度、压力等参数信号等。空调电子控制器输出控制信号主要有为操作各种模式风门的真空电磁转换阀信号（VSV 信号）、复式真空电磁转换阀信号（DVV 信号）或风门电动机驱动信号,鼓风机电源电压信号（用于调节送风速度或改变送风量）和向压缩机提供的开、停信号等。

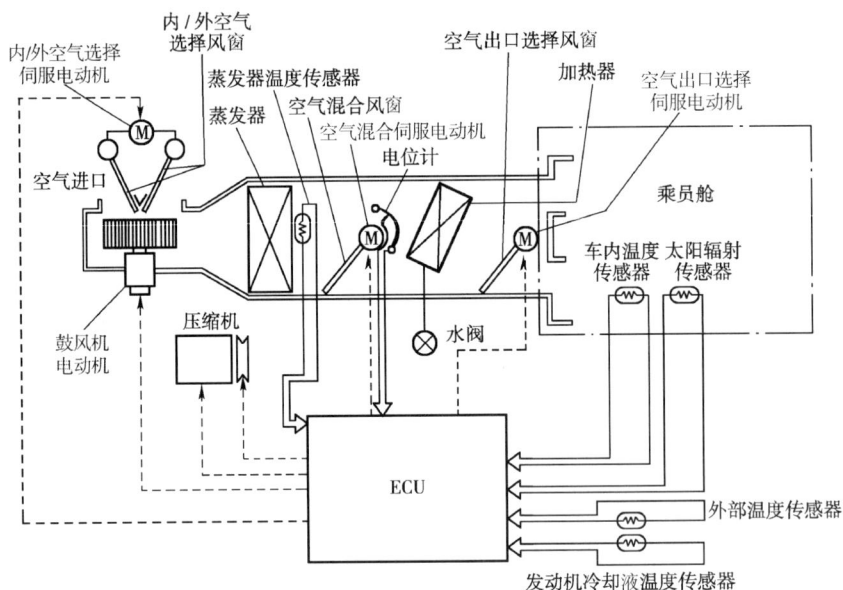

图 14-13　自动空调系统电子控制系统工作原理

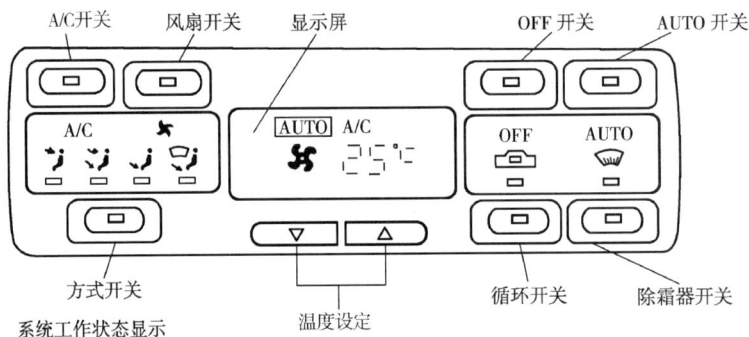

图 14-14　操作显示面板

自动空调系统工作过程如下:

(1)自动空气调节功能:包括车内温度自动调节、回风和送风模式自动控制、运转方式给定的自动化、换气量控制等。当通过操作键盘设定好车内温度以后,如汽车空调以自动方式运行,这时空调电子控制器将不断地监测各种传感器送来的信号并对送风温度、送风速度进行及时调整和修正,同时根据情况自动选择回风方式和送风口,以保持车内空气的最佳调节状态。例如,当车外空气温度上升、日照强度增加或车内热负荷增加时,空调电子控制器会自动改变制冷压缩机的开停比或增大压缩机排量(对于变容量压缩机)以增大制冷量,同时加大送风速度以补偿由于车外温度升高,日照强度加大或车内热负荷增加造成的车内温度回升。在夏季,当蒸发器冷却温度变化时,送风量也随之变化,即送风温度低时自动减少送风量,而当送风温度升高时则自动增加送风量。在冬季,冷却液温度低而不能充分供暖时,ECU则会自动中断送风、待温度正常后再开始送风。在空调自动运行方式下，回风模式和送风口的选择也是由空调电子控制器自动切换的，在夏季酷暑天气，车内温度明显升高时，为使车内降温迅速，自动采用内气循环方式，当空调系统使车内温度下降至一定值后，则自动打开外气进口，按一定比例引入新风。送风口的选择影响车内的温度分布，空调控制器会自动根据气候情况自动切换。例如，在夏季冷气从较高处吹出，而在冬季则从下方吹出暖风。

（2）经济运行方式：在该运行方式下，空调电子控制器会在尽可能少的时间内起动制冷压缩机甚至不启动制冷压缩机的情况下保持车内的温度状态。如在春、秋两季车外温度与设定温度较为接近时便可在该方式下运行，以达到节能的目的。

（3）完善的显示功能：通过安装在仪表板上的空调系统显示屏，可随时显示当时车内温度、车外温度以及空调系统的运行方式、送风速度、回风和送风口的自动切换状况等空调运行参数，可使驾驶人及时了解空调系统的工作状况。

（4）故障检测和保护功能：由于采用空调电子控制器结合各种传感器、执行机构对汽车空调系统进行全面调节和监控，因而很容易实现对空调系统的故障检测和自诊断功能，有助于对空调电子控制系统的检修和维护，同时，当系统出现故障时，空调电子控制器会及时采取相应的保护措施，并可通过汽车的自诊断系统完成故障检测和自诊断。

第四节　汽车安全辅助驾驶技术

随着汽车保有量的持续增加，道路交通事故已成为直接危及人们生命和财产安全的严重威胁。为提高汽车的行车安全，近年来出现了各种辅助驾驶技术，如车道偏离预警系统、自动制动系统、汽车轮胎压力和温度监测系统、自动刮水系统和自动前照灯系统等，这些辅助驾驶系统有效提高了汽车的行车安全。

一、车道偏离预警系统

车道偏离预警系统（Lane Departure Warning System，LDWS）是一种通过报警的方式辅助驾驶人减少汽车因车道偏离而发生交通事故的系统。当车道偏离预警系统开启时，驾驶人在未打转向灯的情况下偏离原车道时，能在偏离车道0.5s内系统就会通过转向盘中的电动机振动转向盘或通过仪表上的声光报警的方式给驾驶人发出预警，提醒驾驶人保持车道线；而驾驶人事先打开转向灯，系统就会认为车辆要正常变道而不会报警。可有效地防止驾驶人过度疲劳或长时间单调驾驶引发的注意力不集中等情况造成的事故。

车道偏离预警系统一般由摄像头（一般安置在车身两侧或车内后视镜位置）、控制器（ECU）及车辆状态传感器等组成，如图14-15所示。当系统开启时，摄像头会时刻采集行驶车道的标志线，通过对图像信号的处理，结合由车辆状态传感器采集的车辆状态信号，综合判断出汽车在当前车道的位置参数，当该参数超过设定的阈值时，即表明汽车已经或即将偏离车道，之后由控制器通过转向盘振动、声音、灯光等方式发出警报，从而为驾驶人提供更多的反应时间，避免交通事故的发生。如果驾驶人打开转向灯，进行正常变线，那么系统不会做出任何提示。

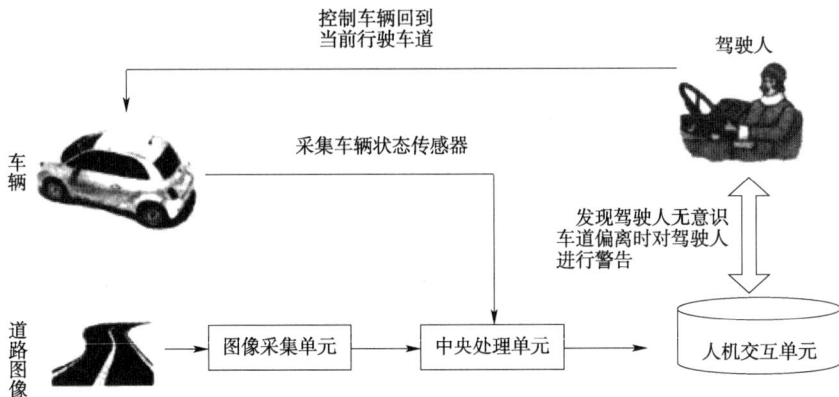

图 14-15　车道偏离预警系统的工作原理

二、自动制动系统

自动制动系统(Autonomous Emergency Braking, AEB)是一种汽车主动安全技术。指车辆在非自适应巡航的情况下正常行驶,当汽车遇到突发危险情况时能主动制动让车辆减速从而提升行车安全性的系统。

目前,虽然各大汽车生产商对这一项技术命名还不统一,但包含的具体内容相差不大。如本田公司称为碰撞缓解制动系统(Collision Mitigation Brake System),在判断有追尾的危险时用警报的方式提醒驾驶人,继续接近前车时轻轻制动,而当判断出难以避免追尾时,会采取强烈制动措施,有效地避免和降低追尾时的损伤。沃尔沃公司称作碰撞警告和自动制动系统(Collision Warning with Brake Assist),该系统在识别出有发生碰撞的危险时,前风窗玻璃上会投射出警示信号,提示驾驶人立即制动,如果驾驶人对警示没有反应时,系统检测到与前车的碰撞已经在所难免,车辆会自动实施制动。

自动制动系统设计总体上包括测距单元、数据分析单元、自动制动(辅助驾驶)等三个单元组成。其中测距单元可采用微波雷达、激光雷达和视频系统等,可提供前方道路或车辆的准确实时信息。工作时,系统利用雷达测出与前车或者障碍物的距离,然后通过数据分析单元将测出的距离与报警距离、安全距离进行比较,当小于报警距离时就进行报警提示,当小于安全距离时使汽车自动制动,从而为安全出行保驾护航。

目前的自动制动系统分为两类,一类为防碰撞系统,而另一类为碰撞缓解系统。防碰撞系统可以尽可能大幅减速并停下,从而避免碰撞以减少伤亡。而碰撞缓解系统并不能完全阻止碰撞,只能尽力将车速变慢,从而减少因碰撞而带来的伤害。

自动制动系统的控制逻辑如图 14-16 所示。系统初始化后,处理器得到行驶汽车的各种数据,并由此来监控车辆的行驶。当系统发现本车与前方目标的距离正在缩小且逐渐接近警报距离时,或相对速度大于警报速度时,系统会通过液晶显示屏或语音系统报警,告知驾驶人潜在的危险,并提醒驾驶人采取合适的操作以避免危险。当自车和前方目标的相对距离小于安全车距,或相对车速高于安全车速,则系统会采取自动制动或减速的措施以保证自车的安全。

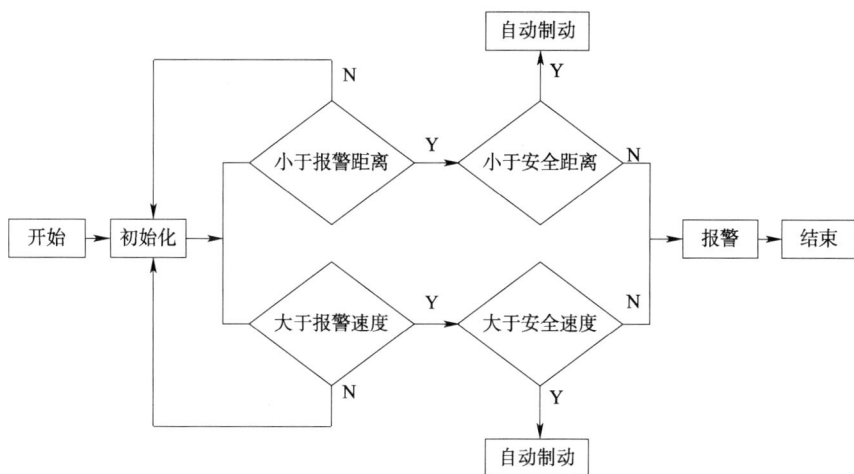

图 14-16 自动制动系统控制逻辑图

三、胎压监测系统

胎压检测系统(Tire Pressure Monitoring System,TPMS)是一种能在汽车行驶时实时监测轮胎压力、温度,并对轮胎出现异常情况进行预警的安全装置。该系统可避免因轮胎故障引发的交通事故以确保行车安全,而且可减小因轮胎气压异常导致的燃油消耗和轮胎的不正常磨损。

1. 胎压监测系统的类型

根据监测方式的不同,胎压度监测系统可分为三种类型。

1)直接式胎压监测系统

直接式胎压监测系统(Pressure-Sensor Based TMPS)又称 PSB,它利用安装在轮胎内部的传感器来直接测量轮胎的压力和温度,利用无线发射器将车轮压力和温度信息发送到中央接收器模块上,对轮胎气压数据进行显示。当发生轮胎气压低和温度异常时,系统就会报警。

2)间接式胎压监测系统

间接式胎压监测系统(Wheel-Speed Based TMPS)又称 WSB,该系统需要借助制动防抱死系统(ABS)的轮速传感器来比较轮胎之间的转速差别,达到监测胎压的目的。当轮胎压力升高或降低时,将导致轮胎的直径变大或变小,从而引起车轮转速的变化,当这种变化超过一定限值时,就会触发 WSB 报警系统报警。

3)复合式胎压监测系统

这种系统综合了直接式和间接式的优点。通过安装一套四轮间接系统,并在两个互相成对角的轮胎内装备直接传感器,克服间接系统不能监测出多个轮胎同时出现气压变化的缺点,同时又比全部使用直接系统降低了成本。当然,复合式不能提供所有轮胎内实际压力的实时数据,只有直接式胎压监测系统才具备这种功能。

2. 直接式胎压监测系统的组成和工作原理

直接式胎压监测系统主要包括两个模块:轮胎参数检测与发射模块、中央接收与处理模块,如图 14-17 所示。其中轮胎参数检测与发射模块安装在轮毂内侧并与气门嘴组成在一起(图 14-18),主要负责实时检测汽车轮胎的压力、温度、模块电源电压等,并将检测的数据无线传输;中央接收与处理模块要完成对所接收数据的处理。胎压警告灯安装在组合仪表上面,如图 14-19 所示,如果汽车轮胎气压过低或者系统中出现故障时胎压监测系统 ECU 给组合仪表输出信号,以使胎压警告灯点亮或闪烁告知驾驶人。

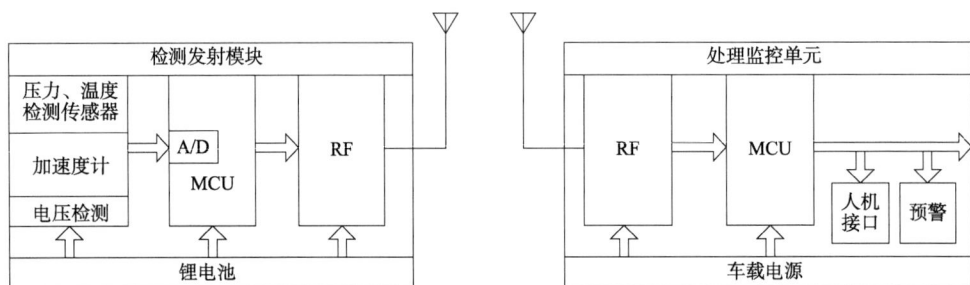

图 14-17　TMPS 原理框图

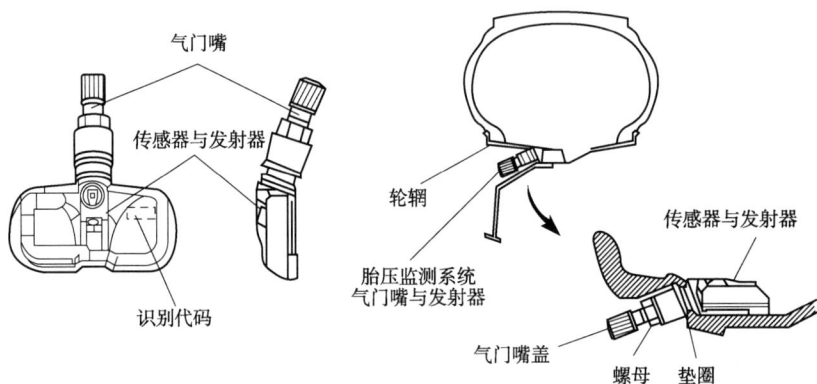

图 14-18　中轮胎参数检测与发射模块

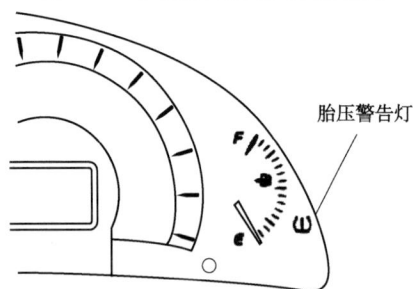

图 14-19　胎压警告灯

第五节　车载导航和车联网系统

电子技术和网络技术的发展,极大地提高了车辆的智能化水平。目前,在全球定位系统(GPS)的支持下,通过车载导航技术,可以方便地实现车辆的实时准确定位和行驶路线规划、导航,通过车联网技术,实现车与其他车辆及基础设施的信息交换,有效提高车辆及其行驶的智能化水平。

一、车载导航系统

车载导航系统是通过通信卫星,把 GPS 应用到车辆导航上面,使驾驶人可以从车辆监控中心、道路监测中心、导航卫星中得到有关道路方面的信息,从而实现 GPS 定位导航、最优路径查询、路况信息查询等功能。

GPS 车载导航系统一般采用 GPS/航位推算(车速传感器 + 电子陀螺仪)/电子地图组合方式实现汽车定位,用户通过触摸显示屏或者遥控器进行人机交互,从而实现实时定位、目的地检索、路线规划、画面和语音引导等功能,帮助驾驶人准确、快捷抵达目的地。

GPS 车载导航系统组成如图 14-20 所示。导航计算机硬件、操作系统和底层驱动软件构成导航系统平台,导航软件在平台上运行。用户通过人机接口与导航软件实现交互式操作,如移动地图、放大和缩小地图显示、输入目的地、查询兴趣点、进行设置等。

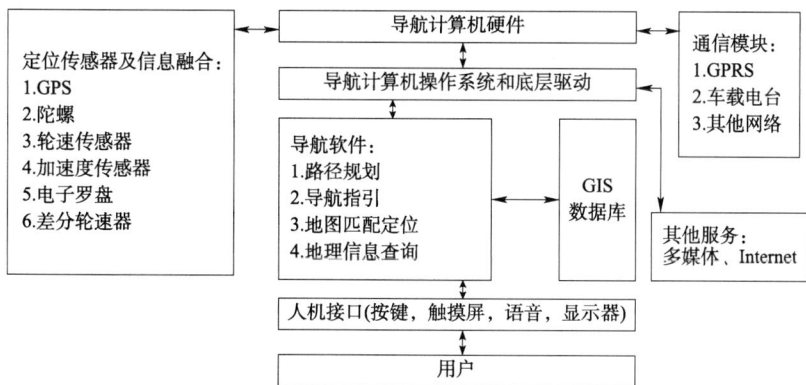

图 14-20　车载导航系统的组成

导航软件分为地理信息查询、路径规划、路径引导和地图匹配定位等四个模块。地理信息查询功能向用户提供分类的兴趣点查询,如附近的旅游设施、餐饮设施、文化教育设施和加油站、维修服务点等常用信息。路径规划功能是根据用户确定的约束条件(如最短路径、最短时间、费用最少路径等)选择从起始点到目的地的最优路径。路径引导通常采用语音、图形、图像的方式对驾驶人的操作进行提示,如路口转弯提示、交通规则提示等。地图匹配由于其输入信息的特殊性,通常作为导航软件的一个基本能模块用于辅助定位,确定车辆当前行驶的道路以及在道路上的位置。

地理信息系统(GIS)数据库提供道路交通信息以及详细的分层地理信息,为使数据库能够即时反映各种变动,需要定期地对数据库进行升级更新。定位传感器及信息融合模块将多个传感器的信息进行融合,向导航软件提供定位信息。通信模块实现导航系统与信息中心的信息交换,如实时道路交通信息、车辆位置信息以及地图的更新下载,通信模块是智能交通系统中不可缺少的一部分。

现代车载导航定位系统按功能主要分成两类:自主导航定位系统和车辆位置监控系统。

1. 自主导航定位系统

自主导航系统车载有导航计算机、定位传感器、导航软件和数字地图,可以在不依赖外部通信网络的情况下,实现地图显示、定位、路径规划和引导。若系统增加通信网络,则可以从智能交通系统(Intelligent Transport System, ITS)中心获取实时道路交通信息,并向 ITS 中心上传车辆采集的交通信息。

2.车辆监控系统

车辆监控系统用于对车辆的实时监控和调度,安装在车辆上的定位系统将车辆的实时位置信息通过通信网络发送到控制中心,控制中心实时监测每辆车的运行状态,并发出必要的调度指令。

车载导航系统的最新发展趋势是利用蓝牙(Bluetooth)无线技术,接收车载 GPS 传送过来的信号。这样,车载系统只需要接收和处理卫星信号,显示装置则负责地图的存储和位置的重叠。

车载导航系统除了可以用来指路导航之外,还可以发展出许多其他的用途,比如寻找附近的加油站、自动提款机、酒店或者大型购物商场等。有的还可以提醒驾驶人如何避免危险地区或是交通堵塞。

二、车联网系统

车联网是以车内网、车际网和车载移动互联网为基础,按照约定的通信协议和数据交互标准,在车 – X(X:车、路、行人及互联网等)之间,能够进行无线通信和信息交换的大系统网络,能够实现智能交通管理、智能动态信息服务和车辆智能化控制的一体化网络。

车联网涵盖的技术内容十分广泛,涉及汽车、通信、电子、网络等诸多方面,并将通过对各领域技术的不断交叉、融合与创新,发展面向车联网应用的新技术。

车联网系统主要由车载终端、云计算处理平台、数据分析平台三大部分组成。可以通过在车辆仪表台安装车载终端设备,实现对车辆所有工作情况和静、动态信息的采集、存储并发送。驾驶人在操作车辆运行过程中,产生的车辆数据不断回发到后台数据库,形成海量数据,由云计算平台进行分析。三大部分间依赖多模式互联通信进行信息交互和协同工作,以提高现有交通系统的效率、安全和舒适度。

第十五章　汽车网络技术

第一节　概　述

一、传统导线线束式信息传输方式的问题

随着汽车电器和电子装备日趋完善,车用电气设备越来越多,特别是电子技术在汽车上的应用,使得汽车传感器和微机控制单元(ECU)大量增加的同时,电器配线和各种信号配线也愈来愈多,如果按照传统点到点间的布线方法,则整个汽车的线束质量和线束直径会大幅增加。据统计,一辆采用传统布线方法的高档汽车中,其导线长度可达 2km,电气节点多达 1500 个。而且该数字大约每 10 年增长 1 倍。粗大的线束不但占用了汽车上宝贵的空间资源,还使得汽车配线的设计和布线变得十分复杂,复杂和凌乱的线束将导致系统运行的可靠性下降,故障率增加。一旦线束中出了问题,不仅查找相当麻烦,而且维修也很困难,从而制约了电子控制技术在汽车上的应用。

另外,电子控制单元的大量引入,要求大批的数据信息能够在不同的子系统中共享,汽车综合控制系统中大量的控制信号也需要实时交换,以提高信号的利用率。所以,无论从材料成本、系统可靠性、故障诊断和维修性能来讲,传统布线法已远远不能满足现代汽车发展的需求。

随着计算机网络技术的不断发展,在计算机网络技术和现场总线技术的基础上,开发各种适用于汽车环境的网络技术和设备,组建汽车内部的通信网络,将成为解决上述问题最好的手段之一,也是现代汽车技术发展的必然趋势。

二、总线式信息传输方式及其特点

总线式信息传输方式是利用计算机数据总线将汽车上的各个不同控制功能的电子系统联结起来构成网络,如图 15-1 所示,数据总线上传递的信号可以被多个系统共享,数据通过不同的编码信号来表示不同的开关动作,信号解码后,根据指令接通或断开对应的用电设备(前照灯、刮水器、电动座椅等)。从而最大限度地提高系统整体效率,充分利用有限的资源。这样,就能将过去一线一用的专线制改为一线多用制。

与传统导线线束式信息传输方式相比,汽车总线式信息传输方式有如下的优点:

(1)一根总线上传输的信号可以被多个设备系统共享,从而最大限度地提高系统整体效率,减少了线束的数量和线束的体积,简化了整车线束,提高了整车电气线路的可靠性,因而也减少了造价、质量。

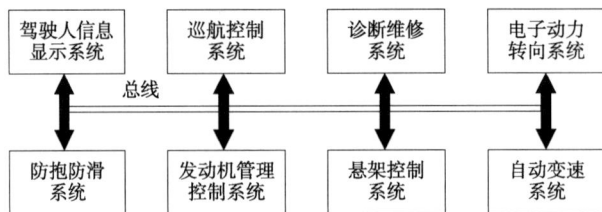

图 15-1　汽车控制系统总线结构原理框图

（2）由于采用了通用传感器（如发动机及自动变速器共用传感器），因此消除了冗余传感器，达到了数据共享的目的。

（3）改善了系统的灵活性，即通过系统的软件可以实现系统功能的变化和系统的升级。

（4）提高了维修性。由于网络结构将各个子系统连接起来以达到数据共享，使各个子系统间协调工作，同时为诊断提供通用的接口，可非常方便的且可利用多功能测试仪对系统进行测试、诊断，大大方便了维修人员对电子系统的维护和故障检修，提高了电子系统的可维修性。

三、网络技术在汽车上的应用现状

由于汽车网络技术上述显著的优点，早在 20 世纪 80 年代，众多国际知名汽车公司就积极致力于汽车网络技术的研究及应用。迄今为止，已有多种网络标准，如 BOSCH 的 CAN、SAE 的 J1850、马自达的 PALMNET、德国大众的 ABUS、美国商用机器的 AUTOCAN、ISO 的 VAN 等。几种典型的网络标准见表 15-1。

几种典型的网络标准　　　　　　　　　　　　　　　　　　　表 15-1

序　号	通信协议名称	推荐或实施单位
1	CAN	奔驰、英特尔、波许、JSAE、ISO/TC22/SC3/WGl
2	BASICCAN	飞利浦、波许
3	ABUS	大众
4	VAN	雷诺、标致、雪铁龙、ISO/TC22/SC3/WGl
5	HBCC	福特、SAEJl850
6	PALMENT	马自达、SAE
7	DLCS	通用
8	CCD	克莱斯勒、SAE

到目前为止，世界上尚无一个可以兼容各大汽车公司通信协议的网络标准，也就是说，想用某个公司的通信协议取代其他公司的协议，是很难做到的。因此，在汽车上就形成了多种类型的网络标准共存的局面。为方便研究和设计使用，参照 SAE 车辆网络委员会有关规定，可将汽车数据传输网划分为 5 类，见表 15-2。

汽车数据传输网络分类　　　　　　　　　　　　　　　　　表 15-2

类　　别	对　　象	传 输 速 度	应 用 范 围
A	面向传感器/执行器控制的低速网络	<10kb/s	灯光照明、电动门窗、座椅调节等系统
B	面向独立模块间数据共享的中速网络	10~125kb/s	车辆电子信息中心、安全气囊、故障诊断、仪表显示等系统

类 别	对 象	传 输 速 度	应 用 范 围
C	面向高速、实时闭环控制的多路传输网	125kb/s ~ 1Mb/s	牵引控制、先进发动机控制、悬架控制、ABS 等系统
D	面向影娱乐信息、多媒体系统	250kb/s ~ 100Mb/s	IDB – C 为低速网络； IDB – M 为高速网络； IDB – Wireless 为无线通信网络
E	面向汽车被动安全系统的网络	10Mb/s	安全气囊

目前,仍没有一个通信网络可以完全满足未来汽车的所有成本和性能要求。因此,在车载网络系统中,多种总线、协议并存,各自发挥自身所长,彼此协同工作的局面还将继续存在下去。

第二节 控制器局域网(CAN)技术在汽车上的应用

一、CAN 总线系统简介

CAN 总线的全称为 Controller Area Network,即控制器局域网,是德国 BOSCH 公司在 20 世纪 80 年代初为解决现代汽车中众多的控制器与测试仪器之间的数据交换而开发的一种先进的串行数据通信总线。它是一种多主总线,每个节点机均可成为主机,且节点机之间也可进行通信。通信介质可以是双绞线、同轴电缆或光导纤维,通信速率可达 1Mb/s,距离可达 10km。CAN 总线系统的一个最大特点是废除了传统的站地址编码,而代之以对通信数据块进行编码,使网络内的节点个数在理论上不受限制。由于采用了许多新技术及独特的设计,具有较强的纠错能力,支持差分收发,适合高干扰环境,因而具有突出的可靠性和较远的传输距离。另外,CAN 总线还具有实时性、灵活性和开放性等特点,因此在汽车上得到了广泛的应用。奔驰、宝马、大众、沃尔沃等世界著名的汽车公司都采用了 CAN 总线技术。目前,CAN 总线技术已成为汽车上应用最广泛的现场总线之一。1993 年,CAN 成为国际标准:ISO 11898(高速应用)和 ISO 11519(低速应用),为控制器局域网的标准化和规范化奠定了基础。

汽车 CAN 总线数据传输系统具有以下突出的优点:

(1)将传感器信号线减至最少,使更多的传感器信号进行高速数据传递。

(2)电控单元和电控单元插脚最小化应用,节省电控单元的有限空间。

(3)组网自由,扩展性强。如果系统需要增加新的功能,仅需升级软件即可。

(4)各电控单元的监测对所连接的 CAN 总线进行实时监测,如出现故障该电控单元会存储故障码。

(5)CAN 数据总线符合国际标准,便于一辆车上不同厂家的电控单元间进行数据交换。

(6)总线利用率高,数据传输距离较长(长达 10km),数据传输速率高(高达 1Mb/s)。

(7)成本相对较低。

目前汽车上的 CAN 总线网络连接方式主要采用 2 条 CAN,一条用于驱动系统的高速 CAN,速率达到 500kb/s;另一条用于车身系统的低速 CAN,速率是 100kb/s。驱动系统 CAN 主要连接对象是发动机控制器(ECU)、ASR 及 ABS 控制器、安全气囊控制器、组合仪表等,它们的基本特征相同,都是控制与汽车行驶直接相关的系统。

车身系统 CAN 主要连接对象是 4 门以上的中控锁、电动车窗、后视镜和厢内照明灯等。有些高档车辆有第 3 条 CAN 总线,用于卫星导航及智能通信系统。

驱动系统 CAN 和车身系统 CAN 这 2 条独立的总线之间可通过"网关"实现在各个 CAN 之间的数据交换和资源共享。

二、CAN 总线系统的结构

CAN 总线采用双线串行通讯方式,具有优先权和仲裁功能,多个控制模块通过 CAN 接口挂到总线上,CAN 数据传输系统中,每块电脑的内部都有一个 CAN 控制器和一个 CAN 收发器;每块电脑外部连接了两条 CAN 数据总线。在系统中作为终端的两块电脑,其内部还装有一个数据传递终端(有时数据传递终端安装在电脑外部)。典型的 CAN 总线模块结构如图 15-2 所示。

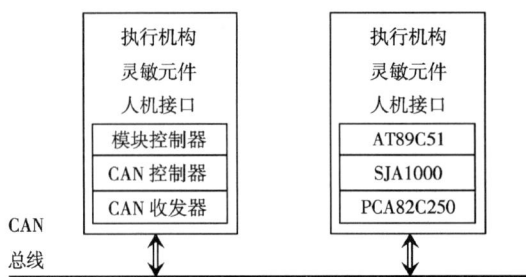

图 15-2　CAN 总线模块的结构

CAN 控制器作用是接收控制单元中微处理器发出的数据,处理数据并传给 CAN 收发器。同时 CAN 控制器也接收收发器收到的数据,处理数据并传给微处理器。

CAN 收发器是一个发送器和接收器的组合,它将 CAN 控制器提供的数据转化成电信号并通过数据总线发送出去,同时,它也接收总线数据,并将数据传到 CAN 控制器。

CAN 数据总线是用以传输数据的双向数据线,分为 CAN 高位(CAN – high)和 CAN 低位(CAN – low)数据线。数据没有指定接收器,数据通过数据总线发送给各控制单元,各控制单元接收后进行计算。汽车 CAN 数据总线的通信介质多采用双绞线,通常将两条线缠绕在一起,两条线上的电位是相反的,如果一条线的电压是 5V,另一条线就是 0V,两条线的电压总和等于常值。通过该种办法,CAN 总线得到保护而免受外界电磁场干扰,同时 CAN 总线向外辐射也保持中性,即无辐射。典型的 CAN 总线系统结构如图 15-3 所示。

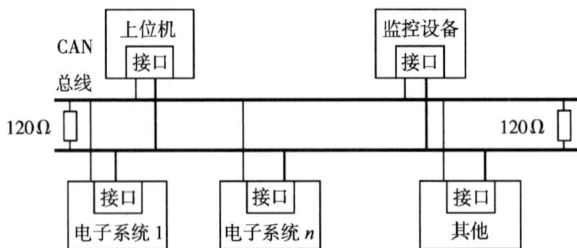

图 15-3　典型的 CAN 总线系统结构

三、CAN 总线的数据传输特点

与一般的通信总线相比,CAN 总线的信号传输有如下特点:

（1）CAN 为多主方式工作，网络上任一节点均可在任意时刻主动地向网络上其他节点发送信息，而不分主从，通信方式灵活，且无须站地址等节点信息。利用这一点可方便地构成多机备份系统。

（2）CAN 网络上的节点信息分成不同的优先级，可满足不同的实时要求，高优先级的数据最多可在 134μs 内得到传输。

（3）CAN 采用非破坏性总线性仲裁技术，当多个节点同时向总线发送信息时，优先级较低的节点会主动地退出发送，而最高优先级的节点可不受影响地继续传输数据，从而大大节省了总线冲突仲裁时间。尤其是在网络负载很重的情况下也不会出现网络瘫痪情况。

（4）CAN 只需通过帧滤波即可实现点对点、一点对多点及全局广播等几种方式传送接收数据，无须专门的"调度"。

（5）CAN 采用 NRZ 编码（不归零编码），直接通信距离最远可达 10km（速率 5kb/s）；通信速率最高可达 1Mb/s（此时通信距离最长为 40m）。

（6）CAN 上的节点数主要取决于总线驱动电路，目前可达 110 个；标示符可达 2032 种（CAN2.0A），而扩展标准（CAN2.0B）的标示符几乎不受限制。

（7）采用短帧结构，传输时间短，受干扰概率低，具有极好的检错效果。

（8）CAN 的每帧信息都有 CRC 效验（循环冗余效验）及其他检错措施，保证数据出错率极低。

（9）CAN 节点在错误严重的情况下具有自动关闭输出功能，以使总线上其他节点的操作不受影响。

四、典型汽车 CAN 总线应用

下面以大众波罗（Polo）轿车采用的 CAN 总线系统来说明 CAN 总线系统在汽车上的具体应用。

图 15-4 所示为波罗轿车 CAN 总线的结构形式，该车采用了动力系统控制的高速 CAN 和舒适系统控制的较低速 CAN，并且设置了网关，将这两个 CAN 连为一体形成了车载网络系统。通过 CAN 数据总线将各个控制单元连接起来，从而实现各个控制单元间数据的共享、接收、发送以及完成以前由控制单元和继电器单独所执行的各种控制功能。

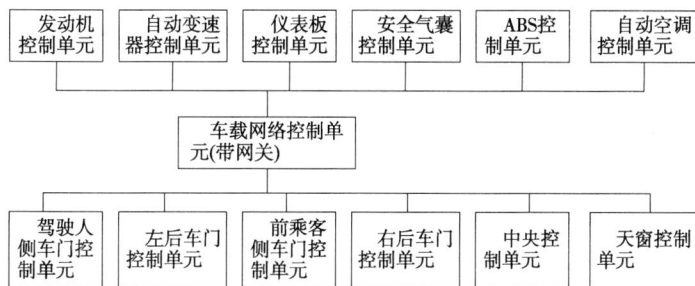

图 15-4 波罗轿车 CAN 总线的结构形式

1. 波罗的 CAN 数据总线系统的组成

波罗的 CAN 数据总线系统，由 CAN 驱动装置数据总线系统和 CAN 舒适模式数据总线系统组成。它们的区别在于传输的数据内容不同。

1）驱动装置数据总线系统

CAN 驱动装置数据总线系统以 500kb/s 的传输速度工作，以使在对安全较重要的系统内部能进行快速的数据传输。它由车载网络系统的控制单元、带有用于数据总线的诊断接口 J533(网关)、转向角传感器 G85、控制单元 J285(在仪表板上有显示单元)、ABS 控制单元 J104、自动变速器控制单元 J217、转向辅助控制单元 J500、安全气囊控制单元 J234、发动机控制单元 J 及诊断插头组成,如图 15-5 所示。

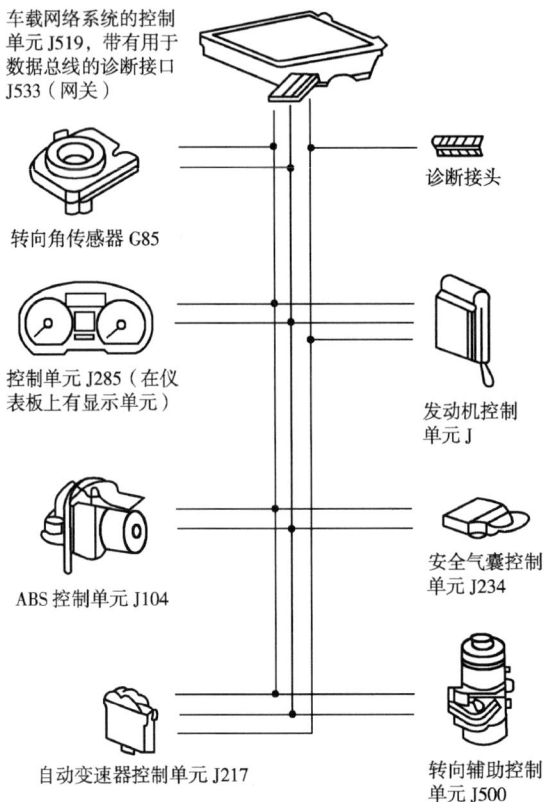

图 15-5　波罗的驱动装置 CAN 数据总线系统的组成

2)舒适模式数据总线系统

CAN 舒适模式数据总线系统以 100kb/s 的传输速度工作。它由车载网络系统的控制单元 J519、带有用于数据总线的诊断接口 J533(网关)、空调电子控制系统的控制单元 J255、空调控制单元 J301、舒适系统的中央控制单元 J393、驾驶人侧车门控制单元 J386、左后车门控制单元 J388、诊断插头及控制单元 J503(带有无线电和导航用显示单元),前座乘客席侧车门控制单元 J387 和右后车门控制单元 J389,如图 15-6 所示。

3)数据总线的诊断接口

数据总线的诊断接口 J533 集成在车载网络系统的控制单元 J519 中,其结构如图 15-7 所示。

数据总线的诊断接口 J533 有两个任务:

(1)CAN 驱动装置数据总线和 CAN 舒适模式数据总线间进行数据交换。由于两个系统的传输率不同,要进行直接的通信是不可能的。要进行系统间的信息交换需要建立连接,这个连接通过数据总线的诊断接口 J533 实现。诊断接口 J533 编译来自总线系统的数据,并将数据继续传送给相关的其他总线系统。

车载网络系统的
控制单元 J519，
带有用于数据总
线的诊断接口 J533
（网关）

诊断接头

空调电子控制系统
的控制单元 J255
空调控制单元 J301

控制单元 J503（带有无线
电和导航用显示单元）

舒适系统的中央
控制单元 J393

驾驶人侧车门
控制单元 J386

前座乘客席侧车门
控制单元 J387

左后车门控制单元 J388

右后车门控制单元 J389

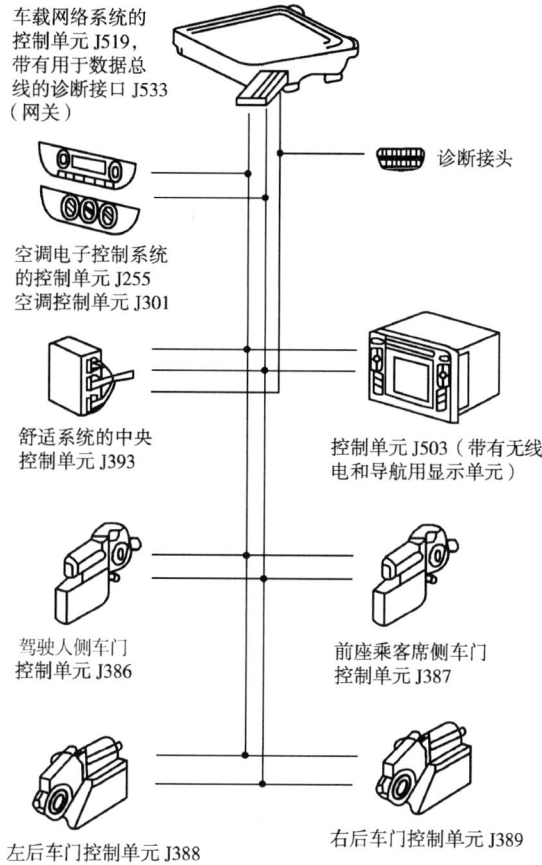

图 15-6　波罗的舒适模式 CAN 数据总线系统的组成

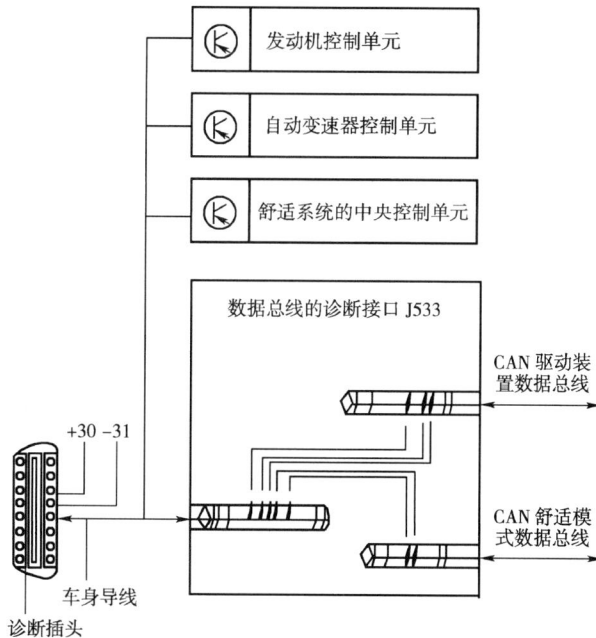

发动机控制单元

自动变速器控制单元

舒适系统的中央控制单元

数据总线的诊断接口 J533

CAN 驱动装
置数据总线

+30 -31

CAN 舒适模
式数据总线

车身导线

诊断插头

图 15-7　波罗轿车 CAN 总线系统的数据总线的诊断接口

（2）数据总线的诊断接口 J533 将 CAN 驱动装置数据总线和 CAN 舒适模式数据总线的诊断数据转换到车身导线上，反之亦然。

2. 主要功能

1）负荷控制

在行驶中大量舒适性装备和电热器（如座椅加热装置、后窗加热装置、外后视镜加热和电子辅助加热装置）会引起发电机过载，进而导致蓄电池放电，电路如图 15-8 所示。尤其是出现在距离极短的短途行车和冬季行驶时，以及时停时走和装备过多的车辆中。考虑到短时间用电器的电流需求，车载网络系统控制单元的负荷管理系统定期监控蓄电池，网络系统控制单元将采取措施，以保持行驶能力并确保车辆重新起动能力。例如，如果车载网络系统电压低于 12.7V 时则怠速转速将被提高；如果电压降到 12V 以下，除提高怠速转速外，车载网络系统控制单元还将关闭后窗加热装置、座椅加热装置、外后视镜加热装置等耗电较大的加热系统，并降低空调压缩机功率。另外为保持蓄电池电能，外后视镜和后窗加热装置也只有在发动机运行时才能接通，并且接通约 20min 后，加热装置将自动关闭。

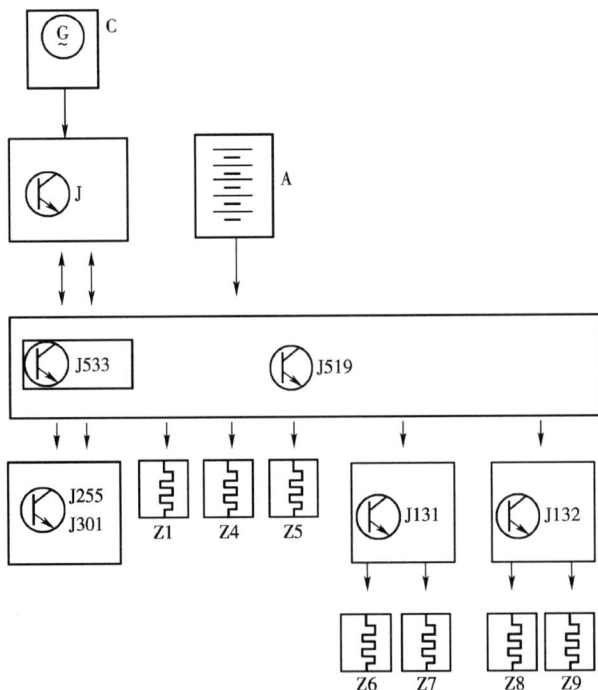

图 15-8　负荷控制电路

A-蓄电池；C-发电机；J-发动机控制单元；J131-可加热式驾驶人座椅控制单元；J132-可加热式前座乘客座椅控制单元；J255-空调电子控制系统控制单元；J301-空调器控制单元；J519-车载网络系统控制单元；J533-数据总线诊断接口；Z1-可加热式后窗；Z4-可加热式外后视镜，驾驶人侧；Z5-可加热式外后视镜，前座乘客侧；Z6-可加热式驾驶人座椅；Z7-可加热式驾驶人靠背；Z8-可加热式前座乘客座椅；Z9-可加热式前座乘客靠背

2）车内灯控制

车内灯控制电路图如图 15-9 所示。

如果前部和后部车内灯开关都位于车门触点位置，通过车载网络系统控制单元 J519 可以确保在车辆停止而车门未关闭状态下，车内灯 10min 后自动关闭，这样可以避免蓄电池不

必要的放电。如果解除车辆连锁或拔出点火钥匙,30s 后车内灯自动接通。在车辆锁止或打开点火开关后车内灯内即关闭。车内灯在撞车时自动接通。在点火开关关闭约 30min,自动关闭由手动打开的灯(车内灯、前后阅读灯、行李舱照明灯、杂物箱照明灯和化妆镜)。

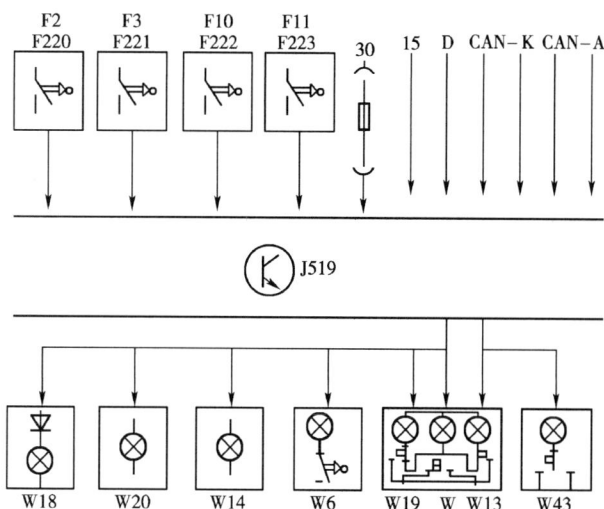

图 15-9　车内灯控制电路图

CAN-A-CAN 驱动装置数据总线;CAN-K-CAN 驱动模式数据总线;D-点火开关;F2-驾驶人侧车门触点开关;F3-前乘客侧车门触点开关;F10-左后车门触点开关;F11-右后车门触点开关;F220-驾驶人侧集控门锁关闭单元;F221-前乘客侧集控车门锁关闭单元;F222-左后集控门锁关闭单元;F223-右后集控门锁关闭单元;J519-车载网络系统控制单元;W-前部车内灯;W6-杂物箱照明灯;W13-前乘客侧阅读灯;W14-带照明的化妆镜(前乘客侧);W18-左行李舱照明灯;W19-驾驶人侧阅读灯;W20-带照明的化妆镜(驾驶人侧);W43-后部车内灯

3)燃油系统供给控制

2002 款波罗中的汽油发动机有一个新的燃油泵供给控制单元。它是由燃油泵继电器 J17 和燃油供给继电器 J643 并联来代替单个集成防撞燃油关闭装置的燃油泵继电器。这两个继电器位于车载网络系统控制单元 J519 上的继电器托架上,当驾驶人打开驾驶人侧车门后,车门触点开关 P2(或中控门锁 F220 的关闭单元)将信号发送到车载网络系统控制单元。接着车载网络系统控制单元控制燃油供给继电器 J643,并使燃油泵 G6 运行大约 2s。打开点火开关或起动发动机后,燃油泵 G6 通过燃油泵继电器 J17 由发动机控制单元控制,电路图如图 15-10 所示。

在车载网络系统控制单元有一个定时开关,它有两个作用:

(1)当驾驶人侧车门短暂开启时,避免燃油泵持续运行。

(2)如果驾驶人侧车门开启超过 30min,燃油泵重新受控。

4)刮水器控制

刮水器控制电路如图 15-11 所示。控制方式如下:

在前风窗玻璃刮水器置于 1 挡或 2 挡或间歇挡的条件下,当在进入倒挡后,后窗刮水器将自动刮水一次。如

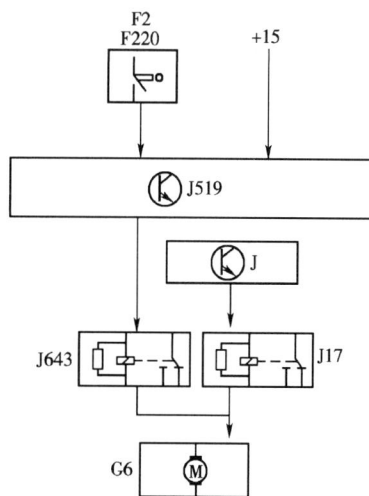

图 15-10　燃油泵控制电路

F2-驾驶人侧车门触点开关;F220-驾驶人侧集控门锁关闭单元;G6-燃油泵;J-发动机控制单元;J17-燃油泵继电器;J519-车载网络系统控制单元;J643-燃油供给继电器

果风窗玻璃刮水器已接通间歇挡（取决车速的间歇运行模式或下雨运行模式），并且同时发动机罩打开，信号将从发动机罩接触开关 K26 发送至车载网络系统控制单元。控制单元将阻止刮水器运动，直到发动机罩再关闭。

5）信号灯和报警灯控制

车载网络系统控制单元 J519 控制转向灯闪烁、闪烁报警、防盗报警装置、中控门锁以及挂车转向灯闪烁，电路如图 15-12 所示。

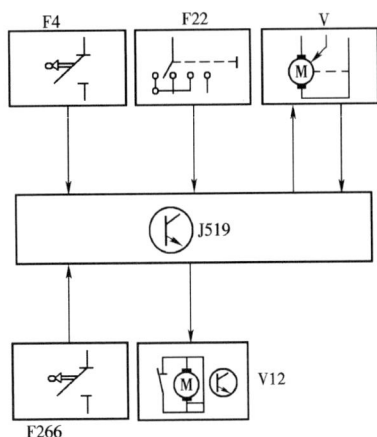

图 15-11　刮水器控制电路

F22-间歇运行刮水器开关；F4-倒车灯开关；J519-车载网络系统控制单元；V-刮水器电动机；V12-后窗刮水器电动机；F266-发动机罩开关

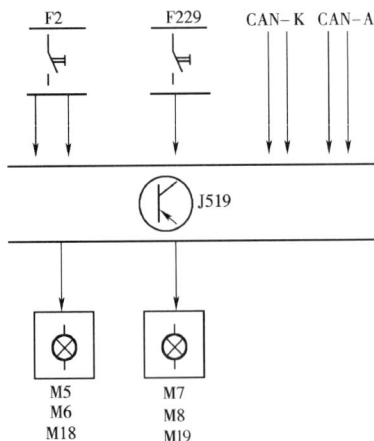

图 15-12　信号灯和报警灯控制

CAN-A-CAN 驱动装置数据总线；CAN-K-CAN 舒适模式数据总线；F2-转向信号灯开关；F299-报警灯按钮；J519-车载网络系统控制单元；M5-左前转向信号灯；M6-左后转向信号灯；M7-右前转向信号灯；M8-右后转向信号灯；M18-左侧转向信号灯；M19-右侧转向信号灯

6）编码

车辆的装置范围和国家标准决定了车载网络系统单元的编码。编码由厂方进行，如果在售后服务或维修的装置被更改，例如安装可加热式座椅或更换新的控制单元，必须重新编码。需编码的装置见表 15-3。

需编码的装置　　　　　　　　　　　　表 15-3

燃油泵供给控制系统	后行李舱遥控解锁	可加热外后视镜	4 车门车型
带舒适开关的后窗刮水器	雨量控制传感器	可加热式前风窗玻璃	车内灯控制装置
前照灯清洗装置	可加热式座椅	主动电子负荷管理激活	

第三节　其他车载网络系统简介

一、LIN 总线

局部连接网络（Local Interconnect Network，LIN）是一种低成本的串行通信网络，传输速率为 1～20kb/s，是汽车底层网络协议，用于实现汽车中的分布式电子系统控制，为现有汽车网络提供辅助功能。

LIN 总线是单线式总线，仅靠一根导线传输数据，通过主从方式实现总线访问。LIN 总线系统的构成包括三部分:LIN 上级控制单元,即主控单元;LIN 从属控制单元,即从控单元;单根总线。为了保证数据传输的可靠性,LIN 总线系统可让一个 LIN 主控单元与最多 16 个 LIN 从控单元进行数据交换。

LIN 总线在汽车上的应用领域主要有防盗系统、自适应前照灯、氙气前照灯、驾驶人侧开关组件、外后视镜、中控门锁、电动天窗、空调系统的鼓风机、刮水器电动机控制等。例如,Audi A6L 汽车上,LIN 总线用于新鲜空气鼓风机、风窗玻璃辅助加热器以及天窗等的控制。

二、MOST 总线

多媒体定向系统传输(Media Oriented Systems Transport,MOST)是一种利用光纤进行多媒体数据传输的车辆网络系统。最常用的 MOST 总线数据传输率为 24.8Mb/s(MOST 25),将来更高版本的数据传输率可以达到 50Mb/s(MOST 50),甚至达到 150Mb/s(MOST 150)。

MOST 系统采用环状拓扑结构,每个设备通过相应的入口或出口分别与前一个或后一个设备环状连接,如图 15-13 所示。其中一个设备作为时序主控,能产生数据传输所需的数据帧,而其他设备通过数据帧与时序主控同步。一个控制单元用于两根光导纤维,一根用于发射器,一根用于接收器。MOST 规范定义:MOST 设备模型由网络物理层、网络接口控制器、网络服务描述驱动层、设备应用层等要素组成。

MOST 系统可连接汽车音响系统、视频导航系统、车载电视、高保真音频放大器、车载电话、多碟 CD 播放器等模块,并且没有电磁干扰。现代汽车(特别是高档车)大多采用 MOST 系统连接车载影音娱乐系统。

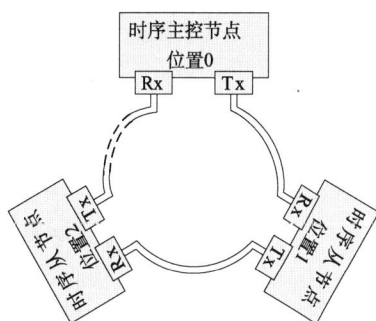

图 15-13　MOST 系统拓扑结构

三、蓝牙技术

蓝牙技术是一种支持短距离通信的无线通信技术,使用 IEEE802.15 协议,最高数据传输速率可达 1Mb/s,最大传输距离为 10m,收发器使用 ISM(工业、科学、医疗)2.4GHz 频段,无须申请使用权,将其带宽 2.402 ~ 2.480GHz 分为 79 个通道,采用频率跳跃(frequency hopping)技术来消除干扰和降低电波衰减。

两个蓝牙装置进行适配后自动建立联系,自行组织网络。在蓝牙标准下,自组织网络遵循主从原则,作为主机的设备,首先与其他蓝牙设备建立起联系;其他蓝牙装置与主机同步设定;只有收到主机数据包的蓝牙装置才会应答。

蓝牙技术能够在移动电话、掌上电脑、无线耳机、笔记本式计算机、无线鼠标、计算机相关外设等众多设备之间进行无线信息交换。在汽车上的主要应用有:蓝牙车载免提电话、蓝牙后视镜、蓝牙车载导航、蓝牙汽车防盗等。

第十六章　电子控制系统的故障诊断

第一节　电子控制系统使用与检修注意事项

汽车电控系统使用与检修注意事项如下：

(1)不论发动机运转与否,只要点火开关接通,决不可断开电子装置的12V电源。

(2)拆卸电控系统各插接器时,应先关闭点火开关。

(3)对装有电控系统的汽车进行电焊时,应断开电控单元的供电回路。

(4)在拆下蓄电池搭铁线时应先读取故障代码,以免ECU所存储的故障代码丢失,给以后的故障诊断带来困难。

(5)检修电控汽油喷射系统需要拆卸燃油管路时,应先将管路内的燃油压力卸掉。

(6)检测ECU及其传感器时,由于其过电流能力较小,因此,应避免使用试灯对其相关电路进行试验;尽量采用内阻较大的数字式仪表检测ECU及其传感器;严禁使用刮火法试验电路是否有电。

(7)应注意电子装置的防水。例如在汽车涉水后可能造成ECU进水时,应立即熄火并拆下蓄电池的搭铁线,而不能反复起动发动机,否则会烧坏ECU。装备有快速启停车系统的车辆,应及时关闭启停系统。

(8)对电控系统的故障检测应遵循故障代码优先的原则,即在故障指示灯点亮时,应首先读出故障代码,并根据故障代码所提示的线索查找故障。

(9)应注意判断故障现象是否与电控系统有关。如果系统有故障,而故障指示灯未发亮(未显示故障代码),大多数情况下,该故障可能与ECU控制系统无关,否则,本来是一个与电控系统无关的简单故障(如喷油器堵塞,供油压力不足等),却去检查电控系统的传感器、执行器和电路等,花费了很多时间,而真正的故障反而没有找到。

第二节　电子控制系统故障诊断的基本方法

汽车电子控制系统的故障远比普通汽车电器系统要复杂得多。在进行故障诊断时,除了系统全面地掌握电子控制系统的结构、原理,明确电控系统中各部分可能产生的故障以及对整个系统的影响外,掌握和运用科学的诊断方法,制定合理的诊断程序对系统故障进行综合分析、判断并最终确定故障原因和范围也是非常重要的。对汽车电子控制系统的故障诊断基本方法可归纳为以下几种。

一、直观诊断法

直观诊断法也称经验诊断法或人工诊断法,在对传统汽车故障进行的诊断中,占有相当重要的地位。它是通过人的感觉器官对汽车故障现象进行看、问、听、试、嗅等，了解和掌握故障现象的特点，通过人的大脑进行分析、判断得出结论的诊断方法。直观诊断法是建立在维修人员对汽车电子控制系统基本结构原理的掌握程度，以及平时大量的在维修工作中对各种车型常见故障的排除方法进行及时总结和积累的基础上的，因此，其诊断效率和准确性与诊断者的工作能力、工作经验积累等有相当大的关系。经验丰富的维修人员，可以利用直观诊断方法诊断出汽车可能出现的绝大多数故障。

由于直观诊断法不需要任何仪器设备，只要对汽车结构和常见故障现象有一定的了解，就可以随时随地进行诊断。并且，直观诊断法对操作者没有什么具体要求，只要维修人员善于对维修工作中处理过的故障现象及排除方法进行总结和积累，便可掌握一定程度的直观诊断方法并能收到事半功倍的效果。

二、随车自诊断系统诊断法

电子控制燃油喷射系统、电子控制点火系统、电控自动变速器、ABS 等电子控制系统都设计有故障自诊断功能，当电子控制系统有关传感器、执行机构以及相关电路有故障时，ECU 中的故障检测系统会将故障以代码的形式通过仪表板上的故障警告灯显示，或通过专用的故障诊断接口读出，这就为汽车故障诊断提供了极大的方便。随车自诊断系统诊断法即利用汽车上电子系统所提供的自诊断功能对汽车故障进行诊断的方法。随车自诊断系统通常只能提供与本系统有关的电气装置或线路故障。

三、波形分析法

电子控制系统的工作是通过传感器、ECU 和执行机构之间的信号传递来实现的，当传感器或控制 ECU 及其相关电路出故障时，会造成有关信号丢失、波形异常（幅值、形状、频率等）或各信号之间的相位发生变化，检测出这些信号的变化是电控系统故障诊断的关键所在，对于这些因电信号轻微变化所引起的电控系统的故障，凭经验或简单的万用表诊断是无法正确地检测到这些信号波形变化的。

波形分析法即借助普通多踪示波器或汽车专用示波器对电控系统可能发生故障的信号波形进行检测和显示，通过对波形有关特征与正常波形差别的分析对比达到故障诊断的目的。与传统的诊断方法相比，波形分析法能够真实地反映电控系统传感器、ECU 和执行机构之间的信号传递特征，特别是对点火系统、电控燃油喷射系统、ABS 变化较快的传感器等信号的分析和故障诊断是十分有效的。但波形分析法的应用对维修人员的素质要求较高，即维修人员必须对汽车电控系统的结构原理、不同情况下各传感器和执行机构的正常波形的特征十分熟悉的情况下，才能正确应用波形分析法对汽车电控系统故障进行快速准确的诊断。

四、数据流分析法

利用汽车故障自诊断接口通过专用的检测仪器（如大众汽车所用的 VAG1552），可将汽车电控系统工作中的燃油脉冲宽度、点火提前角、发动机转速、节气门开度、怠速阀调整状态、氧传感器信号，ABS 轮速传感器、自动变速器挡位等一系列信号以数值的形式实时地显示出来。由这组数据所组成的数据块称为数据流。数据流不仅使我们能够对汽车电控系统各有关传感器、执行机构的工作情况进行动态监测，同时也为电控系统的故障诊断提供了分析的依据。数据流分析法即通过对汽车不同工况下的数据流进行分析对比而得到故障信息的诊断方法。在实际使用中特别是对一些间断性和偶发性故障的诊断是非常有效的。

五、电路分析法

汽车电控系统电路比传统的电路系统要复杂得多,而且不同的车型由于其电控系统的控制方法和控制原理也有各自的特点,因此,电控系统电路也有较大的差异。掌握各种车型电控系统控制方法和控制原理,熟悉其电路特征,收集常见车型的电路资料,可用尽量少的时间准确地找出故障部位和故障点,并及时排除故障,提高工作效率和效益。电路分析法即以故障车的电路原理图为基础,在电路图上进行故障分析和判断,推断出可能的故障原因和故障部位的方法。

汽车电子控制系统的故障检测和诊断是一项较为复杂和细致的工作,维修人员应在掌握汽车电子控制系统工作原理的基础上,灵活应用上述诊断方法,才能实现汽车电子控制系统故障的快速、准确的诊断和排除。

第三节　电子控制系统故障自诊断系统简介

当电子控制系统的信号网络(各输入、输出及反馈信号)出现故障时,ECU 中的故障检测回路会将该故障以代码(DTC)的形式存入 ECU 中的 RAM 内,以备查找故障时调用,同时点亮位于仪表板上相应系统的故障警告灯,维修人员可根据故障代码的提示,迅速准确地确定故障性质和部位,有针对性地检查有关部位、元件和线路并将故障排除。为了方便地调出 ECU 中的自诊断故障代码,在与 ECU 连接的线束上均装有一只专用的故障自诊断检查接口,以插接器的形式固定在发动机旁或仪表板下部,有的则在熔断丝盒内。图 16-1 所示为日本丰田系列汽车的几种故障自诊断检查接口。

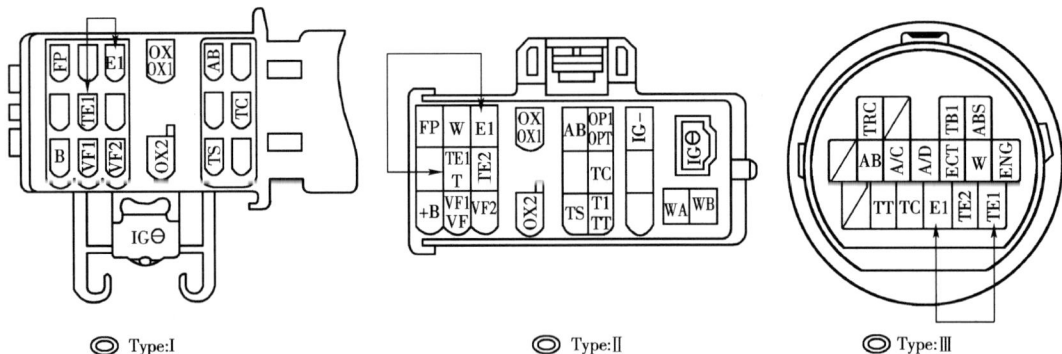

图 16-1　日本丰田系列汽车的故障自诊断检查接口

故障指示灯为一代表具体电控系统的标志或字母的黄色或红色方框形警告灯,如发动机电控系统的故障指示灯如图 16-2 所示。

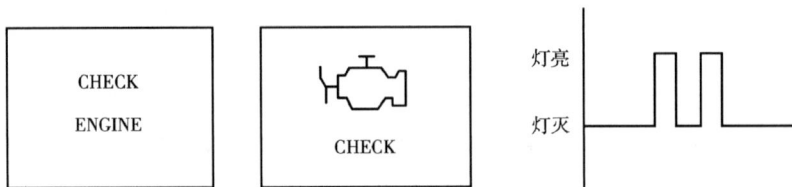

图 16-2　故障指示灯

故障代码通常使用专用的诊断仪器,通过自诊断接口在专用仪器的屏上显示故障代码及其所代表的故障部位。有些车型也可通过简单的操作利用故障指示灯显示故障代码。例如,丰田系列汽车要进入故障自诊断状态,须把装在发动机舱内的诊断输入插座的护罩打开,用一根跨接导线两端分别插入诊断输入插座的 TE1 和 E1 插孔中,接通点火开关即进入故障自诊断状态,如图 16-3 所示。进入自诊断状态后,ECU 控制故障指示灯的闪烁次数和点亮时间的长短表示故障代码,如要显示的故障代码为 23,故障灯先连续闪烁 2 次,中间隔 2.5~3s 后再连续闪烁 3 次,即表示故障代码为 23。维修人员可根据故障代码的数值查阅相应车型的维修手册,便可找到故障代码所代表的故障。

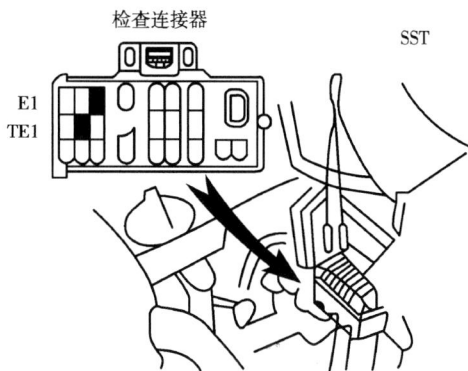

图 16-3　丰田系列汽车故障代码的读取

电控系统故障排除后,一定要把存在 ECU 的故障代码清除,如果不及时清除原有的故障代码,当系统再次出现故障读取故障代码时,ECU 会把新、旧故障代码一起输出,造成不必要的诊断错误。一般情况下只要切断电子控制器 ECU 的电源 30s 以上,即可清除原有故障代码。但对于有些车型的电控系统或安全气囊、ABS 等对行车安全关系比较大的电控系统,切断电子控制器 ECU 电源的方法往往无法清除原有故障代码,而要通过专用诊断仪器或按照规定的操作程序才能清除原有故障代码。

上述电控系统自带的故障自诊断系统,称为第一代随车电脑诊断系统(ON BOARD DI-AGNOSITICS,OBD-Ⅰ)。由于各汽车生产厂家对随车电脑诊断系统 OBD-Ⅰ没有制定统一的标准,因此各种车型的随车电脑诊断系统对故障自诊断接口的设置、故障代码的形式与含义、故障代码的显示方式以及故障代码的提取方法都各不相同,给故障自诊断系统系统的具体应用和诊断仪器仪表尤其是连接接口的开发带来不便。

OBD-Ⅱ称为第二代随车电脑诊断系统,由美国汽车工程学会(SAE)提出,具有统一的诊断插座和统一的诊断模式,并具有数值分析功能和对废气的监控功能,仅通过一台仪器即可对各种型号的汽车进行故障诊断和分析,1994 年以来已被世界各国的汽车制造厂所采用,以取代以前所采用的第一代随车电脑诊断系统。

OBD-Ⅱ随车电脑诊断系统具有以下特点:

(1)诊断座统一为 16 针诊断座,并统一安装于驾驶室仪表板下方。诊断座如图 16-4 所示,诊断座各端子代号及功用见表 16-1。

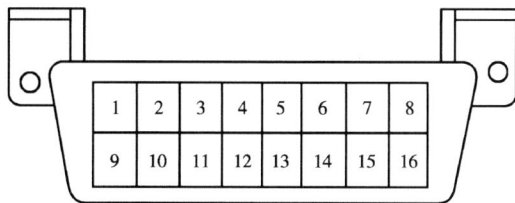

图 16-4　OBD-Ⅱ诊断座

(2)具有数值分析资料传输功能(DATA LINK CONNECTOR,DLC)。OBD-Ⅱ资料传输总线有两个标准:

①ISO-Ⅱ欧洲统一标准(ISO-9141-2)7#、15#脚。

②SAE－美国统一标准(SAE－J1850)利用2#、10#脚。

OBD－Ⅱ诊断座端子代号及功用　　　　　　　　表 16-1

端　子	功　用	端　子	功　用
1	供制造厂应用	9	供制造厂应用
2	SAE—J1850 资料传输(BUS＋)	10	SAE—J1850 资料传输(BUS－)
3	供制造厂应用	11	
4	车身直接搭铁	12	
5	信号回路搭铁	13	供制造厂应用
6	供制造厂应用	14	
7	ISO－9141 资料传输(K 线)	15	ISO－9141 资料传输(L 线)
8	供制造厂应用	16	接蓄电池"＋"极

(3)各种车辆相同故障码代号及故障码意义统一。

OBD-Ⅱ故障码由 5 个字符组成,所有的故障代码(DTC)都以英文字母开头,后面跟随 4 个数字。如:P0101、C1234、B2236 等。

开头的字母表示被监测到的故障系统:P 表示动力系统;B 表示车身系统;C 表示底盘系统;U 表示网络或数据通信传输系统。

第一个数字是通用码(对所有的车辆制造商),或是制造商专用码。比如:0 指一般码,1 指制造商专用码。美国通用汽车公司就有帮助诊断车辆技术状况所特定的数字类型编码。

第二个数字指出了受影响的故障系统类型,数字从 1~7。比如:1 表示燃油及空气计量系统;2 表示燃油及空气计量系统(特指喷射系统回路功能不良);3 表示点火系统或缺缸监测系统;4 表示辅助排放系统;5 表示车速控制和怠速控制系统;6 表示 ECU 输出线路系统;7 表示变速器。

第三、第四两位数字则表示系统中出现故障的部件或部位。

(4)具有行车记录功能,能记录车辆行驶过程中电控系统的有关数据资料。

名　称	图形符号	名　称	图形符号	名　称	图形符号
蓄电池组		磁感应信号发生器		刮水电动机	
直流发电机		霍尔信号发生器		天线电动机	
定子绕组为星形连接的交流发电机		点火电子组件		风扇电动机	
定子绕组为三角形连接的交流发电机		断电器		燃油泵电动机洗涤电动机	
外接电压调节器与交流发电机		直流电动机		晶体管电动燃油泵	
整体式交流发电机		串励直流电动机		加热定时器	
点火线圈		并励直流电动机		信号发生器	
分电器		永磁直流电动机		脉冲发生器	
火花塞		集电环或换向器上的电刷		闪光器	
双丝灯		起动机(带电磁开关)		间歇刮水继电器	

名　称	图形符号	名　称	图形符号	名　称	图形符号
防盗报警系统		组合灯		先断后合的触点	
稳压器	U const	荧光灯	X	中间断开的双向触点	
电热器加热元件		预热指示器		双动合触点	
加热器(除霜器)		电喇叭		双动断触点	
天线		扬声器		手动开关的一般符号	
收音机		蜂鸣器		定位(非自动复位)开关	
收放机		报警器电警笛		按钮开关	
电压调节器	U	报话器		指定位的按钮开关	
温度调节器	t	熔断器		拉拔开关	
转速调节器	n	易熔线		旋转、旋钮开关	
照明灯信号灯仪表灯指示灯		电路断电器		液位控制开关	
电容器		永久磁铁		油压开关	OP
可变电容器		动合(常开)触点		一般机械操作	

名　称	图形符号	名　称	图形符号	名　称	图形符号
极性电容器		动断（常闭）触点		二极管	
钥匙操作		节流阀开关		指示仪表（＊按规定的字母或符号代入）	＊
热执行器操作		一个绕组电磁铁		电流表	A
温度控制	$t°$			电压表	V
压力控制	p	两个绕组电磁铁		水温表	$t°$
制动压力控制	BP			燃油表	Q
凸轮控制		不同方向绕组电磁铁		转速表	n
热敏开关动合触点	$t°$	触点常开的继电器		油压表	OP
电磁离合器		电磁阀的一般符号		速度表	v
热敏自动开关动断触点		常开电磁阀		电钟	
热继电器触点		常闭电磁阀		数字式电钟	
热敏开关动断触点	$t°$	触点常闭的继电器		电阻	
推拉多挡开关位置	0 1 2	热继电器		可变电阻	

汽车电器与电子技术（第二版）

名　称	图形符号	名　称	图形符号	名　称	图形符号
钥匙开关（全部定位）		点烟器		压敏电阻	
多挡开关点火起动开关瞬时位置为2能自动返回到1（即2挡不能定位）		空气调节器		热敏电阻	
旋转多挡开关位置		用电动机操纵的怠速调速装置		滑线式电阻器	
传感器的一般符号（星号按规定的字母或符号代入）	*	制动压力传感器	BP	仪表照明调光电阻	
油压表传感器	OP	导线分支连接		PNP 型三极管	
温度表传感器	$t°$	导线的交叉连接		NPN 型三极管	
空气温度传感器	$t°_a$	导线的跨越		NPN 型三极管集电极接管壳	
水温传感器	$t°_w$	插座的一极		三极晶体闸流管	
燃油表传感器	Q	插头的一极		电阻器线圈绕组扼流圈	
空气流量传感器	AF	插头和插座		带铁芯的电感器	
氧传感器	$λ$	多极插头和插座（示出的为三极）		边界线	
爆震传感器	K			屏蔽（护罩）	
转速传感器	n			屏蔽线	

名　　称	图形符号	名　　称	图形符号	名　　称	图形符号
速度传感器	v	稳压管		搭铁	
空气压力传感器	AP	发光二极管		光电二极管	

参 考 文 献

[1] 边焕鹤. 汽车电器与电子设备[M]. 北京:人民交通出版社,1997.

[2] 麻友良. 汽车电器与电子控制系统[M]. 2版. 北京:机械工业出版社,2011.

[3] 张春化,蹇小平. 汽车电器与电路[M]. 北京:人民邮电出版社,2003.

[4] 麻友良. 电控自动变速器结构与故障检修[M]. 沈阳:机械工业出版社,2012.

[5] 麻友良. 汽车电路构成与阅读理解[M]. 北京:人民交通出版社,2005.

[6] 史文库,姚为民. 汽车构造[M]. 6版. 北京:人民交通出版社,2013.

[7] 曹红兵. 现代汽车电子控制技术[M]. 北京:机械工业出版社,2015.

[8] 舒华. 汽车电器与电控技术[M]. 北京:机械工业出版社,2012.

[9] 凌永成. 车载网络技术[M]. 北京:机械工业出版社,2013.

[10] 李春明. 汽车底盘电控技术[M]. 北京:机械工业出版社,2016.

[11] 冯渊. 汽车电子控制技术[M]. 北京:机械工业出版社,2001.

[12] 司利增. 汽车计算机控制[M]. 北京:人民交通出版社,2000.

[13] 陈渝光. 汽车电器与电子设备[M]. 北京:机械工业出版社,1999.

[14] 付百学. 汽车电子控制技术(下)[M]. 北京:机械工业出版社,2010.

[15] 徐向阳. 汽车电器与电子控制技术[M]. 北京:机械工业出版社,2004.

[16] 边焕鹤. 汽车电气设备维修手册[M] 北京. 机械工业出版社,1997.

[17] 孙仁云,付百学. 汽车电器与电子技术[M]. 北京:机械工业出版社,2011.

[18] 冯崇毅. 汽车电子控制技术(上)[M]. 北京:机械工业出版社,2001.

[19] 秦明华. 汽车电器与电子控制技术[M]. 北京:北京理工大学出版社,2003.

[20] 周建平. 汽车电气设备构造与维修[M]. 2版. 北京:人民交通出版社,2005.

[21] 陈志恒,胡宁. 汽车电控技术[M]. 北京:高等教育出版社,2003.

[22] 李动江,张大成. 汽车车载网络系统(CAN-BUS)原理与检修[M]. 北京:机械工业出版社,2005.

[23] 满维龙,高光明. 轿车电控防盗系统维修技能实训[M]. 北京:北京理工大学出版社,2005.

[24] 凌永成. 汽车电子控制技术. 北京:北京大学出版社[M],2017.